KUNST IN DER DDR

HERAUSGEGEBEN VON
ECKHART GILLEN
UND RAINER HAARMANN

KIEPENHEUER & WITSCH

Umschlag Kalle Giese, Overath
Umschlagmotiv Gerhard Altenbourg
»Schlummer Hügel«, Aquarell, 1978
Galerie Brusberg, Berlin
Satz Froitzheim, Bonn
Druck und Bindearbeiten
Clausen und Bosse, Leck
ISBN 3-462-02068-4

Inhalt

Vorwort der Herausgeber

Dreißig Jahre nach dem Ende des Zweiten Weltkrieges und der Teilung Deutschlands eröffnete der Hamburger Kunstverein am 12. April 1975 mit Willi Sitte, damals Präsident des Verbandes Bildender Künstler der DDR, die erste offizielle Ausstellung eines repräsentativen Vertreters der Malerei im anderen Teil Deutschlands. Im Impressum des Kataloges steht: »Der Kunstverein in Hamburg dankt dem Parteivorstand der DKP, der die Verwirklichung der ihm zur Verfügung gestellten Sitte-Ausstellung dem Kunstverein übertragen hat.«

Die gestelzte Formulierung entsprach dem damaligen Stand der gegenseitigen kulturellen und politischen Abschottung.

In den fünfziger Jahren galten in der Bundesrepublik gesamtdeutsche Kontakte zwischen Künstlern nach der Parole »Freiheit geht vor Einheit« noch als »Verschwörung gegen die Freiheit«, so z. B. die vom bayrischen Innenministerium verbotene gesamtdeutsche Kulturtagung in Bayreuth, zu der sich im Oktober 1952 mehr als 300 prominente Künstler und Wissenschaftler angesagt hatten, unter ihnen Karl Hubbuch und Otto Dix. Erst im Laufe der sechziger Jahre zeichnete sich allmählich ein Wandel der öffentlichen Meinung ab. Auf die neue Ostpolitik der sozialliberalen Koalition reagierte die SED dann ihrerseits mit einer Kehrtwende ihrer Deutschlandpolitik. Albert Norden erklärt im März 1973: »Zwischen der sozialistischen Nation in der DDR und der kapitalistischen Nation in der BRD hat sich ... die historische Tendenz der Abgrenzung durchgesetzt« (Neues Deutschland 20. 3. 1973). In der neuen Verfassung, die zum 25. Jahrestag der Gründung der DDR am 7. 10. 1974 in Kraft trat, wurden alle Hinweise auf den Fortbestand einer deutschen Nation in zwei Staaten, eine Formel auf die sich auch die Bundesregierung beruft, getilgt. Dem von Günter Grass immer wieder ins Spiel gebrachten Begriff der »Kulturnation« wird die »Eigenständigkeit einer sozialistischen deutschen Nationalkultur« entgegengesetzt, die die »notwendigen Konsequenzen aus der Geschichte des deutschen Volkes«, die »eine Geschichte ... auch kultureller Klassenkämpfe war«, gezogen habe (Erhard Hexelschneider/Erhard John, Kultur als einigendes Band?, Berlin [Ost] 1984 S. 6f.).

Die drohende Relativierung des Feindbildes stellte schon damals die Herrschaft der SED in Frage, beruhte doch die raison d'être ihres Machtbereiches auf der Verteidigung eines antagonistischen Gesellschaftsmodells. Sein Scheitern am 9. November 1989 wollen manche nachträglich mit Sinn erfüllen durch die Behauptung einer kulturellen Identität der DDR, die nach Ansicht vieler durch den Ausverkauf an den Westen bedroht sei.

Auf seinem VI. Kongreß änderte der »Verband Bildender Künstler Deutschlands« seinen Namen in »Verband Bildender Künstler der DDR«; 1972 folgte der bis 1958 »Kulturbund zur demokratischen Erneuerung Deutschlands« genannte »Deutsche Kulturbund«, der jetzt »Kulturbund der DDR« heißt; die im Oktober des gleichen Jahres in Dresden eröffnete »Deutsche Kunstausstellung« wurde in »Kunstausstellung der DDR« umgetauft; die »Deutsche Akademie der Künste« schließlich nannte sich ab 25. 4. 1974 »Akademie der Künste der DDR«.

Der offizielle Kulturaustausch beschränkte sich einseitig auf die Zusammenarbeit der SED mit den sogenannten »progressiven Kräften« in der kapitalistischen Bundesrepublik. Ein Ereignis war im September 1966 die Ausstellung der Münchner Künstlergruppe »tendenzen« in der Neuen Berliner Galerie. Ihr folgte im Februar 1973 am gleichen Ort die West-Berliner Agitprop-Künstlergruppe »Rote Nelke«. In diesem Zusammenhang war die Sitte-Ausstellung, wie das Neue Deutschland schrieb, als politische Propagandaveranstaltung gedacht: »Unsere Genossen von der DKP haben die Ausstellung sehr gut für ihre politische Arbeit genutzt ...«

Die historische Bedeutung der Ausstellung lag vor allem darin, daß zum ersten Mal in der Bundesrepublik die DDR-Kunst offiziell überhaupt wahrgenommen wurde. Die gesamte westdeutsche Presse würdigte das Ereignis überwiegend wohlwollend. Allein die Springer-Presse, die das Phänomen DDR beharrlich in Gänsefüßchen setzte, führte eine unerbittliche Fehde gegen die Ausstellung und forderte den Kopf des Kunstvereindirektors. In Verkennung der politischen Situation plädierte Günter Zehm in der »Welt« für eine bis heute nicht realisierte Informationsschau, in der »nicht nur die wenigen bekannten ›Offiziellen‹, sondern auch die Eigenbrötler und heimlichen Frondeure und diejenigen, die auf der Strecke geblieben sind«, vertreten sein müßten. Die Einzelpräsentation sei daher »ein heimtückischer Schlag gegen die ›Avantgarde‹ in der ›DDR‹, die dadurch von vornherein in die zweite Reihe verwiesen werden soll« (14. 4. 1975).

Vor diesem Hintergrund entwickelten sich die kulturellen Beziehungen zwischen den beiden Staaten nur mühevoll. Beide Regierungen hatten 1973 mit den Verhandlungen über ein Kulturabkommen begonnen. Nach nur fünf Verhandlungsrunden scheiterte dieser Dialog. Erst 1982 einigte man sich auf den Text eines Vertrages. Günter Gaus, der erste Leiter der Ständigen Vertretung der Bundesrepublik Deutschland bei der DDR, hatte sich früh schon dafür engagiert, allen Widrigkeiten zum Trotz, kulturelle Zusammenarbeit zu ermöglichen. Er setzte sich dafür ein, daß auf offiziellem Wege hin und wieder Ausstellungen, Konzerte, Filmwochen vereinbart werden konnten. Ausstellungen zeitgenössischer Kunst aus Westdeutschland waren nicht darunter. So wurde allmählich die Ständige Vertretung in Ost-Berlin mit ihrem »Gartenhaus« zum zeitweiligen Kulturinstitut und Treffpunkt der Künstler. Beuys zeigte hier zum ersten Mal seine Arbeiten in der DDR. Es vergingen weitere vier Jahre nach Abschluß des Kulturabkommens, bis in Berlin und Dresden elf »Positionen« der westdeutschen Nachkriegsmoderne präsentiert werden konnten.

Der Katalog zitiert die von Werner Haftmann immer wieder beschworene Weltsprache der abstrakten Kunst, »die über die hemmenden Besonderheiten von Sprache, Sitte, Geschichte, Rassegefühl und Folklore hinweg ein menschliches Bewußtsein hat herstellen können«. Aus dieser Weltsprache der westlich-demokratischen Hemisphäre, die das Recht »des einzelnen auf seine schöpferische Freiheit« (Haftmann) bewahre, blieb die »Ostkunst« von Anfang an ausgeschlossen. Während sich in der informell-abstrakten westdeutschen Nachkriegskunst die Freiheit quasi materialisiert habe, sah man in der DDR, bestärkt durch die III. Kunstausstellung 1953, nur »kollektivistische Tendenzen« am Werk.

Die Ausstellung »Westkunst« 1981 in den Kölner Rheinhallen fand zeitgenössische Kunst der »Zweiten Moderne« zwischen 1939 und 1972 ausschließlich »diesseits und jenseits des Atlantiks« in den »Ländern des westlichen Kulturkreises« (Karl Ruhrberg im Katalog). Klaus Staeck reagierte mit der Gleichung:

»Osten=unfrei=keine Kunst« (Flugblatt »Bonanza – zur Lage der WEST-KUNST«, in: Kunstforum international Nr. 44/45, 1981). Das mit Westkunst aufgestellte Verdikt lief auf die Behauptung hinaus, daß in totalitären Gesellschaften keine Kunst entstehen könne. Die Kapitel über die Kunst unter der Nazi-Diktatur und die innere Emigration im Katalog widerlegen selbst diese implizite Behauptung: »›Sind die Gründe klar, warum diese furchtbare Zeit sich so günstig auf meine private Malerei bis jetzt auswirkt?‹, fragt Willi Baumeister ... Er schildert plastisch, wie der äußere Druck inneren Widerstand erzeugt und motiviert« (S. 76). Zehn Jahre später, nach dem Fall der Europa spaltenden Mauer, wird jetzt eine »Ostkunst«-Ausstellung als Pendant geplant, um endlich das einzulösen, was Thomas Strauss damals in seinem Aufsatz »Westkunst – Ostkunst? Die Verdrängung eines Zusammenhangs« (FAZ vom 15. 8. 1981) eingeklagt hatte: Die Aufarbeitung der vielfältigen Impulse und Wirkungen der osteuropäischen Avantgarden bis zum »Rädelsführer« (Emmett Williams) der Fluxusbewegung, dem Litauer George Macunias, der 1965 den Tschechen Milan Knizak offiziell zum »Fluxus-Vertreter für Osteuropa« erklärte, auf den Westen.
Der vorliegende Band mit seinen 124 Beiträgen von 92 Autoren, überwiegend aus der DDR, versucht entgegen dem landläufigen Bild einer homogenen auf das »Menschenbild« und den »Realismus« eingeschworenen »DDR-Kunst« zu zeigen, daß die Traditionen der Moderne, trotz Diffamierung und Repressalien bis zum Berufs- und Ausstellungsverbot, in den alten Kunstzentren, anfangs noch Weimar und Halle, dann vor allem Dresden, aber auch Ost-Berlin, nicht gänzlich abbrachen. Die ältere Generation, die aus dem Exil zurückkehrte oder in der inneren Emigration ausgeharrt hatte, stellte sich schützend vor die Jüngeren und stärkte ihnen den Rücken. Als Lehrkräfte an den Kunsthochschulen bald weitgehend kaltgestellt, bildeten sich in ihren Ateliers Freundeskreise, die ihre Fortsetzung in Produzentengalerien und Künstlergruppen fanden.
Die topografische Gliederung des Buches, die auch kaum bekannte Kunstlandschaften wie die Oberlausitz und den Norden der DDR berücksichtigt, unterläuft das übliche, von den Etappen des sozialistischen Aufbaus bestimmte Periodisierungsschema der DDR-Kunstgeschichte. Lothar Lang hatte bereits in seinem 1978 erschienenen Buch »Malerei und Graphik in der DDR« die Gliederung in Dezennien erweitert um eine Untersuchung der Kunstzentren und Epizentren in der DDR (vgl. seinen Beitrag im Buch). Mit Ausnahme von Josef Hegenbarth, Hans Theo Richter und Gerhard Altenbourg blieben Künstler wie Hermann Glöckner, Herbert Behrens-Hangeler, Willy Wolff, Carlfriedrich Claus, Robert Rehfeldt, Jürgen Böttcher-Strawalde, Max Uhlig, um nur einige zu nennen, bis weit in die achtziger Jahre hinein im Westen weitgehend unbekannt. Ihre Nichtbeachtung, auch im Rahmen der documenta, verlängerte ihre Isolation im eigenen Land und bestätigte ungewollt das Verdikt der hauseigenen Kunstrichter.
Gleichzeitig akzeptierte der Westen wohlwollend die vom Verband Bildender Künstler ausgewählten Repräsentanten eines in den siebziger Jahren modernisierten, metaphorischen und anspielungsreichen Sozialistischen Realismus aus Leipzig. Der spektakuläre erste internationale Auftritt der sogenannten Viererbande (Heisig, Mattheuer, Tübke und Sitte) 1976 auf der 6. documenta in Kassel, hatte Erfolg, traf er doch auf ein in der Bundesrepublik seit den sechziger Jahren gewachsenes Interesse an »Neuen Formen des Realismus«, so der Titel des 1973 von Peter Sager publizierten Buches, das erstmals die neue »Leipziger Schule« in

den Kontext von Pop art, »Kapitalistischem Realismus« in Düsseldorf und »Kritischem Realismus« in West-Berlin stellte. Die Anfang der sechziger Jahre einsetzende Kritik der »Bewußtseins-Industrie« (Hans Magnus Enzensberger 1962) stellte den Glauben an das in den fünfziger Jahren errichtete Kultbild des autonomen Individuums, das im eigenen Bewußtsein sein eigener Herr sei, zunehmend in Frage. Andy Warhol konstatierte amüsiert, daß das, was der Kommunismus vergeblich mit Zwang anstrebt, »hier in Amerika« ganz von selbst geschieht. »Jedermann sieht gleich aus, handelt gleich ... Alles ist schön!«
Die Realismus-Euphorie hatte ihren Höhepunkt 1972 mit der documenta 5 erreicht, auf der Harald Szeemann auch den trivialen Realismus der Werbung, der Comics usw. unter dem Motto »Besser sehen durch Documenta 5« einbezog. Der Realismus aus Leipzig wirkte dagegen mit seinen moderaten Anleihen bei der klassischen Moderne wertkonservativ, geschichtsbewußt und zugleich zivilisationskritisch. Während die Westkunst zur damaligen Zeit einerseits die karge Kost der Minimal Art, Arte Povera und Konzeptkunst bot oder im Fotorealismus mit »minuziös gemalten Frauenhintern im Großformat, funkelnden Autostoßstangen und Schrotthalden« (DIE ZEIT vom 10. 3. 1972) dem Positivismus der Oberfläche huldigte und damit Metaphysik und Geist aus der Kunst verbannte, taucht plötzlich aus dem ideologischen Feindesland eine Kunst auf, die sich erkennbar deutsch, traditionsbewußt, inhaltsreich und moralisch erbauend gab. Diese selbst in Leipzig nicht unangefochtene Gruppe – die künstlerische Opposition sammelte sich im Plastikgarten Stötteritz und 1984 im Herbstsalon – um Heisig, Tübke, Mattheuer, den im nahen Halle residierenden Sitte und ihren Schülerkreis, u. a. Gille, Hachulla, Peuker, Rink, Stelzmann, Pfeifer u. a. wurde bis in die zweite Hälfte der achtziger Jahre zum Synonym für DDR-Kunst. Expressiv, surreal, neusachlich, veristisch, manieristisch, altmeisterlich lasierend – für jeden Geschmack war etwas dabei. Das thematische Spektrum reichte von Kreuzigung, Pieta über Vanitas-Motive, Intensivstation, Verkehrsstau, Beischlaf, Wohnungsbauelend, Fußgängerzone, Umweltverschmutzung bis zu Feierabend, Brigadefeier, überfüllte Strände, Entfremdung am Arbeitsplatz, Ehekrise usw. usf.
Ab Ende der siebziger Jahre übernahmen jetzt zunehmend Industrielle das Sammeln und Ausstellen dieser Kunst in der Bundesrepublik. Der Schokoladenfabrikant und Museumsgründer Peter Ludwig gründete das »Ludwig-Institut für Kunst in der DDR« in Oberhausen, daneben engagierten sich die Chemiekonzerne Hoechst und BASF (letztere sehr verdienstvoll für die junge Dresdner Kunstszene), die Schuhfabrik Salamander in Kornwestheim und die Metallgesellschaft AG in Frankfurt/Main. Oft wurde in Zusammenarbeit mit dem »Staatlichen Kunsthandel der DDR«, der das Monopol für den Kunstexport in den Westen hielt, direkt auf den großen Kunstausstellungen in Dresden gekauft.
Solange journalistische Medien für eine kritische Öffentlichkeit in der DDR fehlten, hatte die Leipziger Malerei, die das Konfliktpotential der Gesellschaft thematisierte und zugleich durch Verschlüsselung und Verrätselung neutralisierte, eine von hier aus nicht zu ermessende Bedeutung. Im geeinten Deutschland wird sich in Zukunft das Interesse auf die weniger spekulativen Leistungen der Künstler verlagern, die zu einem großen Teil noch zu entdecken sind. Bei dieser Neubewertung will dieses Buch Orientierungshilfe geben.
Bei den ersten Gesprächen Anfang 1988 mit dem Verlag über das Konzept eines Buches zur Kunst in der DDR und die Chancen seiner Realisierbarkeit war die

Stimmung nicht gerade optimistisch. Dabei lag schon damals der Gedanke nahe, endlich den überfälligen Versuch einer breit angelegten Bestandsaufnahme zur Kunst in der DDR in Angriff zu nehmen. In diesen heute so fern liegenden Zeiten des »real existierenden Klassenkampfes« gab es Ermutiger. Einer war Günter Gaus, der die ersten Planungen mit Zuspruch und Rat begleitete. Dietmar Keller, damals Stellvertreter des Ministers für Kultur der DDR, war der zweite, der uns Hoffnung machte, daß unsere Initiative nicht von vorn herein auf Ablehnung stoßen würde. Später ebnete er manchen Weg – und es gab in der Folgezeit noch viele, auch ungeahnte Hindernisse, die beiseite zu räumen waren. Oft wollten wir resignieren, wenn wieder mal die lange zugesagte Antwort des allzuständigen Verbandes Bildender Künstler und seines neuen Präsidenten Monate auf sich warten ließ, wenn Gerüchte in Umlauf gesetzt wurden und Anschuldigungen des Apparates gegen einen der Herausgeber das Projekt in weite Ferne zu rücken schienen. Trotzdem hielten wir daran fest, Anstoß zu geben für eine längst überfällige eigene, innere Bestandsaufnahme der Kunst in der DDR; es sollte keine Betrachtung von außen werden. Doch diese Absicht blockierte lange Zeit den Fortgang des Projektes.
Viele Künstlerfreunde, Wissenschaftler, Museumsfachleute stärkten uns den Rükken, wenn wir in dem nicht enden wollenden »Kleinkrieg« mit Kulturbürokratie und hinhaltender Verbandsstrategie das Ende vor dem Anfang sahen: Gabriele Muschter, die zu Zeiten des Einreiseverbotes für einen der Herausgeber Autoren ansprach, Briefe schrieb und Antworten übermittelte; Gunhild Brandler, die mit engagierten Repliken auf unsere ersten Konzeptpapiere reagierte, ihr Archiv zur Verfügung stellte und beim Redigieren half; Dr. Erhard Frommhold, Cheflektor des Verlages der Kunst Dresden, der neben profundem fachlichem Rat uns Zugang zum reichen Bildarchiv des Verlages ermöglichte; Dr. Dieter Hoffmann, der in vielen Gesprächen Anregungen gab; Günter und Ursula Feist, die uns vor mancher Fehleinschätzung bewahrten und immer Zeit für uns hatten.
Nicht zuletzt haben wir dem Verlegerehepaar Dr. Reinhold und Gisela Neven Du Mont zu danken, die unsere anfänglichen Zweifel ausräumten und das langwierige Projekt mit viel Geduld, Ausdauer und Zuversicht ermöglichten. Dr. Barbara Barsch und Gabriele Muschter danken wir für die Bearbeitung des Adressenteils; Beate Moser für die Mühsal des Registers.
Die wechselvolle Entstehungsgeschichte des Buches wäre sicher eine eigene Darstellung wert; sie hätte ihren zweiten Teil in den Aufbruchsmonaten des Winters 1989/90. Schien es manchem Autor vor dem 9. November nicht immer möglich, Tabus zu berühren, Tatbestände beim Namen zu nennen, Verantwortliche dingfest zu machen (wo blieb so mancher fest zugesagte Beitrag?), so waren wir bald danach mit vielfachen Wünschen nach nun möglicher und notwendiger Korrektur, neuer Sicht und anderen Themen konfrontiert. Wir fingen von vorn an, warfen auch Ballast ab, staunten aber schließlich, daß vieles schon zuvor richtig benannt und beschrieben worden war. Nein, nicht ganz von vorn mußten wir beginnen, das frühe Konzept hielt der befreiten Sicht stand. Ergänzungen waren möglich, Geschichte konnte fortgeschrieben werden – und auch das spürten wir bald – zum (vorläufigen) Abschluß gebracht werden. So ist dieses Buch nun, neben der aktuellen Beschreibung, auch erste Bilanz und Rückblick auf 40 Jahre einer bisher abgeschlossenen deutschen Kunstlandschaft geworden.

Bilderstreit im Sonnenstaat

von Eckhart Gillen

Der streitbare und dem Sozialismus in der DDR mit kritischem Engagement verbundene Maler Bernhard Heisig schrieb 1983 in einer Kolumne der Kunstzeitschrift ART entnervt: »Vielleicht könnte man über die Entwicklungslinien der Künste in der DDR endlich mal anders nachdenken als unter dem langweiligen Aspekt: die Künstler stets im Widerstand«. Bernhard Heisig hat recht: der Künstler im offenen Widerstand gegen den Staat war unter den gegebenen Umständen eine Ausnahme. Ein Künstler, der, 1984 aus seinem Wirkungsfeld in einer der neuen Industriestädte der DDR verdrängt, das Land verließ, schrieb an die Herausgeber von der privilegierten »Herausgehobenheit der Künstler, die als materielle Sicherheit sich schnell herausstellte schon bei einem Mindestmaß an Kompromißbereitschaft. Dieser Verführung erlagen die meisten. Nun laufen sie herum als die betrogenen Genossen! Es waren ja leider nur sehr wenige, die sich wirklich verweigerten. Dabei wäre das eine bitternotwendige Tugend gewesen, damals in den vielen langen Jahren DDR« (23.6.1990).

Als betrogener Genosse trat Bernhard Heisig im Dezember 1989 aus der SED aus und gab seine Nationalpreise zurück mit der Begründung, er hätte vom »bisher bekannt gewordenen Ausmaß an Machtmißbrauch und Korruption in der ehemaligen Führungsspitze der DDR« nichts gewußt (vgl. S. 380f. in diesem Buch). Als langjähriger Vizepräsident des von der SED gelenkten Künstlerverbandes, als Rektor der Leipziger Kunsthochschule mit direktem Draht zur »Führungsspitze der DDR« muß er sich die Frage gefallen lassen, ob er wirklich so ahnungslos, quasi im Stande der Unschuld, die staatlichen Auszeichnungen seiner Malerei in den siebziger Jahren über sich ergehen ließ. Immerhin war mit einem Nationalpreis I. Klasse eine Geldprämie von 100000,– Mark verbunden. Bei Ausstellungen im Westen (z.B. Zeitvergleich '88) trat er als beteiligter Künstler zugleich auch als Verhandlungspartner auf und bestimmte, wer über die Kunst in der DDR schreiben darf und wer nicht. Dabei kam es zu der grotesken Situation, daß Kunsthistoriker aus der DDR mit Wohnsitz im Westen daran gehindert wurden, über ihr Fachgebiet in einer von der DDR mitherausgegebenen westdeutschen Publikation zu schreiben. Wo fängt der »Machtmißbrauch« an?

Die Schwierigkeiten bei der Beurteilung der antifaschistischen Erziehungsdiktatur der SED und der Verantwortung, Mitschuld und Verstrickung der Künstler und Intellektuellen an ihrer Aufrechterhaltung über Jahrzehnte, erklären sich aus dem mißglückten Umgang mit dem mentalen Erbe der nationalsozialistischen Diktatur in beiden Nachfolgestaaten. Die bedingungslose Kapitulation der Deutschen Wehrmacht wurde in den westlichen Besatzungszonen im Bild des »Zusammenbruchs« als Naturkatastrophe empfunden, für die niemand persönlich verantwortlich gemacht werden konnte, im Osten dagegen wurde der 8. Mai 1945 eindeutig als Befreiung vom Joch des Faschismus gefeiert. In beiden deutschen Staaten, künstliches Produkt des Kalten Krieges, wurden an der Seite der jeweiligen Besatzungsmächte aus Verlierern »Sieger der Geschichte«. Das »Wirtschaftswunder« ermöglichte der Bundesrepublik, sich von der moralischen Verantwortung freizukaufen, als könnte Völkermord mit Geld »wiedergutgemacht« werden.

Die DDR dagegen sah sich als Erbe einer alternativen sozialistischen Nationalgeschichte und überließ der Bundesrepublik die rechtliche und moralische Nachfolge des Deutschen Reiches. Wer sich in einer Art »Ablaßhandel« (Martin Ahrends) zum »neuen sozialistischen Menschen« umtaufen ließ, dem wurden die Sünden der Vergangenheit stillschweigend vergeben. »Wir wuchsen in eine antifaschistische Gegenwelt hinein, ohne ihr Gegenteil zu kennen... Objekte einer fremden, unverdauten Erfahrung... Verantwortung, Erwachsensein – wir sahen uns darum betrogen im Land der angstzerfressenen Greise... Entmündigung ist die denkbar dümmste Sühne für ein Volk, das eben durch politische Unreife schuldig wurde« (Martin Ahrends, DIE ZEIT, 31. 5. 1985).
Die von Emigration und KZ-Haft geprägten SED-Führer identifizierten sich als Opfer mit den Tätern und ahmten, wie Monika Maron in ihrer Rede über das eigene Land (München 1989, S. 77) ausführte, auf unbegreifliche Weise ihre Peiniger nach bis in die Fackelzüge und Uniformen. Die eigene Bevölkerung, die als Mittäter oder Mitläufer in den Augen der Kommunisten mit den Verbrechen der Nazis schuldhaft verstrickt war, wurde von der SED, bestärkt durch den Arbeiteraufstand des 17. Juni 1953 (»Konterrevolution«), als innerer Feind erlebt. »Dieses Mißtrauen wurde nie überwunden, sondern nur verdrängt« (Heiner Müller). So erklärt sich die verhängnisvolle Selbstinternierung (Wandlitz-Syndrom) der SED-Führung. Die Partei behandelte das Staatsvolk »vierzig Jahre wie Kolonisierte... und das sind vierzig Jahre Demütigung... Man erkennt einen DDR-Bürger... sofort am Blick. Die haben den verdeckten Blick. Den Blick des Kolonisierten« (H. Müller, »Zur Lage der Nation«, Berlin, 1990, S. 85, 94). Der Antifaschismus als Staatsdoktrin verhinderte die Analyse und Überwindung der totalitären Strukturen des Nationalsozialismus, die im patriarchalischen Subordinationsverhältnis in der DDR unangefochten wirksam blieben.
Die vielfach beschworene, durch »Ausverkauf« bedrohte, eigene DDR-Identität entzaubert sich jetzt als Notgemeinschaft der 40 Jahre von einem Übervater Staat in Unmündigkeit gehaltenen Kinder. Plötzlich, sang- und klanglos in sich zusammengefallen, hinterläßt dieses Staatsinternat ein emotionales Vakuum und Sinndefizit, das als Phantomschmerz die Künstler daran erinnert, daß die vermeintliche Eigenart einer Generationen übergreifenden eigenständigen DDR-Kultur auf einer doppelten negativen Identität gegen den Faschismus und gegen den eigenen Staat als totalitäre, antifaschistische Erziehungsdiktatur beruhte. Diese »Schizophrenie als gesellschaftlicher Zustand« (Detlev Lücke) lähmte den Widerstand. Nicht unterschätzen sollte man dabei die Loyalität auch der kritischen Intelligenz gegenüber einem Staat, dessen Führer am kommunistischen Widerstand gegen die Nazis beteiligt und wie Honecker im Zuchthaus saßen. »Die Leute haben vieles ertragen, denn es gab irgendwo noch eine Ahnung von Sinn, auch wenn man dagegen war... (Heiner Müller, Interview Mitte Januar 1990).
Auf der anderen Seite förderte die Abgeschlossenheit gegenüber dem Westen und die jahrzehntelange antikapitalistische Indoktrination ein gewisses Zusammengehörigkeitsgefühl und eine kollektive Abwehrhaltung auch der Unzufriedenen gegen die glänzende Oberfläche eines moralisch verdammenswerten, menschenverachtenden Kapitalismus. Jetzt, wo die Mauer gefallen ist, fühlen sich manche erst wirklich bedroht: »Vorbei sind die Zeiten der Beschaulichkeit, der Geschlossenheit, auch der Solidarität und der Sozialpartnerschaft«, schreibt der ehemalige Minister für Kultur, Dietmar Keller, als Antwort auf die Frage nach den Konse-

quenzen des 9. November 1989 in diesem Buch. Er sollte, er müßte es besser wissen.

Das Gefühl der eigenen moralischen Überlegenheit, das vielen DDR-Bürgern in Gesprächen mit den reichen und erfolgreichen Westmenschen den Rücken stärkte, hatte durchaus seine Berechtigung. Die Westdeutschen kompensierten das offensichtliche Scheitern ihrer Nationalgeschichte schnell durch den Anschluß an den »freien Westen« bzw. die westeuropäische Integration. Die »Unfähigkeit zu trauern« wurde durch die Arbeit am Wohlstand verdrängt. Das uneingestandene schlechte Gewissen angesichts der »Schwestern und Brüder«, die zufällig und unfreiwillig die Folgen der gemeinsamen Geschichte zu tragen hatten, prägte das Verhalten der Bundesdeutschen (Politiker wie Privatleute) gegenüber der DDR. Es schwankte zwischen Ignoranz, herablassender Bewunderung der so schön bewahrten deutschen Erbgüter und einem blinden Haß. Für die Reaktion verbürgte der Antikommunismus die Kontinuität über die Niederlage von 1945 hinweg, für die Linken diente die DDR als Projektionsfeld abstrakter Hoffnungen und Utopien: 17 Millionen Versuchskaninchen, die kaum einer besuchen, geschweige denn kennenlernen wollte. Die Theoretiker des Sozialismus blieben lieber in West-Berlin unter sich, kaum einer hat in Jahrzehnten die DDR bereist und Kontakte zu Kollegen »drüben« gepflegt.

Die nach dem 9. November 1989 von Künstlern in der DDR immer häufiger zu hörende Klage über den Utopieverlust, der jede künstlerische Arbeit sinnlos mache, ist ein Symptom dafür, daß offenbar die Künste abseits des von ihnen auch kritisch reflektierten ökonomischen und ökologischen Verfalls eine letzte Bastion bildeten zur Verteidigung eines utopischen Gesellschaftsmodells, dessen Verwirklichung längst in schimärenhafte Ferne gerückt war. Auch das ein Grund, warum es eine »DDR-Résistance« nicht gegeben hat. »Wir haben alle nur hinter verschlossenen Türen gemotzt... Die Intelligenzija der DDR hatte lediglich einen besseren, schöneren Sozialismus im Visier, keinesfalls aber seine Liquidation« (Karl Ludwig Opitz, in: DER SPIEGEL 25/1990).

Stellvertretend für einen großen Teil der Intellektuellen in der DDR forderte Stefan Heym zusammen mit Christa Wolf gleich nach dem Fall der Mauer im Aufruf »Für unser Land« den erneuten Versuch einer sozialistischen Gesellschaft als dritter Weg zwischen dem theologischen Universalanspruch einer Heilslehre und der Demokratie. Die Hinzufügung »mit menschlichem Antlitz« enthält das Eingeständnis der Inhumanität des Sozialismus (vergleichbar die Rede von der »Humanisierung der Arbeit« im Kapitalismus). Heyms Polemik gegen das bananengeile Volk und die demokratisch gewählten »Dilettanten (der Volkskammer, d. Vf.), die sich von den West-Leuten am Zügel führen lassen« verrät den antidemokratischen Affekt aller Utopisten. Als Erzieher des Volkes dienten sie der Wahnidee einer zentralen Macht, die, wie der Papst in Rom, als unfehlbare Instanz, als einsame Hüterin der Wahrheit, als Gottvaterfigur immer nur das Beste für die Kinder Gottes bzw. der Partei will: »Wir dürfen die Schmerzen nicht fürchten, die es kostet, sich zur Wahrheit hindurchzufinden: Die Wahrheit ist immer revolutionär; wo ihr untrüglicher Zeiger scheinbar gegen die Revolution ausschlägt, deutet er an, daß etwas fehlerhaft ist, nicht an der Idee der Revolution, wohl aber an der Art ihrer Durchführung« (Stefan Heym in einer in der DDR nicht publizierten Rede, DIE ZEIT, 5. 2. 1965).

Mit der Oktoberrevolution und der damit verbundenen realen Existenz einer sozialistischen Gesellschaft werden die utopisch-anarchischen Potentiale der kommunistischen Ideenlehre zurückgedrängt. Auf dem Weg von der »Utopie zur Wissenschaft« reklamierte der »wissenschaftliche Sozialismus« für sich die »historische Notwendigkeit« der »gesetzmäßigen« Abfolge der Geschichtsepochen, die zwangsläufig das Ende der Geschichte im Kommunismus zum Ziel hat. Der real vollzogene Rückfall in den Feudalismus wurde dabei übersehen.

Die von Marx analysierte Funktionsweise des Kapitalismus wird vom Marxismus-Leninismus nicht mehr radikal-utopisch in Frage gestellt, sondern, vergleichbar mit Naturgesetzen der Physik, zum Wirken »objektiver Gesetze der Politischen Ökonomie« erklärt, die nach der Enteignung der Ausbeuter zum Glück der Massen nutzbar gemacht, nicht abgeschafft werden können.

Die Verbindung der religiösen Energien einer eschatologischen Heilslehre mit Technokratie und Taylorismus mündete im Kollektivismus eines Termitenstaates. Die Utopie als Ordnungsentwurf garantierte Stabilität, Harmonie, aber auch lähmenden Stillstand: »Der Einzelne und die Gesellschaft sind... glücklich, weil ihre Beziehung zueinander mit genialer Vernunft, mit... großartiger Präzision konstruiert sind« (Makarenko, sowjetischer Pädagoge 1934).

Wie in den klassischen Staatsutopien von Bacon oder Campanella, die ihre Utopien auf einer Insel oder einer von Mauern umgebenen Stadt ansiedelten, konnte auch der real existierende Sozialismus nur »in einem Land« bzw. durch Mauer und Stacheldraht von der übrigen Welt abgeschirmt exekutiert werden. Die 1961 in Berlin errichtete Mauer war nur noch das nach außen hin sichtbare Symbol für die stillgelegte Geschichte, die angehaltene Zeit. Als abgeschlossene Gesellschaft sollte sich der Sozialismus in der DDR auf »seiner eigenen Grundlage« entfalten. Zwangsläufig störte das so stabilisierte System jeder störrische Einzelgänger mit seinem individuellen Anspruch auf persönliches Glück usw. Der Künstler als sein Anwalt galt als Häretiker.

Das im Gegensatz zu Wort und Begriff vieldeutige, suggestive, die Fantasie anregende Bild wurde von den Machthabern und Ideenverwaltern schon immer unter Kuratel gestellt. Funktionalisiert zum Mittel der Propaganda (»Kunst als Waffe im Klassenkampf«) und zum Instrument der Aufklärung des immer latent falschen Bewußtseins der Massen, dienten die Bilder schon in Campanellas Sonnenstaat, auf den sich Lenin bei der Propagierung der Wandbilder in den sozialistischen Städten berief. Die bekannten Wechselbäder sozialistischer Kulturpolitik zwischen »Tauwetterperioden« (»Aufweichung der Linie«) und Phasen verschärfter Repression sind Indizien für Sieg oder Niederlage der Bilderfreunde (Ikonodulen) bzw. der Bilderfeinde (Ikonoklasten). (Vgl. Werner Hofmann, »Luther und die Folgen für die Kunst«, Hamburg 1983)

Dazu ein Beispiel aus der Gründungsphase der DDR: Hermann Bruse, als Mitglied einer KPD-Untergrundorganisation 1944 im KZ zum Tode verurteilt, nach 1945 zunächst in Magdeburg, dann ab 1947 in Ost-Berlin beim Aufbau einer neuen Kulturpolitik engagiert, wurde aufgrund seiner expressiven, düsteren Bilder wie »Ecce homo« (1947), »Hungermarsch (1945/46), die man im Zusammenhang der Formalismus-Realismus-Kampagne als Ausdruck eines »kunstfeindlichen Pessimismus« wertete, zur Selbstkritik gezwungen. Bruse hatte gegen das Melancholieverbot in einer dem Anspruch nach konfliktfrei funktionierenden Gesellschaft verstoßen. Der Blick zurück, Trauerarbeit verstieß gegen das Optimismusgebot der marxistisch-leninistischen Kunstkritik, die bis weit in die sieb-

ziger Jahre die Darstellung von Krankheit, Leiden, Schmerz und Angst in der Kunst zu verhindern suchte. In der geplanten Glückseligkeit waren solche Rückfälle in finstere vorsozialistische Verhältnisse nicht vorgesehen. »Inhuman aber ist das Vergessen, weil das akkumulierte Leiden vergessen wird; denn die geschichtliche Spur an den Dingen, Worten, Farben und Tönen ist immer die vergangenen Leidens« (Theodor W. Adorno, Ohne Leitbild, Ffm. 1967, S. 35).
Noch kurz vor seinem Tod 1953 verurteilte Bruse seine »übersteigerte expressive Form« und bekannte sich zur Aufgabe des sozialistischen Künstlers, »den neuen, sozialistischen Menschen« zu formen. Der Ausschluß aus der Glaubensgemeinschaft der Kommunisten war für einen Kommunisten gravierender als der Verlust der künstlerischen Identität. Nach dem Schema Sünde, Reue, Buße mußte die Häresie durch Selbstbezichtigung und Widerruf getilgt werden. Die Methode funktionierte bis in die achtziger Jahre.
Der neue Mensch steht im Zentrum aller Heilslehren. Er ist das Objekt der Erziehung und Aufklärung. Modelliert und geläutert wird er in Schulen, Schulungen, Internaten, bei mangelnder Einsicht im Lager oder Zuchthaus. Seine »Erziehung« kann auch mit dem Tod enden. Der richtige Mensch unterzieht den »Unmenschen« dort einer »Sonderbehandlung«.
Hermann Bruses »Neuer Mensch« wirkt rührend hilflos, ausgeführt wie eine lästige Hausaufgabe. 1949 malt er einen Arbeiter mit verschränkten Armen. Der Titel »Keine Hand für den Krieg« erinnert an die Streikparole »Alle Räder stehen still, wenn Dein starker Arm es will«. Hafenanlagen und ein Schiff verweisen auf Hamburg, der Ernst-Thälmann-Stadt, Hochburg der 1954 verbotenen West-KPD. Der offensichtlich gegen die Wiederbewaffnung der Bundesrepublik streikende Hafenarbeiter dient Bruse zwei Jahre später als Vorlage für den »neuen Eigentümer«. Kleine Retuschen – die Frisur ist kürzer, der Blick starrer, die Figur kompakter und straffer – entrücken die Gestalt in eine denkmalhafte Pose. Förderturm und rauchende Schlote sind dem sozialistischen Heiligenbild als Attribute beigegeben. Der hinzugefügte Titel und die Industriestaffage als Attribut behaupten die vollzogene Revolution der Eigentumsverhältnisse in der DDR: der ausgebeutete Lohnarbeiter als Eigentümer der gesellschaftlichen Produktion. Das Wort stellt Eindeutigkeit her im Sinne der »Propaganda fide«. Der Titel und die Deutung durch den marxistischen Kunstwissenschaftler geben dem Bild seinen einzig richtigen Sinn. Gemalt und gedeutet wurde auf wissenschaftlicher Grundlage. Hermann Bruse: »Klar und einfach ist unsere Wissenschaft, der Marxismus-Leninismus, klar und einfach wird auch unser Realismus sein« (Katalog H. B., Magdeburg 1979, S. 38). Der Kunstwissenschaftler Hermann Raum formuliert dem Maler das Thema: er habe »das Bild des Eigentümers aufzurichten, in dessen Haltung der praktisch notwendige Arbeitselan und das politisch notwendige Herrschaftsbewußtsein vereint sind« (H. R., Die Gestalt des Arbeiters in der Kunst der DDR, Bildende Kunst 11, 1976, S. 568).
Vorbild war die Porträtkunst der deutschen Renaissance im Zeitalter der »Staatsutopien«: »... im selbstverständlichen Repräsentieren des Kraft- und Zukunftsbewußtseins« schlage »Der neue Eigentümer« »eine Brücke zu Dürers ›Oswolt Krel‹, ist es eine Symbolgestalt der siegreichen Arbeiterklasse, wie jenes Kaufherrenporträt eine Symbolgestalt des um Freiheit und Selbständigkeit ringenden Bürgertums ist« (Helga Möbius, in: Albrecht Dürer – Kunst im Aufbruch, Leipzig 1972, S. 259). Albrecht Dürers »Selbstbildnis« schmückt programmatisch

das erste Heft der 1953 neu gegründeten Zeitschrift »Bildende Kunst«. Der angeblich »klassizistisch« linear und empirisch malende Dürer wurde in der DDR der fünfziger Jahre gegen den dunklen, expressiven Grünewald ausgespielt. Grünewalds Höllengesichte erregten schon das Mißtrauen der zeitgenössischen protestantischen Theologen. Martin Luther lehnte z.B. die fantastischen »Gesichte und Bilder« in der Offenbarung des Johannes ab und verweist auf das Beispiel der Apostel, die immer »mit klaren und dürren Worten« weissagen (vgl. Werner Hofmann). Aus Furcht vor dem magischen Bilderzauber gebot Calvin den Künstlern: »Es soll also nur das gemalt oder gebildet werden, was unsere Augen fassen können.« Das ist, wie Werner Hofmann ausführt, die Geburtsurkunde des Realismus im protestantischen Norden.

Die protestantisch asketische SED fürchtete die Parole des Mai 1968: »Die Fantasie an die Macht!« Deshalb bekämpfte sie bis zuletzt leidenschaftlich die ästhetischen Grenzüberschreitungen einer intermedialen Kunst, die auf die Straße, in die Öffentlichkeit drängte. Mit Hilfe der »materialistischen Ästhetik« legte die Partei die Künstler an die Leine einer pseudowissenschaftlichen »Widerspiegelungstheorie«, die Kunst als mechanisches Abbild der Wirklichkeit definiert. Ob diese Widerspiegelung wahr oder falsch ist, ob das Kunstwerk der Wirklichkeit entspricht, kann nur außerhalb der Kunst von der »kollektiven Weisheit« der Partei beurteilt werden. Sie allein definiert »ex cathedra«, was in der gegebenen politischen Situation z.B. am Porträt des »Neuen Eigentümers« typisch ist. Vom Künstler wird wie vom Wissenschaftler die Produktion von Erkenntnis erwartet. Dazu bedient er sich als Methode des Sozialistischen Realismus. Im Gegensatz zum »objektivistischen«, an den bloßen Tatsachen (»was unsere Augen fassen«) klebenden »bürgerlichen« Realismus spiegelt er die Realität in ihrer sozialistischen Perspektive wider. Die Kunst muß durch sinnliche Veranschaulichung der paradiesischen Zukunft über die erbärmliche Gegenwart hinwegtrösten. Der »Formalist« (dazu zählen alle Künstler der Moderne seit den Impressionisten) dagegen leugnet angeblich die Existenz der objektiven Welt und ihre Erkennbarkeit. Er verzichtet daher »absichtlich« auf ihre Erkenntnis (A. I. Sobolew, »Die Leninsche Widerspiegelungstheorie und die Kunst«, Moskau 1947).

Das Bild vom Künstler als »Ingenieur der Seele« (Stalin 1934) ist Ausdruck eines »sozialistischen Humanismus«, der den Menschen insofern in den Mittelpunkt stellt »als er total zerstört werden muß, damit das System stabil bleibt«, »erst dann kann er neu zusammengesetzt und aufgebaut werden« (Heiner Müller, Zur Lage der Nation, Berlin 1990, S. 14). Hans Mayer, von 1948–1963 Professor für Literaturgeschichte an der Karl-Marx-Universität Leipzig, hielt dagegen: »Die menschliche Seele ist kein Gegenstand, an den man einen Ingenieur heranlassen könnte... Hier sind... die spezifischen Arbeitsmöglichkeiten der Wissenschaft und Kunst verwechselt worden. (H. M., Rede auf der Konferenz der Literaturwissenschaftler in Berlin am 31. 5. 1956).

Die Warnung war vergeblich. Als Hans Mayer 1963 die DDR verließ, wurde als Schrittmacher der »wissenschaftlich-technischen Revolution« das »Neue Ökonomische System der Planung und Leitung« (NÖSPL) eingeführt. Der Planer und Leiter wurde zum Leitbild der sozialistischen Porträtkunst erklärt. Willi Sitte, dem wir den michelangelesken Arbeiterdemiurgen (»Chemiearbeiter am Schaltpult«, 1968) verdanken, schwört in seiner Selbstkritik 1963: »Meine ganze Kraft dem sozialistischen Realismus« (in: Freiheit vom 2. 2. 1963).

Auch Ernst Bloch mußte das Land verlassen. Im Dezember 1956 wäre er beinahe zusammen mit Wolfgang Harich und Walter Janka als »Verschwörer« gegen die DDR verhaftet worden. Das »Prinzip Hoffnung« (Prager Frühling z. B.) wurde ausgetrieben, beflügelte nicht mehr den »sozialistischen Gang«. Mit dem Ende der Ulbricht-Ära war das Land so verödet, daß sogar die Parteitheoretiker sich gezwungen sahen, den »subjektiven Faktor« wieder ins Spiel zu bringen. Das System stand vor dem Kollaps. Behutsame Retuschen am Allmachtsanspruch der Partei waren angesagt. Die Kunstwissenschaftler sprachen jetzt plötzlich vom »dialogischen Bild«, das den Betrachter als Partner des Künstlers ernst nehmen solle. Aber die Partei duldete niemals ein kritisch-distanziertes Beiseitestehen der Künstler. Sie verlangte »aktive Mitkämpfer«, »leidenschaftliche Mitstreiter« für die Sache des Sozialismus (Erich Honecker auf einer der rituellen »Beratungen« mit Kulturschaffenden am 21. 9. 1984). Daran hatte auch die im Dezember 1971 verkündete, vielzitierte Honecker-Formel – Weite und Vielfalt ausgehend von der festen Position des Sozialismus – nichts geändert. Ein halbes Jahr später, im Juli 1972, schränkte Kurt Hager ein: »Wenn wir uns entschieden für die Weite und Vielfalt aller Möglichkeiten des sozialistischen Realismus, ... so schließt das jede Konzession an bürgerliche Ideologien und imperalistische Kunstauffassungen aus«. Die Ausbürgerung Wolf Biermanns 1976 und der darauf folgende Exodus unzähliger Schriftsteller und Künstler beendete brüsk die Politik der minimalen Zugeständnisse an geistigen Freiheiten.
Offener Widerstand war in diesem geschlossenen System nicht möglich. Schon gar nicht mit den subtilen Mitteln der Malerei. Der Verzicht auf öffentliche Wirkung, auf Karriere als Hochschulprofessor oder gar Rektor war der Preis für die Verweigerung der Dienstverpflichtung für die Sache des Sozialismus. Man lebte in einer doppelten Wirklichkeit. Die innere geistige Souveränität wurde nach außen abgestützt durch ein gerade noch erträgliches Sich-Anpassen an die gegebenen Machtstrukturen.
Die Maler und Bildhauer waren zunächst vollauf damit beschäftigt, das Anfang der fünfziger Jahre erneut als »entartet« inkriminierte Potential der Moderne für sich wiederzugewinnen. Wie Kassiber zirkulierten Bücher und Kataloge über moderne Kunst durch die Ateliers. Über die noch lebenden Altmeister der Moderne, soweit sie im Land blieben, und nach dem Mauerbau mehr oder weniger aus zweiter Hand erfahren, werden Ende der fünfziger Jahre der Impressionismus, dann in den sechziger wie siebziger Jahren der Expressionismus, Verismus, Surrealismus und die Abstraktion und schließlich in den achtziger Jahren intermediale Kunstformen, Aktionskunst, Environment unter vielen Rückschlägen durchgesetzt.
Andere emigrierten weit in die Kunstgeschichte zurück und unterliefen, vergleichbar mit den römischen und Florentiner Manieristen zur Zeit der Gegenreformation, das parteilich geforderte Thema mit formalen Kühnheiten und beißendem Sarkasmus (z. B. Werner Tübke). Wer, wie Wolfgang Mattheuer, über Jahrzehnte aus einer ethisch-moralischen Haltung heraus mit politischen Metaphern und Parabeln die gesellschaftlichen Konflikte deutlich zur Anschauung brachte, wurde in die Resignation getrieben: »Ich kann nicht jubeln und kann auch nicht ›Ja‹ sagen, wo Trauer und Resignation, Mangel und Verfall, Korruption und Zynismus... das Leben prägen und niederdrücken und wo... jede Änderung heute und für die Zukunft ausgeschlossen ist«, schrieb er im Herbst

1988, bereits ein Jahr vor dem Ende des Regimes als Begründung für seinen Austritt aus der SED.
Auch die Opposition war zutiefst protestantisch geprägt. Vergleichbar mit den Künstlern der inneren Emigration im Dritten Reich zogen sich viele von der äußeren in die innere Welt ihrer Kunst zurück. Sie lebten in eremitenhafter Abgeschiedenheit am Rande der Gesellschaft und verweigerten alle Kompromisse. Die feinsinnige Intimität schlichter Stilleben steht neben dem expressionistischen Ecce-Homo-Pathos und dem Porträt des Künstlers als exemplarisch Leidender an der Gesellschaft. Das »Eigentümliche« dieser neuen Empfindsamkeit, wie man sie in den Tälern des Erzgebirges, der Oberlausitz, Thüringens und anderswo finden kann, »liegt in dem Einziehen der äußeren Welt in das Innere der Seele, die bereit ist, jeden äußeren Eindruck als ein schöneres Bild zurückzustrahlen und damit die Wirklichkeit zu übergießen« (Ulrich Christoffel, Deutsche Innerlichkeit, München 1940, S. 8). Die Innerlichkeit, von der Max Scheler (Von zwei deutschen Krankheiten, 1919) einmal sagte, sie sei der einzige »Luxus der Dienenden und Gehorchenden«, wurde zur letzten Rückzugsposition angesichts eines alle Teilbereiche der Gesellschaft funktionalisierenden Sonnenstaates.
Man war arm, dafür aber reich an inneren Werten und hatte dazu die Moral auf seiner Seite und den Nimbus des Außenseiters. Diese Kultur bewahrende und schützende Haltung war unter den Bedingungen des real existierenden Sozialismus durchaus politisch. Die Behauptung einer unabhängigen Existenz, wie sie Altenbourg, Penck, Peter Graf und Peter Herrmann, Hans-Peter Hund u.v.a. vorlebten, stärkte unzählige in ihrer Haltung.
Die abgeschlossene DDR-Landschaft beflügelte auch Fantasien, Träume, Hoffnungen und Illusionen. Die heute in Berlin lebende Dresdner Malerin Cornelia Schleime erzählte dem Maler und Filmemacher Lutz Dammbeck, der jetzt in Hamburg lebt, die folgende Geschichte in seinem Film »...der Maler kam aus fremden Land...« (Hamburg 1989): »Ich war mit dem Ralf Kerbach an der Ostsee über Silvester. Da machte er so Nachtspaziergänge und kam völlig aufgelöst zurück und sagte: Stell dir doch mal vor, ich glaub' ich hab' Schweden gesehen. Das sind die Lichter von Schweden. Das war für mich das einzige Gleichnis, was für mich tragend ist zwischen Ost und West, das mich wirklich berührt hat. Man guckte und hatte irgendwie wenigstens ein Stück erhascht von diesem Dahinter, also von diesem Licht. Und so sind wir dann da gelaufen, waren ganz glücklich. Am Ende des Urlaubs saßen wir in einer Kneipe und wir hatten eben Schweden gesehen, ja. Und da sagte so ein Bauer: Naja, ihr seid ja schöne Idioten, det sind ja die Patrouillenboote ja...«
Das alles ist jetzt vorbei. Utopien, Träume und vertraute Feindbilder sind zusammengebrochen. Für die Zukunft der Kunst im anderen Teil Deutschlands kann man nur an Nietzsches Vorrede zur Fröhlichen Wissenschaft erinnern, die vom Glück des Genesenden handelt, der sich nach langer Krankheit und Zweifeln endlich von seinem Lager erhebt und sich der Welt neu zuwendet: »Wie unserem Geschmack der ganze romantische Aufruhr und Sinnenwirrwarr... fremd geworden ist. Nein, wenn wir Genesenden überhaupt eine Kunst noch brauchen, so ist es eine... spöttische, leichte... unbehelligte...«

Abgeschlossene Landschaft

Diether Schmidt im Gespräch mit Eckhart Gillen

E. Gillen: Wie war die Situation Anfang der fünfziger Jahre?
D. Schmidt: Gerade die von den Nazis verfolgte Künstlergeneration hatte es in der DDR besonders schwer. Bis auf die Dresdener Kunstausstellung Kühl, wurde der private Kunsthandel liquidiert. Das völlige Angewiesensein auf den staatlichen Auftrag, später den Staatlichen Kunsthandel und die Duldung in öffentlichen Ausstellungen war ein demütigendes Verfahren, das viele der älteren Künstler, wie z. B. Herbert Behrens-Hangeler, in eine zweite innere Emigration trieb und dazu führte, daß sie lange Zeit überhaupt nichts mehr von ihrem Werk zeigen wollten, selbst als sie es wieder durften. Es hat Jahrzehnte gedauert, bis diese vergessenen Künstler gleichberechtigt neben den Jüngeren wieder in Ausstellungen erschienen oder ihre eigenen Ausstellungen bekamen, bis also die künstlerischen Maßstäbe der Nachkriegskunst in der DDR wieder zurechtgerückt werden konnten. Dieser Prozeß der Rehabilitierung ist immer noch im Gange: Werner Schmidt, Generaldirektor der Staatlichen Kunstsammlungen Dresden, stellt im Herbst 1990 unter dem Titel »Ausgebürgert« die Künstler aus, die zwischen 1949 und 1989 die DDR verlassen haben bzw. verlassen mußten.
G.: Wie hat sich die aus der Sowjetunion importierte Doktrin des Sozialistischen Realismus auf die Kunstproduktion in der DDR ausgewirkt?
S.: Die Russen waren ja aus ihrer asiatischen Tradition heraus immer beunruhigt, schon durch Peter I., der an der Peripherie des Reiches klassizistische, also aufklärerische Architektur und Kunst einführte. Im Grunde war die Sehnsucht zurück zu den Bojaren immer stark in Rußland. Ich sehe in diesem Sozialistischen Realismus, der sich auf das 19. Jahrhundert, auf die Künstler der sogenannten Wandererbewegung hauptsächlich, bezieht, eine Art Heimkehr in den Byzantinismus. Wenn man Ostkirchen- mit Westkirchen-Kunst vergleicht, ist schon im frühen Mittelalter in Europa diese Polarisierung angelegt: da wird in der westeuropäischen katholischen Welt noch etwas von dem antiken Individualismus bewahrt, der im Osten unter mehr asiatischem Einfluß von Anfang an keine Chance hatte.
Das nun aber auf Deutschland zu übertragen, wo die Nazis gerade mit Erfolg versucht hatten, die Volksgemeinschaft zu etablieren, das war der größte Blödsinn, den man machen konnte. Dagegen wehrten sich die Künstler massiv, anfangs aber nahezu erfolglos, da alle Machtmittel bei den Indoktrinatoren lagen. Selbst der so experimentierfreudige, in der Nachfolge des Kubismus arbeitende Maler Hans Kinder leistete auf der III. Deutschen Kunstausstellung 1953 in Dresden mit dem unsäglichen Demonstrationsbild »Weltfestspiele 1951« seinen Tribut – das war wirklich der Tiefpunkt von Demoralisierung der Künstler. Es gab aber auch Leute wie Wilhelm Lachnit, der fast zur gleichen Zeit seine kleinen Strandbilder malte und unbeeindruckt wie ein Piepmatz sein Lied sang, gar nicht danach fragte, ob es den Kunstfunktionären gefällt. 1954 wurde er als Professor an der Kunstakademie in Dresden entlassen, zog sich zurück und machte, wie sein Schüler Jürgen Böttcher-Strawalde, seine eigene kleine Akademie mit Freunden, gemein-

samem Modell und Diskussionen. Der Druck der Verhältnisse führte schon früh die Geschädigten zusammen.
Diese privaten Freundeskreise haben nichts von Nischengesellschaft, da muß ich der These von Gaus energisch widersprechen. Das war nicht Nische, sondern die Überwindung des Ausgeschlossenseins, erst in kleineren, dann in größeren Kreisen, dann in der Öffentlichkeit privater Zimmergalerien. Bei Kühl waren die Eröffnungen manchmal so überfüllt, daß man befürchten mußte, die Decken brechen ein. Dieser Hunger nach einer Bestätigung des eigenen Gefühls, nach irgend einer Berührung war ja ein Versuch, im Gespräch über Kunst der Gefahr des Alleinseins in der Nische zu entgehen. Diese Diskussionen, die über Kunst zu Lebensfragen Stellung nahmen, und die Tatsache, daß so viele Leute unkontrolliert zusammenkamen, machte die Funktionäre nervös.
G.: War die klassische Moderne überhaupt noch präsent in den Museen der DDR?
S.: Von den beschlagnahmten Werken der Aktion »Entartete Kunst« hatte die Staatliche Galerie Moritzburg einiges zurückerworben, bis dies nach 1949 verboten wurde. Das ist neben der Nationalgalerie in Ost-Berlin und der Galerie Neue Meister in Dresden der wichtigste Bestand.
G.: Der Maler Reinhard Stangl erzählt in einem Interview (Kursbuch 99, März 1990), daß während seines Studiums in Dresden Anfang der siebziger Jahre gerade die Literatur über den Expressionismus in der Hochschulbibliothek zur Benutzung freigegeben worden sei.
S.: Ja es war so weit gegangen, daß den Akademieschülern in Dresden nicht einmal Bücher über Renoir oder Van Gogh ausgeliehen wurden, weder in der Zentralen Kunstbibliothek der Kunstsammlungen, noch in der eigenen Bibliothek der Hochschule. Dadurch wurde die ganze klassische Moderne auf extreme Weise zu einer verbotenen Frucht, die einen seltsamen Reiz ausübte. Maler wie Walter Womacka wurden für größere Bevölkerungskreise populär, weil sie in homöopathischer Dosierung ein bißchen Nolde, Pechstein usw. mischten. Das war wie ein modernes Gewand über einem Heldendenkmal. Im Grunde machte Willi Sitte nichts anderes als der Arno Breker. Die Werktätigen als Kasernenspind-Helden, Bumsszenen und all diese Barras-Träume lassen den alten Nazigeist sichtbar werden. Wenn diese bekannte Materie sozusagen im modernisierten Gewand angeboten wurde, konnten die Funktionäre damit was anfangen.
G.: Breker und Sitte hatten beide vielversprechende Anfänge.
S.: Breker war durchaus ein empfindsamer Porträtist. Mit Kolbe und Scheibe hatte sich die deutsche Bildhauerei ja schüchterner entwickelt, nicht so heftig wie die Malerei, und da stand er durchaus in der hoffnungsvollen Reihe der Jüngeren, bis er dann zum opportunen Mittäter wurde.
G.: Gab es überhaupt eine Auseinandersetzung mit der nationalsozialistischen Kunst?
S.: Das war selbst für interessierte Kunsthistoriker äußerst schwierig, weil man nicht an das Material herankam, das in den Giftschränken der Bibliotheken und Archive verschlossen war. Man brauchte spezielle Genehmigungen mit detaillierten Begründungen des Vorhabens. Es gab Bestimmungen, die den Antiquariaten auferlegte, alle Bücher zwischen 1933 und 1945 zu vernichten.
G.: Sollten auf diese Weise unerwünschte Vergleiche verhindert werden?
S.: Das glaube ich nicht. Es gab die pauschale Beurteilung des Faschismus und die

pauschale Deklaration des eigenen Regimes als antifaschistisch, ohne dabei näher zu definieren, was man damit meinte. Schon in den zwanziger Jahren hatte sich die Unfähigkeit der KPD zur theoretischen Analyse gezeigt. Beide Regime haben die Arbeiterbewegung als Gewerkschaft und als autonome Klassenorganisation abgeschafft.

G.: Welche Rolle spielten Künstler wie Max Beckmann oder Otto Dix?

S.: Beckmann wirkte vor allem als Zeichner durch seine Bestimmtheit und spröde Distanziertheit zu den Dingen. Bei Dix war es das Standhalten dem Vorgang der Geburt, des Sterbens, alles auszuhalten, aus allem ein Bild zu schaffen.

Für die um 1930 Geborenen wurden Künstler wie Henry Moore, Marino Marini, Giorgio Morandi und Alberto Giacometti wichtig. Sie suchten etwas, was am Gegenstand festhielt, was menschliches Schicksal beschwor, was mittelbar auch die Zeit deuten half, aber vor allem bestärkte, als Individuum in diesen beengten Verhältnissen der DDR zu überleben. Giacometti gehörte zu den wenigen wirklichen Geheimtips. Von der Pariser Szene aus betrachtet, hatte er sich auch aus den ästhetischen Prozessen abgesondert, hatte sich wiederholt, seine ewige Unzufriedenheit mit seiner Unfähigkeit zur Vollendung zum Gestaltungsprinzip gemacht: immer wieder ansetzen, wissen, man wird nicht fertig mit dem Phänomen Mitmensch, dem Gegenüber, begeistert sein von der Schönheit und dann die Wahrnehmung des Lebens zum Tode hin, der Schädel bleibt übrig, die Augen flackern noch. Die von Giacometti u. a. beeinflußte unprätentiöse, intime und leise Kunst hatte ihre Parallele in der Lyrik von Stefan Hermlin, Heinz Czechowski oder in der reflexiven Prosa von Christa Wolf. Manchmal war eine Ausstellung dieser stillen Künstler wie ein Kuraufenthalt. Man hatte das Gefühl, es fällt einem Ballast von der Seele. Es war nicht nur eine Leidenszeit, es war auch eine Zeit des Triumphes und des Gewinns.

1 Hans Kinder, Weltfestspiele 1951, 1953

G.: Die Kunst in der DDR erscheint vom Westen aus betrachtet, entsprechend einem Gedichttitel von Heinz Czechowski wie eine abgeschlossene Landschaft, vergleichbar dem Biotop auf dem seit 40 Jahren stillgelegten Potsdamer Güterbahnhof in Berlin, wo angeblich über 400 in Europa längst ausgestorbene Pflanzenarten überlebt haben. Abgeschirmt von der Hektik und Innovationssucht des westlichen Kunstmarktes, hat sich in der DDR ein Schonbezirk für unspektakuläre, Traditionen wahrende Kunstformen erhalten. Günter Grass sprach davon, in der DDR werde erkennbar deutscher gemalt. Bestand nicht auch die Gefahr, im eigenen Saft zu schmoren, in provinzieller Borniertheit zu erstarren?
S.: Wir vollzogen in dieser abgeschlossenen Landschaft unfreiwillig frühere kulturelle Verhältnisse nach, die wir sonst gar nicht begreifen könnten, etwa der Abgeschlossenheit einer Florentiner oder einer römischen Kunstlandschaft oder der Donauschule. Das paßt natürlich nicht mehr in unsere sehr umtriebigen Zeiten, aber man kann daran studieren, wie sich geringere Wanderschaft und Beweglichkeit auswirken. Ohne das jetzt idealisieren zu wollen, sehe ich in der Konzentration auf sich selbst auch einen Vorzug. Auf der anderen Seite war der Druck der inneren Verhältnisse so stark, daß die Künstler nicht wirklich frei werden konnten und die Auseinandersetzungen sich in einer Art verquälter Reibung vollzogen.
Aber ich schätze an vielen Künstlern in der DDR, besonders aus der Dresdner Szene, so aufrichtig zu sein, ihrer Kunst nicht künstlich eine Welthaltigkeit aufzudrücken, sondern von dem Ort aus, an dem sie geboren sind, auszugehen und auf die innere Wirkung zu vertrauen. Gerade in Dresden war das Gefühl, an einem Ort im Wettstreit zu sein – nicht nur innerhalb der Akademie, sondern mit allen am Ort ansässigen Künstlern – letzten Endes mit dem Ort zu kämpfen, sehr wichtig. Es ist etwas Geheimnisvolles, wie eine Stadt auf die Gemüter wirkt. Kultur kann man nur machen im Wettstreit mit einer kritischen Masse von Gleichstrebenden oder Konkurrierenden.
Wenn man die Avantgarden am Beginn unseres Jahrhunderts ernst nimmt in ihrem Bestreben, neue Traditionen zu schaffen, dann ist dieser Bruch mit der Einstellung des 19. Jahrhunderts, der da vollzogen worden ist, kein Bruch mit Traditionen überhaupt, sondern eine Besinnung auf das, was Kunst auch schon früher einmal war: nicht ein Abbilden, sondern ein Deuten der Welt. Das bedarf aber immer neuer Prozesse des Einschmelzens. Ohne Konventionen kommt doch keine Kunst aus, kann sie gar nicht auf die Gesellschaft einwirken, sie führt dann nur zu Absonderlichkeiten und Geniekult. Ich habe immer die These von Will Grohmann bezweifelt, Dürers Rasenstück oder Häschen sei nun für die ganze Menschheitsgeschichte erledigt, das könnte kein anderer mehr machen. Warum kann nicht jeder sein Rasenstück und sein Häschen entdecken? Diese elementare Freude an taktilen Werten, am Leben schlechthin, ist sie damit erledigt, daß sie einer auf seine Weise ausgesprochen hat? Die ganze Lyrik spricht immer wieder von Sonne, Mond und Sternen und von Kuß, Liebe, Umarmung, Haß und ich weiß nicht was, von Gefühlen und Erlebnissen an den Dingen. Einen anderen Stoff hat sie gar nicht, und da würde es auch keinem einfallen zu sagen, diese Vokabeln müssen nun gestrichen werden, die sind schon einmal gebraucht worden.
G.: Diese Einstellung vieler Künstler in der DDR setzte aber eine moralische Haltung voraus, die mit moralischen Erwartungen von Orientierung und Lebens-

hilfe auf der Seite des Kunstpublikums korrespondierte. Vom westlichen Kunstbetrieb aus gesehen, wirkt daher die Kunst in der DDR manchmal befremdlich, merkwürdig anachronistisch.

S.: Ja, der Druck der Verhältnisse verlangte von den Künstlern eine entschiedene Haltung, eine Art Lebenshilfe, die darauf hinauslief, vorhandene unformulierte Bedürfnisse zu befriedigen; diesen Anspruch hatten die Leute an die Kunst. Im nachhinein wird man vielleicht erst feststellen, wie stark in der Kunst der DDR Zeitgeschichte aufgearbeitet worden ist, wie sehr moralisiert und reflektiert wurde.

Anfangs mußten sich die Künstler mit der Erwartungshaltung der Parteioffiziellen und der Entlarvung von deren Verlogenheit auseinandersetzen. Von da kam man dann zu der Frage: Kann Kunst zu einer Art Zuchtrute der Nation werden? Ist es nicht Aufgabe der Kunst, Gesellschaft ganz von unten herzustellen, durch das Begreifen gemeinsamer Empfindungen? (Was für eine große, interessante Landschaft ist ein menschliches Gesicht!) Von daher könnte man wieder ein neues sinnlich-haptisches Weltvertrauen aufbauen, die Dinge wirklich greif-bar, begreifbar machen durch Kunst.

Ich denke, diesen ganzen Komplex muß man berücksichtigen, wenn man den Bruch jetzt in der DDR beobachtet hat. Er wurde auch durch die Künstler vorbereitet, nicht inspiriert im Sinne dieser komischen Funktionärsvorstellungen, als könnten die Künstler die Leute auf die Barrikaden treiben, das nicht! Die Kunst hat eine Schärfung der Sinne, eine Stärkung des Selbstvertrauens bewirkt. Diese Haltung droht nun in einem vereinigten Deutschland unterzugehen, wenn die Macht des Marktes auch in der DDR herrscht. Andererseits kann sich die Beunruhigung unter den Künstlern, die die Öffnung mit sich bringt, auch produktiv auswirken. Mit dieser fast religiösen Haltung – nicht im Sinne von Kirchengläubigkeit, sondern als Bindung, als Angebot an eine orientierungslose Öffentlichkeit –, sich wieder auf den Mitmenschen einzulassen, könnte Kunst aus der DDR, wenn man sie hier erst richtig sichtbar macht, auch für die Westdeutschen ein Stück Humanisierung bedeuten.

G.: Von außen betrachtet hat man den Eindruck, die Dresdner Künstler opponierten gegen ihre politische Einvernahme mit der Verweigerung gesellschaftlicher Konfliktbilder, während die sogenannte Leipziger Schule republikweit populär wurde durch die Thematisierung gesellschaftlicher Widersprüche in allegorisch-literarischen Mehrfigurenbildern.

S.: Ja und nein. Das darf man nicht nur stofflich sehen. Die Leipziger haben nicht nur eine Erwartung bedient, sondern sie haben sie ironisch aufgenommen und unterwandert. Mit Werner Tübkes »Lebenserinnerungen des Dr. jur. Schulze« war nicht nur die Abrechnung mit einem davongekommenen Faschisten und Schreibtischtäter gemeint, sondern durchaus auch eine Kritik an Funktionären. Diese Art von Hinterfotzigkeit, mit der den Herrschern mit dem genehmen Thema etwas untergejubelt wurde, war überhaupt in der DDR weit verbreitet. Daraufhin muß man die Kunst in der DDR noch einmal neu durchsehen.

Ich fand es sehr bezeichnend, daß die Liberalisierung auf dem Gebiet der Bildenden Kunst in der Anfangszeit von Honecker nach 1971 einherging mit einer fortbestehenden Wortangst. Den Funktionären erschien die Interpretation eines Bildes, einer Skulptur weitaus gefährlicher, als die Sache selbst unkommentiert auszustellen. Wenn man sagte, was zu sehen ist, schlugen sie wild zu, und das führte dazu, daß die Künstler es gar nicht mehr so genau gesagt haben wollten, was sie meinten, was da eigentlich noch im Hintergrund steht. Sie wollten es lieber in diesem Numinosen, das die Kunst ja auch umgibt, belassen.

G.: Mitte der achtziger Jahre war Kunst aus Leipzig für die Westdeutschen noch fast identisch mit DDR-Kunst. Malerei aus Dresden kam, abgesehen von den Ausstellungen in der Galerie Hedwig Döbele, Ravensburg und der Sammlung in Albstadt, nur sehr sporadisch in den Westen.

S.: Das lag auch an den Einreisebedingungen der DDR. Viele Westdeutsche kamen regelmäßig zur Leipziger Messe, haben sich dann an den Abenden in den Ateliers umgesehen und daraus eine falsche Perspektive gewonnen. Nach Dresden fanden nur wenige den Weg.

Was sich in den vielen kleinen Galerien seit Anfang der siebziger Jahre mit ihren Faltblättchen oder bloß Einladungskarten abgespielt hat, kann ja hier gar nicht in ein breiteres Bewußtsein gedrungen sein. Allenfalls wurden alle fünf Jahre die großen Kunstausstellungen in Dresden wahrgenommen mit ihrer gremiengesteuerten, parteipolitisch bedingten Auswahl. Selbst hinschauen, in eine Kunstszene eindringen, das hat Eberhard Roters, das haben Sie gemacht, der Hagenlocher mit seiner Sammlung Dresdner Zeichnungen und Grafik für Albstadt, aber doch nur wenige. Diese Fixierung auf Westkunst hat, bei allen Bedenken gegen einzelne Entscheidungen, Peter Ludwig aufgebrochen, das muß man gestehen. Er hat zwar auch mit Vorliebe Leipziger gekauft, aber doch wenigstens mit der Absicht, jenseits dieser ersten Entscheidung noch zu anderem zu kommen.

G.: Nach Auflösung der Weimarer Kunstschule 1951 blieben als Ausbildungsstätten für bildende Künstler noch Dresden, Leipzig, Halle und Berlin. Die Burg Giebichenstein in Halle war traditionell von den angewandten Künsten bestimmt. Liest man Künstlerbiografien, scheint die Kunstakademie Dresden, als Verwalterin einer großen Malerei-Tradition, neben Leipzig die Hauptlast der Künstlerausbildung in der DDR getragen zu haben. Welche Rolle spielte Ost-Berlin?

S.: Dieser Teil der Stadt war keine bevorzugte Wohngegend für Künstler. Die saßen eben in Wilmersdorf, Schöneberg, Zehlendorf usw. Erkner, Friedrichshagen und Pankow waren Ausnahmen. Die Wahl Prenzlauer Berg, die Käthe Kollwitz und später Herbert Tucholski getroffen haben, kam erst seit den sechziger Jahren in Mode.

Ein Phänomen war für mich, wie schnell die Generation um Manfred Böttcher, Harald Metzkes und Hans Vent, die aus Thüringen, vor allem Weimar, Bautzen und aus Dresden kamen, sich zu ›berlinisieren‹ vermochte, bis hin zu Manfred Butzmann, Leber und Lothar Böhme. Da hat sich seit Ende der fünfziger Jahre eine eigenständige, berlinische Szene herausgebildet, die Berlins Funktion als Schmelztiegel bestätigt. Es gab jedenfalls kaum ganz üble opportune Pinsler. Fritz Dähn hatte in Berlin zwar versucht, sein Kratzfüßchen zu machen, er ist aber an Berlin eher gescheitert als in Dresden. Dort wurde er mit offenen Armen aufgenommen, dieser Hochstapler: kam, sah und siegte mit einer Radierung im Köfferchen.

Erschütterte Landschaften
Über deutsche Mentalitäten

von Klaus Strohmeyer

Nach der Maueröffnung liegen in den West-Berliner Buchläden Theodor Fontanes »Wanderungen durch die Mark Brandenburg« obenauf und Hans Scholz' »Wanderungen...«, die der damalige Kulturredakteur des Berliner Tagesspiegels in den siebziger Jahren ganz gegen den aktuellen politischen Zeitgeist auf den Spuren Fontanes unternahm, um sich der vergessenen Landschaft ringsum wieder zu versichern, sind beim Verlag vergriffen. Es scheint, als habe eine Konkurrenz des Erinnerns begonnen: Man muß sich entscheiden, wie tief man bei der Neuentdeckung des Umlandes, ja des ganzen erschütterten Drittelstaates, der da im Wohlstandsschatten des komfortablen, selbstgerechten Zweidrittelstaates liegt, in die Vergangenheit eintauchen will.

Die idyllischen DDR-Dörfer und -Städte der Umgebung sind ›im Geiste‹ schon ausverkauft, nicht unbedingt nur, weil das ein gutes Geschäft zu werden verspricht, sondern weil jeder streunende Westbesucher sich ein Stückchen Kindheitserinnerung zurückholen möchte – um es dann mit Bedacht, vor allem mit der Ordnungslust und dem Sparguthaben des Wohlstandsbürgers, in guter Absicht endgültig zu zerstören.

Er kann allerdings nicht verhindern, daß er mehr kauft als ihm lieb und wert ist: Er erwirbt die verstrichene Zeit mit all den historischen Konturen und Verlusten, deren Schatten im Westen schon lange übermalt wurden. Diese ungewünschte, schon lange abgelegt geglaubte Geschichtslast macht seinen Traum von der angehaltenen, zurückgeholten Zeit zunichte. Was aus den Schichten, die unter unserer modernen Oberfläche verdeckt und verdrängt liegen, jetzt wieder zum Vorschein kam, so unverstellt und unbearbeitet, läßt wahrhaft tief blicken. Und drüben, in jener zerfallenen, sozialistischen Utopie mit der mitleiderregenden Gestalt, die sich aus guten und schlechten Gründen dem Modernsein verweigert hatte, noch tiefer.

Dort ist die Zeit für manchen, der mit seiner unbewältigten Gegenwart alleingelassen wurde, auf früher Stufe stehengeblieben, weil ihn der ideologische Wunschhorizont der DDR nicht ergriff und einbezog. Nationalistische Ressentiments und unverhohlene Neidgefühle, das sind Ausdrücke eines unhaltbar gewordenen Modernitätsmoratoriums, einer mit den Produktionsanlagen hoffnungslos veralteten Weltanschauung, eng und provinziell, mühsam horizonterweitert mit ein paar dürren Floskeln von Internationalismus, die hinter dem Kosmopolitismus der Aufklärung noch zurückhinken. In punkto sozialer Verantwortlichkeit auf dem Stand des Frühkapitalismus: Am schmerzlichsten traf die DDR-Bevölkerung, daß die moralische Überlegenheit und politische Fortschrittlichkeit ihres Sozialismus noch nicht einmal auf dem Felde kapitalistischer Erbsünden standhielt; im Umgang mit Natur und Mensch, selbst am Arbeitsplatz, erwiesen sie sich als ideologische Makulatur.

Diese Gesundheit und Moral aufzehrenden Arbeitsbedingungen, das grotesk anmutende Flickwerk von praktischen und politischen Reparatur- und Ersatz-

handlungen, konnten über die Jahre nur ausgehalten und mühsam ausgeglichen werden mit der Fiktion von der ethischen Überlegenheit des eigenen, von der Menschenverachtung des kapitalistischen Systems.
Hier liegt der Kern der persönlichen Verletztheit, die uns jetzt überall begegnet, in der Erschöpfung und Zerrüttung der Staatsideologie, die für alle Entbehrungen doch wenigstens ideell Kompensation versprach. Daß zudem der Generalsekretär und Staatsratsvorsitzende und Vorsitzende des Nationalen Verteidigungsrates von seinen Ämtern das Verständnis eines absolutistischen Fürsten hatte, der weder delegieren konnte noch wollte, der nach eigenem Ermessen nahm und austeilte, zeigte eine weitere anachronistische Bruchstelle des Systems. Ob sich ihm außerhalb seines Autofensterhorizontes, bis zu dessen Höhe die Straßen der »Protokollstrecken«, durch die er täglich chauffiert wurde, renoviert wurden, die politischen Perspektiven erweitert hätten, muß bezweifelt werden.
Nach Horst Eberhard Richter waren die Westdeutschen nach dem Krieg Amerikaner geworden, hatten sich aus den Trümmern der Niederlage in eine Welt hineingewünscht, in der es nach dem Bilde der Sieger und Befreier Kaugummi und Nylonstrümpfe, Swing und Lässigkeit, Zigaretten und Selbstbewußtsein gab und eine Aussicht auf Vergessen und neue Werte. Wir hatten Glück, weil Wohlstand ein besserer Pädagoge ist als Mangel, weil wir von den amerikanischen Verlockungen zur Demokratie verführt wurden, während die Ostdeutschen nach der Maßgabe ihrer vom Nationalsozialismus ausgeplünderten Erzieher statt Süßigkeiten nur Moral geboten bekamen und die Lehren und Ermahnungen von Gefolterten und Opfern und die Maximen einer Siegermacht, die ihre Revolution in der Bürokratie beerdigt hatte und die der Sieg ärmer gemacht hatte als die Verlierer.
Das Ergebnis: Nach dem Zusammenbruch der nationalsozialistischen Ersatzreligion, die in einer Größenphantasie deutsche Traditionen und Verspätungen mit dem industriellen Aufbruch und seinen Leistungsanforderungen versöhnen sollte, standen die beiden Identitätsangebote aus Ost und West in einem durch und durch ungleichen Wettbewerb. Hier die moderne Variante liberaler Erziehung durch Belohnung und Zuwendung, dort die altbackene Variante autoritärer Erziehung durch moralische Vorhaltungen und, wenn die nichts nützen, durch Stock und Stubenarrest. Hier die Erziehung zu Reichtum und Wohlstand mit dem unmerklichen Zugewinn an Demokratie und Selbstbewußtsein, dort die Erziehung zu Anpassung und Willfährigkeit mit dem merklichen Anwachsen von Verweigerung und Auflehnung. Nein, die sowjetische Erziehungsutopie, die schon im Kreißsaal damit beginnt, die Säuglinge in den Kokon eines Steckkissens zu zwängen und zur Bewegungsunfähigkeit zu verdammen, hatte offenbar keine Chance, für die zu Erziehenden zur eigenen Identität zu werden und die mitgebrachten Autoritätsfixierungen aufzulösen. Es konnte sie im Gegenteil in einer Art psychologischen Recyclings wieder- und weiterverwenden.
Allerdings mit einem Unterschied, der nicht unterschlagen werden darf: Dem utopischen Impetus des real verkümmerten Sozialismus fehlte die böse Absicht, die kriminelle Energie. Die Nazis, die am Ende Gift nahmen, wußten, daß kein Gericht sie von den verübten Verbrechen würde freisprechen können. Die eisern aufrecht erhaltene sozialistische Utopie, die schließlich nur noch mit Polizeimitteln als Staatsraison aufrecht erhalten wurde, war dagegen ja der Anerkennung und eines Versuches wert gewesen.

Bei aller notwendigen Suche, Identität läßt sich nicht ausschließlich aus der Vergangenheit beziehen und schon gar nicht mehr über die Fixierung auf das Nationale und Einheitliche gewinnen, sondern muß sich heute auf das übernational Verbindende stützen, das Verschiedene tolerieren und gegen schlechte Vereinfachungen bewahren. Dabei kam und kommt den Künsten als ästhetisches Gedächtnis der historischen Irrwege und Fehlleistungen, der Traumatisierungen und verschütteten Ansätze zum Besseren, auch als ästhetischer Einspruch gegen Verfestigtes, Eingefahrenes, gegen deformierte und schlechte Wirklichkeiten, gegen falsche Gewöhnungen und bequeme Vereinseitigungen, gegen eine einzige, verewigte Wahrheit, als Seismograph und Sensibilisierungsmedium für das Andere, das Fremde, das Vergessene und das Zukünftige eine unverzichtbare Rolle zu.

In den Kunst-Landschaften der DDR-Maler jenseits aller glatten, plakativen Realismen, jenseits aller parteilichen Zeit- und Historienmalerei ist die Belastung des Bodens sichtbar, sind die Schattenfiguren der Geschichte nicht ausgeblendet, die langaufgestauten Widerstände, die in den letzten Monaten aufgebrochen sind, nicht übermalt, sind die Mythen nicht angepaßt worden, blieb der Katalog der Schrecken und Verstörungen, Visionen und Irrwege aus deutscher Entwicklung unterhalb der geschichtsoptimistischen Doktrinen auffindbar.

»Das zweite Gesicht« Wolfgang Mattheuers (1970) ist das ängstlich-skeptische des Zeit-Genossen unter der Hülle der politisch verordneten Maske mit dem steifgewordenen Lächeln, genauer: das nackte, unverstellte Alltagsgesicht im Pappkarton der Ideologie mit der aufgemalten vorgegebenen offiziellen Mimik; die Wahrheit ist nur sichtbar geworden, weil der Deckel der magischen Propaganda-Box unversehens aufgesprungen ist und einen Blick zur Ent-Täuschung freigibt. Es ist ein Akt beiläufiger Entzauberung aller idealistisch entstellten Existenzform, in der das Subjekt durch die politische Bevormundung zum Dauerlächeln gezwungen wird. Wir sehen zur Seite herein, frontal wäre das zweite, das metaphysische, das latente wahre Gesicht nicht zu sehen gewesen. Es ist nicht auszumachen, wieweit der Träger des Gesichts Akteur, wieweit er Opfer ist, wieweit ihm mitgespielt wird, wieweit er selber mitspielt.

Das nimmt sich jenseits aller doppelbödigen Existenzialsymbolik aus wie eine Vorahnung und Vorausdeutung auf das Jahr 1989, wie der nackte Körper schließlich ungeschützt in einer düstere Gewitterlandschaft steht, in sie eintaucht. Fortgesetzt wird die bittere Maskerade 1974 im Bild »Freundlicher Besuch im Braunkohlenrevier«, wo eine ganze Abordnung von Pappgesichtern im unbeweglichen Gleichschritt an den Arbeitern vor der zerstörten Industrielandschaft mit Baumstrünken, Schloten, Kühltürmen auf einer düsteren Braunkohlenhalde vorüberzieht, ohne daß das zweite Gesicht in den Kartons sichtbar wird.

Die wiederentdeckten Landschaftsansichten aus der Mark, aus Mecklenburg, Thüringen und Ostharz sind stillgestellte Zeit auch für die, die noch nie zuvor dort waren, weil sie symbolische Qualität haben, Erinnerungen an eine vormoderne Zeit und ein vormodernes Leben, ein härteres, aber eines der Ruhe und Besinnung, der festen Bezugsgrößen und eines bescheideneren Identitätshorizontes, zwar äußerlich und innerlich zerstört und belastet, aber heil in der imaginativen Kraft.

Gerhard Altenbourg ist einer der Unzeitgemäßen, der in Zeiten aufdringlich gepflegter und verordneter Realistik filigrane, opake Seelenlandschaften ausbrei-

2 Wolfgang Mattheuer, Freundlicher Besuch im Braunkohlenrevier, 1974

tet, die zurückweisen auf eine experimentelle Moderne, verhalten und nicht ohne Ironie und Witz. Stillgestellte Bilder sind sie jedoch nur insoweit als sie sich plakativer Zeitgeist-Kunst verweigern, nicht von demonstrativer Dynamik durchdrungen sind, aber im Innern belebt und nachdenklich. Altenbourgs »Nervenfaserköpfe«, das sind feingewebte Strichpunkt-Kopflandschaften, in denen die bunten Grundfäden sichtbar bleiben, aus denen die Farbwirkung sich entfaltet, das ist eine zarte Landschaftsgeometrie aus Dreiecken und Ovalen, Streifen und Hüllen. Da konfiguriert sich ein ironisch schwebender »Wickelgeist vor dem Meer«, eine Steckkissenpuppe aus lockeren Landschaftstüchern, in sich kleingemustert aus bunten Tupfen und Schraffuren, da zeigen sich lyrische Landschaftsformationen, die sich wie in geschüttelten Schneekugeln verflüchtigen.
Im Ost-West-Konflikt, der in Deutschland schon lange vor der Systemkonkurrenz ausgetragen wurde, als übernationale Konfrontation zweier Kultursphären, äußerten sich auch immer unterschiedliche Formen des Umgangs mit Zeit. Auf aktueller Ebene war das ein Aufeinandertreffen unterschiedlicher historischer Ebenen, was mit sich brachte, daß die Aufmerksamkeit für das Innenleben des jeweils anderen Staates beeinträchtigt war: Das Verständnis des (Selbst-)Zufriedenen in schnellebigerer Zeit für zähflüssige Rückständigkeiten und moralische Vorhaltungen ist gemindert, die Sensibilität für Mühen auf niederer Ebene begrenzt, die Erkenntnisfähigkeit der im Mangel Unzufriedenen für die Ambiva-

lenzen fortgeschrittener Konsumfreuden, für die Kosten des Wohlstands zwangsläufig eingeschränkt.
Wenn es denn ein Grundzug der ›östlichen‹ Malerei ist, zu verharren, Bewegung als Suche auszudrücken, introspektiv zu sein, in die Dinge einzudringen und das Selbst und die Landschaften auf ihren Seelenzustand zu befragen, Vergangenheiten aufzuheben, sich gegen die schnelle Dynamik der Konkurrenzen und Überbietungen, des Forteilens und der Betäubungen, gegen das Aufgehen und Mitschwingen im Gleichzeitigen zu bewahren, dann ist er präsent sowohl in den Bildern von Bernhard Heisig als auch – bei allen Differenzen – in den Bildern von Ralf Kerbach und anderen.
Bei Heisig sind auch die älteren Vergangenheiten noch nicht zur Ruhe gekommen, lugen hinter jeder aktuellen Zeitkonfiguration obsessiv hervor, schütten Bilderstürze aus der deutschen Büchse der Pandora. Und in Kerbachs »Kopfstümpfen« liegen abgeschlagene Dichter-Köpfe auf den Scheiben von Baumstümpfen, die symbolischen Überreste eines lange kulturell gepflegten, heute zerstörten organischen Natur-Zusammenhangs, dem die Dimension des Sinnlich-Körperlichen verlorengegangen ist.

YGR
oto: Walter Fogel
ODAK T-MAX P3200 Professional Film

Fragen an Politiker, Künstler und Kunstkritiker zum 9. November 1989

Der 9. November 1989 bedeutet eine grundlegende und bis heute kaum abzuschätzende Veränderung für die Situation der Kunst in der DDR; auch das vorliegende Buch war davon einschneidend berührt. Die Herausgeber haben in den ersten Monaten des Jahres 1990 einigen Kulturpolitikern – betroffenen wie in der Sache engagierten – sowie Künstlern und Kunstkritikern die nachstehenden drei Fragen gestellt, auf die uns kurze Antworten wie eigene Beiträge erreichten:

1. Welchen Beitrag haben die Künstler zur politischen Veränderung in der DDR vor und nach dem 9. November 1989 geleistet?

2. Welche Perspektiven und Arbeitsmöglichkeiten sehen Sie für die Künstler in der DDR?

3. Wie sehen Sie die Zukunft einer eigenständigen künstlerischen Sprache in der DDR?

3 Karin Wieckhorst, Berlin im November 1989

Björn Engholm:

»Sie haben vielleicht Mut«, meinte der Reporter von Radio DDR, als ich während eines gemeinsamen Interviews mit dem neuen Schriftstellerverbandsvorsitzenden der DDR, Rainer Kirsch, in einem Nebensatz sagte, natürlich hätte ich die großen Romane von Kant und Neutsch immer mit Interesse gelesen; schließlich sei es heute nach dem Ende des alten Regimes höchst unpopulär, systemtreue Literaten wie diese und andere öffentlich mit Namen zu nennen...

So, denke ich, wird die Aufarbeitung der vier Jahrzehnte währenden Kunstgeschichte der DDR nicht zu leisten sein, es sei denn, man setzte eine neue Eindimensionalität der Beurteilung an die Stelle der alten Eindimensionalität kunstpolitischer Vorgaben.

Ein wesentlicher Beitrag der Künstler in der DDR während der letzten vier Jahrzehnte lag darin, daß sie die Sinne der Menschen offengehalten haben. Sie haben ihre Augen geweitet, ihre Ohren geschärft, ihre Gefühle sensibilisiert und ihren Geschmack trotz mancherlei Einheitsbrei erhalten. Und dies alles in einer Zeit, da Augen, Ohren, Gefühle und Geschmack von einer absolutistisch regierenden Partei, ihrem Programm und ihrer Ideologie auf Kurs, auf Eindimensionalität getrimmt wurden. Sie haben in einem phantasielosen System viel Phantasie erhalten, sie haben Dinge hinter den Dingen sichtbar gemacht, sie haben der Bevölkerung Kultur als ein knappes, kostbares Gut nähergebracht, und sie haben die Menschen gelehrt, das Kritische, das Kontra, die Trauer feinfühlig zu entdekken – so daß viel intensiver gesehen, gelesen und gehört wurde, als es bei uns üblich ist.

Sie haben also die Sensibilität, die Empfindsamkeit, die Phantasie, das Hoffen, Sehnen und die Utopie erhalten – und damit stabile Fundamente für die große demokratische Revolution gelegt.

Ihr Beitrag hat sich auch nach dem 9. November 1989 nicht verändert. Wiederum waren es die Künstlerinnen und Künstler, die für ein starkes Selbstbewußtsein und für die Wahrung der Eigenheiten der DDR-Bevölkerung warben, wiederum waren sie es, die diesmal vor dem Verlust von Phantasie, von Kreativität, von Sensibilität warnten. Und sie waren es, die mahnten, der Umstieg in das gemeinsame Deutschland dürfe nicht zu schnell, nicht zu unkonditioniert und vor allen Dingen nicht zu eindimensional, nur auf die Ökonomie ausgerichtet, geschehen. Stefan Heym hat uns alle beeindruckt mit seinem Hinweis, ob denn vierzig Jahre verkommen dürften zu einer kleinen Fußnote der Geschichte.

Die Frage, wie es weitergehen wird, welche Perspektiven und Arbeitsmöglichkeiten sich für die Künstler in der DDR ergeben werden, ist schwer zu beantworten. Sicher ist, daß es in absehbarer Zeit keine »DDR-Kunst« mehr geben wird, sondern eine »deutsche«, besser gesagt, aus den unterschiedlichen Kunstlandschaften DDR und Bundesrepublik wird eine neue Kunstlandschaft Deutschland, aus elf künstlerischen Regionen werden sechzehn. In der regionalen Kulturgeographie wird es, wie heute schon bei uns, mecklenburgische, sächsische, thüringische und andere Künstlergemeinschaften mit einer Vielzahl individueller, nur im europäischen Maßstab vergleichbarer Ausdrucksfähigkeiten geben.

Sind auf die Frage nach den Perspektiven die Arbeitsmöglichkeiten, die bisherigen materiellen und sozialen Absicherungen gemeint, so ist völlig unausbleiblich, daß sich die heutigen DDR-Kunstschaffenden auf das einzustellen haben, was man bei uns den »Markt« nennt. Der Staat als Auftraggeber, als Käufer, als Mäzen, als Subventionsgewährer, aber mehr noch als Aufseher, Lenker, Füger und Zensor, wird für die DDR-Künstlerinnen und -Künstler stark an Bedeutung verlieren. Der neue Gesamtstaat wird künftig Freiheit sichern – aber nicht von ihm gewollte Erfolge! Er wird Institutionen fördern (Hochschulen, Museen, Theater), aber nicht die Existenzen von Künstlern und Künstlerinnen garantieren. Seine Rolle wird mehr darin bestehen, einen finanziellen Rahmen zu geben, in dem sich alle künstlerischen Potenzen selbständig durchsetzen müssen.

Kunstpolitisch werden damit die DDR-Künstlerinnen und -Künstler einem starken Wandel ausgesetzt sein. Sie müssen künftig Verlage, Galerien, Buchhandlungen, Musikstätten selbst finden oder über Agenturen gewinnen. Ihre Freiheit wird wachsen, die Abhängigkeiten vom Markt jedoch werden sie vor viele neue und ungewohnte Herausforderungen stellen. Es wird mehr Konkurrenz geben, mehr Aussetzung einer kritischen länderübergreifenden Öffentlichkeit, mehr qualitative Trennung der Spreu vom Weizen.

Die individuellen Vermarktungsnotwendigkeiten, die lernbar sind, werden neue und diffizilere Abhängigkeiten schaffen, die unter dem Gesichtspunkt der künstlerischen Freiheit leichter und dem der sozialen Sicherung schwerer ertragbar sein werden.

Entscheidend wird es sein, ob bestimmte künstlerische Entwicklungslinien, die in der DDR stark ausgeprägt waren, wie etwa der Realismus, in der Zukunft bewahrt und gestärkt werden können. Natürlich gibt es abscheuliche Beispiele des künstlerischen Realismus: Beispiele dünnster und dümmster Naturreproduktion und Realitätskopie, Beispiele verlogener Verniedlichung, Romantisierung und Heroisierung der Arbeiterschaft und ihrer Alltagswelt. Aber ebenso selbstverständlich gibt es großartige Beispiele für eigenständige Entwicklungsmöglichkeiten von der Literatur über das Theater bis zur bildenden Kunst der DDR. Für mich ist ein solches großes Beispiel einer künstlerischen und zugleich politischen Formen- und Ausdruckssprache die Mattheuersche Großplastik »Jahrhundertschritt«.

Eine der großen Chancen der Künstlerinnen und Künstler, die heute noch in der DDR, künftig in einem geeinten Deutschland leben, arbeiten und sich bewähren werden, läge darin, mit der Kraft einer Christa Wolf, eines Stefan Heym, eines Werner Tübke oder Wolfgang Mattheuer die Geschichte des einmaligen Umbruchs von der Repression zur Demokratie künstlerisch aufzuarbeiten. Die demokratische Revolution in der DDR, die ja genau gesehen eine Versöhnung mit der deutschen Geschichte und ihren vielfachen vergeblichen oder nur kurz dauernden Demokratiebemühungen darstellt, schreit geradezu nach einer sensiblen künstlerischen Aufbereitung.

Perspektiven könnten sich auch ergeben, wenn es gelänge, durch Genossenschaften oder gemeinnützige Vereine, von denen es im Westen nur wenige gibt, sich der totalen Vermarktung aller künstlerischen Ausdrucksformen in der Zukunft zu entziehen – also eine Kette nicht ausschließlich kommerzieller Stätten zu schaffen, in denen der begabte Nachwuchs und das aufstrebende Talent jenseits kommerzieller Überlegungen eine Chance erhalten.

Damit ist die Frage nach einer eigenständigen künstlerischen Sprache der DDR, die auch in der Zukunft bewahrt werden könnte, wenigstens teilweise beantwortet. Es wird in den kommenden Jahren für die DDR-Künstlerinnen und -Künstler

weit mehr Offenheit im Sinne von internationalen Maßstäben geben, als zuvor. Es wird nicht mehr zählen, was der Staat wünscht und was er fördert, nunmehr zählt, was die einzelnen qualitativ zu leisten imstande sind und was der Kunstmarkt trägt.
Ich glaube insoweit nicht, daß es in einem offenen und freien Land *eine* eigenständige künstlerische Sprache gibt. Die Künstlerinnen und Künstler der DDR werden sich vielmehr einfügen in eine vielfältige und offene Kunstlandschaft. Wie eigenständig sie darin sein werden und wie sie bestehen, hängt wesentlich von ihnen selbst und auch vom Kunstmarkt ab – nicht davon, ob sie aus der DDR stammen.

Dietmar Keller:

Und wieder ist Kunst im Aufbruch. Neue Unsicherheiten, Abtasten künftiger Bewegungsräume, Fragen nach Möglichkeiten, Inhalten, Methoden und Wegen künftiger Arbeit treiben viele Künstler um. Nicht mehr die Herbstrevolution des vergangenen Jahres quält sie in ihren Tagträumen und in ihren schlaflosen Nächten, sondern schon wieder die so bedrückende wie bohrende Frage, kann man schnell genug, kann man hier und heute die Ansätze der Probleme und ihre Darstellungsmöglichkeiten finden, welche die Jahrhundertwende bestimmen werden und nach denen sie schon bald befragt und bemessen werden.
War das eigentlich jemals anders? Gibt es eine politische und soziale Revolution unserer Zeit, die nicht von den Dichtern und Denkern geistig vorbereitet wurde und die nicht bald ihre Köpfe abgestoßen hätte? Die Geschichte der DDR ist auch eine Geschichte des permanenten Versuchs ihrer besten Köpfe, an der Kette des zentralistisch-administrativen Systems des Sozialismus zu zerren und ihm ein menschliches und demokratisches Gesicht zu geben. Und die Resultate? Mitte der fünfziger Jahre – poststalinistische Prozesse, Mitte der sechziger Jahre – Zensur und Verbote, Mitte der siebziger Jahre – Ausbürgerung und Ausschlüsse. So führt also seit bald vierzig Jahren ein langer und doch gradliniger Weg zum Herbst 1989. An Straßenmarkierungen sind vor allem die Namen von Vertretern der schreibenden und der darstellenden Kunst zu lesen. Warum aber so wenige bildende Künstler? So lautete die häufig gestellte Frage der letzten Monate. Vielleicht ist die Frage falsch gestellt. Ich kenne keinen Bereich der schönen Künste, der nicht auf seine spezifische Weise gemahnt, gewarnt und protestiert hätte. Vielleicht hatten es die bildenden Künstler auch einfacher: Wer als Rezipient verstehen wollte, verstand trotz anderslautender mündlicher Erklärung und schriftlicher kunstwissenschaftlicher Begründung und Wertung, wer nicht verstehen wollte oder nicht verstehen konnte, dessen Meinung wurde in den verschiedenen Medien mehrfach unterstützt und prämiert. Auch viele der bildenden Künstler der DDR haben den Zug der Revolution in Bewegung gebracht, auch wenn manchem von ihnen das Tempo zu schnell wurde und sie leider vorzeitig wieder absprangen oder vielleicht auch »abgesprungen wurden«.
Die Zeiten haben sich verändert: In nicht einmal drei Monaten wurde aus »Wir sind das Volk« ein »Wir sind ein Volk«, aus »Für einen demokratischen Sozialismus« ein »Freiheit statt Sozialismus«. Erneut entmündigte eine Revolution ihre Väter und bevormundet ihre Kinder. Und – das alles ist zum ersten Mal in der

deutschen Geschichte gewaltlos und, nicht zum ersten Mal, fremdgesteuert. Vorbei sind die Zeiten der Beschaulichkeit, der Geschlossenheit, auch der Solidarität und der Sozialpartnerschaft. An die Stelle ideologischer Gängelei und politischer Repressalien treten andere Gefechte, an die Stelle des »Übelnehmens« die Ellenbogen. Spreu wird sich nun, wie vorausgesagt, wirklich vom Weizen trennen, aber andere werden entscheiden, was Spreu und was Weizen ist. Vieles an Weizen wird als Spreu diskriminiert werden und keine Chance haben, manches an Spreu als teurer Weizen verkauft werden. Die geforderte Leistungsgesellschaft ist auf dem Wege und wird auch nicht durch Kassandra-Rufe aufgehalten werden können. Neue Reibungs- und Bewegungsfelder entstehen, neue Gerechtigkeiten werden auch neue Ungerechtigkeiten hervorbringen, die Mäzenaten und Galeristen werden das Sagen bekommen. Wer aber eine eigenständige künstlerische Sprache und Handschrift hat und sich selbst ernst nimmt, wird an ihr festhalten und sie in guten und schlechten Tagen verteidigen. Kein kluger Mensch lebt ohne seine eigene Geschichte. Wer sich Sorgenfalten und Narben in Jahrzehnten der DDR-Wirklichkeit geholt hat, ist nicht über Nacht oder übers Jahr bundesrepublikanisch zu liften. Die Spezifik einer eigenständigen künstlerischen Sprache, in der DDR erworben und durch sie geprägt, wird diese überleben.
Und wieder ist Kunst im Aufbruch. Vielleicht ist es deshalb um manchen bildenden Künstler im Augenblick so ruhig geworden.
P.S.: Die Herausgeber hatten Anfang 1989 den Verfasser (damals Staatssekretär beim Minister für Kultur der DDR) um ein Interview für dieses Buch gebeten. Er mußte nach erster Zusage auf Anordnung des ZK der SED absagen.

Gabriele Muschter:

1. Abgesehen davon, daß man differenzieren muß zwischen Staatskünstlern wie Womacka, Sitte oder Tübke und solchen Künstlern, die sich mit ihrem kritisch-intellektuellen Potential eingemischt haben in Alltagsprobleme, denke ich, daß viele der bildenden Künstler über Jahre kontinuierlich auf Veränderungen hingearbeitet haben. Einige direkter in ihrer Kunst, andere mehr durch persönliches Engagement, wenn es darum ging, konkrete Forderungen durchzusetzen.
Die Kunst- und Intellektuellenfeindlichkeit des Machtapparates in der DDR hatte ihre guten schlechten Gründe in der Angst vor Aufklärung. Wenn auch z.T. sehr verschlüsselt, hat diese permanente Aufklärung doch ihren Teil dazu beigetragen, das starre Staatsgefüge zu kippen.

2. Es wird radikale Änderungen, auch soziale Tiefstürze geben. Die Kunst in der DDR, im Ausland bisher ein exotischer Ableger der internationalen Kunstszene, wird nun auf andere Weise ernstgenommen und mit internationalen Maßstäben gemessen werden müssen. Angenehm ist mir der Gedanke, daß Galeristen und Sammler wie Brusberg und Ludwig nun nicht mehr so manipulieren können wie zuvor. Das waren ja die »Partner« im Westen, die sich immer in freundlicher Übereinstimmung mit den Staatsfunktionären befunden haben. Jetzt werden andere Galeristen und Sammler, deren Arbeit vielleicht nicht so spektakulär und berechnend ist, die Möglichkeit haben, Künstler zu fördern, die ihnen durch die Qualität der Arbeit – nicht durch Exotik oder politisches Wohlverhalten – wichtig

erscheinen. Andererseits werden von nun an viele Künstler – wie anderswo auf der Welt auch – ihr Brot nicht mehr allein durch Bildermalen verdienen. Angesichts der ökonomischen Situation in der DDR werden die meisten der bisherigen Subventionen gestrichen werden. Wenn der Minister für Kultur nur wenige Wochen nach dem 9. November die freie Marktwirtschaft auf dem Gebiet der Kunst ausruft und meint, damit werde sich die Spreu vom Weizen trennen, so ist das, gelinde gesagt, einfältig. Zum Weizen werden nämlich unter den jetzigen Bedingungen im Inland die »röhrenden Hirsche«. Es gibt bisher weder qualifizierte Auftraggeber, noch Mäzenatentum, von Sponsoren oder Stiftungen gar nicht zu reden. Die Kunst keines Landes aber kann sich ohne solche Partnerschaften entwickeln.

3. Es wird aus der jüngeren Vergangenheit viel aufzuarbeiten und nachzuholen sein. Die eigenständige künstlerische Sprache wird in Zukunft so eigenständig sein, wie die DDR selbst – und da sehe ich schwarz oder auch weiß im Sinne eines Neubeginns. Es wird regionale Unterschiede in der künstlerischen Entwicklung geben – wie es sie immer schon gab. Aber man wird nicht mehr von der DDR-Kunst sprechen, weil es die DDR nicht mehr geben wird.

Hartwig Ebersbach:

Daß ich zum 9. November irgendwas beigetragen hätte, kann ich mir nicht vorstellen, außerdem bin ich erst an diesem Abend aus Japan zurückgekehrt und habe das gar nicht richtig mitgekriegt, habe lediglich fröhlich-freundliche Polizisten registriert, die zweieinhalb Wochen im Parkverbot mit nur zehn Mark straften.
Oder sollten etwa meine zornigen Bilder, meine Farbbrüllereien als politischer Aufruf verstanden worden sein, von meinen Fans, oder als Anstiftungen von meinen Feinden?
Sollte mein Hierbleiben trotz aller Querelen mit den staatlichen Verarschern etwa Vorbildwirkung gehabt haben, vielleicht Mut gemacht, eigene Wege zu finden, hier? Oder andererseits Ängste ausgelöst vor meinen Streichen?
Habe ich, lange selbst behindert, anderen Schutz geben können, allein durch meinen Namen?
Anarchist, Brandstifter, Nebensache, bin ich Jesus?
Lächerlich, alle wissen, ich bin Kaspar, mehr nicht, der sich gern mal mit der Macht anlegt, dem großen Krokodil gern mal eins überzieht, gelegentlich auch mal gebissen wird, es steht immer 1:1 in einem solchen Gesellschaftsspiel, aber Gesellschaftsspiel in höchster Form, ich kenne kein besseres. Tollkühn, frech, verletzend und verletzlich, eben Kaspar, aber nicht Volk, auch nicht sein Stellvertreter, einfach Außenseiter, Randfigur mittendrin, das bin ich gern. Zerstörer und Selbstzerstörer, der gerne frißt und säuft, als Existenzbehauptung, der mit sich selbst im Clinch liegt, in destruktiver Ehrlichkeit und konstruktiver Unehrlichkeit, dabei immer Exhibitionist und Spurenverwischer gleichzeitig, wen geht das was an, wer ich wirklich bin? Sieht so vielleicht ein Revolutionär aus?
Wenn wir mal als dramaturgische Grundsituation den Künstler und die Kunst im Klassenauftrag sehen wollen, und das war ja meine Entwicklungsphase, da hat der

Kaspar eine Menge Stationen der Irrungen und Wirrungen durchlaufen, bis sich das langsam auf lineare Richtung eingepegelt hat, gesellschaftlicher Druck hat mich explosiv gemacht, nach vorn, manchmal ging es auch in die Hose, aber auch mutig. Bloch hat gesagt, doppelter Mut ist auch doppeltes Wissen. Und größenwahnsinnig muß man als Kaspar auch sein, mit Geniestreichen für Eiertänze sorgen, das Unbekannte tun, Wahrheiten sagen, Probleme kriegen, Reglementierungen aushalten, Rache üben, Kraft spüren, Bilder machen, in Kunst leben, künstlich leben als wirkliches Leben, die Philosophie der Versager, immer berühmter werden, Drachentöter sein und Drache, in Verwandlungen über Aderlaß zu neuem Bewußtsein kommen.
Wenn Kaspar sich nicht an die Spitze seiner selbst stellte, wenn ich Beuys mal so verwenden darf, vor einer Kulisse sozialistischer Kunst, zwar mit einer Breitenwirkung, die aber nichts verändert hat, würde in allgemeiner Ratlosigkeit der Kaspar sonst in eine Isolierung gezwungen. Seine Stationen waren Stationen der Behinderung, klar, in den sechziger Jahren, noch in meiner Studentenzeit, als ich meine Bilder in der Hochschule abhängen sollte, nur weil schwarze Farbe keinen sozialistischen Ausdruck ergäbe, und später, als mir gedroht wurde mich einzulochen wie vier Schriftsteller, wegen individualistischer Selbstbespiegelung, Diskreditierung sozialistischen Lebens, morbidem Ethos. In den siebziger Jahren wurden mir trotz meiner Versuche mit politischen Themen im eigenen Auftrag, mit neuen, raumgreifenden Angeboten, bei Ausstellungen Steine in den Weg gelegt, bis zu Schließungen, bis in die achtziger Jahre, ich war 40, als ich die erste Ausstellung bekam.
Nach einer Weisung schließlich, daß es das nicht mehr zu geben habe, was ich als Lehrkraft in der Leipziger Kunsthochschule mache, habe ich eine dreijährige Lehrtätigkeit abgebrochen, nach einem Herzinfarkt gekündigt, alle meine Energie auf meine Arbeit gerichtet, meine Konsequenz in einer zielgerichteten Selbstentfaltung gesucht und aufgegeben, die Welt zu bewegen. Und wie es vom Propheten im eigenen Lande heißt, ähnlich hatte ich auch meine Anerkennung im Ausland, Antipode zum sozialistischen Surrealismus als Agit-Prop-Kunst, die Staatliche Honorarordnung machte es möglich, Bewertung von Kunst nach Quadratmetern und gesellschaftlicher Bedeutung, die ins Bild hineingemalt werden mußte! Aber in Opposition war hier noch immer gute Kunst möglich, ob sie sich in den Phasen der Einigung Deutschlands widerspruchslos selbst auffrißt, wenn sie in der widerspruchslosen Vereinigung mit Weltkunst eigene Traditionen wegschmeißt, in Breitbeinigkeit ihre Amerikanisierung erwartet, das entspräche ihrer Kapitulation, und in Kunst gibt es keine Wiedergutmachung. Sich nicht vor der Kunst retten, oder in Kunst retten, sondern Kunst wieder zur Kunst bringen, ich zitiere mal aus meinem Artikel in der FAZ, jetzt frei alles aus sich herausholen, sich stellen, vergleichen, auch international und nicht nur in DDR-Kunstinseln, auf Bedeutung warten können oder keine aushalten lernen, das wird wohl neue Künstlererfahrung werden. Ich muß nicht auf die DDR-Emigranten hinweisen, die sogar die Weltkunst beeinflußt haben, oder auf die Besonderheit des »Sächsischen Dialektes in der Malerei der DDR« (Eberhard Roters), es gibt einfach ein Potential, das immer wieder nachgewachsen ist, auch wenn wichtige Leute weggegangen sind, und das ist als Lichtblick noch groß genug, um auch in Zukunft von einer Malerei zu reden, die von hier kommt, egal wie man sie nennen wird.

Klaus Werner:

1. Einen umfassenden! Subaltern durch Farbwäsche auf den Gesichtern der alternden Tribüne. Mit forscher Kühnheit durch die Balance zwischen Privilegienschutz und allegorischer Machtkritik auf Alt-Griechenart. Ökologisch durch nichtindustriellen Geldverbrauch an Großbildwerken. Subversiv durch die rechtzeitige Mobilität der Anarchie (z. B. durch Kunst-Brot-Backen oder Wilderei im Verlagsrevier). Wende machten alle, sagten sie hinterher. Konsequent indes waren nur wenige. Sie malten und sagten das, was sie vor dieser, vor der letzten und der nächsten Revolution auch malen und sagen würden. Allerdings, keiner war in seinem Ressort lupenrein. Es reichte. Der Schock gegen den Kulturstaat von Politleiters Gnaden war effizient und programmierte den Umsturz vor.
Als das Volk endlich Tritt gefaßt hatte und die abgekämpften ART-Genossen unter den Takten der schwarz-weiß-rot-goldenen Schnell-Polka ins Hintertreffen gerieten, wurden die Marschierer ganz von selber hellsichtig: Schmeißt die Mitesser raus! Da grinsten sogar die alten Politiker. Es war ihr letztes Lachen – vor dem Ruhestand.

2. Nimmt man die strategische Sicht der Deutschlandpolitik zum Maßstab – vermutlich keine. Außerdem war die Lage vor der Wende so schlecht nicht. Daß man im Recht war, wußte man ohnehin. Man mußte es nur seinem Charakter einbläuen, und dieser schielte leider nach Ruuuhm. Das war der Individualbeschiß – den man entweder machte oder sich verkniff. Ein Lehrer oder ein Architekt konnten in der realen Untergangsgesellschaft verzweifeln, ein Künstler hingegen nicht, auch kein Pastor. Die badeten in Salz- und Süßwasser zugleich. Ich weiß. Es war manchmal zum Kotzen, aber die Fronten waren immer sauber. Konzentration war wichtig. Abtauchen ohne Luft zu holen. Kleine Mogeleien inbegriffen. Einige schafften es nicht. Sie gaben auf. Stalin- oder Darwin-Syndrom? Wer wird es wissen?

3. Die »eigenständige Nationalkunst« gehört zu den klassischen Irrtümern der Sozkultur. Dahinter wehte der Mief des Supercleanen, die Infektionspsychose. Gewiß hatten wir National-Kunst-Heilige. Die arbeiteten nicht auf eigene Rechnung und Gefahr, sondern opferten sich der Kommune. Selbstlos natürlich. Bei jedem Politikerwechsel stand auch ihre Ablösung an. Mich wundert noch heute, daß sie es nicht merkten. Das Problem ist ein anderes. Vor der Identität zur Nation steht die lange Nacht des Ateliers, dann die Bildertürme der Vorgänger. Erst dann kann man spekulieren, was man für die anderen will oder nicht. Wer sich den Weg verkürzt, hat meist schon verloren. Trivialität, könnte man einwerfen. Moralin für Erfolgsnot. Das auch.
Tatsächlich stellt uns die Zukunft auf die Probe. Der Ausgang ist ungewiß. Vor zwei Jahren – auf einer Kollegen-Fete – schnitzte einer aus gewendeten Orangenschalen kleine Gebisse. Wir steckten sie zwischen die Kiefernknochen. Ein Polaroid. Eine verballhornte Unterschrift »Los negros alemannos«. Das war er. Der naive Bruder, der Zurückgeborene. Müßte der Ost-Künstler der Logik seiner Selbst-Erziehung nicht folgen und den Sozialkonflikt wieder aufnehmen in seiner neuen Form – als Lebens- und Leidgesetz? Oder wird sein Bilderlager zum Vorzimmer der neuen Futtermittelvermarkter für »schöner Wohnen« und »clever

Investieren«? Der Markt ist kein Teufel, aber er kann es werden. Die saubere Grenze zwischen Freund und Feind ist futsch. Geblieben ist die Frage der Haltung. Einmal mehr das einzige Magnetfeld, auf das sich die Nadel noch einstellen läßt. Auf ins Gefängnis der neuen Freiheit. Man kann auch dort den Kopf oben halten. Erst sollten wir als Kollegen aufeinander zugehen, dann können wir uns zerstreiten.
Meinetwegen kann die Kunst der Zukunft auch »deutsch« sein, aber erst nachdem sie zur Kunst der Künstler geworden ist und sich an ihrer internen Kosmo-Politik verschmolzen hat.
Für meine Freunde: Schreit nicht nach Anerkennung. Ihr habt sie.

Trak Wendisch:

Nach dem Umsturz haben sich einige prominente Künstler durch eine vollkommene Fehleinschätzung der Beweggründe der Massen zu Reden und absurden Aufrufen hinreißen lassen, die den romantischen Versuch, eine Bewegung der materiellen Unzufriedenheit für sich und abstrakte Menschheitsideale zu reklamieren, zum Bumerang werden ließen. So richtete sich die dumpfe Wut der »Betrogenen« auf den Straßen bald nicht mehr nur gegen die bekannten Ziele SED, Stasi, Ausländer, sondern auch gegen die Künstler.
Ein Verdienst allerdings bleibt. Wie die Künstler aller Jahrhunderte und geographischer Regionen haben auch die in der DDR lebenden die Entwicklungen der Menschen in ihrem Land genauer dokumentiert und interpretiert als die offizielle Geschichtsschreibung.
Nach dem Zusammenlaufen der vierzig Jahre künstlich getrennten Deutschen, wird für kurze Zeit eine Spannung zwischen der weniger internationalisierten Kultur der ostdeutschen und der vergleichsweise stark amerikanisierten der westdeutschen Szene entstehen, aus der möglicherweise neue Sichten hervorgehen. In einigen Jahren wird sich niemand mehr so recht erinnern, was der eigentliche kulturelle Hintergrund einer nur politisch erklärbaren Unterscheidung der Deutschen von den Deutschen war.
Die Künstler haben zu den politischen Veränderungen direkt wahrscheinlich kaum etwas beigetragen. Die Ernsthaften unter ihnen haben in den Jahren aussichtsloser Opposition vor allem ihre Kreativität und das zum Arbeiten erforderliche Maß an persönlicher Integrität verteidigt. Daß sie dadurch automatisch in Widerspruch zum totalitären Staat kamen und den daraus folgenden Konflikt mehr oder weniger öffentlich austrugen, hat sicher einige tausend intelligenter Menschen in ihrem geistigen Widerstand gegen den Stalinismus bestärkt.
Andererseits wurden Kunst und Künstler von den Mächtigen immer wieder als Ventil benutzt, um Spannungen zu kanalisieren, und nach Westen hin mußten sie als liberale Tarnung eines in der Breite dumpfen, unkreativen, völlig ideologisierten und intoleranten Kulturbetriebes herhalten.
Die Mehrheit der Menschen, die die Diktatur der SED und die Mauer umstürzte, wurde von all den kulturellen Stürmen im Wasserglas nie berührt. Kein Wunder, wenn man bedenkt, daß nicht einmal Fanale wie der lodernde Tod des Pastors Brusewitz aus Zeitz durch das trübe Licht des entfremdeten Alltags drang.

Hubertus Giebe:

1. Es hat nicht funktioniert, aber es wurde immer wieder versucht, auch die Maler und Plastiker, die bildenden Künstler zu Lakaien einer selbstherrlichen Parteiideologie zu machen. Die Beiß-Zange hieß: »Sozialistischer Realismus«.
Die Kunstkritik in den Medien wurde zum Schweigen gebracht, die Avantgarde Jahrzehnte ausgesperrt. Überhaupt der immerwährende Versuch einer unannehmbaren Verquickung von Ideologie und Kunst durch die Partei, die den VBK-Einheitsverband »von oben« lenkte.
Zur Ehre der Künstler kann ich sagen: Viele haben sich gewehrt, ihr Gewissen hat sie getrieben, ein Fühlen und Denken, daß die Welt anders ist, daß wirkliche Kunst aus Konflikt kommt und Konflikt bedeutet, weil Leben immer aus Konflikten besteht und sich nicht am schöngefärbten, ideologischen Leitfaden orientiert.
Als die Straße leer war, waren die Kunstausstellungen voll. Als das verordnete Schweigen im Lande allgemein war, sprachen die Bilder. Publikum und Künstler, nicht jedes Publikum, aber ein großes, nicht jeder Künstler, aber viele, waren im Bunde und übten Demokratie, Phantasie und Widerstand gegen die Dummheit: Dazu gehört der X. Kongreß, aber auch zahlreiche Ausstellungen von Kollegen, Texte von Kunstwissenschaftlern, Mitarbeit bei der demokratischen Opposition, teilweise auch die Ausbildungspraxis an einer Kunstschule wie der Dresdner in den letzten fünf Jahren (alternative Veranstaltungen, Aktionen, Frühlingssalon etc.). Hier habe ich z.B. auch als Lehrer konkret etwas tun können in der direkten Arbeit mit den Studenten. Schwerer, und oft schwer behindert durch die alten Strukturen, war die Arbeit in den Leitungsgremien des VBK. Der alte Verband verkörperte genau jene Struktur, die das stalinistische Gesellschaftsmodell der DDR, in seinem Selbstverständnis auch den Künstlern zudachte. Im VBK war es aber in den letzten Jahren immer weniger direkt durchsetzbar, da die Gegenkräfte demokratisch, dezentralisiert und pluralistisch immer mehr erstarkten, teilweise eine von diesem Verband völlig losgelöste künstlerische Subkultur in den Zentren entstand.
2. Jeder künstlerisch Tätige soll sich erproben können und eine Steuernummer unabhängig von Verbänden erhalten können. Es muß eine pluralistische Kunstlandschaft zahlreicher Verbände, Sezessionen und Künstlergruppen aller kreativen Bereiche geben, entsprechend den speziellen Arbeitsgebieten. Demokratisch ist Austausch und Handel, auch mit dem Ausland, zu sichern. Das alleinige Monopol des Staatlichen Kunsthandels der DDR muß verschwinden. Private Galerien sind zuzulassen, Kunstsammler nicht durch unsinnige Gesetze zu knebeln, die Sammeln verhindern.
3. Zur Vorgeschichte sollte gesagt werden: Man sollte die neuen Häuser nicht beginnen, ohne die Keller auszuräumen. Das war einmal die Auffassung von Brecht.
In der DDR haben wir heute eine polyphone und sich immens vielfältig verzweigende Kunstpraxis, auch in der bildenden Kunst – ein Konglomerat aus Bildern, Plastik, Objekten, Installationen, Design und Theorien – eine visuell-theoretische Gleichzeitigkeit von Ungleichzeitigkeiten, Behagen wie Unbehagen. Ein aufregender, neuer Zustand nach meiner Überzeugung – ein »Aufbruch in die Verwirrung«.

Wolfgang Mattheuer:

1. Von einigen Ausnahmen abgesehen, haben bildende Künstler einen schwachen bis gar keinen Beitrag vor dem 9. November 89 und einen leisen, ängstlichen Wende-Beitrag danach geleistet. Wilder Malakt und wilde Gebärden waren kein Aufbegehren, sondern Anschlußsuche an herrschende Interkunst.

2. Bestenfalls die Perspektiven und Arbeitsmöglichkeiten, die bundesdeutsche Maler haben. Wahrscheinlicher sind jedoch erst einmal geringere Aussichten und Möglichkeiten, denn die wiederbelebten Länder Sachsen, Thüringen usw., die dann wie alle anderen deutschen Bundesländer die Kulturhoheit auszuüben hätten, sind sehr arm geworden.

3. Es wird in der Zukunft keine DDR geben.

Freundlichere Antworten kann ich nicht geben.

Künstlergilde VBK

Eine Organisation in der Wende
von Günter Feist

Ende oder Wende? Welche Schlußbilanz wird der außerordentliche Kongreß des Verbandes Bildender Künstler der DDR am 10. und 11. April 1990 ziehen? Wird er verlaufen wie letzthin der Schriftstellerkongreß? Dieser bot eine Mischung von Statutenrangelei und Subventionsverlangen, von einem bißchen Ehrung für Stefan Heym und einem bißchen Dank an Hermann Kant, dazu viel, viel Schweigen über den bewußten »Transmissionsriemen«, mit dem man bei Bedarf auch so gut züchtigen konnte. Einen ähnlichen Start ins zweite Leben muß man auch beim VBK befürchten. Die Kunst der Verdrängung ist derzeit auch dort das führende Genre. Privilegienverlust wird befürchtet. Die Tatsache des *moralischen* Zusammenbruchs der DDR wird viel weniger reflektiert und noch weniger die Frage irgendeiner Mitverantwortung. Zwar sieht es an der Basis etwas anders aus, die ja schon auf dem X. Kongreß 1988 den Aufstand geprobt und immerhin einen Statutenentwurf der Leitung vom Tisch gebracht hat. Aber »oben«, bei den Resten der alten Führungsstruktur, bestimmen nichts als Wendemanöver und Verharmlosungstaktiken das Bild.

Warum sollte der VBK auch besser oder schlechter sein als die übrige Konkursmasse des Sozialismus in der DDR? Seit den Oktobertagen wurde ja allerorten intensiv und mit sämtlichen Fingern auf die vier oder fünf »verdorbenen Greise« gezeigt. Von einer Stunde auf die andere ergriff damals die Parole »Ich bin's nicht, Erich Honecker ist's gewesen!« den ganzen riesigen Macht- und Ideologieapparat des SED-Staates, von dem der VBK natürlich ein Teil war. Am 19. Oktober 1989 hat sich das Präsidium des Verbandes, eine Versammlung großer Namen, mächtig in die Brust geworfen und mannhaft eine Erklärung zur Lage in der DDR beschlossen – am Tage *nach* dem Sturz Honeckers! Was war da die Bekundung von *Besorgnis,* von *Unverständnis,* von *Verurteilung* und von *Empörung* noch wert? Der Bezirksvorstand Neubrandenburg hatte sich einen vollen Monat früher gemeldet. Bei ihm und bei den anderen Manifestanten vor dem Republikgeburtstag war es noch ein Risiko gewesen, erst recht bei denen, die Jahre, Jahrzehnte vordem aufgemuckt, Zeichen des Protestes gesetzt haben! Und wem galt die präsidiale Empörung und Verurteilung vom 19. Oktober? Nicht dem eigenen Handeln oder dem der Vorgängerpräsidien, die noch jede politbürokratische Kurzsichtigkeit, Dummheit oder gar Schandtat gutgeheißen haben, bis hin zum Einmarsch von Truppen auch der Nationalen Volksarmee in die Tschechoslowakei 1968. Sie galt »der Partei- und Staatsführung«, der alten natürlich, die zu kritisieren jetzt nicht nur erlaubt, sondern im Zuge der neuen Parteilinie sogar geboten war!

Acht Wochen später, am 14. Dezember 1989, kein anderes Bild. Nach einem kaum überschaubaren Hin und Her von Mißtrauensanträgen und deren Widerrufen, von Rücktritten und Rücknahmen der Rücktritte hatte der VBK kein Präsidium mehr, aber noch einen Präsidenten, denselben, der auf dem X. Kongreß in höchst umstrittener Akklamation bestimmt worden war. Er präsidierte nun einem neuen »Arbeitsausschuß« aus alten Funktionären. Der Verbandsvorstand

war, wenn auch gestutzt, ebenfalls noch da. Diese seltsame Kongregation gab eine weitere Erklärung heraus; dem Inhalt nach hätte sie auch vom zurückgetretenen Präsidium stammen können: »Die Gesellschaft der DDR geriet in die Krise, weil die schöpferischen Fähigkeiten der Bürger in vielen Bereichen fehlgeleitet, gelähmt oder unterdrückt wurden.« Und dies von wem? Von den »Machtorganen in SED, Staat und Wirtschaft«! Sich selber zählte der VBK diesen Machtorganen wiederum nicht zu; im Gegenteil, er habe sie »hartnäckig, aber folgenlos« »zu bewegen versucht«. Hat Erich Mielke in seiner Rede vor der Volkskammer (»Ich liebe Euch doch alle!«) nicht Gleiches sogar von der Stasi behauptet?
Nach solchen Beispielen für Vergangenheitsbewältigung war kein Zweifel mehr möglich: Der VBK ist *als Institution* den revolutionären Ereignissen kläglich hinterhergehinkt. Aber damit stand er ja nicht allein. Sehr im Unterschied zum Ungarnaufstand 1956 oder zum Prager Frühling 1968 ist der demokratische Aufbruch in der DDR von keiner Kulturorganisation ausgegangen, übrigens auch nicht so sehr von Studenten. Entscheidend für den Sturz des SED-Regimes waren kirchliche Basisgruppen moralisch-ökologischer Prägung, in denen sich zumeist sozial »durchschnittliche« Jugendliche gesammelt haben, also solche Untertanen Honeckers, die sich weder in irgendeinem privilegierten Status befanden noch einen derartigen in Aussicht hatten bzw. je erstrebten.
Diese Feststellung schließt nicht aus, das tapfere Engagement vieler Künstler in dieser Zeit – so Bärbel Bohleys oder Manfred Butzmanns, auch Wolfgang

4 Drei VBK-Präsidenten in der Jury der III. Deutschen Kunstausstellung, Dresden 1953.
Von rechts nach links: Der damals amtierende Präsident Fritz Dähn, Walter Arnold, Otto Nagel und Ernst Hoffmann, Stellvertretender Vorsitzender der »Stukuko«, der »Staatlichen Kommission für Kunstangelegenheiten«

Mattheuers – zu würdigen. Überhaupt darf der jahrzehntelange Kampf, der innerhalb und außerhalb des Verbandes gegen die verkrustete Kunstpolitik geführt worden ist, nicht im Dunkel verschwinden. Alle Konturen zu verwischen, die Vergangenheit in ein alles gleichmachendes mild-diffuses Licht des Verstehens, Vergebens und Vergessens zu tauchen – eine solche Übertünchung der Geschehnisse mag dem plötzlich erwachten Harmoniebedürfnis der über Nacht in eine neue Rolle geschlüpften Wendehälse entsprechen, Sache des Historikers kann sie nicht sein. Doch so hoch man die individuellen Rebellionen und Verweigerungen, die es in der Zeit Ulbrichts und Honeckers gegeben hat, auch veranschlagt – Tatsache bleibt, daß der Künstlerverband insgesamt eher systemkonform orientiert war. Die Mehrheit seiner Mitglieder hatte sich eingerichtet und genoß – bei allen auch sie tangierenden Mängeln – die herausgehobene und gesicherte Position. Sie wurde erst aufmüpfig, als katastrophale Schnitzer der Gerontokraten um Honecker (man denke an das »Sputnik«-Verbot unmittelbar vor dem X. Verbandskongreß, das dort für einen ziemlichen Wirbel sorgte, an den Orden für Ceaucescu oder an die Lobsprüche für die Sieger vom »Platz des Himmlischen Friedens«, an die »100-Jahre-Mauer«-Erklärung) das ganze System der DDR erst bedrohten und dann wie ein Kartenhaus zusammenstürzen ließen.
Weit mehr ins Grundsätzliche zielte dagegen die Kritik jener Gruppen junger Künstler, die seit Anfang der achtziger Jahre trotz aller Schikanen eine Alternativkultur in der DDR aufgebaut haben – weitgehend am VBK vorbei! Was diese Jungen wollten, rührte an den Nerv des im Auftrage der Partei alles und jedes dirigierenden Einheitsverbandes. Es vertrug sich in keiner Weise mit den Wesensmerkmalen des VBK, als die ich vor allem sein *Ideologie-Postulat* und seinen quasi *Zunftcharakter* ansehen möchte. Die neue Generation empfand die Staats- und Parteitheorie, die auch dem Wirken des Verbandes zugrunde lag, als völlig verstaubt, und am Zunftwesen empörte sie die Tendenz zur Abschottung und zur Beharrung auf dem Überkommenen, wenngleich dieser Traditionalismus – der westliche Kunsthandel hat das dann ja auch honoriert – im Rahmen des Bewährten eine gewisse Qualität garantierte.
Die beiden genannten Kennzeichen begannen sich schon bald nach 1945 als politische bzw. soziale Seite derselben, im Grunde konservativ-autoritären Sache parallel herauszubilden, planmäßig gefördert durch die sowjetische Besatzungsmacht. Der Hang zum Didaktisch-Agitatorischen war schon in der Arbeit der »Assoziation Revolutionärer Bildender Künstler Deutschlands«, der Künstlerorganisation der KPD vor 1933, angelegt. In der DDR wurde dies erweitert zum sozialistischen Erziehungsauftrag für die ganze Künstlerschaft. Mit der Zeit gab es hier Abstriche, halb als Reaktion auf Widerspenstigkeit der also Beauftragten, halb aus mühsam genug gewonnener Einsicht. Wurde in den fünfziger Jahren, in der Zeit des »Durchbruchs zum Sozialistischen Realismus«, die Behandlung des »neuen Themas«, die Gestaltung des »neuen Menschen« ziemlich generell verlangt und dazu sogar noch der Stil vorgeschrieben, verbrämt als »Methode des Herangehens«, begnügte sich die DDR-Kulturpolitik später damit, nur noch die Kernpositionen in der Hand zu behalten.
Die zur agitatorischen Multiplikation vorgesehenen großen Themenbilder in den zentralen Ausstellungen hatten bis zum Schluß der SED-Herrschaft ideologisch einwandfrei zu sein. Als Ausnahme fällt mir eigentlich nur Mattheuers Plastik »Der Jahrhundertschritt« ein; das stumme Wegstecken der hier aufgedeckten

Wahrheiten durch die SED ist ein rätselhaftes Phänomen. Dauer-Abonnements auf die zentralen Plätze hatten anfangs Rudolf Bergander und Walter Womacka, später auch Willi Sitte, nach Tolerierung des historisierenden Eklektizismus auch Werner Tübke. Erst dann kamen die anderen Werke, mochten ihre Schöpfer noch so bedeutende Künstler sein. Ganz schwierig wurde es jenseits des Realismus oder dessen, was man jeweils darunter verstand. So blieben Hermann Glöckner, Willy Wolff, Gerhard Altenbourg, um nur diese zu nennen, jahrzehntelang »draußen«, womit in der DDR-Kunstberichterstattung ganz seltsame Hierarchien in umgekehrt proportionalem Verhältnis zur wirklichen Bedeutung der Künstler entstanden.
Wieviel Schuld hat allein da der für alles mitverantwortliche VBK auf sich geladen, ganz unabhängig von der jeweiligen Präsidentschaft. Gewiß hatten *Lea Grundig* (Präsidentin 1964–70) und *Willi Sitte* (Präsident 1974–88) als Künstler von einiger Reputation eine andere Statur als etwa *Willi Wolfgramm* (1956–59) oder auch *Gerhard Bondzin* (1970–74), der seine Position einem einzigen liebedienerischen Werk verdankte: dem zentralen Dresdener Wandbild »Der Sieg der roten Fahne« mit Walter Ulbricht darauf. Aber genauso wie *Otto Nagel* (1950–52 und 1955–56) und *Fritz Dähn* (1952–54), *Walter Arnold* (1959–64) und zuletzt *Clauss Dietel* hingen auch sie an der Leine der Kulturabteilung des ZK, die manchmal länger und manchmal kürzer war. Stets ausgewählt durch die Parteiführung, hat keiner von ihnen in einem entscheidenden Moment einmal wirklich nein gesagt. Trotz einer Zunahme seines Eigengewichtes im Laufe der Jahre ist der VBK der DDR eigentlich immer ein VBK der SED gewesen.
Man darf unterstellen, daß dieser Tatbestand vielen Künstlern in seinem ganzen Ausmaß nicht richtig bewußt gewesen ist. Andere werden ihn verdrängt haben. Wer über Mielke und Mauer hinwegzusehen in der Lage war, konnte sein Gewissen ganz gut mit Bildern über das Chile Pinochets bedienen, womit natürlich nichts über diese Bilder selber ausgesagt ist. Sie mochten ausgezeichnet sein und international auf jeden Fall begrüßenswert, aber sie hatten auch die fatale Nebenwirkung, im Binnenbereich der DDR nolens volens die satte Selbstzufriedenheit und das propagandistische Weltbild einer Politkaste zu bestätigen, die aus ihrem Staat ebenfalls ein Gefängnis gemacht hatte. Die Fähigkeit zum *selektiven Humanismus* war im VBK weit entwickelt, wie an den Viten und Oeuvrelisten vieler achtenswerter DDR-Künstler abzulesen ist. Die Möglichkeit der allerseits akzeptablen thematischen Selektion half außerordentlich dabei, Künstler »ruhigzustellen«; vom Sozialen her wurde dies ziemlich erfolgreich durch das staatlich garantierte und abgesicherte Zunftsystem bewirkt.
Beim westlichen Beobachter assoziiert der Name »Verband Bildender Künstler der DDR« die Annahme einer Vergleichbarkeit mit modernen Künstlerbünden. Beinahe mehr aber hatte der bisherige VBK als Teil einer geschlossenen, in vielem eher feudal organisierten Gesellschaft mit eben den Zünften oder Gilden des Mittelalters zu tun. Die Genesis der erneuerten Ständeordnung kann hier nur ganz kurz gestreift werden; sie fing schon im Mai 1945 an, als sowjetische Kulturoffiziere im Gebäude der ehemaligen »Reichsfilmkammer« in der Berliner Schlüterstraße die Weiterführung der »Reichskulturkammer« als *»Kammer der Kulturschaffenden«* betrieben, weil eine solche Institution ihrem eigenen, seit 1932 gültigen Modell der Künstlererfassung und Künstlerlenkung offenkundig sehr nahe kam. Den westlichen Alliierten erschien das verdächtig, und deshalb

setzten sie noch im gleichen Jahr in der Interalliierten Kommandantur die Auflösung der Kammer durch.
Aber die Russen hatten noch ein zweites Eisen im Feuer: den sogenannten *»Kulturbund zur demokratischen Erneuerung Deutschlands«*, der mit ihrem Zutun im Juli 1945 gegründet worden war; er enthielt auch Künstlersektionen. Diese – und nicht die vielerorts spontan entstandenen Künstlergruppen wie die von Edmund Kesting in Dresden gegründete Gruppe »der ruf« – waren die Keimzellen des VBK. Also *von oben* wurde er am 17./18. Juni 1950, anfangs noch als Teil des Kulturbundes, in Berlin aus der Taufe gehoben. Flankiert wurde die Gründung durch die *»Kulturverordnung«* der DDR-Regierung aus dem gleichen Jahr, die, anknüpfend an die Politik der Sonderversorgung ausgewählter Künstler mittels der »Pajoks«, für eine wirtschaftliche Absicherung der »Schicht der neuen Intelligenz« sorgen sollte. Damit war eine straff zentralisierte und leicht kontrollierbare privilegierte Monopolorganisation der bildenden Künstler entstanden. Analoges geschah in den anderen Kultursparten.
Über das Privilegienproblem gibt es jetzt in der DDR eine heiße Diskussion: Handelte es sich bei den Vergünstigungen überhaupt um Privilegien, und wenn ja, sollen sie denn fallen? Ist ihre Existenz kunstfördernd oder kunsthemmend? An einem Wendepunkt der Wende, bei der großen Berliner Demonstration vom 4. November 1989, bekam die Privilegienfrage sogar eine enorme politische Dimension. Die Veranstalter, vielfach führende Künstler, traf der Vorwurf, daß sie – selber seit langem über Reisepässe und Devisenkonten verfügend – nun durch Beschwichtigungsformeln das Volk daran hindern wollten, solches auch zu erlangen. Wie dem auch sei, das größte Künstlerprivilegium lag im Bereich des VBK gar nicht in Reisewohltaten (die ohnehin beileibe nicht allen Verbandsmitgliedern zugekommen waren) und auch nicht in den ca. 9 Millionen Mark Subventionen, die der VBK mit seinen rund 6000 Mitgliedern jährlich erhielt. Diese Millionen verschlang fast vollständig der aufgeblähte Apparat des Verbandes, vor allem dessen Zentralleitung mit nicht weniger als 70 Planstellen, davon allein 37 für Kulturpolitiker und Kunstwissenschaftler. Direkt zu den Künstlern floß davon sehr wenig. Und was sind diese 9 Millionen zudem gewesen gegenüber den 380 Millionen des Staatshaushalts für die ebenfalls 6000 Spitzensportler!
Das eigentliche, sozialpolitisch ausschlaggebende Privileg lag im Marktmonopol der staatlich geförderten Künstler, das von der jetzt eingeführten Gewerbefreiheit abgelöst wird. Als Mitglied des Verbandes war man glücklicher Besitzer einer Steuernummer, die dazu berechtigte, freischaffend als Künstler tätig zu sein, und dies zu dem begünstigten Steuersatz von meist 20 Prozent (dazu 14 Prozent für die Sozialversicherung), während Gewerbetreibende bis zu maximal 90 Prozent versteuert werden konnten. In der Regel durften Städte und Betriebe, Verlage und der Staatliche Kunsthandel ihre mitunter lukrativen Aufträge nur an die Mitglieder des Verbandes vergeben. Vor ein paar hundert Jahren sagte man dazu *Zunftzwang*. Entscheidend war die Begrenzung der Mitgliederzahl auf zuletzt rund 6000 für einen Markt von 16 Millionen Menschen. Diese teilten sich auf in 1511 Maler und Graphiker, 400 Bildhauer, 1590 Formgestalter und Gebrauchsgrafiker, 1650 Formgestalter und Kunsthandwerker, 550 Kunstwissenschaftler, 288 Restauratoren, 180 Bühnenbildner und 90 Karikaturisten. Die Garantie auf das ihnen vom Staat verliehene Monopol, Kunst machen zu dürfen, war – man darf sich da nichts vormachen – eine ständige Versuchung, sich staats- und

parteiloyal zu verhalten. Umgekehrt behielten Staat und Partei die unberechenbaren Künstler gut im Auge und hatten mit der Drohung des Ausschlusses vom Privilegium ein erstklassiges Druckmittel in der Hand.
Den Zugang zur Zunft regelte ein rigider Numerus clausus an den stark akademisch strukturierten Kunsthochschulen. Wer diese Hürde genommen hatte – es war jährlich nur eine Handvoll –, sah eigentlich nur noch ein wesentliches Hindernis vor sich: Die Umwandlung des automatisch mit dem Hochschuldiplom verliehenen »Kandidaten«-Status in eine Vollmitgliedschaft, die allein wirkliche Berufsausübung gewährleistete. Die Prozedur, aus »Gesellen« »Meister« zu machen, oblag im Mittelalter dem Rat der Zunftmeister, jetzt der Sektionsleitung des Verbandes, per Abstimmung und oft genug mit scheelen Augen, ob da nicht vielleicht wieder jemand aus der Zunftrolle fallen könnte wie weiland ein gewisser Ralf Winkler alias A. R. Penck. Ständische Beckmesserei trieb Blüten, wie zu Zeiten des Hans Sachs.
Vor den Schranken der neuen Zunft aber – oder soll man auch hier »Mauern« sagen, deren es in der DDR so viele gab – stauten sich die modernen »Bönhasen«, die Unzünftigen: ohne Recht auf eine Steuernummer, genau genommen auch ohne Verkaufsgenehmigung, eigentlich ausgeschlossen von jeder professionellen Ausstellung. Und manchem von ihnen dürfte nichts als ein Verbandsbuch gefehlt haben. Mochten seine Ideen noch so stimmig sein, es zählte nicht. Seine Chance war minimal.
Die Verbindung eines ideologischen Monopols mit einem ökonomischen schuf das realsozialistische Modell der Kunstlenkung und Kunstausübung. In einer gewissen Weise hat es auch funktioniert, wie all die anderen Monopol-Modelle quer durch die ganze Volkswirtschaft – aber mit welch gesamtgesellschaftlichen Opfern als Preis.

Die Abschiedsparty
Der außerordentliche Kongreß des Verbandes Bildender Künstler

von Hermann Raum

Am 10. und 11. April 1990 zogen 265 von der Basis delegierte Mitglieder des VBK-DDR in einem außerordentlichem Kongreß in Berlin einen Schlußstrich unter die bisherige Geschichte. Sie setzten auch einen Punkt hinter das Kapitel von ansatzweiser Selbstprüfung und innerer Rechenschaft, hinter monatelange Debatten um neue, antizentralistische Strukturen, um demokratische, fachgerechte Arbeitsweisen, um ein modernes, d. h. kommenden gesamtdeutsch-kapitalistischen Verhältnissen standhaltendes Statut. Die vorläufige Satzung des VBK wurde nicht angenommen, aber man trennte sich mit großer Mehrheit vom Kürzel DDR.
Der Kongreß beauftragte einen Koordinationsausschuß mit der weiteren Klärung der Organisationsstrukturen bis zur Einberufung eines Neugründungskongresses. Das fünfzehnköpfige, weitgehend machtlose Organ, will mehrere Arbeitsgruppen zur Ausarbeitung eines neuen Statuts und zur Aufarbeitung der Geschichte des Verbandes einsetzen. Zugleich wurde der im November 1988 auf dem X. Kongreß per Akklamation zum Präsidenten gekürte Designer Clauss Dietel, der 1. Sekretär und der Zentralvorstand von allen Befugnissen entbunden. Dietel hatte gleich auf der ersten Arbeitssitzung des Zentralvorstandes nach dem X. Kongreß am 26. 1. 1989 unmißverständlich klargestellt: »All jenes aber, das ... unter dem Vorwand einer Demokratisierung, die Macht und den demokratischen Zentralismus der Arbeiterklasse in Frage stellt, unterhöhlt oder beseitigen will, wird in diesem Verband unter meiner Leitung keine Chance haben ... Dieser Verband ist ein Teil der Machtstruktur unserer DDR.«
Obwohl die Leitungen seit Sommer 1988 in quasi demokratischen Prozeduren wesentlich verjüngt worden waren, wurden sie, je mehr sich im Sommer 1989 die umfassende Systemkrise zuspitzte, den Erwartungen der Mitgliedermehrheit nach deutlicher Kritik an den unerträglich gewordenen Verhältnissen immer weniger gerecht. Der Auftrag des X. Kongresses, ein neues Statut auszuarbeiten, wurde seit August 1989 unterspült von einer Flut von Protestbekundungen, Warnungen, Forderungen nach bestimmten Veränderungen aus allen Teilen der Künstlerschaft, adressiert an die Machtinhaber, an Hager, an den Kulturminister, an die SED-Bezirksleitungen usw. Vielerorts, vor allem in Berlin, Dresden und Leipzig, gehörten VBK-Mitglieder zu den Organisatoren der Demonstrationen und Demokratisierungsaktionen, aber auch zu den Opfern von Repressalien.
Der schnelle Verfall der staatlichen und gesellschaftlichen Strukturen der DDR nach dem 9. November, entfesselte auch in diesem Verband, verstärkt durch Führungsschwäche und Vertrauensschwund, zentrifugale Kräfte. Der geplanten Restauration vorauseilend, wurden Landesverbände gegründet oder vorbereitet. Daneben entstanden Fachverbände, lokale Vereinigungen, Künstlergruppen und Kunstvereine. Dies bezeichnete sowohl den Zustand jeglicher zentraler Leitung

wie das Bestreben, bevorstehenden Marktverhältnissen in der Kunst eventuell auf regionaler Ebene erfolgreich entsprechen zu können. Die Künstlerverbände der DDR gründeten einen Schutzverband, um sich auf die Ablösung des staatlichen Regimes von Kontrolle und Belohnung durch noch ganz undurchschaubare, als bedrohlich empfundene marktwirtschaftliche Kulturverhältnisse gebührend einzustellen. Daran hatte der VBK einen bestimmenden Anteil, vor allem auch an einem noch von der alten Volkskammer verabschiedeten Kulturpflichtgesetz.
Die Debatten des außerordentlichen Kongresses wurden von der spontanen Tendenz zur Ab- und Auflösung aller bisherigen Strukturen, fast aller Arbeitsprinzipien und Ziele des VBK beherrscht. Letzte Ermahnungen, im Streit um Satzungen, Gliederungen und Verbandsfinanzen die neuen, fach- und grenzübergreifenden Arbeitsfelder für die Mitglieder nicht zu ignorieren, blieben ungehört. Obwohl ein beträchtlicher Teil der Mitgliedschaft, vor allem aus den sogenannten angewandten Bereichen, zentrale Fachverbände will und einen starken, politikfähigen Zusammenschluß aller Organisationseinheiten unter einem Verbandsdach forderte, setzte sich das rein föderale Prinzip zunächst durch.
In diesen Debatten zeigte sich, daß über die Frage, worin die Interessen des einzelnen Künstlers, der Gruppierungen oder des Ganzen bestehen könnten, verworrene oder gar keine Vorstellungen existieren. Dem kommenden Markt begegnete man mit panikartiger Anpassung und neuer Nischenbildung. Das im Grunde noch fortbestehende, verbindende »unbewußte Bewußtsein« gesellschaftlicher Verantwortung wird fürs erste von fluchtartiger Vereinsmeierei überlagert.
Die durch den Kongreß besiegelte Zerstörung der alten Verbandsstruktur, die trotz gewisser Freiräume ihre originäre Funktion, die Künstler unter Kuratel zu halten, festschrieb, ist als Ergebnis der demokratischen Umwälzung, trotz der beschriebenen Mängel, zu akzeptieren, obwohl damit der fast totale Verlust politischer Einflußnahme und Aktionsfähigkeit in Kauf genommen werden muß.

Der Staatliche Kunsthandel der DDR

von Hartmut Pätzke

Art Union GmbH heißt das neue Unternehmen, das sich anschickt, den Staatlichen Kunsthandel der DDR (gegründet 1974), das herrschende Handels- und Verkaufsnetz mit vierzig Galerien für bildende und angewandte Kunst einschließlich Briefmarken, Münzen und Antiquitäten, unter neuem Namen und mit den alten Leuten weiterzuführen. Die GmbH hat drei Gesellschafter: der Staatliche Kunsthandel, die VEB Denkmalpflege und das Dienstleistungskombinat Berlin. Der Alleinvertretungsanspruch des Staatlichen Kunsthandels wird aber so oder so der Geschichte angehören.

Alles war bisher gesteuert vom Ministerium für Kultur. Von dort kamen die Direktiven und die Direktoren. Das begann mit Herrn Belz, der das erste staatliche Antiquitätengeschäft, eröffnet im Dezember 1955 in der Berliner Stalinallee 366 (heute Frankfurter Allee 84) über mehr als fünf Jahre als eine Einrichtung der HO (= Staatliche Handelsorganisation) leiten sollte. Bis zum Ende der sechziger Jahre prangte die große Leuchtschrift »Staatlicher Kunsthandel« über den Schaufenstern des großen Eckgeschäftes in der Finowstraße. Herr Gläske, der erste Direktor des VEH (= Volkseigener Handel) Moderne Kunst, unternahm seit 1963 den Versuch, einen landesweiten staatlichen Kunsthandel einzurichten. Herr Gläske, Architekt, Erbauer jener heute so häufig genannten Waldsiedlung Wandlitz, hatte, wie er mir später erzählte, damals keinen rechten Arbeitsauftrag, da bot ihm Kulturminister Hans Bentzien (heute Generalintendant des Deutschen Fernsehfunks) diesen Posten an. Gläskes Nachfolger, Werner Patzke, kam wiederum direkt aus dem Ministerium für Kultur. Er brauchte nicht lange, um den Fachmann für bildende Kunst, Gerhard Stelzer, fristlos zu entlassen (in einem Prozeß wurde der Betrieb, der sich 1967 inzwischen in Liquidation befand, gezwungen, die ungerechtfertigte Kündigung zurückzunehmen und dem Geschädigten für ein volles Jahr das Gehalt nachzuzahlen). Im Sommer 1967 wurde der VEH Antiquitäten gegründet. Zu den drei vom VEH Moderne Kunst 1963 übernommenen Antiquitätengeschäften waren Geschäfte in Erfurt, in Halle/Saale und Potsdam hinzugekommen. Ein Exportlager in einem ehemaligen Kinosaal am S-Bahnhof Berlin-Buch diente zugleich zur ersten Aufnahme von Antiquitäten, die von zwei bis drei Einkäufern in der gesamten DDR – auch bei vielen privaten Händlern und in städtischen Kunsthandelseinrichtungen in Leipzig, dem VEB Versteigerungs- und Gebrauchtwarenhaus und in Dresden, im VEB An- und Verkauf erworben wurden. Der Handel mit Antiquitäten war quasi der ökonomisch tragende Teil des aufgeblasenen volkseigenen Kunstbetriebes. Antiquitäten erhielten zunehmend Bedeutung als Devisenbringer in einem devisenhungrigen Staat. Deshalb wurde, entgegen fachkompetenten Urteilen, bereits 1973 die »Kunst & Antiquitäten GmbH« gegründet, die zwar das Wort »Import« führte, was aber auf dem Gebiet der Antiquitäten praktisch bedeutungslos war.

Als 1974 abermals ein Staatlicher Kunsthandel – zuerst VEH Kunst und Antiquitäten genannt – gegründet wurde, war die Priorität für den Ausverkauf alter Kunst längst gefallen. In dieser Zeit gab es auch einen ziemlich wahnwitzigen Plan, die Museen des Landes um einige ihrer Schätze zu erleichtern. Sie bekamen

Beträge genannt, für die sie Kunstwerke aus ihrem Besitz zu liefern hatten. Die meisten Museen hatten bereits lange Listen erstellt, da wurde dieses Unternehmen von höchster Stelle wieder abgeblasen, nicht etwa, weil Künstler, Kulturschaffende oder gar die Museen sich selbst gegen dieses Ansinnen zur Wehr zu setzen versucht hatten, sondern weil inzwischen bekannt geworden war, daß in der Bundesrepublik Deutschland eine Stiftung entstehen sollte, die diese Kunstschätze, die im Ausland verkauft werden sollten, erwerben wollte.
Dr. Peter Pachnicke, der erste Generaldirektor des neuen Staatlichen Kunsthandels, kam wiederum aus dem Ministerium für Kultur. Und sein Nachfolger, Horst Weiß, bis Frühjahr 1990 im Amt, hatte sich als langjähriger und linientreuer Sekretär des Verbandes Bildender Künstler Deutschlands bewährt. Die internationale Repräsentanz der Kunst aus der DDR in Galerien und Sammlungen des Auslandes ist von ihm über die Abteilung »Internationale Beziehungen« des Staatlichen Kunsthandels befördert worden. Sein Nachfolger als Hauptgeschäftsführer der Art Union, Reinhard Domröse, kommt sinniger Weise aus dem Außenhandel.
Horst Weiß duldete keine Konzeption in den Galerien, die seinen starren Ansichten vom politischen Auftrag der Kunst zuwiderlief.
Die Galerie Arkade am Strausberger Platz in Berlin war von Anfang an ein Juwel unter den Galerien des Kunsthandels. Sie war als ein Teil der Berliner Genossenschaft bildender Künstler, die seit den fünfziger Jahren bestand, von ihrem damaligen Leiter Dr. Klaus Werner im November 1973 – also noch vor Gründung des staatlichen Kunsthandels – als Galerie neben dem Laden für Kunstgewerbe der Genossenschaft eröffnet worden. Infolge eines Planes des Ministeriums für Kultur sollten damals alle Genossenschaften bildender Künstler in Karl-Marx-

5 Hans Hendrik Grimmling vor der Galerie Arkade
anläßlich der Grimmling-Ausstellung und Aktion »Les oiseaux«
Foto: Karin Plessing

Stadt, Dresden, Leipzig und Weimar vom Staatlichen Kunsthandel übernommen werden. In Berlin allein wurde das mit Unterstützung der Leitung der Genossenschaft vollzogen. In den anderen Orten ist es wohl aus verschiedenen Gründen nicht dazu gekommen. Noch einmal bestand 1988/89 der geheime Plan, die Genossenschaften im Staatlichen Kunsthandel aufgehen zu lassen. Man argumentierte mit angeblichen Steuerschulden, da sie ihre Waren seit Jahrzehnten nach einem begünstigten Steuersatz abrechneten, der aber nicht zu Recht bestehe.
Die Galerie Arkade war neben der Galerie am Sachsenplatz eine Galerie, die sich auch unter den Bedingungen harter Konkurrenz auf einem wirklichen Markt hätte behaupten können. Das Galerieprogramm erregte Aufsehen unter Künstlern, Sammlern und Kunstbegeisterten, war aber gleichzeitig bereits Verdächtigungen der »Oberwacher« ausgesetzt. Der Radius der Galerie Arkade war weit gespannt, er reichte von Hermann Glöckner, dem Altmeister des Konstruktivismus – über Oscar Niemeyer-Holstein, dem »Käpt'n« aus Lüttenort bis zu den Akteuren der Galerie »Clara Mosch« – Carlfriedrich Claus, Thomas Ranft, Michael Morgner, Gregor Torsten-Schade (Kožik) und Dagmar Ranft-Schinke. Klaus Staeck hatte hier 1976 seine erste Ausstellung in der DDR. Pleinairs förderten die Zusammengehörigkeit zwischen Galerie und Künstlern. Doch Ende 1981, Klaus Staeck hatte in der Galerie Berlin, im ehemaligen Autosalon Unter den Linden, der kurz zuvor auf Weisung von Horst Weiß zur größten Galerie des Staatlichen Kunsthandels umfunktioniert worden war, eine große Plakat-Ausstellung , da wurde Klaus Werner, der schon zuvor manchen Anfeindungen ausgesetzt war, aus der SED ausgeschlossen. Damit war zugleich sein Schicksal als Galerist und das der Galerie Arkade besiegelt. Am 4. 12. 1981 wurde mit Klaus Magnus die letzte Ausstellung eröffnet. Der Katalog wurde eingezogen und eingestampft. Die Galerie wurde zunächst »wegen Inventur« längere Zeit geschlossen und dann als »Galerie a« wiedereröffnet. Klaus Werner mußte seine Arbeit aufgeben und zog nach Leipzig. Es gab sogar das »äußerst noble Angebot«, er könne in die Bundesrepublik Deutschland ausreisen. Ein Jahr zuvor steigerten sich die Angriffe auf die Zimmergalerie von Jürgen Schweinebraden im Prenzlauer Berg zu einer Pressekampagne. Schweinebraden von Wichmann-Eichhorn verließ das Land im November und ist heute Geschäftsführer des Hamburger Kunstvereins.
Auch in der Galerie Unter den Linden gab es im Verlauf der achtziger Jahre von Horst Weiß angeordnete Veränderungen in der Leitung: Peter Huse, der seit kurzem die Galerie »Prisma« in der Rosenthaler Straße in Berlin, eine neue Einrichtung der Liberalen Partei, übernommen hat, wurde ebenso gefeuert wie Dr. Gunter Nimmich, der inzwischen eine Galerie im Stadtbezirk Marzahn leitet. Frau Dr. Lieselotte Honigmann-Zinserling, langjährige Direktorin der Weimarer Kunstsammlungen, gab als Leiterin der Galerie Unter den Linden nur ein Zwischenspiel. Dies nur als ein Beispiel für die große Fluktuation, die insgesamt über Jahrzehnte im Staatlichen Kunsthandel, gleich unter welchen Namen er firmierte, zu beobachten ist. Die jeweilige Direktion, immer von oben in den Kunsthandel hineingesetzt, ließ nichts unversucht, um ihre Mitarbeiter vor allem auch politisch zu gängeln. Auch Hans-Peter Schulz, der Leiter der Galerie am Sachsenplatz, war schon lange auf der Liste derer, die gehen sollten, für längere Zeit beurlaubt. Als Kontrolleure und Verhinderer von »mißliebigen« Ausstellungen wirkten unterhalb des Generaldirektors auch die Bezirksdirektoren. Ihre

einzige Qualifikation bestand in der Regel in guten Beziehungen bzw. einer lupenreinen Kaderakte.
Gegenüber den Künstlern war indessen der Staatliche Kunsthandel häufig ein wichtiger Mittler. Allein für die ersten zehn Jahre seines Bestehens (1974-1985) werden 1161 Kataloge und Faltblätter gezählt, die der Staatliche Kunsthandel herausgab. 782 Künstler wurden in dem angegebenen Zeitraum vertreten. Von 1985 bis 1989 wuchs die Zahl der Galerien für bildende und angewandte Kunst noch einmal von 29 auf 40. Drei Galerien für Gegenwartskunst waren 1974 der Ausgangspunkt. Über Bilanzen bzw. über den Gewinn des Betriebes insgesamt oder in den einzelnen Bereichen war immer nur Positives zu erfahren, ausgedrückt in Prozentzahlen. Allein die Valutaeinnahmen wurden für 1989 mit 3 Millionen Mark beziffert. Der Künstler allerdings erhielt vom Erlös nur einen Valutaanteil von 15 %. Der Verband Bildender Künstler bekam für den sogenannten B-Fond, wovon Studienreisen für Künstler und Kunstwissenschaftler ins westliche Ausland finanziert wurden, weitere 15 %. Der Rest floß dem Staatshaushalt zu. Im Oktober 1989 wurden die Valutaanteile auf 25 % erhöht. Bei Verkäufen im Inland erhielten die Künstler 70–80 % des Verkaufserlöses. Das Monopol für die Vertretung der Künstler im Ausland führte zu Restriktionen und einer besonderen Förderung einiger Künstler im Partei- und Staatsinteresse. Der westliche Galerist konnte zwar seine Wünsche vortragen, aber oft kamen dann die Ausstellungen erst zustande, wenn der Galerist sich darauf einließ, auch von der DDR-Seite gewünschte Künstler in seiner Galerie zu akzeptieren. Nicht so genehme Künstler konnten oft nicht zur Eröffnung ihrer Ausstellung fahren, oder sie erhielten erst förmlich in der letzten Sekunde den Paß ausgehändigt. Für Kunstwissenschaftler, die zur Eröffnung sprechen sollten, war die Fahrt in den Westen ebenso kompliziert. Einige Künstler und Kunsthistoriker erhielten niemals die »Genehmigung« – sie standen auf der Liste des Staatssicherheitsdienstes. Willkür und Bangemachen verhinderten so ein musisches Klima.
Auf der anderen Seite gab es Ende 1989 nur eine langjährige (65 Jahre) private Galerie im ganzen Land, die Galerie Kühl in Dresden. Der Witwe des Galeristen Henning in Halle hatte man Anfang der sechziger Jahre die Weiterführung der Galerie, die in den vierziger und fünfziger Jahren die rührigste private Galerie war, verwehrt, da angeblich »kein Bedarf« bestände. Kaum sind in den ersten Wochen des Jahres 1990 die Schranken gefallen, die andere Eigentumsformen im Kunsthandel zulassen, quirlt es überall. In der Wilhelm-Pieck-Straße 25 ist am Wahltag, der ersten freien Wahl in der Deutschen Demokratischen Republik, dem 18. März, eine Galerie von Blume, Domröse, Tannert und Weiss eröffnet worden, andere Galerien folgten. Aus der Art Union GmbH lösten sich in den nächsten Monaten die besten Galerien und bildeten zum Teil eigene Gesellschaften. Das betrifft unter anderem die Galerie am Sachsenplatz in Leipzig, ebenso wie die »Galerie a« am Strausberger Platz in Berlin. Die Galerie Schmidt-Rottluff in Chemnitz wird sich selbständig machen. So ist vieles in Fluß geraten. In dem dirigistischen System zuvor war es unmöglich, eine private Galerie zu eröffnen. Es werden die besten Galerien überleben – künstliche Gebilde in der Provinz, die vor allem aus kulturpolitischen Gründen entstanden sind, werden bald nicht mehr existieren. Der Staatliche Kunsthandel der DDR wird so zu einer Erinnerung werden. Das Kunstleben hat er in den Jahren seiner Existenz insgesamt befördert. Zieht man allerdings eine Verbindungslinie zu der »Kunst & Antiquitäten

GmbH« in Mühlenbeck, einem nördlichen Vorort von Berlin, im Kreis Oranienburg, so erscheint das Eintreten für die Erhaltung und die Pflege von Kunstwerken in der Deutschen Demokratischen Republik mehr als zwiespältig. Diese so harmlos klingende Firma, hat den vehementen Ausverkauf von Antiquitäten bis zum 22. November 1989 betrieben. Der offizielle Export von Antiquitäten begann 1958, erreichte pro Jahr Ende der sechziger Jahre etwa eine Million Valutamark. Um 1970 wurde selbst im damaligen VEH Antiquitäten erkannt, daß der Export hochwertiger Antiquitäten drastisch reduziert werden muß. Entsprechende detaillierte Anträge an das Ministerium für Kultur blieben unberücksichtigt. Statt dessen wurde, allerdings in Verantwortung des Außenhandels und speziell des Bereichs Kommerzielle Koordinierung des Herrn Schalck-Golodkowski, die Kunst & Antiquitäten GmbH gegründet, die im Verein mit VEB Antikhandel Pirna die Bevölkerung der DDR systematisch um ihre Antiquitäten und Kunstwerke brachte. Existierten in der DDR zu Beginn der siebziger Jahre noch etwa 70–100 Antiquitätengeschäfte, wurde die Zahl, einschließlich des um etwa zehn Galerien für Antiquitäten gewachsenen Staatlichen Kunsthandels, auf etwa 20 reduziert. Vom Staatlichen Kunsthandel wurde diese Entwicklung zumindest geduldet oder hingenommen. Da nützte es auch nichts, wenn bei einem Umsatz von etwa 40–60 Millionen Valutamark in Mühlenbeck der Staatliche Kunsthandel seinen eigenen Exportanteil von Jahr zu Jahr einschränkte. In Mühlenbeck hat man sich in den letzten drei Jahren etwa auch verstärkt des Exports antiquarischer Bücher und alter und neuer Grafik angenommen.
Mit Hilfe eines Gesetzes, das die Steuerpflicht ab 50.000 M pro Haushalt für den Besitz von Kunstwerken festlegt, wurden Sammler und Händler in den achtziger Jahren aus unterschiedlichen Anlässen von der Steuerfahndung aufgesucht, um sie in der Regel um ihren gesamten Kunstbesitz zu bringen. Man berief sich auf ein Gesetz, das entweder auf das Jahr 1872 oder auf das Jahr 1934 zurückgeht. Die staatliche Ausfuhr des so erpreßten Kunstgutes war stets das Ziel. Es gab allerdings auch eine etwas feinere Methode, um an Antiquitäten zu gelangen: Es wurden Autos westlicher Produktion zumeist im Tausch gegen z. B. hochwertige Barockmöbel angeboten.
Alles, was nach Mühlenbeck gelangte, besaß automatisch einen Devisenwert. So wurde das Land systematisch seiner Antiquitäten beraubt. Die Rechtsunsicherheit des Einzelnen gegenüber den massiven Ansprüchen der Kunst & Antiquitäten GmbH und seiner »sauberen« Vertreter war beängstigend. Auch staatliche Museen waren gegenüber dieser vom Staatssicherheitsdienst durchsetzten Organisation machtlos. So konnten selbst die Museen hochrangige Kunstwerke von dort nur gegen Devisen erwerben. Da sie in der Regel über keine eigenen Devisenbestände verfügten, waren sie gezwungen, für Neuerwerbungen im Tausch Werke aus Depotbeständen der Kunst & Antiquitäten GmbH zur Verfügung zu stellen. Doch die Entscheidungsfreiheit der Museen war auch hier gering. Ultimativ wurden sie bei Tauschbegehren zur Lieferung bestimmter Gegenstände aufgefordert. Es ging in der Regel also um mehr als eine bloße Begleichung des an sich schon sehr hoch angesetzten Wertes. Dies ist ein finsteres Kapitel eines »sozialistischen Staates deutscher Nation«, wie dieses Land von seinen Potentaten gern genannt wurde, daß der devisenträchtige Export selbst gegen die Interessen der staatlichen Museen gerichtet war, die man übrigens nach wie vor am liebsten nahezu ausgeräumt hätte, wie es immer wieder versuchte Aktivitäten beweisen,

6 Der Sammler Friedrich Pappermann in seiner Wohnung
Foto: Matthias Hiekel

zuletzt in Dresden, wo Bilder genommen wurden, ohne den versprochenen Gegenwert zu liefern. Auch das Einspruchsrecht gegenüber Werken der Kategorie 1 konnte nur bedingt wahrgenommen werden, da die Mitglieder der Kunstschutzkommission bei weitem nicht alles zur Kenntnis erhielten, was in Mühlenbeck hätte gesperrt werden müssen. Die Kunst & Antiquitäten GmbH befindet sich in Liquidation. Das Außenhandelsmonopol ist aufgehoben. Aus Pirna wurde bekannt, daß von dort eine Sendung sogenannter Weichholzmöbel nach Holland gelangte. In Leipzig ist mit Mühlenbecker Bestand das »Sächsische Auktionshaus und Antiquariat Johannes Wend KG« gegründet worden. Am 27. 4. 1990 schlossen sich engagierte Kunst- und Antiquitätenhändler in der DDR zu einem »Verband der Kunst- und Antiquitätenhändler e.V.« zusammen. Es wird deutlich, daß ein schwieriges Kapitel des Kunsthandels der Vergangenheit in neuer Form zu überleben hofft.

Die Galerien des Kulturbundes

von Jörg Heiko Bruns

Die Zahl der Kulturbundgalerien wird von fleißigen Statistikern 1989 mit über 500 angegeben. Eine glänzende Zahl. Bedenkt man, daß es auch noch eine ganze Reihe gewerkschaftlich oder städtisch geleiteter Galerien in Kulturhäusern, Theatern oder in ehemaligen Läden und Wohnungen und die des Kunsthandels gibt, und daß zunehmend private oder Produzentengalerien hinzukommen, ist das für ein kleines Land beträchtlich. Indes, Glanz und Glimmer der Statistik taugen nichts, wenn nicht auch Leben ist in diesen Galerien.
Unter dem Dach des Kulturbundes, einer staatlich finanzierten Organisation, die in allen Bereichen der Kultur interessierte Bürger unterschiedlichster Berufe vereint und nach Bezirken bzw. Kreisen gegliedert ist, entstanden in den letzten 20 Jahren zahlreiche Galerien, die vom Publikum und den Künstlern gleichermaßen angenommen wurden.
Am Beginn stand das von Lothar Lang 1962 gegründete Kunstkabinett in Berlin-Weißensee, wo am dortigen Institut für Lehrerweiterbildung Musiklehrer ausgebildet wurden. Lang stellte in seinem Kabinett vor allem junge Künstler vor, die anderswo kein Forum hatten und zeigte Arbeiten älterer DDR-Künstler wie Willy Wolff, Hermann Glöckner, Gerhard Altenbourg u. a. (70 Ausstellungen bis 1968), die immer noch keine Öffentlichkeit in der DDR hatten. Daß in diesem Kunstkabinett aber auch Schriftsteller wie Erich Arendt, Franz Fühmann, Stephan Hermlin, Stefan Heym, Günter Kunert, Komponisten wie Rudolf Wagner-Regeny, Tilo Medek, Georg Katzer und Siegfried Matthus und nicht zuletzt der Liedermacher Wolf Biermann auftraten, war auch in der Hauptstadt der DDR in den sechziger Jahren nicht alltäglich. Und so etwas färbte trotz aller zu erwartenden Schwierigkeiten auf die »Studenten« (ausgebildete Lehrer, die sich zum Musikerzieher qualifizierten) ab, die Anregungen und Ideen in die Provinz mit zurücknahmen. So entstanden Kunstkabinette in Bad Dürrenberg, Hötensleben, Franzburg und anderswo. Bezeichnenderweise zunächst an kulturell wenig erschlossenen Orten. In dieser Zeit hat der Kulturbund seine Kräfte noch nicht auf bildende Künste gerichtet. Erst als 1968 Kunstkabinette wie u. a. das Hötenslebener im Kulturbund ihre Erfahrungen weiterreichen konnten, entstehen weitere Galerien auch in der zweiten Generation, zumeist noch mit dem Namen »Kunstkabinett« wie in Erfurt, Görlitz, Ballenstedt, Suhl oder Meerane. Seit selbst der Nationalrat der Nationalen Front 1973 über den Aufbau der »Kleinen Galerien« im Kulturbund spricht, reißt die Kette der neuen Galerien im Kulturbund nicht ab, Ende 1975 werden 121 registriert. Freilich ist der landestypische Hang, nach der ursprünglichen Initiative von unten, nun von oben alles in die Hand zu nehmen, nicht zu übersehen, aber es entstehen auch Galerien, die ein ganz eigenes Profil haben und getreu dem Ursprung in Berlin-Weißensee Neues und noch Umstrittenes aus der Kunstproduktion ausstellen. Konservative Kräfte waren stark genug, manche wichtige Initiative zu behindern oder gar zu verhindern. Je mehr sich aber der Kulturbund mit diesen Galerien identifizierte, je stärker wurde ihr Ruf und ihr Zulauf. Der Stammbaum entfaltet nun ein kräftiges und fähiges Blätterdach, in dem eben auch nur quantitativ zählende Zweige zu

dulden sind. Vor allem die Klubgalerien in Hoyerswerda, Leipzig, Magdeburg, Ballenstedt, die »Galerie 75« in Plauen und das Erfurter Kunstkabinett profilierten sich auf ganz eigene Weise. Freundeskreise bildeten sich heraus, die sich über den Ausstellungsrhythmus hinaus mit der bildenden Kunst beschäftigen. Hier finden auch weiterhin Schriftsteller, Komponisten, Musiker, Theaterleute ihr Forum. Es ist wohl vor allem der kleinere Kreis Gleichgesinnter, der den notwendigen Impuls gibt. Zumeist werden, den bescheidenen finanziellen Möglichkeiten entsprechend, in den Kulturbundgalerien Druckgrafik, oder Arbeiten auf Papier ausgestellt, aber zunehmend sind auch Malerei, Plastik und Kunsthandwerk zu finden.

Das wichtigste Anliegen jeder funktionierenden Galerie ist die Brücke zwischen Künstler und Publikum, die Begegnung vor dem Original. Was aber ebenso wichtig ist, die kleineren Galerien regen auch zum Sammeln an, Editionen von Einzelblättern, Grafikmappen, besonders preiswerte Originale Ausstellungsplakate (natürlich signiert) und andere interessante Drucksachen bereiteten das Feld für den späteren Staatlichen Kunsthandel vor. Es gibt keinen Zweifel daran, daß die Galerien des Kulturbundes, nach Trennung der Spreu vom Weizen, heute ein ganz wesentliches Potential als kunstverbreitende Institution darstellen. Ihre Initiatoren arbeiten fast ausschließlich in der Freizeit, ganz einfach aus Lust und Liebe, ohne jedes Entgelt. Wenn heutzutage mehr Menschen als je zuvor in Ausstellungen mit bildender Kunst gehen, Schwellenangst abgebaut und überwunden ist, ist das auch ein Verdienst der Kleinen Galerien des Kulturbundes der DDR.

Doch stellt sich heute, mit der unumgänglichen Kürzung der Finanzmittel die Frage nach der Zukunft des Kulturbundes und damit auch seiner Galerien. Es bleibt zu hoffen, daß möglichst viele von ihnen überleben können, wenn die Grenzen zwischen Deutschland-Ost und Deutschland-West endgültig gefallen sind.

Kombinat Kulturhaus
Das Beispiel Potsdam

von Thomas Kumlehn

Im 1966 wiederaufgebauten barocken Rathaus von Johann Bouman d.J. (1706–1776) richtete der Rat der Stadt Potsdam das Kulturhaus »Hans Marchwitza« ein, das bisher eine Abteilung des Kombinates »Staatliche Kulturhäuser Potsdam« war. Zu diesem Großbetrieb gehörten bis März 1990 sechs Kulturhäuser und 10 Jugendklubs der Stadt Potsdam, die dem Stadtrat für Kultur unterstanden.

Die Fassade des Gebäudes läßt zwar wieder den Glanz der friderizianischen Epoche ahnen, der Innenausbau, einschließlich der fragwürdigen architektonischen Anbindung des ehemaligen Rathauses an das nächststehende Knobelsdorffsche Bürgerhaus, ist jedoch ein Produkt der feudalen Ulbricht-Ära.

Schon der erste Schritt in dieses Haus konfrontiert den Besucher mit vertikalen Gipsdekorationen und der kunsthandwerklich gestalteten Losung des Arbeiterschriftstellers und Namenspatrons: »Kultur ist jeder zweite Herzschlag unseres Lebens«. So eingestimmt fiel, bis August 1989, der Blick des Betrachters auf ein überdimensionales Wandbild und einen Bilderzyklus in Blattgoldrahmen von Fritz Eisel, dessen malerische Tätigkeit die ehemals herrschenden kulturpolitischen Vorstellungen des Sozialistischen Realismus illustriert.

Mit einer Einzelausstellung dieses Malers begann denn auch das Programm der im Kulturhaus angesiedelten Galerie »Am Alten Markt«. Ein so bedeutender Künstler im Bezirk Potsdam wie z.B. Magnus Zeller dagegen, der, 1934 von den Nazis als »seelisch krank« diffamiert, die Verfolgung als innerer Emigrant in Caputh bei Potsdam überstand und dessen magisch-visionäre Anklagen des »Hitlerstaates« (1938/39) u.a. im Märkischen Museum Berlin hängen, bekam, außer einer Ausstellung in der Ladengalerie Berlin (West) 1967, erst 1978, sechs Jahre nach seinem Tod, in Potsdam eine Einzelausstellung.

Ende der siebziger Jahre stellte der Maler Otto Niemeyer-Holstein in einem Schenkungsvertrag 70 seiner Werke für die neu eingerichtete Galerie »Otto Niemeyer-Holstein« zur Verfügung. Leider wurde dieses Ausstellungskabinett im Betrieb des Kulturhauses lange Zeit sträflich vernachlässigt.

Anfang der achtziger Jahre nahm der Verfasser seine Arbeit als Ausstellungsleiter auf. Neben der Galerie »Otto Niemeyer-Holstein« und der Studiogalerie »Blick« (hier wurde lange Zeit das sogenannte »Bildnerische Volksschaffen«, also Laienkunst gezeigt) hat die Galerie »Am Alten Markt« mit 230 qm und 4,5 m Raumhöhe die Dimension einer selbständigen Galerie. Die räumliche Nähe zum Theatersaal des Kulturhauses (210 Sitzplätze), der seit 1966 für Inszenierungen des Potsdamer Hans-Otto-Theaters und für Filmvorführungen genutzt wird, eröffnet Möglichkeiten für ergänzende Programme.

Mehr als anderswo mußte eine Galerie in der Provinz mit einer zugleich behutsamen und provokativen Ausstellungsstrategie Neugier wecken und durch die gemeinsamen Erfahrungen von Publikum und Künstlern vor den Kunstwerken, bei Eröffnungen und Diskussionen eine Öffentlichkeit schaffen, der sich die offiziellen Medien lange Zeit entzogen haben.

Seit März 1990 existiert das Kombinat »Staatliche Kulturhäuser Potsdam« de facto nicht mehr. Innerbetrieblich wurde die ökonomische Eigenverantwortlichkeit der kommunalen Kultureinrichtungen beschlossen. Vorerst scheint der Kulturetat von 1989 auch noch für 1990 zu gelten. Trotzdem gehen die unterschiedlich attraktiven und von der Bevölkerung frequentierten Häuser in den einzelnen Stadtteilen mehr und mehr dazu über, rein kommerzielle Veranstaltungen zu organisieren, um ihre Existenz zu sichern. Einige der Einrichtungen haben bereits Probleme mit privaten Eigentümern, die Ansprüche auf Grundstücke und Häuser erheben.

Nicht nur der Name Hans Marchwitza in der Eingangshalle ist verschwunden, auch die Aussichten, in Zukunft ein Frauenkulturzentrum am Alten Markt einzurichten, sind gering. Im Rat der Stadt hat man sich schon stillschweigend darauf verständigt, das Kulturhaus wieder seinem ursprünglichen Zweck als Rathaus für repräsentative politische Empfänge zuzuführen. Die Kultur- und Ausstellungsarbeit der letzten 24 Jahre, die, trotz aller Mängel, weite Kreise der Bevölkerung erreichte, wird so zur Episode.

7 Foyer des Kulturhauses Hans Marchwitza
Foto: Harald Hirsch

Akademie der Künste der DDR

von Hans Hoffmann und Gudrun Schmidt

Die traditionsreiche Preußische Akademie der Künste wurde nach der Auflösung des Landes Preußen durch das Alliierte Kontrollratsgesetz von 1946 im Zeichen der Spaltung Deutschlands und Berlins am 24. März 1950 als Deutsche Akademie der Künste (seit 1972 Akademie der Künste der DDR) im Ostteil Berlins und 1955 als Akademie der Künste in West-Berlin neu gegründet. Zu den Gründungsmitgliedern der Deutschen Akademie der Künste gehörten die Maler Otto Nagel, Max Lingner, Heinrich Ehmsen und die Bildhauer Gustav Seitz und Fritz Cremer (seit 8.7.1950). Der Kalte Krieg der Künste zwang Ehmsen und Seitz nach ihrer politisch begründeten Entlassung aus dem Lehramt an der Hochschule für Bildende Künste Berlin-Charlottenburg zur Übersiedlung in den Ostteil der Stadt. (Kündigungsgrund für Gustav Seitz z.B. war seine Mitgliedschaft in der DAK).

Von Anfang an nahmen die Maler und Bildhauer in der DAK Stellung zu den Formalismus-Realismus-Diskussionen der fünfziger und frühen sechziger Jahre. Die von der DAK initiierten und organisierten Ausstellungen (u.a. März 1951 Käthe Kollwitz; Dezember 1951 Ernst Barlach; Mai 1956 Mexikanische Grafik; April 1957 Otto Dix; August 1957 John Heartfield und schließlich die von Fritz Cremer organisierte, heftig angegriffene Ausstellung »Junge Künstler« mit 72 Malern, darunter Ralf Winkler alias A.R. Penck, Peter Herrmann und Peter Graf im September 1961) verteidigten die Positionen des proletarisch-revolutionären Realismus der zwanziger Jahre gegen den normativ-klassizistischen »Sozialistischen Realismus« und lösten kunstpolitische Grundsatzdebatten aus (z.B. Barlach-Diskussion 1952).

Die Möglichkeit, nach Abschluß des regulären Kunsthochschulstudiums Meisterschüler eines Akademiemitgliedes zu werden, bedeutete in dieser Situation auch, im Schutz einer älteren Künstlergeneration die Grundlagen für ein eigenes Werk zu erarbeiten, ohne in den dogmatischen kunstpolitischen Querelen gleich zerrieben zu werden.

Zum Abschluß der etwa dreijährigen Meisterschüler-Zeit veranstaltet die Sektion jeweils eine Ausstellung mit den Arbeiten aller Meisterschüler, aus der regelmäßig die Kunstsammlung der Akademie auch Werke erwirbt.

Für die ambitionierte Arbeit der Kunstsammlung seit 1960 ist die von den Mitgliedern der Sektion Bildende Kunst beschlossene Sammlungskonzeption richtungweisend. Angekauft werden vorrangig Werke der Mitglieder der ehemaligen Preußischen Akademie der Künste sowie der Ordentlichen und Korrespondierenden Mitglieder, der Meisterschüler und der Preisträger der Akademie der Künste der DDR (Käthe-Kollwitz-Preis seit 1960, Will-Lammert-Preis seit 1962, Max-Lingner-Preis seit 1973). Nahezu vollständig ist beispielsweise das druckgrafische Werk von Fritz Cremer in die Sammlung gelangt.

Die Bemühungen der Kunstsammlung fügen sich sinnvoll in die verpflichtende Aufgabenstellung der »Nationalen Forschungs- und Gedenkstätten der DDR für deutsche Kunst und Literatur des 20. Jahrhunderts« ein, die 1985 innerhalb der Akademie gegründet wurden und denen die Kunstsammlung strukturell zugeord-

net wurde. Zu der traditionellen Aufgabe, eine Studieneinrichtung für die Meisterschüler zu sein, kommt die Verantwortung für das Bewahren des humanistischen Erbes und gleichermaßen für die Förderung und Pflege des Gegenwartsschaffens hinzu. Sie wird mit dem Auftrag verknüpft, das künstlerische Werk der Akademie-Mitglieder in der DDR und im Ausland unter anderem durch Ausstellungen aus dem Bestand der Sammlung bekannt zu machen.
Gegenwärtig besitzt die Sammlung rund 22.000 Kunstwerke. Etwa ein Viertel des Gesamtbestandes umfaßt die Reste der Werksammlung der Preußischen Akademie der Künste. Diese befinden sich als Leihgabe in den Staatlichen Museen zu Berlin und bestehen aus Zeichnungen, Aquarellen und Druckgrafiken von Daniel Chodowiecki, Johann Gottfried Schadow und Carl Blechen.
Wichtige Voraussetzung für das Wiedererstehen der Kunstsammlung waren die Belegdrucke der 1955 eingerichteten Werkstatt für Lithografie (die Radierwerkstatt folgte erst 1977) und der Ankauf grafischer Zyklen im Zusammenhang mit der 1956 von Gerhard Pommeranz-Liedke organisierten Ausstellung »Der grafische Zyklus«.
In dieser Tradition ist die Sammlung bemüht und bestrebt, das Werk von Käthe Kollwitz und Ernst Barlach zu dokumentieren. Der Grundstock dieser Sammlungen konnte glücklicherweise bereits früh geschaffen werden.
Die Arbeiten der in der Akademie der Künste der DDR verwalteten Nachlaß-Archive bildender Künstler von Walter Arnold, Rudolf Bergander, Edwin Gehrig-Targis, Hans und Lea Grundig, Sella Hasse, John Heartfield, Bert Heller, Will Lammert, Max Lingner, Alice Lex-Nerlinger und Oskar Nerlinger, Friedrich Schult und Klaus Wittkugel werden nach ihrer Erfassung und wissenschaftlichen Bearbeitung zur Bewahrung und Nutzung an die Kunstsammlung übergeben. Außer der Bereicherung der vorhandenen Sammlungsbestände erweitern sie in beträchtlichem Maße die Arbeitsmöglichkeiten.
Der Kunstsammlung angeschlossen ist die umfangreiche und wertvolle, 1950 eingerichtete Plakatsammlung. Sammelschwerpunkt sind Kulturplakate aus der DDR, der Bundesrepublik Deutschland und der Schweiz.
Das Ausstellungsprogramm im Marstall am Marx-Engels-Platz und in den Räumen am Robert-Koch-Platz bestimmen ebenfalls die Mitglieder der Sektion Bildende Kunst. In der Regel werden einzelne Künstler vorgestellt, deren Wirken in Beziehung zur Akademie steht (Mitglieder, Korrespondierende Mitglieder: z.B. Alfred Hrdlicka, Jürgen Weber, Popovic), bzw. es wird an ehemalige Mitglieder der Preußischen Akademie der Künste erinnert: Ernst Barlach, Max Liebermann, Käthe Kollwitz, Hans Purrmann, gelegentlich in gemeinsamen Ausstellungen mit den Staatlichen Museen zu Berlin. Aufbruch in Neuland bedeutete die 1987/88 gemeinsam mit Sammlungen in der Bundesrepublik Deutschland erarbeitete und gezeigte Ausstellung von frühen Zeichnungen Joseph Beuys, die in der DDR sehr großen Widerhall fand.
Zur Akademie der Künste in Berlin(West) bestehen kollegiale Kontakte. Beide Institutionen werden über die Feiern zum 300jährigen Bestehen der am 1. Juli 1696 als »Mahl-Bild- und Baukunst-Akademie« gegründeten Einrichtung und nicht zuletzt über die sich nach dem 9. November 1989 stellende Frage nach dem Sinn einer doppelten Zukunft nachzudenken haben.

Kontinuität und Brüche

von Harald Olbrich

Diese Überschrift weckt Fragen, heute mehr denn je. War/ist das kulturell DDR-Eigene eine heroische Illusion von Künstlern angesichts des durch eine friedliche Revolution zerbrochenen zentralistischen Sozialismus? Die Meinungen von Historikern und Theoretikern gehen weit auseinander, ob das überhaupt Sozialismus war, ob es ein früher oder ein verfehlter Versuch war. Was heißt hier noch Kontinuität, da die Umbrüche auf neue Perspektiven der deutschen Geschichte drängen. Oder nur in eine neue deutsche Misere? Was ist da noch erinnernswert aus Jahrzehnten einer partikularen und regionalen Entwicklung? Kann eine Erinnerung vereinfachender Rhetorik entgehen, der sich deutsche Politiker heute emsig bedienen, oder verfällt sie nicht ungewollt in eine linke Nostalgie? Diese wäre ständig mit ihrem stalinistischen Zerrbild konfrontiert und mit der postmodernen Behauptung vom Ende aller großen Erzählungen.
Was bleibt von den künstlerischen Entwürfen, von ihren utopischen Potentialen, mit den ihnen diktatorisch eingeschriebenen Narben? Der erste Anlauf zu einer sozialistischen Alternative ist an den eigenen selbstzerstörerischen Widersprüchen gescheitert. Dabei waren die gestellten und trügenden, heroischen und idyllischen Scheinbilder, seit den fünfziger Jahren in den Machtdiskurs verstrickt, immerhin schon vor den achtziger Jahren von Künstlern selbst zu dem dekonstruiert worden, was sie werden mußten: zerrissene Schleier ideologischer Inszenierung einer hellen Zukunft. Behielten also jene recht, die in den tragigrotesken Abgrenzungsgefechten des kalten Krieges zwischen Ost und West zurückwiesen, daß Kunst je wieder zum Träger eines politischen Gedankens werden dürfe? Franz Rohs Diktum von 1958 berief sich auf die doppelte Erfahrung mit der faschistischen Perversion von gelenkter politischer Kunst und mit der in die DDR frisch importierten stalinistischen Unterordnung der Künste: »Was sich in der Politik als richtig erweist, ist es auch unbedingt in der Kunst« (Otto Grotewohl 1951).
Dabei hatte es, mit allen wiederbelebten ästhetischen Konfliktfeldern der Moderne, so hoffnungsvoll begonnen. Auf den Ausstellungen seit der Zerschlagung des Faschismus trat die ganze Vielfalt des künstlerischen Schaffens vor die Betrachter, und es wurde an jene Moderne erinnert, die der Nazismus als »entartet« verfemt hatte. Kunstleben erneuerte sich zwischen einem Wiederanknüpfen und dem Wunsch nach einem totalen Neubeginn, für ein durch das Volk bestimmtes Deutschland. Freiheit der Kunst versicherte auch die KPD/SED auf ihren Kulturtagen 1946 und 1948, wobei das Wunschbild einer wirklichkeitsnahen und volksverbundenen Kunst hindurchklang. Diese Vorstellung teilten auch jene sozialistischen Künstler, die aus KZ, Widerstand, Emigration zurückkehrten. Sie glaubten an eine ganz neue Gesellschaft und Kunst in Richtung Sozialismus, als »Verbindung zwischen Volk und Kunst«, damit Kunst wieder ein »wichtiger Faktor« im »geistigen Ringen unserer Zeit werde« (Oskar Nerlinger 1947). Geprägt durch das proletarische Modell von »Kunst als Waffe« lehnten sie, wie Hans Grundig 1946, Kunstschaffen als Selbstzweck ab, »wie es noch gestern den Anschein hatte«. Künstlerischer Intellekt sollte nicht mehr vermietet werden. Vielmehr strebten sie eine künstlerische Wahrheitssuche als unmittelbare und

8 Wolfgang Mattheuer, Die Flucht des Sisyphos, 1972
Gemäldegalerie Neue Meister, Dresden

9 Wolfgang Mattheuer, Sisyphos behaut den Stein, 1974
Gemäldegalerie Neue Meister, Dresden

nichts verdeckende Äußerung des Lebens an: zwischen »Disharmonie... Schwere des Daseins« und »Freude und Bejahung des Lebens« (Hans Grundig 1946). Die künstlerische Trauerarbeit und Aufklärung über faschistische Gewalt, die Opfer, die sinnlosen Ruinenfelder, die geistige Ödnis wurden ein wichtiges Element dieser ersten Nachkriegskunst. Unbehagen an den Epigonen des »absoluten Subjektivismus« (Herbert Sandberg 1948) bestärkte aber bald die Überzeugung, daß das »Bild des arbeitenden Menschen« und die gestaltbare »Beziehung des Menschen zur Arbeit« einen kunsterneuernden Sinn ergeben könnten. In den Debatten wurde Kunst und Künstlern eine hohe Mission zugewiesen: vom Künstler als Diener und Führer des Volkes (Sergej Tulpanow 1946) über Kunst »als Aufgabe, als gesellschaftliche Funktion« (Kurt Liebmann 1949) bis hin zum Künstler als Seher, der »seine Freiheit selbstherrlich« durchsetzt (Werner Haftmann 1947). Fielen für ihn Wahrheit und Wirklichkeit auseinander, wollten andere sie wieder vereinen. Spiegelbildliche Schlagworte fanden sich in den Kontroversen schnell: Individualismus – Kollektivismus, elitär – volksverbunden, abstrakt – realistisch, innere, selbstverantwortete Werte – große gesellschaftliche Themen der Zeit, Kunst als existenzielle Vermittlung des Begriffs von Freiheit – Schönheit durch Lebenswahrheit, indem der Künstler von den Werktätigen lernt und sie lehrt. Der sinnvoll begonnene Streit über die Vielfalt der Wege einer erneuerten und verantwortlichen Moderne erstickte an den Polarisierungen des Kalten Krieges und der beiderseits betriebenen Spaltung Europas und Deutschlands.

Ihr östliches kulturelles Agens und Produkt, die zerstörerische Formalismus-Richtlinie, brachte gerade jene Künstler in Schwierigkeiten, die, bestärkt durch einen »wundervollen Schwung großen und starken Lebens« (Gerd Caden 1949), Kunst zum unmittelbaren Faktor des gesellschaftlichen Lebens machen wollten. Sie fanden unter den Politikern, in denen sie ihre Verbündeten wähnten, eher ihre Zuchtmeister. Anstatt souveräner Werke war »Planung der Künste« angesagt, wie Brecht 1950 notierte, der die »geduckten Leute« schon um sich sah. Auf sie wirkten institutionalisierte Praktiken und die fordernd unterwerfende Rede von den zurückbleibenden Künsten. Für lange Zeit hielten sich fortan Tadel und Lob, wurden »Fortschritte« auf dem Weg zum Bild des »neuen Menschen« verzeichnet, gerieten Ausstellungen zur Organisation der Erfolgsmeldung oder setzten sich dem offiziellen Verriß aus. Daraus entstand für viele Künstler ein anhaltender Konflikt zwischen befohlenem und gewolltem Sozialismus. Er führte zu abgebrochenen künstlerischen Biographien, zum Exodus in mehreren Wellen, zu Widersprüchen im Werk, trieb aber auch Widerstand hervor gegen die verlangten optimistischen Platitüden, gegen den Naturalismus, gegen die verordnete Absage an die Moderne. Gerade Künstler wie Herbert Sandberg, die sich in die große Tradition sozialer und kritischer Kunst stellten, wollten nicht »auf die Poesie eines Paul Klee und Franz Marc« verzichten (1949).

Denn die Rede von der »volksfremden Dekadenz« und der »häßlichen Moderne« mit ihren »unverständlichen Hieroglyphen« traf ihre Überzeugung, eine figürliche und thematisch gebundene Kunst erneuern zu können durch einen expressiven Realismus als Prinzip. Dazu beriefen sie sich auf seine deutschen (und europäischen) Traditionen und suchten auf diesem Weg, eine eigene Identität zu schaffen. Da die prägenden Künstler aber zugleich ein ganzheitliches Menschenbild, zumal in der Plastik, entwarfen, dessen patriarchalische, faschistische oder

stalinistische Vorgeschichte sie kaum oder nicht reflektierten, Arbeiterfiguren mit Zügen des Herrscherlichen ausstatteten oder in antifaschistischen Monumenten des Kampfes mehr gedachten als der Opfer, verflochten sich soziales Pathos und Machtgebärde, Hoffnung auf demokratische Volksherrschaft und autoritäre Attitüde. Die Geschichte des Arbeiter- und des Gruppenbildes drückt bis weit in die siebziger Jahre diesen Konflikt aus, weil Künstler die Rolle des Mitgestalters und des Erziehers auf sich nahmen, wodurch ihre künstlerische Selbstverantwortung gefährdet wurde: Akteure und Opfer in Abweichungen von der postulierten Norm, zwischen Hans Grundigs Zeichnung »Franz Franik« (1953) und Wolfgangs Mattheuers »Die Ausgezeichnete« (1973/74) legten Politiker und Kritiker als Verhöhnung des »Wesens des sozialistischen Menschen« aus, wenn Mühen des Alltags in die Gesichter eingezeichnet oder Zerstörbarkeit menschlichen Lebens in die Körper eingeschrieben waren (Wieland Förster, »Martyrium«, 1966).
Verweigerung von Pathos und von öffentlich-offizieller Kunst wurde daher vorerst zu einer humanen Tugend, die zur eigenen Verantwortung für das Werk und zum Form-Ethos aufrief.
Zeitweilig als »Vorbeimalen« an der »Wirklichkeit« ins Abseits gedrängt, konnte sich dennoch die Tradition einer intimen und privaten, persönlichen malerischen und zeichnerischen Bildkultur behaupten. Akt- und Landschaftsbild, Stilleben und privates Bildnis wurden ihre bevorzugte Domäne. Wilhelm Lachnit, Hans Jüchser, Theodor Rosenhauer, Otto Niemeyer-Holstein, Hans Theo Richter oder Josef Hegenbarth setzten durch ihr Werk Beispiel für Jüngere. Ihr Streben nach individueller Entwicklung, in mehreren Schüben vorangetrieben, stieß immer wieder auf kulturpolitischen Widerstand, so 1960/61 im Streit um die Berliner Akademie-Ausstellung »Junge Kunst«. Und 1978 konnten noch Künstler sektiererisch fordern, »weg von der Innerlichkeit« (Herbert Sandberg).
Aber nur die Künstler selbst konnten die ästhetische Emanzipation vom Klischee und der Idee, an einem Weltbild mitzuwirken (Bernhard Heisig), betreiben. Getragen wurde dies zunächst von einer Generation, die, während des Weltkriegs aufgewachsen, seit Mitte der fünfziger Jahre anfing, ihre Erfahrungen im Krieg und mit den gesellschaftlichen Umbrüchen aufzuarbeiten. Unterstützung fand sie bei Künstlern der älteren Generation, die wie Herbert Sandberg 1956 Realismus mit »konfliktvoller Auseinandersetzung auch mit der Form« verbanden oder, wie Fritz Cremer 1959, von den »vielerlei Entwicklungsstufen ... in Richtung auf die sozialistische Kunst« sprachen. Hier, um 1960, begann, nach dem Absturz der fünfziger Jahre in ein Kunst und Wirklichkeit normierendes Mittelmaß, ein in den Ateliers eingeleiteter neuer Aufbruch zu einer kraftvollen wie sensiblen und kritischen, vor allem individuellen Wirklichkeitsreflexion. Sie beanspruchte eigenverantwortlich Wahrheiten, auch komplizierte, widersprüchliche und schmerzhafte, zu formulieren in freier Entscheidung für den Stoff. Obrigkeitlich immer wieder der Abweichung verdächtigt, vollzog sie die lange Wiederkehr der realistischen Haltungen in den Gesamtprozeß der Moderne und eröffnete sich auch experimentellen Positionen. So bildeten sich Konturen einer sozialistischen künstlerischen Pluralität, bis in die jüngste Zeit jedoch selbst im Künstlerverband nicht ungefährdet. Denn die auf dem 6. Plenum 1972 angekündigte »Weite und Vielfalt«, ohnehin politisches Zugeständnis an längst im Gang Begriffenes, verkam rasch zur Phrase, da sich die »Führung« die Auslegung vorbehielt, was sie als »festen sozialistischen Standpunkt« ansehen wollte.

Der kulturell-künstlerische Grundkonflikt läßt sich aber nicht nur auf die stalinistische Deformation reduzieren. Ihn hatte beispielsweise Wieland Herzfelde schon 1921 vorausgesehen, als er für die Zeit nach der Revolution, für den Aufbau einer sozialistischen Gesellschaft, vom »Verlangen« nach einem »geklärten« Weltbild, nach allgemeingültigen, kulturellen, nicht nach ästhetischen, sensiblen, differenzierten Inhalten« schrieb. Diese aber wurden ein Kern der Wandlungen seit etwa 1960. Sie lassen sich verkürzt als drei vielfältig ineinander verflochtene und kontradiktorische Bewegungen beschreiben: die individuell begründete Reform der unmittelbar politisch bestimmten Kunst »gesellschaftlicher Themen«; die Erneuerung einer intimen und persönlich geprägten, der Fülle des Alltäglichen aufgeschlossenen malerischen und zeichnerischen Bildkultur; die neu-avantgardistische experimentelle Haltung. Gemeinsam durchbrachen sie das installierte kulturpolitische Schema, das eine fruchtbare Wechselwirkung von souveräner Kunst und kunstinteressierten Individuen wie kunstbedürftiger Gemeinschaft beeinträchtigte, weil es beide Partner eines realdemokratischen Kunstprozesses, die Künstler und ihr Publikum, einer starren Norm unterstellt hatte. Der Publikumserfolg von Ausstellungen seit den siebziger Jahren geht nicht nur auf ihre Ersatzfunktion für fehlende Öffentlichkeit allein zurück, nicht nur auf neue künstlerische Zentren, auf einen neuen Kunsthandel, auf ein Netz kleiner Galerien oder die sich ausbreitende aber eher kosmetische architekturbezogene Kunst. Die selbstbewußte künstlerische Haltung im Umgang mit den eigenen Wirklichkeitserfahrungen und mit den nationalen und internationalen Traditionen der Moderne erst ermöglichte Dialog und Reibung mit einem neugierigen und kritischen Adressaten. Dafür mußten sich die Künstler zu allererst das Bürgerrecht auf individuelle Reflexion für ein »echtes Geschichts- und Gegenwartsbewußtsein« (G. Feist 1963) erstreiten, auch gegen jene kunstpolitisch-pragmatische Kritik, die »Kunstfortschritt« hartnäckig einzig an den »Sujets« oder den »Parteibeschlüssen« maß und an ihrer eigenen Verwechslung von »Abbild« und »Wirklichkeit«. In diesem Prozeß änderte sich zuerst das Selbstverständnis vieler Künstler. Das angenommene Postulat des »Wirkenwollens« gründete sich mehr und mehr auf entschiedener »Ich-Darstellung« und trieb damit, sieht man von Graden fügsamer Anpassung einmal unzulässig ab, die aufgenötigte Funktion des erzogenen Erziehers aus. Künstler verstanden sich als Betroffene und Akteure wie alle anderen Mitglieder der Gesellschaft, den gleichen Zwängen ausgesetzt, Hoffnungen und Sehnsüchte mit Vielen teilend. In der Kritik begann dafür die Formel von Kunst als Organ einer »kollektiven Selbstverständigung«, von dialogischen Bildern um sich zu greifen. Sie charakterisierten einen lebendigen, aber durch Restriktionen seit den späteren siebziger Jahren immer wieder eingeschränkten Austausch geistig-moralischer Werte und Kreativitätspotentiale.
Mitarbeit an Welt- und Geschichtsbild, um überhaupt eine Identität zu finden, vollzogen sich auf verschiedenen Wegen, auch im Widerstreit der Strömungen. Wer sich der Reform einer per se sozialistisch-realistisch definierten Kunst annahm, sah sich im Konflikt mit behaupteten gesellschaftlichen Kunsterwartungen. Sie drängten immer wieder auf Affirmation des gerade deklarierten Nahziels und des Bestehenden, wodurch Wunsch und Wirklichkeit untrennbar verwirrt wurden, oder auf ein lineares Geschichtsbild vom Niedergang des anderen Systems und Aufstieg des eigenen. Dabei teilten ja auch die Künstler die Sehnsucht nach Gewißheit, nach menschlich gerechter und gleicher Zukunft, die sie in

Bildern als weiten geschichtlichen Horizont und Aufbruch entwarfen wie in den Simultandarstellungen der sechziger Jahre. Widersprüchliche Alltagserfahrung und unbewältigte Vergangenheit holten die Utopien aber bald wieder ein. Wolfgang Mattheuers »Kain« (1965), Fritz Cremers »Aufsteigender« (1967), die gleichzeitigen bildhauerischen Variationen Wieland Försters über Martyrium und Tod oder Bernhard Heisigs Folge »Faschistischer Alptraum« setzten schon Mitte der sechziger Jahre neue Zeichen. Sozialismus hieß nicht nur Aufstieg, er schloß Schwierigkeiten, Widersprüche, Niederlagen (Heisigs Bilder zur »Pariser Kommune«) ein, verlangte kritische Erinnerungsarbeit wider die »Beharrlichkeit des Vergessens« (Bildtitel Heisig 1977) und Verdrängens. Politischen Anspruch verfochten auch die frühen Systembilder Ralf Winklers (A.R. Penck), jedoch quer zu allen Kompromissen mit »Repräsentation und Kultbild« (1970). Als »modernes Historienbild« formulierten sie wie im nicht erhaltenen Wandbild »Geteiltes Deutschland« von 1962 in zeichenhafter »soziographischer« Abstraktion ein »System von Haltungsbezügen« (1978).
Dieser Realismus konzeptueller und kritischer Auseinandersetzung mit allen Prinzipien verband sich seit 1964 mit der Untersuchung von Zeichen und Informationstheorie zu einer »Art Beziehungslogik ... die abstrakte Klarheit und Faktizität« vereinen sollte. Dieser »positive Beitrag zum Sozialismus« wurde ebenso wie die zivilisationskritischen plastischen Kunstfiguren Hartmut Bonks gründlich fehlgedeutet. Denn natürlich teilte er mit den anderen Künstlern die Absicht, die ikonographischen und stilistischen Konventionen aufzusprengen für eine zeitgemäße Kunst eines freien Sozialismus. Denn glaubwürdige Kunst konnte nur sein, wenn sie »weder der wohltuenden Wahrheit das Primat« gab, »noch der schmerzenden Wahrheit« auswich (Wolfgang Mattheuer 1976). Das aber hieß Anspruch auf Konfliktgestaltung, schonungslose Befragung von Wirklichkeit, ihrer Rituale und (bildgewordenen) Mythen. Nicht zufällig werden daher in den siebziger Jahren die ohnehin schon zu rhetorischen Körperhüllen abgesunkenen Aktivistenposten und Kollektivphantasmen veristisch hart konterkariert (wie bei Volker Stelzmann, Doris Ziegler oder Uwe Pfeifer) oder ironisiert und damit verabschiedet. Mehr und mehr brechen in die bislang an Wirklichkeitskonstruktionen ausgerichteten Bildwelten die menschheitlichen Mythen und Topoi ein. Schockierend machten sie fortan den großen Fortschrittsillusionen, den Versuchungen der Gewöhnung, denen die Künstler sich ja selbst ausgesetzt sahen, die Rechnung ihrer Ambivalenz und Begrenztheit auf. Als oft bis zum Zerbersten überfrachtete »Problembilder« diskutiert, verweisen sie auf einen sich radikalisierenden Zwiespalt, den die Künstler in sich austragen und für ihr Publikum in angespannter Bildgestalt herausstellten: Ideal, Wirklichkeit und übergestülpte Formeln driften auseinander. Nur eine Bildästhetik der Widersprüche schien noch zu gelingen.
Aber: »notwendig ist die Befestigung eines Gefühls für Stabilität«, sagte Bernhard Heisig noch 1976. Sein – und nicht nur sein – Wunsch nach Ausgleich, Harmonie klingt durch. Er erscheint als inneres Agens der erwähnten zweiten Strömung. In der sogenannten »Berliner Schule« konzentriert, aber nicht auf sie beschränkt, wollten diese Künstler im eignen Auftrag seit den mittfünfziger Jahren »Leben in

10 Volker Stelzmann, Forschung (Triptychon, Mitteltafel), 1976
Bildarchiv Verlag der Kunst, Dresden

TEST-KTM

seinen vielfältigen Erscheinungsformen« ergreifen und das eigene »tiefgehende Erlebnis« (Rolf Händler) im Prozeß unaufhörlich erneuerter Naturbeobachtung und Selbstfindung ergründen. Auf andere Weise wandten sie sich von den Klischees der fünfziger Jahre ab, indem sie auf einer traditionsbewußten und sensiblen malerischen oder zeichnerischen Kultur bestanden, auf dem Wert des Intimen und Privaten, dem unausschöpflichen Reiz des Alltäglichen, vermittelt in Landschaftsbild und figurativer Vision. »Natur und Auge« reklamierte Harald Metzkes als sein Programm, das Destruktion als ethische Aufgabe abwies, vielmehr der »Konstruktion« des Beglückenden und Bedrängenden »zu einem« sich verpflichtet hat. Eine an politischen Themen fixierte Kritik mißverstand beharrlich, daß sich diese Kunst nicht minder »dem verwirrenden Leben« (Metzkes) aussetzte, aber ihre Bilder auf eine verantwortlich-humane Balance von Konflikt und Harmonie, Chaos und Ordnung ausrichtete. Vom Gegenständlichen ausgehend und immer wieder zu ihm zurückkehrend, setzt sie auf die reine Ausdruckskraft der gegenständlich-figürlichen Form und der bildlichen Repräsentation. Sie wollten die Künstler gerade angesichts der modernen gleißenden Bilderflut und ihrem Reflex im erweiterten Kunstbegriff bewahrend erneuern.

Eine dritte Strömung, am hartnäckigsten behindert, wandte sich der Regeneration künstlerischer experimenteller Haltungen in der Tradition der historischen Avantgarden und in Auseinandersetzung mit ihren aktuellen Verwandlungen zu. Diese Künstler bestanden auf der »Pflicht zum Experiment« (Peter H. Feist 1956) mit allen Medien und Materialien.

Es war ja noch in den zwanziger Jahren einigen sozialistischen Kunstprogrammen inhärent gewesen, dann aber zum Schaden der Kunst, aber auch von Architektur, angewandten Künsten und Design verdrängt worden. Ihre Wechselwirkungen als »Fortschritt« durch Widerstreit der Konzepte wurden beeinträchtigt. Auf jeweils andere Weise gingen in den sechziger Jahren Willy Wolff, Achim Freyer, Carlfriedrich Claus, Robert Rehfeldt, Dieter Tucholke oder Horst Bartnig davon aus, daß Vorstellungen von Realität und Kunst nicht auf das Maß des 19. Jahrhunderts und auch nicht nur der klassischen Bildmoderne zurückgeschraubt werden können. Jürgen Böttcher-Strawaldes Arbeit zwischen kritischem Dokumentations- und Animationsfilm und freier Malerei wies den Weg, Zeichen neuen Rang beizumessen, sich für Film oder Mediencollage zu öffnen. Diese Künstler stießen sich an jedweder grenzpolitischen Befangenheit in akademischen Gattungshierarchien. Damit lenkten sie auch auf die Rehabilitierung der Verdrängten im eigenen Lande hin: auf den Konstruktivismus eines Hermann Glöckner, auf die Metaphorik Gerhard Altenbourgs. Dada und bald auch Pop-Art wurden ein wesentlicher Ausgangspunkt für erneuerte Fotomontage und (Material-)Collage, für plastische Objekte und Installationen, überhaupt für das Abstoßen vom Tafelbild hin zu Material, Raum und schließlich Aktion ab Mitte der siebziger Jahre (Leussow-Recycling des Clara-Mosch-Kreises 1977). Mißtrauen gegen die vorherrschenden Ideologeme kam hinzu, Materialarbeit konnte vor Illusionen schützen, Wahrnehmungsgewohnheiten aufbrechen, Kreativität als Prinzip ins Spiel bringen. In die freien Assoziationen mischte sich immer wieder Realität hinein, zwang zur Auseinandersetzung mit ihr oder mit unbewältigten Vergangenheiten: Dieter Tucholkes Preußenreflexionen, Lutz Dammbecks Herakles-Projekt, die Sprachblätter von Carlfriedrich Claus, Ralph-Rainer Wasses und Gregor T. Kožiks Objektinstallation »Harlaß-Projekt« sind nur einige Beispiele.

Kunst in der DDR ist das Werk mehrerer Generationen, des Aufblühens regionaler Schulen, ihrer Differenzierung und ihrer Auflösung in Strömungen quer durch das Land. Sie erscheinen als individuelle Strategien zwischen »kritisch-affirmativer Sicht auf die Realität« und »Hang zur Poetisierung« (Lothar Lang 1978). Mit dem Eintritt der jüngsten Generation in den Kunstprozeß seit Ende der siebziger Jahre wurde aber die unversöhnliche Divergenz zwischen dem pulsierenden und vielgestaltigen Kunstleben und den offiziellen Erwartungen eklatant. Die um 1950 geborenen und die noch jüngeren Künstler trafen bereits eine Situation, in der realistische Haltungen von »Reichweite der Gedanken« (B. Brecht) zu verschleißen drohten. Das gilt auch für die kritischsten Positionen, die letztlich stets auf Solidarität mit den Mitmenschen beruhten. Wohl wurde künstlerische Subjektivität aus der Erniedrigung zum »Transmissionsriemen« befreit und dabei individuelle Verantwortlichkeit für die Botschaft der Werke nicht in die Beliebigkeit entlassen. »Suche nach dem Eigentlichen« im Spannungsfeld von Individuum und Gesellschaft hieß mehr und mehr, »durch Arbeit etwas über mich selbst zu erfahren«. Mit diesen Worten beschrieb Hartwig Ebersbach bereits 1981 nicht nur seine Einsichten, und das Prinzip gilt nicht nur für seine malerischen Rauminstallationen.

Die jungen Künstler trieben die Entkanonisierung der DDR-Kunst radikal voran, motiviert durch die wachsenden inneren und äußeren Beunruhigungen und Undurchschaubarkeiten, mit denen die offiziellen Erklärungen immer weniger zu tun hatten. Der sehr individuelle, gelegentlich auch kollektive, stets aber freie Umgang mit allen international vorgefundenen Ikonographien und Mitteln artikulierte sich als gestische Expressivität, als Harmoniesuche in alltäglichen Motiven, als neue Abstraktion für die Vergewisserung in einer in sich bestimmten Realität des Bildes, als erneuerter intermedialer Ausbruch in Raum und Aktion. Die Grenzen zwischen den Künsten und Gattungen wurden fließend. Die angewandten Künste gewannen an Bedeutung. Emanzipatorische Haltungen von Künstlerinnen artikulierten sich deutlich, nicht zuletzt auch in der ebenfalls im Umbruch befindlichen Fotografie.

Modell und Praxis sozialistisch verstaatlichter Kultur und Kunst sind gescheitert. Damit auch die Praxis, Prognosen der Kunstentwicklung aufzustellen, woran sich Kunstwissenschaftler beteiligt hatten. Angesichts einer radikalen Öffnung zum freien Kunstmarkt dürfte es einem engagiert historische Verläufe rekonstruierenden Historiker schwerfallen zu sagen, was bleibt, was wird. Kunsthandel bietet andere Reibungen als die vergangenen politisch organisierten Zwänge, die weithin Gleichgesinnte betrafen, aber auch angetrieben hatten, Alternativen aufzuzeigen. Erinnernswert bleiben also viele individuelle Leistungen. Bedenkenswert bleiben die dramatischen Anstrengungen zu selbstverpflichteter Verantwortlichkeit für die Mitteilungskraft künstlerischer Werke, sich und anderen ein kritisches Bild von dieser Welt zu machen oder Visionen von Ganzheit, wirklicher Freiheit und Gleichheit, von mitmenschlicher Solidarität zu entwerfen. Ernsthafte realistische Haltungen, gleich in welchem Medium sie sich äußerten, konnten sich dafür nur behaupten durch souveräne Vergewisserung an Traditionen europäischer und besonders deutscher Kunst. Das war Fessel, Sicherheit und Kraftpotential in einem.

Kunstzentren in einem kleinen Land

von Lothar Lang

Kunstzentren in einem kleinen Land, fragwürdige Enklaven – und Reflektionen darüber zu Beginn der neunziger Jahre? Die lokalen Eigenarten beginnen sich aufzuheben. Für die Entwicklung eines Stilpluralismus waren sie in der Kunst der DDR jedoch über wenigstens drei Jahrzehnte hinweg von größter Bedeutung, zuweilen, in den Fünfzigern, garantierten sie die Existenz von Kunst hierzulande überhaupt. Es gab und gibt die künstlerischen Ballungsgebiete Dresden, Berlin, Leipzig und Halle sowie mehrere kleine Kraftzentren, etwa die Insel Usedom oder Karl-Marx-Stadt. Die beinahe hermetische Abgeschlossenheit des Landes, das Abgeschnittensein vom Kunstgeschehen in der Welt, war ohne Zweifel eine Ursache für den Fortbestand dieser Zentren, die der Außenstehende, sozusagen von einem europäischen Standort aus, allzuschnell als einen Anachronismus disqualifizieren könnte.
Dresden, das älteste und stabilste Zentrum, ist ein Beleg dafür, wie eine lokale Tradition nicht nur Kunstbewußtsein wachhielt, sondern auch zu einer Basis großer Kreativität wurde. Die Unmittelbarkeit individueller Kommunikation, das Aufeinanderwirken der Künstler prägte im Konnex mit der fortwirkenden Tradition lokale Besonderheit aus, die von einer alten Generation exemplarisch vorgezeigt wurde. Andererseits, auch in Berlin, später in Leipzig und danach in Karl-Marx-Stadt, bündelten sich Gruppenenergien zu Richtungen und Schulen (»Berliner Schule«, »Leipziger Schule«, die Clara-Mosch-Gruppe in Karl-Marx-Stadt), die miteinander rivalisierten und gerade dadurch den Pluralismus der Stile ausprägten und bereicherten.
Der Nachteil der insularen Entwicklung der Zentren bestand hauptsächlich in verzögerter Kenntnisnahme jüngster internationaler Tendenzen und dadurch nur stark verzögert ermöglichtem Dialog mit ihnen. Ein Beispiel dafür ist die verspätete kritische Aufnahme von Pop Art in der DDR – es gab dennoch eine allerdings von der Kunstkritik kaum zur Kenntnis genommene Antwort: Willi Wolff, einst Meisterschüler von Dix, reagierte mit seinem Gemälde »Warnung (Reifen)« schon 1967 auf die Herausforderung von Pop Art, also gerade zu der Zeit, da Pop Art auf dem europäischen Kontinent Furore zu machen begann. Noch gravierendere Fälle für verzögerte An- und Aufnahme sind Environment und Aktion.
Zum anderen war die Periode der aufgezwungenen Isolation eine Ursache dafür, daß Innovationen von internationaler Relevanz einiger bedeutender DDR-Künstler in der Welt kaum oder nur oberflächlich, jedenfalls gleichermaßen arg verspätet zur Kenntnis genommen worden sind. Die Kunstszene galt ja angesichts der offiziellen Ausstellungen als verödet. Um nur zwei Exempel anzuführen: Der Beitrag von Hermann Glöckner zum Konstruktivismus – jenseits des Dresdner Traditionalismus entwickelt – wurde erst in den siebziger Jahren (Staatsgalerie Stuttgart, 1974) erkannt, und gleiches gilt für die intermediale Kunst des Carlfriedrich Claus, zu dessen aus Denkschreiben entwickelten »Sprachblättern« sich kaum Vergleichbares findet. Soweit, und sehr verknappt, zu Für und Wider hiesiger Zentren. Ihre Besonderheiten können hier nur angedeutet werden.

Dresden hat die Ästhetik der malerischen Kultur hochgehalten. Die Stadt, seit dem 19. Jahrhundert neben München das traditionsreichste Kunstzentrum des alten Deutschland, verfügte nach 1945 über die quantitativ stärkste alte Generation der Maler und Graphiker. Die schöne Malerei der »Dresdner Schule« kam von Kuehl, Sterl und Bantzer. Ihr gehörten unter anderen Wilhelm Rudolph an, dessen überlokale Bedeutung im Holzschnitt zu finden ist, Bernhard Kretzschmar und Hans Jüchser, der feinsinnige Paul Wilhelm, der auch von Cézanne angeregte Karl Kröner, der Maler und Zeichner Josef Hegenbarth, die Graphiker Hans Körnig und Hans Theo Richter sowie Theodor Rosenhauer mit seiner strengen und pastosen Malerei; als Außenseiter der »Dresdner Schule« fungierten der einstige Kokoschka-Meisterschüler Joachim Heuer, der unruhige barock-expressive Geist Ernst Hassebrauk und der Farbtektoniker Albert Wigand.
Neben dieser Künstler-Equipe, deren Namen immer wieder synonym für Dresdner Malerei gebraucht werden, entwickelte sich mit Hans Grundig, Griebel und Querner die proletarisch-revolutionäre Linie weiter, desgleichen eine ursprünglich von Dix betroffene Malerei (Wolff). Ebenso gab es leisen Expressionismus-Widerhall (Winkler, Schmidt-Kirstein). Auch surreale Tendenzen, von Lohmar bis Schieferdecker, sind zu beobachten sowie abstrakte Konstruktionen (Christoph, Kunze, Glöckner). Dresdner Kunst ist mithin durchaus nicht homogen. Dennoch blieben die Meister der Dresdner Malkultur für die Entwicklung bestimmend. Ihr Einfluß, insbesondere vermittelt durch einige ihrer Schüler (z. B. Böttcher, Metzkes), war auch für die Berliner Entwicklungen wichtig. Der Dresdner Erbe dieser Malkultur heißt derzeit Siegfried Klotz.

11 Willy Wolff, Warnung (Reifen), 1967
Foto: Thea Henkel

Im produktiven Widerspruch zu dieser malerischen Kultur entwickelte sich die Kunst der Dresdner »Fauves«, die in den achtziger Jahren als Vorläufer und als eine der Grundlagen der »Neuen Expressivität« erkannt wurde. Es handelt sich dabei um Künstler wie Peter Herrmann und Ralf Winkler, der als A.R. Penck weltberühmt geworden ist. Graf, Göschel, Makolies und Bonk gehörten dazu. Sie unterhielten in den sechziger Jahren in einem Hinterhaus in der Hechtstraße eine Produzentengalerie, die trotz eingeschränkter Publizität in den Wettstreit trat mit so ausgezeichneten Galerien wie Kühl, Galerie Mitte und Leonhardi-Museum. In der Obergrabenpresse (Göschel, erste Mappe 1978) leben Elan und Geist dieser Gruppe fort.

Die Entwicklung in der Druckgraphik ist vergleichbar. Die Stadt der Maler ist ja in gleichem Maße ein Ort der Graphik. Die »Brücke«-Gemeinschaft, der Kreis um den »Dresdner Verlag von 1917« und um die Zeitschrift »Menschen«, Persönlichkeiten wie Dix – der bis gegen Ende seines Lebens die Lithographien in Dresden druckte – und Felixmüller, später Rudolph, Wilhelm Lachnit und Hans Theo Richter, haben entscheidend dazu beigetragen, daß Dresden zu einem Zentrum der Graphik in Deutschland geworden ist. Das ist bis heute so geblieben. Die »klassische« Richtung, ein Gegenstück zur Dresdner Malkultur, ist insbesondere durch Richter fortgeführt worden. Von Jüngeren sind vor allen Kettner und Wittig zu nennen, während Weidensdorfer und Dress die expressive Tendenz ausgearbeitet haben. Als herausragender Zeichner völlig eigener Kraft ist Max Uhlig hervorgetreten.

Eine zusammenfassende Darstellung des Kunstzentrums Dresden gibt es trotz verschiedener Ausstellungen (Galerie Döbele Ravensburg 1980, 1983; Galerie Neue Meister Dresden 1985; Galerie Rähnitzgasse Dresden 1986; Hochschule für bildende Künste Dresden 1987, 1989) und Publikationen (Clausnitzer 1984) noch nicht. Kommende Untersuchungen werden herausstellen, daß die Bedeutung des Kunstzentrums Dresden besonders in der Bewahrung und Differenzierung des Hedonistischen und Artifiziellen in der bildenden Kunst der DDR besteht.

Die Stil-Morphologie *Berlins* ist ganz anders. Diese Stadt war in den zwanziger Jahren Zentrum, Umschlagplatz und Schmelztiegel der avantgardistischen Kunst Ost- und Westeuropas. Sie rivalisierte eigentlich nur noch mit Paris. 1933 war alles vorüber. Berlin hat seine einstige internationale Stellung bis heute nicht wiedererlangt. Der Anteil der ehemaligen Metropole für die Kunst der DDR wird von der »Berliner Bildhauerschule« und in der Malerei durch die »Berliner Schule« bestimmt. Experimentelle und neoexpressionistische Tendenzen vervollständigen das Bild. Ist Dresden malerisch, so war Berlin bis zum Auftritt der »Berliner Schule« demonstrativ-agitatorisch, dekorativ, auch literarisch.

Die Berliner Plastik (Gedenkfigur, Porträt) wurde in den fünfziger und sechziger Jahren für die DDR entwicklungsbestimmend: Lammert, Seitz, Grzimek, Cremer, Drake, Mucchi-Wiegmann, Balden, Graetz, später Förster, Stötzer, Krepp, Sammler, Henkel, Schönfelder setzten in ihren Werken Maßstäbe. Früh weltoffen, fand sie in Auseinandersetzung mit Barlach und Lehmbruck, Moore und Giacometti, Marini und Wotruba zu unverwechselbarer Identität. Berlin wurde zum Hauptort der Plastik in der DDR.

Schon immer hatte in Berlin publizistische (und illustrative) Graphik einen Platz. Sie wurde nun angeführt von Herbert Sandberg (Künstlerkreis um die Zeitschrift »Ulenspiegel«) und von Werner Klemke, der die Buchillustration und die Technik des Holzstichs wieder künstlerisch bedeutsam machte. Die Kunst der Berliner Grafik (von Tucholski und Mohr bis zu Goltzsche) fällt durch Intelligenz und sachliche Sicht auf sowie durch die Einheit von Genauigkeit und Poesie.

Die Malerei, obgleich durch etliche wichtige Lehrer-Persönlichkeiten geprägt (Nagel, Robbel, Ehmsen, Mucchi), wird erst mit dem Gruppenstil der Maler um Harald Metzkes und Manfred Böttcher entwicklungsgeschichtlich bedeutsam. Die Kunst dieser »Berliner Schule« hat ihren Ursprung in den fünfziger Jahren, tritt aber erst in den Sechzigern massiv an die Öffentlichkeit. »Ćezanne (war) die große Akademie, in die alle gegangen sind.« (Metzkes). Die Maler der »Berliner Schule« gingen von Sinneseindrücken (nicht von gedanklichen Konstruktionen!) aus, genauer, von dem, was das Auge dem Menschen zu erkennen gibt. Zum Ergebnis gehörten das in sich geschlossene Bild, die Sublimierung der Farbkultur, die Tonschritte der Farbe, das fugenlose Ineinanderübergehen der Bildebenen... Damit wurden diese Maler keine Neuerer, sondern Traditionalisten im guten Sinne des Wortes, und Harald Metzkes erscheint so als der nach Max Liebermann und Otto Nagel wichtigste Bewahrer und Erweiterer der Berliner Maltradition. Die kunsthistorische Bedeutung der »Berliner Schule« besteht unter anderem darin, daß sie gemeinsam mit einer Nichtberliner alten Generation (mit Lachnit, Wigand, Rosenhauer, Kretzschmar, Niemeyer-Holstein) das Fortwirken einer hohen malerischen Kultur in der DDR sicherte und in sie neue ästhetische Wertvorstellungen einbrachte.

Der Gruppenstil der »Berliner Schule«, der Anfang der achtziger Jahre bereits nicht mehr vorhanden war, ist im Werk zahlreicher Berliner Maler verwirklicht. Seine programmatischen Kriterien sind schlichte Empfindungstiefe, gegenständliche Bescheidenheit, überzeugende Subjektivität, Wiedergabe persönlicher Alltagserfahrungen, impressive malerische Noblesse. Die Salons dieser Berliner waren die Galerie Arkade und die Galerie am Prater, ihr Montparnasse der Prenzlauer Berg, der in den achtziger Jahren auch zum Ort individueller (handgearbeiteter) Buchproduktion (Malerbücher) wurde.

Im Dialog mit der »Berliner Schule« entstanden mehrere starke Personalstile (Knebel, Magnus, Quevedo, Goltzsche), während Künstler wie Zickelbein, Vent, Böhme und Leber geradezu ein ästhetisches Gegenprogramm entwickelten, das in den achtziger Jahren als eine Basis der Malerei der »Neuen Expressivität« verstanden worden ist. Zugleich entwickelte sich aber auch eine experimentelle Kunst: Mixedmedia bei Kirchner und Tucholke, dritte Dimension im Bilddruck bei Rehfeldt, Computerkunst bei Bartnig. Robert Rehfeldt verhielt sich nicht ganz so radikal wie Lucio Fontana, der, ebenfalls in den sechziger Jahren, im Prägedruck das Papier durchbricht, um den Raum auch in der Druckgraphik spürbar werden zu lassen. Aber Rehfeldt steht ganz in der Nähe und arbeitet zeitgleich mit anderen Künstlern in Europa daran, Grenzlinien zwischen Druckgraphik und anderen bildkünstlerischen Medien zu verwischen. Berlins Kunst erhält dadurch beinahe ein großstädtisches Timbre. Untersuchungen zu ihrer Geschichte stecken noch in den Anfängen (Lang 1979, VBK-DDR 1980).

Die Stadt *Leipzig* hat jene Kunst hervorgebracht, die in Westeuropa als Kunst der DDR zuerst aufgenommen worden ist. Auch hier wieder ein Notname »Leipziger Schule«, verknüpft zumal mit den Namen Heisig, Tübke und Mattheuer. Umfangreiche Untersuchungen liegen vor (Meißner 1977, Hochschule für Grafik und Buchkunst 1989). Die Stadt, einst ohne erwähnenswertes malerisches Klima, kam mit ihren Malern in den sechziger Jahren ins Gespräch. Trotz expressiver Tendenzen (Ebersbach) trat die Ambivalenz zu Literatur und Philosophie als besonderes Kennzeichen der Leipziger Malerei hervor, womöglich auch als Fortleben der von Klinger verwirklichten Gedankenkunst. Zeichnerische Exaktheit, plastisch-räumliche Bildorganisation, Glätte des Farbauftrags, sattes Kolorit, Verschlüsselung des Bildgehaltes, Simultanmethode, Lakonismus wurden zu Kriterien dieser Malerei, die sich stilmorphologisch konträr zur Kunst in Dresden und Berlin behauptete. Eine neue Historienmalerei (Heisig, Tübke) fand in Leipzig ihren Ausgang ebenso wie künstlerische Installation (Leipziger Herbstsalon 1984: Dammbeck, Firit, Grimmling, Heinze, Huniat, Wegewitz) und andere »Grenzüberschreitungen«. Die Messestadt wurde in den siebziger Jahren das lebendigste, widerspruchreichste Zentrum eines neuen Avantgardismus in der bildenden Kunst der DDR.

Halle erscheint durch die Wirksamkeit Willi Sittes wie ein Appendix von Leipzig. Der Zusammenhang ergibt sich aus der Bevorzugung der Figurenmalerei und der Themenwahl aus Geschichte und Gegenwart. Doch wurde die Entwicklung in Halle auch wesentlich vom Expressionismus bestimmt, zumal auch von den Lehrkräften auf der Burg Giebichenstein. Dieses Institut galt neben dem Bauhaus und der Breslauer Akademie als die modernste Kunstschule im Deutschland der Weimarer Republik. Weidanz, Crodel, Hahs und Grzimek haben die Kunst in dieser Stadt nachhaltig geprägt. Ein energischer linearer Stil und expressive Farbformbehandlung wurde für die Malerei in Halle charakteristisch. Albert Ebert trat als außergewöhnliche Erscheinung aus dieser Stadt hervor. Seine Variante der naiven Malerei fand weithin Beifall. Halle ist dennoch, auch trotz des Aufschwungs der Druckgraphik in den achtziger Jahren, nie ein Kunstzentrum von der Bedeutung Dresdens oder Leipzigs geworden. Allenfalls gilt die Stadt als leistungsstarker Platz für das Kunsthandwerk. Die Geschichte ihrer jungen Kunst ist in mehreren Publikationen (Hütt 1977, Hannover 1979, Schulze 1989) gründlich dargestellt worden.

Karl-Marx-Stadt wurde erst in den siebziger Jahren als Ort bildender Kunst bekannt. Es waren junge Künstler (Morgner, Ranft, Ranft-Schinke, Kozik), die mit ungewöhnlichen bildnerischen Erfindungen hervortraten. Action painting, Objektkunst, informelle Methoden wurden wichtig. Suche nach neuen Ausdrucksformen und kollektiven Produktionen waren charakteristisch. Die Galerie Oben und die Produzentengalerie Clara Mosch wurden Kommunikationszentren, die weit ins Land wirkten.

Stilistisch prägend für eine Künstlergruppe oder gar für eine Generation wurde die Karl-Marx-Städter Kunst indessen ebensowenig wie die Malerei und Graphik aus Halle. Inspirative Innovationen, gebündelt in einem künstlerischen Georaum, kamen allein aus Dresden, Leipzig und Berlin. Noch bis gegen Mitte der siebziger Jahre war zahlreichen Kunstwerken die lokale Herkunft abzulesen. Im Gefolge einer sich weiter öffnenden Kunstszene und des immer stärker praktizierten Dialoges mit aktuellen Kunstprozessen befreite sich das künstlerische Subjekt von lokaler Konvention. Jüngste Ausstellungen, wie »Konturen« (Nationalgalerie Berlin 1989) und »Zwischenspiele« (VBK-DDR und Neue Gesellschaft für bildende Kunst Berlin 1989), bestätigen, daß die Kunstzentren in der DDR ihre alten, zu Zeiten tragenden Funktionen verloren haben. Geblieben sind Wohnorte, die verschiedentlich Ballungszentren bildender Künstler sind.

Kassandra in der Nische
»Kritische Kunst« in der DDR

von Hermann Raum

Gesellschaftskritische Bildkunst in der DDR von Mitte der sechziger bis Mitte der achtziger Jahre gäbe es so nicht, wenn soziale, politische, kulturelle, moralische Widersprüche und Konflikte in den Medien, im Fernsehen und in einer freien Presse hätten erörtert werden können.

Verwiesen wurde solcher Bildstoff auch in den »Eulenspiegel«: eine begehrte Zeitschrift, wie ein Gärtchen voll satirischer Blüten (auch dort durfte kein Baum in den Himmel wachsen, auf daß kein Schatten falle auf die Macht der Politbürokratie), hinter dem sich das weite Feld erstreckt, auf dem es einst Kultur in Gestalt politischer Karikatur gab.

Es hat sich bei der gesellschaftskritischen Kunst allerdings nicht um Karikaturen in Öl und Bronze gehandelt. Das Zusammenwirken der Verschlüsselung, die erzeugt wird von Repression, allgegenwärtigem Argwohn und Selbstzensur, mit der Verschlüsselung, die von den Eigenarten künstlerischer Phantasie und den Gesetzen der Bildgestaltung herrührt, hat eine eigentümliche, anspruchsvolle formale Diktion, eine Bildwelt mit eigenem Personal und Symbolfundus hervorgebracht. Im Gegensatz zu der durchaus deutschen Tradition (Grosz, Heartfield, Dix, Hans Grundig, Pankok, Karl Rössing) drangen diese kritischen Bildwerke nicht zu den Wurzeln der reflektierten Erscheinungen vor. Selbst in den inzwischen bekannt gewordenen Werken aus den Schubladen finden sich kaum fundamentale Auseinandersetzungen mit den verhängnisvollen Grundsätzen, nach denen die politische, kulturelle, ökonomische Entwicklung in der DDR verlief.

Und das, obwohl die Künste in der DDR nach dem schweren Rückschlag von 1965 (Plenartagung des SED-Zentralkomitees gegen Filmemacher und Schriftsteller) bis Anfang der siebziger Jahre durch ihre Werke, die bildenden Künstler auch durch ihren Verband, wieder Bewegungsräume gewonnen hatten. Der Geist solcher Filme wie »Das Kaninchen bin ich« oder der Bücher von Christa Wolf verbreitete sich langsam auch in den Bildern. Hinzu kam, daß die politbürokratische Disziplinierung, Entmündigung und Wirklichkeitsfälschung kontinuierlich verdichtet und schließlich total wurde. Das direkte künstlerische Engagement war Notwehr.

Wolfgang Mattheuer ist der bekannteste Repräsentant dieser Haltung. Der große Moralist verteidigt das Individuum gegen die geistlose Manipulation, das Gemeinwohl gegen den Eigennutz der Macht und gegen die lähmende Indolenz der massenhaft Einzelnen. In der großen Spannweite seines Werkes gibt es Hauptthesen und Hauptgestalten: Der über die Stadt herrschend hingelagerte Bürokratenmoloch, die aus den Mündern und Ohren quellenden Zeitungen, die in bunte Kästen eingeschlossenen Köpfe, der Mann mit der Schafsmaske, der Mann mit den Flügeln, die hochgeschleuderten Fäuste, der einbetonierte, abstürzende Vogel, die Sisyphos-Bildergruppe, Laokoon und Prometheus. Und schließlich der aggressiv ausschreitende Riese, der als »Jahrhundertschritt« zum Denkmal der Epoche wurde. Viele weitere Sinnfiguren sind in düstere Räume gebannt oder in

romantische Landschaften und leuchtende Farbfelder gebettet und meist C.D. Friedrich näher als Otto Dix.
An prägnanten Beispielen der sogenannten »Leipziger Schule« (von Volker Stelzmanns »Bunkerkarneval«, »Sonnenaufgang« und den »Versuchungs-« Bildern über Sighard Gille's »Brigadefeier«, »Gesellschaft mit Wächter« und »Berliner Landschaft«, Wolfgang Peukers »Wände« bis zu der »Utopia« von Kurt Dornis) läßt sich am besten erkennen, wie sich die künstlerische Umsetzung kritischer Potenzen zum Ende der siebziger und in den achtziger Jahren gewandelt hat. In der moralischen Rigorosität Mattheuer verwandt war Rolf Kuhrt. Als er die Folgenlosigkeit direkter Kritik bemerkte, entstand die Kassandra als seine Hauptfigur. Der Künstler wird Kassandra, sein abgewiesener Warnruf erfaßt nun die Gesamtheit der Gefahren, mit denen seine Gesellschaft sich bedroht, und alsbald bezieht sich der Ruf auf die überwältigende globale Herausforderung.
Die Kunst begann hier von der alltäglichen Misere, vom zunehmenden Ohnmachtsgefühl abzuheben und führte zu einer Verinnerlichung. Parallel und nicht selten steigerte dies die Abstraktheit und Verschlüsselung. Andere Künstler aber reagierten mit Härte, Unerbittlichkeit und kaltem Zorn: Hans Hendrik Grimmling mit »Schuld der Mitte« und »Windstille«, Lutz Friedel mit »Warten auf Grün«. Der »Feierabend« von Uwe Pfeifer, einst Mattheuer-Schüler, wurde in der öffentlichen Diskussion Mitte der siebziger Jahre zum Schlüsselbild für die hohe Gefährdung von Lebenswelten durch eine verheerende Bau- und Umweltpolitik. Zunächst mit hart und trocken wirkenden Bildern der »sozialistischen« Betonquartiere ging er in Alltags-Allegorien zwischen Sarkasmus und Trauer zu signalhafter, greller Sinnlichkeit der Konsumwelt über, und schließlich zu elegisch-romantischen Lobpreisungen unberührter Natur und zu Sehnsuchtsbildern vom verlorenen oder gefährdeten Paradies.
Die Situationen ähneln sich in den Landesteilen, ohne sich zu gleichen. In Halle fiel Ende der siebziger Jahre *Wasja Götze* mit der politischen Chuzpe, ungemütlichen Schärfe und herausfordernden Mehrdeutigkeit seiner comicbunten und dekorativen Bilder auf, die sein Sohn Moritz auf seine Weise weiterentwickelt. Götze, seine Bilder und Aktivitäten waren jahrelang Observierungsgegenstand der Stasi. Eine Ausstellung seiner auf witzige Weise codierten satirischen Arbeiten in der Galerie Marktschlößchen endete in örtlichen Turbulenzen und einschlägigem Ärger für den Veranstalter.
An den Zeichnungen von *Rainer Schade*, Lehrer an der Halleschen Hochschule, läßt sich die Verdrängung der Kritik in die weniger gefährliche »hohe« Kunst ablesen. Er stellte 1987/1988 auf der großen Ausstellung in Dresden mit der Serie »Köpfe« und dem Leporello »Konvoi« das politische System rücksichtslos bloß – in der Abteilung Karikatur. In der DDR hat sich ein der Nischengesellschaft angemessenes Verfahren der Ghettoisierung von politischer Karikatur im Kunstsalon entwickelt.
Selbst die klassische Bildhauerkunst, die in der DDR betulich gepflegt wird, reibt sich an den unerträglichen Widersprüchen des »real Existierenden«. Die Figurengruppe »Beginn einer Reihe« von Bernd Göbel, einem weiteren Lehrer der Hochschule Burg Giebichenstein, Halle, personifiziert in ironischer Verfremdung mittelalterlicher Heiligen-Altäre fünf DDR-typische Todsünden.
In Berlin hat *Trakia Wendisch* in einer monumentalen, fast pathetischen Figurensprache und mit wuchtig expressivem Farbauftrag Einsamkeit, Entfremdung,

12-16 Rainer Schade, Konvoi, 1987
Fotos: Friedhelm Hoffmann

Bedrohtheit, Widerstand in Gemälden wie »Mann mit Hund«, »Frau vor dem Fernseher«, »El Coloso« u.a. direkt thematisiert. Und ähnlich beleuchten die Bilder und Ausstellungen des früh verstorbenen Joachim Völkner die merkwürdige Nischenfunktion kritischer Kunst.

Hans Ticha, seit 1978 nicht mehr in den zentralen Ausstellungen in Dresden gezeigt, hat zwischen 1978 und 1983 in seiner popigen, bilderbuchhaft abstrahierenden Art eine Serie spöttischer Szenen über die Politbürokratie von wirklich staatsfeindlicher Schärfe gemalt, die seit Anfang 1990 in der Wochenzeitung »Sonntag« erscheinen – nun als »Ersatz« der offenbar noch immer nicht gehörig aus der Erstarrung gelösten politischen Pressekarikatur.

Das sich seit Mitte der achtziger Jahre ausweitende Gebiet multimedialer Künste, der Installationen, Environments und Performances wäre hier zu berücksichtigen. Künstler wie Hartwig Ebersbach (»Missa nigra« 1981, zusammen mit dem Komponisten Friedrich Schenker), die Gruppe Clara Mosch, Lutz Dammbeck (»Herakles-Projekt« 1985), Manfred Butzmann (nicht nur mit seinen Aquatinta-Arbeiten zum Thema Armeedienst oder seinen Plakaten und Postkarten) bringen teils schon ein Jahrzent lang die provozierende Lebendigkeit und subversive Wirksamkeit der nicht-traditionellen Medien in das kritische Konzept der Kunst ein.

Grafik in der DDR – ein Streitbrief

von Lothar Romain

Über die Grafik in der DDR läßt sich ohne Willen zur gröbsten Vereinfachung auf wenigen Seiten nicht reden, wenn man erst einmal anfangen wollte, die Geschichte mit Namen zu belegen. Und doch ist die Grafik – von der Handzeichnung bis hin zu allen reproduzierbaren Techniken – ein ungleich gewichtigeres künstlerisches Medium in der DDR gewesen als im »noch« Westen. Und das gegen alle ideologischen Vorgegebenheiten; denn die Hoffnung der Theoretiker, mit Hilfe der Grafik und anderer reproduzierbarer Medien die Aura der Originale zu durchbrechen und die Kunst dem Volk zu öffnen, ist nicht im realen Sozialismus, sondern im Westen vehement diskutiert worden. »Ars multiplicata« hieß 1968 eine große Ausstellung in Köln, die – als Beginn eines kurzzeitigen Ausbruchs des Kunstmarktes aus dem Elfenbeinturm – allüberall im Kulturbetrieb Begeisterung auslöste und über die Grafik den Traum vom Kunstbesitz für jedermann beschwor. Benjamin allerorten in westlichen Kultur- und Kunstbetriebsdiskussionen, während der sogenannte reale Sozialismus gerade auf Aura nicht verzichten wollte. Der Stolz der DDR war, wie es der zurecht renommierte Direktor des Dresdner Kupferstich-Kabinetts, Werner Schmidt, geradezu als Charakteristikum ihrer Kunstszene rühmte, daß die Auflagen der druckgraphischen Mappen z.B., sehr klein gehalten seien.

Verkehrte Welt, möchte man im Rückblick meinen – und nur darüber kann ein Kurzbrief handeln, nämlich über den anderen Stellenwert, über die andere Entwicklung von grafischer Kunst in der DDR. Unmittelbar nach Kriegsende, noch bevor sich die Geschichte in die Adenauer bzw. Stalin/Ulbricht-Ära teilte, suchten viele Künstler wieder Anschluß zu finden an den Aufschrei, die Krudität und das Hoffnungspotential des Expressionismus. Im Westen wurde dieses bald in einen abstrakten Expressionismus, in Informel und Existenzialismus verwandelt. Je mehr die informelle Geste eine auch materialbetonte Unmittelbarkeit forderte, desto weniger Beachtung fand die »mittelbare« Ausdrucksweise der Grafik. Schon von der Technik her verhinderte sie eher die allseits beschworene Spontaneität.

Man möge die Grobschlächtigkeit der geschichtlichen Kontur verzeihen: die stillere, weniger mit Ich-Gesten auftrumpfende Grafik mit ihren Rückbezügen auf die Kunstgeschichte in der DDR entsprach zweifellos der dortigen eher kleinbürgerlichen anstatt sozialistischen Entwicklung. Das Anknüpfen an traditionell realistische Bildvorstellungen machte die Kunst scheinbar volksnah. Tatsächlich half sie auf ihre Weise, den Blick auf die Wirklichkeit einzuengen und bestimmte Bildmuster als Zielvorgaben zu etablieren. In dieser Hinsicht besonders gefährdet war die Malerei, während die Grafik eine eigene Subtilität und Enthaltsamkeit gegenüber dem öffentlich verordneten Gesellschaftspathos auszeichnete. Unter dem Ideologiedruck der Ulbricht-Ära entwickelte die Grafik, gerade weil sie optisch weniger auffällig war und mehr mit handwerklichen denn mit thematischen Problemen beschäftigt schien, eine eigene Art des lautlosen Untergrabens aller offiziellen Botschaften und pathetischen Bildmuster.

Hier soll nicht nachträglich ein gewiß falscher Widerstands- bzw. Dissidenten-

Mythos aufgebaut werden. Doch es liegt in den konventionellen grafischen Techniken des Ritzens oder Schabens in den Materialien von Stein, Metall oder Holz, daß sie sich dem rein Plakativen – wie es der »westliche« Siebdruck bewußt provozierte – widersetzen. Das – ehemals auch als Medium der Kunst – wichtige Plakat wurde vom übermächtigen System als allgegenwärtiges Spruch- und Propagandaband verschlissen. Ohnehin war »öffentlich«, auch im Sinne des Lauten, Ostentativen und der Allzugänglichkeit, Allkontrollierbarkeit eine höchst zwiespältige Qualität. Die Grafik war offenbar ein Medium, sich der Forderung nach großer Öffentlichkeit eher zu entziehen und der individuellen Sicht unter dem Deckmantel handwerklich-technischer Diskussionen ein wenig Raum zu schaffen. Bernhard Heisig hat 1977 in einem »Gespräch an der Druckerpresse« (in figura 2, S. 10) gesagt: »Unser Grafik-Beitrag charakterisiert sich eigentlich immer dadurch, daß er bemüht war, ausgehend immer von eben diesen Traditionen, die ja bis zu den alten Meistern reichen, auf kleinerem Format, vielleicht optisch nicht so attraktiv, aber irgendwie sehr gründlich zu bleiben. Wer das verdeckt oder verfälschen möchte, sieht einfach nicht wichtige Zusammenhänge, sieht auch nicht den Versuch, Gründlichkeit und Verantwortung gegenüber der Form zu wahren.«

Die Verantwortung gegenüber der Form, die sich auf die Traditionen berief, verhinderte zwar die Suche nach neuen Bildsprachen, aber schuf auch eine Art Bastion gegen allzu ungenierte Ansprüche der Kulturpolitik. Was Heisig mit Gründlichkeit meint, ist gewiß nicht die Biederkeit der Grafik in der DDR, sondern deren in der Tat durchweg hoch entwickeltes Differenzierungsvermögen. Die Hingabe an die Subtilitäten der konventionellen grafischen Medien hat in manchen Fällen zu großer Meisterschaft geführt, pauschal aber auch eine Art Blickwendung nach innen, eine Art Nabelschau hervorgebracht, die jeden möglichen Ausbruch ins Unbekannte wirkungsvoll verhinderte. Und der ostentative Blick in die Geschichte ließ selbst die Behandlung wichtiger zeitgenössischer Themen zum Zitat und also schon gemachten Erfahrung verkommen.

Aufmerksamkeit verdient die große Konzentration, die die Grafik in der DDR durchweg auszeichnet, das Verweigern des Pathos, das gerade bei den Jüngeren auch individuell Verquere gegenüber dem öffentlichen Bedeuten, das insistente Ringen um bildliche Gewichtungen. Aber selbst wenn sie sich großer, existenzieller Themen annimmt, haftet ihr manchmal etwas von der Durchschlagskraft stifterischer Landschaftsbeschreibungen an, so genau, aber auch so harmlos. Wäre es nur brav, brauchte man darüber nicht zu reden. Es ist im Gegenteil häufig bravourös, aber mit einem durch die Konventionalität verstellten Blick. Was wird, so muß man sich fragen, aus der ästhetischen Subtilität, den vielfältigen Implosionen des kulturellen Erbes in Verbindung mit individuellen Trotzreaktionen, wenn die Bilder nicht länger mehr im Ghetto eingesperrt und zugleich geschützt sind. Man mag den westlichen Postmodernen eine fast zynische Gleichgültigkeit gegenüber den Erfahrungen und Konflikten der Geschichte vorwerfen. Doch gerade die fehlende Ehrfurcht beim fröhlichen Zitieren der Geschichte schafft auch Befreiung, gibt Aufgeregtheiten ebenso wie allzu respektvolle Pflegedienste des kulturellen Erbes der Lächerlichkeit preis und verhindert Biedermeierlichkeit im Gewande der Gründlichkeit.

Bühnenbildner, Theaterbildner

von Friedrich Dieckmann

In alten Zeiten wurde bei der Erstaufführung eines neuen Werkes entweder nur der Bühnenbildner genannt (so ging es Mozart 1781 bei »Idomeneo«) – oder der Bühnenbildner wurde überhaupt nicht genannt. In jedem Fall aber griff die Technik der Bildverwandlung in die Struktur der Stücke ein; das vorletzte Bild des »Don Giovanni«, das vorab bühnentechnische Ursachen hat, ist nur *ein* Beispiel dafür. Heute ist es anders: keine noch so kühne Szenenanweisung des Dramatikers oder Librettisten, die sich die Bühne nicht anheischig macht zu erfüllen. Andererseits eine Verselbständigung des Bildnerischen, die mit Wort und Ort des Textes ein Spiel treibt, das weiß: Dies – zu spielen – ist die letzte Bastion einer einzigartigen und bedrohten Kunstform. Man spielt, als ob es um Kopf und Kragen ginge; das tut es auch, und wenn der Bühnenbildner Glück hat, findet er einen, der mitspielt, der sein eigenes Spiel *mit* ihm treibt: den Regisseur. Im minder glücklichen Fall spielt er nur noch mit sich selber. Er okkupiert die Bühne, und dann zeigt sich: Wo der Bühnenbildner herrscht, kommt das Theater leicht in Gefahr; die Szene, Kompositum aus Wort und Raum, Bild und Aktion, wird zum Bildgefüge statt zum Menschenereignis.

Herrschen ist schwer, noch schwerer: dienen, vor allem, weil man einen Herrn dazu braucht (sei es das Publikum, der König, ein Dichter, ein Regisseur), der es verdient. Einen solchen Meister fand Karl von Appen, ein Bühnenbildner, der sein Metier von jeher als Werkdienst, nicht als Selbstdarstellung aufgefaßt hatte, im Jahre 1953 in Brecht. Beide – und viele mit ihnen – hatten ein Theater im Sinn, in dem, aus der Souveränität des einzelnen, der Dienst wieder zum Grundverhältnis der Kunst werden sollte, nicht – das war der neue Gedanke – in einem affirmativen, sondern in einem dialektischen Sinn: Dienst an der Umbildung, Neugestaltung der Gesellschaft. Daß man durch eine grundlegende – soziale, politische, ökonomische – Umformung der alten, bürgerlichen Gesellschaft deren Übeln entrinnen könne, aus dem Reich der Freiheit in dasjenige einer Notwendigkeit tretend, die man sich als die höhere, die wahre Freiheit auslegte, war das Konzept jener Aufbaujahre auf sehr zerstörtem Grund. Man hatte den Satz des Kommunistischen Manifests, der von einer Gesellschaft spricht, in der »die freie Entwicklung eines jeden die Bedingung für die freie Entwicklung aller« sei, so schlecht gelesen, daß man ihn ohne weiteres umkehrte: aus der vollkommen organisierten Gesellschaft sollte die Freiheit des einzelnen hervorgehen. Wie, war jenes Rätsel, das auch die Weisesten, Wissendsten nicht lüfteten.

Denn ihre Sehnsucht ging ja auf die Überwindung einer Freiheit, die man in jungen Jahren erst als aussetzende, dann als katastrophenhaltige erfahren hatte; sie trachtete nach dem Entkommen aus einer Situation, die Emil Orlik, der Bühnenbildner Max Reinhardts, in den zwanziger Jahren als eine der Haltlosigkeit beschrieben hatte: »Wir sind die Leidtragenden einer Übergangsperiode.« Sie stand im Zeichen zerstörter Konventionen; das Theater fand sich, nicht anders als die Malerei, mit dem Verlust stilistischer Stringenz geschlagen. »Wir haben heute keinen einheitlichen Stil«, klagt Orlik, »wir haben keine Tradition, die ... wenigstens eine Krücke sein könnte. Es gab einst einen einheitlichen Stil, und sogar in

17 Pieter Hein, Bühnenbild zu Heiner Müller »Der Bau«
Foto: Adelheid Beyer

der sogenannten geschmacklosen Zeit unserer Väter hatte man mehr davon, als wir heute bitter lachenden Erben haben. ... Sie hatten keine Sorge, originell sein zu wollen, zu müssen! Die Zeit hat ein schnelleres Rad bekommen! Welch ein Irrtum zu glauben, daß man Kultur durch Einfälle ersetzen kann! Solange man nicht davon durchdrungen ist, daß es kein Stilisieren gibt, hat man keinen Stil«. (E.O., Kleine Aufsätze, Berlin 1924, S. 44) Das hätte Karl von Appen ebenso sagen können.

War, wie am Beginn der Neuzeit, eine astronomische Entdeckung mit im Spiel, die nicht konkret, als faßliche Erfahrung, wohl aber reflektiert wirkte, als mittelbare, aber tiefreichende Verunsicherung des Lebensgefühls? 1929 bestätigte sich die aus der Relativitätstheorie abgeleitete Schlußfolgerung von der Instabilität des Weltalls; es gelang der Nachweis, daß das ganze All bis hin zu den entferntesten Spiralnebeln sich im Zustand permanenter Explosion befand. Oder war diese kosmische, vielmehr antikosmische Entdeckung nur die Folge, gewissermaßen der Ausdruck einer primären Detonation, die in der Befindlichkeit des Menschen, der Gesellschaft gezündet hatte? Die Kunst war ihr anderer Spiegel. Um so stärker machte sich das Verlangen nach zentripetalen Kräften, nach neuen Bezugs-, neuen Schwerpunkten geltend. Die Freisetzung des kapitalistischen Gesellschaftsgedankens aus allen monarchisch-autoritären Hüllen hatte zu seiner Krise geführt; das Verlangen nach Bindung, die Sehnsucht nach dem Innerweltlich-Absoluten war die Reaktion auf eine Freiheitserfahrung, die sich an sozialer

Atomisierung, an dem Zerfall der Gesellschaft in blind und zerstörerisch wuchernde Egoismen festmachte. Stalinismus und Hitlerismus zogen ihre Kräfte aus dem tiefen Verlangen nach dem Entgegengesetzten, das Einordnung, Gehorsam, Gemeinschaft hieß, und die Idee der Disziplinierung war intellektuell um so anziehender, wenn sie sich auf ein konträres Ziel: Veränderung, Revolutionierung, bezog und aus ihm rechtfertigte, mit ihm verkleidete.

Illusion ist die Sphäre der Kunst; daß sie gerade dort wesentlich wirkte, wo man dem Illusionären, Scheinhaften des alten Theaters grundlegende Absagen erteilte, gehört zu den Paradoxien der Produktivität. Was Brecht und Appen in den drei Jahren ihrer Zusammenarbeit mit einem ganzen Ensemble hervorbrachten, waren Kunstgebilde von einer Eigenart, die den selbstgesetzten Rahmen souverän überstieg und sich zu einem artistischen Zartsinn, einer Genauigkeit des Gestus und des Bildes freimachte, die ohne Beispiel in ihrer Zeit waren, den Modernismen des westlichen so fern wie den Naturalismen des östlichen Europa, eine Mitte zwischen ihnen haltend, die kein Mittleres, sondern etwas sehr Eigenes, aus den Quellen einer nationalen Kultur Gespeistes war, die viele für verschüttet hielten. Der Zauberstab, der diese Quellen springen ließ, war mit fernöstlichen Schriftzeichen gegen die alte romantische Nachtlust gefeit. »Chinesisch-Deutsche Jahres- und Tageszeiten« heißt ein Zyklus später Goethescher Gedichte, und so kann man die späte Blüte des Brechtschen Theaters überschreiben, an der Karl von Appen, der Bühnenbildner, die Freude des Dienstes erfuhr: Chinesisch-Deutsche Jahres- und Tageszeiten. Auf dem westöstlichen Divan saß man, keineswegs gemütlich, in Berlin ohnedies.

Das Schicksal der Kollektive

Die exzeptionelle Synthese von Theater und Bildkunst im Zeichen einer eingreifenden neuen Dramatik hat damals Schule gemacht. Sie hat einer heranwachsenden Generation von Bühnenbildnern Rüstzeug und Maßstäbe an die Hand gegeben; durch Handwerk und Gesinnung, Intelligenz und Ensemblefähigkeit wurde die Bühnenbildkunst der DDR in aller Stille nicht zu der wirkungsvollsten (die politische Einschnürung der DDR durch die Präpotenz des andern deutschen Teilstaats war der Ausbreitung von Ruhm nicht günstig), aber der qualifiziertesten Europas. Sie wurde es trotz der Hindernisse, die sich vor den dramatischen Texten der jungen Generation auftürmten. Diese Hindernisse schienen sich zu vermindern, als mit dem Sturz Walter Ulbrichts jene Ära eingeleitet wurde, die sich den Namen der »Einheit von Wirtschafts- und Sozialpolitik« gab; die Außenstehenden oft rätselhafte Formel bedeutete, daß sich der Staat, i.e. die Staatspartei, seiner Doppelrolle als unternehmerische *und* gewerkschaftliche Instanz schärfer bewußt wurde. Sie bedeutete, bildlich gesprochen, daß die von Ulbricht vehement inaugurierte Mikroelektronik wieder abgeschafft und französischer Käse angeschafft wurde; die Idee, beides miteinander zu verbinden, wurde nicht in Betracht gezogen. Es liegt im Wesen einer ökonomischen Struktur, bei der eine ganze nationale Wirtschaft wie *eine* Firma funktioniert, daß eigentlich nur Fehlentscheidungen möglich sind, indem jede Orientierung mangels Ausgleichsmechanismen dergestalt übertrieben wird, daß die Korrekturen, die später nötig werden, wiederum übers Ziel hinausschießen. Was heute als Krise des

Sozialismus umgeht, ist die Krise einer Konzernwirtschaft, die sich durch die Verplanung des Binnen- und weiter Teile des Außenhandelsmarktes vor jedem Wettbewerb, außer dem um Wanderfahnen, schützte, ein Verfahren, dessen Aussichtslosigkeit unter Fachökonomen niemals strittig war. Natürlich ist es, für die Hersteller nämlich, sehr viel bequemer, konkurrenzlos zu produzieren als auf dem Prüfstand des Wettbewerbs; auch ist die Mehrwertverzehrung durch bürokratische Instanzen, die ins Massenhafte gehen, ein zunächst weniger durchschaubarer Vorgang als die Apanagen kuponschneidender Aktienkönige.
Zugleich mit der Einsicht in die Einheit von Wirtschafts- und Sozialpolitik machte der auf neuen Kurs gebrachte Staat Miene, die Künste zu befreien und die Industrie jener diskreten und peripheren Pluralität zu berauben, die die – im Lager-Maßstab einzigartige – ökonomische Signatur des deutschen Staatssozialismus bis dahin gewesen war. Aber schon 1972 wurde ein Theaterstück, das das neue Wohnungsbauprogramm auf den Prüfstand einer Humanität stellte, die nicht nur nach Masse wog, dauerhaft verboten und der Autor seiner Partei verwiesen. Die ökonomische Applanierung setzte sich weit müheloser, mit einem Federstrich, durch als das Konzept kultureller Auffächerung.
Wenn man heute darüber nachsinnt, an welchem Datum man das Ende jener goldenen Ära des Bühnenbilds in der DDR festmachen sollte, als deren Initialpunkt Appens Engagement für die »Katzgraben«-Inszenierung des Berliner Ensembles gelten kann, so kommt man womöglich auf Achim Freyers folgenschwere Italienreise anno 1972 mit dem Ensemble der Berliner Volksbühne. Eine Gastspielwoche in Venedig: das fand dieser Hauptmeister der jungen Generation, der zum ersten Mal in das Land des Südens, und ohne Sicherheit der Wiederkehr, kam, zu wenig; er verlängerte seinen Aufenthalt eigenmächtig, um sich gründlicher umzusehen. Neapel sehen und sterben – solche törichten Sprüche können viel Unheil anrichten. Aber nicht Italien war die eigentliche Klippe des DDR-Bühnenbilds. Zuvor war, anhand einer »Clavigo«-Inszenierung, Freyers Theaterbündnis mit einem der wichtigsten Berliner Regisseure, Adolf Dresen, in die Krise gekommen; dasselbe war einem andern Großmeister dieser Generation, Horst Sagert, mit Benno Besson begegnet; exemplarische Arbeitsbündnisse funktionierten auf einmal nicht mehr. Die Bühnenbildner, im Schatten einer öffentlichen Aufmerksamkeit stehend, die in platter Verkennung grundlegenden Teamworks alles Licht auf dem Regisseur versammelte, fühlten sich auf einmal als Ausgebeutete des Regiebetriebes, sie wollten selbst Theaterdirigenten sein – das Aufschießen der Ambitionen war das Zeichen eines Zerfalls, der auf den Grund der gesellschaftlichen Verhältnisse verwies. Die Nachkriegsepoche, an deren Anfang sich das östliche, auf grundlegenden Umbau von Kultur und Gesellschaft gestellte Deutschland einen nachhaltigen geistigen Vorsprung verschafft hatte, ging zu Ende, und das Jahr 1968 hatte drastisch bekundet, daß die östliche Hauptmacht, von dem Zentristen Breshnjew im Sinn und nach dem Verstand der Marschälle regiert, kein tragfähiges Konzept für eine wesentlich veränderte Situation hatte. Aggressive Ratlosigkeit hatte sich, auf nichts als Machterhalt bedacht, Bahn gebrochen; zugleich war die Idee sozialistischer Umgestaltung auf die westliche Halb-Welt übergegangen, nicht als Basis-, aber als Überbauphänomen.
Freyers Italiensehnsucht war vor diesem Hintergrund nur ein Symptom. Und ein Symptom war fünf Jahre später der Zerfall eines Theaterteams, in dem der Bühnenbildner noch einmal so intensiv als Mitregisseur funktioniert hatte wie in

der Gründerzeit des Berliner Ensembles. Einar Schleef, der Bühnenbildner, in dem ein Epiker schlummerte, emanzipierte sich jäh von B.K. Tragelehn, dem Regisseur, der ein Lyriker war; an Theatern der Bundesrepublik schufen sich beide nachmals Spiel-Räume individueller Verwirklichung. Ein Jahr zuvor hatte sich unter dem Druck des über das Berliner Ensemble verhängten erbrechtlichen Belagerungszustands das höchst produktive Opern- und Schauspielteam Ruth Berghaus/Andreas Reinhardt aufgelöst; wenig später büßte Bessons Volksbühne, dieser Sammelplatz exzeptioneller Talente, mit dem Intendanten ihren Integrator ein. Nach allen Seiten zeigte sich: die Zeit des Verbunds, der Zuordnung, des Dienstes, aneinander und an einem übergreifenden Kunst- und Gesellschaftsgedanken, war vorüber. Die Zeit trug nurmehr das isolierte, nicht das gemeinschaftliche Werk; es begann jene Kunstepoche, der Günter Gaus in weiterem gesellschaftlichen Zusammenhang den Namen der Nische gab. Der Erfolg, der der Wendung beschieden war, übersah: der Westen war dort schon lange angekommen. Aber für die DDR war es eine neue Etappe.
Daß auch noch in dieser Phase, die Ende der siebziger Jahre erreicht war, zuweilen Teams, Kollektive zusammenwuchsen, den Rahmen der Genügsamkeit übersteigend, um auf die Gesellschaft zu wirken, war jene Ausnahme, die auch in dürftiger Zeit Maßstäbe aufrechterhielt und Anker ins Künftige warf. Zwei Berliner Bühnenbildner, Lothar Scharsich und Jochen Finke, Appen-Schüler beide, fanden exzentrisch, im hohen Norden und im tiefen Süden der Republik, Ensembleräume ausgreifender Wirksamkeit, dieser in Dresden mit dem Regisseur Wolfgang Engel unter der Ägide Gerhard Wolframs und Horst Schönemanns, jener in Schwerin mit dem Regisseur und Intendanten Christoph Schroth. An der Berliner Volksbühne wirkte über Bessons Abgang hinaus Heiner Müller als zentrale Produktionskraft, einerseits als Autor, der das Inszenierungsteam Fritz Marquardt/Pieter Hein zu grundlegenden Aufführungen inspirierte, andererseits als Regisseur, der auch seinen Bühnenbildner fand: Hans-Joachim Schlieker, einen Meister, der entdeckt sein wollte; er verbarg sich in der Bühnentechnik dieses Theaters. »Macbeth«, nach Shakespeare, war hier 1982 ein Stück Welttheater in schon verkrustender Gegend. Aber auch am Deutschen Theater gab es Kristallisationspunkte. Mit der Autorität des exzeptionellen Schauspielers bemächtigte sich Alexander Lang Ende der siebziger Jahre des Regiehandwerks und beschritt, im wechselnden Bund mit den Bühnenbildnern Hans Brosch, Gero Troike und Volker Pfüller, einen Weg, der mit wachsender Könnerschaft vom Expressiven zum Artifiziellen, aus dem Reich der Not in das der Wendigkeit und des Witzes führte. In Volker Pfüller blieb ihm ein Bilderfinder, Bildanreger von stupendem Formsinn zur Seite.
Es war die Unmöglichkeit, Ensemblebildung konstitutiv zu befestigen, was Lang dazu brachte, dem Deutschen Theater zu entsagen und sich dem westdeutschen zu widmen. Wieder war es, wie einst an der Volksbühne, Heiner Müller, der in die Bresche sprang, welche der Abgang des brillanten Artisten geschlagen hatte. Aber nicht Schlieker bildete ihm beim »Lohndrücker« mehr die Bühne, sondern ein Gast aus jener andern Welt, in die so viele einheimische Kräfte hinübergewechselt waren: Erich Wonder aus Wien. Ruth Berghaus, in ihrer Kooperation mit dem westdeutschen Architekten Hans Dieter Schaal, war, wie so oft, vorausgegangen, Fritz Marquardt folgte; nicht mehr mit Pieter Hein, seinem langjährigen Bühnenbild-Partner, sondern mit Karl Kneidl erarbeitete er die Erstauffüh-

rung jenes Schauerspiels (als Komparativ von Schauspiel), das Müller für das Berliner Ensemble von 1972 geschrieben hatte: »Germania Tod in Berlin«. Wie Wonder dem Deutschen Theater, so benahm nun Kneidl dem Berliner Ensemble einige Zuschauerreihen: Bühnenbild als raumgreifende Kunst.

Der Vorgang zeugt, auf seinem speziellen Gebiet, von jener Normalisierung, die, trotz aller widerstrebenden Kräfte, im Wesen der Zeit liegt, und sie greift um sich. Brechts an der Schwelle der Spaltung wahrhaft kühnes Wort von 1951: »Wir werden ein nationales Theater haben oder keines« (»Theaterarbeit«, Dresden 1952, S. 8), scheint auf neue Art wahr werden zu wollen, und die Beunruhigung, die westdeutsche Theaterkritiker gelegentlich ob der Überfremdung des Theaters der Überflußgesellschaft durch die eigenwillige Ästhetik von DDR-Regisseuren, DDR-Bühnenbildnern – seien es gastierende oder eingemeindete – bekundet, ist nur ein anderes Symptom dafür. Wobei diese Ästhetik nur als ein Spektrum höchst differenter ästhetischer Haltungen existiert, die, aufs westliche Feld verpflanzt, ihrerseits einer Gefährdung unterliegen, durch einen Prozeß der Formalisierung, der Perfektionierung von Oberflächenreizen, wie sie den Bedürfnissen einer Gesellschaft luxurierender Wohlhabenheit entspricht. Manche erliegen dieser Gefahr, indem sie ihr, feinsinnig oder gewalttätig, die Stirn bieten, andere bringt sie dazu, ihre Kräfte zu vermehren, ohne an Genauigkeit nachzulassen. Realismus heute hat sich daran zu messen, wie er die Selbstgenügsamkeit der Partialitäten, die sich, so oder so, für das Ganze setzen, zu unterminieren versteht.

Postskriptum

So endete dieser im August 1989 abgeschlossene Text. Die Selbstgenügsamkeit der Partialitäten hat seither einen starken Stoß erlitten, genauer: die Selbstgenügsamkeit einer der beiden Partialitäten. Der Stoß, in wechselnden Phasen vorangetrieben, ist drauf und dran, das System der Partialität selbst verschwinden zu machen; Brechts hier berufenes Wort: »Wir werden ein nationales Theater haben oder keines«, beginnt sich mit einer Wirklichkeit aufzuladen, von der die Diagnose des August nicht mehr als eine Ahnung haben konnte.

Ist an die Stelle dessen, was einmal als sozialistischer Realismus in das Bewußtsein der Künste eingreifen wollte, eine Bezüglichkeit der ästhetischen Haltung getreten, die den Begriff der Kulturlandschaft erfüllt? Die Frage fällt mit der nach der Zukunft der DDR beinahe zusammen. Vielleicht ist Sachlichkeit das Übergreifende der theatralischen Landschaft, die auf den Namen Deutsche Demokratische Republik hört, jenes Staates, der immer sehr deutsch war und nun sogar demokratisch und eine Republik wird. Dagegen spricht ihre romantische Komponente, die bei Sagert anders als bei Pfüller hervortritt. Gleichwohl: Wenn man das Wort auf die Einheit der Aspekte bezieht – des Analytischen wie des Poetischen, des Funktionalen wie des Expressiven –, ist es wohl tauglich, die innere Haltung einer Kultur zu bezeichnen, die sich nicht gegen den Überfluß, sondern gegen den Mangel zu behaupten hatte und durch die strenge Schule einer Gesellschaft ging, die, in lauter Widersprüche gesetzt, eine Qualität dialektischen Bewußtseins – nicht im rhetorischen, sondern existentiellem Sinn – hervorbrachte, vor der das Theater allabendlich bestehen mußte.

Vielleicht war es die Notwendigkeit, immer auch auf Wirklichkeit und niemals bloß auf Kunst reagieren zu müssen, was wie dem Theater so dem Bühnenbild der DDR seine Eigenart gab. Auch hier markierte der große Oktober End- und Höhepunkt. Der revolutionäre Furor, mit dem die Schweriner »Tell«-Inszenierung von Schroth und Scharsich ihr einheimisches und dann das Berliner Festtage-Publikum ansteckte, war das Theater-Vorspiel zu einer Umwälzung, bei der der Hut schließlich von der Stange flog; wir stehen noch mitten in ihr. Wie wird das Theater aussehen, das daraus hervorgeht? Wird es, einem weiteren Raum gehörend, den Widerspruchsgeist aufrechterhalten können, der ihm unter politischen Verhältnissen, die immer mitspielten, zugewachsen war? Unter den Aufgaben, die vor den beiden deutschen Staaten wie vor den beiden Berlin stehen, wird das Zusammenwachsen der Theaterlandschaften die am leichtesten zu bewältigende sein. Das macht: sie ist am besten vorbereitet; vielleicht können andere sich das zum Muster nehmen. Nicht nur die Kunst, auch die Künstler waren Vorreiter eines Allgemeinen, das nun abrupt vorangeschritten ist. Kunst ist vorgreifender Ausdruck. Was sie damit bewirkt, ist umstritten; sicher ist: sie kommt eher an als andere. Das ist ihre Aufgabe und ihr Vorrecht. *Berlin, am 15. März 1990*

Leben ist außer den staatlichen Sprachen Produzenten- und Selbsthilfegalerien

von Christoph Tannert

In den Hohlräumen des sozialistischen Kunstgefüges mischten sich Kräfte, die von Künstlern mit gleichstark umherschweifender Denkungsart unter anderen Kulturverhältnissen auf ähnliche Art gebündelt wurden. Doch wer hat das wahrgenommen? Keine Unterschiede zwischen West und Ost in der Haltung, Kunst als Anti-Kunst zu betreiben. Dabei genügte manchmal schon ein optischer Kalauer, um die Hüter über sozialistisches Brauchtum und Sitte herauszufordern. Die Herbeiführung semantischer Zerwürfnisse in der DDR-Kunst waren in 40 Jahren künstelnden Gleichschritts eher die Ausnahme.
Seit Jahren gibt es Kontakte zwischen der Sub-, Off- oder wie auch immer zu charakterisierenden randständigen Kultur in der DDR und den Freakprogrammen im Westen. So prächtig, wie sich die Kultur-Gerontokraten der DDR mit ihren konservativen Freunden aus dem anderen Deutschland beim Abschluß des ersten Abkommens über Ausstellungs-Austausch verstanden, so eindeutig verband die Kritiker eine Abneigung gegenüber den staatsgeförderten Repräsentationsabsichten. In der DDR muß also nicht hervorgelockt werden, was längst vorhanden ist, bzw. man braucht als möglichen zukünftigen Verlust nicht zu beweinen, was doch bereits als gefestigte Selbsthilfementalität in Kunstdingen besteht, welche durch die neuen Möglichkeiten nur noch radikalere und in der Manipulierung der Zusammenhänge universellere Formen der Widerständigkeit durchsetzen wird.
Künstler aus Berlin-Kreuzberg, Köln, Prag, Warschau oder Tiblissi beispielsweise wunderten sich über das Maß an Freiheit im Kopf, das Betreiber von Produzentengalerien, Performer, Aktionisten und ungezählte Techniker der Wirklichkeitsveränderung in der DDR an den Tag legten. In dieser Szene schien ein Maß an korrektiver Energie zu stecken, das man nicht vermutet hatte in einem Land, das so deutsch war, daß es Deutsche auf der anderen Seite der Mauer nicht mal hätten geschenkt haben wollen.
Insbesondere in den achtziger Jahren entstand im Berliner Prenzlauer Berg, in Leipzig, der Dresdner Neustadt und anderswo eine Szene, die all das bot, was durch »Sozialistischen Realismus« bisher übertönt, herabgesetzt, verhindert wurde: sinnliche Opposition, visuelle und mediale Rohzustände von Kunst, die Ausstellung von Ideen und schöpferischen Prozessen; im Tafelbild eine neue Freiheit der Rhythmik, im plastischen Werk und in der Installation die Provokation des Banalen und uneingeschränkte Sperrmülltrivialität. Künstler griffen wie ihre Musikerfreunde zu Gitarren, um sie als Verteidigungswaffen zu benutzen. Sprachvitalisierer wie Bert Papenfuß-Gorek, Stefan Döring, Sascha Anderson begannen, »einem verreckten Kater die Scheiße aus den Därmen (zu) dreschen«. (1)

Die achtziger Jahre boten insgesamt mehr Möglichkeiten, Nein zu sagen, als alle Jahrzehnte vorher. Konflikte zwischen den Generationen, zwischen staatlicher Macht und den Selbstverwirklichungsabsichten des einzelnen oder zwischen Staat

18 Ausstellung im Atelier Hans Scheib, Raumerstraße 23
Von links: Kopf von Sabine Grzimek; Gemeinschaftsbild von Wolfram A. Scheffler, Cornelia Schleime, Sascha Anderson; Leporello von C. Schleime; Arbeiten von H. Scheib, H. Leiberg u.a.
Foto: Barbara Metselaar-Berthold

und Kirche wurden deutlicher. Gleichzeitig nahm das Strafmaß für Aufsässigkeit an Härte zu, angefangen bei der Verweigerung von Bildung bis hin zu Schnellverurteilungen politischer Demonstranten.

Ein enormes Desinteresse eines Teils der jungen Literaturszene, sich gegenüber Staat und seinem Dirigismus überhaupt in Beziehung zu setzen, ließ eine von den Imperativen der Leistung und des Nützlichen befreite Subjektivität zur Geltung kommen. Zwischen Aufklärern und Verweigerern setzte eine Sprachverwirrung ein. Die Rigorosität des »Sprechens durch Schweigen« oder des »Sprechens um zu Simulieren« kollidierte mit der Haltung des Hineinredens in gesellschaftliche Realprozesse. Uwe Kolbe konstatiert 1979: »Meine Generation hat die Hände im Schoß, was engagiertes Handeln betrifft. Kein früher Braun heute... Ich kann noch weitergehen und sagen, daß diese Generation völlig verunsichert ist, weder richtiges Heimischsein hier noch das Vorhandensein von Alternativen anderswo empfindet.« (2) 1989 bricht dieses Gefühl der Zerrissenheit in ein Wachwerden um, allerdings nur, um die in der Sprache, im Werk präsenten Paradoxien zu rechtfertigen.

Absagen an die politische Rollendressur der Künstler regten sich an der Leipziger Hochschule für Grafik und Buchkunst. Der Maler Trak Wendisch fühlt sich dem Berliner Dichter Uwe Kolbe verbunden. Noch ungebrochen verstehen sie sich als Seismographen einer Entwicklung, deren Horizont in den folgenden Jahren niemand mehr so recht ausmachen kann. Der Bildhauer Hans Scheib bringt ins Bild, wovon Kolbe schreibt:

»Frühlinks
Abends gerinnt das gewisse Geschwafel
vor unseren Ohren.
Der Krämerkommunismus koaguliert.
Dann verlieren sich die Vorschriften
des Widerstands.
Alle Freunde sind jenseits
und wachsen bereits.
Schamvoll gebe ich noch eine Losung:
Leben ist außer den staatlichen Sprachen.«
(2.4.1982) (3)

Steffen Mensching und Hans Eckart Wenzel suchen in der Spur von Volker Braun linkskritische Alternativen, meinend, daß dann, wenn Politiker versagen, doch nur die Künstler übrigbleiben, um den Leuten die Wahrheit zu sagen. Auf der anderen Seite Fritz-Hendrik Melle mit der knappen Bemerkung: »Volker Braun? – Da kann ich nur sagen, der Junge quält sich. Dazu habe ich keine Beziehung mehr. Ich bin schon in einer frustrierten Gesellschaft aufgewachsen. Diese Enttäuschung ist für mich kein Erlebnis mehr, sondern eine Voraussetzung.« (4) Fritz-Hendrik Melle gehörte, wie all jene, die sich seit der Existenz von MIKADO, UND, SCHADEN, POE-SIE-ALL-BUM (5) aus dem Regelwerk einer von der Macht besetzten Sprache und Realität ausgliederten, zu einer Gruppe von Dichtern, die zusammen mit Künstlern, Theaterleuten, Filmemachern und Rockmusikern, heimisch überall in der DDR, die Suche nach selbstbestimmten Freiräumen in einer durch Unfreiheit gelähmten Gesellschaft wagten – und scheiterten. Bereits 1983/84 gingen die ersten in den Westen. Die, die geblieben sind, erstritten sich gegen den Widerstand der Kulturobmänner regelmäßige Lesungen in Privaträumen, Ausstellungen in Kirchen und Ateliers, Aktionen im Abseits des administrierten Kulturlebens und hinterließen eine Fülle von illustrierten Manuskriptsammlungen. Ihr erlebbarer Anteil an den sich vollziehenden Veränderungen in der politischen Landschaft ist gering, ihr Einwirken auf das Fließkontinuum entregelten Denkens um so deutlicher. Folgerichtig mußte das Festhalten von Künstlern und Dichtern an flüchtigen und instabilen Systemen kollidieren mit den basisdemokratischen Vorstellungen der politischen Opposition von einer neuen Ordnung, eines neuen sozialen Regelwerks, auch wenn dieses pluralistisch gedacht wurde. In den von diesen Künstlern und Dichtern ausgesuchten Souterrain-Zonen der Gesellschaft (S. Anderson: »Weder für noch gegen, sondern außerhalb«) gilt gut zehn Jahre lang nur der mediale Erfahrungszusammenhang, in dem sich menschliche Selbstvergewisserung mit Wahrheit deckt. »Rot« oder »Grün« werden zu nichtkommentarbedürftigen Vertiefungen im Tuschkasten. Nur »nachts kommt manchmal ein Arm aus dem Gras / am Morgen blühn wieder die Neurosen / und Grün der Kot vom vielen Gurkenessen« (6).
Die »Arbeit am Wort«, an der Farbe, an der Form, an formgerechter Artikulation reguliert die Inhaltsperspektive.
Um 1985 war es der Maler, Filmemacher und Multimediaspezialist Lutz Dammbeck, der mit seinen innovativen Mediencollagen »HERAKLES« und »REALfilm« ein projektives Konzept realisierte, das in Geschichtliches hineinleuchtete,

um Gegenwart transparent zu machen. Ein ganzheitlicher materieller Zusammenhang wirkte mit Deutlichkeit sinnstiftend. Ähnliche Verbindlichkeiten gehen auch 1989 der »Autoperforationsartist« Volker Via Lewandowsky mit dem Dichter Durs Grünbein ein, als sie anläßlich der »Permanenten Kunstkonferenz«, dem ersten Performance-Art-Festival in der DDR, eine Erfahrungsaneignung und -inszenierung mit dem Titel »Deutsche Gründlichkeit« präsentierten.
Bis zu diesem Zeitpunkt verweigerten Künstlerverband und staatliche Stellen Räume und Veranstaltungsmöglichkeiten für Prozeßkunstformen, und auch all jene Kunstäußerungen, die nicht in die ideologiedekorierten Schachteln der Kunstverhinderer paßten (und davon gab es mehr als genug), waren auf Künstlerselbsthilfe angewiesen. Hätte es nicht Kunstvermittler und Sammler gegeben, die in ihren Wohnungen und an rückwärtigen Orten des Etablierten, als spontanes Unternehmen oder mit Regelmäßigkeit, unkonventionelle Kunst, vielfach einfach die Arbeiten von Freunden, meist jungen Künstlern, ausstellten, die Kunst der DDR wäre in Parteitagsklimbim und Wettbewerbszwängen ertrunken.
Es war immer schon üblich, Ausjuriertes und die von Politkommissaren und intriganten Künstlerkollegen diffamierten Werke im Kreis von Freunden zu besehen; Gespräche mit Künstlern belegen das. Neu war das ab Mitte der siebziger Jahre lose geknüpfte Netz von alternativen Galerien, unter denen die »EP Galerie Jürgen Schweinebraden« in Berlin wohl die erste war. Zwischen 1976 und ihrem Ende 1980 fanden viele aktionelle Kunstereignisse statt und Ausstellungen von bedeutenden Künstlern Westeuropas – für viele Besucher die ersten Berührungen mit der europäischen Moderne überhaupt. Gut 15 Galerien gründeten sich auf privater Basis seither, manche von ihnen existieren heute noch, am längsten die von Judy Lybke geführte EIGEN+ART in Leipzig. 1983 bis 1985 empfing Lybke Ausstellungsbesucher zu 17 Ausstellungen noch in seiner Wohnung, ab Juni 1986 dreimal wöchentlich dann in den Räumen der ehemaligen Chemischen Fabrik Rohrer & Klingner, Fritz-Austel-Straße 31, Hinterhof. Die EIGEN+ART, noch vor November 1989 mehr oder weniger etabliert, bot vier Jahre lang jedem ausstellenden Künstler 50 Quadratmeter Testfläche für die schnelle Verabschiedung des Überkommenen, weniger Platz für Ausdifferenzierung und Befragung. Unter dem Deckmantel, »Werkstattage« zu organisieren, konnte Lybke seine Galerie offenhalten. Tatsächlich aber fehlten die Virtuosen der Kommunikation, sieht man einmal von Else Gabriel, Micha Brendel und Rainer Görß bei ihrer Lebensmittel-Kunst-Tauschaktion »Allez, Arrest!« ab. Fundamentalkritik des Kunstsystems schlug häufig in Fundamentalopportunismus um. Doch all das schmälert nicht die dekorativen oder konzeptionellen Begabungen einiger junger Nachwuchstalente, die Lybke nun sogar mit der Hilfe von Sponsoren auf den westlichen Kunstmarkt geführt hat. Die Brüder Carsten und Olaf Nicolai und den Kunsttransformer Jörg Herold zog er aus dem Hut. Bleibt abzuwarten, ob der Zaubertrick gelingt.
Die kurzlebigen Ausstellungsunternehmungen »Galerie am Bach« und »Villa Marie« in Dresden, das »Atelier Schüller« in Karl-Marx-Stadt (Chemnitz), die Erfurter »Galerie im Flur«, die zur Galerie umfunktionierte Wohnung Bahß in Magdeburg, die »Galerie Oelsner«, Erdmann Moecks Einladungen in die Knaackstraße und die »manufraktur« in Berlin oder auch die »Galerie am Feld« in Leipzig, die »Galerie Schwamm« in Weimar und die in lockerer Folge veranstalteten »Jenaer Hofvernissagen« gibt es nicht mehr. Michael Thulin schreibt über

dieses kurze, aber wichtige Kapitel der DDR-Kunst: »Der Tod vieler Galerien und Ausstellungen vollzog sich unspektakulär, lautlos und wurde von der ohnehin eingeschränkten Öffentlichkeit kaum wahrgenommen. Zu den rechtlichen Schwierigkeiten kamen finanzielle und organisatorische Probleme, die die Galeristen vielfach zum Abbruch ihrer Unternehmungen zwangen. Die Reihe der Neugründungen, Kompromisse und Schließungen ließe sich fortsetzen, aber die Erfahrungen selbstverwalteter Galerien und Ausstellungen gleichen sich, an welchem Ort der DDR sie auch immer ins Leben gerufen worden waren.« (7)

Alle diese für den sozialistischen Kunstbetrieb anfangs untypischen, dann alltäglichen Drahtseilakte vollzogen sich auf eigenfinanzierter Basis. Genehmigungen oder Rechtsschutz dafür gab es nicht. Wenn die Gründung kommerzieller Galerien in Leipzig, Berlin und in anderen Städten, wie sie seit März 1990 zu beobachten ist, das Klima der Offenheit noch verbessern, dann stehen sie genau in der Tradition der Selbsthilfeprojekte, die ja nicht der Nabelschau der Macher wegen geplant wurden, sondern um dem miefigen Erscheinungsbild des staatskulturellen Bereichs etwas entgegenzusetzen. Gerade die Erblast des Staatlichen Kunsthandels der DDR schreibt kleinbürgerliche Haben-Mentalität und die frommen Lügen des Dingfetischismus fest. Galerien, die nicht auch Gelder freisetzen für das Unbezahlte und Unverkäufliche avancierter Kunstformen, offenbaren ihr kulturelles Versagen.

Jene Galerien, die augenscheinlich die Durststrecken und Revolutionswirren überstanden haben, sind die EIGEN+ART, Leipzig; »Haus 23«, Cottbus; Galerie »De Loch« und »Wohnmaschine« in Berlin und die Galerie »Artefakt« in

19 Intermedia im Klubhaus Coswig am 1./2. 6. 1985
Foto: Karin Wieckhorst

Dresden. Neu eröffnet haben die »Galerie am Kraftwerk«, Leipzig und die »Blume/Domröse/Tannert/Weiß-Galerie« in Berlin. Weitere kulturelle Netzwerker, die in der DDR einen Namen haben, sitzen in den Startlöchern. Einer nach dem anderen huschen die Altaktivisten der siebziger und achtziger Jahre auf die Bühne und mischen sich ins Vorspiel des zu erwartenden Kunstmarkts. Die Tonangebenden halten sich vorläufig bedeckt.
Waren die Produzentengalerien, zu denen von ihrer geistigen Sprengkraft her auch unbedingt die Kulturbund-Galerie CLARA MOSCH in Adelsberg zu zählen ist, die bekannten und verläßlichen Orte akuter Zeitlichkeit, so blieben viele Künstlerpleinairs, Happenings und die ausgeklügelten Veranstaltungstage mit multimedialer Dimension nur einem kleinen Kreis Erlebnishungriger vorbehalten. Überall, wo es zu Künstleransammlungen kam (also in historischer Abhängigkeit an den Orten der Kunstakademien in Sachsen), quoll der Affektstrom, und die Übergangsprozesse von der musealen Präsentation zum gemeinsamen Fest wurden z.T. ausgelassen gefeiert. Immer spielte Rockmusik eine Rolle, stets waren Lyriker und Schauspieler zugegen, wurden Filme gezeigt, häufig Objekte unter freiem Himmel gebaut. Fast alle Künstler und vor allen Dingen auch Künstlerinnen wie Christine Schlegel, Karla Woisnitza, C.M.P. Schleime, die mit Ideen und Mut Gemeinschaftserlebnisse organisierten, lebten unter Behördendruck und Observationsmechanismen. Als sie sich entschlossen, ihre Heimat zu verlassen, überlebten die kommunikativen Ideen kurzzeitig in Ost-Berlin, verblaßten dann aber im kulturellen Überangebot des Westens. Von den legendären Wanderungen durch die Umgebung Dresdens, Land-Art-Aktionen in der Lausitz, Pleinairs in Saxdorf, Tabarz, Fürstenau, in Leussow und auf Rügen weiß man heute nur noch vom Hörensagen. Vor zehn Jahren trafen sich Nachtschwärmer in Dresden bei Egon oder, um dem SUM-Theater in Helge Leibergs Atelier zuzuschauen. Heute sind Amusementsüchtige Teil eines dampfenden Gesamtkunstwerks in irgendeinem Kellerloch, wo neuerdings House-Parties gefeiert werden. Bereits mit der Idee von Micha Kapinos, im gründerzeitlichen Ballsaal des Clubhauses von Coswig bei Dresden ein »Intermedia«-Festival zu organisieren, realisiert 1985, schieden sich an Punk- und Frustrationsattacken die Geister. Heute rangiert der mutmaßliche Unterhaltungswert von Ereignissen vor dem Anspruch auf Erkenntnis.
Die Spontaneität mit der A.R. Penck und Wolfgang Opitz in den siebziger Jahren filmten, d.h. singuläre Verkettungen ihres Lebenszusammenhangs auf Normal-8-Film bannten, hat nichts mehr zu tun mit der routinierten Spontaneität, mit der die jungen Super-8-Filmer Thomas Werner, Mario Achsnick, Fayd Jungnickel, Thomas Frydetzki, Jana Milev, Volker Via Lewandowsky u.a. heute arbeiten. Die ruinöse Bausubstanz der Großstädte bildet vielfach die schaurigschöne Kulisse für Illustrierungen von Ideen im Stile mißverstandenen Erzählkinos. Wolfgang Opitz berichtet im Gespräch mit Asteris Kutulas über seine damaligen Intentionen: »wir stellten die Substanz dar. Es war kein Wohlfühlen in Zerfall und Abbruchzonen, wie es heute im DDR-Schmalfilm präsent ist. Vergleiche mit anderen Schmalfilmen waren nicht möglich, da es keine gab. Der Westen sah in unseren Filmen eine Ost-Variante der Pop-Art-Filme von Andy Warhol. Wir waren verblüfft.« (8)
Seit Jahren stagniert die Entwicklung im Bereich des »anderen Kinos«, der sogenannten »unabhängigen« Super-8-Film-Szene. Drei mit viel Aufwand organisierte Workshops an der Dresdner Kunsthochschule, initiiert von Wanda (Clau-

dia Reichardt), brachten weder Auseinandersetzungen, noch Aussicht auf ein Ende der selbstgefälligen Zwiesprache der Macher mit sich selbst. Seit gut einem Jahr hat es weder neue Filme, noch ein erneuertes Geflecht an Gedanken gegeben. Die Flucht vor der Tradition oder ein hilfloses Suchen nach ihr und eine weitgehend orientierungslose Suche nach neuen Leitbildern hat den Super-8-Film (egal ob Experimentalfilm, Künstlerfilm, assoziative, narrative oder Bilderbogen-Struktur) an einen toten Punkt gebracht. Jeder heute gedrehte Dokumentarfilm, selbst die peinlichen Zeugnisse bemühter Bildfindung, sind spannender als der Leerlauf im organlosen Körper des Schmalfilms. Auswege zeichnen sich lediglich bei den in multimediale Konzepte eingegliederten Mehrfachprojektionen (Milev/Rudnick) ab.

Der formalen Dichte und dem regelgeleiteten Verfahren der Mediencollagen von Lutz Dammbeck vermochten die Künstler der nachfolgenden Generation nichts ebenbürtiges entgegenzusetzen. Dennoch bestehen graduelle Unterschiede zwischen Holger Starks symbolistischer Aufsockelung von Spielszenen und der pathosproduzierenden Bildmaschine zwischen Oper und Schwarzer Messe bei Jana Milev. Wieder anders verfährt der Mythenbeschwörer Rainer Görß. Er untertitelte seine »Migard«-Aktion mit »Heldenhalden und Schaltkreismythologien – Aus den Konstellationen einer Deponie«. Unbestritten gelang ihm in opulentem, ja fast barockem Rahmen (»ich wollt, ich wäre Pöppelmann...«) die Verflechtung von Bildern, Vorgängen, Statements zu einer Sinndimension, die das ineinanderzog, was Wissenschaftler den achtziger Jahren als kunsthistorische Zustandsbeschreibung theoretisch zu attestieren versuchten: »die offene Idee eines expressiven Eklektizismus« (9). Görß hauste im Ruinenfeld der nordischen Mythologie »und deren Umfeld in Überlieferung angehäufter Gleichzeitigkeiten«. (10) Bemalte Holztafeln (»Kodex und Membran«) treffen auf blutende und Schimmel-Bilder. Ein Insektarium (ironische oder Vorform »sozialer Plastik«) kontrastiert Holzskulpturen, Objekte und Malerei auf Leinwand. Aktion, Geschwindigkeiten, Sich-Abpolstern mit Durcheinander, Image, Pose, Leidenschaft als sich reflektierendes Stimmungsbild. Görß sammelt Träume während er mit der Linken die Akademie untergräbt. »Werkzeuge«, gefundene Gegenstände des täglichen Gebrauchs aus rostigem Eisen werden als Erinnerungspotential vorgezeigt. Mit Absolutheitsanspruch in Richtung Gesamtkunstwerk treibt Görß den Betrachter in eine programmatisch unüberschaubare Komplexität, reflektiert gleichzeitig diese Situation aber selbst auch kritisch in Form von System-Zeichnungen. In einem Verwirrspiel aus kultischen Verweisen, Elementarzeichen, strudeligen Denk-Manövern spült Görß Historisches und Gegenwärtiges um und um, verknüpft verschiedene Diskurse und entfernte Epochen in einem Werk und stoppelt nomadisch über »die Halde der Geschichte, kein Abgang, kein Eingang und alles in Bewegung.« (11)

Am Beginn der neunziger Jahre ist diese Taktik, Abstraktion und Figuration miteinander zu verbinden, das Zufällige und das Programmatische, überhaupt all das, von dem bisher angenommen wurde, es ließe sich in seiner Diversität nicht miteinander verschmelzen, ein pompöser, bizarrer und unversöhnlicher Abgesang auf die Autorität ideologisch gebundener Sprachsysteme. Im Hintergrund der Bombast der Post-Industrial-Szene... Wagner gequält und enthäutet von den bunten Hunden aus der Meute um Bo Mullèr und »Ornament & Verbrechen«. Micha Brendel, Volker Via Lewandowsky, Durs Grünbein, Johannes Jansen, Jana

Milev, Peter Dittmer und Agnes Wegner stehen Görß zur Seite. Brendel mit Lichtbildern, die er wie Plastiken aus der Natur herausknetet und dann seiner »Euphor-Malerei« überantwortet; Lewandowsky mit einem fühlbar nassen Bild, das sozusagen »unter Tränen« nationale Identität und deutsche Geschichte in einem Kreislauf ewig gleicher Fragen und stereotyper Antworten »den Bach runtergehen läßt«. »In Deutschland stimmt was nicht...«, so einer von Lewandowskys Bildtiteln. Das Verschlingen und das Verschlungen-Werden von/durch Geschichte erzwingt, das Mediale neu und von unvermuteten Seiten her anzugehen sowie solche Untergründe und Inhalte miteinander zu verzahnen, die bisher scheinbar gegensätzlichen Positionen zuzugehören schienen. Künstler wie Andreas Hanske, Klaus Hähner-Springmühl, Gerd Sonntag, Detlef Schweiger, Klaus Killisch, Michael Wirkner, Johannes Jansen, Andreas Hegewald, Frank Seidel ändern die Richtung ihres Geschichtsblicks von der sozialen zur mythologischen, theologischen, obsessionellen Seite oder Künstlerinnen wie Angela Hampel, Gabriele Kachold, Petra Kasten, Heike Stephan, Tanja Zimmermann und Karla Woisnitza mit der Erweiterung der Fragestellungen um weibliche Themen.
Ein wesentlicher Teil der Kunst in der DDR steht seit langem außerhalb des Züchtigungsbereichs der verkarsteten Kunstinstitutionen. Die Fremdheitserfahrungen dieser Künstler stärkten ihre Identität. Ihre avancierten Strategien könnten die Zonenteilung zwischen deutscher und deutscher Kunst aufheben, so daß mit dem Nationalen endlich kein Staat mehr zu machen wäre.

(1) Titel eines originalgrafischen Buches von Bert Papenfuß-Gorek, 50 Exemplare, Selbstverlag, Berlin 1988
(2) Uwe Kolbe, in: Weimarer Beiträge 7/1979, S. 46
(3) Uwe Kolbe, in: Grafikmappe »Die neunte Stunde«, mit Radierungen von Hans Scheib, 50 Exemplare, Berlin 1982
(4) Fritz-Hendrik Melle in: Sascha Anderson/Elke Erb (Hg.), Berührung ist nur eine Randerscheinung, Köln 1985, S. 147
(5) Seit Ende der siebziger Jahre in der DDR-Alternativkultur kursierende sogenannte »Grafik-Lyrik-Unikate«. Vgl. auch: Katalog »Zellinnendruck«, hg. von Egmont Hesse und Christoph Tannert, Galerie EIGEN+ART, Leipzig 1990
(6) Juri Winterberg, zit. nach Thomas Haufe, Die sanfte Hölle und das Pro im Contra, in: Bizarre Städte, Sonderheft 2, hg. von Asteris Kutulas, Eigenverlag, Eggersdorf 1989, S. 2
(7) Michael Thulin, Alternative Galerien, Wohngalerien und anderes, in: LIANE 6/1989, Eigenverlag, Berlin 1989, S. 2
(8) Wolfgang Opitz, befragt von Asteris Kutulas (Herbst 1988), in: Bizarre Städte, Sonderheft 2, a..a.O., S. 50/51
(9) Wolfgang Max Faust, Idylle, Intensität, Zensur. Ein nachgetragenes Interview mit A.B. Oliva, in: Kunstforum International, Köln, Bd. 40, 1980, S. 106
(10) Rainer Görß, Katalog »Midgard«, Selbstverlag: Bei EIGEN+ART, j. lübke, r. görß, Dresden/Leipzig, 1989, Umschlagseite
(11) Ebd., S. 17

UND, UNDSOWEITER, UNDSOFORT…
Künstlerbücher und Zeitschriften im Eigenverlag

von Peter Böthig

Äußerer Druck, das plötzliche Fehlen einer ganzen Autorengeneration, die nach der Ausbürgerung Wolf Biermanns 1976, die rigide Zurückweisung der nachfolgenden, die geringe bis nicht vorhandene Experimentierfreude der kulturverwaltenden Behörden und Institutionen, ein Generationsbruch, der sich in veränderten Kunst-›Sprachen‹ manifestiert, waren Auslöser für das Entstehen literarisch-künstlerischer Zeitschriften in den achtziger Jahren an verschiedenen Orten der DDR über unterschiedlich lange Zeiträume hinweg. Sie sind nur zu erklären aus der Struktur der Nicht-Öffentlichkeit und dem vehementen Auftreten einer neuen Generation von Malern und Dichtern, die so wie sie malten und schrieben, nicht integrierbar waren in den konservativen Kulturapparat; und dies auch nicht wollten. Sie waren einem der möglichen Nebenwege verbunden mit einem Netzwerk von Aktionen, Lesungen, Ausstellungen, Performances u.ä., das jetzt, am Ende des Jahrzehnts in den Kunstbetrieb integriert wird. Die Existenz dieser anarchischen, heterogenen, diskontinuierlichen Redaktionsgruppen in den achtziger Jahren ist genauso neu wie der in ihnen praktizierte außerordentlich enge Bezug der Künste aufeinander. Und er ist in vielerlei Hinsicht paradox. Als wir im Juni 1986 in der Ostberliner Samariterkirche unter dem Titel »WORT & WERK« eine Ausstellung unabhängiger Zeitschriftenprojekte zeigten, wurde das von vielen Beteiligten als Wendepunkt empfunden. Was für die einen der Abschluß der eigentlich kreativen Phase war, der nur noch Kommerz und Verflachung folgten, war für die anderen der Schritt aus dem kleinen internen Zirkel hin zu einer allgemeineren Inanspruchnahme von Öffentlichkeit. Beide Positionen zusammengedacht deuten auf den widersprüchlichen kulturellen Ort autonomer Kunst innerhalb einer nichtpluralistischen Gesellschaft.

Das Herstellen von grafischen Büchern und Mappen hat in der DDR mittlerweile einige Tradition. Vor allem in Dresden hatten sich Ende der siebziger Jahre junge Autoren und Maler zusammengefunden und schriftgrafische Bücher, quasi im Selbstverlag, hergestellt. Unterstützt wurde dies anfangs noch vom Verband Bildender Künstler und der Hochschule für Bildende Künste. Ein Grafikbuch von Helge Leiberg, der später auch an Zeitschriften und Siebdruckbüchern beteiligt war, zu Gedichten des DDR-Lyrikers Uwe Greßmann (1933–69) ist eines der Beispiele dafür. Ein anderes das Buch »Kein Wind schlägt die Flügelflügeltüren zu« mit Texten verschiedener nichtgedruckter Dichter wie Bert Papenfuß, Frank-Wolf Matthies, Sascha Anderson, Lutz Rathenow und Grafik von Helge Leiberg und Ullrich Panndorf. Als Reihe konzipiert war dann bereits das POE-SIE-ALL-BUM, das in einer Auflage von 20 bis 100 Stück in knapp 20 Nummern erschien. Die Umschläge und eingebundenen Leporellos waren Originale, die Texte mit Schreibmaschine geschrieben – 1979 waren verschärfte Druckgenehmigungsgesetze erlassen worden. Die später von Sascha Anderson herausgegebenen Malerbücher, im Siebdruckverfahren auf Achatpapier gedruckt, führten die hier entwickelte Ästhetik einer wechselseitigen Durchdringung von lyrischem Text und malerisch-grafischer Gestaltung weiter. Es entstanden u.a. Bücher von Angela Hampel zu Texten von Elke Erb, von Ralf Kerbach und von Wolfram A. Scheffler zu Anderson, von Klaus Hähner-Springmühl zu Heiner Müller, von Helge Leiberg zu Uwe Kolbe, von Thomas Florschuetz zu Stefan Döring, von Jürgen Böttcher-Strawalde zu Bert Papenfuß. Gemeinsam war diesen Büchern neben Format und Herstellungsart das betont subjektive Prinzip: der Maler gestaltete Text und Bild in seiner subjektiven Ausdrucksform zu einem integralen Kunstobjekt. Neben dieser Edition gab und gibt es bis heute eine schon nicht mehr überschaubare Fülle an Malerbüchern. Erwähnt werden sollen wenigstens die Bücher, die Uta Hünniger zu Döring-Texten schuf und die des Berliners Michael Voges zu Elke Erb und zu Rainer Schedlinski.

Doch zurück nach Dresden ins Jahr 1983. Dort gab der Musiker und Dichter Lothar Fiedler nach dem Vorbild des POE-SIE-ALL-BUM die erste regelrechte Zeitschrift, die auf Zusammenarbeit von Malern und Dichtern beruhte, heraus: UND. Sie erschien zwei Jahre annähernd monatlich in einer Auflage von 15 Exemplaren. Die Umschläge und eingebundenen Grafiken und Fotos waren Originale – Zeichnungen, Textilcollagen, Fotos –, es herrschte die spontane, provisorische Geste, literarisch die sprachzertrümmernde Attacke gegen die als Überschwemmung erlebten politischen und ideologischen Determinierungen. (Nicht zu vergessen: es war die Zeit des Punk, der wilden Rebellion und des Rüttelns an den Gittern nicht nur der starren gesellschaftlichen Katastrophen-Logik.) Der Modus war denkbar einfach: wer einen Text in 15facher Ausführung gab, wurde veröffentlicht – und bekam ein Heft. Ein nichtkommerzielles Unternehmen also, das als Austausch funktionierte. UND lieferte das Modell, an das fast alle späteren Heft-Editionen anknüpften. Um die Zeitschrift sammelte sich eine Gruppe junger, anarchischer Autoren mit gleichgesinnten Malern und »genialen Dilettanten«, die ihre »quertriebigen«, oft die Genregrenzen durchbrechenden oder überschreitenden künstlerischen Produktionen und Provokationen sich gegenseitig bekannt machten. UND war ein rebellisches und partisanenhaftes Unternehmen, dem es um das Entgrenzen kritischer Kreativität zu tun war, mehr als um Kunstprodukte. Texte und Grafiken waren zum großen Teil nur mit Initialen gezeichnet.

Ebenfalls ab 1983 gaben in Berlin Lothar Trolle, Bernd Wagner und Uwe Kolbe MIKADO heraus, deren Konzept allerdings fast ausschließlich literarisch bestimmt war. Nur die Umschläge wurden bei befreundeten Künstlern als Siebdrucke in Auftrag gegeben: z.B. bei Hans Scheib, Uta Hünniger, Christine Schlegel, Anatol Erdmann, Karla Woisnitza. Dadurch konnte die Auflage bald 100 Stück erreichen, was erst Jahre später von einigen unter dem Dach der Kirche – und mit deren Vervielfältigungsapparaten – hergestellten Zeitschriften wie dem GRENZFALL, den UMWELTBLÄTTERN, oder seit 1988 KONTEXT und OSTKREUZ erreicht und überboten wurde. Es ging MIKADO, das bis 1987 erschien, in erster Linie um die Leerung der überquellenden Schubläden einer ganzen Dichtergeneration.

20 Poe-sie-al-bum, Umschlag von Cornelia Schleime

POE SIE
ALL BUM
FLUCHT
ACH VORN
ANDERSON
B. PAPENFUS
C.M.P

Dresden hat in der Geschichte der DDR-Kunst oft die Rolle eines Talentschuppens gespielt. Den meisten wird es in seiner (fruchtbaren) Provinzialität und Abgeschiedenheit (»Medienloch«) irgendwann zu eng; und doch hängt jeder, der einmal dort gelebt hat, mit seinem Herzen an dieser Stadt. Mitte der achtziger Jahre verlagerte sich das Zentrum der autonomen Kunstbemühungen nach Berlin. An der im Sommer 1984 von Leonhard Lorek und Frank Lanzendörfer – er ist 1988 gestorben – gegründeten Zeitschrift SCHADEN kann das Funktionieren und Nichtfunktionieren solcher Hefteditionen gezeigt werden. Der SCHADEN, der bis November 1987 17 Ausgaben erreichte, übernahm und perfektionierte das von UND erprobte Unikatprinzip und verband die auch hier zunächst eher spontane und anarchische Arbeit zunehmend mit redaktioneller. Die Auflage mußte bald von 15 auf 40 Exemplare gesteigert werden, Egmont Hesse (von ihm erschienen 1988 im S. Fischer Verlag Interviews mit 10 SCHADEN-Autoren), Ulrich Zieger und Johannes Jansen kamen als Autoren und Herausgeber hinzu. Nach Heft 7, im Herbst 1985, wurde eine Redaktion gegründet, der neben Lorek, Zieger und Hesse nun auch Sascha Anderson, Axel Rannefeld, Christoph Tannert und Peter Böthig angehörten. Konzepthefte, Auftragsarbeiten, ein landesweit gespanntes Netz von Korrespondenten und Interessenten, Tapeproduktionen, die oben erwähnte Ausstellung »WORT & WERK«... SCHADEN war mit nahezu 90 Autoren, über 30 Malern und mehr als 10 Fotografen Mitte der achtziger ein repräsentativer und umfassender Katalog der nichtoffiziellen Kunst und Literatur der DDR, und besaß bald eine erhebliche Autorität. Original-Umschläge und eingelegte Grafiken und Fotos von W.A. Scheffler, Angela Hampel, Michael Morgner, Steffen Volmer, Thomas Florschuetz, Micha Brendel, C.M.P. Schleime, Reinhard Sandner, um nur einige aus dieser Generation zu nennen, aber auch z.B. von Roland Frenzel, Eberhard Göschel, Lutz Dammbeck, Hartwig Ebersbach gaben den Heften künstlerisches Gewicht – und machten sie zu begehrten Sammlerobjekten. Die Zeitschrift wandelte sich zum Kunst-Objekt... Neben die Literatur der als Herausgeber fungierenden Autoren traten Texte von Bert Papenfuß, Rainer Schedlinski, Jan Faktor, Andreas Koziol, Stefan Döring, Gino, aber z.B. auch von Herta Müller und Richard Wagner aus Rumänien, von Heiner Müller, Sarah Kirsch, Gert Neumann, Elke Erb, Adolf Endler, Peter Waterhouse, A.R. Penck... Die Zeitschrift trieb ins Uferlose, es war mehr da als gebracht werden konnte, man mußte beginnen, auszusortieren, die verschiedenen Ansprüche (Kunst und kreatives Forum) kollidierten, SCHADEN als handgemachtes, nichtkommerzielles Kunst- und Kommunikationsobjekt stieß von innen an seine Grenzen. Zudem kam, wiederum Resultat von Nichtöffentlichkeit, der Mythos einer SCHADEN-Kunst in Umlauf, das Heft wurde zum Gütesiegel für »Untergrund-Kunst«.

Parallel zum SCHADEN wurde die UND in Dresden, die als einzige im ganzen Spektrum der Zeitschriften mit polizeilichen Verboten zu kämpfen gehabt hatte, von Micha Brendel als UNDSOWEITER und von Thomas Haufe als UNDSOFORT weitergeführt. Während Brendel vorwiegend die Ausstellungsinstallationen und Aktionen der Dresdner Kunstszene dokumentierte, folgte UNDSOFORT dem Prinzip des Malerbuchs. Jeweils ein Künstler stellte zu Gedichten

21 Poe-sie-al-bum, Umschlag von Cornelia Schleime

seiner Wahl text-grafische Arbeiten her, die als Siebdrucke im Heftformat gebunden wurden.
In Leipzig gaben Karim Saab, Angelika Klüssendorf, Gert Neumann u.a. in einer lockeren Gruppierung die Zeitschrift ANSCHLAG heraus. Sie erreichte zwischen 1985 und 1988 zehn Nummern plus zwei Sonderhefte. Die mit großer buchbinderischer Phantasie und Finesse von Wiebke Müller gebundenen Hefte enthielten neben denen der Herausgeber Texte z.B. von Bernd Igel, Barbara Köhler und Adolf Endler, Grafiken von Angela Hampel, Hans Scheuerecker, Christine Schlegel und Andreas Hanske. Stärker als bei den meisten anderen Editionen verbanden die Herausgeber künstlerische Arbeiten auch mit politischem Interesse. So brachte z.B. ein großer Text von Vaclav Havel diesen in der DDR sonst nirgends auch nur erwähnten Autor ins Gespräch.
Die am längsten und kontinuierlichsten, allerdings mit einem engeren Kreis von Autoren, arbeitende Zeitschrift ist der in Berlin von Uwe Warnke herausgegebene ENTWERTER/ODER. Seit 1982 sind 34 Hefte erschienen, in Auflagen zwischen 10 und 20 Exemplaren, plus mehrere Sonderhefte z.B. zur Konzeptionellen Fotografie in der DDR oder zur Seriellen Poesie.
Ähnlich wie ENTWERTER/ODER, mit einem relativ festen Stamm an Beiträgern, arbeiten A3 in Karl-Marx-Stadt und GALEERE in Halle. Sie sind in erster Linie Kommunikationsorgan einer Autorengruppierung. Allein ein solch kursorischer Überblick verdeutlicht sowohl die Unterschiedlichkeit und Spannweite der verschiedenen Unternehmungen, als auch ihre innere Problematik. Einerseits kamen und kommen in ihnen v.a. experimentelle, avantgardistische, im Kunstraum DDR bislang kaum erprobte Literatur- und Kunstformen vorwiegend junger Künstler zu Wort, andererseits stoßen die Hefte, nicht nur hinsichtlich Auflagenhöhe und Herstellungsmodus, laufend an ihre Grenzen. Die Schaffung eines autonomen und lebendigen Kunstraums innerhalb einer nichtautonomen Kultur ist immer nur punktuell und kurzfristig möglich. Ein beträchtlicher Personalschwund Richtung Bundesrepublik höhlt die Kontinuität zusätzlich aus: Kerbach, Leiberg, Schleime, Scheffler, Schlegel, Scheib, Hünniger, Florschuetz, Anderson, Lorek, Zieger, Saab u.v.a. sind nicht mehr in der DDR. Andererseits ist gerade Kontinuität, d.h. feste Strukturen, nicht das Ziel einer auch in ihrem Selbstverständnis wesentlich spontanen und sprunghaften Kunst. Außerdem bewegen sich die Hefte notgedrungen zwischen Verstiegenheit und dem »Dumpf-Provinziellen« (Adolf Endler). Klar, daß diese Ambivalenz sowohl belebend als auch entnervend ist.
Die Initiative zu den Zeitschriften war immer von den Schreibern ausgegangen; sie brauchten und schufen sich in ihnen eine Öffentlichkeit, die es sonst für sie nicht gab. In der Zusammenarbeit mit Bildenden Künstlern ihrer Generation aktivierten sie ein gemeinsames Ausdrucksbedürfnis, das auf Subjektivität, Autonomie und Selbstreflexivität zielte.
Inzwischen gibt es eine zweite Generation von autonomen Autorenzeitschriften, die sich allerdings überwiegend aufs geschriebene Wort konzentrieren. So Rainer Schedlinskis in Berlin erscheinende ARIADNEFABRIK mit essayistischem und strukturalistischem Schwerpunkt; so die in Leipzig von Gert Neumann und Dietrich Oltmanns auf Siebdruckbasis erscheinende ZWEITE PERSON; oder die in Berlin von Egmont Hesse zusammengestellte VERWENDUNG, die das SCHADEN-Projekt weiterentwickelt.

Und es gibt eine dritte Generation, die jetzt mit verbesserter Technik und in größeren Auflagen (Computerausdruck) z.T. wieder auf die Anfänge zurückgreift. Neben DÄMMERUNGEN aus Weimar, in der sich der thüringische literarische Neokonservatismus um Rolf Schilling artikuliert und z.B. HERZATTACKE oder KOMA KINO, ein Heft von und für unabhängige Super-8-Filmer, ist die wohl wichtigste: LIANE. (Nebenbei: die Titel der Zeitschriften waren immer sprechend: MIKADO, SCHADEN, ANSCHLAG; jetzt – die Postmoderne-Diskussion ist auch an der DDR nicht vorübergegangen–: ARIADNEFABRIK, DÄMMERUNGEN, LIANE.) Von Heinz Havemeister, Susanne Schleyer, Volker Handloik und Michael Thulin herausgegeben, versucht LIANE ein breiteres und offeneres Konzept (bis hin zu einem in der DDR bisher nie thematisierten Genre: dem Comic). Und sie sucht, wie mir scheint mit Erfolg, was die meisten anderen bisher verfehlten: einen echten Dialog der Beteiligten untereinander.
In gewisser Weise ähnlich orientiert ist die von Asteris Kutulas seit 1987 herausgegebene Edition BIZARRE STÄDTE, die allerdings noch stärker den Brückenschlag zwischen den Generationen und Haltungen probiert (unveröffentlichte Texte auch von Heiner Müller, Heinz Czechowski, Steffen Mensching, Eckhardt Wenzel, Lothar Walsdorf, Gregor Kunz, Uwe Lummitsch u.a., Grafik von Trakia Wendisch, Horst Hussel u.a.).
Die Zeitschriftenaktivitäten wurden immer beobachtet und von den mißtrauischen Einwänden der »Inneren Organe« begleitet. So konnte es vorkommen, daß ein Autor oder Künstler vorgeladen wurde, und auf dem Schreibtisch des Vernehmers lag sein gerade fertiggestelltes Heft. Dieser fragte dann nach dem Sinn der Gedichte, oder: »Wir haben ja nichts gegen Ihre Arbeit, aber können Sie denn nicht verständlicher schreiben?«
Trotz der geringen Auflagen schufen die Hefte eine produktive Atmosphäre und halfen, Maßstäbe herauszubilden. Zumal sie miteinander »sprechen«. Das Land ist klein genug, man trifft sich bei einer Hofvernissage in Jena, beim Fasching an der HfBK Dresden, zu Ausstellungseröffnungen oder Lesungen – die Herausgeber also kennen sich, wissen von ihren Projekten. Seit etwa 1987 gibt es auch ein informelles Zentrum: die Leipziger Galerie EIGEN+ART, zu der fast alle gerade existierenden Editionen ihr jeweils aktuelles Heft schicken, das dann dort ausliegt. Und gelesen werden kann, und wird. Und, usw., usf.

Von John Heartfield zur Mail Art

von Klaus Staeck

Auf den ersten Blick will der Begriff Mail Art, zu deutsch eher ernüchternd Postkunst, so gar nicht passen zu 40 Jahren DDR. Aber auch John Heartfield halten heute noch nicht wenige wegen der Schreibweise seines seinerzeit mit Vorsatz anglisierten Namens für einen Briten.
Als ich 1956 gleich nach dem Abitur meine Heimatstadt Bitterfeld in der DDR Richtung Westen verließ, hatte ich den Namen des großen Fotomonteurs noch nie gehört. Erst Jahre später sah ich zum erstenmal seine eindrucksvollen Arbeiten gegen Krieg und Faschismus in dem von seinem Bruder Wieland Herzfelde herausgegebenen Buch. In der Blüte des Sozialistischen Realismus wurde er damals des Formalismus verdächtigt und ins Abseits gedrängt. Er, der 1950 aus seinem Londoner Exil in die DDR zurückgekehrt war, hat nach dem Zweiten Weltkrieg fast nur noch Theaterplakate und Buchumschläge gestaltet.
Nur ganz wenige Ausstellungen seines Gesamtwerkes hatte es in der DDR bis zu seinem Tod im Jahre 1968 gegeben. Feststehen dürfte aber, daß die meisten DDR-Mail-Artisten spätestens in den siebziger Jahren mit Heartfields Werk vertraut gewesen waren. Denn deutlich waren die Traditionslinien in ihren Arbeiten erkennbar.
Mein erster Mail-Art-Partner war *Robert Rehfeldt* in Ost-Berlin, der zusammen mit seiner Frau *Ruth Wolf-Rehfeldt* mit mir Kontakt aufnahm. Es war der Beginn einer damals recht regen Korrespondenz, in deren Verlauf nicht nur die Post der DDR vor bisher nicht gekannte Probleme gestellt wurde. Neben den Collagen waren es besonders Texte, die auch andere Leute interessierten. Nachdem man heute sicher weiß, wie viele Leute vor allem in der DDR die Post berufsmäßig mitlasen, war es nur eine Frage der Zeit, daß sich die Staatssicherheit für den regen Postverkehr aus Berlin-Pankow interessierte.
Dabei war Robert Rehfeldt schon immer auch ein Meister der Camouflage gewesen. Das Leben in einer Diktatur macht erfinderisch. Zu Rehfeldts künstlerischen Arbeitsmitteln gehörten stets eine Vielzahl von phantasievollen Stempeln aller Art. Aus der allgemeinen Erfahrung, daß die Bürokratie durch wenige Dinge so stark zu beeindrucken ist wie durch Stempel, machte er von diesen eigenen Schöpfungen regen Gebrauch. So erfand er besonders englisch klingende Firmennamen, die einem Unkundigen schon gehörig Respekt einflößen konnten. So manche Mail-Art-Botschaft passierte wohl auf diese Weise die Zoll- und Zensurbehörde, weil hinter dem Absender eine halbwegs staatstragende Organisation vermutet wurde. Natürlich war das oft auch eine Art Post-Räuber-und-Gendarm-Spiel nach dem Motto: wer überlistet wen. Wie kann eine dauerhafte Kommunikation auf dem Postwege aufrechterhalten werden, von der jeder wußte, daß sie ständig überwacht wurde? So war die Mail-Art-Made in GDR im besten Sinne subversiv. Auch die harmloseste Mitteilung konnte als verschlüsselte Botschaft angesehen werden. Schon durch das praktisch über die ganze Welt verstreute Korrespondentennetz machte sich jeder verdächtig.
Als mein Bruder Rolf Staeck von der Staatssicherheit verhört wurde, mußte er feststellen, daß alle seine Mail-Art-Karten jahrelang registriert worden waren.

Eine Neujahrskarte, von denen er einige auch nach Polen verschickt hatte, war den Vernehmern besonders verdächtig und man bestand auf einer Erläuterung des Inhaltes, der als staatsfeindlich eingestuft wurde.
Die Mail-Art hat besonders in Diktaturen häufig eine besondere Blüte erlebt. Trotz aller Zensurmaßnahmen hatte sie immer noch die größte Chance der Verbreitung. So konnte vor allem auch eine noch so rigide Druckgenehmigungspraxis relativ einfach unterlaufen werden. Einfache Montagen lassen sich über Handdruck, fotografische Vervielfältigung und selbstgefertigte Stempel leicht in eigener Regie herstellen. Für einfache Siebdrucke braucht man keine gut ausgerüstete Werkstatt.
Die Mail-Art-Kanäle unterstanden keiner Verbandskontrolle. Auch jene, die keine Gelegenheit hatten, ihre kritischen Arbeiten auszustellen, konnten auf ihre Weise weltweit kommunizieren, auch wenn hin und wieder eine Arbeit die Besitzgier der Zensurbehörde nicht überstand. Kritisch waren sie so gut wie alle, meist voll beißender Ironie, wenn auch gelegentlich zwischen den Zeilen und den Schnittkanten der Montagen. Alle Themen, die schließlich zu den revolutionären Ereignissen 1989 führten, waren seit Jahren Gegenstand kritisch-künstlerischer Auseinandersetzung: vor allem die Themen Umweltschutz und Meinungsfreiheit.
Einigen Motiven habe ich im Laufe der letzten Jahre zu größeren Auflagen verholfen, indem ich sie in meinem Postkartenverlag ediert habe und sie in größeren Stückzahlen wieder in die DDR zurückführen konnte. Auf diese Weise vervielfältigt wurden Arbeiten von Manfred Butzmann, Roland Beier, Jürgen Schöberl, L.W. Huber und vor allem Wolfgang Petrovsky.
Dabei setzt *Petrovsky* wohl noch am klarsten die Tradition Heartfields in der DDR fort. Das Rohmaterial für seine Montagen holt er sich meist aus den Geschichtsbüchern und Fotoalben der Generation der Großeltern. Die so entstehenden, eher leisen Arbeiten, können gerade heute wieder einen aktuellen Bezug nicht leugnen. Wie bei Robert Rehfeldt ist auch die Arbeit von Wolfgang Petrovsky nicht auf die Mail-Art einzugrenzen. Beide beherrschen die ganze

22 Robert Rehfeldt, Mail Art Postkarte, 1983

Breite grafischer Techniken in allen Formaten. Ganz auf die Mail-Art konzentriert haben sich dagegen die Berliner Bogomir J. Helm, Josef W. Huber, Frieder Winnes, der in Halle lebende Exilchilene Guillermo Deisler, der Magdeburger Michael Groschopp, der Karl-Marx-Städter Steffen Jacob und der Dresdener Birger Jesch, um nur einige aus der großen Zahl der auf diesem Gebiet in der DDR tätigen Künstler zu nennen. Fast alle übten schon Kritik an den Verhältnissen in der DDR, als das noch mit mancherlei Gefahren verbunden war. Es hängt wohl mit den bisherigen Arbeitsbedingungen zusammen, wenn sich die kritische Tradition Heartfields vor allem im kleinen Format ausdrückte.
Es bleibt abzuwarten, was aus der Mail-Art unter den neuen politischen Gegebenheiten in der DDR wird. Wenn die ehedem auf einer Postkarte oder per Brief an der Zensurbehörde vorbeigeschmuggelten Botschaften nun ganz offen – und so weit erkennbar – gefahrlos als Transparent durch die Straßen getragen werden können, ist die Entwicklung völlig offen. Einige werden sicher der Post das Transportmonopol für die Verbreitung ihrer Ideen streitig machen, andere werden die nun unkontrollierten Druckmöglichkeiten nutzen und die neuen Freiheiten ausloten.
Fest steht, daß der überwiegende Teil der Mail-Artisten der DDR in den vergangenen Jahren seine Kritikfähigkeit geschärft hat und immer wieder Wege fand, sich jenseits aller Druckgenehmigungsbehörden weltweit mitzuteilen. Daß die Empfänger im Westen diese Signale oft mißachteten oder mangels Sensibilität für die besonderen Verhältnisse einfach nicht verstanden, fällt nicht auf die Urheber der Nachrichten zurück. Auf jeden Fall wurden via Mail-Art Fähigkeiten trainiert, nach denen in der DDR heute ein größerer Bedarf denn je herrscht: Kritikfreudigkeit, Widerspruchsgeist und Einmischung in eigene Angelegenheiten. Immerhin gelang es dieser Kunstrichtung als einer der wenigen, sich bisher jeder Kommerzialisierung zu entziehen. In einer Zeit, in der Kunst fast ausschließlich als Ware behandelt wird, kann diese Leistung gar nicht hoch genug eingeschätzt werden.
Natürlich kann man mit Postkarten allein einer Revolution nicht zum Erfolg verhelfen. Trotzdem sollte man die Bedeutung der Postkarte auf dem Wege zur Revolution nicht unterschätzen. Nicht umsonst wird allerorten ständig über Portoerhöhungen nachgedacht.

23 Joseph W. Huber, Postkarte, 1983

Onkel Donald klopft ans Tor
Comics im Underground der DDR

von Volker Handloik

Während nach 1948 die amerikanischen Comic Strips und Comic Books in den westlichen Besatzungszonen Deutschlands massenhafte Verbreitung fanden, blieb der Comic als Ausdruck kapitalistischer Unkultur und Dekadenz in der DDR bis in die siebziger Jahre hinein ausgesperrt.

In der harmlos klingenden Form der Bildergeschichte benutzte die FDJ aber das Massenmedium mit pädagogischer Absicht. Seit 1955 erscheint zunächst vierteljährlich, dann monatlich die Heftreihe »Mosaik«, herausgegeben vom Zentralrat der FDJ mit den von Hannes Hegen (bis zur Nummer 223) gezeichneten Kinderhelden »Dig, Dag, Digedag« und die ebenfalls von der FDJ herausgegebenen Kindermagazine mit Comic Strips »Atze« und »Frösi«, »die an der Herausbildung und Durchsetzung sozialistischer Denk-, Gefühls- und Verhaltensweisen« (Peter Pachnicke, in: Sonntag vom 17. 12. 1969) unter Kindern und Jugendlichen mitwirken sollten.

Paul Thiel forderte 1974 dazu auf, »kritisch zu prüfen, ob sich in den Comics nicht möglicherweise eine Bildsprache artikuliert, die, unabhängig von mißbräuchlichen Verzerrungen durch die spätkapitalistische Kulturindustrie, real vorhandenen Bedürfnissen sich verändernder Seh- und Erlebnisgewohnheiten entspricht« (Sonntag vom 10. 3. 1974).

In der Hierarchie des Verbandes Bildender Künstler ganz unten unter der Rubrik Pressezeichner und Karikaturisten, konnten vereinzelt Grafiker wie Andreas J. Müller aus Leipzig, jetzt München, mit ihren Comic strips, z. B. »Basil im Regenbogenland«, in Illustrierten oder Programmheften eines Kabaretts Aufmerksamkeit erregen. Auf der zentralen Kunstausstellung in Dresden erschien so ein Strip dann in der Sektion Karikatur.

Der »Durchbruch« kam im Mai 1990 mit der gleichnamigen ersten großen, offiziellen Comic-Ausstellung in der Kunsthalle Rostock unter Beteiligung von 27 Comic-Künstlern aus 12 Ländern in Ost und West. Aus der DDR beteiligten sich Lothar Dräger und die Zeichner-Gruppe Zonic mit der Story »Wandlitz«, in der sie Egon Krenz in einem Alptraum mit seinem Ex-Chef Erich Honecker konfrontieren.

Im Carlsen-Verlag ist zur Ausstellung ein Comic-Album erschienen. Dieser bundesdeutsche Marktführer hat zusammen mit dem Rostocker Verleger Konrad Reich eine GmbH zum Vertrieb seiner Alben gegründet. Batman und Tim & Struppi setzen also an zur Besiedlung des editorischen Comicsibirien.

Die lange offizielle Tabuisierung machte den Comic zu einem attraktiven Medium für den sogenannten DDR-Underground. Ab etwa 1981 entstehen zunächst überwiegend One-pager, selten längere Storys und fast nie Strips. Den Machern fehlte die zeichnerische Routine und das dramaturgische Geschick, das für mehrseitige Stories nötig ist. Gearbeitet wird in der Regel im Stil des »klassischen Underground« mit grotesken Proportionen und Physiognomien. Getextet wird im Szeneslang, Ausdruck einer inneren Protesthaltung. Daneben gibt es grafisch

ambitionierte Zeichner, die in einem sehr persönlichen Stil neue Formen ausprobieren. Dazu gehören der Cottbuser Maler Dieter Zimmermann, der an anderer Stelle in diesem Buch vorgestellt wird, und neuerdings auch der Berliner Maler Klaus Killisch, der zusammen mit dem Schriftsteller Detlev Opitz Ende 1989 eine »Bildergeschichte« unter dem Titel »Jeder Jeden & Retour« in einer limitierten Auflage von 100 Stück als Siebdruckbuch veröffentlichte.
Die strikte staatliche Kontrolle aller Druckereien durch die Vergabe von Lizenznummern verhinderte den Informationsaustausch untereinander, so daß von einer Comic-Szene bisher nicht gesprochen werden konnte. Publiziert wurde in selbstverlegten »Underground«-Zeitschriften mit Auflagen von 25–30 Exemplaren. Das von Schwarwel aus Leipzig gezeichnete Heft »Klump'n Schlomp« brachte es auf bisher vier Folgen. In der Ost-Berliner Zeitschrift »LIANE« waren Comics von Fickelscherer, Bam, Schwarwel und Kummer (Heft 2–4, 6) zu sehen. Bereits 1984 brachte der Bühnenbildner und Grafiker Ulrich Schreiber anläßlich seiner Ausstellung in der Gosenschänke zu Halle ein Comic-Heft (»Dr. H. C. Wagner-Science fiction«) in einer sagenhaften Auflage von 100 Stück heraus. Camillo Scholz (Biggy) zeichnete Comics in der fotokopierten Heimatzeitschrift »Carte d'Entrée« aus Wildsdruf bei Dresden. Fickelscherer brachte zu seiner Ausstellung »Lustig, lustig« Anfang 1990 in der Eigen+Art ein Siebdruckbuch im DIN-A3-Format (Auflage 100 Stück) heraus. Ebenfalls in der Galerie Eigen+Art präsentierte der Verfasser vom 30.3.–25.4. 1990 das schon genannte Comic-Heft »Mosaik« in einer Konzeption, die sich zwischen Sammelwut, Pop-art und Kitsch bewegt. Hier beteiligten sich außer Sammlern auch ein Dutzend Comic-Zeichner, Puppenspieler, Plastiker, Trickfilmzeichner sowie Maler wie Gerd Sonntag, Klaus Killisch und Olaf Nicolai, was sicher für die Beliebtheit der Digedags spricht. Schwarwel veröffentlichte Strips in der Leipziger Musik-Fanzine »Messitsch«.
»RenAte«, »Fischmarkt«, »Krise im Aufbruch«, »ComicMag« – das sind die ersten Comicfanzines aus der DDR, alle in Berlin (Ost) in Auflagen von 1000–2500 Exemplaren produziert. Der Verfasser legt zum 4. Comic-Salon in Erlangen die Dokumentation »Leichtmetall« der Edition LIANE vor, an der mehr als vierzig Zeichner aus der DDR beteiligt sind.
Neben den shooting stars Fickelscherer, der den modernen »ligné chaire« des Belgiers Hergé folgt, und Schwarwel, dessen Strich von Seyfried, Maurides und Crumb beeinflußt ist, gilt es auch Einzelgänger wie Martin Krönert zu entdecken, der als »Fanatiker des Verrats, des Lügens und des Schwindelns« einen Phantasy-Kosmos mit der Leitfigur »Lügenia« in seiner Hinterhofküche entwirft.

24 Holger Fickelscherer, Comic-Strip

Fotografie als Kunst

von Karin Thomas

Es ist einigen selbstbewußten Einzelgängern unter den Fotografen der sechziger Jahre zu verdanken, daß die Dokumentarfotografie der DDR wieder Anschluß an ein internationales Niveau finden konnte, wie es durch die berühmten Magnum-Klassiker gefordert worden war. Fotografen wie Evelyn Richter, Arno Fischer, Sibylle Bergemann oder Roger Melis arbeiteten trotz widriger Umstände in eigenem Auftrag und orientierten sich dabei ausschließlich an den Qualitätsmaßstäben der traditionellen Life-Fotografie: rasche Erfassung des interessanten Augenblicks und Hingabe an die eigene Betroffenheit. Dadurch grenzten sie sich mit ihrer oft in Serien angelegten Dokumentarfotografie deutlich von den durch Agitationsposen suspekt gewordenen Bildproduktionen ihrer für die Massenpresse arbeitenden Kollegen ab.
Das Formalismusverdikt der fünfziger Jahre hatte jedoch nicht nur für den Bildjournalismus in der DDR verhängnisvolle Konsequenzen. John Heartfields politisch-satirische Fotogramm-Kunst wurde ebenso aus der hauseigenen Fotopraxis verbannt wie die abstrakt-konstruktivistischen und intermediären Arbeitsmethoden, welche Malerfotografen wie Edmund Kesting oder Oskar Nerlinger unmittelbar nach dem Zweiten Weltkrieg unter den Vorzeichen einer sozial engagierten Fotokunst aus den Traditionen von Dada und Bauhaus reaktiviert hatten. Die Parolen eines dogmatischen Sozialistischen Realismus verhinderten über lange Zeit alle experimentellen Möglichkeiten der Fotokunst.
Die Hallenser Ausstellung von 1977 »Medium Fotografie« zeigte neben historischen und zeitgenössischen Bildbeispielen aus der Dokumentarfotografie auch experimentelle Fotokunst sowie die wissenschaftlich-technische und grafische Anwendung des Mediums.
Damit war der Boden für eine Trennung zwischen angewandter und autonomer Fotografie in der DDR bereitet. Eine neue subjektive Bildsprache, vor allem von jungen Künstlern erprobt, war nicht zuletzt eine Folge jener fundamentalen Medienverlagerung, die das Fernsehen – in der DDR etwas später als in Amerika und Westeuropa – zum tragenden Organ der Masseninformation werden ließ. Im Zuge dieser Umstrukturierung verlor die gedruckte Presse ihren früheren gesellschaftlichen Stellenwert, wodurch sich auch die Bedeutung des fotografischen Bildjournalismus als Instrument parteilicher Erziehung relativierte. Die so entlastete Fotografie stellte sich gerade jungen Künstlern als ein in seinen kreativen Möglichkeiten noch unverbrauchtes Medium dar. In der Dokumentarfotografie konnte sich nun einerseits eine kompositionelle Verdichtung (angeregt durch Arno Fischer) und andererseits eine Verstärkung der persönlichen Anteilnahme bis hin zum Dialog zwischen dem Porträtierenden und dem Porträtierten ausbilden. Vor allem die in Leipzig lebende Hochschullehrerin für Fotografie, Evelyn Richter, entwickelte die Fähigkeit, durch die Körpersprache und den Umraum die porträtierten Personen in ihrer psychischen und sozialen Befindlichkeit zu erfassen (z. B. in der Porträtserie ›Fred Malige, Komponist, im Pflegeheim‹). Unter ihrem Einfluß emanzipieren sich in den ausgehenden siebziger Jahren Nachwuchstalente der Dokumentarfotografie über das chronistische Prinzip hinaus zu

engagierten Beteiligten des Geschehens, die unter Verzicht auf das schöne Bild ihren anteilnehmenden Blick auf die Unvollkommenheiten und Härten des Alltags richten. So charakterisiert Christian Borchert die Menschen seiner Berliner Milieuserien und Familienporträts ähnlich wie August Sander durch Räume und Gegenstände, in denen trotz aller Anonymität der Großstadtsituation so etwas wie personale Identität sichtbar wird.
Auch Wolfgang Gregor und Werner Mahler, die hier beispielhaft für viele andere mehr genannt sind, vertiefen die Milieustudie – sei es im Umfeld der Rock- und Fußballfans oder im kleinbürgerlich-idyllischen Ambiente der Schrebergärtner – zu sozialen Psychogrammen, in denen sich so etwas wie eine fotografische

25 Bernd Lasdin

Bodybuilding hat mich total verändert. Ich glaube ich wäre eine andere Person wenn ich dieses Training nicht angefangen hätte.
Bodybuilding hält mich optimal fit, gibt mir Selbstbewußtsein, Stolz und eine grenzenlos positive Einstellung, die in allen Bereichen meines Lebens zur Anwendung kommt.

4. April 1987
Peter Schwander

Spurensicherung von individuellen Bewegungsspielräumen hinter den Zwängen einer weitgehend normierten Alltäglichkeit vollzieht.
Am radikalsten äußerst sich solch subjektive Annäherung an bestehende gesellschaftliche Wirklichkeiten in den anti-erotischen Aktaufnahmen der Gundula Schulze, die weit entfernt von Voyeursinnlichkeit oder Kuriositätenlust im harten Zugriff einer psychoanalytischen Röntgenoptik darauf hinweisen, daß Lebenswirklichkeit und Wunschvorstellungen vom sogenannten Lebensglück fast immer auseinanderklaffen und daß sich auch die intimsten Vorstellungen vom persönlichen Glück nicht von der Prägung durch Gesellschaftsnormierungen trennen lassen. Solche Brechungen provozieren ein erweitertes Sprachrepertoire, das sich

Gutes Theater sehen und Spielen ist für mich wie ein Lebenselixier.

21. Mai 1987
Inge Göthel-Röder

nicht nur im Verzicht auf das Einzelfoto zugunsten konzeptueller Serien, sondern auch in der Symbiose der Fotografie mit anderen Medien äußert.
Die junge dialogische Dokumentationsfotografie aus der DDR der ausgehenden achtziger Jahre, die statt der Beobachtung des anderen die Nähe des Porträtierten sucht, nutzt mehr und mehr die Geschlossenheit und Argumentationsdichte von Büchern und Mappenwerken, in denen das Lichtbild – einzeln oder in Serienform – mit Texten verbunden werden kann. So läßt z.B. Karin Wieckhorst ihre Fotosequenzen über das Alltagsleben von Behinderten durch die abgelichteten Personen selbst kommentieren. Andere Fotografen begleiten ihre Fotos mit eigenen Texten, die den Blick auf eine spezifische Situation der Ich-Erfahrung im Dialog des Wortes mit dem Bild vertiefen (z.B. Gundula Schulze mit »Tamerlan«).
Konzeptuelle Richtungen der jungen Fotografie in der DDR bedienen sich inszenatorischer Mittel, die von expressiver Malerei oder der Performance inspiriert sind, um die Erforschung der eigenen Identität auch in die existentiellen Dunkelzonen der rational unkontrollierten Seelenregionen hineinzutragen. Die dabei angewandten Methoden sind vielschichtig und betont individualistisch; sie reichen von der metaphorischen Überlagerung des Selbstbildnisses etwa in den »Kopfbildern« von Michael Brendel bis zur Kommentierung der eigenen Gesichtsstudie durch psychogrammhafte Zeichen in den übermalten Selbstporträts von Klaus Hähner-Springmühl.
Aus diesem erweiterten Sprachrepertoire einer ich-betonten Fotografie und einer subtiler gewordenen Dokumentarfotografie resultiert schließlich auch eine analytisch zu nennende Fotografie, die das Medium selbst in seinen eigenen Funktionsmechanismen reflektiert. So stört beispielsweise Klaus Buchwald in seinen »Mantelbildern« das gewohnte Ritual des Erinnerungsfotos. Eine dunkle Mantelfigur versperrt im Vordergrund den konventionellen Blick auf das Sightseeing-Motiv.
Bei Bernd Lasdin ist die kritische Strategie des Künstlers gegenüber den traditionellen Ansprüchen der Porträtfotografie erst auf den zweiten Blick erkennbar. In seiner Serie »So sind wir« läßt er seine Bilder durch die handschriftlichen Kommentare der Fotografierten scheinbar beglaubigen. Aus den komplizierten Doppelbrechungen von Text und Bild wird deutlich, daß die Selbstinszenierung der Porträtierten trotz dem schlichten Bekenntnis, »So sind wir«, doppelbödig bleibt.
Zur Zeit sieht es so aus, als würde sich die junge DDR-Fotografie besonders intensiv mit der Medienanalyse und der Fotografie als Instrument einer unverbrauchten Ich-Erforschung beschäftigen. Nach dem ideologischen Mißbrauch der fotografischen Inszenierungsmittel in den fünfziger Jahren ist solch subversiver und kritischer Umgang mit Bild und Abbild, mit Schein und Sein, wohl die beste Voraussetzung, um ohne Sichtblenden hinter die alltägliche Normalität des allmächtigen Normalverbrauchs zu blicken.

Künstler als Fotografen – Fotografen als Künstler

von Gabriele Muschter

Haß-Liebe und heimliche Konkurrenz zwischen Fotografie und anderen Bereichen bildender Kunst ziehen sich durch die Jahrhunderte. Und doch können beide nicht voneinander lassen. Nicht nur in der Vergangenheit griffen viele Künstler zum Fotoapparat, Fotografen malten und malen noch immer. Gerade solche Art schöpferischer Fotografie aber war in der DDR lange Zeit nirgendwo zu sehen. In den Massenmedien erschienen die immer optimistischen Bilder, die seltenen Ausstellungen zeigten oft nur Tagesjournalismus. Das Bewußtsein für eine andere Art von Fotografie entwickelte sich erst Ende der siebziger, Anfang der achtziger Jahre. Eine starke, junge Künstler/Fotografengeneration trat an. Einige kamen von den Hochschulen, viele sind Autodidakten: Die Gruppe »Nach uns die Zukunft« (Hentschel, Leupold, Leupold), Thomas Florschuetz, Klaus Elle, Kurt Buchwald, Frank Herrmann, Micha Brendel, Klaus Hähner-Springmühl. Sie alle verfremden Fotografie, nutzen sie als künstlerische Bildsprache. Als erster registrierte diese Entwicklung der Leipziger Kunstwissenschaftler Klaus Werner, 1984 mit der Ausstellung »Künstler fotografieren – fotografierte Künstler«, in die auch Arbeiten international bekannter Fotografen-Künstler einbezogen waren.

Zu den wesentlichen Anregern der jungen Generation (Florschuetz, F. Herrmann, W.A. Scheffler) gehört *Klaus Hähner-Springmühl* (Jg. 50) aus Karl-Marx-Stadt. Er ist Maler, Grafiker, Fotograf, Performer, Musiker in einem. Sein Konzept heißt organisiertes Chaos. Fotografie nutzt er, um Aktionen und Spiele zu dokumentieren, er übermalt sie gelegentlich und stellt mit ihr scheinbar unsinnige Zusammenhänge her. Der Aspekt des Machens rückt in den Vordergrund.

Micha Brendels (Jg. 59) Fotoarbeiten und Übermalungen dagegen verbinden Intellektualität und Sinnlichkeit, dabei ist die Grenze zum Anti-Sinnlichen, zum »Lustschutz« wie er es selbst nennt, messerscharf und bewußt gezogen. Die Aufnahme-Methode ist direkt und hautnah, so daß die Bilder konfrontierend wirken, keinen freien Raum lassen. Ein Abreaktions-Spiel in Mimik und Gestik, verbunden mit Wassergüssen und Lichteffekten findet statt. Die Aussagen scheinen nicht auf den Menschen beschränkt. Durch Verfremden einzelner Gesichtsteile und ihr Zusammenfügen, ihre simultanen Überlagerungen, entstehen mitunter tierhafte Mischwesen, Organisches. »Die Selbstporträts suchen nach einem Umgang mit dem ICH, die Umdichtung von Wirklichkeit in eine Kunstform und deren Rückwirkung…« schreibt Brendel 1985 in einem Text zu seinen Arbeiten. Auf eben diesen Umgang scheinen sich zunehmend künstlerische Äußerungen der Jungen zu konzentrieren.

Die quadratischen Selbstbildnisse von Thomas Florschuetz (Jg. 57, lebt in Berlin) lassen sich als Gleichnisse menschlicher Seelennot und herausgeschrieener Aggression verstehen. Montageartig fügt er Ausschnitte von Gesicht, Körper, Armen, Beinen immer anders zusammen, arbeitet mit Verzerrungen und langen

Belichtungszeiten. Die Art serieller Fotografie ermöglicht ihm ein intensives ikonografisches Programm. Kultbildcharakter haben die Fotografien insofern, als das Leben des Menschen, die Empfindungen, die es ausmachen, in den Mittelpunkt der Aussageabsicht gestellt sind – der (Leidens-)Weg zwischen Vergangenheit und Gegenwart – im individuellen wie im gesellschaftlichen Bereich. Thomas Florschuetz schafft seine eigene Wirklichkeit, im Verhältnis zwischen Weltganzem und Ich-Welt.

Die Aufnahmen des Dresdners *Frank Herrmann* (Jg. 55) sind insofern subjektiv, als er Situationen inszeniert und sie dann als wirkliche fotografiert. »Mit dem authentischen Foto als Hinweis auf menschliches Fehlverhalten will ich die verdrängte Einheit von Mensch und natürlicher Umwelt zum Ausdruck bringen. Um das Herausarbeiten von Sinnzusammenhängen geht es mir, wenn ich Fund-

27 Micha Brendel, Die schönsten Bilder aus 1001 Nacht oder ein gewisser Vormarsch, Installation aus 72 Fotos in der Ausstellung »Kopfüber« der Galerie Eigen+Art, 1987 (M. Brendel, Klaus Elle, Thomas Florschuetz)

stücke durch intuitiv gesteuerte Handlungen zueinander in Beziehung setze oder in der Natur ablaufende Prozesse am vorgefundenen Gegenstand nachvollziehe, ich gehe dabei von keinem streng vorgefaßten Konzept aus.« (Frank Herrmann)
Anders ist das in den Serien des (ehemals in Leipzig, jetzt in Hamburg lebenden) Fotografen *Klaus Elle* (Jg. 54). Für seine Serie »Zivilisation« (1984/85) hatte er ein exaktes Konzept erarbeitet: Die Wälder, die Böden und die Köpfe (der Täter). Seinen Blick und damit auch den des Betrachters richtet Elle auf die Alltagswelt, Unscheinbares wird sinnlich erfahrbar.
Der Berliner Fotograf *Kurt Buchwald* (Jg. 53) ist zunächst Konzeptkünstler, bevor er die von ihm provozierten Situationen mit der Kamera dokumentieren läßt. Nicht nur am Berliner Alexanderplatz, sondern auch am Eiffelturm erregte er Aufsehen durch seine Aktion »Fotografieren verboten«. Seine dort aufgestellten rotumrandeten Verbotsschilder lösten die erwartete Irritation aus. Von der Polizei verhaftet wurde er in der DDR wie in Frankreich. Buchwald versteht sich selbst als »Informationsbearbeiter«: »Mein Anliegen ist es, verschiedene Abbildungstechnologien zu vergleichen und neue Transportsysteme zu erschließen. Ausgehend von der Informationsübertragung schaffe ich einen Zusammenhang zwischen allen Transportsystemen.« Aktion und Fotografie sind für ihn eine Einheit. Beides zielt auf sinnliche Erfahrung. Die ist überhaupt Ansatz der meisten hier erwähnten Fotografen – konzeptuelle Fotografie im Hinblick darauf, daß aus Abbildern Sinnbilder werden.

BERLIN

28 Ronald Paris, Regenbogen über dem Marx-Engels-Platz, 1962

Platz gemacht für Monumentalpropaganda

Ein Kapitel Stadtbildpflege in der »Hauptstadt der DDR«
von Günter Feist

Abgehängt sind die Staatsporträts. Der Platz, an dem in den Amtsstuben das Foto des Generalsekretärs zu hängen hatte, ist leer. Die ehemals Hitlersche Reichsbank, deren apodiktische Architektur dem ZK so gut gefallen hat, wird geräumt. Es gibt keine Partei mehr, die ein Gebäude von solchen Ausmaßen brauchen würde. Verstummt ist auch das rhythmische Klatschen zur Selbstfeier der Macht, jedenfalls in den großen Hallen des Volkes. In kleineren Zirkeln der PDS ist es freilich noch manchmal zu hören. Aber selbst dort wird man die Traditionspflege wohl nicht bis zum Wiederanstimmen jenes frevelhaften Gesanges »Die Partei, die Partei, die hat immer recht« treiben wollen, der jedem Treffen der alten SED erst die Würze gab und zum Ritual gehörte wie der Einmarsch der Jungen Pioniere.

Eine ritualisierte Gesellschaft ist zusammengebrochen – auch an ihrer Ritualisierung. Der »real existierende« und nun real implodierende Sozialismus leninistischer Prägung hatte von Anfang an feudalabsolutistische Züge, an deren Anachronismus er zugrunde gehen mußte. So viel die Bolschewiki von den Romanows unterscheiden mochte, in einem ähnelten sie ihnen bis zur Zwillingsbruderschaft: in der Verachtung der Demokratie, im zwanghaften Drang nach Selbstherrschaft mitsamt deren unabdingbaren Kultmonumenten. Nur von daher ist es zu erklären, daß ausgerechnet Lenin, der Bezwinger und zugleich Fortsetzer des Zarismus, die Residenz des Russischen Reiches vom westlich beeinflußten Petersburg zurückverlegte in den Moskauer Kreml, der allen russischen Liberalen als finstere Zwingburg des Zarentums verhaßt war.

Die gleiche Ambivalenz zur imperialen Vergangenheit bei den deutschen Kommunisten: anfangs gnadenlose Verfolgung des 1945 von der Roten Armee gleich mitbesiegten »reaktionären Preußentums« bis hin zum Kampf gegen dessen Architektur und Kunst, dann Denkmalpflege an den Resten und Schaffung einer mitunter absurden Kopie eben dieses – sowieso nur halb verstandenen – Preußentums bis hin zum Stechschritt Unter den Linden mit allem Tschingdarassabumm. Tatsächlich erzeugte die endlose Folge von Fahnenappellen und Aufmärschen den propagandistischen Effekt unerschütterlicher Festigkeit – wie viele im Westen sind darauf hereingefallen, quer durch alle Parteien –, aber im Innern bereitete die Befehlsstruktur der Gesellschaft unaufhaltsam deren Kollaps vor. Irgendwann bedurfte es nur eines Anstoßes, und das von den »Siegern der Geschichte« errichtete Gebilde fiel in sich zusammen wie ein Kartenhaus.

Was wird von ihm bleiben? Stefan Heym meinte nach den Wahlen vom 18. März 1990: nicht mehr als eine Fußnote der Geschichte. Aber die SED hat viele Spuren hinterlassen, Spuren aller möglichen Art, die in ihrer Summe kaum auszulöschen sind und von denen einige auch gar nicht ausgelöscht werden sollten. Selbst die Mauer, das allergrößte Denkmal des Realsozialismus im Stadtbild Berlins, dürfte nicht hastig, alle Geschichtlichkeit tilgend, abgerissen werden. Mit Bedacht müßte ein Stück des Monstrums, möglichst eines mitten in Berlin, original erhalten bleiben: mit Wachtturm, E-Zaun, Todesstreifen, Hundelaufanlage – als Erinnerung daran, daß Utopien keine Freibriefe sind und über viele Zwischenglieder des Verfalls in einer totalen Pervertierung enden können. Für den gleichen Zweck würden auch so manche der als Kunst gemeinten Machtzeichen des verflossenen Staates geeignet sein: die Hinterlassenschaften der Monumentalpropaganda der SED.

Schöpfer des schrecklichen Wortes ist Wladimir Iljitsch Lenin. Die Sache selber hat er nicht erfunden. Die Triumphbögen der römischen Konsuln und Cäsaren wie auch Napoleons waren im Kern nichts anderes. Hitler wollte sie mit der wahnwitzigen Planung der Nord-Süd-Achse von Berlin alias Welthauptstadt Germania noch um ein Vielfaches übertrumpfen. Monumentalpropaganda war auch die Siegesallee Wilhelms II. Ob Lenin, der zu jener Zeit in Berlin weilte, die Siegesallee gesehen hat, weiß ich nicht. Jedenfalls lief es auf die gleiche Inflationierung der Denkmalskunst hinaus, als er, in Rußland an die Macht gekommen, ebenfalls Ahnengalerien forderte, natürlich ganz andere. Viel ist aus dem Erstprogramm nicht geworden; auch schrumpfte die Liste der monumental zu Ehrenden rasch. Am Ende gehörte es nur noch zum Pflichtprogramm, einen Lenin und unbedingt auch einen Stalin als Kultfiguren aufzustellen, in den großen Orten in Bronze, in den kleinen in Gips.

So also war die Lage, als die Rote Armee Ostdeutschland besetzte und der »Leninsche Plan der Monumentalpropaganda«, wie das Konzept nun schon hieß, für die Sowjetische Besatzungszone und dann für die DDR aktuell wurde, zunächst als Aufgabe der Militäradministration. An jeder Kommandantura, selbst an der des kleinsten Dorfes, wurde ein Stalin-Porträt angebracht, oft versehen mit der Losung »Slawa Stalinu!« (»Ruhm Stalin!«). Die Appellplätze der Kasernen wurden von Schaubildern des ganzen Politbüros der KPdSU umstellt, das Stalin-Porträt natürlich zentral und um etliches größer. Für alle möglichen Zwecke verwendete man die sogenannten »Bartserien«, die gestaffelt wiedergegebenen Profilköpfe der vier »Klassiker des Marxismus-Leninismus«, Marx mit dem größten Bart meist hinten, Stalin mit dem kleinsten Bart vorn.

Die vollständige Übernahme des sowjetischen Modells durch die deutschen Kommunisten erfolgte aus taktischen Gründen nicht gleich 1945, sondern fing erst mit dem III. Parteitag der SED im Juli 1950 richtig an. Auf dem Kongreß sprach Walter Ulbricht den bedeutungsschweren Satz: »Das Zentrum unserer Hauptstadt, der Lustgarten und das Gebiet der jetzigen Schloßruine müssen zu dem großen Demonstrationsplatz werden, auf dem der Kampfwille und Aufbauwille unseres Volkes Ausdruck finden können.« Diese wenigen Worte waren für das Stadtbild Berlins von ungeheurer Tragweite. Tabula rasa als Staatsdoktrin! Das »Nationale Aufbauwerk« der DDR begann als antinationales Abrißwerk.

Am 6. September 1950 gab es die ersten Sprengungen am Stadtschloß. Der Bau, eine Schöpfung vor allem Schlüters, war in Teilen intakt gewesen, auf jeden Fall wiederaufbaufähig. Im notüberdachten »Weißen Saal« an der Nordwestecke hatte es noch spektakuläre Ausstellungen gegeben, so 1946 die aus Paris kommende Schau »Französische Malerei vom Impressionismus bis zur Gegenwart«, die Berlin schlagartig wieder mit der Weltkunst verband, und die Scharounsche Ausstellung »Berlin plant«. Ergebnis des Wegräumens des Schlosses war ein gigantisches Aufmarschfeld, das vom Marstall im Süden bis zum Alten Museum im Norden reichte, also den Schloßplatz, das Schloß-Areal, die Schloßfreiheit und den Lustgarten umfaßte. Zweimal im Jahr, am 1. Mai und am 7. Oktober, dem

»Tag der Republik«, sollte das Feld von Demonstrationszügen belebt sein; ansonsten war dieser Rote Platz Berlins der Tote Platz Berlins. Die formlose Wüstenei, der später auch der Bau des »Palastes der Republik« keinen wesentlichen Halt geben konnte, erhielt den Namen »Marx-Engels-Platz«.
Es blieb nicht beim Abriß des Stadtschlosses. Die Worte Ulbrichts waren generell das Signal für einen Bauten- und Bildersturm, wie er in den ersten Jahren nach 1945 – jedenfalls in Berlin – noch unterblieben war. Der »Bautensturm« mußte, wie hätte es damals anders sein sollen, weithin ein »Ruinensturm« sein. Aber viele Zeugnisse der preußischen Baukunst im westlichen Teil der Straße Unter den Linden, am Pariser Platz, an der nun nach Otto Grotewohl benannten Wilhelmstraße und am Wilhelmplatz, dann Thälmannplatz genannt, hätten wie das Stadtschloß und das Schloß Monbijou wieder aufgebaut werden können und müssen. Offensichtlich ging es um die bewußte Zerstörung einer nationalen Identität. Auch warf das sich schon abzeichnende künftige »Grenzregime« seine Schatten voraus: bereits damals begann gerade im Bereich des früheren Regierungsviertels der »konfrontative Städtebau«, von dem Bruno Flierl im Hinblick auf die in den achtziger Jahren beschlossene stadtrandartige Bebauung des Leipziger Platzes und der Wilhelmstraße gesprochen hat.
Der »Bildersturm« war vor allem ein »Denkmalssturm«. Aus dem Berliner Stadtbild verschwanden damals auf Jahre hinaus oder gänzlich die meisten Monumente zur preußischen Geschichte; sie hatten den Krieg, vielfach sorgfältig ummantelt oder abgebaut, weitgehend überlebt. Nach dem Abflauen des Bildersturms tauchten einige, aber nicht alle, wieder auf. 1963 kehrten aus Anlaß des 150. Jahrestages des Sieges über Napoleon, der nun als ein Symbol deutsch-russischer Waffenbrüderschaft vor allem der Nationalen Volksarmee viel bedeutete, die Standbilder der dergestalt rehabilitierten und in die Ahnengalerie des Sozialismus aufgenommenen preußischen Feldherren Blücher, Scharnhorst, Gneisenau und Yorck von Wartenburg, sämtlich Werke von Christian Daniel Rauch, an Plätze nahe ihrer alten Standorte am Ehrenmal Unter den Linden zurück. Jetzt gibt es Pläne, die alte Situation dort, eingeschlossen die Statue Bülows, völlig wiederherzustellen. Rauchs berühmtestes Werk, das Reiterdenkmal Friedrichs II., wurde 1980 wieder Unter den Linden aufgerichtet, als es der SED opportun erschien, der DDR über die alte »linke« Traditionslinie hinaus auch eine nationale Legitimität zu geben; die Denkmalpflege profitierte davon.
Die Ulbrichtsche Aktion galt aber nicht nur der Kunst Altpreußens. Während der »Formalistenjagd« löste man in der Nacht vom 24. auf den 25. Februar 1951 auch ein anderes Problem: Horst Strempels im Herbst 1948 entstandenes Wandbild »Trümmer weg, baut auf!« wurde beseitigt und mit ihm ein Zeugnis, das im öffentlichen Raum der Stadt danach nicht mehr seinesgleichen gehabt hat. Nach seiner Fertigstellung war es von der »Berliner Zeitung« eine »farbenfrohe Sinfonie des Wiederaufbaus« genannt worden. Aber schon fünf Monate später sah die sowjetamtliche »Tägliche Rundschau« in Strempels Arbeit ein Bild »sklavenhafter Dumpfheit« und am 20. Januar 1951, wenige Tage vor der nächtlichen Übertünchung, ein »sinnloses Produkt«. Grund der Vernichtung des Werkes: seine Expressivität, die sich nicht mit dem nun kategorisch geforderten »Sozialistischen Realismus« vertrug.

29 Demontage des Denkmals Kaiser Wilhelm I. vor dem Stadtschloß, 1950
Foto: Landesbildstelle Berlin

Zu besichtigen ist Strempels Bild also nicht mehr, dafür aber das wenig später begonnene und am 3. Januar 1953, dem Geburtstag Wilhelm Piecks, feierlich enthüllte staatsoffizielle Gegenbild dazu: das Wandbild Max Lingners in der Pfeilervorhalle des sogenannten »Hauses der Ministerien« in der Leipziger Straße. Lingner war in der Pariser Emigration ein hochgeachteter Pressezeichner der »l'Humanité« gewesen, und Motive aus dieser Arbeit finden sich, entsprechend vergrößert, auf dem Wandbild, in perspektivisch unklarer Kompilation mit naiv-fröhlichen Szenen der Weltjugendfestspiele von 1951 und Einblicken in die Betriebe. Planen, Beraten, Arbeiten, Marschieren – alles hat Lingner zu einer Feiertagsangelegenheit gemacht, wie es dem Künstler in unzähligen Beratungen durch Otto Grotewohl nahegelegt worden war. Das Bild auf Meißener Kacheln ist gewiß das schwächste Werk Lingners, aber gerade deshalb konnte es das Urbild für das werden, was seit den späten fünfziger Jahren Ulbrichts und Honeckers Spezialist, ja beinahe Monopolist fürs dekorativ und farbenfroh Optimistische, Walter Womacka, routinehaft in Form von Wandbildern und Glasfenstern an und in so viele repräsentative Gebäude Ost-Berlins, z.B. das »Haus des Lehrers« am Alexanderplatz, gebracht hat.

Das Schlimmste in bezug auf Lingners Wandbild aber ist sein Ort. Das »Haus der Ministerien« war bis 1945 Görings Reichsluftfahrtministerium gewesen. Die Wegnahme einiger NS-Hoheitszeichen änderte nichts daran, daß es sich um eines der brutalsten Zeugnisse der Hitlerarchitektur handelt. Wenn auf das Gebäude aus Gründen des Nutzwertes nun einmal nicht verzichtet werden konnte, hätte eine Gedenktafel für den Oberleutnant Harro Schulze-Boysen, der hier seinen Dienst für Deutschland tat, alles Nötige gesagt. Dagegen kann einen die Naivität der Annahme, ein solches Bauwerk durch ein doch wohl aufwertend gemeintes Wandbild einfach »umwidmen« zu können, nur erstaunen oder entsetzen. War es nämlich eventuell gar nicht Naivität, die den Versuch wagen ließ, sondern Kalkül,

30 Das Letzte, 1986 (Marx-Engels-Denkmal)
Foto: Karin Wieckhorst

die vorgefundene »Überwältigungsarchitektur« aus der NS-Zeit weiter ideologisch funktionieren zu lassen? Man möchte vor einem solchen Verdacht zurückschrecken, aber seltsam ist es schon, mit welcher Unbefangenheit die Organe der DDR damals selbst die fragwürdigsten Bauten angenommen haben. Das Musterbeispiel dafür hat wieder mit dem Wilhelmplatz zu tun. Das von Schinkel in die letzte Gestalt gebrachte Prinz-Karl-Palais, 200 Jahre alt, davon ganze 12 Jahre lang Sitz von Joseph Goebbels, zuletzt noch schwer beschädigt, enttrümmerte man wie all die Preußenbauten jener Gegend (übrigens auch das von Heinrich Himmler geschändete Prinz-Albrecht-Palais auf der anderen Seite der Sektorengrenze!), doch der nur wenige Jahre alte, hinter und neben dem Prinz-Karl-Palais errichtete NS-Funktionsbau des »Reichsministeriums für Volksaufklärung und Propaganda« wurde wieder hergerichtet und bot nun, mit gleicher Adresse (Wilhelmplatz bzw. Thälmannplatz 8/9), dem Presseamt der Regierung der DDR Quartier, ohne alle Angst vor der Spukgestalt des im Lügen und Verdrehen so überaus kundigen Ministers.
In den gleichen Jahren 1950 und 1951, in denen die Preußenkunst erst einmal gestutzt, Strempels Wandbild ausgelöscht und Lingners richtungweisendes Wandbild begonnen wurde, ertönten in der Denkmalskunst die Startschüsse für das monumentale Eigene. Von Anfang an existierten drei Hauptprojekte:

1. Ein Denkmal für Marx und Engels, ursprünglich konzeptionell verbunden mit dem erwähnten Aufmarschplatz und der diesem zugeordneten Doppelanlage von Parteiführer-Tribüne und »Zentralem Gebäude«.
2. Denkmäler für Lenin und Stalin an Pracht-Magistralen anstelle der Landsberger und der Frankfurter Allee.
3. Ein Thälmann-Denkmal, zunächst vorgesehen für den nach dem KPD-Führer benannten ehemaligen Wilhelmplatz.

Alles sollte binnen weniger Jahre fertig sein, aber ungeahnte ideologische und materielle Schwierigkeiten taten sich auf; es gab Verzögerungen über Verzögerungen. Immer neue Pläne mußten gemacht werden, und als endlich alles an seinem Platz stand, war schon fast die Zeit abgelaufen, die der DDR überhaupt gegeben war. Aber was ahnten davon die Planer von 1950!
Die Startbedingungen der drei Vorhaben waren ziemlich gleich, aber bald lag – was Wunder – das *Stalin-Projekt* vorn. Die Frankfurter Allee, gegenüber der Landsberger schon vorher die etwas bedeutendere Straße des Berliner Ostens, wurde zum Hauptobjekt des »Nationalen Aufbauwerks«; hier ließ sich Ulbricht beim Steinereichen fotografieren. Durch Totalenttrümmerung, nicht nur der Ruinen, sondern auch aller intakten Häuser, und die dadurch mögliche enorme Verbreiterung der Straße erreichte sie die Maße, die sie der Ost-West-Achse im anderen Teil Berlins vergleichbar machte. Eine palastartig aufwendige, der Moskauer Gorkistraße nachempfundene Architektur mit meist achtstöckigen Baublöcken schuf eine gewaltige, nachts von Kandelabern à la Speer beleuchtete Kulisse, innerhalb derer das rasch aus der Sowjetunion besorgte und 1952 aufgestellte Bronze-Standbild Stalins von G. Postnikow sich sogar ein bißchen klein ausnahm, vor allem auch, wenn man es mit der Krieger-Figur von Wutschetitsch im Treptower Ehrenmal der Roten Armee verglich. Richtig zum Zuge kam das Berliner Stalin-Monument aber sowieso nicht mehr; die Zeit für unbeschwerte Huldigungen des Gulag-Zaren war nur noch kurz. Sechs Jahre nach dem XX. Parteitag der KPdSU 1956 räumte man es ganz weg.

Von da an mußten noch einmal acht Jahre vergehen, bis 1970 das *Lenin-Denkmal* fertig war. Dies nun war nicht in Eile von der Stange gekauft, sondern bestellte Maßarbeit aus edelstem Material, würdig dem Anlaß: Lenins 100. Geburtstag. Ein ganzer Güterzug soll aus der UdSSR herangerollt sein, um die schweren Teile aus rötlichem Granit zu transportieren. Es war zur Verwunderung oder auch Empörung der DDR-Bildhauer also wieder ein Russe beauftragt worden: Nikolai Tomski, der Moskauer Akademiepräsident, ein Staatskünstler, wie er im Buche steht, mit Stalin- und Leninpreisen überhäuft. Er hat auch Ulbricht nicht enttäuscht. Der Berliner Lenin ist nicht den versöhnlicheren oder verspielteren Mustern der Lenin-Ikonographie zuzurechnen, sondern eindeutig der »Woshd«-Variante, dem »Führer«-Typ. Mit Tomskis Lenin ist nicht gut diskutieren. Unnahbarkeit spricht aus dem Denkmal, das 19 Meter hoch aufragt und in seinem Größenanspruch noch gesteigert wird durch die sich aufstaffelnden Bauten des Leninplatzes, die Funktionen des Denkmals sind.

Zum Glück für Berlin hat die Stalinallee 1951 und in den folgenden Jahren fast die ganze Baukapazität der DDR gebunden, sonst wäre der Jammer, den der Schloßabriß und seine Folgen ohnehin dem Zentrum gebracht haben, noch vermehrt worden. Um ein Haar hätte nämlich östlich des Marx-Engels-Platzes, dort, wo sich jenseits der Spree jetzt das »Marx-Engels-Forum« befindet, das Schreckgespenst »Zentrales Gebäude« einen Standort bekommen. Durch eine Brücke verbunden mit der Parteiführer-Tribüne auf dem Platz, die in massiver Ausführung und mit zugehörigem Marx-Engels-Denkmal geplant war, sollte es ein riesiges Turmhochhaus für die Regierung und Volkskammer werden, etwa in der Art des Warschauer »Kulturhauses«, eines »Geschenkes der UdSSR an das polnische Volk«, das seither alle Polen schockt. Berlin ist vor einem solchen Propagandabau gottlob bewahrt geblieben, denn als die Mittel nach der Fertigstellung der Stalinallee dagewesen wären, war die Zeit für stalinistische Zuckerbäckereien vorbei; Chruschtschow hatte seine berühmte Rede, die »Teure, leider allzu teure Genossen Architekten« anfing, bereits gehalten.

Aber hartnäckig, wie Ulbricht war, hat er etwas von der Idee der »Höhendominante des Sozialismus im Herzen von Berlin« doch noch durchgesetzt: den *Fernsehturm,* 365 Meter hoch, den er 1965–69 gegen den Widerstand so ziemlich aller Fachleute – Architekten, Städteplaner, Kunsthistoriker, auch Funktechniker – als Zeichen seiner Macht und seines Anspruchs auf ganz Berlin errichten ließ; es war ja auch die Zeit neuer Berlin-Pressionen mit nervtötendem Überschall- und Tieffluglärm. Nirgendwo in Europa soll es in ähnlicher Stadtlage ein Gegenstück geben zum »Telespargel«, im Volksmund auch schadenfroh »Sankt Ulbricht« geheißen wegen der unaufhebbaren kreuzförmigen Sonnenspiegelung in der Turmkugel. Der Turm zerstört alle architektonischen und städtebaulichen Maßstäbe seiner Umgebung, die immerhin das Zentrum Berlins ist. Er läßt die ohnehin von ihrer alten Umgebung total »befreite« Marienkirche noch mehr so aussehen, als stünde sie auf Abriß.

Durch die Planierung des ganzen Geländes zwischen Turm und Außenministerium – die Entfernung beträgt immerhin einen dreiviertel Kilometer – buchtete sich der Leerraum Marx-Engels-Platz damals nun auch noch in eine weitere Richtung aus. Skulpturen mußten wieder einmal herhalten, um das planierte Marienviertel notdürftig zu füllen. 1958 wurden die beiden schon 1953 entstandenen akademisch-heroischen *Aufbauhelfer* Fritz Cremers in der Nähe des Roten

Rathauses aufgestellt. 1969 kam der Neptunbrunnen von Reinhold Begas wieder zu Ehren, dessen Teile seit der Entfernung vom Schloßplatz fast 20 Jahre lang bei der National-Galerie gelagert worden waren.
Im Hinblick auf die weitere Gestaltung des zentralen Bereichs mitsamt der Lage und dem Aussehen des Marx-Engels-Denkmals gab es noch ein großes Fragezeichen, als Walter Ulbricht im Mai 1971 durch eine Palastrevolution unter kräftiger Mithilfe Moskaus gestürzt wurde. Das Ende dieser Karriere bedauerten wohl nur wenige in Berlin. Der »Spitzbart« hat dem Stadtbild unermeßlichen Schaden zugefügt, denn zu den erwähnten Missetaten sind ja noch weitere hinzuzuzählen: die Abriegelung der Brüderstraße und die Schleifung der Westseite der Breiten Straße (mit dem Ermelerhaus, das an das Märkische Ufer »versetzt« wurde) zugunsten des Staatsratsgebäudes, der Abriß der für den Wiederaufbau schon vorbereiteten Bauakademie Schinkels zugunsten des Außenministeriums, der Abriß der Häuser auf der Fischerinsel, deren Entwicklung zu einem Berliner Künstlerviertel à la Montmartre noch Anfang der sechziger Jahre im Gespräch war, und vor allem natürlich die Zerreißung der Stadt durch die Mauerschneise, der z. B. der Potsdamer und der Leipziger Platz zum Opfer fielen.
Von den drei Hauptvorhaben der Monumentalpropaganda der SED hatte Ulbricht in der Zeit seiner absoluten Herrschaft nur eines bewältigen können: die Denkmäler für Lenin und Stalin, von denen das eine schon wieder abgebaut war. Wo das »Zentrale Gebäude« mit der Marx-Engels-Gruppe hatte stehen sollen, gähnte ein großes städtebauliches Loch. Das Thälmann-Projekt war, wie wir noch sehen werden, auch steckengeblieben.
Die erste Entscheidung Honeckers galt dem Marx-Engels-Platz. Der neue Generalsekretär wählte das Schloßareal als Bauplatz für den »Palast der Republik«, wie das neu konzipierte Zentral-Gebäude nun auf feudalsozialistisch heißen sollte. Damit entfiel für diese Stelle endgültig die Parteiführer-Tribüne, deren Mitte der *Marx-Engels-Gruppe* zugedacht gewesen war. Aber es wurde durch die Bauplatzverschiebung ja das Feld östlich der Spree frei, und hierher kommandierte Honecker die zu schaffende Klassiker-Gruppe ab. Vorher als Vorderfront-Figuren gedacht, sollten die Statuen von Marx und Engels jetzt Park-Figuren auf der Rückseite des zentralen Palastes werden, zugesellt den skulpturalen Versatzstücken des Marienviertel-Plateaus. Von diesen, jedenfalls von den voll im Fleische stehenden Figuren des Neptun und seiner Flüssedamen, geschaffen vom routinierten Begas in einer höchst unbekümmerten, üppig sich auslebenden Zeit, war freilich eine sehr unbequeme Konkurrenz zu erwarten.
Um es kurz zu machen: Der von Ulbricht so mißhandelte Begas hat jetzt seine Rache. Gegen die in sich kreisende und doch Energien nach außen sendende Zentralkomposition des Neptunbrunnens kommt die kleinteilig aufgesplitterte, ohne inneren Zusammenhalt arrangierte Anlage des »Marx-Engels-Forums« nicht an. Dabei ist der Aufwand in dem 1986, also 36 Jahre nach der ersten Planung des Denkmals, eingeweihten Rondell beträchtlich: neben Marx/Engels vier Stelengruppen aus Edelstahl mit jeweils zahlreichen »erodierten« Wiedergaben historischer Fotos, zwei doppelansichtige Bronzereliefs von Margret Middell und eine – für sich genommen – vorzügliche mehrteilige Marmorwand von Werner Stötzer. Aber insgesamt bleibt die Anlage ein Geschichtsbuch, in dem viele Seiten gleichzeitig aufgeschlagen sind, so daß man keine richtig sieht. Ludwig Engelhardt, aus schwer zu durchschauenden Gründen anderen Kandidaten für die Aufgabe

vorgezogen, wollte strenge Frontalisierung und Blockhaftigkeit als Ausdruck von Kraft. Statt dessen verdirbt ein – möglicherweise vom Auftraggeber gewünschter – Porträtnaturalismus die Stilisierung. Peinlich genau »frisierte« Köpfe sitzen auf Körpern, die nun wie aufgepumpt erscheinen unter den dominierenden, »aufgedämpft« wirkenden Röcken. Mit feinem Witz haben die Berliner das herausgefunden: »Sakko und Jacketti«, sagen sie. Und noch eine andere Bezeichnung kursiert: »Die Rentnergruppe« – für ein Denkmal, das Stammväter der Weltrevolution ehren sollte. Gänzlich unabsichtlich hat Engelhardt 1986 etwas über den fortgeschrittenen Zustand der inneren Erstarrung der DDR ausgesagt.
Wie beim Marx-Engels-Denkmal hat es auch beim *Thälmann-Denkmal* 36 Jahre gebraucht bis zu seiner Verwirklichung. Zum 100. Geburtstag des einstigen KPD-Vorsitzenden, 1986, wurde es enthüllt. Thälmann zu Ehren ist auf dem Gelände eines stillgelegten Gaswerkes an der Greifswalder Straße ein ganzer Wohnpark angelegt worden, der »Ernst-Thälmann-Park«, und analog zum Lenin-Denkmal sind die zugehörigen Hochhäuser auf das Denkmal bezogen und bilden für dieses eine bühnenartige Kulisse. Bei der Bauvorbereitung des umfänglichen Komplexes gab es ein Grollen, das man heute als einen Vorboten der DDR-Revolution von 1989 betrachten kann. Der »Prenzelberg« wehrte sich – vergeblich – gegen die Sprengung der zwei gemauerten Gasometer, die zu den Wahrzeichen des Bezirks gehörten, unter der Obhut der Denkmalpflege standen und ein neues »Künstlerhaus Bethanien« hätten werden können. Honecker aber sorgte für die Ausführung des vom Politbüro Beschlossenen und ließ sich auf dem linken der beiden den Eingang zum Denkmal flankierenden großen Marmorblöcken mit einem

31 Gustav Seitz, Käthe-Kollwitz-Denkmal auf dem Kollwitzplatz, aufgestellt 1959
Foto: Landesbildstelle Berlin

Zitat in Goldschnitt verewigen. Überhaupt wurde an Geld nicht gespart; es fehlte dann woanders bitter. Vor allem die Sachsen haben es der SED inzwischen heimgezahlt.
Mit dem Standort Prenzlauer Berg wurde das Thälmann-Projekt weitab vom ursprünglich vorgesehenen Ort realisiert. Zu Anfang sollte das Denkmal am Thälmannplatz, dem alten Wilhelmplatz, stehen. Die Stelle der Reichskanzlei Hitlers erschien als bester Ort, den deutschen Widerstand gegen den Nationalsozialismus zu würdigen. Wenn man jetzt die erst im letzten Jahr entstandene Wohnanlage Thälmannplatz/Voßstraße sieht, die – makabrer geht es nicht – den Platz von „Führerbau" und Tiefbunkersystem vertuscht, bedauert man es um so mehr, daß es nach der Beseitigung der Reichskanzlei hier nicht zu dem Denkmal gekommen ist.
Allerdings hätte es ein Denkmal in der Art des Wettbewerbsentwurfs Fritz Cremers sein müssen: Thälmann, ganz allein zwischen zwei übergroßen, ihn bedrohenden Kuben stehend. Diese Lösung machte die Besonderheit des deutschen Antifaschismus sinnfällig, für den der Kampf Einzelner gegen eine unfaßbare Übermacht charakteristisch war. Ein solches Denkmal wäre eine Ehrung des gesamten deutschen Widerstandes gewesen, über die im Bildwerk erfaßte Person hinaus. Cremers Entwurf wurde abgelehnt. Überhaupt hat dieser Künstler, im Unterschied zu Waldemar Grzimek und Gustav Seitz, die mit den Denkmälern für Heinrich Heine (am Veteranenberg) und Käthe Kollwitz (am Kollwitzplatz) auch in Berlin herausragende Arbeiten durchsetzen konnten, mit der Stadt kein besonderes Glück gehabt. Was von ihm aufgestellt wurde, war zweite Wahl; sein

32 Ernst-Thälmann-Denkmal von Lew Kerbel
auf dem Gelände des ehemaligen Gaswerks Prenzlauer Berg
Foto: Landesbildstelle Berlin

Allerbestes wurde verworfen oder verzögert oder ging, wie »Deutschland, bleiche Mutter« oder der »Aufsteigende«, hinaus in die Welt.
Den 1. Preis des Wettbewerbs von 1950 erhielt Ruthild Hahne, von den Nazis ins Zuchthaus geworfenes Mitglied der »Roten Kapelle«. Der favorisierten Thälmann-Auffassung folgend, schlug sie eine Gruppe in der Form eines altgermanischen Schlachtkeils vor: Thälmann als Führer an der Spitze, das Volk, fäusteschwingend und Fahnen tragend, zu beiden Seiten. Neu war die Gestaltidee nicht; sie bot gerade in den Ländern, in denen der sogenannte »Personenkult« grassierte, beste Möglichkeiten, angeblich volksverbundene, in Wirklichkeit völlig abgehobene Führerschaft zu preisen (bis in die sechziger Jahre hinein war ein Stalin-Denkmal dieses Typs auf einem Hügel der Prager Kleinseite zu sehen). Aber dann kam der Zweifel, und Ruthild Hahnes Sieg von 1950 erwies sich als Pyrrhus-Sieg, der letztendlich die gesamte Laufbahn der Gerstelschülerin zerstörte. Anfangs mit Geld und Material üppigst ausgestattet, wurde sie allmählich mit ihrem Projekt alleingelassen. Noch 1958 stellte sie auf der IV. Deutschen Kunstausstellung den 2,50 Meter hohen Teilgips einer Seitenwand des Denkmals aus. Aber gar nichts mehr war über das Projekt zu hören, als Ulbricht wegen der sich abzeichnenden Grenzlage des Gebietes vor dem Mauerbau vollends das Interesse am Thälmannplatz verlor, dessen U-Bahnhof in der Anfangsphase des Denkmalvorhabens – wie einige sowjetische Ehrenmäler in Berlin und das Foyer der Humboldt-Universität – sogar mit Marmor aus der Reichskanzlei ausgestaltet worden war.
Das Ende der Geschichte vom Thälmannplatz: Gewissermaßen 5 vor 12, fast am Schluß seiner Herrschaft, ließ Honecker die Bauarbeiter-Trupps mit den Betonplatten auch am alten Wilhelmplatz anrücken, um ihn durch Bebauung völlig zum Verschwinden zu bringen, nachdem schon 1950 die historischen Denkmäler des Platzes verschwunden waren. Dies war die letzte städtebauliche Untat der SED; sie schlug über 40 Jahre hinweg den Bogen zurück zum Schloßabriß. So viel sich in der DDR geändert hatte, auch in der Denkmalpflege, in manchem hatte sich überhaupt nichts geändert.
Und genau das empfindet man vor dem Thälmann-Denkmal des nun wieder russischen Künstlers: Lew Kerbel. Es war erträglich nur in der Verhüllung vor der Einweihung am 15. April 1986. Als die Hülle fiel, präsentierte sich die maßlose Vergrößerung einer schlechten Ansteckplakette, ein Machwerk hohler Pathetik und geistloser Brutalität. Wer das heranholte, wer das bezahlte und wer das pries, sprach eigentlich schon 1986 das historische Urteil über sich selber. Die Demonstranten vom Oktober und November 1989 haben es nur wiederholt.

Damals in Berlin
Der Fotograf Arno Fischer

von Wolfgang Kil

Als nur wenige Insider Robert Franks gerade erschienenes Buch »Les Americains« kannten und René Burri noch für sein späteres Werk »Die Deutschen« unterwegs war, bereitete ein Leipziger Verlag ebenfalls einen Fotoband vor, der ähnlich angelegt sein sollte wie dieses berühmt gewordene Werk aus dem Pariser Hause Delpire. Fotograf war der Berliner Arno Fischer, früher Bildhauer, Kamera-Autodidakt und dazumal enfant terrible unter den vorwiegend journalistisch arbeitenden Kollegen. Der hatte das Berlin der späten fünfziger Jahre, das Frontklima der Viersektorenstadt in unkonventionelle, rauhe, alltags- und detailbesessene Bilder gefaßt, und es scheint – aus heutiger Sicht – wohl nicht vermessen, sie denen Franks oder Burris an die Seite zu stellen. Nur leider – das Buch erschien nicht. Es wurde ein Vierteljahr zu spät fertig. Als der Verlag schon

33 Arno Fischer, 1. Mai Unter den Linden

die Werbezettel gedruckt hatte, gingen andere Bilder um die Welt: bewaffnete Posten unterm Brandenburger Tor. Nach dem August 1961 war die Situation in Berlin eine andere geworden.
Arno Fischer blieb seiner Sehweise treu. Die großen Illustrierten wußten wenig mit ihm anzufangen. Mit Modefotografie ernährte er sich jahrelang, gelegentlich gab es Lehraufträge. Später hat er vier Städtebücher – von Leningrad bis New York – fotografiert. Doch seit den sechziger Jahren ist er Lehrer und Anreger einer ganzen Generation von DDR-Fotografen geworden. Für die Emanzipation der Fotografie als kreativem Wahrnehmungs- und Mitteilungsmedium hat er zäh und geduldig gewirkt. Dann ist er, sechzigjährig, doch noch Professor geworden, eine späte Ehre, die kaum große Wellen schlug, denn die Autorität des »Meisters« umgab ihn schon lange.
Aus seinem Gesamtwerk ragen die frühen Berlin-Bilder noch immer durch ihre Kraft und ihr intensives Zeitgefühl faszinierend hervor. Wenn das in den Wirren seiner Zeit untergegangene Buch eines Tages doch noch den Weg in die Öffentlichkeit fände – es wäre ein lohnendes Dokument für die Geschichte der Fotografie wie dieser Stadt, gleichermaßen.

34 Arno Fischer, Warten

Kunsthochschule Berlin

von Christine Fischer-Defoy

Die Geschichte der Kunsthochschule Berlin begann im April 1946 bescheiden: Eine Gruppe von Künstlern und Kulturpolitikern gründete unter Leitung von Otto Sticht im Bezirk Weißensee eine Kunstschule des Nordens. Diese Kunstschule sollte, wie die Zeitungen damals berichteten, »eine Anstalt des neuen Typs sein ... eine Schule zur Ausbildung von Talenten aus der Masse der Arbeiter, der Bauern und Angestellten«.[1] An sowjetischen Bildungsvorstellungen orientiert, verstand sie sich als Gegenstück zur bereits im Juni 1945 wieder eröffneten Hochschule für bildende Künste (HFBK) im Westsektor der Stadt, die unter ihrem neuen Direktor Karl Hofer an die eigenen akademischen Traditionen der zwanziger Jahre anknüpfte. Demgegenüber formulierte die KHB 1981 zur Geschichte ihrer Gründung: »Abzulehnen war das exklusive Akademieprinzip elitärer Verfassung, aufzugreifen war das lebensorientierte, das die verschiedenen künstlerischen Disziplinen zur Gemeinsamkeit Vereinende. Das Bauhaus bot sich als brauchbare Traditionslinie an, und die Vereinigung von bauenden, bildenden und angewandten Künsten ... war ein Ausdruck revolutionärer Erberezeption.«[2]
Die Kunstschule des Nordens wurde zunächst provisorisch in den Räumen der ehemaligen Nilles-Werke sowie im Verwaltungsgebäude der Schokoladenfabrik Trumpf in der Straße 203 in Berlin-Weißensee untergebracht. 1956 mit einem Erweiterungsbau des Architekturlehrers Selman Semanagic versehen, bildet dieses Gebäude bis heute den Kern der KHB – ein »äußeres Zeichen programmatischer Absicht« – wie es im Sinne der Vermittlung von Kunst und Arbeit in der Selbstdarstellung der KHB heißt.[3]
Der Unterricht wurde zunächst mit 25 Lehrern und rund 500 Studenten aufgenommen, die entsprechend dem o.g. Bildungsideal großenteils aus Arbeiterfamilien stammten. Mit der Gründungslizenz der Sowjetischen Militäradministration vom 15.5.47 wurde die Schule zugleich in Hochschule für angewandte Kunst umbenannt. Erster Direktor wurde der Initiator der Schule, der Metallbildhauer Otto Sticht. Nach seiner Entlassung aufgrund einer Denunziation trat 1948 der Keramiker Jan Bontjes van Beek die Nachfolge an. Zu den ersten Lehrern gehörten die Bildhauer Theo Balden und Heinz Drake, der Maler Arno Mohr, der Architekt Selman Selmanagic, der Bühnenbildner Heinrich Klinger und die Grafiker Eva Schwimmer und Werner Klemke. Paul Rosies Erinnerungen an den Unterricht bei Arno Mohr vermitteln etwas von der Atmosphäre an der Hochschule, die noch heute spürbar ist: »Es ist bekannt, daß er seine Adepten auf Teufel komm raus zwiebelte und daß er ihnen viele Türen aufschloß ... Er hat sie zeichnen gelehrt und wurde ein echter Grobian, wenn sie das Denken dabei vernachlässigten. Wenn sie sich gar durch Abwesenheit bemerkbar machten, schwoll ihm der Kamm; seine Maxime ›Wer fehlt, stört!‹ war dann nicht nur eine Ermahnung, sondern eine Drohung.«
Die kulturpolitischen Folgen der Spaltung Berlins und des Kalten Krieges hinterließen auch ihre Spuren in Zusammensetzung und Leitung des Lehrkörpers der

35 Walter Womacka, 1976 Foto: Jürgen Nagel

KHB: Jan Bontjes van Beek legt 1950 sein Amt nieder, wechselt nach Berlin (West) und übernimmt 1953 die Leitung der dortigen Meisterschule für das Kunsthandwerk. Nachfolger wird von 1950–52 der holländische Architekt und Bauhäusler Mart Stam, ihm folgt von 1952–56 der Maler Werner Laux. In diesen Jahren verließ eine Reihe wichtiger Lehrer die KHB in Richtung Westen, so der Bildhauer Bernhard Heiliger (Lehrtätigkeit in Weißensee von 1947–49), der Grafiker Willem Hölter (1946–50) und der Maler Willi Robert Huth (1946–47). In umgekehrter Richtung kamen Anfang der fünfziger Jahre zwei Lehrer nach Weißensee: der Bildhauer Waldemar Grzimek und der Maler Oskar Nerlinger, die aus politischen Gründen an der HFBK in Berlin-West entlassen worden waren.

Die Einengung des Kunstbegriffs im Zuge der Formalismus-Debatte der fünfziger Jahre wirkte sich auch auf die 1953 in Hochschule für bildende und angewandte Kunst umbenannte Institution aus. Infolge dieser Auseinandersetzungen verließ der Maler Horst Strempel die DDR, Arno Mohr wurde, wie Werner Klemke berichtet, wegen »Formalismus« vorübergehend entlassen: »Es ging dann so weit, daß bei einer Prüfung der Behrens-Hangeler, Strempel und ich sagten ›Fünf‹ und die anderen sagten ›Eins‹ – so weit waren die Meinungen auseinander. Heute streitet kein Mensch mehr über irgendwas, damals haben wir uns gewaltig in den Haaren gehabt.«[5]

Der Anspruch der KHB, die Tradition des Bauhauses fortzusetzen, konnte nicht eingelöst werden. In zweierlei Hinsicht knüpfte man jedoch bei der Unterrichtskonzeption an Ideen des Bauhauses an: mit der Integration der verschiedenen bildenden Künste und mit dem Praxisbezug der Ausbildung. So wird 1977 als Leitidee und programmatisches Ausbildungsprinzip formuliert: »die Aufhebung der Zersplitterung der Künste mit dem Ziel einer harmonischen, durchdachten, komplexen Umweltgestaltung, reichend vom Arbeitsplatz über das gestaltete Produkt, die Wohnung bis hin zur Architektur.«[6] Diesem Programm entspricht Studienaufbau und -praxis: im ersten Jahr der dreijährigen Ausbildung absolvieren alle Studenten, gleich welcher Fachrichtung, ein gemeinsames Grundlagenstudium, in dem es um die Vermittlung »elementarer Gesetzmäßigkeiten im Visuell-Künstlerischen« als »Voraussetzungen für eine interdisziplinäre künstlerische Gemeinschaftsarbeit«[7] geht. Erst danach folgt die Aufteilung in eine der neun Abteilungen: Architektur, Formgestaltung, Grafik, Keramik, Malerei, Modegestaltung, Plastik, Szenografie und Textilgestaltung. Hinzu kommt abteilungsübergreifend das Institut für baugebundene Kunst, in dem Vertreter verschiedener Fachrichtungen zusammenarbeiten.

Was den Praxisbezug betrifft, so kommen heute die meisten Studenten mit einer abgeschlossenen Berufsausbildung zum Studium. Während der Ausbildung besteht eine enge Beziehung zu Betrieben und Institutionen, die den einzelnen Ausbildungsklassen Gestaltungsaufträge erteilen, und die Abschlußarbeiten zum Diplom werden in der Regel mit Institutionen und Betrieben gemeinsam entwikkelt. Die Vor- und Nachteile dieser Regelung liegen auf der Hand: Im Unterschied zu westlichen Kunsthochschulen findet hier in der Regel jeder Absolvent unmittelbar nach dem Studium einen Arbeitsplatz – allerdings bei nur rund 250 Studenten, d.h. etwa 1/10 der entsprechenden Studentenzahlen der HFBK im Westteil der Stadt. Die Gefahr besteht jedoch, daß dieser enge Praxisbezug Kreativität und Innovation verhindert.

Mit der Amtsübernahme des Rektorates durch den DDR-Maler Walter Womacka (seit 1968), Nationalpreisträger und Mitglied der Akademie der Künste der DDR, veränderte die Hochschule ihr Selbstverständnis: Die Umbenennung in Kunsthochschule Berlin (seit 1969) sollte die Ausbildung freier bildender Künstler gegenüber den angewandten Künsten nicht nur in der Nomenklatur hervorheben. Es gelang der KHB jedoch auch in der zehnjährigen Amtszeit Walter Womackas nicht, mit den anderen DDR-Kunsthochschulen, etwa in Dresden und Leipzig, bei der Ausbildung freier bildender Künstler gleichzuziehen.
Seit 1988 nun wird die Hochschule wieder von einem Vertreter der angewandten Künste, dem Gebrauchsgrafiker Rudolph Grüttner geleitet und es scheint, als ob die Diskussionen innerhalb des Kollegiums nun wieder in die Richtung führen, das Schwergewicht auf die Ausbildung im angewandten Bereich zu legen und der KHB damit ein eindeutiges Profil zu geben. Nicht zuletzt angesichts der seit dem 9. November 1989 eröffneten Möglichkeiten für Berliner Kunststudenten, an der Hochschule der Künste Berlin (West) zu studieren, scheint diese Spezialisierung sinnvoll zu sein.

1 »Nacht-Express«, Berlin vom 1. 3. 1946
2 Katalog »Künstler und Hochschullehrer«, hg. KHB Berlin (DDR), 1981, S. 6.
3 Katalog »30 Jahre Kunsthochschule Berlin«, hrsg. KHB Berlin (DDR), 1977, o.S.
4 Paul Rosie in »Wochenpost«, Berlin, 25. 7. 1980
5 Gespräch mit Werner Klemke am 13. 4. 1989

Maler in Berlin

von Matthias Flügge

Die Malerei in Berlin ist so widersprüchlich wie die Stadt selbst. Doch trotz aller oftmals vehementen Erneuerungsbestrebungen hat sich der märkisch nüchterne Geist bis heute behauptet.

Die Sektion Malerei und Grafik des Berliner Künstlerverbandes hatte in den achtziger Jahren etwa 350 Mitglieder. Die weitaus meisten von ihnen arbeiten freiberuflich. Von einer generösen aber im Nutzen fragwürdigen Auftragspolitik des Berliner Magistrats und einiger Großbetriebe unterstützt, fanden sie trotz des fast völligen Fehlens privater Kunstförderung, trotz unterentwickelter Kultur des Sammelns und eines zurückhaltenden und zudem monopolisierten Kunstmarktes ihr Auskommen. Die gelassene Atmosphäre und das weithin relativ tolerante Kunstklima in Berlin haben einmal gefundene Konventionen nur hin und wieder aufbrechen lassen.

Es waren meist die Zugereisten, die im sogenannten ästhetischen »Schmelztiegel« der Stadt für ein sanftes Brodeln gesorgt haben. Allgemein dominiert der Eindruck gesicherter, hochentwickelter und verfeinerter Konzeptionen, die das scheinbar Gewohnte bieten. Den Ansprüchen desjenigen Publikums, das der erwarteten und dann auch herbeigeführten sozialen Umwälzung eine sich ständig innovativ gebärdende Kunst zur Seite wünscht, werden sie nicht gerecht. So wurden in den vergangenen Jahren die Stimmen lauter, die der Berliner Malerei Selbstgenügsamkeit, Langeweile und die Unfähigkeit, auf die erregenden Zeiten zu reagieren, bescheinigten. Gewiß, es gibt viel Mittelmaß, und dies ist im Kreis einer figürlich – naturhaften Auffassung vermeintlich leichter auszumachen als unter dem Progressivität versprechenden Mantel einer »Avantgarde«, der mit fetzigen Sprüchen aus der erneut verdrahteten Szene-Sprache so nett bestickt ist.

Mangels anderer Regulative, auch bedingt durch das Fehlen eines öffentlichen kunstkritischen Streits, hat sich Sprache als Abgrenzungsform nicht nur sozialer Gruppen, sondern auch ästhetischer Bekenntnisse etabliert. Beide Schnittlinien verlaufen keinesfalls kongruent. Die Auseinandersetzungen werden auf hoher Sublimationsebene geführt, denn keiner der Protagonisten wollte sich letztlich als Büttel ideologisch motivierter Kunstverdrängung »von oben« rekrutieren lassen. Zumindest darin war man sich meist einig. Doch die Gemeinsamkeiten schwinden. Die Rasterdenker, die der Konvention sensitiver Malerei mit dem spöttischen Thomas-Mann-Aperçu von der »machtgeschützten Innerlichkeit« begegnen, und die einzig wahre Kreativität in den Nischen der Selbsthilfeprojekte orteten, übersahen oftmals den widerständigen Impetus der älteren Maler und Bildhauer, der durch alle Assimilationsprozesse gerettet worden war. Kunst entsteht nicht nur aus Kunst, sondern vor allem auch gegen Kunst. So hat sich die ästhetische Polarität in Berlin im vergangenen Jahrzehnt herausgebildet, allerdings mit einem gewissen Platzvorteil für die, von denen hier die Rede sein soll.

Diese Malerei in Berlin verbindet sich mit dem Begriff »Berliner Schule«. Das war eine verbale, kaum eine organisatorische Hilfskonstruktion, die solange Bestand hatte, wie das Beharren auf der eigenen Geltung des künstlerischen Bildes als herausgehobene Gegenhaltung zu der oberflächlich – dekorativen Illustration von

Machtansprüchen der gemeinsamen Bemühung bedurfte. Doch 1983 verkündete Harald Metzkes, bis dahin unumstrittenes Haupt dieser Richtung, die Berliner Schule sei geschlossen. Er selbst, im Atelier am Kollwitzplatz wie immer mit äußerster Disziplin arbeitend, enttäuschte manche seiner früheren Anhänger, indem er in gewohnter malerischer Gewißheit sich mehr und mehr auf allegorisch literarische Bilder festlegte.
Aber es hatten zu dieser Zeit längst weitergehende Differenzierungsprozesse eingesetzt, die allerdings an einem gemeinsamen Fixpunkt orientiert blieben: der autarken Wirklichkeit der Bilder als Emanationen verinnerlichter Urbanität und erstrebter poetischer Freiräume. Insofern ist die hier vollzogene Trennung in die »Abstrakten« (Schimansky, J. Böttcher, Toppl u. a.) und die »Gegenständlich – Figurativen« wiederum eine Hilfskonstruktion, denn beider Fortführungen der beschriebenen Kunsthaltung entspringen derselben Quelle.
Als im zerstörten Berlin der Nachkriegszeit auch künstlerische Strukturen wieder neu zu errichten waren, ragte aus den geistigen Trümmern die berlinisch realistische Tradition der Secessionsmalerei ebenso wie die der urbanen Sachlichkeit der zwanziger Jahre. Die Kunstfeindlichkeit der Nazis hatte längst nicht alle Bestrebungen humanistischer Kultur zunichte gemacht; es gab Oasen wie die »Ateliergemeinschaft Klosterstraße« und es hatten einige Künstler in der inneren Emigration überwintert. Und doch konnte nichts wie vorher sein. Die freiheitlichen Ideen einer neuen Kunst entluden sich in eruptiven Malweisen eines gestischen Informel, vor dem die Bewahrer realistischer Übereinkünfte in die Defensive gedrängt wurden. Karl Hofer, dessen Werk schon die deutsche Malerei der ersten Jahrhunderthälfte mitgeprägt hatte, und das noch heute als vorbildhaft gesehen wird, wurde ihr mit Verve angegriffener Wortführer.

36 Arno Mohr, 1976
Foto: Jürgen Nagel

In dem Maße wie sich die Positionen verhärteten und in der Folge durch den Kalten Krieg auch politisiert wurden, bildeten sich ästhetische Spannungen heraus, die das Ost-West-Gefüge reproduzierten. Künstler wie Otto Nagel, Heinrich Ehmsen und der Rheinländer Fritz Duda arbeiteten im Osten der Stadt; Maler, die das proletarische Erbe einer auf das Wesen der Dinge, das sie im »einfachen Leben« erkannten, konzentrierten Weltsicht weiterführten. Diese beiden Hauptströmungen der Berliner Malerei fanden im Werk von Werner Heldt zu einer über die Jahrzehnte folgenreichen Synthese. Heldts metaphorische Bilder von »Berlin am Meer« konstituierten jene Poetik, die sich jetzt im Werk jüngerer Maler wiederfindet. Daneben gab es eine qualitativ andere Öffnung zur europäischen realistischen Moderne. Insbesondere die Italiener – Rosai, Sironi, Carrà, Guttuso und andere, die herbe Stilistik der neorealistischen Filme – wurden aufmerksam studiert. Die Ausstellung französischer Maler im Berliner Stadtschloß 1946, Picassos Versuche, seinen künstlerischen Freiheitsbegriff politisch zu instrumentalisieren, Brechts Theaterpraxis und am Ende der fünfziger Jahre der kometengleiche Aufstieg des jungen Bernard Buffet waren die konstituierenden Momente der sogenannten »schwarzen Periode« der Berliner Malerei. Sie hatte ihren Höhepunkt in der zweiten Hälfte der fünfziger Jahre, war aber im gesamten Jahrzehnt vorbereitet worden und verstand sich keinesfalls als außerhalb der politischen Realitäten stehend, wie u.a. Metzkes mit seinem Bild »Der Abtransport der sechsarmigen Göttin« (1956) bewiesen hatte.
Seitens der Gralshüter der lichten Zukunft wurde der sich in den dunklen Bildern aussprechende »Miserabilismus« als Formalismus bezichtigt, was gleichbedeutend mit Dekadenz und damit nicht nur künstlerisch abzulehnen, sondern auch politisch »verdächtig« war. Im Grunde lief diese Praxis anfangs auf die nahtlose Fortsetzung der Verdikte von der »entarteten Kunst« hinaus, nur unter anderem ideologischen Vorzeichen. Der Abriß des Berliner Stadtschlosses (1950/51), die Diskussionen um Käthe Kollwitz, Barlach, Picasso u.a., die kunstfeindlichen Elaborate der Herren Magritz, Girnus und Co. – alle diese Indizien erschütterten das Vertrauen vieler Künstler in die Kulturfähigkeit der nun »herrschenden Klasse« nachhaltig. Brechts wendig sybillinisches Wirken vermochte daran nicht viel zu ändern, wiewohl es vermittelnd wirkte. In diesem Klima wurden die Grundsteine der »Berliner Schule« an der Akademie der Künste gelegt in jenen Jahren (1955–1958), als Manfred Böttcher, Harald Metzkes, Werner Stötzer und Ernst Schroeder dort Meisterschüler waren. Otto Nagel, der seinen aufrichtigen Glauben an die neue Zeit mit künstlerischer Verkrümmung seines überragenden Talents löhnen zu müssen glaubte, Ehmsen, der als notorischer Realist den freiheitlichen Westen verlassen hatte und Fritz Cremer, kompromißfähig taktierend, hielten ihre schützenden Hände über diese jungen Künstler. In diesem Umfeld war die Bewahrung einer in europäischen Zusammenhängen gesehenen Kulturidee ohne Zweifel eine mutige Tat. Es ist hier deshalb so nachdrücklich davon die Rede, weil sich dieser Anspruch bis heute erhalten hat und im Grunde noch immer prägend für den ethischen wie ästhetischen Ort eines großen Teils der Künstler ist.
Jedoch ist vieles bereits der Legendenbildung anheimgefallen. Vor allem Ernst Schroeder (1928–1989), dieser nordisch herbe Stilist der reinen, »naivischen« Seele, hatte Wirkung weit in die Zeit. Er war als Kapitänssohn und fasziniert vom Leben der Fischer an der pommerschen Ostseeküste früh zu autodidaktischen

37 Ernst Schroeder, Interieur mit gefangenem Fisch
Foto: B. Kuhnert

Kunstversuchen, klaren Küstenlandschaften und Hafenbildern, gekommen. Dieses Versprechen eines großen Talents war von einem Usedomer Arzt erkannt worden, der Schroeder anriet, an der Hochschule der Künste in Berlin-Charlottenburg zu studieren. Hier wurde er der letzte Meisterschüler von Max Pechstein und engster Freund von Robert Rehfeldt, dem Schüler von Alexander Camaro und nachmaligen Anführer der Opposition gegen den Berliner Sensualismus. Rehfeldt teilte damals noch die Übereinkunft dunkler, karger Bilder vom Menschen und der Kreatur, die Manfred Böttchers melancholisch tiefe Porträts und Metzkes' intellektuelle Sinnzeichen des »Geworfenseins« hervorgebracht hatte. Aber es war Schroeder, der in Steigerung seiner Existenz bis zum Exzess den genius loci des deutschen Nordens zu erfassen vermochte und ohne topographische Genauigkeit Landschaften eines seelischen Befindens gab. Dieser im Grunde bescheidene und unspektakuläre Maler, der sich im Unterschied zu seinen Generationsgefährten eine fast naive Anschauung erhalten hatte, fand seine eigentlichen Schüler erst in den achtziger Jahren (Thomas Richter, Roland Nicolaus, Michael Kutzner, Michael Hegewald). Schroeder hatte 1958 unter dem Zwang persönlicher Probleme die DDR verlassen und war nach Hamburg übergesiedelt. Man hörte seither nichts von ihm. Robert Rehfeldt bewahrte das zurückgelassene

Werk, machte es jüngeren Malern zugänglich; es war in der Öffentlichkeit nur selten ausschnitthaft zu sehen, der Makel des »Republikflüchtigen« haftete selbst auf Schroeder, dreißig Jahre lang. Schroeder starb im Dezember 1989 in Hamburg, sein Nachlaß wird von einer Stiftung betreut.

In den sechziger Jahren wandelte sich die Formensprache der Protagonisten dieser »schwarzen Malerei« in eine neue, an Cézanne orientierte Qualität. Mit der Hinwendung zu gänzlich unliterarischen Motiven des Alltags, der Stadtlandschaft, des Stillebens oder Interieurs ging ein auf »Natur und Auge«, wie es Metzkes nannte, konzentriertes Programm einher. 1961, anläßlich der von der Akademie der Künste organisierten Ausstellung »Junge Künstler«, brach sich der Unmut der Kunstverwalter in der Parteipresse erneut Bahn. Neben Harald Metzkes und Manfred Böttcher waren in dieser Ausstellung die in der Folge wichtigsten Maler vertreten. (Jürgen Böttcher-Strawalde, Hans Vent, Achim Freyer, Horst Zickelbein u. a.) Das Maß der Angriffe, denen sie ausgesetzt waren, nahm in zeittypischer Verkehrung das Maß ihrer späteren Bedeutung vorweg.

In diesem Boden wurzelt das Werk der zweiten Generation Berliner – oder sollte man sagen berlinischer? – Maler, die in den sechziger Jahren studierten und sich auf ihren Weg zu einer gegenstandsbezogenen und dabei tief verinnerlichten Bildsprache vorbereiteten. Sie verstanden sich allesamt als Realisten und in der Tradition deutscher Malerei des Expressionismus wie der Berliner Secession. Wolfgang Leber, Christa und Lothar Böhme und Brigitte Handschick absolvierten ihre Studien in West-Berlin. Klaus Roenspieß und Hans Vent waren an der Hochschule in Berlin-Weißensee, Dieter Goltzsche kam aus Dresden. Dieser Freundeskreis, zu dem auch die später nach West-Berlin gegangenen Maler Hans Brosch und Roger Servais gehörten, bildete den »harten Kern« einer selbstbewußten Kunstanschauung, die nur unter Mühen assimiliert wurde. Das Interesse der Öffentlichkeit fanden eher die Dekorateure des Herrschaftsprinzips, allen voran Walter Womacka, oder die »Problembilder« von Heidrun Hegewald, die in plakativer Manier das Vakuum an sozialer Kommunikation aufzufüllen bemüht waren.

Das insistente Beharren jener Maler auf ihren Mitteilungen aus dem »ersten Lebenskreis« hat bis heute tiefe Wirkungen hinterlassen. Jeder dieser Künstler hat ein Werk vorzuweisen, das von konsequentem Gewachsensein zeugt und sich weder Moden noch kurzlebigen Ansprüchen oder gar inhaltlichen Erwartungen gebeugt hat. Es gab keine Sprünge noch spektakuläre Wandlungen – nur fortdauernde Arbeit an den einmal gewählten Gegenständen und den eigenen Mitteln, nicht in Selbstgenügsamkeit und nicht im engen Zirkel eines Szenebewußtseins, sondern durchaus vom Streben nach Wirkung vorangebracht. Die Themen sind Mensch, Stadt, Natur und vor allem das, was an Beziehungen dazwischenliegt: Lebensempfindung, zurückgeführt auf eine elementare Kunstsprache von Akt, Landschaft, Stilleben. Der gemeinsame Bezugspunkt ist Berlin, diese Stadt der Härten und Widersprüche, das Grau der Prenzlauer-Berg-Quartiere und die Nischen zum selbstbestimmten Leben, die sie bieten. Gegen die Zumutungen des Mauer-Molochs Berlin mit leisen Tönen anzugehen und in ihnen eine einverständliche Daseinsform zu finden – das ist das Credo dieser Künstler. Das, was sie in den Galerien (anfangs vor allem in der »Galerie am Prater«, dann in der »Galerie Mitte«) in den vergangenen Jahren zeigten, ist sublime Großstadtkunst, oftmals mit lokaltypischem Understatement.

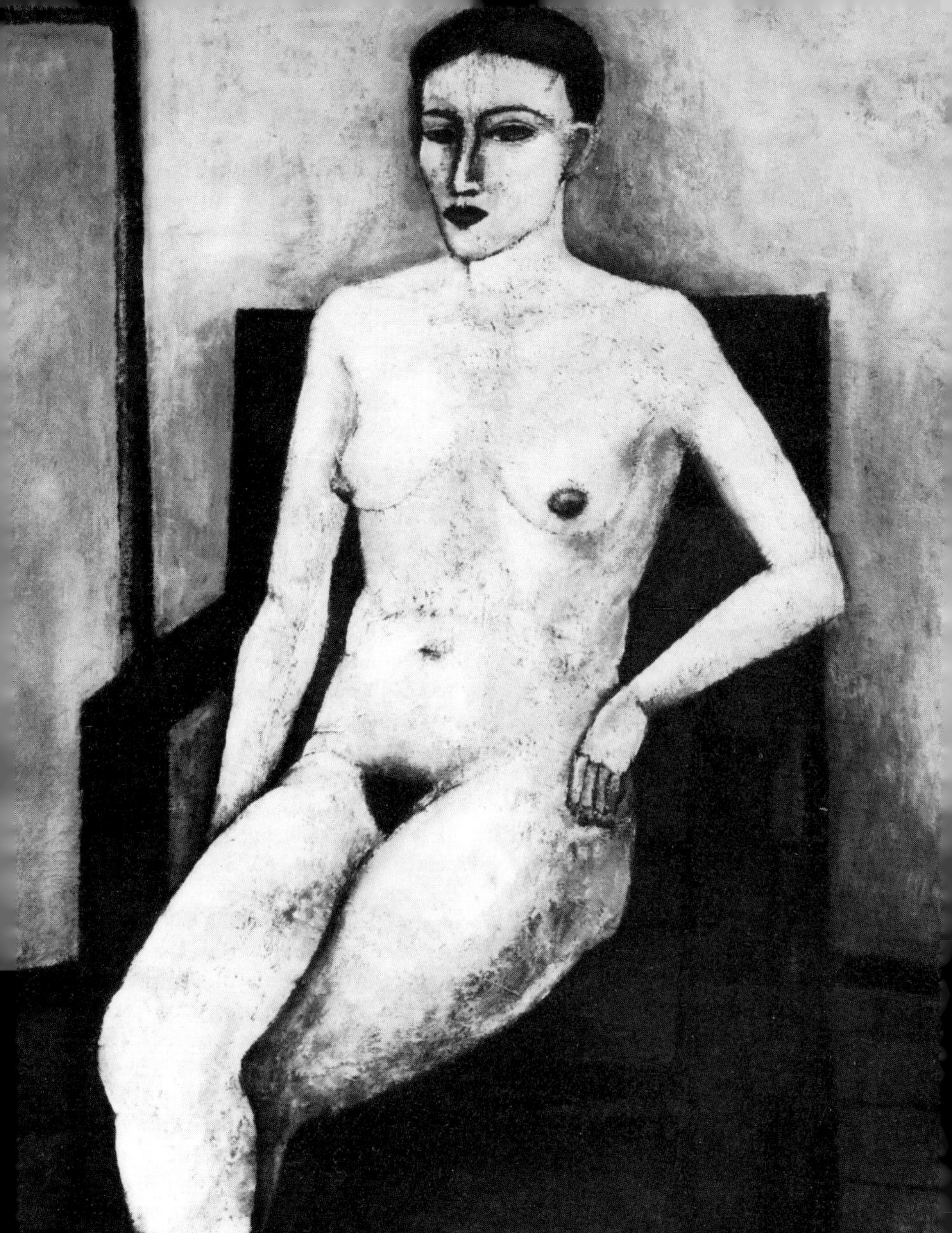

38 Thomas Richter, Sitzender Akt

Solche Lebensbefragung wird als modellhaft angesehen und als Wahrung einer kulturellen Identität, die sich der postmodernen Ironie, der zeitgeistwitternden Geste und der epochalen Repräsentanz ebenso verweigert hat wie dem Nur-Schönen. Denn ihre Sensibilisierung darf nicht mit Konfliktvermeidung verwechselt werden. Die Realität des Landes und seine widersprüchliche Kultur haben diese Künstler direkt erfahren, manche von ihnen auch schmerzhaft. Darin sind die Werke dieser Künstler miteinander verwandt: Wolfgang Lebers fast schon analytische Sicht auf Mensch und Gehäuse in zivilisatorischer Brechung, Brigitte Handschicks Natur-Refugien, Hans Vents in jüngster Zeit dramatischer gewordenen Konfliktzeichen, Christa Böhmes malerische Fugen über Stilleben und Landschaft, Klaus Roenspieß' streng gebaute Stadtansichten und Lothar Böhmes Akte und Stilleben zwischen Ausdrücklichkeit und Meditation.

Konrad Knebel und Hans Otto Schmidt haben wie die Radierer Manfred Butzmann und Klaus Magnus mit ihren malerischen Meditationen über den Verfall der Stadt das Bewußtsein für deren Identität wachgehalten. Es war dies eine stille Kompensation des real herrschenden architektonischen Wahnsinns, die von vielen nachgerade als »Kulturtat« empfunden wurde. Durch Herbert Tucholski und Arno Mohr, den antipodischen Nestoren der Berliner Grafik und strengen Ethikern des Handwerks, hatte eine solche Haltung ihre Prägung erfahren.

Dieter Goltzsche, dieser wunderbare Zeichner und Aquarellist, Klee vergleichbar als ein Meister der »kleinen Form«, hat eine fabulierende Metasprache aus Bildern und Kalligraphie entwickelt. Er verbindet als Integrationsfigur und Hochschullehrer den »realistischen« mit dem »abstrakten« Zweig der Berliner Malerei. Viele der heute jungen Künstler sind durch sein Studienatelier für Grafik am Monbijouplatz gegangen. Wie Wolfgang Leber in der Schönhauser Allee und Lothar Böhme im Otto-Nagel-Haus am Fischerkietz leitete Goltzsche im Köpenicker Kietz über viele Jahre einen Mal- und Zeichenzirkel. Anfangs aus Geldgründen dazu gezwungen, empfanden sie diese Form der Lehre schon bald als eine Berufung. Aus dem Kreis der zumeist höchst ambitionierten Autodidakten, die sie um sich versammelten, ging eine ganze Reihe der stärksten Begabungen unter den jüngeren Künstlern hervor. So bildeten diese Maler eine »Akademie neben den Akademien«, die zeitweise ein wichtigeres Potential hervorbrachte als die Weißenseer Hochschule.

Michael Reich, der mit dichten, kleinformatigen Stadtlandschaften bekannt wurde und heute als expressiv konkreter Figurenzeichner Furore macht, ist einer der »Schüler« Lothar Böhmes. Reichs mit kratzig widerborstiger und klecksender Feder zu Papier gebrachte Zeichnungen, zumeist Akte, Porträts oder Interieurs, sind neben den grafischen Arbeiten von Jürgen Köhler, Christoph Meyer, Martin Colden, Thomas Habedank, Sabine Herrmann u.a. als legitime Nachfahren der berlinischen Zeichenkunst von Chodowiecki bis hin zu George Grosz anzusehen. Zwar ist die soziale Genauigkeit jener Vorbilder einer poetischen Verallgemeinerung gewichen, doch zeugen die Härte und zugleich subtile Erfassung des Wesentlichen vom nach wie vor berlinisch nüchternen Blick auf die Dinge. Für diese Maler ist aber die Frage nach der Gegenständlichkeit zweitrangig. Zu den heute ausschließlich nonfigurativ arbeitenden Generationsgefährten gibt es vielfältige kollegial freundschaftliche und künstlerische Verbindungen.

Mit Thomas Richter, Michael Hegewald, Michael Kutzner und Roland Nicolaus trat am Anfang des vergangenen Jahrzehnts eine neue Generation von Malern auf den Plan. Die Absolventen der Klasse von Dietrich Noßky in Weißensee suchten, während allgemein expressives Formengut die jüngeren beeinflußte, nach einer neuen kargen Strenge, die sie mit einer wiederentdeckten Romantik paarten. Richter malt ikonenhaft Sehnsuchtsbilder vom Menschen und der Natur, die traditionell enge Bindung zwischen der Großstadt und der Ostseeküste ist in diesen Bildern von dunkler Harmonie wiederbelebt und zugleich in metaphysisch-arkadische Gefilde enthoben. Nicht umsonst geriet inmitten der politischen Verhärtung und der Desillusionierung jene »schwarze Periode« wieder ins Blickfeld, die schon in den fünfziger Jahren für den ästhetischen Widerspruch den Konsens abgab. Der enge Zirkel berlinischer Malerei hatte sich damit ein weiteres Mal geschlossen. Auch dies war ein spezifisches Berliner Phänomen: Sich nicht beeindrucken zu lassen von den Sponti-Gewittern, die sich in einer erstaunlichen Dynamisierung der Szene entluden. Die ästhetischen Gegensätzlichkeiten in der Stadt, die durch das Auftreten eines wiedererwachten urbanen Verismus (Neon Real) noch verstärkt wurden, brachten mit der Polarisierung einen Kreativitätsschub für alle Beteiligten. Die Dominanz der sogenannten »mittleren Generation« schwand dahin. Neben den angestammten Zentren künstlerischer Aktivitäten Pankow und Prenzlauer Berg machten Randlagen wieder von sich reden. Richter, Habedank und Gröszer in Friedrichshagen, wo zwischen Bölsche- und Peter-Hille-Straße noch der Geist der Naturalistenbohème des vorigen Jahrhunderts umgeht, den die Poetin Charlotte Pauly in die Gegenwart trug. Sie war Gerhart Hauptmanns Nachbarin in Agnetendorf gewesen und bis zu ihrem Tode Friedrichshagnerin. Schimansky, Köhler, Meyer, Colden und andere leben und arbeiten in Weißensee, unweit der Hochschule, in verfallenen, kleinhäusigen Straßen, in die bisher noch kaum ein Tourist seinen Fuß gesetzt hat. Treff- und Sammelpunkte sind die Galerien im Stadtinnern, in denen trotz aller künstlerischen Differenzierungen Kommunikation stattfindet.

39 Dieter Goltzsche, Arbeitergespräch der Köpenicker Fischer, 1964.
Foto: Walter Danz, Bildarchiv Verlag der Kunst

Die große Reisende – Charlotte Pauly

von Dieter Goltzsche

Es muß im Jahre 1963 gewesen sein, als ich Charlotte E. Pauly kennenlernte. Im Köpenicker Schloß sollte eine Stadtbezirksausstellung stattfinden. Die Maler brachten ihre Bilder, um gemeinsam auszuwählen. Die alte Pauly, klein und gebeugt, mit ihrem orientalischen Käppchen, fiel unter ihnen allen auf, durch Temperament und zischelnde Bemerkungen. Ihre Bilder zogen uns an, Monotypien aus Ungarn und ein Stilleben mit einem Kastanienzweig im Glas, das mich an van Gogh erinnerte. Eine spontane Erregung ging von ihnen aus; die Pauly war fordernd. Nicht alle Kollegen brachten den Bildern dieser Frau Bewunderung entgegen. Sie wurden für unakademisch und damit für dilettantisch gehalten. Gerade dieses »Unakademische« aber hielt im Laufe der Jahre stand.

Von da an gab es fortwährend Treffen mit ihr. Aus langen Gesprächen und ihren lebhaften Erzählungen lernten wir, die jüngeren Berliner, die kaum etwas von der Welt gesehen hatten, die Pauly als eine große Reisende kennen. Ihre Ungarnreisen, die sie noch als Siebzigjährige wahrnahm, erinnerten sie an ihre Spanienerlebnisse in den zwanziger Jahren. Die Malerin und Schriftstellerin war immer daran interessiert, das Leben zu beobachten.

Charlotte E. Pauly wurde 1886 in Stampen, in der preußischen Provinz Schlesien geboren. An den Universitäten Breslau, Heidelberg, Berlin und Freiburg studierte sie Biologie, Literatur und Kunstgeschichte. Der Drang zur Malerei wurde gegen den Widerstand der Mutter durchgesetzt.

In der Ausschau nach für sie interessanten Lehrern bereist sie mehrere deutsche Städte. Um 1924 ist sie in Paris und ist von Modiglianis Bildern begeistert. Hier gipfelt auch ihre Kritik an den großen Städten (»Ich bin eine Landpomeranze«). Bei dem Spanier Diaz lernt sie außer der kristallinen Vereinfachung der Formen auch eine trockene, edle Malweise. Hier hört sie Lorcas Zigeunerromanzen, die sie erstmals ins Deutsche überträgt. In Spanien und Portugal entstehen ihre wichtigsten Bilder. Auch auf ihren Orientreisen malt und zeichnet sie intensiv. Weder künstlerische Programme noch die Darstellung sozialer Konflikte spielen für sie eine Rolle. Sie ist berauscht vom Einklang Mensch – Tier – Landschaft, vom einfachen So-Sein. Es waren Energie und Selbstbehauptungsvermögen notwendig, damals jene Länder zu durchreisen, in denen Männer Frauen nur sehr eingeschränkte Rechte zugestehen.

Ihre unverblümten Meinungsäußerungen machten sie bei den Nazis unbeliebt. Sie erhielt Ausstellungsverbot und wurde aus dem Künstlerverband ausgeschlossen. Mit dem sowjetisch genehmigten Sonderzug, der 1946 den toten Gerhart Hauptmann vom schlesischen Kur- und Künstlerort Agnetendorf nach Hiddensee überführte, durfte mit anderen auch die Pauly umsiedeln. In Berlin-Friedrichshagen ließ sie sich nieder, arbeitete an Manuskripten und Zeichnungen und wirkte auf viele anziehend. Ende der fünfziger Jahre begegnet sie Herbert Tucholski. Er regt sie an, ihre Zeichnungen für Lithographien und vor allem für Radierungen zu nutzen. Sie wiederholt darin ihre Bilder, macht Monotypien. Ein großer Fluß gestraffter bildhafter Grafiken setzt ein, Neubeginn für eine Fünfundsiebzigjährige. Das selbstvergessene und schöpferische Dasein war eine große Freiheit für

40 Charlotte E. Pauly, 1975
Foto: Jürgen Nagel

die Pauly und übertrug sich in anregender Weise auf viele Kollegen. »Denn alles Schaffen ist insofern für den denkenden Künstler illusionär, als der höchste, innerste Traum vom Gegenstand in der Ausführung nie ganz erreicht wird«, schrieb sie in dem Vorwort zu einer 1976 von ihr herausgegebenen Grafikmappe. Die Pauly war immer unterwegs zu Direktheit und Einfachheit. Sie suchte einen unzerstörten Menschentypus. Sie suchte das Wunderbare des Lebens in der harten Alltäglichkeit vorwiegend des ländlichen Lebens, das ihr am vertrautesten war.

1975 bekam sie noch ein kleines Atelier in Friedrichshagen. Oft sprach »die alte Pauly«, wie sie genannt wurde, von ihrem »ewig verlängerten Leben«.

Im März 1981 geleitete eine große Schar von Anhängern ihren Sarg auf den Friedrichshagener Friedhof. Ihr sprödes und kraftvolles Werk muß man anschauen, keine noch so engagierte Lebensbeschreibung könnte seinen Reiz erklären.

Rückzug in die Nähe
Der Maler Harald Metzkes

von Eberhard Roters

Harald Metzkes hat das Motiv einer unausgesprochenen und daher offiziell nicht benennbaren Beängstigung in einem seiner frühen Gemälde dargestellt, dem »Abtransport der sechsarmigen Göttin«. Eine fremde Göttin wird entführt, ein Kultbild, und einem Volk (welchem, bleibt offen, denn hier geht es um ein Gleichnis), von den eigentlichen Barbaren, den »zivilisierten« nämlich, für barbarisch gehalten, wird sein Wesentliches gestohlen, seine Seele. Stilistisch ist das Gemälde, dessen auf Plastizität des malerischen Ausdrucks aus der Gegeneinanderführung von Konturbetonung und mittels der Pinselzüge differenzierte Ausschattierung der Binnenflächen angelegt ist, zwei Vorbildern verpflichtet, auf die sich der junge Metzkes bezog, um in der Auseinandersetzung mit ihrem Werk seinen eigenen Stil zu finden, die aber seinerzeit in der Kunst-Ideologie der DDR als mustergültige Vertreter des spätbürgerlichen Formalismus galten, Pablo Picasso und Max Beckmann. Das Kunstmittel der kompositorischen Zusammenzwängung, um ein Höchstmaß an Gespanntheit ins Bild zu bringen und somit auf den Zustand einer kaum erträglichen Beengung hinzuweisen, reicht weit über Beckmann hinaus in das Mittelalter zurück und bestimmt eindrucksvoll die Wirkung beispielsweise der Tafeln von Hans Multschers Wurzacher Altar. Das widerborstige Gemälde, das der Doktrin des Sozialistischen Realismus widersprach, wurde 1956 auf der »Jahresausstellung der Deutschen Akademie der Künste zu Berlin« gezeigt und von der Kunstkritik der DDR widersprüchlich beurteilt.

41 Harald Metzkes, Die schwere Stunde, 1957
Foto: Ulrich Frewel, Museum der bildenden Künste zu Leipzig

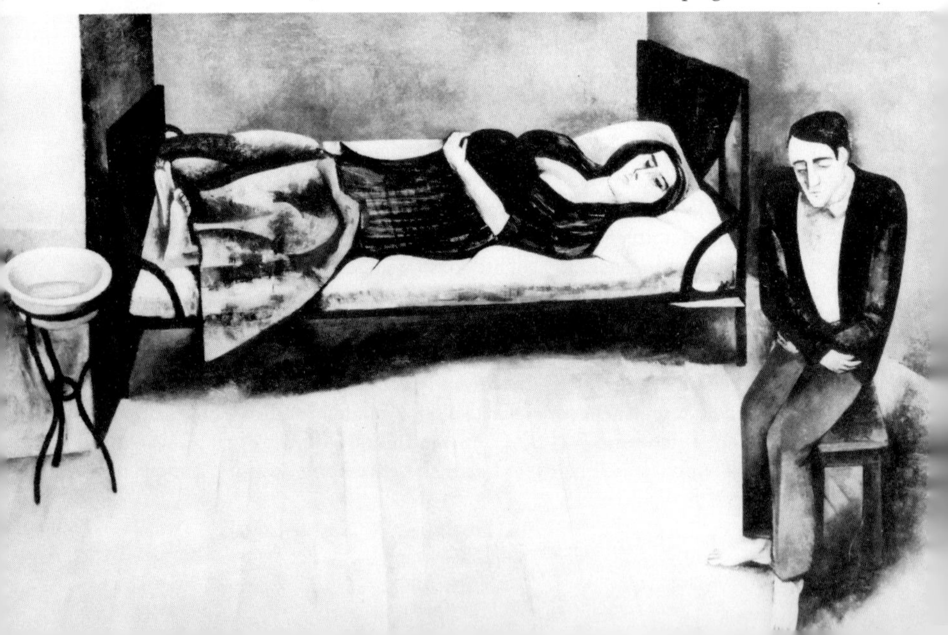

Das Bild gehört zur frühen Stilphase des Künstlers aus der Mitte der fünfziger Jahre, als er noch Meisterschüler von Otto Nagel war. Die Bilder von ausgeprägt existentialistischer Stimmung aus jenen Jahren galten seinerzeit offiziell als depressiv, pessimistisch, fortschrittsfeindlich und dekadent. Die Dichte der in jenen Arbeiten eingefangenen Atmosphäre, die in ihrer Gemischtheit aus Verinnerlichung und zur Schau getragener Kühle ganz aus der Erlebnissituation der auf der Kippe zwischen Krieg und Nachkrieg erwachsen gewordenen Generation gewonnen war, überträgt sich auf jeden, der das selbst miterlebt hat, heute noch in unmittelbarer Frische der Erinnerung.
Nach dieser, von Roland März die »schwarze Periode« genannten, Frühphase unterzieht der Künstler seine Kunst einem entschiedenen Stilwandel. Die Ursache: Metzkes entdeckt das Malen, er entdeckt die Lust am Malen, nicht für die Welt, nicht für die Gesellschaft, nicht für irgendein Programm, sondern allein für sich selbst. Er entdeckt das Geheimnis des Malens, genauer gesagt, er findet heraus, was das eigentlich für eine merkwürdige Sache ist, eine Beobachtung, eine mit den Augen gemachte Wahrnehmung nicht mittels des Intellekts, sondern mittels des seiner Tätigkeit bewußt werdenden Auges zu begreifen und mittels der denkenden Hand unter Zuhilfenahme von Pinsel, Farbe und Leinwand etwas hervorzubringen, das mit der beobachteten Wirklichkeit zwar in Korrespondenz steht, das darauf antwortet und im Reflex seiner Antwort der Wirklichkeit, durch die es angeregt wurde auch noch insoweit ähnlich ist, als diese wiedererkennbar ist, das aber die Wiedererkennbarkeit nichtsdestoweniger aus einer völligen Verwandlung, durch die sie hindurchgegangen ist, als etwas völlig Anderes etwas Eigenes erzeugt, als das Produkt eines geistig-sinnlichen Verdauungsprozesses, von dem bis heute keiner genau beantworten kann, was es im Grunde ist, und warum es überhaupt hergestellt wird: ein gemaltes Bild.
Dazu bedurfte es keiner großen Programmatik und keiner von weit her geholten Motive, sondern lediglich der nächsten Umwelt, die in aller Bescheidenheit sämtliche Motive, die der Maler braucht, bereits in sich birgt. Metzkes' Entdekkung des Malens als Vorgang war das Ergebnis eines Rückzugs. Es war ein Rückzug in die Nähe. Das hat ihn weitergebracht. Denn die Nähe, das, was rings umher vor sich geht, liefert ihm die Motive, wie gesagt, in aller Bescheidenheit, und die Bescheidenheit kam dem Künstler, der in seiner Haltung überhaupt zum Understatement neigt, zu passe. In seinen Bildern und Blättern ist daher weit mehr darin, als sie in aller Schnelle und auf den ersten Blick herzuzeigen gewillt sind. Sie geben sich verhalten und wollen vom Betrachter genauso nach und nach eingenommen werden, wie sie vom Künstler bei der Arbeit nach und nach entdeckt worden sind.

Nuria Quevedo

von Hiltrud Ebert

Nuria Quevedo sucht Bilder des Lebens, menschliche Kreuzwege zwischen Liebe, Leben und Tod. Ein Stück spanisches Erbe der »Berlinerin« Nuria Quevedo läßt sich hier nicht verleugnen.
1952 verließ die Vierzehnjährige mit ihrer Familie die Heimatstadt Barcelona, um dem Vater, einem republikanischen Offizier, ins Berliner Exil zu folgen. An der Kunsthochschule in Berlin-Weißensee studierte sie bei Werner Klemke, Arno Mohr und Klaus Wittkugel. Sie alle mögen Nuria Quevedos jahrelange Vorliebe für die Grafik befördert haben, sichtbare Spuren in den Arbeiten der Künstlerin hinterließen sie kaum. Zu stark bestimmte die spanische Kindheit die deutsche Gegenwart, gleich einem »nicht auszulesenden Buch« (Fritz Rudolf Fries). Darin zu blättern half ihr in den Jahren des Exils die spanische Literatur, deren Reichtum an Sinnbildern des Lebens unsichtbare Erinnerungsfäden zur bildhaften Volkssprache der andalusischen Heimat knüpfte. In den Werken Miguel de Cervantes, Fernando de Rojas,, Miguel Hernandez, oder Pablo Nerudas fand Nuria Quevedo nicht nur einen Vorrat an Bildmotiven, hier lebte der Geist des demokratischen Spaniens, für die Exilspanierin literarischer Ort künstlerischer Selbstfindung und ethischer Bestätigung ihres sozialen Engagements. Die Kunstkritik zollte ihr Respekt, das Publikum jedoch fühlte sich von der herben Bildsprache der Spanierin nicht selten irritiert. Ihr »Paar« von 1976 löste sogar Empörung aus, so wenig entsprach es den Erwartungen von Liebe und Erotik. Der Schriftsteller Franz Fühmann verteidigte das »Paar« als Bild »guter Schamlosigkeit gegen schlechte Moral« und tadelte die Sehnsucht nach Bildern der Vollkommenheit als Indiz des »Modefluchs unserer ergreisten Ära«. Bilder und grafische Blätter Nuria Quevedos schmeicheln nicht dem Auge. Gesichter versteinern zu Landschaften oder werden bis zum Grotesken überzeichnet. Natur lädt nicht zum Verweilen ein und die schemenhaften Symbolfiguren entziehen sich schneller Lesbarkeit. Man soll »die Wahrheit mit den Augen suchen«, wie es der von ihr verehrte Maler Max Beckmann von seiner Malerei verlangte. Beckmann gehört zu den wenigen deutschen Künstlern der jüngsten Vergangenheit, in deren Werken sie jenen »Ernst und einen Ausdruck der Empfindungen« (Henry Schumann, Ateliergespräche, Leipzig 1976, S. 220) spürt, dem sie sich zeichnend und malend nähert. Nuria Quevedo »umschreibt« ihre Motive. Ihre besten Bilder wahren stets den Eindruck des Rätselhaften und Unausweichlichen. In ihnen gehen die assoziativen Impulse ganz von der künstlerischen Struktur der Werke aus, von der formalen Spannung zwischen strenger Gebundenheit und Bewegung, Härte und Zartheit der Lineatur, zwischen Monochromie und Subtilität der Farbe. Sie verabscheut »kalte Perfektion« im Handwerklichen ebenso wie in den inhaltlichen Absichten ihrer Bilder. Dieses künstlerische Credo Nuria Quevedos zeigte Wirkung in den Kunstdebatten der siebziger Jahre, galt es doch die Autonomie ästhetischer Mittel gegen geschwätzige Sachlichkeit zu retten. Das ist Geschichte. Auch hierzulande hat das künstlerische Denken Anschluß gefunden an die geistigen Probleme der Zeit. Wirklichkeit ist zu einem diffusen Begriff geworden. Die komplexen Vorstellungen, die sich mit ihm verbinden, lassen sich

mit einem aufs »Menschenbild« verpflichteten Kunstengagement kaum noch anschaulich machen. Tradierte Bildvorstellungen, die sich deutend auf Realität beziehen, verkennen das Mißtrauen in gesellschaftliche Erklärungsmodelle und drohen im Wirbel der Bild- und Begriffsdemontagen nicht mehr gesehen zu werden. An diesen Tatsachen müssen sich auch Nuria Quevedos Bilder heute messen lassen.

42 Nuria Quevedo, 1990
Foto: Evelyn Richter

Eine Berliner Künstlergruppe der sechziger Jahre – Aufzeichnungen nach einem Gespräch mit Dieter Tucholke

von Gabriele Muschter

1965 habe ich den Berliner Maler Ingo Kirchner kennengelernt, damit fing es an. Die drei anderen – Ingo Kirchner, Robert Rehfeldt und Hanfried Schulz – waren schon vorher befreundet. Wir verstanden uns bald als Gruppe, hatten aber gar kein Programm, dafür gemeinsame künstlerische Haltungen. Wesentlich für uns alle war die Abkehr von realistischer Gestaltung, das Hinwenden zur Abstraktion.

1965 begannen wir, Materialdruck in der Grafik zu verwenden. Ich mehr zögernd, weil die allgemeinen Vorurteile und die Erziehung auf den Kunsthochschulen selbst dann noch Mißtrauen aufkommen ließen, wenn die Arbeitsresultate bereits eindeutig waren, und vielleicht, weil ich der Jüngste war und fünf Jahre später diese seltsame Klippschule verließ. Ich hatte das Glück, die inneren Barrieren nicht allein überwinden zu müssen – Kirchner, Rehfeldt und Schulz befanden sich in ähnlicher Situation. Und es waren dann die Ergebnisse, die uns halfen, eigene Bedenken aufzugeben. Daraus entwickelte sich ausreichendes Selbstbewußtsein gegenüber den zunehmenden Bedenken Außenstehender. »Modisch« wurde unsere Arbeit mitunter genannt, aber konnte man sich »modisch« verhalten, wenn man Dinge tat, die so wenig existenzförderlich waren?

Was für mich aufregend gewesen ist, daß wir plötzlich ganz intensiv gearbeitet haben. Das war rauschhaft und euphorisch – Arbeit aus tiefer, innerer Begeisterung heraus, wie ich es so nur in dieser Zeit und dann 1983 durch die Begegnung mit einer Frau kennengelernt habe. Es war für uns auch ein Ausbruch aus der schon damals intoleranten Berliner Malerschule. Was wir machten, wurde von den anderen abgelehnt. Zusammen ausgestellt haben wir kaum. Manchmal haben wir ein paar Arbeiten des anderen in der eigenen Wohnung aufgehängt. Das war alles mehr zu unserem eigenen Selbstverständnis, nach außen war gar nichts möglich.

Ja, Du hast recht, eine verlorene Generation ist das wohl schon. Kirchner sagte damals ziemlich klarblickend: »Eines Tages werden die Westsäcke unsere Offiziellen entdecken – und wir werden wieder im Arsch sein, weil wir nicht genug DDR-kenntlich sind.« Ist völlig eingetroffen. Und die jungen Leute heute glauben sicher felsenfest, daß die Verhältnisse sich zu ihren Gunsten entwickeln, weil sie diese Verhältnisse eingebracht haben. Und das läßt mich an die tschechischen Kollegen so um 1966/67 denken, die Kirchner und mich belehrten: »Ihr müßt schon selbst etwas tun, sonst ändert sich nichts«: Zwei Jahre später (und noch 20 Jahre später) waren sie im eigenen Lande erledigt, eine Lehre, die ich nie vergessen werde. Die Berühmteren unter ihnen hatten so gute Kontakte zum Westen, daß sie davon leben konnten. Schlimm war es für die Jüngeren, die im Ausland nicht bekannt waren, die waren wirklich erledigt. Die Gunst der Verhältnisse ist keine Sache der Künstler selbst, sie sind bestenfalls Nutznießer.

1965 hatte Rehfeldt eine Ausstellung in der Genossenschaft am Straußberger Platz (später Arkade). Noch vor Eröffnung wurde die Ausstellung geschlossen. Es hieß, das sei eine Konter-Demonstration. Für Rehfeldt, der erst 1953 aus dem Westen gekommen war, gab es da nichts zu lachen. Verschiedentlich sind wir auf den großen Schrottplatz Heinersdorfer Straße (Pankow) gegangen und haben dort fotografiert, sind durch alte Autos gekrochen. Wir wollten Objekte bauen. Irgendwann war das aufgefallen und man ließ uns nicht mehr auf den Platz, angeblich wegen eines Eisenbahngleises, das kreuzte. Wer weiß, was damals alles entstanden wäre.
1968 hatten wir, alle vier, Grafiken zur Biennale nach Krakow geschickt, illegal (denn man muß vorher eine Genehmigung des Künstlerverbandes einholen). Kirchner bekam den Grand Prix und in der DDR die ideologische Dresche, wir nur letzteres und keine Aufträge mehr. Seitdem fiel die Gruppe zunehmend auseinander. Gab es vorher keine Konkurrenz zwischen uns – von nun an wurde es anders. Kirchner war dominierend. Über viele Jahre war er mein liebster Freund, dann wurden wir uns fremder. Erst 1980 seit meiner Rückkehr nach Berlin, waren wir wieder sehr befreundet.
Wenn ich überhaupt einen Lehrer hatte, der etwas wußte, dann Ingo, der mich nicht nur mit manchen Problemen der Druckgrafik vertraut machte, sondern mir Feinheiten der Komposition zeigte, die mir ganz neu waren. Und dazu eben eine jahrelange ganz innige Freundschaft. 1983 ist er gestorben. Sein Tod: er war bei einer Ärztekommission, die sich mit seiner Berentung beschäftigen sollte, und die erklärten ihm ganz überraschend, daß Arbeit für ihn nicht mehr in Frage käme. Kirchner dankte, drehte sich zur Tür – und fiel tot um. Ich ahne, was in ihm vorgegangen sein wird: Er war 52 Jahre alt.

Abstrakte Poeten in Berlin

von Eugen Blume

Ausgerechnet in Berlin, dem Versammlungsort der, einem späten Cézannismus huldigenden Maler, siedelten sich von außerhalb jüngere Künstler an, die sich nur noch vorübergehend dem Gegenstand annahmen.
Doch auch sie hätten auf das gegenständlich sehr reduzierte Werk eines Künstlers wie Dieter Goltzsche oder die konsequent zur Abstraktion geführte Sprache von Horst Zickelbein eine Berliner Tradition gründen können. Ebenfalls gehört der in Dresden einflußreiche Jürgen Böttcher-Strawalde seit geraumer Zeit nach Berlin.
Doch stehen diese Autoritäten im Hintergrund, ihr Werk wenig in der Öffentlichkeit. Die Reibung für Jüngere ist gering. Als produktive Überraschung traf das selten in größeren Ausstellungen ausgebreitete Werk der Wegbereiter die Mitte und nicht den Anfang der eigenen Schritte.
Obwohl die um 1950 geborenen Künstler diesen Älteren nahestehen, haben sie unbeeinflußt, sukzessiv die urbane Struktur analysiert, ihre vergitterten, blockhaften, schwarzweißen oder farbig glühenden Gründe aufgerissen, bis ihnen der Gegenstand abhanden kam. Das Erlebnis sucht dann das künstlerische Vorbild. Die klassische Moderne und die gegenwärtige abstrakte Kunst im Westen standen, mit wenigen Ausnahmen, bis in die siebziger Jahre nur als reproduziertes Abbild, und auch da eingeschränkt, zur Verfügung. Die Zahl der Versuche in dieser Richtung nimmt zu, die Berliner Kunstausstellung von 1989 machte es deutlich. Doch stilistisch führen die Wege auseinander. Joachim Böttcher, Volker Henze, Hanns Schimansky und Harald Toppl sind die Protagonisten einer meditativ gestimmten, abstrakten Poetik.
Joachim Böttcher greift am weitesten aus zwischen Malerei, Grafik und Bildhauerei. Entsprechend ist er der am wenigsten streng ausgerichtete Former, bleibt er auch in der Gebärde offen, spielerisch mitunter agierend, ohne sich zu verlieren. Seine plastischen Werke basieren auf materialhaften Bildstrukturen, folgen der raumschaffenden Spannung unbestimmt figuraler Aufführungen im Gemälde und in der Grafik. Abstraktion tendiert zur Räumlichkeit, verwertet städtische Strukturen, kokettiert mit dem Klangraum der Musik, überwindet sich selbst zum Skulpturalen hin.
Volker Henze, vorwiegend Maler, sieht den Gegenstand als erdbeladenes, sich aus dem Boden erhebendes oder animalisch verstricktes Naturwesen. Letztlich rang er die Figur nieder, ließ gelten, was ihn ohnehin am tiefsten berührte, die Empfindung der psychischen Verkettung. Ihr reinster Ausdruck ist die Farbe, ohne assoziative Figuration, ohne artifizielle Gebärde und dekoratives Gewandungsspiel. Die unberechnete Komposition folgt einem vitalistischen Prinzip, verläßt die intellektuell bedeutsame Zuordnung. Alles Lauwarme zurück ins Feuer werfend, fügt sich das Bild gewaltsam im dionysischen Sinn.
Hanns Schimansky ist ausschließlich Zeichner. Mit der kühlen Gelassenheit des Küstenbewohners mischt sich abstandhaltende Ironie und subtile Einfühlung. Einer Überfahrt gleich erzählen die Zeichnungen von Stromschnellen und Untiefen einer inneren Landschaft; den Betrachter stellen sie ans Ufer. Gespeist aus der Wirklichkeit städtischer Fremdheit wechselt er zur mythischen Zeichen-Welt

43 Joachim Böttcher, Am Meer, 1986
Foto: E. Schönborn

seiner ins Papier geweichten und aufgeschichteten Wasserfarbenmalerei. Freudiges Spiel bindet Strenge. Der Weg bleibt offen.
Harald Toppl ist wie Schimansky mehr Zeichner als Maler. Er entwickelt feinnervige Farbräume. Sie überlagern die strenge Tektonik, um sich der alternativen Vision unendlich gefächerter Räume zu öffnen. Ihr Charakter ist von der Eigenheit farbiger Zeichnungen bestimmt. Im Temperament durchaus expressiv, wird das Spiel auf der kleinen Fläche ausgetragen.

Bildhauer in Berlin

von Barbara Barsch

Die Berliner Plastik stand lange Zeit im Schatten einer auf strengen Traditionsbezug achtenden Bildhauerschule. Vor allem Gustav Seitz (1906–1969) und Waldemar Grzimek (1918–1984) vermittelten als Künstlerpersönlichkeiten und Lehrer die Orientierung auf die realistische deutsche Plastik seit Hildebrandt und auf die französische Plastik vor allem von Rodin, Maillol, Despiau u. a. Mit plastischen Prinzipien wie Formsolidität, Materialtreue, Raum und Volumen, Rhythmus und Maß festigten sie unter ihren Schülern eine künstlerische Haltung, die den politischen Forderungen nach naturalistischer Eindeutigkeit und Glätte in den fünfziger Jahren widerstand. Ihnen und dann auch ihren Schülern ging es dabei immer um die Figur als etwas Ganzheitliches, »in welchem der Mensch sich zu erkennen und zu verwalten bemüht« (Siegfried Krepp, Bildhauer). Dieses Festhalten an der menschlichen Figur als plastischer Ausdrucksträger war keineswegs kunstpolitisch motiviert. Dennoch mißbrauchte das SED-Regime die repräsentativen Eigenschaften dieser strengen Figurenauffassung, die heute nicht ganz zu unrecht mit Staatskunst gleichgesetzt wird.

Das in den fünfziger Jahren noch relativ homogene Bild der Berliner Plastik wird bereits gegen Ende des Jahrzehnts durch eine neue Generation von Bildhauern erweitert, die wie Werner Stötzer (geb. 1931) oder Wieland Förster (geb. 1930) in Weimar und Dresden studiert haben. Förster entwickelte, unterstützt durch Zeichnungen und Skizzen (Rügenlandschaften, Elbsandsteingebirge), schon bald eine Neigung zur »Verlandschaftung« seiner Plastik. Beide verbindet die Sinnlichkeit der plastischen Form. Eine Kluft tut sich auf zwischen staatlich verordneter Weltanschauung, die sich in einer idealisierten Sicht des Menschen äußert, und der eigenen Lebenserfahrung.

Fritz Cremers (geb. 1903) Entwicklung ist dafür exemplarisch. Ohne ihn und seine Generationsgefährten Heinrich Drake (geb. 1903), René Graetz (1908–1974) oder Theo Balden (geb. 1904) ist die Berliner Plastik nicht denkbar. Die beiden Letztgenannten emigrierten während des Krieges nach England und brachten die Erfahrungen der dortigen Kunstszene und die Bewunderung für das Werk Henry Moores mit nach Deutschland.

Mit den siebziger Jahren differenziert sich das Bild weiter. Friedrich B. Henkel (geb. 1936), der Mitte der siebziger Jahre auf einer Rumänienreise entscheidende Impulse empfing, setzt seine Eindrücke in Steincollagen von feinsinniger Materialästhetik um, die gleichsam Landschaft wie Figürlichkeit assoziieren. Auch Baldur Schönfelder (geb. 1934) und Lutz Holland (geb. 1934) tragen durch den Einsatz verschiedener Materialien und eine unkonventionelle Sicht heutigem Zeitempfinden Rechnung. Die Strenge der Plastikauffassung löst sich auf in raumgreifende plastische Ensembles. Die Verwendung und Kombination ungewöhnlicher Materialien und der Einsatz von Farbe bereitet die grenzüberschreitenden Tendenzen der achtziger Jahre vor.

44 Rolf Biebl, Schreitender, Bronze, 1987, U-Bahnhof Vinetastraße
Foto: Thomas Neumann

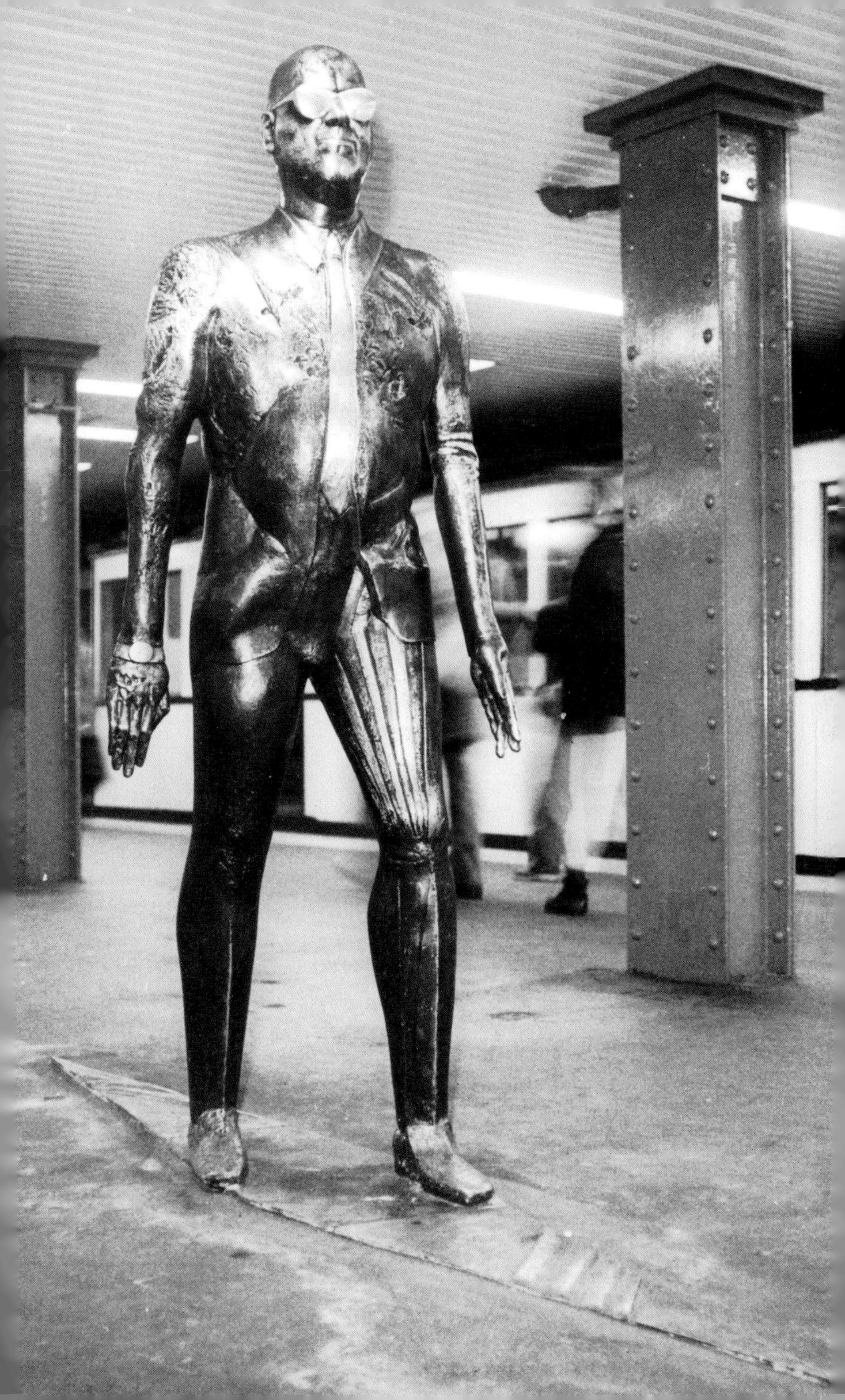

Waren die siebziger Jahre noch von der Hoffnung auf die Möglichkeit, eine humane Gesellschaft aufbauen zu können, geprägt, so wuchs in den achtziger Jahren eine Jugend heran, die desillusioniert war und kein Vertrauen mehr in die herrschenden Autoritäten setzen konnte. Ende der siebziger Jahre traten vor allem die Berliner Bildhauerinnen hervor: Ingeborg Hunzinger (geb. 1915) oder Christa Sammler (geb. 1932) spielten schon früher eine Rolle, jetzt kamen dazu Sabine Grzimek (geb. 1942), Emerita Pansovowa (geb. 1946), Sonja Eschefeld (geb. 1948), Franziska Lobeck (geb. 1949) oder Sylvia Hagen (geb. 1947). Ihre von Sensibilität geprägte Bildsprache spricht von der Verletzlichkeit und inneren Beseeltheit des Menschen. Ähnliches war damals noch in den Arbeiten von Reinhard Jacob (geb. 1951) zu spüren, der seine Formensprache in den achtziger Jahren dann in eine voluminösere, an Plastik der fünfziger Jahre gemahnende wandelt. Dagegen hat Anatol Erdmann (geb. 1952) dieses aus Empfindsamkeit herrührende Formverständnis für sich weiterentwickelt.
In den achtziger Jahren war es nicht mehr möglich, von einer dominierenden Tendenz zu sprechen. Die tradierte, »berlinische« Auffassung der Skulptur war zwar noch allgegenwärtig, ihre Rolle als Leitbild hatte sie jedoch verloren, obwohl viele Künstler der älteren Generation in den Jurys dafür sorgten, daß sie noch lange (vor allem bei Ausstellungen im Westen) dominant blieb.
Arbeiten von Sabine Grzimek, Rolf Biebl oder der »Totentanz« von Hans-Jürgen Scheib (geb. 1949), der Mitte der achtziger Jahre nach West-Berlin übersiedelte, lösten noch 1983 auf der Berliner Bezirkskunstausstellung ratloses Unverständnis aus. Die bewußt anti-ästhetische Haltung, mit der die Unversehrtheit des Menschen und seine Verletzlichkeit zum Ausdruck kamen, war vor allem in der

45 Anatol Erdmann, Stefan Reichmann, Hans Scheib, Bodenplastik, Zementguß, 1985
Foto: Barbara Metselaar-Berthold

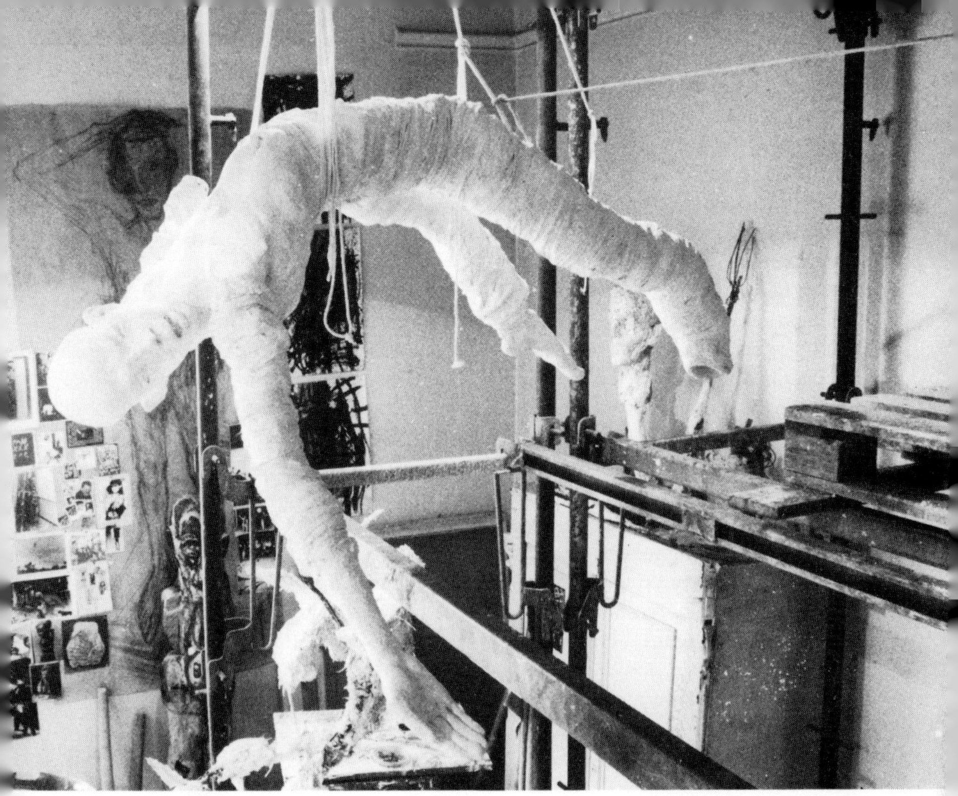

46 Uwe Raddatz, Häutung, Gips, 1989

Bildhauerei ungewöhnlich und wurde als schockierend empfunden. Dieses Zeitempfinden kommt aber auch in Gestik und Haltung tradierter Auffassungen zum Ausdruck (»Die Bedrohte« von Peter Kern, geb. 1945).

Im Laufe der achtziger Jahre bilden Künstler wie Berndt Wilde (geb. 1946) oder der Maler Joachim Böttcher (geb. 1946), beide dem Berliner Sensualismus nahestehend, Christine Wartenberg (geb. 1948) oder Robert Metzkes (geb. 1954) mit keramischer Plastik ihre Handschrift aus. Metzkes gelangt zu einem Naturalismus, der seinen Arbeiten einen etwas biederen Fünfziger-Jahre-Hauch verleiht und die doch gerade dadurch den Gegenwartsbezug erhalten.

Stefan Reichmann (geb. 1951), der 1985 zusammen mit Scheib und Erdmann das vielbeachtete Memorial »Nie wieder Krieg«, damals im Treptower Park, schuf, hat sich völlig zu einer traditionsgebundenen Plastik hin entwickelt. Ebenso jüngere Künstler und Künstlerinnen, die aus innerer Veranlagung und Überzeugung heraus traditionsbewußt arbeiten wollen, ohne einem bestimmten Dogma zu folgen: Susanne Rast (geb. 1962) oder Uwe Raddatz (geb. 1957), der über die menschliche Figur und die realistische Formensprache sowie die Farbe ein komplexes Weltempfinden zum Ausdruck bringt. Jede Form, jegliche Art des plastischen Gestaltens wurde probiert, die Trennung von Malerei und Plastik hatte keine Bedeutung mehr, im Gegenteil zog die Plastik von Malern wie Hans Vent, Joachim Böttcher oder Christa Böhme die Aufmerksamkeit auf sich, ebenso wie die expressiven Holzplastiken von Trak Wendisch (geb. 1958). Jörg Sonntag (geb. 1954) schuf aus vorgefundenen Materialien Objekte, ebenso Falko Warmt (geb. 1938) oder Reinhard Zabka (geb. 1950), der phantastische Gebilde aus vielen Materialien mit kinetischen Effekten und Lichteinsatz zusammenbaut. Martin Wilke (geb. 1956) hat sich dem Material Holz verschrieben. Seine grobbehauenen Holzskulpturen sind expressiv in der Form und erinnern in ihrer Ausdrucksstärke an afrikanische Plastik.

Als im Herbst 1987 die Ausstellung »Bildhauerkunst aus der DDR« in Bonn, München und Mannheim gezeigt wurde, wich angesichts der Kritiken die anfängliche Euphorie hier recht schnell einer Depression. Die Plastik, auf die man stolz war, das Ideal, das man so lange gepflegt und vor allen Angriffen geschützt hatte, wurde nun als verstaubt und altbacken empfunden. Es zeigte sich deutlich, daß das, was ursprünglich unter Qualen durchgesetzt werden mußte, nun zum Dogma erstarrt wiederum Gewalt ausübte. Die Ehrfurcht vor dem tradierten Plastikideal hatte im Laufe der Zeit sakrale Züge angenommen. Nach der gesellschaftlichen Relevanz wurde lange nicht mehr gefragt. Neue Entwicklungen wurden jahrelang ignoriert oder bekämpft, aufgebrochene Konflikte geleugnet. Die starren Strukturen des Verbandes Bildender Künstler, dem alle Bildhauer angehören mußten, wollten sie als solche in der DDR tätig sein, behinderten vergleichbar. Es wurde bitter nötig, aus der lokalen Begrenztheit herauszukommen.

Fritz Cremer

von Diether Schmidt

Fritz Cremer (Jg. 1906) ist im Ruhrgebiet aufgewachsen. Nach dem Tod der Eltern lebt er seit 1922 in einer Bergarbeiterfamilie und absolviert eine Steinbildhauerlehre in Essen. Nach Abendkursen an der Folkwang-Schule und Eintritt in die Kommunistische Arbeiterjugend in Essen, nimmt er 1929 das Studium an den Vereinigten Staatsschulen für freie und angewandte Kunst in Berlin-Charlottenburg bei Wilhelm Gerstel auf. Im gleichen Jahr tritt er der KPD bei und gründet 1930 mit Fritz Duda den Roten Studentenbund an der Hochschule. Mitte Februar 1933 sammelt er Unterschriften für einen Protest gegen den Ausschluß von Käthe Kollwitz und Heinrich Mann aus der Preußischen Akademie der Künste.

Als Meisterschüler von Wilhelm Gerstel (1934–38) erliegt er zunächst dem weichen Naturlyrismus seines Lehrers, dem er lange nicht entrinnen kann. In der zweiten Hälfte der dreißiger Jahre fächert sich sein Werk auf in heterogene Stilformen, in denen Exempel Maillols, Barlachs, der Kollwitz und weit hinter sie zurück der großen Quattrocentisten Sluter und Donatello unvermittelt nebeneinander erscheinen oder sich auf eigenartige Weise durchdringen. Das verbindende Element schafft der fortlaufende Zug des Selbstbildnerischen, das Fritz Cremer allmählich ausprägt zum typischen Erscheinungsbild des gedrungenen Habitus und der durch kräftige Backenknochen durchmodellierten Gesichter der aus Westfälischem und Slawischen gemischten Arbeiter des Ruhrgebietes. Dieser von Kindesbeinen an erfahrene und erlebte Typus wird für Cremer auf ähnliche Weise entscheidend wie der Typus der litauisch-polnisch-ostpreußischen Kahnschiffer und Lastträger im Königsberger Hafen für Käthe Kollwitz.

Im September 1940 wird er zum Militär eingezogen und als Flaksoldat in Eleusis bei Athen stationiert, dann in Knossos auf Kreta. 1942 mit dem Rompreis ausgezeichnet, kommt er zu einem Studienurlaub nach Berlin. Seine Berliner Wohnung findet er versiegelt, seine Frau, die Tänzerin Hanna Berger, ist als Mitkämpferin der Schulze/Harnack-Gruppe von der Gestapo verhaftet worden. Im Sommer 1944 gerät er beim Versuch, sich nach Deutschland durchzuschlagen, in jugoslawische Kriegsgefangenschaft. Nach seiner Entlassung wird er 1946 zum Professor und Leiter der Bildhauer-Abteilung an der Akademie für angewandte Kunst in Wien berufen.

Hatte er sich in den frühen vierziger Jahren an seine Stammeltern, wie er sie nannte, Käthe Kollwitz und Ernst Barlach gehalten und sich gewehrt, seinem Studiengenossen Hermann Blumenthal, der 1942 in Rußland fiel, in der Übernahme der vergeistigten, ideellen Haltung von Wilhelm Lehmbruck zu folgen, kommt in den vier fruchtbaren Jahren in Wien das stangenhafte, gotisch beseelte Gebilde von Lehmbruck für ihn als Vorbild zum Vorschein. Er zehrt die wohligen Wölbungen der Körpermassen aus zu hartsehniger, spröder Form der Gliedmaßen. Die von äußerster Erregung kündenden Gebärden brechen aus straff gestreckten oder hart gebrochenen Gelenken, die der Figur den synkopischen Rhythmus des Parallelismus und der linearen Klarheit geben. Zum Charakteristikum der Haltungen wird ein unüberwindlicher Stolz und eine unbeugsame Aufrechtheit. Obwohl er sich in seiner Kunst seit 1946 vorwiegend auf die

Bewältigung der Nazi-Vergangenheit konzentriert, erreicht Cremer in seiner Formensprache mitreißende Gegenwärtigkeit.
Diese für ihn stärkste Phase seiner Kunstproduktion in Wien, diese Annäherung an Lehmbruck und damit die rheinisch-berlinische Traditionsbildung, bricht ab, als er 1950 mit seiner Berufung zum Mitglied der Deutschen Akademie der Künste zu Berlin und zum Leiter eines Meisterateliers in die DDR kommt. Er wird irritiert durch die kunstpolitischen Formalismus-Diskussionen und wird ab 1952 in die Auseinandersetzungen um das Buchenwald-Denkmal gehetzt. Danach findet er nicht mehr die innere Sicherheit, unbekümmert um alle Dreinredereien seinen Weg zu gehen. Da wandelt er sich zu dem, was er dann bekennt zu sein:

47 Fritz Cremer mit der Plastik »Und sie bewegt sich doch« (Galileo Galilei) II, 1969-72
Foto: Christian Kraushaar

eine Art Plastik-Agitator, ein Verfertiger plastischer Plakate. Gebrochene Lebenswege also seit 1945. Gebrochen schon durch die Nazizeit, und dieser doppelte Bruch, diese Widerstandslosigkeit vielleicht gegen die, die man als die Seinen ansieht, kann man sich nur erklären mit einem Aphorismus von Kafka: »Vom wahren Gegner strömt grenzenloser Mut in dich.« Der eigene Genosse, der als Widerpart auftritt, mit Verdächtigungen, mit Druck, mit Erpressung, ist nicht der Punkt des Widerstandes und trifft einen wehrlos an, weil man ja doch gegenseitiges Zutrauen und Gutwilligkeit voraussetzen möchte, wo man sich Genosse nennt.

Die überzeugendste Lösung für die Opferdenkmäler hatte Cremer 1947 auf dem Zentralfriedhof in Wien gefunden mit den sieben Stufen, die an die sieben Anschlußjahre Österreichs erinnern, und den drei Figuren: der Trauernden, der Anklagenden und des Befreiten. Zwei Figuren davon hat er im Auftrag von Ludwig Justi für die Nationalgalerie in Ost-Berlin wiederholt. Dann wäre noch das 1961–65 entstandene Denkmal für Mauthausen zu nennen: »O Deutschland, bleiche Mutter« mit Anklängen an das nasse Gewand der Parthenon-Giebelfiguren, aber auch an Henry Moore, als modern gebrochene Antike.

Die DDR hat solche Denkmalskonzeptionen kaum ernsthaft bis zum Ende durchdacht. An dieser Schwäche der Auftraggeber, an dieser Unklarheit der Konzeptionen ist eine Reihe von Künstlern moralisch zermahlen worden.

Es waren wirre Zeiten, in denen die Bildhauer mit ihren Bildwerken jedoch ein stabilisierendes Element darstellten, und so war das auch in den ersten DDR-Ausstellungen. Man war relativ zufrieden mit den Bildhauern, mit Seitz und Grzimek, die nach Ost-Berlin übergesiedelt waren, und mit Heinrich Drake, der auch aus West-Berlin als Lehrer nach Weißensee kam. Zusammen mit Cremer bildeten sie ein Quadrumvirat, das eigentlich das Gewicht einer DDR-Konstante darstellte.

Angeregt durch die Frage eines Pfarrers, ob er ein Kruzifix machen würde, beschäftigt sich Cremer seit 1964 mit christlichen Motiven, die ihm aus der Kindheit im Ruhrgebiet vertraut waren. Anfangs wehrt er den Auftrag heftig ab, weil er als Atheist keinen Christus darstellen könne, sondern nur die Erhängten und Gekreuzigten aus den Konzentrationslagern. Der Pfarrer stimmt zu und weckt einen Strom von neuen bildnerischen Assoziationen. In den archetypischen Stoffen mythisch-gleichnishafter Lebensdeutung findet Cremer zugleich Möglichkeiten, der gewandelten politischen Situation gerecht zu werden. Die Periode der Vergangenheitsbewältigung durch Denkmale gegen den Faschismus in der DDR ging zu Ende. Die Zeit verlangte weniger nach vor Augen gestellten Heldenbildern als vielmehr nach Herausforderung zu persönlichster Betroffenheit, also nach gefühlsbetonterer Sprache.

Ein kirchlicher Auftrag, für die evangelische Kirche in Berlin-Friedrichshagen einen Auferstehenden zu schaffen, gestaltete sich zu einem Christus, der im Auferstehen sein Kreuz von sich stößt und so zum Aufständischen wird. Aus marxistisch-atheistischen Positionen gelangt er zu der in mehreren Blättern formulierten Forderung »Genug gekreuzigt!« Das Leiden der Völker und ihre Mühen, sich von ihm zu befreien, fordert den Widerspruch zu der jahrtausendealten Verklärung des Leids als veredelnder und erlösender Kraft heraus.

Widerpart der Gerstelschule: Theo Balden

von Ursula Feist

Balden gehört der ältesten Generation der Bildhauer in der DDR an. Mit 86 Jahren sieht er in Scherben gehen, was ihm, dem 1947 aus der englischen Emigration nach Deutschland Zurückgekommenen, als chancenreiche Unternehmung erschienen war. Es muß bitter für ihn sein: In hohem Alter hat er die Unvereinbarkeit seiner Ideale mit der gesellschaftlichen Realität als Tatsache hinzunehmen. Der Sozialismus bleibt gleich dem Wunsch-Schaf des Kleinen Prinzen von Antoine de Saint-Exupéry erst einmal in der »Kiste« mit den paar Einschlupflöchern für Geist und Phantasie.

Ist von Scherben die Rede, so hat Balden sie am wenigsten im Rahmen seines Werkes zusammenzukehren. Selbst in der Phase beruhigterer Kunstäußerungen von ihm um die Mitte der fünfziger Jahre verleugnete er nicht seine der tonangebenden Gerstelschule widersprechende expressive Art, die ihn erst recht gegen die politideologisch gestützte Monotonie des Deklamatorischen antreten ließ. Er wollte in der Plastik stets ein auf lebendiges Sein reagierendes Spannungsfeld sehen. Der »Widerspruch als Kunstgestalt« sei Hauptanliegen seines künstlerischen Mühens gewesen, erklärte Balden in seinem Vortrag aus Anlaß seiner Ehrenpromotion an der Greifswalder Universität 1984. »Stürzender und Aufsteigender« in einer einzigen Figur, eine Plastik von 1972, diente ihm als Beispiel dafür. »Nur im kritischen Akkord«, meinte Balden ferner, könne die Kunst ihre Mission erfüllen.

Buckelnde Ehrgeizlinge, servile Anpasser hatte Balden frühzeitig in seiner Kunst angeprangert, noch von den Erlebnissen in der Zeit des Nationalsozialismus her bestimmt. Nun, sagt er, gäbe es jüngere Zeichnungen von ihm mit Figuren auf hohen Stelzen – Eigen-Erheber, denke ich –, gegen welche »die andern« sich wie Erdenwürmer ausnähmen. Balden erinnert in diesem Zusammenhang an seine vor über 40 Jahren entstandene Zeichnung »Positionen« bzw. »Groteske Versammlung«, Menschen zeigend, die sich nach einem (per Fuß) hochgehaltenen »Leitsatz« verrenken. Die Zählebigkeit des Themas hat sich erwiesen. Das gerade sehr aktuelle Motiv der vorgehaltenen Maske tauchte bei Balden in einer Zeit besonders turbulenter und absurder kulturpolitischer Auseinandersetzungen auf (»Kopf mit Maske«, 1963). Man hat versucht, es nur »weltpolitisch« zu nehmen.

Natürlich ist Baldens Blick immer auch auf das Weltgeschehen gerichtet gewesen. Der Krieg in Vietnam z.B. bot ihm Stoff zu zahlreichen Arbeiten. Später suchte er die Bedrohung der Menschheit allgemein zu fassen. Bis heute beschäftigt ihn unter diesem Gesichtswinkel die Doppelgestalt von Opfer und Täter (der Täter von oben bis unten vermummt, verschanzt, gepanzert, doch ein Mensch, nicht eine Maschine!), eine Zwei-Figuren-Komposition, die Balden in abwandelnder Sicht der lateinischen Kreuzesform in immer neuen Fassungen unter den Begriff der Pietà, der Pietà perversa, stellt. Aber auch das Opfer menschlicher Willkür in Einzelfigur läßt ihn nicht los. Bereits 1943, auf dem Höhepunkt der Hitler-Verbrechen an den Juden, leistete er in England »Trauerarbeit« für sein Volk, als er den »Geschlagenen Juden« schuf; es erfüllt ihn mit Genugtuung, daß diese Arbeit nun Aussicht hat, ins Holocaust-Museum in Washington aufgenommen zu

werden. Im »Torso eines Gemarterten« hat der Künstler, anknüpfend an eine Plastik von 1961, 1972 einen Ausdruck für den im Geschundensein Aufbegehrenden gefunden. Baldens Kräfte lassen es kaum noch zu, dennoch ist er jetzt dabei, die kleine Horizontalfigur auf eine gewichtigere Größe zu bringen.
Im Grafik-Schrank in Baldens Atelier liegen verschiedene Blätter zu einem alten, an Goya erinnernden Thema obenauf: »Der Schlaf der Vernunft«. Hier geht es dem Künstler also um ein Grundübel, bei dem sich, auf die große Menschheitsgeschichte wie auf das kleine Menschenleben bezogen, Konsequenz auf Permanenz reimt. Neueren Datums sind auch eigenartige plastische Figurationen: menschliche Gestalten, irgendwie »eingepackt« (durch eine Art Wickelgewinde gebunden im einen Falle, das Leibesgerüst hier und da hervortreten lassend im anderen), dabei, gemessen an der Größe des jeweiligen Kopfes, überproportional hochwüchsig, Körper somit, die über sich – oder etwas? – hinauswachsen wollen. Besonders interessant ist eine Ideenskizze: Ein Mensch sieht sich einem ausgreifenden Gebilde gegenüber – seinem Schatten! »Ein Mann in Betrachtung seines Schattens«, diese Bildwerks-Konstellation läßt so manchen Gedanken zu. Man könnte sich ein ganzes Volk vorstellen, das sich dem von ihm verursachten Schatten nicht entziehen kann, sich seiner Vergangenheit stellen muß. Auch Chamissos wundersame Geschichte vom Peter Schlemihl kommt mir in den Sinn; dem wurde sein Schatten abgekauft. Wie viele mögen es heute in der DDR sein, die sich ohne Zögern zu einem solchen Handel bereit fänden, noch dazu gegen ein »Fortunati Glückssäckel«. Oder ist das allzu vordergründig zeitbezogen gesehen? Handelt es sich schlicht um ein allerpersönlichstes, die letzten Dinge berührendes »Zwiegespräch« eines Menschen mit sich selber?

48 Theo Balden, Torso eines Gemarterten, Bronze, 1972
Foto: Akademie der Künste der DDR

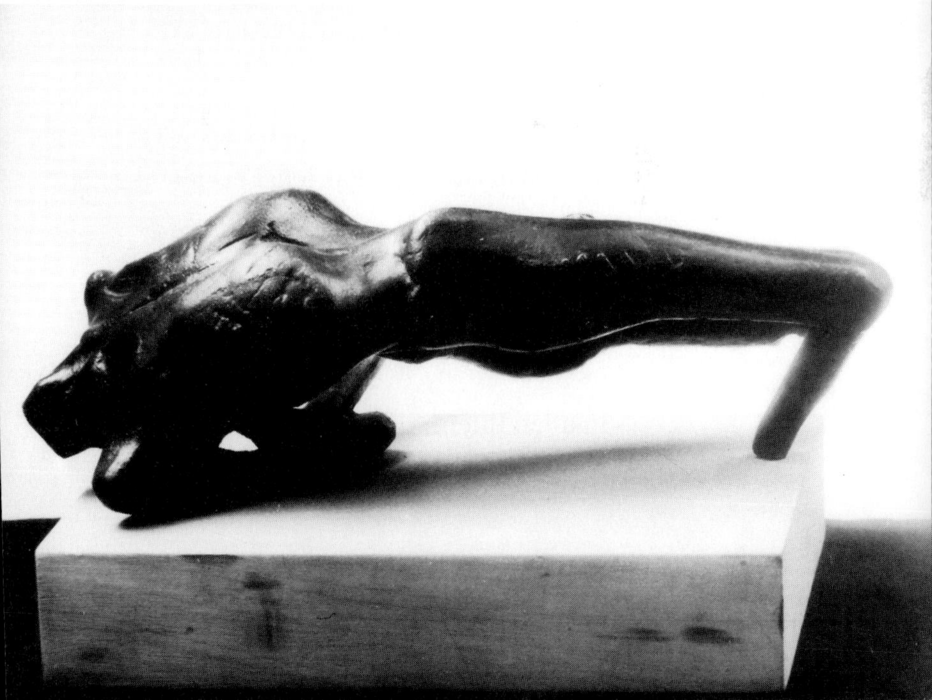

»Das unbestechliche Auge« Die Bildhauerin Sabine Grzimek

von Karin Thomas

Sowohl die bildhauerisch tätigen jüngeren und älteren Kollegen, aber auch der kunsthistorische Beobachter können sich der suggestiven Faszination nicht entziehen, die von der souveränen Natürlichkeit der Person Sabine Grzimek auf das Werk in Gestalt einer bozzettohaften improvisatorischen Eindrücklichkeit, aber vor allem auch mit einer an Lehmbruck, Medardo Rosso und Giacometti erinnernden vergeistigten Gebärde übergreift. Diese sensible Fähigkeit ließ sie schon früh aus den Fußstapfen ihres Lehrers, Fritz Cremer, und ihres berühmten Vaters, Waldemar Grzimek, heraustreten.

Die Einzelausstellung in der Ravensburger Galerie Döbele bot 1988 erstmals die Gelegenheit, ihre Skulpturen zu erleben, ohne dabei – wie auf der IX. Kunstausstellung in Dresden – von der Langeweile eines ansonsten in konventionellen Traditionen erstarrten Skulpturenumfeldes irritiert zu werden. Im Ausstellungskatalog waren statt der sonst üblichen Werkanalyse die wunderbaren Briefzeilen Uwe Kolbes abgedruckt. Er schrieb »der lieben Sabine« aus Worpswede am 4. 3. 1988: »solang ich Deine Arbeit kenne, bewundere, so lang hat sich kein Ausdruck dafür gefunden.« Und mit der einfachen, aber hintergründigen Genauigkeit des Dichters formuliert der Freund im Folgenden die psychologisch-seelische Befindlichkeit, die in den Kinderstudien, Stehenden und Ruhenden, in der Betroffenheit provozierenden, weil von der Biografie gezeichneten »Mutter-Kind-Bronze« von 1976/81 ebenso wie in der leidvoll deformierten Gebrechlichkeit des »Mannes aus der Marienburger Straße« enthalten ist: »Alle Angst ist da und alles Ausgeliefertsein, der Raum von Fragen, der ein Leben ist. Und aller Liebreiz ist da ... Geduldig schreitest Du Deinen Kreis aus, schaust und nimmst, was ist ... das ist Kraft ... Der Zirkel antiker Dramen, ihr Stoff ist von verwandter Art...«

Sabine Grzimek holt die Modelle ihrer Bronzen aus dem engsten Lebenskreis, immer wieder sind es die eigenen Kinder, der Mann, die Menschen ihrer alltäglichen Umgebung in Berlins Marienburger Straße, wo sie lebt und arbeitet. Indem sie diese Menschen aus ihrer vertrauten Lebenssituation heraus ins plastische Bild setzt, leistet sie ein Doppeltes, sie porträtiert ihre Modelle gleichsam von außen und von innen. Sie teilt uns die Lebendigkeit des Unscheinbaren, alltäglich Selbstverständlichen mit, sie zeigt uns die Verletzlichkeit – etwa die Angst der Mutter, die ihren Säugling gegen die Bedrohung des Lebens zu schützen sucht –, sie macht uns die anmutige, fragile Schönheit des im Spielen selbstvergessenen Kindes greifbar. Sie läßt uns durch die schrundig rauhe Expressivität ihrer Figurenmodellierung gleichsam wie durch viele gratige Aufbrüche der Oberfläche in das Innere dieser Menschen hineinblicken. Sie sieht, um ein letztes Mal Uwe Kolbe zu zitieren, »mit unbestechlichem Auge« auf die Welt, ohne diese grausam zu entblößen. Sie entzieht sich jeder Exaltiertheit und dem pathetischen »Schein«, um sich selbst und die anderen nie zu belügen.

Aufbruch ins Unbekannte
Der Maler Walter Libuda

von Hubertus Gaßner

Jahrgang 1950, Meisterschüler bei Bernhard Heisig in Leipzig, Ausstellungen unter anderem mit Hubertus Giebe und Johannes Heisig, Werke präsentiert mit anderen unter dem Titel »Expressivität heute«; im Bild selbst verzerrte Perspektiven gedrängter Bildräume, besetzt die schmale Bühne mit gestauchten oder gelängten Gliedern menschlicher Wesen, befangen in rätselhaftem doch bedeutsamem Tun. Pathetische Geste oder rituelle Handlung gewinnt Gestalt im geronnenen Malstrom und pastosen Farbgemisch bunter und düsterer, leuchtender und dumpfer Farbtöne.

Läßt sich aus diesen Charakteristika der Malerei und ihrem äußeren Rahmen eine Schublade mit der Aufschrift »Neo-Expressionismus made in GDR« zimmern, wo die Bilder Walter Libudas abzulegen wären? Innerhalb der expressiven Richtungen, die mit ausdruckssteigernder Farbintensität, Formdeformationen und radikaler Subjektivität der Bildaussagen für die achtziger Jahre in der DDR typisch sind und die veristische Sachlichkeit der Vorgänger ablösten, hält sich Libuda abseits. Weder gehört er einer der zahlreichen Ateliergemeinschaften oder Ausstellungsgruppen an, noch wird man seinen massigen Kopf mit dem willensstark vorgeschobenen Kinn und den sanften, suchenden Augen unter buschigen Augenbrauen auf Vernissagen finden, wo sich bisher die offizielle und inoffizielle Kunstszene der DDR regelmäßig ein Stelldichein gab. Dabei ist Libuda durchaus kein lebensabgewandter Sonderling. Doch finden für den heute bereits renommierten Künstler die wahren Abenteuer auf der Leinwand statt: Der für das innere Gleichgewicht durchaus auch risikoreiche Aufbruch und Ausbruch ins Unbekannte auf der Suche nach dem intensiveren, wahren Leben.

»Ich erlebe die Welt nicht als Tourist« – kann man immer wieder aus seinem Mund unter dem mächtigen Schnauzbart hören. Als Barriere scheint dieser ein allzu flottes Eindringen von Neugierigen in seine Gedanken- und Gefühlswelt verhindern zu wollen. Nichtsdestoweniger formuliert Libuda seine Vorstellungen in durchaus zugänglicher, luzider Prosa ohne selbstgefällige Verklausulierungen oder narzistische Hoffart. So unprätentiös und unverstellt wie die Gespräche mit ihm, gestaltet sich auch die Begegnung mit seinen Bildern, wenn der Betrachter nur bereit ist, seinen Augen zu trauen und keine Bedeutungen in das Sichtbare hineingeheimnissen will.

Libuda genießt den zweifelhaften Ruf des Fabulierers, eines Bilderzählers von wundersamen und schwer entzifferbaren Geschichten, die mythologisch fundiert oder literarisch angeregt seien. Die Konzentration des Malers auf das Mehrfigurenbild legt diese Sichtweise auf ein vermeintliches Welttheater oder Drama des menschlichen Lebens nahe. Doch offenbart sich aus diesem Blickwinkel nur die halbe Wahrheit. Wie jede gute Erzählung leben auch die Bilder Libudas vor allem vom Tempo und Rhythmus des Vortrags, vom Kolorit und der Akzentuierung des Ausdrucksmediums. Genauso wenig wie der Maler sein Leben in der Haltung eines Touristen verbringt, der sich von äußeren Eindrücken treiben und bestimmen läßt, ist er in seiner Bildkunst ein Schilderer, dem historische Ereignisse oder aktuelle Erlebnisse und literarische Vorlagen Anlässe zum Malen und Zeichnen gäben. Gleichwohl findet auch die Außenwelt in seine Bildwelten Einlaß. Doch sie bedarf der Übersetzung. Allein das im Gedächtnis abgelagerte und zu bewußter Erfahrung aufsteigende Erlebnis bildet den Stoff für Libudas Bildfindung. Farbklänge und Raumempfindungen, Formkonstellationen und Atmosphärisches sind dem Gedächtnis des Malers aber nicht weniger eingeschrieben als Gegenständliches und Figürliches. Auslösendes Moment seiner Malerei sind deshalb fast nie äußere Eindrücke und Erlebnisse, dafür vor allem die eigenen vollendeten und unvollendeten Gemälde oder Zeichnungen. So malt der Künstler, umstellt von den eigenen Werken, die nach Fortführung verlangen – nicht nach Wiederaufnahme oder Fortschreibung von figürlichen Handlungsmotiven als vielmehr nach Vorantreiben und Variieren gefundener und für gelungen gehaltener Farbklänge und Konfigurationen. Die figürlichen Erscheinungen ergeben sich

49 Walter Libuda, Vier Feuerwehrleute löschen den Brand eines Hauses, 1982
Foto: W. Sommerfeld

erst im Laufe der Durchformung der Malmaterie. Sie entstehen beim Auftragen der zahlreichen Malschichten, sind vom Fleische der Übermalungen und wirken wie überzogen von einer allseits durchgebildeten Malhaut, zu der sich die Oberfläche des Bildes schließlich verdichtet. In jeder ihrer Poren pulsiert Leben, alle Stellen des Bildes sorgen für die Erregung des Auges, an keiner geht es leer aus. Da muß ja auch bei längerem Hinsehen »noch wat druff sein« – kommentiert Libuda die dichte Webart seiner Bildtextur, wo die Verzahnung von Formballungen und Formauflösungen, farbigen Konsonanzen und Dissonanzen, eigenwertigen Farbflecken und Ausdruckswerten menschlicher oder animalischer Physiognomien die Erlebnisdichte eines erfüllten Augenblicks vermittelt, von dem man auch noch in ferner Zukunft zehrt.
Wirklicher als die wiedererkennbaren Figuren wirken zunächst die Farben. Zur haptisch greifbaren Materie verdichtet, scheinen sie in ihrer Existenzweise realer als die aus ihnen sich herausschälenden Gestalten. Die Aufmerksamkeit des Betrachters wird in Umkehrung zu seiner Alltagsorientierung angeregt. Libuda komponiert zunächst mit locker konturierten Farbflecken. Deckend über die Bildfläche verteilt legen sie den heute meist buntfarbigen Grundton des Bildes fest. Durch vielfältige Überarbeitung findet diese Matrix schließlich zur erstarrten Gestalt: Eine hochgespannte Konstellation aus farbintensiven Flecken ohne glatte Kontur, raumanzeigenden Perspektivlinien, regelmäßigen Strukturen und konvulsivischen Linienknäueln, menschlichen Figuren, Tieren, Mobiliar und anderweitig Gegenständlichem. Alles Figurative wirkt wie aus der inneren Bewegung der Malmaterie hervorgegangen, die unendlich flexible Farbe als prima materia der natura naturans.
Wie der Geologe aus den Ablagerungen in den obersten Gesteinsschichten auf die Eigenschaften und Bildungsprozesse der darunter verborgen liegenden Schichten zu schließen vermag, so kann der Betrachter auf den Bildern Libudas von der sichtbaren Oberfläche ausgehend, in eine Tiefendimension eindringen, die ihn in die Stollen des Gedächtnisses leitet, wo die Erinnerungen lagern. Beim Betrachten seiner Bilder gewinnt man häufig den Eindruck, an archetypischen Situationen zwischenmenschlichen Verhaltens teilzunehmen, ohne auch gleich den Sinn dieser Zusammenkünfte und Handlungen verstehen zu können. Ein déjà-vu stellt sich ein, so als ob man die Situation im Bilde schon lange kenne, ohne daß man aber zu sagen vermag, was sie für uns zu bedeuten hat. Im Gedächtnis des Betrachters, vor allem in seinem Körpergedächtnis, werden durch Libudas Bilder Erinnerungen geweckt, die wir als Ablagerungen eigener Erlebnisse wiedererkennen. Es scheint uns, als träfen wir in den Gestalten auf alte Bekannte, deren Bekanntschaft aber so weit zurückliegt, daß uns ihre Namen und individuellen Gesichtszüge entfallen sind. Die Betrachtung vergegenwärtigt die im kollektiven Gedächtnis eingelagerten Erlebnisse zur individuellen Erfahrung des Schauenden. Die an diesen Bildern erfahrbare Durchdringung von Fremdheit und Vertrautheit, von Entschwundenem und sinnlicher Präsenz verleiht den aus den Farbschichten auftauchenden Figuren und ihren Extremkonstellationen einen mythischen Charakter. Die eigenen existentiellen Erfahrungen von Einsamkeit und Geborgenheit, Gewalt und Zärtlichkeit, Depression und Ausgelassenheit, Zuwendung und Abwendung, Nähe und Verlorenheit, Verlust und Tod werden aufgerufen, als allgemeinmenschliche Schicksale erkennbar und damit ein Stück weit lebbar.
Libuda greift mit seinen Bildreihen wie »Die Werbung«, »Kind mit Hund«, »Das

kranke Jahr«, »Die Höhle«, »Das Bett« oder »Die Wurstesser« auf vorgeschichtliche Motive und Konstellationen der Mythen zurück, d.h. auf einen Zustand, bevor sie zu identifizierbaren Figuren, Typen und Schicksalen verfestigt und in Legenden nacherzählt wurden. Insofern erzählen seine Bilder auch nicht wie gegenwärtig viele malende Mythologen unter den Künstlern der DDR Bildgeschichten analog zu Literatur. Es entstehen Szenen zwischenmenschlichen Verhaltens, die elementare Beziehungsmuster veranschaulichen. Mythisch wirken diese Konstellationen ohne mythologische Figuren allein aufgrund der Intensität und Einfachheit der Körpergesten und Physiognomien, wie auch durch die Vermeidung alles Narrativen und Anekdotischen.
Neben zwischenmenschlichen Beziehungsmustern, deren Erscheinen in den Bildern immer an Körperausdruck, Formcharaktere, Raumempfindungen und Farbklänge gebunden ist, wird auch unsere Beziehung zur Natur immer wieder zum Thema: Zu unserer eigenen Natur in den Motivreihen »Ohr« und »Auge«, zur animalisch-kreatürlichen z.B. in der Serie »Kind mit Tier kämpfend« und zur anorganischen Natur in Bildern zum Thema »Bergsteiger« oder »Der Mann im Berg«. Die Grenzen zwischen Subjekt und Objekt, zwischen Mensch und Natur, der er angehört und der er sich auch zu entwinden sucht, werden fließend. Die scharfe Grenzziehung kontrollierender Rationalität wird im Malprozeß, wo alle Bereiche im selben Farbstoff amalgamiert sind, sowie im Augenblick der ästhetischen Erfahrung dieser Verschmelzung, außer Kraft gesetzt. Wir erhalten die Ahnung von einer Welt, in der noch zusammengehörte, was uns heute notwendig getrennt erscheint. Die Welt dieser verlorenen Identität ist die mythische. Von den »individuellen Mythologien« westlicher Kunst unterscheidet sich Libudas Malerei wiederum darin, daß er die Identität nicht – wie häufig geschehen – in einer regressiven Wendung zur Fiktion eines unmittelbaren und ursprünglichen Lebens sucht, sondern die mythische Erfahrung ursprünglicher Ungeschiedenheit und Ganzheit durch die Kraft der Bilder, die nicht das Leben sind, auch wenn sie von ihm zeugen, ästhetisch erfahrbar macht. Damit kommt er einem Bedürfnis unserer zerrissenen Zeit auf überzeugende Weise entgegen.

Seelenrotz und Feuerwasser
Berliner Kunstszene

von Christoph Tannert

Die Entwicklungen in der Kunst Ost-Berlins im letzten Jahrzehnt wurden deutlich durch mehrere Gegensatzpaare geprägt: zum einen durch den allgegenwärtigen Konservatismus von Kulturfunktionären auf allen bürokratischen Ebenen und das ständige Anrennen nicht nach Sicherung suchender Künstler aller Stilrichtungen gegen diesen Betonkanal; zum anderen durch einen kleinlichen Konkurrenzkampf zwischen Künstlern, die sich unterschiedlichen Kunstbegriffen verpflichtet fühlen. Der Aufstand der Amateure gegen die Profis, der der Prozeßkünstler gegen jegliche Form der Unterbrechung ihrer künstlerischen Zeitebene war eine weitere erkennbare Kontinuität. Jede Detailbetrachtung muß zu Verzerrungen des Blicks auf das Ganze führen. Deshalb sei darauf hingewiesen, daß es sich bei diesen Kontinuitäten selbstverständlich nicht um territorial begrenzte Phänomene handelt. Im Gegenteil, die auf die Ost-Berliner Kunst zutreffenden Wesensmerkmale in dieser Zeit werden u. a. aus Dresdner und Leipziger Wurzeln gespeist und strahlen auch auf Strömungen West-Berliner Kunst aus. Die seit langem bekannten Polaritäten in der Ost-Berliner Kunst haben sich in den achtziger Jahren weiter differenziert und der hypothetische Begriff der »Berliner Schule« greift bekanntermaßen nicht mehr angesichts der Tatsache, daß »kulturvoller Peinturismus« (L. Lang) sowohl das Werk des Berli-

50 Trak Wendisch, Gebrannte Kinder, 1989, Skulpturengruppe mit 14 Figuren
Foto: Bernd Borchardt

ners Lothar Böhme als auch das des aus dem Sächsischen kommenden Neu-Berliners Walter Libuda kennzeichnet. Anstelle der Annahme gleichmäßiger Verteilung sogenannter »sensualistischer« Positionen in Ost-Berlin, sollte man eher eine ungleichmäßig sich durchsetzende, auch den Bruch von stilistischen Merkmalen mitdenkende Entwicklung versuchen wahrzunehmen, wozu die Ausstellungspolitik der Stadt allerdings kaum Chancen bot. Anhänger einer »belle peinture« der Franzosen mögen die »qualitative« Beschaffenheit des Werkes eines Künstlers um so höher einschätzen, je deutlicher der Stil seines Werkes Nachfolger findet und andauert. Tatsächlich zeigt solch eine Kontinuität aber den Unwillen oder das Unvermögen der Nachfolger zur Erneuerung. Wenden wir also den Blick auf Künstler, die eigenwillig, ohne einem Gruppenverbund anzugehören, ohne auf eine Künstlerpersönlichkeit vor ihnen fixiert zu sein, ein Stück sozialer Dynamik der Ost-Berliner Kunstszene repräsentieren.

Die jeweiligen künstlerischen Konzeptionen sind nicht auf einen gemeinsamen Nenner zu bringen. Joachim Völkner hat so wenig die Rolle des Protagonisten inne wie Walter Libuda; Klaus Killisch nicht und auch nicht der vom ziselierenden Grafiker zum Maler der gestisch-informellen Schichtungswahrnehmung mit ironischem Bildtitelbackground sich wandelnde Michael Diller.

Die Anwesenheit des Gesehenen ist bei Joachim Völkner größer als bei Michael Diller. Doch ist der gotische Expressionismus des einen etwas anderes als die expressive Spur der Geste des anderen. Gestalthafte Interpretationen spielen bei Joachim Völkner, Sabine Herrmann, Klaus Killisch, Trak Wendisch, Gerd Sonntag eine größere Rolle als die Echos aus dem Unbewußten in den Bildern von Michael Diller und Walter Libuda.

Eine Vielzahl unterschiedlichster Formkonstellationen ermöglicht dem Betrachter einen nicht durch einen Stil determinierten Einstieg in das jeweilige Werk. Die Bilder dieser nicht-asketischen Berliner Strömung wenden sich gegen den Methodenzwang und stehen doch im Dialog mit der Kunst der Vergangenheit. Den Bildern der o. g. Künstlerinnen und Künstler fehlt das französische Spiel mit der Sinnlichkeit des Körpers. Dafür haben sie oft das Dramatische und den malerischen Ausdruck eines fast anarchischen Subjektivismus. Dem geschichtslosen Wunscharkadien der Sensualisten stellen sie bewußt aufgeregte Bildlösungen entgegen. In den Bildern des jung verstorbenen Joachim Völkner sind die Figuren deutlich konturiert und Träger der inneren Erregung des Künstlers, die aber nicht exhibitionistisch »ausgedrückt«, sondern in strenger Körperlichkeit gefaßt und bis zur Bitterkeit in ein spannungsvolles Gefüge gepreßt wird.

Die frühen Bilder von Sabine Herrmann haben etwas von diesem Zuviel an Vergeistigung, leben heute jedoch deutlich in einer wechselseitigen Durchdringung von innerbildlicher Körperperspektive und einer Melancholie, die über das reale Außenweltbild »Schmerz« transportiert wird. Tiere erscheinen als mysteriöse Wesen und das Körpergebäude des Bildes als Darstellungsort weiblicher Disposition.

Den physischen Mantel der Gefühle hängt Klaus Killisch ins Bild. Durch sein Studium an der Ost-Berliner Kunsthochschule weder energetisch sonderlich aufgeladen, noch abgeturnt, malte er in den letzten Jahren fast ausschließlich mit Seelenrotz und Feuerwasser. Seine Wolfsmenschen, Blasenspucker und Splitterexistenzen glühen bis in die Afterkerbe. Wo andere Maler mit Farbe dekorieren, greift Killisch zum Messer und läßt Hölle und Eis aus dem Bildgrund quellen. Ein

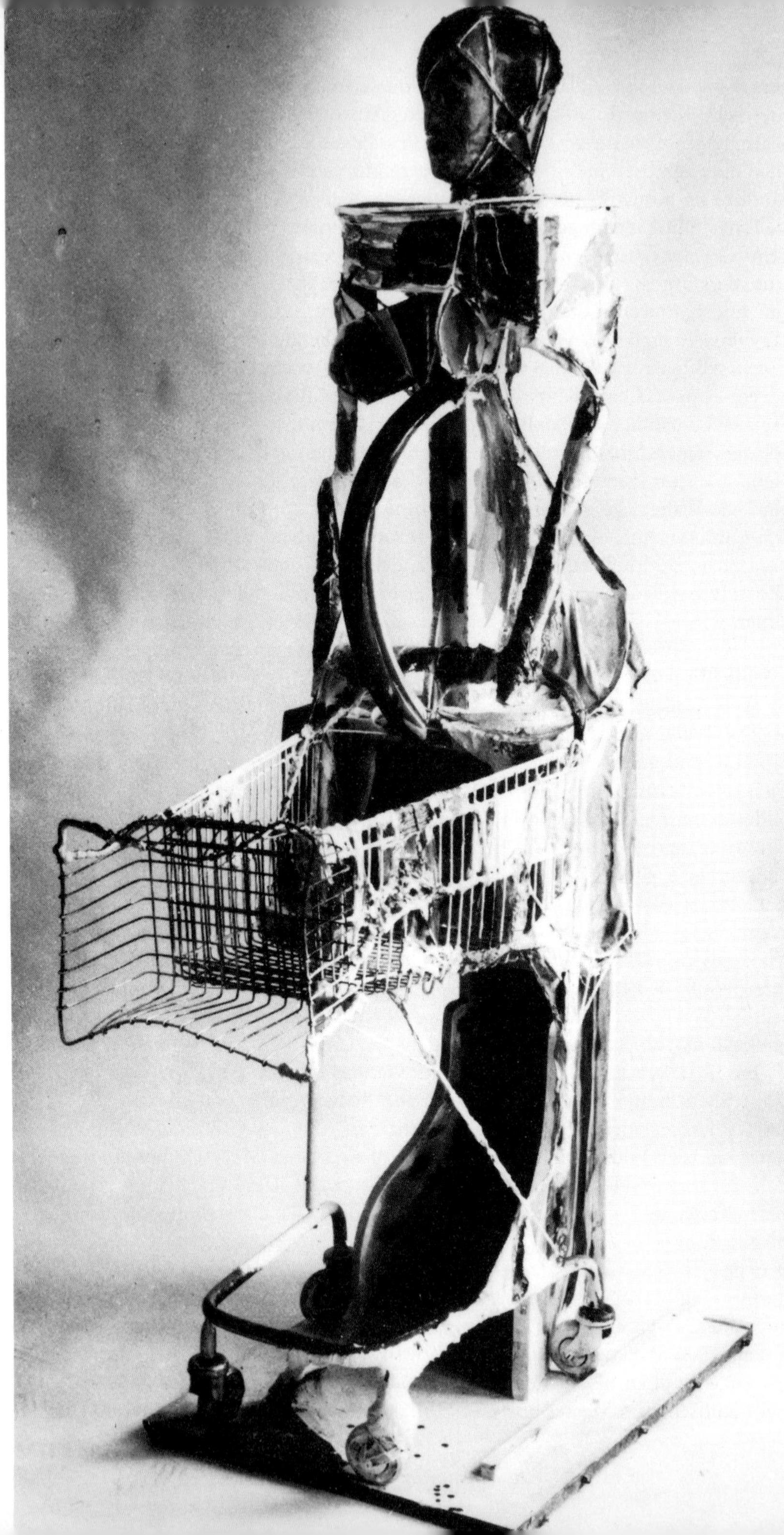

ungebrochenes Verhältnis zur Tradition der Malerei führte bei Killisch zum Wettbewerb mit dem Bilderpotential der Kunstgeschichte. Wenn er sich auf Goya (»Der Koloß«) oder van Gogh (»Bad Seeds«) beruft, dann nicht in Feierlichkeit und Andacht, sondern mit einer Blasebalgmentalität, die das Blut der Altmeister aufzukochen und diesen Sud in heutige Horror-Augenblicke der Alltäglichkeit zu gießen versucht.

Um die ursprüngliche Flexibilität durch Routine beim Malen nicht zu verlieren, hat Trak Wendisch sich vor geraumer Zeit dem Material Holz zugewandt und um seine Tafelbildproduktion einen Wall aus plastischen, mit dem Beil bearbeiteten Figuren gestellt – die Interpretatoren seiner Bekenntnismentalität zwischen Nihilismus und Epiphanie. Als Maler ist Wendisch nach wie vor ganz weit vorn, wo man die Super-Privatheit als kollektives Geschehen erfährt. Während der Neo-Expressionismus in Dresden zum nostalgischen Ausdruck musealer Realitätsflucht zu verkommen droht, zerrt Wendisch den post-sozialistischen Kulturkontext aus der Tiefenzone und fragt im fortissimo nach dem Verhältnis von ästhetischer Autonomie und Aufklärung.

Die bereits angedeutete Dimension, in der Künstler und Künstlerinnen nicht die Vollendung einer Kunstfigur, sondern das Bild selbst als ein leibliches Ereignis im Blick haben, erstreckt sich auch auf das Werk von Gerd Sonntag, Walter Libuda und Michael Diller.

Sonntags Figurenbilder und die »Großen Köpfe« von 1990 (ich lasse Objekte und Fotoübermalungen außer acht) bilden Figürlichkeit als Ereignis der Malfläche und in Tonalität und Stofflichkeit kräftiger, zuweilen schwerlastiger Ölfarbe ab. Aus explosivem Pinselschlag wächst eine bewußt ausgewogene Komposition. Die einzelnen Farbflächen streben zuweilen nach ornamentalem Zusammenklang. Mitunter überlagert auch ein emotionaler Aspekt die formale Erforschung des Bildzusammenhangs.

In den Bildern Walter Libudas ist der Drang der Figuren zur Körper-Werdung mindestens genauso stark wie der Druck der Farbwalze, welche sich gurgelnd und facettenreich über die Leinwand schiebt. Neben jedem Bild Libudas wünscht man sich ein großes Stück weiße Wand, um die Ein- und Ausgänge zu Libudas Paradies noch einmal zu rekapitulieren.

Michael Diller ertränkt seine anfänglich in Farbe badenden Phantasiewesen in einer Dramaturgie des Hintergründigen. Wenn er beim Malen heimlich mit de Kooning spricht, bilden sich Fragmente der Konversation als Fremdpersonage ab, doch zumeist ist die Basis für eine Identifikation mit seinen Bildwelten die eigene Begierde nach einem variablen Spiel mit Traum und Zeit.

51 Gerd Sonntag, Frau mit Einkaufswagen, 1986
Foto: Harald Hauswald

Kalte Anschauung
Der Maler Mark Lammert

von Michael Freitag

Junge Künstler sind Beweise für die Findigkeit der Entdeckerpublizistik. Sie sind Vorzeigepuppen für eine Greisenkultur, die das Rampenlicht stets auf sich gerichtet haben möchte. Sie sind die bunten Streifen in der Öllache eines Straßengeschmacks, der sich ideologisch ermächtigt hat. Es gibt unter den jungen Künstlern aber auch solche, die Künstler sind. Und die kaum einer kennt, weil sie sich nicht recht gebrauchen lassen. Sie reden niemanden als sich selber an. Sie beschäftigen sich mit Kunst, bevor sie fragen, wer das außer ihnen sonst noch will. Sie erzeugen niemals das Spektakel des Publikums, weil sie nicht wie das Publikum denken.

Zu diesen Spröden gehört der Berliner Maler Mark Lammert. Er steht für eine kleine Zahl von Randbewohnern der Szene, die nach einer Wahrheit suchen, welche den Maßstab und deshalb auch die Wirklichkeit der Wirklichkeit nicht braucht: Sie malen einfach nur Bilder. Diese halten der aufgeregten Ausschlachtungsmentalität ewiger Stilsucher ein geschichtliches Herkunftsbewußtsein still entgegen. Sie zehren nicht vom Gestischen, sondern vom Geistigen, also nicht von der Demonstration, sondern von der Anschauung, nicht von der Vergangenheit, sondern aus der Vergangenheit.

Es gibt zur Mode dann überhaupt kein Verhalten. Lammert malt immer noch Frauenakte. Aber er stellt sie als Daseinslagen der Kreatur vor, in denen die Reize des Weiblichen verstummen. Er malt Porträts, die Köpfe werden. Er malt Menschengruppen wie das Individuum einer Stimmung. Er malt Kadaver und man begegnet doch allein Toten. Lammert will das Nichterzählbare.

Er setzt darin das Erbe seines Großvaters, des Bildhauers Will Lammert, fort. Der Maler sieht mit der Strenge eines Bildhauers: Figuren. Figuren, die ohne Nachbarschaft auskommen und deren Raum die Farbe ist. Das sinnenbetörende Licht ist hier nicht Licht, sondern sinnenbetörendes Weiß. Eine Sphäre der Reinheit und der kalten Anschauung, darin die stehengebliebenen Pinselschläge die Ausdrucksbewegung der Körper ebenso einbinden wie freilegen: Es werden Zustandsbestimmungen eines Inneren gegeben durch die Art, wie das Sehen im Bild zu sich kommt.

Diese Konzentration auf das Wesentliche entfernt den Künstler von der heftigen Werkfabrikation für Kunstwarenumschlagplätze. Aber sie legt einen Atelierbesuch nahe.

Bildteppiche
Der Maler Werner Liebmann

von Alexander Haeder

Zeit seines Lebens ist er umhergezogen. Liebmann kennt die deutschen Provinzen diesseits der Elbe von innen. Begonnen hatte es in einem thüringischen Nest mit dem verheißungsvoll klingenden Namen Königsthal, es folgte eine wechselhafte Kindheit, die Familie zog von einer sozialistischen Großbaustelle zur nächsten.
Kunstmaler zu werden, lag außerhalb des Vorstellbaren, zunächst ging er als Chemiestudent nach Halle – einer Stadt mit verdunkeltem Fluß und maroder Altstadt. An der Saale entstand in den siebziger Jahren, verbunden mit der Universität, eine recht unabhängige und deshalb anziehende Kunstszene. Nicht zu unterschätzen, man hatte Tradition in Sachen Kunst, die Sammlung der Expressionisten und die ansässige Kunsthochschule trugen zum Ruf bei.
Liebmann hatte mehr Glück als andere, als er sein zweites Leben als Maler noch einmal mit einem Studium beginnen konnte. Die anschließenden Jahre als Meisterschüler bei Bernhard Heisig in Leipzig waren schon der Beginn der malerischen Freiheit. Er blieb nur für eine Episode gefangen in den verspannten Kompositionen eines an den Akademien grassierenden Beckmann-Ähnlichkeitswettbewerbes, Temperament wie Gefühl trieben ihn in andere Gefilde. Profitiert hat er von dieser Auseinandersetzung auf jeden Fall. Mit sicherem Instinkt läßt er auf hell grundierter Leinwand einen lockeren Farbstrom hervorbrechen, der in aktionistischen Schüben zur Untermalung verdichtet wird. Figuren, Gesichter, Menschenballungen werden nach und nach sichtbar. Traumwandlerisch beinahe entsteht jenes Gewebe aus Alltag und Fiktion und nicht selten freier Bearbeitung der Historie. Liebmann bleibt unbefangen im Umgang mit der Kunstgeschichte, sein imaginäres Museum birgt allerlei überraschende Assoziationen, die die Grenze zur Respektlosigkeit überschreiten können. Dabei ist es ehrliche Faszination, die ihn treibt, Bilder wie den »Ermordeten Marat« Davids aufzugreifen, um daraus ein Drama der eigenen Art zu destillieren. Das blutige Ende des Helden erlebt eine drastische Wiederauferstehung, wenn Liebmann eine symbolhaltige Orgie in Rot in der Bildmitte detonieren läßt.
Die Zeit hat nun begonnen, die er sich als Maler immer ersehnt hatte. Er lebt auf in den Umbrüchen dieser Tage, der Zerfall der Ordnung ist kein Trauerfall und er bedeutet keine Krise seiner Kunst. Au contraire! Die irrationalen Bewegungen der Massen, ihre Unregierbarkeit und ihr gleichzeitiges Verlangen nach Führung finden ihre Form im Motiv des babylonischen Turmes, dem grandiosen Gleichnis für menschliche Kraft und potentielle Anarchie.
Naß in naß arbeitend, schleudert er seine Bilder heraus, die Farben strahlen voller lebendiger Kontraste. Es ist eine Periode der malerischen Entdeckungen, er bringt die eigenen Innovationen mit Spannung voran. Metallischer Glanz scheint auf neben rätselhaften Bildtiefen, Schlaglichter erhellen die Szene, die Perspektive folgt der Stärke des Erlebten. Sein jüngstes Bild – eine leuchtende Frauengestalt, angesiedelt zwischen Laster und rettendem Engel. Jeder Tag bedeutet heute neuen Stoff für seine Bilder.

Neon Real

von Barbara Barsch

Pankow, Vinetastraße. Endstation der U-Bahnlinie A in Ost-Berlin. Aus dem einfahrenden Zug fällt der Blick auf schräg, dynamisch gefließte Wände und auf einen bronzenen »Schreitenden Mann«, der den Bahnsteig entlang zu eilen scheint. Geschaffen wurde die Plastik von dem Berliner Bildhauer *Rolf Biebl* (geb. 1951), dessen eigenwillige Formensprache und veristische Sicht auf den Menschen schon immer die Aufmerksamkeit auf sich zogen. Gemeinsam mit den Designern Stefan Weiß, Jörg Binsch und Rainer Grote wurde in einem jahrelangen Kraftakt gegen kommunale Widerstände das für die DDR ungewöhnliche Experiment gewagt, eine Plastik in die Gestaltung eines Bahnhofes zu integrieren. Wohl davon ausgehend, daß Bildwerken immer etwas Erhabenes anhaften sollte, fiel es den Auftraggebern schwer, einen Sinn in der Trivialität des Alltäglichen zu sehen. Biebl äußerte in einem Interview, daß für ihn Plastik für den Freiraum »in jedem Fall eine gewisse Trivialität erfüllen soll. Zum Beispiel, daß die Menschen über sie schmunzeln können. Vielleicht weil die Figur eine polierte Brille trägt, wie der ›Schreitende Mann‹ in der Vinetastraße. Menschen sollen sich selbst in der Figur entdecken, auch ihre Eitelkeiten. Kinder können an ihr herumturnen. Ich möchte Trivialität auch im Sinne eines direkten Realitätsbezuges. Letztlich ist es meine Sache, daraus gute Bildhauerei zu machen.«

Rolf Biebl ist Mitglied der Künstlergruppe »Neon Real«, zu der sich die Maler *Clemens Gröszer* (geb. 1951) und *Harald Schulze* (geb. 1952) 1980 zusammenschlossen. Schon seit 1974 arbeiteten sie gemeinsam. Die Gemeinschaft beruht weniger auf Projekten, vielmehr auf einer geistigen und ästhetischen Verbundenheit der drei Künstler. Sie riefen mit ihren Werken lange Zeit und manchmal heute noch wütende Reaktionen des Publikums hervor.

Die Namensgebung ist Programm: »Real« steht allerdings nicht für Realismus im DDR-üblichen Sinne, sondern für den unbeschönigten Blick auf die Realität. »Neon« steht für ihr Bekenntnis zur Großstadt, zu einer urbanen Kunst, die unsentimental und gelegentlich aggressiv den Menschen ins Bild setzt. Exemplarisch für diese Einstellung ist Rolf Biebls »Rufer« von 1988: »Der Rufer ist mein Beitrag zum Bild des Menschen am Ende des 20. Jahrhunderts. In der Figur ist es mir gelungen die Welt so zu schildern, wie ich sie sehe: die Zerrissenheit, das Zerstörerische und trotzdem so eine Aufbruchstimmung – also Aufbruch und Verfall gleichermaßen.« Das sagte Biebl zu einer Zeit, als es in der DDR nur wenig Hoffnung auf Veränderung gab und die Resignation überwog, die Tausende über die Grenze trieb.

Die »Neon Real«-Künstler waren Teil des vehementen Ausbruchs expressiven Formwillens, der seit Beginn der achtziger Jahre auch in der DDR zu beobachten war und schließlich an deren Ende das Erscheinungsbild der Kunst in der DDR wesentlich prägte.

Clemens Gröszer, der sich vor allem dem Bildnis verschrieben hat, interessiert die Kreativität, die seine Modelle in Kleidung, Make up, den Frisuren zum Ausdruck bringen. Das hat für ihn mit Freiheit zu tun, einer Freiheit, sich über staatlich verordnete, biedere Wohlgefälligkeit hinwegzusetzen.

Harald Schulze, noch stärker zum Mondänen neigend, gibt im fiktiven Bildnis seinem Verhältnis zum anderen Geschlecht Ausdruck. Beide Maler verbinden formale Strenge mit malerischer Virtuosität. Ihr Spaß am modischen Accessoires wird sichtbar.

52 Clemens Gröszer,
Selbst mit Modell, 1988

53 Clemens Gröszer,
Bildnis Karl Mickel, 1988

Der Bildhauer Frank Seidel

von Christoph Tannert

Ob man der Bildhauer- und Plastikerszene der DDR wohlwollend oder gelangweilt gegenübersteht, ob der selbstquälerische Historismus und die unbekümmerte Beliebigkeit mit der ein klassisches Menschenbild an den zivilisatorischen Exzessen heutiger Zeit vorbeilaviert oder zumindest in hoffnungsfroher Hab-Acht-Stellung neben ihr plaziert wird, Gefühle bestätigt oder beeinträchtigt – das alles, so könnte ich mir vorstellen, tritt in den Hintergrund angesichts der suggestiven, weil Emotionen mobilisierenden Kunstereignisse, die der Berliner Frank Seidel bereitet. Es sind weniger die Erschütterungen der Trägheit herkömmlicher Seh- und Verstehgewohnheiten (und auch die Hochgeschwindigkeits-Müllzerkleinerungsanlagen für Argumente und Maßstäbe in der postmodernen Verkaufskultur denke ich mit) als vielmehr die leise in unser Bewußtsein tropfenden, von den Figuren und aus den farbigen Blättern abrinnenden Partikel eines Zustands der Bangigkeit, dessen man sich schwerlich erwehren kann.
Frank Seidel (Jg. 1959) wurde als Miesmacher verdächtigt und als Melancholiker ins Abseits zu den modisch Trauerumflorten geschoben. Dabei ist er einer der wachen Plastiker der DDR, die darauf aufmerksam machten, daß die entscheidenden Entwicklungen und Umbrüche in der DDR-Kunst in den plastischen, skulpturellen und architektonischen Schöpfungen hätten erfolgen müssen. Daß gegenwärtig Maler verstärkt Objekte und Skulpturen schaffen, ist ein weiteres Indiz für diese Situation.
Erinnert man sich an die letzten großen Ausstellungsprojekte in der DDR wie die X. Kunstausstellung, Dresden, die Ausstellung »Bildhauerkunst aus der DDR« in einigen Städten der Bundesrepublik oder die letzten »Plastik und Blumen«-Ausstellungen in Berlin-Treptow, waren Kunstwissenschaftler, Ausstellungsmacher, aber auch namhafte Bildhauer nur mittelmäßige Animatoren des Kulturtourismus, keinesfalls einfallsreiche Thematisierer längst fälliger Auseinandersetzungen, beispielsweise über den Begriff des Ganzen in der Plastik, über Totalität, über Gestaltdominanz und (entsprechend) über Fragmentarismus, Destruktionskraft, Partikularismus in der modernen Skulptur und Plastik. Ein großer Teil der Bildhauer der DDR hat es nie begriffen oder verlernt, sich mit Landschaft und Räumen auseinanderzusetzen, sie zu interpretieren, dem Genius loci auf die Spur zu kommen und neue Zugänge zur Wirklichkeit aufzutun. Internationale Erfahrungen sind verschlafen oder bewußt ignoriert worden, sodaß Plastik für den öffentlichen Raum zur Gartenzwerg-Gärtnerei oder zur Dekoration der Macht verkommen ist.
In dieses Umfeld brechen nun Seidels Heerscharen der stummen Andersartigkeit ein. In seinem Atelier wirkt die Aufreihung von großen, z. T. überlebensgroßen Figuren, männlichen, häufiger jedoch geschlechtsindifferenten oder weiblichen Schattengestalten aus der Twilight-Zone, sehr drängerisch. Die Herauslösung eines Einzelwesens aus dem sie behausenden Gruppenzusammenhang macht

54 Frank Seidel, o. T., Gips getönt, 1988
Foto: Götz Rakow

dagegen die Zerbrechlichkeit und Ungeschütztheit deutlich, den Hilferuf der energetisch ausgepowerten Einzelexistenz hörbar. In dieser Situation fühle ich Unbehagen. Aber das bedeutet: Ein Pro für Seidel, dem es gelang, zwischen sich, seinem Kunstwerk und mir einen an meinem Innersten nagenden Kommunikationsfluß herzustellen.

Seidels antiklassischer Kanon von Tragen und Lasten, der Stützverweigerung und des provozierten Zusammenbrechens ohne wirklichen physischen Zusammenbruch – also eines Prinzips des hinausgezögerten Desasters, muß ein Schock für denjenigen sein, der bei Giacometti das »Anschaubare« geliebt (und ihn somit nie verstanden hat) nun aber zu einer Konsequenz des »Denkbaren« geführt wird.

Mit Blick auf Seidels Tusche-/Beize-Zeichnungen, die häufig auf den Aschton des Gipses antworten, mit dem er seine Figuren modelliert, kann verständlich werden, daß Seidel nicht nur auf einen Endpunkt von Geschichte hindenkt, sondern natürlich auch einen Beginn reflektiert, den Urschlamm und das Auftauchen aus der Zeit, das Herausstoßen des egozentrischen Ichs aus einem vielstimmigen Innern. Archaismus und Wunderbares bahnt sich seinen Weg aus mythologischen Tiefen. Dieses Ein- und Auftauchen ist auch eine Sehnsucht nach dem »ozeanischen Gefühl von Ich und Kosmos« (Peter Gorsen), eine orientierende Urgrundsuche, wo Natur und Kultur noch eins sind.

Unter Blubbern und Kratzgeräuschen brechen sich »Erdembryonen« Bahn, Seidels mit Metall gestützte Raumobjekte, die z. T. akustische Signale einbeziehen in ein multisensorisches Ensemble. Tod und Leben, Verwesendes und dem Leben Zugewandtes bahrt der Künstler auf als Zeugnisse und Hinweise auf eben diesen universellen Zusammenhang.

Seidel zwingt den Besucher zuweilen in »Grabkammern«, in denen die aufgebrochenen Sarkophagdeckel den Blick freigeben auf Figuren, schwarzlehmige Fäulnisbündel, wahrgenommen mit flatterndem Magen, die unser Erbarmen suchen.

Lava, Asche, Erde, Wasser, Ruß, Rost- und Glutfarben bilden einen Assoziationsrahmen, der erlebbar gemacht wird in Blättern, die bald zart, bald kraftvoll, zuweilen labyrinthisch rätselhaft wirken – gerade so als wäre der Künstler mit ihnen tappend und hüpfend mit erhöhtem Puls durch einen Hochofen elementarer Geschehnisse gegangen. Wie die Eismeer-Struktur Caspar-David Friedrichs der Vereisung Widerstand leistet, so feuert Seidel mit seinen Meteoriten- und Feuer-Chiffren oder den staksigen Brand-Leibern gegen die Apokalypse. Und selbstverständlich liest man das nicht nur als Naturschauspiel. Was bei Seidel impulsiv wirkt an Strich- und Fleckengemisch, gründet sich auf einem gerüttelt Maß an Kalkulation. Er macht nie etwas »nur so«, selbst wenn er mal spontan die Innentüren aufmacht und die Seele auf der Leine baumeln läßt. Er spielt, aber nie ziellos. Inhalt heißt bei ihm Form als metaphysischer Motor und läßt sich nicht in einer Entweder-Oder-Debatte auseinandernehmen.

Alltagsgrüße aus Pankow
Manfred Butzmann

von Gabriele Muschter

Als ich in der Parkstraße in Pankow aus dem Taxi steige, kommt er über die Straße gelaufen und ruft laut (den Dialekt sächsisch verstellt): »Ich begrüße Sie in der Freiheit« – und grinst. Es sind jene Tage im September 1989, an denen noch immer Leute aus der DDR über Ungarn in den Westen fliehen und die Medien kaum ein anderes Thema kennen. Alle sind betroffen, auch der Berliner Grafiker Manfred Butzmann – eben auf seine Weise. Längst hat er am Morgen Überschriften verschiedener Tageszeitungen ausgeschnitten und daraus neue montiert.

Manfred Butzmann ist durch seine Fotoplakate, Postkarten und seine Umwelt-Aktionen mindestens ebenso bekannt geworden wie durch seine grafischen Blätter. Sein Grundanliegen: Zustände im Alltag einer Stadt über Jahre beobachten und ihre Veränderungen zeigen. »Seine« Berliner Parkstraße trägt nicht nur während des jährlichen Kinder-»Hasenfestes« unverwechselbar seine Züge – die mit Efeu berankten Laternenmasten aus Beton, der Spielplatz sind seine Initiative. 1974 schreibt er: »Ich hoffe, mich in der nächsten Zeit auf eigentliche Antriebe besinnen zu können: auf Gefühl und Verantwortungsgefühl, auf Angst und Ehrfurcht. Angst zu haben, daß Moral und Menschlichkeit hohle Begriffe werden, daß Gewalt verabscheut und nach einiger Zeit doch als Realität anerkannt werden muß, um verfolgte Menschen also, und auch Angst davor, daß an unseren Straßen einmal keine Bäume mehr wachsen werden – das kann, zumindest für mich, ein gewichtiges Grundgefühl für meine Arbeit sein.«

Aus der Kombination zweier, oft verwendeter Titelzeilen: »Zum Beispiel« – »Viele Grüße aus Pankow« lassen sich viele von Butzmanns Aktivitäten herleiten. Aufgegriffen werden konkrete Alltagserscheinungen: Straße, Haus, Baum entdecken ihren individuellen Charakter. Ort und Zeit der Aufnahme sind immer exakt benannt. Und doch kennt jeder diese oder auch jene Situation aus seinem eigenen »Kiez«. In mühevoller Kleinarbeit ließ Butzmann die Chronik der Parkstraße entstehen, hat er Fotografien, Dokumente, Informationen zusammengetragen. Butzmann sammelt, forscht, verwendet Gefundenes. Mit ungewöhnlicher Offenheit gegenüber allem interessiert ihn, wer, wann, wie in seiner Straße gelebt und gearbeitet hat, wer die Häuser baute, wem sie gehörten. Er versucht Vergangenes zu rekonstruieren und zur Gegenwart nicht nur auf ästhetischer Ebene in Beziehung zu setzen – Spurensicherung. Wirklichkeit wird nach Taten hinterfragt. Konflikte ergeben sich aus Konfrontationen. Die Enttäuschung über den unbedachten Umgang mit Vergangenheit, den zerstörenden Umgang mit gebauten Zeugen vergangener Kultur, über fragwürdige Lebensgewohnheiten in der modernen Großstadt, machen Manfred Butzmann immer wieder produktiv: »Je wertvoller mir etwas ist, um so weniger will ich es verlieren – und sei es nur aus den Augen. Und dieses Nicht-aus-den-Augen-verlieren-Wollen ist genug als Rechtfertigung meiner Arbeit« (1974).

Prenzlauer Berg – eine kleine Archäologie

von Uwe Kolbe

für Paul

Sie haben in mir einen schlechten Stadtführer. Ich bin hier nämlich aufgewachsen. Und da stehen wir schon: Ich sehe was, was Sie nicht sehn. Es sind Gasometer, gleich gegenüber, wenn man aus dem Stadtbahnhof Prenzlauer Allee heraustritt. Große, stillgelegte Gas-Collosseen, eine Art Dinosaurier. Sie sehen sie nicht? Sie sehen an der bezeichneten Stelle eine Metallkuppel, die offenbar zu einem Planetarium gehört? Und ein Neubauviertel sehen Sie? Gewiß, das ist die Form von Hohn, die hierzustaate üblich ist. 1984 ist sogar ein Teil der »Szene«, Bestandteil des Mythos Prenzlauer Berg, aufgestanden gegen den Abriß jener Wahrzeichen des Gründerzeit-Proleten-Viertels. Vorbei.

Gehen wir also gemeinsam ein Stück die Allee hinunter. Café »Mosaik«. Sommers sitzt man draußen, und man speist ganz gut. Die sich am schwarzen Kaffee festhalten oder schon am Nachmittag sauren Wein in Flaschen bestellen, es sind vielfach jene, die sich im Laufe der letzten zehn, fünfzehn Jahre hier angesiedelt haben. Wenn sie noch immer hier sitzen, gehören sie denn zu der Hälfte, die mit dem aus Prag zugezogenen Schriftsteller Jan Faktor vielleicht formulieren würde: »Für mich bin ich froh, daß ich da bin, wo ich bin.«

Die Topografie dessen, was z.B. die westberliner Stadtmagazine an diesem Teil des ostberliner Nordens so mögen, sie ist im besonderen Maße eine des überdeutlichen »Es war einmal« oder »Weißt du noch, als Havemann bei Frank-Wolf...?« Auch das Café »Mosaik« (Spitzname »Mosambik«) sah in jener Zeit, in der ersten Hälfte der achtziger Jahre, anders aus, und es hatte einen anderen Wirt. Der beließ es düster und billig. Der sprach von seinen Chaoten, was tuntige Modefriseure und jugendliche Punks ebenso meinte wie Rockmusiker mit oder ohne Haupthaar, mit oder ohne »Einstufung«, d.h. Berufserlaubnis, was auch die Mädchen meinten, die sich mit Modellstehen über Wasser hielten oder einfach nur von Bett zu Bett sich hangelten. Jenes Kosewort meinte unbedingt die zwei einzigen »echten Bohèmiens« – jedenfalls nach ihrem Selbstverständnis (grüß Dich, Lothar!) – und nicht zuletzt gewisse mittellose Autorinnen und Autoren und deren mittellose Maler- und Bildhauerfreunde.

Eine Aushilfskellnerin mit Branchenerfahrung: »Jaja, ich weiß schon. Nächste Woche wird dein Hörspiel angenommen, dann mußt du nicht mehr Omas Zuckerdose in Zahlung geben.«

Sie kamen, und sie kommen von überall her, aus der ganzen DDR, besonders aus deren unergründlichem Süden. Sie gehen mit prüfendem Blick die Straßenfronten ab. Sie suchen Wohnungen, die sichtbar leerstehen, und zwar lange genug. »Die stille Hausbesetzerszene vom Prenzlauer Berg«, sie unterscheidet sich gründlich von dem, was im Schwesterbezirk Kreuzberg vorgeht. Hier knacken Ältere wie Jüngere schon mal eine Wohnung. Dann aber versuchen sie schleunigst, die Miete an den Mann, d.h. an die Kommunale Wohnungs-Verwaltung (den volkeseigenen Vermieter) zu bringen. In der Regel handelt es sich bisher um subventionierte siebzig bis neunzig Pfennig je Quadratmeter. Das lockte Sie auch, nicht wahr? Und der Dschungel ist nach wie vor filziger noch als die Bürokratie, die sich unredlich müht.

Der Backsteinkomplex, dem Café gegenüber, war bis vor kurzem ausgerechnet Domizil der »Hauptverwaltung Staatssicherheit Berlin«. Die Gebäude werden inzwischen wieder zum Gemeinwohl genutzt. Ein Stück die dort beginnende Straße entlang steht, heute Stadtbezirkskrankenhaus, noch das Vorderhaus der ehemaligen »Palme«. So nannte Volksmund das berüchtigte Obdachlosenasyl Berlins. Im Zusammenhang mit einer unfreiwilligen Massenvergiftung durch Konsum von Methylalkohol, ausgerechnet zu Weihnachten, schrieb Rosa Luxemburg 1912 einen ätzenden Artikel über »das schlichte Gebäude in der Fröbelstraße, das sonst jeder gerne meidet.« »Die Palme« bestand dort von 1887 bis in die Nazizeit hinein.

Da wir eben auf Archäologie zu sprechen kommen... Folgen Sie mir bitte ein weiteres Stück die Allee hinab. An einer der Ecken, bei einem der Kohlenplätze, findet sich eine typische Konstellation. Im zweiten Hof, den wir von der Sredzkistraße aus einsehen können, mischen sich in einem alten Werkstattgebäude Produktionsstätten mit Ateliers. Wo jetzt nur noch gemalt wird, ganz oben links, da ging es über Jahre hoch her. Von mehrwöchigen Ausstellungen und Arbeitsaufenthalten bildender Künstler – ob aus Dresden, Schweden oder nur von nebenan – bis zu Weihnachtsmärkten und Faschingsfeiern mit Zigeuner-Band, Lesungen und Selbstdarstellungen sonstiger Art, von wüsten Klängen untermalt – hier bedurften sie keiner Anmeldung und keiner Organisation. Sie wurden verabredet, und sie fanden statt. Die Trägheit offizieller Institutionen, sie hätte die graue Steinwüste nie so zum Leben erweckt. Bis heute läuft die betreffende Abteilung Kultur vor allem hinterher. Läuft sie?

Verzeihen Sie die Sprünge – Zusammenhang würde den Rahmen sprengen. Ums nächste Eck dann herum – Rykestraße. Die Geschichte eines unabhängigen Kinderladens, dessen Eingang eines grauen Morgens unter Polizeiaufsicht vermauert wurde. P. weiß mehr davon. Er wohnt in dieser Straße. Bei ihm kreuzten sich Literatur und politisches Gespräch lange. Und er trägt bis heute so manche andere Bewegung mit.

Man werfe mir nicht Einseitigkeit vor. Wir sind und bleiben noch ein Stück weit bei der vertrackten, vielschichtigen Paläontologie und Vivisektion eines steinalten Organismus, namens Prenzlauer Berg. Rykestraße 53 findet sich im Hof die, 1978 wieder geweihte, Synagoge »Der Friedenstempel«, ein Klinkerbau wie auch die beiden Wassertürme auf dem Hügel geradezu, am südlichen Ende der Straße.

An deren Fuße fanden einen wunderbaren Sommer lang literarische Freiluft-Lesungen statt. Die Lesenden kämpften mit Freude gegen den Lärm der Tegel anfliegenden Jets an. Unangemeldet ginge das aber nicht, so wurden – erst zum Schluß – ein paar Vorgeladene belehrt. Jetzt gibt es deren erste Bücher im Aufbau-Verlag: Bert, Reiner, Eberhard.

Natürlich fängt der Prenzlauer Berg nirgendwo sonst an als hier, am U-Bahnhof Dimitroffstraße. Zwei »Westmenschen«, an Habitus und Schuhwerk sofort erkannt, steigen die Hochbahntreppe, vom »Magistratsschirm«, herab. Ja, sie könnten von hier aus auch bei Regen trockenen Fußes die Schönhauser Allee entlang promenieren. Und die ist schließlich die unumstrittene Hauptstraße des Bezirks. Hier ergießt sich alltäglich, solange die Geschäfte öffnen, ein Strom von Provinzlern, von Wünschelrutengängern mit der nur teilweise berechtigten Gewißheit, in der Hauptstadt gäbe es, was sonst das Ländchen nicht zu bieten hat. Leslie und John, US-Amerikaner, haben jedoch eine Verabredung etwas abseits.

Sie kehren auch nicht bei Konnopke (»seit 1930«) unter dem Bahn-Viadukt auf Stehbier und Currywurst ein, sondern eilen die Dimitroffstraße hinauf. Wie manch andere Straße trug sie einst einen anderen Namen (wie der Bahnhof: Danziger). Rechts »Hackepeter«, links »Zum Schusterjungen«, so heißen die Eckkneipen, an denen die beiden vorbeikommen. Rechts sollen einst die Braunen und links, tatsächlich, die Roten gezecht haben, um sich anschließend auf der Straße gegenseitig aufs Maul zu schlagen. Ein Stück weiter links noch (»Zum Keglerheim«) versammelten sich nämlichem Gerücht zufolge die Sozis. Aber unsere Freunde sind eine Querstraße weiter verabredet. Sie schenken auch der langen Front der ehemaligen Schultheiß-Brauerei Abteilung I mit ihrem Eckturm, heute »Möbelmarkt Schönhauser Allee«, kaum Aufmerksamkeit.

Die Straße, in die sie einbiegen, wird von gewaltigen Anhängern mit Braunkohlebriketts und Feuerholz flankiert. »Schiele« steht in stolzen weißen Lettern daran, der Name des Besitzers jenes größten privaten Kohlenplatzes weit und breit. – Machen wir den Einfluß zehntausender Ofenheizungen auf stillestehende Januarluft hier lieber nicht zum Thema! Im Vorderhaus einer Mietskaserne neben dem Platz beginnt die Suche nach dem Namen, den ihnen wer notiert hat. Auch im ersten Seitenflügel Fehlanzeige. Da tritt den beiden, in einer Mischung aus Schaukeln und Hinken, eine Frau entgegen, deren riesige Ledertasche und, allerdings sehr fragmentarische, Uniform sie als die Postfrau ausweisen.

»Wo wolln se denn hin?« John, als Schriftsteller schon eine Weile in (West-) Berlin, weiß die freundliche Frage zu verstehen und also Aufschluß zu bekommen. Im zweiten Hof denn, Seitenflügel. Im Durchgang dorthin Kinderpinseleien, im Hof selbst ein paar Graffitti, die an ein vergangenes Hoffest erinnern. Das Treppenhaus ist ab zweiter Etage eine regelrechte Wandzeitung. Sie sind da. Bei dem Bewohner der typischen »1-Raum-Wohnung mit Außen-WC«, einem jungen Autor, der eben seinen zweiten Gedichtband veröffentlicht hat, sind zwei junge Männer und eine Frau zu Besuch. Sie alle wohnen hier, an diesem Hinterhof, der sich in nichts von Dutzenden in der Umgebung unterscheidet.

Alexander ist Elektriker. Im Hof steht sein ausgedienter NVA-Jeep, mit dem er über Land fährt und von der Weite Australiens träumt. Martina ist Buchhändlerin, kellnert »bei Franken« und wartet auf ihre Ausreise. R. dagegen – er ruft hektisch nach seinem Hund Blacky –, er träumt von einem Prinzen. Gleich bricht er auf und dreht die erste Runde zwischen dem »Café Schönhauser«, dem Parkplatz und der »Klappe« gleich hinter Konnopke's Würstchenbude. Danach wird er wieder melancholisch im Fenster seiner muffigen Küche sitzen, wie eine typische Hinterhof-Alte, die alles von allen weiß und sich doch immer wünscht, sie möge einmal selbst gemeint sein. Dem jungen Schreiber jedenfalls hatte er sehr geholfen. Er hatte ihm den Tip mit dieser Wohnung gegeben. Gemeinsam hatten sie damals die Türe eingetreten. Er wünscht ihm Glück heut abend.

Später, so erzählen die drei Hinterhausbewohner den neugierigen Amerikanern, später hätten sie eines Tages alle in der Wohnung des dicken Frank im Quergebäude gesessen. Purer Zufall. Lauter bunte Vögel, die peù a peu in diesem Hof gelandet waren. Da hätten sie doch etwas draus machen müssen, oder? Und das Hoffest wurde verabredet, das erste, das größte von allen – hundertzwanzig Leute hat die Polizei, die sich ziemlich heraushielt, gezählt. Und es folgten weitere, anderswo. Und ein Netz breitete sich aus, ein buntes Netz über die grauen Straßen und Höfe, von Puppenspielern zu Musikgruppen, von Tänzern zu

55 Sibylle Bergemann, Eckkneipe Prenzlauer Berg

notorischen Autobastlern (F 8, Trabant 500, sogar ausrangierte Staatskarossen), von Bildhauern zu Leuten mit Ideen für eine selbständige Hofbepflanzung.
Kommt jemand aus dem Ausland, aus dem Westen besonders, öffnen sich ihm und ihr bereitwillig viele Türen. Selbstironisch wird es angenommen, in einer Art Zoo zu leben. Und so präsentiert man sich, je nach Laune. Der junge Schreiber hat eben in diesem Sinne eine Idee. Ob die beiden nicht Lust hätten, einem befreundeten Bildhauer einen Besuch abzustatten. Nur ein paar Schritte. Sie brechen auf...
Aber zurück in die Gegenwart. Das Haus, das wir eben verlassen haben, sein Eingang ist unterdessen zugemauert, es »steht auf Abriß«, schon lange. Alexander hat seinen Jeep aufgegeben und steuert den Beleuchtungs-Computer eines westberliner Theaters. Martina ist auch weg. R., nun, er hat sein ... kleines Glück gefunden, wohnt mit seinem hübschen Freund in einer »1-Raum-Vollkomfort-Wohnung« in einem Neubaublock am Stadtrand. Einen neuen Hund hat er auch.
Zweifeln Sie nicht, wir sind noch immer beim Thema. Leslie hatte noch bemerkt, gewisse Ausdünstungen eines Gemüseladens, die seien »like in New York«. Die 5th Avenue meinte sie damit sicher nicht. Prenzlauer Berg ist allemal nicht Downtown. Sie hat eine Schallplatte mit ihrer exzentrischen Trompetenmusik hinterlassen. Und John, er durfte nach einiger Zeit nicht mehr einreisen. Er hatte wohl zu viele echte Freunde gewonnen und zuviel Zusammenarbeit gestiftet.
Besuchen wir den Freund allein. Seine beiden geräumigen Ateliers befinden sich in einem roten Backstein-Werkstattgebäude auf einem zweiten Hof. Noch prangt

am Vorderhaus das zerschlissene Blechschild »Hundesalon«. Das erste eigene Atelier, in dem Anatol Erdmann arbeitet, hat tatsächlich zuvor als Hundebad gedient. Hauptinventar war eine dreckverkrustete Badewanne gewesen, die wir aus dem Betonsockel schlagen mußten. Mit uns ist ein kleiner, beweglicher Mann eingetreten. Hans ist Schauspieler und versteht es ebenso großartig, mit Puppen zu hantieren. Mit einigen Freunden hat er ein Theater gegründet. Das Theater heißt »Zinnober«, durfte sich aber jahrelang nicht Theater nennen. Das zuständige Kreiskulturhaus sitzt im »Prater«, einem früheren Vorstadt-Tingeltangel mit Biergarten in der Kastanienallee 7/9 (den zu besuchen, lohnt sich an einem Sommerwochenende). »Zinnober« aber wurde jahrelang sogar der Probenraum streitig gemacht. Den haben sie behalten, am Kollwitzplatz. Wir treffen uns dort später.
Anatol arbeitet nicht stetig, doch wenn, dann mit beeindruckendem Ergebnis. So karg wie seine Äußerungen sind seine Figuren und Grafiken. Als letztes hat er im Auftrag einen Porträtkopf – fast möchte ich sagen: ausgerechnet – von Konrad Wolf gemacht. Anatol ist ein Filosof. Und der schweigt letztlich. Wie auch Sabine Grzimek schweigsam ist. Sie kommt eben, will nur kurz bleiben. Bildhauerin ebenfalls, hat sie zum Atelier eine Ladenwohnung unweit der Prenzlauer Allee. Sie gehört zu den ersten Künstlerinnen des Landes, ohne einen Funken Saturiertheit. Ein Auftrag für das oben erwähnte Planetarium scheiterte. Sabine schaut mehr in Gesichter, auf Haltungen menschlicher Körper, als in die Sterne und deren zwanghafte Allegorien.
Ein anderer Griff nach den Sternen aber wurde versucht, in diesem Werkstattgebäude hier. 1984, im Frühjahr, kamen in einem eben durch Ausreise der Malerin frei gewordenen Atelier eine Woche lang zwanzig bis dreißig junger Autoren zusammen, um einander Texte vorzulesen, doch vor allem, um ihre gemeinsame Situation zu durchdenken. Kaum einer von ihnen hatte es, nach jahrelanger Arbeit, vermocht, Bücher in offiziellen Verlagen herauszubringen. Im geduldeten Untergrund zirkulierten drei, vier, dann immer mehr selbstverlegte Zeitschriften. Sie nannten die Zusammenkunft treffend »Zersammlung«. Statt nämlich doch die Gründung eines unabhängigen Verbandes o. ä. zu beraten – was von einigen erwartet worden war –, begannen sie, sich zu streiten. Das Nein war, wie stets, eindeutig zu formulieren. Die einigende, die gemeinsame Position aber, es gab sie nicht. Es gibt sie bis heute nicht. Immerhin hat sich hier, konzentriert in diesem Stadtbezirk, eine spezielle literarische Landschaft der Ausdrucksform gebildet, die im deutschsprachigen Raum einmalig ist. Eigenständig publizieren kann sie schon lange. Was hätte sie sich denn für einen Namen geben sollen?
Wir stehen an dem dritten wichtigen Bahnhof des Prenzlauer Bergs: U- und S-Bahnhof Schönhauser Allee. Zwischen dem S-Bahnhof und der Kneipe »Nordring« – Name aus versunkener Zeit, als der Ring noch geschlossen war – findet sich ein uraltes Schild über der Tordurchfahrt: Orgelfabrik Bacigalupo. Hier wurden die berühmtesten Drehorgeln Berlins gebaut, und zwar bis in die jüngste Zeit. Unweit von hier, am Arnimplatz, gab es vor der »sozialistischen Rekonstruktion« sogar noch eine Eisdiele, die ein hinkender Italiener führte. Von den Gründerjahren an hatten sie sich, gerade in dem neu bebauten Gebiet nördlich von Windmühlen- und Weinberg, dem heutigen Prenzlauer Berg, angesiedelt, hatten ihre Kochkunst und manch andere Fertigkeiten mitgebracht. Sie fehlen. In den sechziger Jahren jedenfalls, vor jener großartigen Idee, aus Berlin eine

»sozialistische Stadt« machen zu wollen (d.h. den privatwirtschaftlichen Bereich zu zerstören), da kamen Scherenschleifer und Leierkastenmänner noch gelegentlich in die Höfe. Das Blockeis für die Bierkneipen wurde teils noch mit Pferdefuhrwerken, in weißen Holzwagen, ausgefahren.
Jene glorreiche Idee der Ulbricht-Zeit ist hier schon lange vergessen. Künstlich wird die Gründung privater Handwerksbetriebe und Restaurants forciert. Lange wird es noch brauchen, bis Normalität einkehrt. Die Altbau-Rekonstruktion der ersten Stufe, ab Anfang der siebziger Jahre noch mit einem hohen Standard für die einzelnen Wohnungen betrieben, am Arnimplatz hat sie begonnen. Von der Schönfließer Straße 21 z.B. gelangen wir in einen der ausgekernten Höfe. Er ist auffällig schön bepflanzt. Ekkehard Maaß hat seinen Anteil daran. Immer bleibt es ja der Initiative Einzelner überlassen, was wirklich gelebt wird in dem Vorgesetzten, Eingebrockten.
Wilfriede Maaß hat ihre Keramikwerkstatt schon sehr lange hier. Eine »Epoche« lang fanden in ihrer geräumigen Wohnküche die wichtigsten Lesungen der jüngeren DDR-Literatur statt. Bei vielen solchen Anlässen traf man sich auch über die Altersgrenzen weg. Elke Erb, Rainer Kirsch, auch Heiner Müller oder Franz Fühmann hörten sich hier Texte sehr viel jüngerer Autoren an, besprachen sie mit ihnen.
Die Keramikwerkstatt bot auch Raum für Zusammenarbeit: Maler gestalteten keramisches Design, bemalten Stücke und experimentierten. Sascha, der sich, von Dresden kommend, hier eine geraume Weile etabliert hatte, brachte bildende Künstler – insbesondere aus seiner Heimatstadt – mit Autoren zusammen bzw. vermittelte die Gestaltung von Editionen. Die wurden zunehmend kostbarer. Das Geschäft florierte, speziell das mit westlichen Interessenten. Das hier entstehende Monopol mußte Unmut provozieren.
Mehr und mehr nahm mancher die Kontakte nach Westberlin, nach Westeuropa insgesamt, wichtig. Mitunter wichtiger als das hiesige Miteinander wurde eine Art Kommerz. Der Prenzlauer Berg ist durch sein undurchschaubares Gefüge, durch die Dimension all dessen, was in der DDR nur Ausnahme sein darf, immer auch ein Ort auf Zeit, ein Durchgangslager und ein Sprungbrett gewesen. Eigentlich, so sieht es oft genug aus, zielte ein Teil der Unruhe immer über die Mauer hinaus. Wer das nicht versteht, der kennt die DDR nicht. Und doch gestatten Sie Ihrem Stadtführer dieses Moment Bitterkeit. Er formuliert es kaum mehr für sich.
Es dämmert, und wir sind im »1900« verabredet. Die Husemannstraße führt die jüngste Stufe der Rekonstruktion vor. Mancher findet sie nur noch kitschig. In einem Freilichtmuseum zu leben, ist nicht jedermenschs Sache. So viele Wirtschaften aber auf engem Raum sind unter den gegebenen Umständen ein Glücksfall.
Auf dem Platz, der ihren Namen trägt, sitzt Käthe Kollwitz als die gute Mutter, von Gustav Seitz in Bronze gegossen. Das Eckhaus, wo ihr Mann als Armenarzt praktizierte, die Bomben haben es gefressen. Hoch über »Zinnober's« Probenraum ist hinter einer Atelier-Verglasung der Mond aufgegangen, des Bühnenbildners Sagert riesige Reispapierlampe. Und noch darüber ragen die Wipfel der uralten Bäume vom jüdischen Friedhof. Im »1900«, im Lärm, findet sich eine stille Runde zusammen. Hans mit seinen Freunden, sie sind noch einmal »Traumhaft« durchgegangen. Es ist ein langes Stück, das die mögliche innere Geschichte jedes einzelnen Darstellers zeigt. Dem Publikum bleibt nichts erspart, es möge Stellung

nehmen, möge gar in die gebotenen Lücken springen. Anatol hat mit Stefan Reichmann eine Bronzeplastik gegossen. Und der ewige junge Kunstgeschichtler hat wieder, unverdient, eine neue wunderschöne Freundin.
Heut vormittag, beim Café »Mosaik«, war ein Mann uns aufgefallen, ein reifer Mann mit wildem Blick und Haar und Bart. Mit seinem unerfindlichen Bockwurstbeutel war er aber sofort in dem nebenliegenden Buchladen verschwunden. Er ließe sich auf keinen Fall hier vorstellen. Lange genug hat er offizielle und weniger offizielle Ausstellungen eröffnet, hat in den umfunktionierten Ladenwohnungen noch feuchte Gemälde diskutiert, hat er gewissen Interessenten Reste ursprünglicher Holzpflasterung in einem gewissen Hinterhof aus gutem Grunde vorenthalten, obwohl er sie selbst entdeckt hat. Da bleibt mir nur, sein Buch »Lokal-Termin in Alt-Berlin« zu zitieren:
»...eine Gaststätte, ein Kaffeehaus, ist kein Museum, und die Bohème läßt sich nicht ausstellen.« Ein Glück, finden Sie nicht?

Keramikwerkstatt Wilfriede Maaß

von Christoph Tannert

Irgendwann 1982 hatte mich Helge Leiberg in die Werkstatt von Wilfriede Maaß eingeladen. Leiberg, Maler, Grafiker, Filmemacher und Gelegenheitsjazzer aus Dresden, bemalte zusammen mit Reinhard Sandner und Cornelia Schleime ihre Gefäße – Tee- und Kaffeeservice, Schüsseln und Wandteller, hauptsächlich in Fayencetechnik gearbeitet. Sascha Anderson, der Anfang der achtziger Jahre von Dresden nach Berlin und zu Wilfriede Maaß gezogen war, hatte seine Künstlerfreunde inspiriert, ihr Zeichenvokabular auf Gefäßwände zu übertragen und so herrschte ein ständiges Kommen und Gehen in den für die vielen Freundinnen von Wilfriede Maaß und für Maler, Musiker und Dichterfreunde viel zu kleinen Hinterzimmern der Werkstatt im Prenzlauer Berg. Es gab Abende, da schien selbst den observationslüsternen Ordnungshütern das Gedränge zu groß, sodaß sie sich in gebührendem Abstand zum Hinterhaus in der Schönfließer Straße 21 hielten.
Von diesem Ort gingen Anstöße auf eine Kultur aus, die im Wesentlichen eine selbstverwaltete und von Allmachtsansprüchen dogmatischer Systeme freie Kultur war. Parallel zum Werkstattbetrieb gab es Redaktionssitzungen der Zeitschrift »SCHADEN«, wurden von Sascha Anderson Künstlerbücher herausgegeben, Lesungen und Konzerte geplant und Super-8-Filme gezeigt. Allen Ginsberg kollidierte nächtens mit den Blitzlichtern der Sprache von Bert Papenfuß-Gorek. Robert Coover war da und Grace Pailey und lasen und mißverstanden sich mit den jungen Berlinern, tranken auf den nichtanwesenden Donald Barthelme, entschwanden als sie genug hatten von Splitterbildern, Wortfallen und realexistierendem Erlebnishunger... Keine Überheblichkeit. Außerhalb des Kräftegleichgewichts lediglich die Fallstudien zum Knödel Mensch von Thomas Florschuetz, der kurze Zeit später dann in New York auftauchen sollte.
Andersons Engagement für einen nach vielen Seiten hin wuchernden Verwuchs quer zum Scheitel der Kulturfasson machte bekanntermaßen nicht an der Wohnungstür halt. Die Produktivität des Sich-Bewegens öffnete auch den Rahmen des bloßen Bemalens der von Wilfriede Maaß gefertigten Töpferwaren. Maler und Malerinnen wie Ralf Kerbach, Cornelia Schleime, Angela Hampel, Helge Leiberg, Wolfram A. Scheffler, Reinhard Sandner, Christine Schlegel, später auch Petra Schramm, Hans Scheuerecker, Karla Woisnitza, Sabine Herrmann und Klaus Killisch waren an diesen identitätsstiftenden Aktionen der Subkommunikation beteiligt.
Niemand wäre auf die Idee gekommen, sich Andersons Organisationsformen nach seinem Weggang nach West-Berlin (1986) anverwandeln zu können, doch Ähnliches hat noch immer Bestand, Neues wurde ausprobiert. Freundschaftliche Kontakte zu Malern und Malerinnen pflegte Wilfriede Maaß bis heute, hinzu kamen Bekanntschaften, die der Grenzüberschreitung von der freien Malerei in die Gebundenheit der angewandten Form eine Perspektive gaben.
Wilfriede Maaß, geb. Löber, die die Werkstatt seit 1978 besitzt und seit 1981 als Töpfermeisterin leitet, stammt aus einer Künstlerfamilie. Vier ihrer Geschwister arbeiten ebenfalls mit keramischem Material. Jene gedrehten Gefäße, die sie selbst

56 Keramikwerkstatt Wilfriede Maaß. Von links: Reinhard Sandner, Helge Leiberg, Cornelia Schleime, Wilfriede Maaß

dekoriert hat, tragen bildhafte Muster in matter Farbigkeit, die die Zerbrechlichkeit der Gefäße mitleben. Zweige, Blätter und Vögel tauchen auf, beleben und beruhigen die Oberfläche, je nach Art des Pinselduktus. Canaima Schamal, Petra Vorpahl, Carola Damrow und Jörg Kinzelmann haben in der Werkstatt gelernt bzw. gearbeitet, zum Teil mit sehr eigenwilligen Gestaltentwürfen und ganz individuellen Bildfindungen. Von Wilfriede Maaß angeregt, kommen heute mehr und mehr Frauen ins »Schönfließer Oval«, um, nachdem es seine BeHERRschung verloren hat, über frauenbezogenes Leben, Kunst und Literatur zu sprechen und miteinander zu arbeiten. Von Gabriele Kachold und Karen Margolis hat frau die ersten deutlichen Zeichen setzen lassen.

Wie ich zu den Malern kam

von Elke Erb

Den Antrieb gab die Schreibwerkstatt. Ich hatte wohl Angst, eine sehr bestimmte Form zu verlassen, denn ich dachte: Mut; die Maler – welch ein Mut. Mit so Angreifbarem, Ungeschütztem, Farbe sich zu melden! Ungeschützt von Worten und deren Befestigungswerken.
Front. Ist es nicht *andererseits* so, daß Strich und Farbe zunächst einmal etwas *tat*sächlich Unbestreitbares sind? Anders als Worte! – Es war mir auf Sicherheit angekommen, auf Stabilität. Der Falschheit (dem Unbekömmlichen) mit einem stabilen Aufbau von Worten zwischen Ohnmacht und Lüge zu entkommen; eine geprüfte, selbständige Geltung aufzubauen zur Rettung aus dem herrschenden Schutt. Die Zukunft meiner sehr bestimmten kleinen Form (Gedichte, Kurzprosa) war die Aufnahme von Bewegungen (begründeten, raumschaffenden Bedeutungen) zu einem wünschenswerten Lebensbild. Die Chance, die diese Form gab, wuchs, sie füllte sie aus, überstieg sie. Ich weiß den Text noch, der mir mit einem merklich-übersteigend raschen Wechsel der Sichten beim Schreiben den Wunsch erweckte: Ach, führte mir das eine Graphik aus! Ein Blatt, das das Zusammenspiel verteilter Ereignisgruppen stumm klärt, hält, sichert. – Gesteigerte Beweglichkeit verkommt zur Heftigkeit (zu venösem, noch nicht wieder nährendem, arteriellem Blut), wenn sie gebannt wird. Freiheit ist aber nur Freiheit für den nächsten Schritt, du hast keine Wahl. Insofern bleibt das Baugesetz, die Stabilität. Das Baugesetz einer Werkstatt ist von ihren Voraussetzungen her bestimmt und erzeugt also gleichzeitig Ignoranz (gegen andere Bedingungen und Lösungen). Sonderbar: Klar – und als Entschiedenheit – traf ich diese Ignoranz nur in einer Nicht-Schreibwerkstatt an. Eine Malerin sagte: »Nein, ich gehe nicht zur Picasso-Ausstellung (Stierkampf-Serien), das ist nicht Meins.«
Selbstverständlich sind deine Voraussetzungen selbstverständlich, d.h. du faßt sie als allgemeine auf (ein Künstler ist kein Privatier mit z.B. einem Möbelgeschäft, nicht wahr. – Wiewohl ja gerade dessen Angelegenheiten allgemein sind: a) privat, b) Möbel, c) Kapital).
Als ich das erste Mal Arbeiten von Penck sah, eine Mappe, diese Strichmännchenfolgen, dachte ich: »Was? Der geht da einfach drunter durch die ganze Zeit?« Nämlich, als habe er sich erspart, was Not gewesen war, sich gedrückt um das, was – ohne Gegendruck – erdrückt hätte. Denn ganz eindeutig war bei ihm ein Fortschreiten möglich, arteriell (keine venöse Heftigkeit). – Während ich jetzt so rede, kommen mir meine Texte von damals (von bis zu dieser Zeit damals) wie Fäuste vor, ich sehe Fäuste, wenn ich von ihnen etwas sagen will. Eigentlich aber sind sie umgänglich, vielseitig, wohl dank der in ihnen eingeschlossenen Bewegungen, vielseitig wie Dinge. Und gewiß hat das Penck da nicht gemacht: aus etwas so Kommunikativem wie Sprache und etwas so Regsamem wie einem Temperament etwas hergestellt, was wie ein Ding ist – vor der gleichen politischen Front. Oder ein Zwischenruf – er ist kurz und hat eine geschlossene Form.
Als sie mir nicht mehr reichte, ging ich zu »den Malern«. Wie das genau war, weiß ich nicht mehr. Zunächst erinnerlich ist mir, wie ich vor Bildern von Scheib stand: mit Widerstand, Interesse, Geduld, Ungeduld. Die Farbe war gebunden, sie

öffnete nicht. – Den Gegensatz habe ich einmal sehr auffällig gesehen in einem Saal in Budapest. In der Ecke hinten hingen übereck ein Goya (Erschießung?) und ein Rembrandt (ein geschlachtetes Schwein). Bei beiden sprangen die Farben aus den Strichen, Kerben – rebellisch, plebejisch; und an der Wand gegenüber in der Mitte groß ein El Greco, ein pyramidaler Aufbau – dort war die Farbe gebunden, so ein dunkles, verhaltenes, vielleicht edles und weitreichendes Sinnen. Ich kann nur andeuten, was ich meine. Scheibs Farben waren (im Gegensatz zu denen seiner Holzskulpturen) gebunden, zugleich aber – militant (?). – Es ist nicht das rechte Wort. Vielleicht sehe ich ein auf das Ganze gerichtetes Bewußtsein, das Illusionen abbaut, verhindert; Fluchtenergien bindet, den Zustand konstatiert. Der Zustand wird angegriffen/begriffen/gestellt mit (das Bild beherrschenden) Konstellationen von schmalen, langen, dunklen Dingkörpern. Morphologisch hätten mich diese Konstrukte aus meinen geschlossenen Texten herausführen können, aber ich meinte, ich hätte sie verlassen, wie Zustände, Kalküle, Bedingungen – verlassen zu integralen Konsequenzen. Ich mißtraute allem, was nach Verharren aussah, dem Fluch der Seßhaftigkeit, den Scheib freilich thematisierte, da er in diesen Konstruktkörpern die Farbe sogar ins Dunkle verschmoren ließ.
Die Vorstellung, die mich in die Maler-Werkstatt wie in ein Jenseits der eigenen geschickt hatte, war vergessen. Was ich fand, war mir zu nah. Meine Ungeduld fragte nach der Chance. Halte dich nicht damit auf. Wie Hungerräume aus vergifteter Sättigung. In der Konfrontation wirkt das Gift der Seßhaftigkeit. Venös. (Dieser sich mir ständig aufdrängende Vergleich sagt eigentlich: Es ging um ein Leben, das nicht ersticken wollte).
Scheib hatte begonnen, Ausstellungen zu veranstalten, von Bildern, an denen er sich orientierte, von Werken seiner Freunde, als dem Horizont zu seinen. Ein Reiz-Horizont. Ich denke noch an ein Bild von Freudenberg: starke, leuchtende Farbflächen, gespannt zusammenhängend, fast verhängt (provokant: Verhängnis) – und das Ganze ein zuckender Tanz in der Luft. An der Fensterwand, quer zu Freudenbergs, ein Bild von Stangl, der zum Westen gegangen war – flirrende helle Farben, wie Herbstblätter, ein Flirren, als siege eine Leichtigkeit, als ginge es »noch ganz anders«. (Ja, vielleicht dort, drüben!)
Eine Graphik-Ausstellung von Karla Woisnitza sagte mir zu: so als ob ich mich beruhigen könnte. Die Größen, in denen wir denken, sind funktional, d.h. sie sind von anderen Größen bestimmt, Orte in der Luft, nicht auf Körpern. Überbau. Karlas Gesichterkreise und Kleidertrapeze aber gaben Grundflächen (in Grundlinien). Eine Grundbehauptung. Das traf auf eine kritische Richtung bei mir, die – im Unglück, als Unglück – sehr ausgeprägt war: das vernichtende Gefühl, nur ein Relais zu sein, bodenlos. Es ist das Nächste, daß du dich des Grundes vergewisserst. Die Entdeckung des Relais war in der Werkstatt unbewußt herbeigeführt, von allen diesen begründenden Stabilbaukastentexten; die Werkstatt hatte, was sie tat, in den Konflikt getrieben. Das Unglücks-Gefühl war ein Konsequenz-Erfolg. Ich wußte nicht, daß es ein Werkstattkonflikt und -erfolg war, und nicht, wie es weiterging: Ich würde den linear fortlaufenden Text auflösen in Sinn- und Wortgruppen, die, auf dem Blatt verteilt, selbständig waren, ohne zugleich den Zusammenhang aufzulösen. Im Gegenteil, es erwies sich in den folgenden Jahren, daß erst dieser Neuansatz Zusammenhänge (und sehr wohl auch Verhängnisse) freizulegen ermöglicht hatte.

57 Hans Scheib, Chagall-Ausstellung in Dresden, 1976
Foto: C. Hildebrandt

Ich meine, daß für Pencks Abläufe dieses Vorher-Nicht-Wissen, was dann geschieht, in dieser *perplexen* Art, kein Problem war und ist. Abgesehen von einer psychischen Disposition und den Bedingungen der Werkstatt, könnte ich dieses Nicht-Weiter-Wissen, diese perplexe Ahnungslosigkeit zwischen den Aktionen auch als Spiegelprobe erkennen: reflektierend die Fraglosigkeit und Asozialität, mit der sich das Gegebene als gottgegeben unveränderlich, als perfekte Tatsache präsentiert. Die thronende Unterlegenheit, der ich in meiner Jugend konfrontiert war, hatte als Dilemma der Elterngeneration für die 20 Jahre Jüngeren das Thronende verloren. Die Gegebenheiten waren Endresultate, ins Posthume gemündete Abläufe, versammelt zum Alltagsbild; der Vormund verzwergt zu irrigem vielleicht sträflichem, jedenfalls machtlosem (totem) Vorwitz. Die ins Grau verschlissene Realität, sollte sie berührbar, handhabbar gemacht werden, brauchte eine starke Schwarz-Weiß-Nachzeichnung. Das Tusche-Schwarz typisierte, symbolisierte, konfigurierte. Kennzeichnend, auch für die Ausweitung des Artikulationsraums in der zivilisations-posthumen Auffassung und die bilanzierend verkürzende Behandlung der Bildformel, waren die Übermalungen von Reproduktionen. Der Dokumentar-Filmer und Graphiker Jürgen Böttcher führte sie in einem »abendfüllenden Film« als Prozeß vor. Während ich der Vorführung mit einer gewissen Langeweile gefolgt war (hielt sie ein tradiertes Indentifikations-Bedürfnis, besser Sinn-Fang-Muster in gebotenem Abstand?), – spürte ich auf dem Nachhauseweg plötzlich – mit Entzücken und großer Dankbarkeit – den Schwung, die existentielle und poetische Energie der Aktion. Es ist möglich, daß sie so auf mich wirkte, weil Jürgen Böttcher meiner Generation angehört. Das Schwarz und Schwarzweiß der Jüngeren (ich nenne Cornelia Schleime, Angela Hampel, W.A. Scheffler) sah ich vielmehr als Zeugnis der neuen Generation, mit einem von Sympathie genährtem Interesse, das nicht ganz auf die eigenen Kosten kommt (und sich deshalb in einer um so größeren Aufmerksamkeit bereithält). Sympathie, denn es übermittelte sich doch, wie persönliches Temperament neu hervortreten konnte und zugleich individuelle Eigenschaften zu Paradigmen des Allgemeinen ins Spiel gebracht wurden.
Die Leitbegriffe, die meine Retrospektive hier aufgebracht hat – also etwa: begründende Stabilität, Front, antiillusionäres Konstatieren, Grundbehauptung, Geschlossenheit, Entschlossenheit (fällt mir noch ein, als dienlich zu Penck), Fortführbarkeit, Ding, Gegebenheit, Endzustand – weisen mich nun im Verein auf eine neue Sicht der graphischen Aktionen Cornelia Schleimes, nämlich, daß es ihr Antrieb und Thema sei, die wie in Orte (wie in Schutt) zurücksinkenden Gegebenheiten (die nicht mehr thronenden, nur noch erschöpft residierenden) in einer Dynamik zu erlösen, daß, wie mit dem Zeug (dieser Zeugnisse, Erzeugnisse), wie mit dem Zeug und Zeugen dir möglich ist, dich zu bewegen, ihr (wie ich sie kannte damals) Betreiben und Thema gewesen sei. – Diese neue Sicht zeichnet sich jetzt evident vor mir ab gleich einem Weg, der mich einlädt, weit hinein in die Werk-Räume der anderen Kunst zu verschwinden.
April 1990

fundzeug: chamäleon
zur arbeit mit text-bild-kombinationen

von johannes jansen

ich zeichne auf/eine abfolge. die authentische abfolge von kombinationen aus textresten, bildebenen gesehenen, gefundenen, bearbeiteten gebilden – wahnsinn, macht und magie – kombinationen, die entstehen bei einem spaziergang zum beispiel und die vage genug bleiben, die einbildungskraft stets erneut spielen zu lassen. so bin ich kampf mit dem, was die schwachstellen meines körpers reflektieren in der bewegung – eine verletzbare lebensweise, die präzis ist und die ausgelösten bilder nicht trennt, sondern sie in ihrer assoziativen gedrängtheit wiederzugeben versucht – der zauber, in dem die zeichen stehen, in dem die signien etwas zu sagen haben über die momentane wahrnehmung, die zeigt, daß du ein fragment bist über den heiter freundlichen charakter der eigenen destruktion im verlauf der arbeit. also stelle ich mir das leben vor als einen weg, den zu begehen meine arbeit ist. die dinge, die dabei entstehen, fallen ab, bilden in ihrer folge den zusammenhang der strecke – den nachläufigen eine möglichkeit. ausgangsmaterial sind notationen längerer weilen sowie fotos, zeichnungen, kürzel, die sich während der arbeit zwischen die zeichen und ihren sinn stellen. im verlauf der verschiedenen fassungen formieren sich beziehungen im kopf, die umgesetzt

58 Johannes Jansen, Ausstellung »Prost Neuland«
Oktober 1989 in der Galerie Eigen+Art
Foto: Uwe Frauendorf

vorläufig sind. jede textbildvariante ist veränderbar, je nach gebrauch und verwendung. der ausgangspunkt wird überlagert von dem wegrand säumendem fundzeug. das ziel ist, mit vorstellung und rücksicht den weg zu verfolgen. das entstehende ist ein wegstück, das weggegeben sich weiter verändert, dem benutz des finders (leser/betrachter) entsprechend – ein chamäleon, das die farbe wechselt, den umständen nicht zu genügen und jeder umstand sieht das gleiche und ein anderes wesen in ein und demselben tier. die wachsende struktur einer sich ständig verändernden, wandernden ausstellung, nicht als ausdruck einer scheinbar konkreten idee, sondern als dokumentation der lebensabschnitte, in denen die einzelnen teile entstanden – eine struktur der werke, die in jeder beziehung ein bild ist, das weitertreibt durch die täuschungsmanöver der mit ihm verbundenen erinnerung.

(zitatreste: blixa bargeld/werner spies/gudrun ensslin/elke erb/carlfriedrich claus/bernward vesper/walter benjamin/patti smith/uwe johnson)

Zwei Generationen Berliner Großstadtfotografie

von Stefan Orendt

Der Prenzlauer Berg als Ort, an dem in der neuen sozialistischen Hauptstadt Berlin urbanes Leben überdauerte, wurde zum bevorzugten Thema und Wohnquartier vieler Berliner Fotografen.

Uwe Steinberg (1942–1983) arbeitete seit 1963 als Bildreporter, seit 1970 für die Neue Berliner Illustrierte. Berühmt geworden ist seine Studie über den Alltag der Berliner Zentralmarkthalle von 1963. Obwohl seine nüchternen Beobachtungen im Widerspruch zum Propagandaauftrag der Printmedien standen, führten ihn Fotoaufträge immer wieder in die Arbeitswelt der Berliner Großindustrie, wo er das Lachen und die Schwielen beim Bau einer sozialistischen Ordnung zeigen wollte. »Seine besten Bilder«, so der Fotograf Ulrich Burchert, »sind jene, in denen das Abgebildete ins Sinnbildliche gehoben werden, als Ausdruck unserer Zeit.« Sein letztes, unvollendetes Projekt, ein Porträt der »Schönhauser Allee« zeichnet sich durch analytische, schnörkellose Beobachtung komplizierter Lebensverhältnis aus.

Auch für *Bernd Heyden* war der Prenzlauer Berg Heimat und Arbeitsplatz als Fotograf. Einsam starb der dort Geborene 43jährig am Alkohol. Er war ein intensiver Mensch, der die Nähe zu den Menschen in seinem Quartier suchte. Seine Offenheit und Unvoreingenommenheit ließen Bilder inniger Anteilnahme und faktischer Genauigkeit entstehen. Er bewegte sich in den vertrauten Straßen der eigenen Biografie als Gleicher unter Gleichen. Die proletarische Kultur des alten Berliner Arbeiterviertels mit seinen Eckkneipen und Hinterhöfen war die eigene, und die war schon immer unprätentiös und direkt im Umgang. Solidarität und Selbstbehauptung bilden die Spanne. Hier ist kein Raum für Voyeure. Kleinbürgerliche Topografen bleiben draußen. Der Innenblick seiner Bilder brachte ihm Erfolg, das Leben in den tristen Hinterhöfen und in seiner düsteren Parterrewohnung machte ihn krank.

Die Betroffenheit und Spannung, die Bernd Heydens Fotografien stets auslösen, erzwingen auch beim Betrachter behutsamen Umgang mit den Bildern, mit den dargestellten Gegenständen und der Empfindsamkeit des Autors. Nicht oft kommt es in der Fotografie vor, daß man mit geliehenen Augen so tief und intim in fremdes Leben blicken kann. Fremde Gesichter öffnen sich schutzlos. Da werden keine Geschichten erzählt oder Polemiken geführt, die Bilder sind Bekenntnisse.

Sven Marquardt (geb. 1962) und *Robert Paris* (geb. 1962) gehören zur Generation junger Fotografen der achtziger Jahre, die eine radikale Subjektivität behaupten. Wie die meisten dieser Generation sind sie Autodidakten. Die Notwendigkeit, mit der Kamera umzugehen, ergab sich aus ihrem Erleben. Keine von außen herangetragene Aufgabe, kein Kunststudium, kein revoltierender Gestaltungswille spielten dabei eine Rolle.

Als sich *Robert Paris* 1979 eine kleine Rollei lieh, fotografierte er Türen, Hausflure, Fassaden der Häuser, die er besonders gern hatte. Die Fotos sollten einen

59 Robert Paris, Gaswerk Prenzlauer Berg, 1983

60 Robert Paris, S-Bahnhof Unter den Linden der Nord-Süd-Bahn, 1990

61 Bernd Heyden, Wiener Café, 1974

62 Uwe Steinberg, 1. Mai 1982 im Volkspark Friedrichshain
Archiv Detlev Steinberg

Zustand festhalten, den er durch weiteren Verfall oder Renovierung zurecht als gefährdet ansah. An Kunst dachte er dabei überhaupt nicht. Das änderte sich schlagartig als bekannt wurde, das historische Gaswerk an der Dimitroffstraße werde abgerissen. Dieses faszinierende Industriedenkmal lag im Fluchtpunkt der Straße, in der er aufgewachsen ist. Es gab sicher nur wenige Tage, die er nicht in der fortan verbotenen Zone verbrachte. Aufgewühlt fotografierte er abenteuerliche Sichten, teils Inszenierungen mit Freunden, die mal mitkamen. Konzentriert, mit System, fotografierte Robert Paris Details und das Ganze, verfolgte er die Demontage bis zur Sprengung der Gasometer. Drei seiner Aufnahmen waren im Sommer 1982 in einer Ausstellung »Landschaften« neben denen arrivierter Fotografen zu sehen. Seither bekennt sich Robert Paris dazu, Fotograf zu sein, als Sachwalter Berliner Stadtkultur. Seine Sachlichkeit ist nützlich für Denkmalpfleger, seine Sinnlichkeit schafft schmerzhaften Genuß an Mauern und geschichtsbeladenen Anlagen. Die Eindringlichkeit seiner Bilder läßt den Betrachter anteilnehmen am passionierten Blick auf das steinerne Berlin.
Anders *Sven Marquardt*. Auch er betreibt Fotografie konsequent zur Selbstverständigung über das Innen und Außen seiner Existenz in der Großstadt. Seine Fotografien schaffen künstliche Realitäten, inszenieren exaltierte Träume von Lust und Angst. Sadomasochistische Lust verbinden die Latexfrau und den Ledergefesselten, die zueinander nicht finden können. Die träumende Schöne mit glitschigen Fischen, ein blutüberströmter Gekreuzigter an Fleischerhaken oder der Dornengekrönte gestylt in mondäner Geste: Begriffe von Schönheit, Erotik, Schmerz, Tod, Grauen, Zärtlichkeit werden inszeniert.
Der erste Blick erregt Irritation, beim zweiten spürt man, welchen eigenen Obsessionen man gegenübertritt. Sven Marquardt hat keine verschlüsselten Botschaften anzubieten. Sein Exhibitionismus schielt nicht nach Sinn, er ist Ausdruck einer Generation, die ihre eigenen Werte zu leben behauptet, die alten sind außer Kraft, sie werden an der Schmerzgrenze der Dekadenz ironisch entlassen.

Prinzip Bildverneinung
Der Fotograf Kurt Buchwald

von Jörg Wähner

Kurt Buchwald entspricht der landläufigen Vorstellung vom Bürgerschreck. Er installiert in die Motivlandschaften der Fotografen, von Moskau bis Paris, Foto-Verbots-Schilder. Oder, er verstellt mit schwarzem Mantel Touristen die Postkartenansichten. Als Provokateur persifliert er so den verwirrten Sightseeing-Reisenden die Holidayerinnerungen. Wie ein Naturschützer, der um den Verlust optischer Wahrnehmungsfähigkeit fürchtet, springt er den Ausverkaufsansichten ins Bild. Er greift ein, um mit der Öffentlichkeit zu kontaktieren.

Zu Beginn markierte Buchwald sein Abbildungsterritorium mit Informationszeichen (↑ ↓ +), die er inzwischen zu Aktionssymbolen stilisiert hat. Dabei erweiterte er seinen Aktionsradius von der Augustusburger Seilbahn-Akrobatik über die TV-Verbrennungen im Thüringer Wald zu den Säuberungen von stalinistisch belastetem Fotoleinen in Berlin. Aber seine Haltung als Fotograf zeigen die »Unschärfeporträts«. Er betätigt den Auslöser, bevor die Schärfeeinstellung das Gegenüber denunziert. Die Dunkelmänner/frauen zwischen Prenzlauer Allee und den Ausläufern der Schönhauser verschwimmen im Zeitkino der Stadt. Der Hintergrund bleibt Staffage. Es bleibt der Dialog der Figuren mit dem Traumatischen der Situation. Für Buchwald eine Möglichkeit zur persönlichen Distanz. In

63 Kurt Buchwald, Nachtkammer, Rauminstallation in der Galerie »Weißer Elefant«, Berlin, eröffnet am 6. 10. 1989

der Erinnerung verschwindet die Person wie das Bild von ihr, das er sich gezeichnet hat. Als passiere das Vorweggenommene, noch Unaussprechliche, zeigt sich im Gegenüber die eigene Vergänglichkeit.
Das Dasein im Nichtsein. Die Möglichkeiten der Bildverneinung aufgeschlüsselt in den Arbeiten von »Stehplätze – Störplätze«. Im Einzelfoto verdeckt der schwarze Mantel den Ausblick auf die Prachtbauten in Berlins Mitte. Zum Tableau zusammengefaßt entsteht ein Mauerbild als Störfläche, das die Konfrontation mit der ehemals geteilten Stadt einklagt. Ein weiterer Schritt zur Bildauslöschung findet sich als Installation in der »Nachtkammer«, wo das Foto noch existiert, sich aber dem Betrachter gegenüber verweigert. Einer ähnlichen Konzeption folgen Buchwalds Arbeiten mit regulativen Zeichen der Zivilisation. Das Piktogramm »Fotografieren verboten!« inszenierte er an touristischen Schauplätzen in Polen, Budapest und Ost-Berlin. Als Idee eines Gegenentwurfs zur Bilderflut entworfen, wurde es, mit ironischem Blick auf das Verbotsmonopol des Staates, zum Programm erweitert. Der Potsdamer Platz war Angriffspunkt einer seiner Foto-Verbots-Überfälle. In Paris am Place de Trocadero, dem rituellen Treff mit Kamerablick auf den Eifelturm, und am Arc de Triomphe, hier wie in Ost-Berlin, wegen »Schändung eines Nationalheiligtums« kurzzeitig verhaftet, war die Beliebigkeit der benutzten Symbole erreicht. Mit den Medien im Rücken kippte die Situation zum Happening mit Volksfestcharakter um. Das Zeichen »No-Foto« wurde zum beliebigen Marketing-Symbol. Damit scheint ein vorläufiger Endpunkt erreicht zu sein. Wenn die Zeichen der Systeme nicht mehr stimmen, stehen alle Ampeln gleichzeitig auf Grün.

Kein fester Punkt

von Gundula Schulze

Kneife ich die Augen zusammen, hüpfen leuchtende Farben durch den Raum, bleibt kein fester Punkt, an den ich mich halten kann, alles ist in Bewegung. Die bunten Gestalten, die vor mir tanzen, löse ich mit der Kamera auf. Ihr Rhythmus wird der des Bildes werden und die Farben ihr Klang.

Plötzlich reiße ich die Augen auf. Ein Mann läuft mit einem überdimensionalen Sombrero an mir vorüber. Dieses Monstrum von Hut ist von einem häßlichen Dunkelrot, das wie Grint getrockneten Blutes wirkt. Wenn es eine Farbe gibt, die ich nicht leiden kann, dann diese. Der Sombrero ist breiter als die Schultern seines schmächtigen Trägers. Das Gesicht des Mannes trieft vor selbstherrlicher Überheblichkeit. Ich muß an Fritz denken. Einen Hund, der nie genug gelobt und gestreichelt werden konnte, da sein Herr ihn schon in den ersten Lebensmonaten mit Eisenketten traktiert hatte. Sein Selbstbewußtsein war für immer am Boden zerstört. Keine Kraft könnte ihn jemals heilen.

Der Sombrero als Ausdruck des Männlichkeitswahns, stark, mutig und potent zu sein. Es ist keine Straßenszene einer Großstadt, der ich beiwohne, sondern das Fest einer Indianistikgruppe, die dem Karl-May-Museum Dresden-Radebeul angehört. Im Messerwerfen legt der Möchtegern Zapata eine erstaunliche Geschicklichkeit an den Tag, die ich ihm nicht zugetraut hätte. Ohne mit der Wimper zu zucken, stellt sich ein alter Häuptling als Opfer zur Verfügung. Er läßt sich an eine Holzwand binden. Im nächsten Moment fliegen die Dolche. Keiner trifft, sie keilen ihn bloß ein. Als der Applaus des Publikums aufflammt, schwenkt das Männlein seinen Sombrero durch die Luft. Ihm ist anzusehen, daß er für Minuten ganz glücklich ist.

Bilder können Gegensätze ausdrücken. In den Gegensätzen erfahren wir etwas über die wahre Natur unserer Empfindungen und unseres Seins. Auch wenn man sich hundert Mal einredet, jemanden nicht zu lieben, denkt man doch ununterbrochen an ihn. Oder je älter man wird, desto größer die Begierde. Als ich im Schlachthof fotografierte, konnte ich beobachten, wie sie im Angesicht des Todes alle Dämme zu brechen vermag. Eine Horde zusammengepferchter Bullen ist außer Rand und Band geraten. Das Fleisch kocht. Ihre schwitzenden Körper dampfen. Während sie sich gegenseitig bespringen und aufeinander losrammeln, schießen Fontänen mit Samen in die Luft. Im Innern des Hauses fließt Blut bereits in Strömen. Wenige Minuten bleiben ihnen, bis auch sie zur Schlachtbank getrieben werden.

Oder wer lange in Fülle gelebt hat, wird eher Leere zu spüren bekommen. Die Fremdheit der großen Städte, deren Architektur und Lebensweise soziale Bindungen verflacht, wird denjenigen unerträglich erscheinen, die Intimität und Nähe kennengelernt haben. Doch eine Welt ohne Intimität ist langweilig. In ihr gibt es keine Besonderheiten, alles bleibt »gleich und gültig«.[1] Wie jene Menschen, die ein Leben ohne Höhen und Tiefen, ohne Freude, ohne Leid, ohne Licht und ohne Schatten führen. Materielle Sicherheit als Endpunkt allen Seins. An diesem Punkt der Entwicklung angekommen, gleicht der Mensch einer gestutzten Pflanze, die ihre Triebe in die Richtung ausschlägt, in die sie gelenkt werden. Im Innern gähnt

64 Gundula Schulze, Dresden 1989

65 Gundula Schulze, Schlachthof 1988

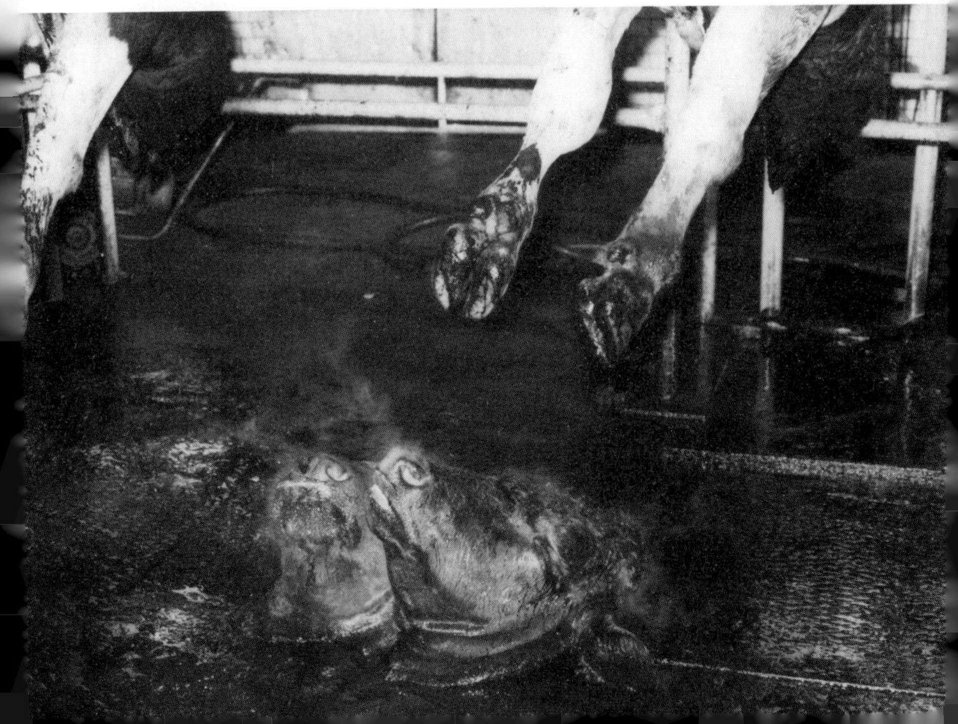

tiefe Leere, die auf Unterhaltung aus ist. Bloß nicht allein sein in der Trübnis des Raumes. Vielleicht arbeiten deshalb Menschen freiwillig länger, um das dumpfe Gefühl loszuwerden, das sie plagt. Ohne Arbeit kann schon Kaffeetrinken oder Mittagessen zum Höhepunkt eines Tages werden.

Wenn der Mensch in seinen geistigen Fähigkeiten angeblich so den anderen Lebewesen überlegen ist, wie er behauptet, weshalb versucht er immer wieder, Bewegungen aufzuhalten, von denen er wissen müßte, daß sie außerhalb seines Willens funktionieren? Wehren sich etwa Tiere gegen die Gesetze der Natur? Oder Pflanzen? Der Mensch neigt in seiner Anmaßung dazu, sich als Zentrum des Universums zu betrachten. Wenn er beispielsweise predigt, seine »Größe« wäre schon darin zu erkennen, daß er die Natur beherrscht. In seinem Mund hat das Wort Herrschaft bisher Unterdrückung, Ausbeutung und Vernichtung bedeutet. In dem Maß, wie er in seinem geistigen Größenwahn etwas will, was es in der Natur nicht gibt, verwüstet er sie. Darin liegt vielleicht ein Fluch, der den Menschen überschattet. Denn trotz seiner Gabe, sich Prozesse in Natur und Gesellschaft bewußt zu machen, bleibt er doch an die Ordnung gebunden, die in lebender Materie steckt. Was uns auf die Welt geschleudert hat, läßt uns vergehen. Die Versöhnung liegt im Erkennen eines unendlichen Reichtums, der sich vor uns und in uns ausbreitet. Tragischerweise wird er selten in seiner Größe und Vielfalt wahrgenommen. Dazu fehlt es Menschen an Reife.

Die unsichtbaren Elemente unseres Lebens sind Energie und Geist. An Formen gewöhnt, die uns auf der Erde umgeben, nehmen wir selbstverständlich hin, daß ein Baum ein Baum oder ein Hund ein Hund ist. Betrachtet man aber Farben organischer Substanzen unterm Mikroskop, sehen sie jenen Aufnahmen ähnlich, die Astronauten aus dem Kosmos von der Sahara oder dem tropischen Regenwald gemacht haben. Nähe und Entfernung lösen Formen auf. Ich halte es für eine große Beschränkung menschlichen Geistes, Denken an bestimmte Formen zu binden, denen Begriffe gegeben werden, die leicht einzuordnen sind. Noch schlimmer ist die Tatsache, daß der Mensch die Begriffe in ihrer äußeren Bedeutung erstarren läßt. Er kann die Dinge des Lebens nur noch in der Hülle und in Vor-Urteilen betrachten.

Edgar Mitchell, ein amerikanischer Astronaut, sagte über das Weltall: »Der Höhepunkt unserer Reise war die Erkenntnis, daß das Universum harmonisch, zweckvoll und schöpferisch ist. Der Tiefpunkt lag in der Feststellung, daß sich die Menschheit nicht dieser Erkenntnis gemäß verhält.«[2]

Solange der Mensch von Träumen faselt, die jenseits aller Natur liegen, wird er Gesellschaft und Natur nicht in Einklang bringen können – ein Ziel, von dem er weiter entfernt ist als je zuvor. Der Mensch ist in der Gesellschaft Gesetzen unterworfen, die er nicht beherrschen kann. Gesellschaftliche Prozesse sind ebenso umfassend wie die der Natur. Die Beeinträchtigung eines Teiles bedeutet die Beeinträchtigung des Ganzen. Alles ist untrennbar miteinander verbunden und gehört zusammen. Ein Geflecht, das mit seiner Eigendynamik in der Vergangenheit dem Menschen schnell aus der Hand geglitten ist. Werden beispielsweise Entwicklungen ummauert, die anfangs selbst bekämpft worden sind, hatte das in der Geschichte verheerende Folgen. Denn die Intensität, mit der Barrieren schließlich niedergerissen werden, gleicht einem Erdbeben – was auch Krieg bedeuten kann.

Kandinskys Malerei gefällt mir. Besonders die Bilder, die im Zeitraum von 1907

bis 1920 entstanden sind. Er löst die Formen auf und zeigt Spannungen in endloser Vielfalt. Da ist es egal, ob es sich um Natur oder Gesellschaft handelt. Er zeigt beides, wie El Greco, in dessen Figuren Kosmisches und Menschliches zugleich liegen. Denn eine Gestalt muß nicht unbedingt aufgelöst werden, um sie lebendig wirken zu lassen.
Im geistigen Umfeld meines Landes werden bildhafte Künste wie Malerei, Fotografie und Film voneinander getrennt. Das halte ich ebenfalls für eine Beschränktheit, wo doch ihre geistigen Wurzeln eng verflochten sind. Sie liegen in dem Versuch, ein Abbild zu schaffen, das der Wirklichkeit nahe kommen möchte. Eine Frage taucht dabei auf, die alle Künstler beschäftigt: Wo liegt das Echte, das Wahrhaftige, das Reale?
In der Beschreibung eines Zustandes ist nicht der Gegenstand in seiner äußeren Form so maßgeblich, sondern der Klang, der von ihm ausgeht. Ebenso hat jeder Raum einen Rhythmus, der dadurch zustande kommt, daß die verschiedenen Formen in einer bestimmten Anordnung zueinander stehen. Und die Farbe? Ist sie direktes Leben, vielleicht sogar seine Seele?
Alles zusammen ergibt eine Melodie. Auf den Menschen bezogen, bedeutet das, wie ist sein Gang, wie der Klang seiner Stimme, wenn er etwa sagt »es geht mir gut« oder »es ekelt mich an«. Welches Gesicht zieht er dabei, wie ist sein Blick, wie sein Mund? Rudert er mit den Händen in der Luft, wie ein Ertrinkender oder sind seine Bewegungen bodenständig, kräftig und vital? Der Klang macht die Musik. Alles andere ist Tarnung und fliegt irgendwann auf. Meistens tragisch. Ich staune über den Volksmund, der in diesem Fall treffend formuliert: dann wird Farbe bekannt.

1 aus einem Gedicht von Bert Papenfuß Gorek, »Dreizehntanz«, Aufbau-Außer der Reihe, herausgegeben von Gerhard Wolf, Aufbau Verlag Berlin und Weimar, 1988
2 Zeitmagazin, Nr. 11, 10. 3. 89, »Wie Astronauten unsere Erde sehen«, S. 24

Burg Goldbeck

von Michael Freitag

Burg Goldbeck ist kein Reiseziel für grelle Busgemeinschaften. Denn die Wehrmauern des Spätmittelalters stehen auf einem einsamen Flecken der Wittstocker Mark. Jahrhunderte mühseliger Landarbeit in der spröden Gegend zwischen Hamburg und Berlin haben an der kulturhistorischen Substanz der Burg gezehrt und die Trutzfunktion der Feste zum Praktischen gewendet: Als Schnapsbrennerei der Gründerzeitväter drastisch entzaubert, war die Domäne zuletzt ein Umsiedlerquartier in der Nachkriegsnot.

Heute leben hier Künstler. In Goldbeck entsteht ein Modell der selbstorganisierten sozialen und künstlerischen Unabhängigkeit. Es bietet eine Alternative zu den Bequemlichkeitsangeboten der institutionalisierten Kunstverwaltung sogenannter Kulturzentren. Der Auszug in die Provinz, die seit 1983 währende Ausbauarbeit im verfallenen Backsteingemäuer, die eigenhändige Errichtung von großangelegten Werkstatträumen mit Kapazitäten für Gäste und die Urbarmachung des Parks sind ein entschlossener Versuch, die brütende Isolationshaft der von der Gesellschaft ausgehaltenen Hinterhofgenies zu sprengen. Die Ortlosigkeit von Goldbeck ist genau der Punkt, an dem eine Neubestimmung des Zusammenhangs von Existenzbewältigung und Kunstschaffen vorgenommen werden konnte. Verschiedenheit der Individualäußerung soll hier gemeinschaftlich ausgetragen werden. Spezialgebiete der jeweiligen Arbeit avancieren so zum Gesamtbild eines Kunstbetriebes, dessen Teilbereiche sowohl unabhängig als auch arbeitsteilig funktionieren.

Sabine und Guido Heller (Keramik), Florian Flierl (Restaurator und Bildhauer), Trakia Wendisch (Maler und Bildhauer) sowie Antje und Ulrich Müller-Reimkasten (Textilgestalter, letzterer auch Maler) vereinten sich deshalb bewußt von auseinanderliegenden Positionen aus zu einem Unternehmen, das es zuläßt, Projekte und deren Realisierung auch dann zu denken, wenn der dazu benötigte Material- und Zeitaufwand die Möglichkeiten des einzelnen oder die Kompetenz von staatlichen Auftragsstellen überschreiten würde. Handwerk und freie Kunst gehen in einer Synthese der Vorstellung auf, die ohne programmatische Festlegung auf ebenso persönliche wie universelle Gestaltungen zielt. Vor allem Wendisch und Reimkasten forcieren die Überwindung jener geschichtlichen, kulturellen und intellektuellen Selbstgenügsamkeit, die sie am Großstadtfilz einer »Szene« gelangweilt hat.

Dieses offene Prinzip der Produktion ist darauf angelegt, von einem größeren Kreis Gleichgesinnter des In- und Auslandes wahrgenommen zu werden: als Angebot zur Nutzung der Werkstätten und zur gegenseitigen Erfahrungsvermittlung. Die Burg versteht sich als Konzentrationspunkt für das Zusammenlaufen von Ideen und Interessen, die über eine gewöhnliche Galeriebeschickung hinaus eine souveräne Partnerschaft auch mit Industrie, Wirtschaft und Kommunen einschließen.

Insofern findet man auf der Burg zwar kein Museum, aber einen Raum der Begegnung, der Weltoffenheit in der Provinz und auch der Zukunftsprojektion.

66 Burg Goldbeck mit Installation von Ulrich Müller Reimkasten
Foto: Bernd Borchardt

KAFKA-Projekt

»Du bekamst für mich das Rätselhafte, das alle Tyrannen haben, deren Recht auf ihrer Person, nicht auf dem Denken begründet ist.« (Kafka, Brief an den Vater)

Wie ein Bild das uns entgleitet
Stirbt der Schnee auf den Augen
Der Müdigkeit gräbt sich
Das Ansinnen auf Veränderung
In den Granit der Standbilder –
Wir erben die Schuld der Väter
An ihren Händen Blut Ihre Gesichter
Masken mit dem Ekel des Erinnerns:
Mein Vater war ein Gespenst
Quasi bei der Stasi und
Im Herzen den Schutt aus
Deutscher Vergangenheit –
Honigsüß war der Traum vom VATERland
in der Scheiße –
Unter den wundgeriebenen Stellen
Meines Körpers aufgekratzt zwischen
Schlaflos und kopflos war die fremde Frau
Meine Mutter Die Hure aus den Träumen
Die den Haß gebar:
Vaterland & Muttermilch
Mutters Land oder Vaters Hand
Vaters Hand im Muttermund
Das ZITAT wird zur TAT und
Ich schlag mir ins Gesicht um
An der eignen Faust zu ersticken
An der SprachGEWALT der MACHT
Die unsere sein soll wie das
Täglich Brot Im Citroen
Mit Panzerglas und Standarte spiegelt
Sich mein Gesicht und neben mir
Das des Mannes in Zivil als Kinder
Der gleichen Republik wo
Die Illusion einer Hoffnung Die Hoffnung
einer Illusion an Alice
Im Wunderland erinnert
Alles ist normal Nichts geht mehr
So oder anders Was aufblüht
Zerfällt Der Schrecken ist ein Auto
Das Kopf steht Die Unfälle
Der Zivilisation in den Straßen
Sich quälen Augen/Schreie sanft und
Melancholisch auf dem Brustkorb
Sich wälzen Die Luft nehmen
Zum Atmen...

14. 1. 90
Jörg Wähner

DER NORDEN

67 Stefan Plenkers, Seezeichen, 1985

Kunsthalle Rostock

von Horst Zimmermann

Außerhalb der altehrwürdigen Handelsstadt, an einem zu einem Parkteich gestauten kleinen Bächlein zwischen zwei neueren Rostocker Stadtteilen der dreißiger und fünfziger Jahre, aber an der Transitstrecke Kopenhagen – Prag und Lübeck – Stettin, steht die Kunsthalle. Sie gilt als ein Beispiel für moderne, funktionale Architektur und war der erste Neubau eines Kunstmuseums in der DDR. 1974 resümierte Lothar Lang in der Weltbühne: »Die Bilanz der erworbenen Bilder, die Ausstellungen und die das Kunstverständnis auf vielerlei Weise fördernden übrigen Unternehmen dieses Hauses beweisen, daß im Norden unserer Republik ein Kunstzentrum von großer Ausstrahlungskraft entstanden ist.«
Für Mecklenburg, das nur in den alten herzöglichen Sammlungen in Schwerin ein Kunstmuseum von europäischem Rang besitzt, ist das doch sehr bemerkenswert. Rostock hatte zwar einen Kunst- und Altertumsverein, aber keine nennenswerte Sammlung; im zum städtischen Museum umfunktionierten Societätsgebäude fanden gelegentlich Kunstausstellungen lokaler Bedeutung statt, die natürlich keine Künstler seßhaft werden ließen. Künstlerkolonien entstanden südlich von Rostock in Schwaan, im Tal der Warnow und in Ahrenshoop an der Ostseeküste, weit weg von der Seestadt Rostock. Ahrenshoop wurde in den dreißiger Jahren wieder bedeutsam, weil sich dort verfolgte Künstler wie Gerhard Marcks zurückzogen. Auf der Halbinsel Usedom im Vorpommerschen ließen sich Künstler aus Berlin wie Otto Niemeyer-Holstein und Otto Manigk aus der Nazi-Hauptstadt nieder. Andere Künstler zogen sich aus den großen Kunstzentren zurück, Edith Dettmann aus Düsseldorf nach Stralsund, Kate Diehn-Bitt aus Dresden nach Rostock usw. Sie alle haben wesentlichen Anteil an einer aktiven Kunstpolitik in Mecklenburg-Vorpommern nach 1945, da sie, mit wenigen Ausnahmen – Gerhard Marcks folgte einem Ruf nach Hamburg – hierblieben. Besonders das »Tabu«-Atelier im Klostergarten Niemeyers in Lüttenort wurde ein echter, von offizieller Seite wenig geliebter Treffpunkt junger oppositioneller Künstler, wie Max Uhlig und Peter Makolies aus Dresden, Gerhard Stötzer und Wieland Förster aus Berlin und Jo Jastram aus Rostock. In dieser etwas isolierten, dennoch aber lebendigen Kunstszene der Küste liegt eine der Quellen der Kunsthalle Rostock, die ihre Einbindung in das Kunstgeschehen der DDR ermöglichte. Der Kreis um Niemeyer-Holstein, um ONH, und er selbst als erster Präsident der Biennale der Ostseeländer, die als Künstlermanifestation der Ostseewoche 1965 entstand, haben daran wesentlichen Anteil.
In Rostock siedelten sich seit den fünfziger Jahren junge Künstler an, so z.B. Armin Münch und Johannes Müller aus Dresden, Rudolf Austen und Heinz Wodzicka aus Berlin, Karlheinz Kuhn aus Leipzig. Um den Rostocker Bildhauer Jo Jastram bildete sich bald ein aktiver Künstlerkreis. Auch in Stralsund mit Manfred Kastner, in Greifswald Sibylle und Horst Leifer, in Barth Margret Middell, in Bergen auf Rügen Anneliese Hoge, regten sich junge Künstler und gaben der Küstenregion ein eigenes Gesicht gegenüber den alten Kunstzentren.
Seit der am 15. 5. 1969 erfolgten Eröffnung der Kunsthalle Rostock fanden hier alle wichtigen Kunstausstellungen des Nordens unserer Republik statt. Da seitens

des Kulturfonds Ankaufsmittel über den spärlichen eigenen Etat hinaus zur Verfügung gestellt wurden, ist die Kunstszene der Küstenlandschaft seit den sechziger Jahren gut in den Sammlungen der Kunsthalle vertreten. Am ausgeprägtesten wohl die Usedomer. Von Otto Manigk gibt es eine gute Kollektion, ebenso von Rolf Werner und von Susanne Kandt-Horn, deren Atelier für Wolf Biermann und Nina Hagen zeitweilig Zuflucht war. Otto Niemeyer-Holstein ist durch eine umfangreiche Schenkung mit seinem Gesamtwerk präsent. Eigentlich läßt sich das gleiche auch von den alten DDR-Kunstzentren Berlin, Halle, Leipzig und Dresden sagen, weil aus vielen Ausstellungen Werke für die Rostocker Kunsthalle angekauft werden konnten. Daß einer der wirklichen Schwerpunkte der Sammlung Dresdner Kunst ist, mag eine Erklärung auch darin finden, daß ich als erster Direktor, obwohl Mecklenburger, aus Dresden kam. Der Kunsthändler Kühl aus Dresden, dem wichtige Werke besonders der älteren Dresdner verdankt werden, pflegte zu sagen, daß die beste Dresdner Kollektion in der Rostocker Kunsthalle besichtigt werden kann. Hegenbarth, Glöckner, Wolff, Hassebrauk, Kretzschmar, Rudolph, Beutner, Heuer, Rosenhauer, Uhlig, Naumann und Plenkers sind hier zu sehen.

Durch Einzelausstellungen oder aus den Biennale-Kollektionen kamen auch vereinzelt Werke von Künstlern der Bundesrepublik Deutschland in die Rostokker Sammlung, so eine Schenkung von HAP Grieshaber zur Eröffnung der Kunsthalle, später konnte die berühmte »Sintflut« erworben werden. Wichtig ist wohl auch die Plastik-Sammlung aller wichtigen Bildhauer der DDR, die sich auch nach außen durch den Plastik-Park vor der Kunsthalle manifestiert. Sie ging hervor aus einer Reihe von Plastik-Ausstellungen der Kunsthalle im Parkgebäude des Rostocker Zoos.

Die Kunsthalle Rostock hat ein umfangreiches Ausstellungsprogramm aufgebaut, das durchaus nicht auf die DDR beschränkt ist. Hier fanden bisher viele Debut-Ausstellungen statt, Jubilare zeigten ihr reiches Lebenswerk, manch Unbekanntes konnte entdeckt und Meisterwerke europäischer Kunst aus den alten Sammlungen hier bewundert werden. Ausstellungen aus fast allen europäischen Ländern, aber auch aus Lateinamerika und Japan kamen nach Rostock. Wichtige Museen stellten sich vor und viele Museen gaben Leihgaben zu Personalausstellungen, u. a. von Rolf Nesch aus Oslo, Maja Tabaka aus Riga, Josef Liesler aus Prag, Vittorio Basaglia aus Venedig, Theo Balden aus Berlin etc. Besonders eng ist der Kontakt zu den skandinavischen Künstlern, und hätte es nicht dieses blöde System der Isolierung der Künstler in der DDR gegeben, hätte sich hier im Norden der DDR im gegenseitigen Geben und Nehmen eine neue, von schöpferischer Arbeit geprägte skandinavisch-norddeutsche Kunstszene ergeben können. Begonnen aber hatte die Zusammenarbeit vor der Wende, durch die Kontakte über die Biennale-Vertreter zu »Konstfrämjandet« und zu »Grafiska Sellskapet« in Schweden, zum »Taiteilijaseura« in Helsinki, zu »Corner« und anderen Gruppen in Dänemark etc., die sich alle mit zeitgenössischer Kunst ihrer Länder vorstellten. Auf dieser guten Basis könnte jetzt im neuen demokratischen Aufbruch der begonnene Weg einen neuen Inhalt bekommen.

Der Maler Otto Niemeyer-Holstein

von Detlev Lücke

Unfähig, über die Arbeit der Niemeyer-Holstein-Gedenkstätte zu schreiben, kann ich nur Erinnerungen an jene Zeit mitteilen, als dort alles lebte, wuchs und gedieh unter der achtungsvollen Liebe desjenigen, den seine Freunde Käptn oder Nino nannten, und seiner Frau Anneliese Niemeyer, dem »Stürmann«.
Ein Bild, das bleibt: Der Maler kommt aus den Dünen, auf dem Kopf einen grauen Filzhut gegen die Sonne, darunter lange weiße Haare eine verwaschene Jeansjacke, Oberhemd mit grünkarierter Krawatte, dunkelblaue Cordhosen. Er zieht ein Gefährt, mit dem Rentner üblicherweise ihre Koffer transportieren. Bei ihm trägt es Staffelei, Farben, Malpappe, Pinsel. Er lächelt verlegen über seinen Aufzug, den mancher als unpassend empfinden könnte, aber es geht von ihm eine natürliche Noblesse aus, wie es der Bildhauer Werner Stötzer einmal beschrieb.
Niemeyer-Holstein (Jahrgang 1896) hat bis zum Tage seines Todes im Februar 1984 gearbeitet. Er hatte das Staunen über die Natur nicht verlernt. Seinen malerischen Elan gewann er ungebrochen aus der Anschauung. Immer wieder reizte ihn die Auseinandersetzung mit der Schwelle, dem Punkt, wo sich die Dinge trafen. Die Farben des Usedomer Strandes, der verwitterten Buhnenpfähle, das Schilf des Achterwassers, das Rot der Pelargonien. Himmels- und Meerespanoramen waren seine Sache nicht. »Die Natur gibt mir«, war einer seiner geflügelten Sätze. Das Staunenkönnen war ihm keine gestaltlose Schwärmerei. Der Maler arbeitete mit höchster Konzentration, deckte Schönheiten aus dem Verborgenen auf, sah das einzelne als Teil des Universums. Dieses fast religiöse Verhältnis zur Natur kam aus den Jahren in Ascona, wo der Kriegsversehrte des Ersten Weltkriegs in der Gemeinschaft der reformerischen Kolonie um Mary Wigman, Marianne Wereffkin, Alexander von Jawlensky, Richard Seewald und Werner von der Schulenburg neue Inhalte suchte. Das Licht des Tessins, jener Schwelle zwischen Nord und Süd, ist stets in seinen Bildern zu finden. Schulenburg, der väterliche Freund, hatte Niemeyer zum Malen angeregt und dem in Kiel als Sohn eines angesehenen Völkerrechtlers Geborenen geraten, sich den Namen seiner Heimat Holstein als Beinamen zuzulegen. In den zwanziger Jahren prägte sich sein vom französischen Impressionismus beeinflußter Stil, zu seinen Lehrern zählten Artur Segal und Willy Jäckel.
Als die Nazis an die Macht kamen, verließ der Künstler mit seiner Familie Berlin in Richtung Norden. An die schmalste Stelle der Insel Usedom, nahe dem Dorf Zempin, zwischen Ostsee und Achterwasser wurde ein ausrangierter Eisenbahnwaggon dirigiert, der zur Keimzelle des Anwesens wurde und bis heute erhalten ist. Niemeyer-Holstein pflanzte Obstbäume in den kargen Sand. Die Einheimischen ließen den Sonderling gewähren. Künstlerisch isoliert, politisch verdächtigt, hielt er sich mit Brotarbeit über Wasser, segelte mit seinem Boot »Orion« bis in die norwegischen Fjorde. Ab und an gab es kleinere Porträtaufträge.
Auch die Nachkriegszeit empfing ihn nicht mit offenen Armen. Seine Bilder fanden zunächst kaum Echo, das Geld zum Leben wurde mit Urlauberschiffspartien verdient, hinter dem Haus weidete eine Ziege, Fortbewegungsmittel war ein Moped.

Künstlerischer Erfolg kam spät. Als der Maler, der sich selbst einen Spätentwickler nannte, schon über 60 Jahre alt war. Man machte ihn zum Professor, zum Akademiemitglied. Den Lebensstil änderte das nicht. Niemeyers lebten bescheiden. In Lüttenort verlief der Tag nach strengem Ritual.
Der Maler war ein sicherer Hafen für junge Künstler. In der Beurteilung ihres Talents und ihres Charakters war er taktvoll wie unbestechlich. Seine Neugier war anhaltend, seine Offenheit beispielhaft. Durch seine strenge Auffassung von künstlerischer Arbeit wurde er zum Vorbild für Jüngere, zur künstlerischen Leitfigur, ohne im Sinne des Wortes schulbildend zu sein. Zu den engsten Freunden zählten die Maler und Grafiker Joachim John, Wulff Sailer, Hans Vent, der Bildhauer Werner Stötzer, der Kunsthistoriker Rudolf Mayer.
Obwohl Niemeyer-Holstein stets vor der Natur arbeitete, waren seine Werke nie naturalistisch. Seine Stoffe erarbeitete er sich zugleich lustvoll und hart, von Zweifeln gequält. Noch in den sechziger Jahren entdeckte er für sich die Radierkunst und lernte das Handwerk bei seinem Freund Arno Mohr. Niemeyers vitale Aquatinta-Blätter sind die Geschöpfe eines Malers, in ihren vermittelnden Hell-Dunkel-Flächen, ihren weichen wie harten Tönen. Ähnlich verhält es sich mit den Zeichnungen, denen er ebenfalls erst spät Eigenwert gab. Beim Zeichnen dachte er stets an die Farbe. Während er in der Grafik und Zeichnung das Gestaltete mit seiner malerischen Einfühlung bereichert, reduzieren sich die Gemälde in kluger Ökonomie und weiser Zurückhaltung auf Wesentliches. Sein umfangreiches Werk, das auf agitatorische Gebärden verzichten konnte, erfährt in unserer Welt zunehmender Bedrohung durch Vernichtung der natürlichen Ressourcen seine fast beschwörende Kraft. Wie der heutige Besucher von Lüttenort das erfährt,

68 Otto Niemeyer-Holstein 1980 in seinem Atelier
Foto: Ursula Strozynski

kann nur vermutet werden. Sollte er Sensationen erwarten, wird er enttäuscht sein. Ein Mann, der schon zu Lebzeiten eine Legende war, kann es nach seinem Tode nicht mehr werden. In unserem Gedächtnis bleiben weniger einzelne Bilder und Stationen in seinem Leben als das Wissen um Integrität und Haltung eines Menschen, der andere Maler derart formte, daß sie den heutig-hastigen Moden der Kunst eher skeptisch begegnen.

Der Bildhauer Jo Jastram

von Reinhart Grahl

Er sagt: »Ich habe eigentlich nur weitermachen können, was mich über das Auge oder die Hand erreicht hat.« Seit über 35 Jahren schafft der 1928 in Rostock als Sohn eines Lehrers geborene Künstler nach diesem Prinzip.

In der Gestalt-Raum-Beziehung, dem bildnerischen Grundproblem, setzt Jo Jastram das Erbe seiner früheren Lehrer Arnold von der Dresdner und Drake von der Berliner Kunsthochschule fort. »Daß die Gestalt sich aus dem sie umgebenden und ihn bestimmenden und ihn bewegenden Raum erklärt, habe ich relativ spät begriffen – heute weiß ich es besser.« Einflüsse von Barlach und italienischen Realisten bestärkten ihn. »Dynamische Reliefs« und Skulpturen, die die Bewegungsgesetze der schwebenden Tektonik erforschen, zählen zu seinen Hauptwerken. Sein »Wälzender Wallach« (1971) zeugt von Sicherheit, Leichtigkeit und Gefühl für plastisch-räumliche Wirkung sowie Sinn für Urwüchsigkeit, Kraft und Bewegung. Bemerkenswert vor allem sind seine Porträts. Ein einzigartiger Mensch – Bootsmann Jule – hat in Jo Jastram einen Menschenbildner gefunden. Die von Jo Jastram 1957/58 geschaffene Büste aus Bronze ist zwar ein Frühwerk, sie trägt aber bereits alle Züge eines Schlüsselwerkes im Œuvre des Künstlers. Dem »Jule« folgen einige »Große« der Geschichte, Freunde und Bekannte von der Küste, darunter Büsten von Lothar Bolz, Albert Einstein, Rognar Johannsen. Neben die »Bedenklichkeit« will Jo Jastram »Freundlichkeit« setzen, auch Liebe zu fernen Völkern. Seine zahlreichen Studienreisen führen ihn in den sechziger Jahren unter anderem in die Mongolei und nach Addis Abeba.

Zu den Großplastiken für den urbanen Raum gehören der Rostocker »Brunnen der Lebensfreude« zusammen mit dem Bildhauer Reinhard Dietrich, oder in der Rostocker Badstüberstraße die Variante seiner Reiterfigur des Kaspar Ohm, die erst jüngst hier in der rekonstruierten Altstadt ihren Platz gefunden hat. Ein Held wie er im Buche des Mundartdichters John Brinckmann steht. Wie sehr der Bildhauer sich mit der Figur des Kaspar Ohm identifiziert, das spürt der Betrachter schnell.

69 Jo Jastram und Reinhard Dietrich, Brunnen der Lebensfreude in Rostock

arianrhod von der überdosis

(7. 2. '88)
um mir weitere qualen zu ersparen, werde ich nichts aussparen
die zeit war ihrerzeit entfesselt, es schob sich was zusammen
das licht war grau, blitze zuckten, was sich suchte, verlor sich
untrost sprach einen toast aus, was auf veränderung hofft, soff ab
sehnen barsten, herzen brachen, die junge opposition schiß sich zu
der untergrund ging unter, anstatt zur genüge zugrunde zu gehen
befindlichkeit toste im brodem, befangenheit kniff den arsch ab
was noch abzuknappsen war, versiegte, ruhe & ordnung kehrten ein
die entlassenen wurden eingefangen, gesetze setzten sich durch
was entstand, war nur schmant, es fehlten die bässe & die höhen
arianrhod hob eine braue & zack: gesäß & möse huben an zu jucken
sie gebar irgendetwas & rannte weg, sie hat es mir angetan anzutun
die zeit war im nu im banne, was schwante, war ohnmacht, abzuheben
& obwohl das epos in gang kam, wurde ein gedicht eingeschoben
es daherzusagen wird schwerfallen, aber einer muß es ja aufreißen
da ich mein publikum nicht liebe, werde ich's mir anmaßen anzumaßen
vor'm aufstehn kommt kein winter mehr

(16. 3. '88)
wie tristram isalden, tantris ischtar, taranis isis, donar idisen
woanderhin, raus aus der zeit, wo wir unsereins genügsam sind
den sieg der liebe über das leben aneinander auskotzen können
in die wildnis führen uns fanale, heraus hingegen irrlichter
ich höre die stille, höre den rauch, es umtost mich nichts weiter
viele gründe gibt es & viele nicht, so viele es gibt, gibt's nicht
jetzt glaub ich's selber, hab ich nicht recht, mitten in berlin
woandershin, arianrhod, weiß ich nicht, ich kann mich nicht trennen
ich komme schon aus'm bauch; ich dichte mit der sichel

ich hab 'ne kleine gosse in meiner wohnung
einen klobigen batzen unverdautes in mir
ich führe ein bordell in meinem kopf
die parteizentrale im oberschenkel
hab ich ein verlangen nach politischem engagement
das ist mein gutes recht, & sei es auch schlecht
ich bin gegen jeglichen charakter, sei er noch so gut
ich bin nicht nur durchaus durcheinander ich; sondern

70 Tanja Zimmermann, Arianrhod, aus dem gleichnamigen Künstlerbuch mit Texten von Bert Papenfuß-Gorek, Berlin 1989

Eine Werkstatt für kreativen Unsinn im Oderbruch

Erika Stürmer-Alex und Karla Woisnitza
von Hiltrud Ebert

Erika Stürmer-Alex' Arbeiten sind ein Plädoyer für bildnerische Phantasie und kreativen Un-Sinn. Wer das Domizil der Künstlerin in Lietzen, im Bezirk Frankfurt/Oder, entdeckt, Zutritt erlangt zu Haus und Hof, begreift schnell wovon die Rede ist. Im Geviert der alten Feldsteinmauer empfängt den Besucher eine heitere Szenerie aus farbigen Polystyrolfiguren, Pseudo-Maschinen und kinetischen Spielereien aller Art. Kein Material, kein Gerät oder Fundstück, das nicht durch die Hände der Künstlerin zum Kunststück werden könnte. Hier waltet ein schöpferischer Geist, dessen rastloser Gestaltungstrieb auch das Wohnhaus mit Objekten, bemalten Leinwänden und Collagen anfüllt. Das kunstgeschichtlich geübte Auge wird unschwer manch Protagonisten dieser Bilderwelt entdecken. Nicki de Saint Phalle, Cy Twombly, Picasso, die Dadaisten oder die Maler der Ecole de Paris inspirierten zweifellos die Künstlerin zu ihrem stilistisch vielfältigen Œuvre. Klebend, nagelnd, schweißend bringt Erika Stürmer-Alex die verschiedensten Materialien zum Sprechen, montiert Fabelwesen und poetische Nichtigkeiten. Im Geiste Arp'scher »Ohne-Sinn«-Montagen stört sie funktionale Ordnungsprinzipien, schafft ihre zweckfreie Dingwelt. Daneben stehen Bilder von archaischer Strenge.

In den letzten Jahren entstand eine Reihe zyklischer Arbeiten, »Briefserien«, »Tagesnotizen« oder partiturähnliche Blätter zur Musik, die den subjektiven Impuls des Erlebten und Erlebens in gestischen Malspuren festhalten. Die Suggestion emotionaler Bewegung durch bizarre grafische Lineaturen korrigiert sie durch gezielt gesetzte, formale Notate und die lebendige Sprache collagierter Materialien.

Erika Stürmer-Alex' gibt nur ein Beispiel, es liegt in ihrer Art zu leben und zu arbeiten. Kunstmachen ist ihr ebenso wichtig wie sein Resultat. Es ist ein steter Prozeß der Selbstvergewisserung. Von André Gide stammt der Satz, daß Kunst dort beginne, »Wo das Leben nicht mehr ausreicht, um das Leben auszudrücken«. In unzähligen Dingen und Bildern haben die Facetten ihres Ichs Gestalt angenommen. Vergebens wird man nach einem unverwechselbaren stilistischen Markenzeichen der Künstlerin Erika Stürmer-Alex suchen, ebenso nach einer vertikalen Logik ihrer Künstlerbiografie. Erika Stürmer-Alex' Verdienst läßt sich nicht aus den Namenslisten der Kataloge ablesen. Das wissen vor allem jene jungen Leute, die Erika Stürmer-Alex über Jahre hinweg zu kreativem Lebensanspruch »erzog«. Seit 1969 bis zu Beginn der achtziger Jahre leitete sie einen Mal- und Zeichenzirkel in Rüdersdorf. Eine seltene Begabung, »die Menschen zu öffnen, ihnen mit seelischer Sensibilität zu begegnen«, bescheinigt Karla Woisnitza ihrer Lehrerin und Freundin. Vier Jahre gehörte sie dem Rüdersdorfer Zirkel an, bevor sie 1973 ein Studium an der Hochschule für Bildende Künste in Dresden aufnahm und sich dann in Berlin (Ost) niederließ. In Karla Woisnitzas Offenheit für Material und Stofflichkeit haben die geistig-künstlerischen Impulse Erika Stürmer-Alex' ihre

71 Karla Woisnitza, Kleines Triptychon, 1981
Foto: Jochen Wermann

Spuren hinterlassen. Entgegen sprachlicher Verklausulierung sucht sie nach einfachen und eindringlichen Mitteilungsformen, die das Assoziationsvermögen herausfordern. So baut sie aus Kreisen, Pfeilen, Figurenchiffren, Zeichensymbolen lapidare »Bildgeschichten«, die an prähistorische Wandmalereien, Grafitti oder Kinderzeichnungen erinnern. Durch Zuordnung der Formen lassen sich Weltbeziehungen artikulieren, ohne daß sie ablesbar wären. Denkend schauen und sich eines vergessenen Zeichenvorrats besinnen – darin liegt eine Herausforderung unseres Erinnerungsvermögens. Gegen seine tagtägliche, lautlose Zerstörung malt Karla Woisnitza ihre Bilder.

Ironisch und gespielt
Falko Behrendt und Otto Sander

von Gunhild Brandler

Im mecklenburgischen Sandkasten der Kunst gelingen mühelos nur muschelbesetzte Kleckerburgen. Der ländlich schönen Agonie im rieselnden Zeitrhythmus entrinnen wenige. Mit großgeschriebenem Mail-Art-Motto »ICH ARBEITE IMMER« balanciert »Otto Sander-VBK-DDR-Groß-Roge« den Intellekt und den Witz der Anti-Kunst. Von gestern zu heute: »Sanders – anders«. Wand- und Sternenhimmel-Deckenmaler in den dörflichen Sozial- und Repräsentationsbauten, Erfinder der Telefonkunst zwischen den privilegierten Nord- und Südanschlüssen, mit kalter Nadel auf der Zeitachse von Orwell rückwärts träumend zu Goethe ins Sehnsuchtsland Italien und horizontal hin und hergerissen zwischen Military und Melioration. Die allzu blauen Augen des Otto Sander sind angesichts so aufgeweckter Vielfalt nicht blauäugig genug. Für »Die sieben Todsünden des Kleinbürgers«, frühe Radierungen, bürgte noch Brecht. Doch der deutsche Philister als liebenswürdige Maler-Klecksel-Erfindung, knollennasig aufgereiht, mit Stiefelfuß und Kokonkörper, ein ausgestanztes Werkstück Mensch, schablonenhaft flach, ist auf der Höhe seiner Zeit angekommen.

Von 1971–76 hatte Otto Sander, 1949 in Osmarsleben geboren, an der Hochschule für Bildende Künste in Dresden bei Günter Horlbeck, einem der einflußreichsten, weil Experimentellem aufgeschlossenen Lehrer, studiert – gleichzeitig mit Falko Behrendt, geboren 1951 in Torgelow, für Sander einst der Lockvogel nach dem Norden. Aus der verbreiteten Routine der zu Ende gehenden siebziger Jahre hat Falko Behrendt radikal das Rein-Grafische kultiviert, trotz allgemein abflauenden Interesses an den traditionellen Drucktechniken, trotz der alles übermalenden wilden Schwemme der achtziger Jahre. Ein Spiel mit visuellem Raffinement, festgelegt auf den sinnlichen Reiz von Faser, Korn oder Glätte der Papiere, die weiche Konsistenz der Druckfarbe, die Handhabung von Stiften, Nadeln, Pinseln, Schwämmen, versteckte Erotik des Materials. Ganz in den Anfängen segelte der trainierte Sportgeist in den Bahnen des heimischen Flugpioniers Otto Lilienthal: buchstabierbare Agrarkultur- und Luftfahrtthemen – schon damals aber das Subtile des einzelnen Striches – die Ankündigung einer Leidenschaft. Das nachhaltige Erlebnis zweier Libanonreisen 1979 und 1981 setzte die Kraft seiner Empfindung frei. Mehrere Folgen düsterer Aquatintaradierungen insistieren auf der Erinnerung. Gespaltene Mauern, gesplittete Hölzer, gespenstische Silhouetten zerstörter Häuser richten Gott und die Welt. Das in Fakten erstarrte Ereignis – jetzt wieder unmittelbar im Inferno von Linien und tiefschwarz gesenkten Flächen. Um seine komplizierten Vorstellungswelten mit intelligenter Struktur ausfüllen zu können, braucht Behrendt komplizierte Geschichten und Geschichte, greift auf Fotomaterial zurück, gerät wiederum ins Politische. »Eitelkeit, Existenzangst und Verschwendungssucht« nennt er ironisch seine Bindung nach wie vor an Gegenständliches. Dennoch, unaufdringlich geht dieses auf in Farbtönen, Linienspuren, dem Fluß von Gestalt.

DRESDEN

72 Ernst Hassebrauk, Dresden mit Blick auf die Hofkirche, 1968
Deutsche Fotothek Dresden, Bildarchiv Verlag der Kunst

Dresden – Elbflorenz und Provinz

von Diether Schmidt

Im späten 19. Jahrhundert war die Dresdner Kunst an der Historienmalerei und Spätromantik müde geworden. Gotthardt Kuehl weckte die Akademie und das Ausstellungsleben der Stadt aus dem jahrzehntelangen Schlaf nach der Revolution von 1849. Er brachte frische Impulse mit vom Pariser Impressionismus und aus der Münchener und Berliner Sezession. Seit 1897 wurden die von ihm organisierten Internationalen Ausstellungen zum weithin beachteten Kampfplatz zur Durchsetzung von Impressionismus, Sezessionismus und Jugendstil. Der Hesse Carl Bantzer, der Schwabe Otto Gussmann und der Sachse Robert Sterl stärkten bald seine Wirksamkeit in der Akademie. Zur Freilichtmalerei brach die Goppelner Malerschule in das Dresdner Umland auf. Als Lehrer der Akademie kamen bedeutende Kräfte aus Süd und West und Nord nach Dresden. Daraus belebte sich erneut die seit dem 18. Jahrhundert wirksame Funktion der Stadt als kultureller Kreuzungspunkt in Europa. Die offene Nachbarschaft des österreichischen Böhmen war förderlich. Und die Erneuerung im Impressionismus kehrte gegen die lange Vorherrschaft der nazarenischen Zeichnung seit Schnorr von Carolsfeld eine malerische Sinnlichkeit hervor, wie sie dem genius loci und seiner barocken Tradition besser entsprach. Ja, dieses Impressive wurde zum verbindlichen Mittel der Synthese über alle avantgardistischen Ismen hinweg.

Im Wechselspiel der beharrenden und der in unablässig aufeinanderfolgenden Wellen sich erneuernden Kräfte wandelte die Kunst im 20. Jahrhundert Dresden zu einem in Deutschland beispiellosen Ort, an dem der widerspruchsvolle Prozeß der Moderne in allen Facetten ausgelebt wurde. Und besser, als es an anderen Orten der Fall war, begriff Dresdens Künstlerschaft aus unablässigen Reibungen und Diskussionen den Sinn der Avantgarden im Zerschlagen abgelebter Traditionen, aber auch in der Schaffung neuer Konventionen. Verbindliches Stimulans dafür ist wohl der Genius des Ortes, die Tal-Lage, die diesige Luft, die gebrochene Farbigkeit, das Opalisierende und Perlmutterne, das die Palette der Maler bestimmt. Eine Kultivierung des Farbigen überhaupt ist zu beobachten, die eher aus dem Ort zu erklären ist als aus bestimmten kulturellen Traditionen. Es gibt einige solcher Orte in Europa – Venedig, Amsterdam, Paris –, die eine ähnliche Ausstrahlung haben. Neben ihnen wirkt Dresden als kleiner Ableger einer großen europäischen Bewegung der Lust am Sehen.

Gegen diese sehr bald wohlanständig gewordene, gutbürgerliche Kunst des Dresdner Impressionismus, die auch ihre sozialen Seiten hatte, etwa mit Robert Sterl, gegen diese Beruhigung der Sinne also, stand dann eine Laienbewegung auf: der Expressionismus der Künstlergemeinschaft »Brücke«. Ihre Mitglieder kamen aus den sächsischen Industrieorten, aus Chemnitz, Zwickau usw. nach Dresden herunter und mieden die Akademie. Sie gingen lieber hinter die Schule und entwickelten ihre Kunst aus einem anderen Lebensverhältnis, aus einem lebensreformerischen Verhalten. Sie siedelten sich am Güterbahnhof in der Friedrichstadt auf der Berliner Straße an, in einem Laden. Sie gingen an die Moritzburger Teiche und malten dort mit ihren Freundinnen Akt im Freien. Sie nahmen also auf, was die Goppelner Malerschule schon vor der Jahrhundertwende begonnen

hatte, die Freilichtmalerei, aber in einem ganz anderen Sinne, nämlich als Kunst von unten und für »die unten« gedacht. Dieses liberale bürgerliche Konzept zur Lösung der sozialen Gegensätze ging letzten Endes nicht auf, es blieb Utopie. Utopie ist auch die vielleicht bedeutsamste Dresdner Bemühung um die Lebensreform durch Kunst geblieben, die ihren Ausdruck fand in der Gründung der Deutschen Werkstätten in Hellerau mit einer Wohnsiedlung, bei der Muthesius, Tessenow, Riemerschmid und andere Architekten zusammenwirkten. Das Bestreben ging nicht nur dahin, eine neue Art des Arbeitens und des Lebens in der Nähe zur Natur zu praktizieren, sondern auch ein neues kulturelles Verhältnis zu entwickeln: z. B. mit dem Festspielhaus, das Tessenow baute, mit der sich dort ansiedelnden Schule des Ausdruckstanzes von Laban und Dalcroze und auch mit dem Lichttheater, das an dieser Stelle begründet wurde. Dazu gehörten auch Verlage, wie der von Jakob Hegener, der sich dort niederließ, und die von Hugo Zehder im eigenen Verlag herausgegebene Zeitschrift »Neue Blätter für Kunst und Literatur«. Da entstand eine Bewegung zum Gesamtkunstwerk, in deren Zusammenhang auch die »Brücke« gesehen werden muß. Sie war einerseits ein Ableger dieser Bewegung, wirkte aber andererseits auf das Lebensreformerische zurück, z. B. durch die Begründung des »Vereins Sonnenland«, der die Freikörperkulturfreunde an die Moritzburger Teiche zog, etwa zur Zeit der Gründung von Hellerau 1908.
Die große Bewegung splittert dann auf. Es zeigt sich seit dem Auftritt der »Brücke«-Künstler und seit ihrer sehr frühen Abwanderung um 1910 nach Berlin, daß die Stadt im Innersten von diesen großen Strömungen unberührt geblieben ist. Hellerau, eines der bedeutenden Experimente in Deutschland in bezug auf eine neue Lebensweise, bleibt eine Stadtrandsiedlung ohne Ausstrahlung auf die Stadt. (Die Siedlung ist heute in einem traurigen Zustand, das Festspielhaus als Kasino in einem sowjetischen Kasernenkomplex integriert).
Beherrschend bleibt durchaus die Akademie. Noch vor dem Ersten Weltkrieg erwartet man den Zuzug von Egger-Lienz als Lehrer an die Akademie, was, nach dem Weggang der »Brücke«, eine neue Auseinandersetzung mit Hodler und damit mit einer vorexpressionistischen Tendenz zur Heroisierung des Schlichten bewirkte, die in der Haltung von Carl Bantzer am Ort schon anwesend ist. Bei Bantzer lernt eine Reihe von Malern, von Felixmüller bis Max Lingner, die in den folgenden Jahrzehnten für Deutschland wichtig werden. Beim ähnlich orientierten Gussmann, der von Leibl und Trübner herkommt, studieren von Pechstein bis Dix ganze Generationen. Es zeigt sich, daß dieser Lehrer, ein seltener Fall in der Kunstgeschichte, sich offen zeigt für die Errungenschaften seiner Schüler, daß er wirklich hinschaut und sich auf seine Weise – in einer gewissen Einschmiegung dieser Neuerung ins Gutbürgerliche – zu reiben versteht an Otto Mueller, an Pechstein, sogar noch an Dix, der ja dann nach dem Tode Gussmanns, 1926, sogar der Nachfolger seines Lehrers im Amt als Professor für Dekorative Malerei wird.
Die zweite Welle des Expressionismus brandet um den Ersten Weltkrieg herum auf. Der erste Anstoß dazu kommt vielleicht durch den Aufenthalt von Ludwig Meidner bei seinem Freund Ernst Lotz in der Dresdner Neustadt. Dix setzt sich in seinen Anfängen sehr stark mit Meidner und Böckstiegel auseinander, die 1917 die »Expressionistische Arbeitsgemeinschaft« und den Dresdner Verlag für »Neue Literatur« gemeinsam gründen, 1919 dann die »Neue Sezession«. Also nicht jene Art von reformerischer Lebenshaltung, die die »Brücke« gepflegt hatte,

sondern der Aktivismus, apokalyptische Vision, eine Aggressivität gegen bestehende Umstände und Zustände, ein sozialer Besserungswille, wie er von Berlin herüberschlägt, dringt in den Expressionismus ein: sehr antimilitaristisch bei Felixmüller und seinen Freunden Kesting, Böckstiegel, Mitschke-Collande und Ottolange, am extremsten dann bei Dix. Ein Antimilitarismus, der sich aber als »Oh-Mensch-Begeisterung« äußert.

Das Verneinende und das Bejahende gehen Hand in Hand. Die Wirkung der »Neuen Sezession 1919« fällt wesentlich in die Jahre der Inflation, aber zur wirklichen Umsteigestation für ein neues Weltverhältnis wird die sehr kurze Phase von Dada in Dresden. Sie wird getragen von Otto Dix, Otto Griebel und Kurt Günther, der mit Dix aus Gera gekommen ist. Die Influenza Dada wird indirekt über Berlin, aber auch direkt durch Kurt Günther eingeschleppt, der sich während des Ersten Weltkrieges in Davos und in Zürich aufhielt und mit dem Komponisten Erwin Schulhoff zusammen über Prag den Züricher Dada nach Dresden brachte. Dada wirkt also in einem gewissen Doppelfokus auf Dresden ein, und Dresden akzentuiert sich eigenständig insofern eine Art Klopffechter-Mentalität herrschte, eine gewisse grobe Aggressivität, politisiert auf ähnliche Weise wie in Berlin, aber doch unter Einsatz eines gröberen Geschützes.

Das bleibt eine kurze Episode und verschwindet genauso wie in Berlin und überhaupt in Europa als Bewegung gegen das allzu »Feierlich-Nehmen« der Kunst, doch es leitet konsequent über zu dem Dresdner Verismus und zur Sachlichkeit, die in Dresden vielleicht in der vielfältigsten Brechung, vielfältiger als an anderen Orten zu fassen sind. Da ist einmal der extrem aggressive, sozialkritische Verismus bei Dix und Griebel und dem Freundeskreis, der sich bis zu Eugen Hoffmann, Godenschweg und Christoph Voll, den Bildhauern, erstreckt. Da ist zum anderen eine romantisch-skeptische, agnostizistische Richtung, wie sie vielleicht eher bei Wilhelm Lachnit anzutreffen ist, trotz dessen Bindung an die Linken, und dann bis zu Lenk geht und natürlich auch bis in das rechte Spektrum mit Wolfgang Müller und ähnlichen Künstlern. Dann gibt es noch eine malerische Richtung, die am deutlichsten faßbar wird bei Wilhelm Rudolph und Bernhard Kretzschmar. Beide sind aus der Schule um Bantzer hervorgegangen und streben eine Synthese von Dresdner Impressionismus und des neuen sachlichen Weltverhältnisses an. Kretzschmar beispielsweise malte seine Bilder meist nach kleinsten, vor der Natur entstandenen Skizzen im Atelier. Man konnte ihn im Hochsommer bei brütender Hitze unter dem Dach seines Ateliers antreffen und beobachten, wie er gerade auf der Leinwand eine Wintertemperatur von präzise 5 Grad mit Frost und Nebel hervorzauberte.

Das Malen aus dem Kopf, aber so, als passierte es vor der Natur, war eine Spezialität dieser Hochzucht der Mittel, und das setzte Speicherung der Seherlebnisse voraus, also intensives Schauen und geradezu Fühlen des Atmosphärischen am Ort. Diese drei Grundrichtungen vielleicht: Das Veristisch-Aggressive, das Romantisch-Zeichnerische und das Impressiv-Malerische, bestimmten die Malerei in Dresden.

Daneben entwickelte sich auch ein leiser Zug zum Surrealen, etwa bei den Dix-Schülern Willy Wolff und Willy Dodel, bei Großpietsch in einer gewissen Nähe zu Kubin, der auch Hans Bellmer prägte. Was da aufwuchs an jüngeren Schülern der Dresdner Akademie, das nahm viel Nahrung aus Dresden auf, und diese Auswirkungen der Dresdner Kunst der zwanziger Jahre reichen bis hin zu Wols.

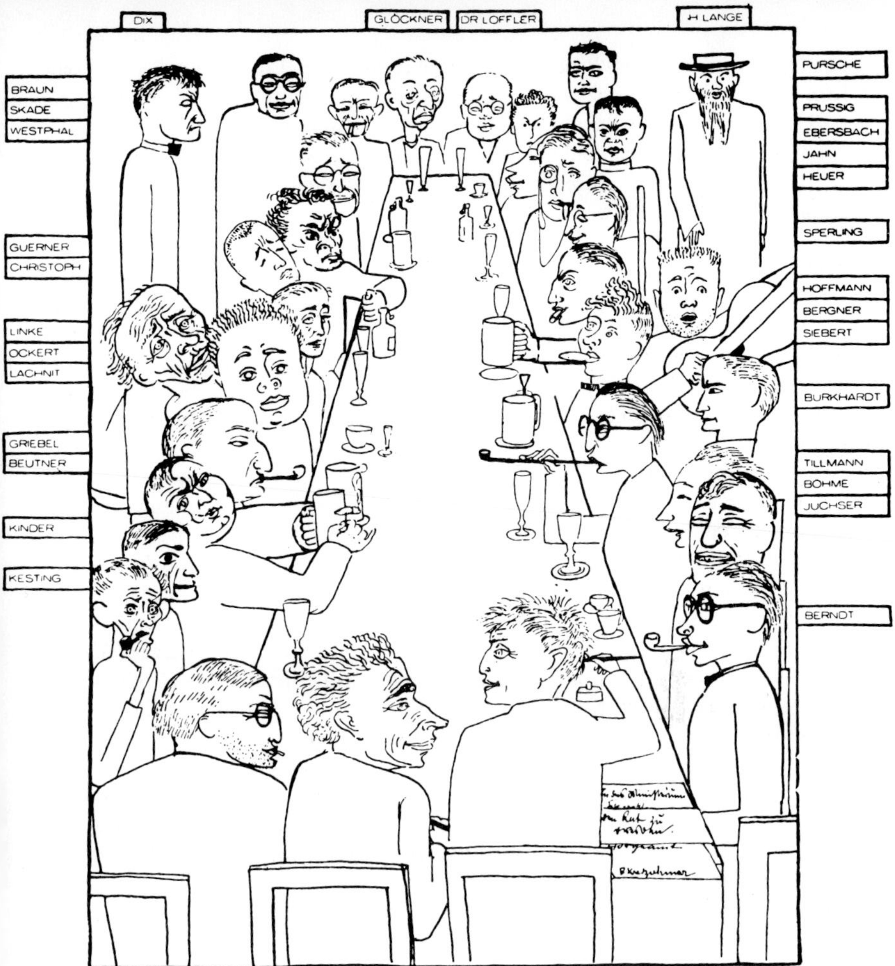

73 Bernhard Kretzschmar, Die Dresdner Sezession 1933, Zeichnung 1933
Bildarchiv Verlag der Kunst Dresden

Andere Ausnahmeerscheinungen, die sich in dieses Bild gar nicht fügen mögen, müssen noch genannt werden. So etwa Beutner, der etwas Pariserisches in die Dresdner Szene brachte, der eine Festigkeit und strahlende Farbigkeit á la Derain vertrat. Oder die Besonderheit des Dresdner Aquarells, zum Teil angeregt durch die Situation der Inflationsjahre, als das Aquarell mit kleiner Münze den Künstlern half zu überleben. Mehr noch aber wurde das Aquarellieren angeregt durch das Wirken von Oskar Kokoschka in Dresden zwischen 1916 und 1923, seit 1919 auch als Lehrer. Er hatte zwar nur wenige Schüler, aber eine starke Ausstrahlung auf ein großes Umfeld, weil er durch seine Art von Freizügigkeit und Weltläufigkeit die Dresdner Inzucht ein wenig auflockerte.

Um 1930 gibt es einen Bruch in dieser Entwicklung. Eine mehr pragmatische Kunstepoche kündigt sich an, die sich auf der einen Seite in der Gründung der »ASSO« (Assoziation Revolutionärer Bildender Künstler Deutschlands) manifestiert, auf der anderen Seite in der von den Nazis beeinflußten »Deutschen Künstlerschaft«. Eine extreme Polarisierung der Geister zerstört das liberale Klima der Stadt. Der Pragmatismus richtet sich darauf, daß die Mittel, angewandt, um zu einem bestimmten Zweck zu führen, eigentlich beliebig werden. Besonders extrem wirkte sich das in der Zeit des Widerstandes gegen den Nationalsozialismus aus, wo man die künstlerische Handschrift geradezu verleugnet, um ungreifbar zu werden für die Gestapo.

Diese Epoche hält in ihrer geistigen Grundhaltung bis etwa zum Anfang der sechziger Jahre an. Nach 1945 hat man überhaupt kein Verständnis mehr für das, was in der Verborgenheit entstanden ist. Es ist schon von der Geschichte überholt.

Dresden hatte sich sehr stark auf der nationalsozialistischen Seite engagiert. Sachsen war ein Vorposten der Braunen, wie es vorher ein Sammlungsort aller möglichen linken Splittergruppierungen gewesen war, wo man bis in die Industrietäler nach Heidenau, Pirna und Freital hinein alle Spielarten von Linksgruppierungen hatte finden können, die es überhaupt in Deutschland gegeben hat. Das wird untergepflügt während der Nazijahre. Es kommt in diesen Jahren eine andere pragmatische Kunstrichtung herauf mit Protagonisten wie Richard Müller, der sich schon immer auf der rechten Seite fühlte und den George Grosz als den »Steißtrommler«, den »Kunstfeldwebel« bezeichnet hat. Der erste Dix-Lehrer, Richard Guhr, gehört gleichfalls dazu, der hatte schon 1920 eine Broschüre mit dem Titel »Über den Expressionismus oder den Judenstil« auf eigene Kosten abgesondert. Antisemitismus ist in der Beamten- und Pensionärstadt Dresden stark verbreitet. Richard Müller fällt bald in Ungnade bei den neuen Herrschern, und zwar durch seine allzu eigenständige Anbahnung von faschistischer Kulturpolitik in der Hochschule. Sehr energisch werden alle Linken herausgesäubert. Dix fliegt sofort hinaus, schon im April 1933. Seine Schüler werden eliminiert und eine Anzahl von Schülern aus anderen Klassen auch. Alle, die als linksaufmüpfig gelten, müssen die Schule verlassen. Es bildet sich für die Nazijahre zugespitzt das heraus, was Dresden schon immer charakterisierte: ein gespanntes Gegeneinanderstehen, ein Angehen der frei in der Stadt lebenden Künstler gegen den Schulgeist. Neue Lehrer kommen dazu, der berüchtigste war Willy Waldapfel, der noch nach 1945 die Kunsthochschule leitet. In jener Zeit flacht das Kunstleben ab, es gibt zwar noch Ausstellungen, aber nun wird den Drittklassigen die Chance geboten, die zweit- und erstklassigen Künstler beiseite zu schieben und über sie zu triumphieren. Seltsamerweise schleift sich da etwas ein, was dann über 1945 hinaus praktiziert wird: Die Konjunktur einer politischen Haltung und die Opportunität zur politischen Herrschaft wird dazu benutzt, sich künstlerisch an einer Stelle zu profilieren, auf die man dem Rang der eigenen Leistung nach nicht gehört.

Dies führt nach 1945 dazu, daß nur sehr kurz und episodisch antifaschistische Kräfte an der am 17. 4. 1947 wiedereröffneten Akademie der bildenden Künste wirksam werden konnten: Erich Fraaß, Wilhelm Lachnit und Eugen Hoffmann, der 1946 aus dem englischen Exil zurückkommt, Bernhard Kretzschmar und Wilhelm Rudolph. Hans Grundig wird erster Rektor, ist aber durch seine von der

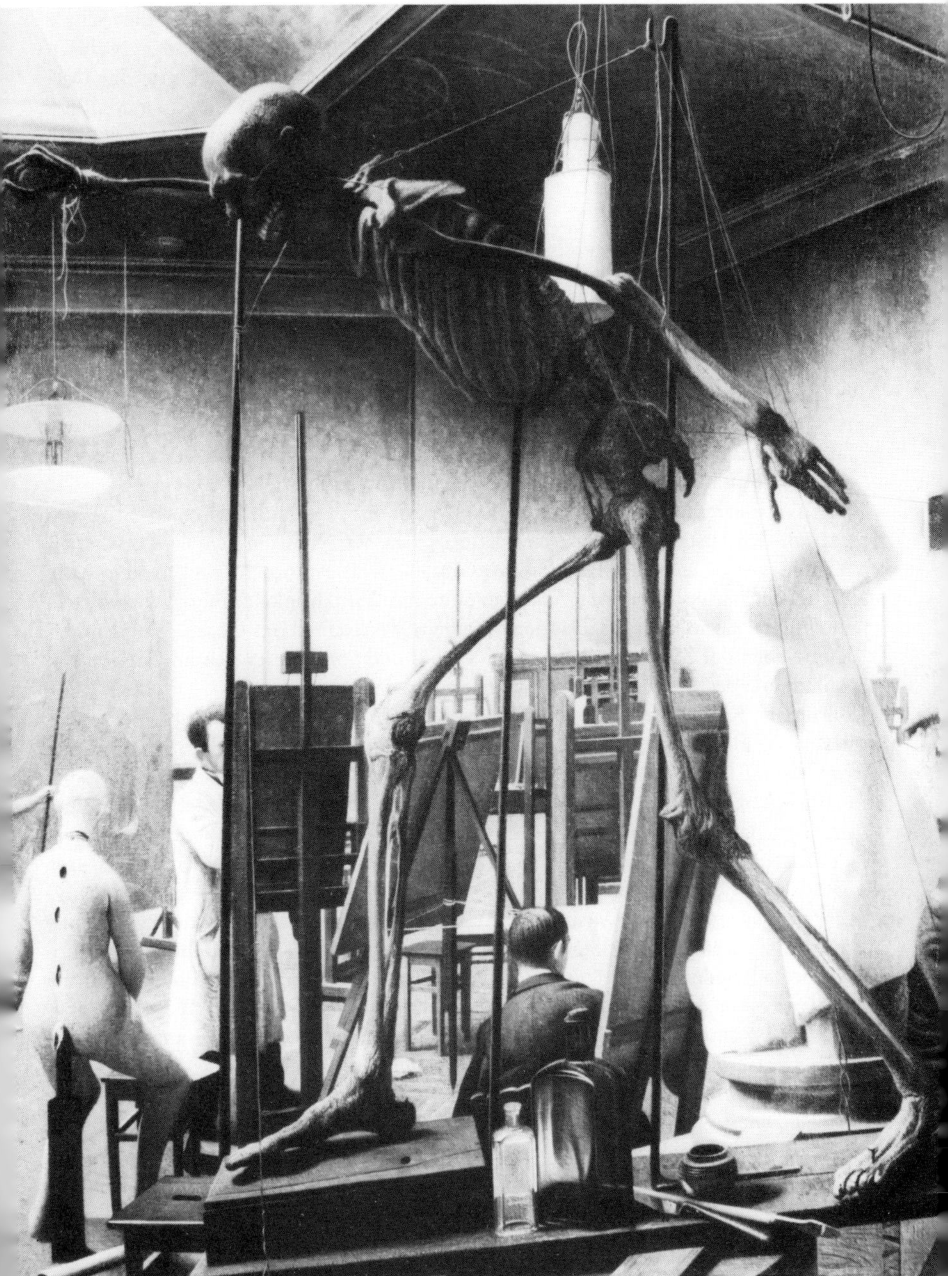

74 Richard Müller, Zeichenklasse an der Dresdner Akademie, 1920
Bildarchiv Verlag der Kunst Dresden

KZ-Haft ausgelöste Tuberkulose daran gehindert, ausgiebiger in die Schule hineinzuwirken. Dafür schieben sich andere Kräfte vor, die in der Nazizeit opportun mitgelaufen waren, wie Walter Arnold für die Bildhauer und der Dix-Schüler Rudolf Bergander, der eigentlich aus der Porzellanmalerei der Meißner Manufaktur gekommen ist, in der Nazizeit, wie einige andere auch, Kasernen ausgemalt hat, und sich nun zum Einpeitscher des Sozialistischen Realismus aufschwingt.
Dazwischen aber liegt der Versuch, noch einmal den linken Geist der zwanziger Jahre zu beleben. Das geschieht unter der Leitung von Mart Stam, der aus Holland kommt und ein paar Jahre lang bemüht ist, das Beispiel des Bauhauses fortzusetzen durch die Zusammenführung der Akademie mit der Kunstgewerbeschule zu einer Werkkunstschule, wie sie schon Will Grohmann angeregt hatte, bevor er nach West-Berlin ging.
Nach der Verdrängung von Mart Stam an die Kunsthochschule Berlin-Weißensee, wird dritter Rektor der aus Baden-Württemberg zugereiste Fritz Dähn, der mit der These antritt: Man nehme einen Nürnberger Trichter und den Marxismus und könne damit aus jedem Müllkutscher einen Künstler machen.
Diese zerstörerischen Wirkungen kurz nacheinander, auf der einen Seite das Extrem der Austreibung der freien Künste, das Mart Stam in dem Gedanken, der Aufbau der neuen Gesellschaft erfordere alle Kräfte zu mehr praktischem Tun, angestrebt hatte, und auf der anderen Seite die Willfährigkeit eines gewissenlosen Ideologen, sie werden für Dresden zu einem Wechselbad der Gefühle, an dem das Kunstleben der Stadt jahrelang zu leiden hat und von dem es sich im Grunde erst Anfang der sechziger Jahre zu erholen beginnt.
Bernhard Kretzschmar und Wilhelm Rudolph wurden als Lehrer bald kalt gestellt, Wilhelm Lachnit und Eugen Hoffmann kommen durch Kündigung der Entlassung in der Folge der Formalismus-Diskussion 1954 zuvor. Eugen Hoffmann stirbt schon im Jahr darauf, er trinkt sich regelrecht zu Tode, aus Kummer darüber, daß sein großer Traum der zwanziger Jahre so übel ausgeht an seinem Lebensabend. Damit beginnt die Achse der von den amtierenden Professoren verachteten Untermieter in der Hochschule zusammenzubrechen, die Kretzschmar ganz oben im Dachgeschoß, Lachnit im ersten Stock und Eugen Hoffmann darunter gebildet haben. Sie verständigten sich immer mit Besenstielklopfen, wenn wieder einmal Kuriositäten im Schul- und Kunstleben abliefen. Auf der anderen Seite waren die herrlichen Alten natürlich auch auf ihre Weise aggressiv und sich spinnefeind untereinander. Das friedlich wieder zusammenzuführen, war eine schwierige Aufgabe, aber es ist gelungen. Das Respekt-Verhältnis der jüngeren Generation zur älteren hat sich herstellen lassen, was ja in keiner Kunstszene so automatisch geht.
Die ältere Dresdner Künstlerschaft wurde gegen die amtierenden Kunstprofessoren zur Zuflucht und zur moralischen Instanz der Jüngeren, die in ihnen ihre Mentoren sahen. Die Phalanx der zwischen 1880 und 1900 Geborenen bildeten eine Art Schutzwall vor der jüngeren Generation. Die Gespräche untereinander waren wichtig, diese Überlieferung einer Tradition der großen Freiheit in den zwanziger Jahren auch in ihren Widersprüchen bedeutete eine große Stärkung für die Jüngeren. In dieser Zeit wächst unter der behutsamen Führung von Hans Theo Richter und anfangs auch von Josef Hegenbarth eine Schar intensiver Grafiker heran. Das verordnete Naturstudium mit Orientierung auf das 19.

75 Otto Dix im Aktsaal, Foto Ende der 20er Jahre, rechts außen Rudolf Bergander
Bildarchiv Verlag der Kunst Dresden

Jahrhundert, auf den späten Menzel und auf Repin, zwingt die Künstler, sich bewußt zu machen, was sie eigentlich wollen. Sie können sich nicht in schon vorhandene Strömungen einklinken, sondern müssen sich deutlich im Gegensatz zu der herrschenden Strömung artikulieren.
Es entsteht vor allem aus der Schule Hans Theo Richters, aber auch unter den Bildhauern im Widerspruch zu Walter Arnold und mehr in verehrender Anlehnung an Hans Steger in Dresden, Cremer und Drake in Berlin und natürlich an die großen Meister der internationalen Bildhauerkunst, eine Gegenströmung, die ich »Neuen Intimismus« genannt habe. Angefangen von Kettner greift das in das ganze Land hinaus bis zu Hartwig Hamer in Schwerin, bis zu Gerhard Wienckowski in Eberswalde oder zu Hans-Peter Hund in Wurzen, Jochen Aue in Magdeburg und Otto Möhwald in Halle. Es ist eine Gegensatzhaltung, die endlich Schluß macht mit dieser – unter Hitler wie unter Ulbricht gepflogenen – Indoktrinierung der Öffentlichkeit mittels Kunst, einer Art Mißbrauch der Kunst als »biblia pauperum«, zur Mitteilung dessen, was ein Volk glauben soll. Es ist die Besinnung darauf, daß ein Kunstwerk nur eine Zwiesprache mit dem Betrachter anbieten kann. Dieses dialogische Moment brachte viele dazu, wieder den eigenen Sinnen zu trauen und im Vertrauen darauf auch wieder die Dinge real zu sehen und nicht Begriffen und Schlagworten auf den Leim zu gehen. Vielleicht hat diese Kunstbewegung auch ein wenig zu der friedlich verlaufenen Revolution beigetragen.

Kunst der Elblandschaft

von Dieter Hoffmann

Zwei Sehnsuchtsbilder aus der Zeit der Romantik halten die Elbe in fernen Ausschnitten fest. Karl Friedrich Schinkel malte seine »Ansicht von Dresden« wie durch ein Fernrohr gesehen, in einem dunklen Viereck ein helles Rund, im Vordergrund Laubwald und eine Burg, im Hintergrund die Berge des Elbsandsteingebirges, im Mittelgrund klein und zierlich die Türme der Stadt; die Elbe schlängelt sich S-förmig. Carl Gustav Carus malte seine »Kahnfahrt auf der Elbe« ebenfalls als ein Bild, das den Betrachter tief hineinzieht: Der Kahn ist ein schwimmendes Haus, eine Laube mit winkligem Dach; der Ruderer, stehend, und die Dame, sitzend, wenden dem Betrachter den Rücken zu, sind ganz auf die Silhouette der Stadt gerichtet, die Türme der Frauenkirche, des Schlosses und der Hofkirche, die blau mit dem Blau des Himmels und des Wassers verschwimmen – es ist, als führe der Kahn auf die Insel Venedig zu.

Das war 1803 und 1827. Der Preuße Schinkel war auf Durchreise nach Italien, beinahe hätten die Loschwitzer Elbhöhen ihn in Dresden gehalten, er schwärmte, hier möchte er leben, freilich hatte er in Berlin gewaltigere Aufgaben als Architekt. Carus, aus Leipzig, sollte sich ganz in Dresden einleben, den Goethefreund verband bald auch eine enge Freundschaft mit König Johann, der sich als Dante-Übersetzer Philalethes, Menschenfreund, nannte.

Das augustäische Zeitalter Dresdens, das dem romantischen vorangegangen war, stellte die Stadt und ihren Fluß, dem sie sich verdankt, als etwas Wunderbares, aber ganz Selbstverständliches dar, von Gottes Gnaden königlich. Augusts des Starken Idee, den venezianischen Canal grande zu übertreffen, den Elblauf durch ganz Sachsen mit Schlössern und Schlößchen zu flankieren, wäre zu hochfliegend vielleicht nicht gewesen, wenn er sich nicht hätte auch in Polen engagieren müssen, vor allem, wenn ihm Kriege erspart geblieben wären, die seine Kasse plünderten. Aber Bernardo Bellotto, genannt Canaletto, der Venezianer, war ein Glücksfall für Dresden. Der kurfürstlich-königlich sächsisch-polnische Hofmaler reproduzierte das Dresden Augusts des Starken und seines Sohnes im Bild: Kunst aus Kunst, arte sull'arte. Das sind nicht die kleinen Sehnsuchtsbilder der Entzükkung aus Entrückung: Hier werden greifbare Realitäten wiedergegeben, große Veduten für große Säle, in sich ruhende Querformate, kunstvoll und in mathematisch errechenbarer Treue. Bellotto malte nun die Elbe als den erträumten Canal grande.

Der Norddeutsche Gotthardt Kuehl, der in Dresden das 20. Jahrhundert einstimmte, hatte in Paris die Seine genossen und auch gemalt, war auf die Schönheit der Elbe gut vorbereitet. Der Professor, Direktor der Akademie auf der Brühlschen Terrasse, die sich am Altstädter Ufer der Elbe erhebt, hatte den Fluß gleichsam vor seiner Tür. Gern malte er die Augustusbrücke, die vom Schloßplatz zur Neustadt führt, zum Standbild des »Goldenen Reiters«. Kuehl malte die Brücke in Sonne und Schnee, auch ihren Abbruch und Wiederaufbau zwischen Jahrhundertwende und Erstem Weltkrieg – Pöppelmanns, des Zwingerbaumeisters, Rokoko-Brückenbögen waren zu eng geworden für den Schiffsverkehr des 20. Jahrhunderts. Als Oskar Kokoschka in den letzten Jahren des Ersten Weltkriegs nach Dresden kam, bald auch an der Brühlschen Terrasse zu lehren begann, malte er die Elbe siebenmal (eine magische Zahl; so oft hatte Goethe Dresden besucht), aber nicht vom Neustädter, der Akademie gegenüberliegenden Ufer aus, sondern von »seinem«. So blieb ihm an historischer Architektur wenig, die Augustusbrücke, der Turm der Dreikönigskirche, die Ministerien. Er malte Wasser, Wiese und Himmel wie einen kostbaren Flickenteppich.

Otto Dix interessierte das Historische noch weniger; erst als Dresden zerstört war, malte und lithographierte er je einmal Chiaveris Katholische Hofkirche. Zur Zeit seines Studiums an der Kunstgewerbe-Akademie in der elbnahen Dresdner Johannstadt malte er die ganz einfachen Landschaften: »Elbe bei Dresden«, »Badeanstalten an der Elbe«, »Boote am Flußufer der Elbe«, »Elbe mit Blick auf die Loschwitzberge« und einmal auch auf den Loschwitzbergen die »Albrechtschlösser«, aber die Schlößchen sind so klein in der Landschaft, daß nur der sie sieht, der sie kennt. Die »heroische Landschaft« baute sich Dix erst in der inneren Emigration auf, als er Hegau und Bodensee in der Manier der alten Donauschule malte. Große böhmische Elb-Panoramen überließ er dem älteren Otto Lange und dem jüngeren Ernst Bursche, seinem Schüler. Undenkbar wäre es für Dix gewesen, der doch seinem Großstadt-Triptychon und anderen Vanitas-Darstellungen durchaus allegorische Züge verlieh, die Elbe symbolisch zu sehen. Dies blieb nur zwei seiner Zeitgenossen vorbehalten, nachdem um die Jahrhundertwende der Hamburger Bildhauer Friedrich Offermann für den Brückenkopf der Carola-Brücke die »Elbe in Ruhe als Segenspenderin« und die »Elbe in Bewegung als Schädiger der Kultur« geschaffen hatte, muskulöse Weibsbilder aus Sandstein, Pferde führend, deren Beine in Schwimmflossen enden statt Hufen.

Die beiden symbolischen Elbe-Bilder sind aus den zwanziger Jahren. Conrad Felixmüllers »Liebespaar von Dresden« spaziert selbstbewußt am Ufer elbaufwärts der Maler, proletarisch bemützt, hält seine adlige Eroberung im Arm, eine Hand auf der Brust, ein Parvenue – und warum nicht: Was kostet Dresden, was kostet die Welt! Georg Sieberts Triptychon der alten Eltern ist innig originell: Die linke Tafel zeigt das Bildnis der Mutter, die rechte das Bildnis des Vaters, die größere aber in der Mitte zeigt die breiten Elbwiesen mit ihren Trampelpfaden, einen Bogen der Elbe, die Silhouette der Stadt und darüber den Himmel: »Eltern und Heimat«.

Für Max Ackermann aus Ilmenau, der in Weimar bei Henry van de Velde, in Dresden bei Richard Müller, in München bei Franz von Stuck studiert hatte, ehe er in Stuttgart, angeregt von Adolf Hoelzel, zum Mitbegründer der abstrakten Malerei in der zweiten Generation wurde, ließ sich in seiner Dresdner Jugend, 1908, von der damals noch neuen Eisenfiligran-Konstruktion der Elbbrücke »Blaues Wunder« inspirieren. Erst viel viel später sollte das Thema der »Überbrückten Kontinente«, zweier nur von dünnen fibelartigen Graphismen zusammengehaltenen leeren Farbflächen, sein Lebensthema werden: die Kompliziertheit oder Unmöglichkeit menschlichen Einswerdens. Der Kunstjünger selbst zeigt sich in Rückenansicht, er geht geradewegs auf sein – noch nicht erkanntes – Lebensthema zu.

Es ist unerfindlich, warum diese Eisenbrücke, die das einstige Weinbauerndorf Loschwitz mit dem einstigen Fischerdorf Blasewitz, beide lange schon Villenvororte, so elegant verbindet, die Expressionisten des Freundesbundes von 1905 nicht reizte, der sich doch »Brücke« nannte. Man meinte wohl eine imaginäre Brücke,

76 Ernst Hassebrauk, Schloß Pillnitz, Bleistift
Bildarchiv Verlag der Kunst Dresden

und wenn man eine reale im Hinterkopf hatte, dann die Augustusbrücke nahe der Akademie, der Akademie, die jene Autodidakten gleichwohl sonst ignorierten. Sie tummelten sich in den ärmeren Vorstädten, stellten in Löbtau aus, hatten in der Friedrichstadt, wo die Eisenbahner wohnten, ein gemeinschaftliches Atelier. Zum Baden gingen sie lieber an die Moritzburger Großteiche, zehn Kilometer vor der Stadt, hier fanden sie ihr Otahei wie Paul Gauguin zuvor in der Südsee. Freilich zollten sie gerne der Elbe Tribut, skizzierten die qualmenden Dampfer, die flachen Zillen. Selbst Ernst Ludwig Kirchner, der Gotiker unter den Expressionisten, nahm das Wunder »Blaues Wunder« nicht wahr, erst später in Köln die von Ernst Stadler bedichtete Rheinbrücke, und in Frankfurt – in einer Art Wettbewerb mit Max Beckmann – den »Eisernen Steg«, Brücken, die nie an die Dresdner heranreichen, in ihrer Grazie nicht und nicht in ihrer landschaftlichen Lage. Hans Grundig, gedrückt vom erstarkenden Nazismus, malte die Brücke unheimlich, vor allem die Gründerzeithäuser dieseits und jenseits. Bernhard Kretzschmar zeichnete sie, akkurat neusachlich, wie einst Gustave Caillebotte »Le Pont de l'Europe« in Paris (1876).

Am meisten hat Ernst Hassebrauk sie gemalt und gezeichnet, auch in einigen Radierungen festgehalten. Schon als Kind, auf einem der vielen Ausflüge mit den Eltern, hatte er einmal das »Blaue Wunder« im kleinen Skizzenbuch festgehalten, aber erst seit dem Ende der dreißiger Jahre, als er in Loschwitz wohnte, gar seit dem Ende der Vierziger, als er vom hochgelegenen Garten aus auf diese Brücke blicken konnte, wurde sie zu einem beinahe zentralen Motiv: Mit der holzbretternen Badeanstalt, mit dem Heuwagen, mit dem kleinen Winterhafen der Elbe, der Weinbergmauer des Körnerwegs, breit hingestreckt in ihren Rhythmen, in Vegetation versinkend, vom roten Ball des Sonnenaufgangs beherrscht. Die schwingenden Girlanden des eisernen Auf und Ab haben entfernt eine Ähnlichkeit mit der Chinoiserie der Dächer des Lustschlosses Pillnitz, nur sind die grünspangrün statt blau. Auch dies, wie Jagdschloß Moritzburg ein Liebling der Künstler ungeachtet der Buhlschaft der Touristen.

Aber trotz seines barocken Temperaments, seines augustäischen Tendierens liebte Ernst Hassebrauk das ganz Einfache. Hier übertraf er, was die Besessenheit angeht, noch die Expressionisten und den jungen Dix. 1986 kam im Dresdner Verlag der Kunst das Buch »Dresden links und rechts der Elbe« heraus, »100 Zeichnungen von Ernst Hassebrauk. Mit einem Essay von Joachim Menzhausen«. In den zwanziger Jahren war im Verlag der Wilhelm und Bertha v. Baensch Stiftung das Buch »Dresden. Eine kunstbetrachtende Wanderung« erschienen, mit Abbildungen nach Gemälden und Zeichnungen von Fritz Beckert und einem Text von Robert Bruck. Manches Motiv hat Hassebrauk mit dem älteren Kuehl-Schüler Beckert gemein, aber die beiden Bücher unterscheiden sich sehr in der Betonung der Landschaft um Dresden, die solche Beachtung nicht gefunden haben würde wie bei Hassebrauk nach 1945, wenn die Stadt, die Innenstadt, erhalten geblieben wäre. Zwar begann damals der Kunstgeschichtsprofessor Bruck sein Buch mit Fluß und Landschaft, aber für diese war, des grandiosen Zentrums wegen, kein Raum übrig. Die Zerstörung der Stadt, Eingemeindungen benachbarter Dörfer, ihre schnellere Erreichbarkeit mit dem Auto haben den Begriff »Dresden links und rechts der Elbe« erweitert. Menzhausen schreibt: »Der Landschafter Hassebrauk, sofern er dresdnische Situationen schilderte, hat sich nie weit vom Fluß entfernt. Er wohnte bei ihm und atmete die dunstige Luft, die sein Wasser erzeugt. Unter dem Fenster sah er im wechselnden Gegenlicht sein silbriges Band bogenförmig die weite Landschaft durchschneiden ...« Laut Menzhausen blieb der Künstler »zumeist im klimatischen Bannkreis der Stadt, im Elbtal, soweit es Wein trägt, eine Spanne von etwa 40 Kilometern von Diesbar-Seußlitz im Westen mit seinem barocken Ensemble von Park, Schloß und Kirche bis zum Pillnitzer Schloßpark im Osten.« Noch weiter bewegte er sich, von

77 Bernhard Kretzschmar, Brühlsche Terrasse, 1951
Bildarchiv Verlag der Kunst Dresden

Merschwitz und Zehren, wo die Landschaft schon eben wird, zurück bis ins Elbsandsteingebirge, die »Sächsische Schweiz«.
Gleichsam mit beiden Händen Segen spendend, wendet sich die Stadt zur Linken und zur Rechten zwei reichbesetzten Malerkolonien zu, zur Rechten Loschwitz und zur Linken Radebeul. Als Paula Modersohn-Becker von Worpswede aus ihre Geburtsstadt Dresden besuchte, sah sie die Landschaft vor Radebeul, die der Eisenbahnreisende zuerst passiert, mit den Augen des Jugendstil-Malers Oskar Zwintscher: »Überall saß der Frühling hinter jedem Strauch, und ich fühlte, wie es frische Knospen trieb. Die kleinen Bäche waren von dem schmelzenden Schnee angeschwollen und rauschten hurtig dahin. Die Wiesen waren mit großen Lachen bedeckt, die dem blauen Himmel entgegenjauchzten. Überall saß der Frühling. Ich mußte an Zwintscher denken. Ich kam in seine Gegend mit den Weinbergen und den Obstbäumen darin und den runden Keltertürmen auf dem Kamm der Berge.«
In Radebeul, einer Wein-, Erdbeer- und Spargelgegend, in die Literaturgeschichte eingegangen durch Gerhart Hauptmann und Karl May, ließ sich vor dem Ersten Weltkrieg der Maler Paul Wilhelm nieder, der aus dem westlichen Sachsen, dem kleinen Fürstentum Greiz, nach Dresden kam. Eine Art Sommervilla wurde sein Haus für das ganze Leben. Er malte nicht nur, sondern züchtete Rittersporn, der kleine Garten war voll des von Hell bis Dunkel blau schimmernden Delphiniums. Er sammelte Schmetterlinge und alte Schallplatten. Das Waschhaus wirkt in seinen Bildern wie ein Kapellchen, schreibt Werner Schmidt, der die Staffelei mit den Schwanenhälsen und den feuervergoldeten Kronleuchter geerbt hat, Erinnerungen, die er wert hält, nachdem das Wilhelmsche Haus von den Wohnungsnachfolgern bis zum Nichtwiedererkennen banalisiert worden ist.
In dem verfallenden Barockschlößchen »Villa Sorgenfrei« und einem üppigen Bauerngarten lebt die alte Dix-Schülerin Gussy Hippold – Wulf Kirsten hat ihr ein Gedicht gewidmet. Im Grundhof auf der Paradiesstraße, die nicht von ungefähr diesen Namen hat, wohnte Karl Kröner: Ein Biedermeierlandsitz von

78 Atelier Egon Pukall im Künstlerhaus
Foto: Werner Lieberknecht

Theresianischem Gelb. Baron Dehne, dem es früher gehörte, besaß einst neben dem Herrenhaus ein Gewächshäuschen, in dem Ananas wuchs. In Kröners Wohntrakt erinnerte eine schöne Tapetentür an die Vergangenheit. Karl Kröner, auch schriftstellerisch begabt, hat 1954 »Die Lößnitz. Gestalt und Wirkung einer Landschaft« im »Jahrbuch zur Pflege der Künste« beschrieben. Auch Theodor Rosenhauer, aus Alt-Trachau, fühlt sich seit langem der Lößnitz zugehörig. Heute hält Werner Wittig die Position der Lößnitz-Landschaft.

Die Tektonik der Terrassenlandschaft mag, wenn man so will, bei Wittig ein Erbe Karl Kröners sein, der Japonismus der subtilen Holzrisse hingegen ein Erbteil Paul Wilhelms, der sich im Alter mit den Meistern des japanischen Farbholzschnittes beschäftigte, Hokusai und Utamaro als Bild im Bild in seine späten duftigen Aquarelle huldigend einbezog. Bei Wittig also wirkt etwas von der Dresdner, der Radebeuler Tradition fort, hält sie lebendig und produktiv. – Es ist eine Bemerkung wert, daß die »Radebeuler« nicht in Loschwitz gemalt haben, das »Blaue Wunder« jedenfalls gibt es allem Anschein nach weder bei Wilhelm noch bei Kröner. Selbst Pillnitz, das Schloß, war nicht ihre Domäne. Ja Moritzburg, und Seußlitz! Im hohen Bergpavillon »Heinrichsburg«, oberhalb von Seußlitz hatte Kröner jahrelang ein Atelier, oder Liebesnest.

Die einmalige landschaftliche Lage inmitten von Weinbergen, die allerdings Ende des 19. Jahrhunderts ein Opfer der Reblausplage wurden, zog frühzeitig schon Künstler nach Loschwitz. 1879 baute der Ludwig-Richter-Schüler Eduard Leonhardi im Loschwitzgrund eine Mühle in ein Atelier- und Ausstellungshaus um, das noch heute als Leonhardi-Museum Dresdner Künstlern als Ausstellungsraum dient. Weil hier schön zu wohnen war, lebten in Loschwitz auch Künstler wie Josef Hegenbarth und Hans Theo Richter, die keine Landschafter waren oder nur selten Landschaft gezeichnet hatten.

Wenn Karl Kröner schon nicht in Loschwitz malte, so hatte er doch den Wunsch, auf dem Loschwitzer Friedhof zu ruhen. Hier hat er sein Grab neben dem von Josef Hegenbarth gefunden. Der kleine Friedhof zwischen den Elbwiesen und der

79 Künstlerhaus Loschwitz
Foto: Werner Lieberknecht

Pillnitzer Landstraße wurde zu einem Künstlerfriedhof, seit am Hang des gegenüber liegenden Weinbergs der ehemalige Architekturstudent der Dresdner Kunstakademie C. Richard Martin Pietzsch 1897 ein Künstlerhaus gebaut hatte. Im Stil einer ländlichen Neurenaissance erhebt sich turmartig das in Atelier- und Wohnflügel gegliederte Gebäude für ursprünglich 12 Künstler und ihre Familien. Die Idee dazu war ihm in Rom auf dem Monte Pincio gekommen. Ihm schwebte eine enge Gemeinschaft vor, wozu es freilich nie kam. Die Verbindungstüren zwischen den Ateliers ließen die Künstler, gleich nach ihrem Einzug, zumauern. Ein Dresdner Bâteau lavoir wurde das Loschwitzer Künstlerhaus also nicht, aber es hat bedeutende Künstler beherbergt. Und manch einer, wenn er gestorben war, wurde nur über die Straße getragen, zur letzten Ruhe, von Sascha Schneider bis Schmidt-Kirstein.

Das Künstlerhaus ist nicht mehr ganz, was es war, der ockerfarbene Anstrich ist von einem grauen Verputz abgelöst, die Dekoration des Treppenhauses zum großen Teil verschollen; dafür ist innen manches moderner, bequemer geworden – Badezimmer gab es früher bei »Winkelpietzsch« nicht. Das Leben geht, dem Friedhof gegenüber, weiter. Heute leben und arbeiten hier, soweit wir sehen, Ursula und Hermann Naumann, Max Uhlig, Günter Hornig, Konrad Maass, Rainer Zille, Agathe Böttcher und Veit Hofmann. Klaus Dennhardt ging in den Westen, Egon Pukall starb 1989. Der Akademie-Drucker Roland Erhardt, bei dem Otto Dix ab 1948 sein grafisches Werk drucken ließ, hat sich, von offiziellen Pflichten zurückgezogen, hier eine Werkstatt eingerichtet. Aber eine große Möglichkeit ist vertan: Das Atelier Hermann Glöckners existiert, nachdem der Künstler im Alter von fast 100 Jahren gestorben ist, nur noch in Film-Aufnahmen, es ist dokumentiert, aber nicht mehr greifbar. Der behutsame Konstruktivist hatte ein Gesamtkunstwerk errichtet, selbst die Kohlen vor dem Ofen waren so geschichtet, daß es wie ein Objekt aussah. Die Erhaltung des Glöcknerschen Ateliers wäre für Dresden ein Geschenk gewesen wie das konservierte Atelier von Brancusi in Paris vor dem Centre Pompidou.

Unweit vom Künstlerhaus elbaufwärts liegt, wie eine kleine barocke Arche an einem Bach, das Talhaus im Wachwitzgrund und bröckelt langsam dahin. Wenn hier eines Tages ein Heimatmuseum eingerichtet wird, könnte dann auch des Malers Hans Jüchser gedacht werden, der Jahrzehnte hier gelebt hat.

Nur im Elbsandsteingebirge, wo auch die Dresdner Neusachlichen Pol Cassel und Georg Siebert lebten und Andreas Dress in Sebnitz sein Atelier hat, ist noch ein Künstler-Museum erhalten geblieben, wie es sein sollte: das Sterl-Haus in Naundorf bei Wehlen. Der Dresdner Impressionist, fast eine Generation jünger als Kuehl, in der Welt viel herumgekommen, Professor an der Dresdner Akademie, schien sich am wohlsten zu fühlen bei den Steinbrucharbeitern der »Sächsischen Schweiz«, die er immer wieder ins Bild brachte. Im Garten seines Naundorfer Hauses ließ er sich 1932 begraben.

Dreißig Jahre lang hatte sich der in Dresden geborene, in Berlin lebende Bildhauer Wieland Förster geweigert, die mythische Landschaft seiner Kindheit aufzusuchen: die Schluchten, Höhlen und Felsgebilde des Elbsandsteingebirges. Eine Felsengruppe der Sächsischen Schweiz, das »Labyrinth«, wurde dann im Sommer 1974 bei einem Besuch der Steinbrüche zum Auslöser für eine jahrelange Auseinandersetzung mit den Strukturen der Verwitterung, den »Wundern des Verfalls«. Der »Abstieg von den lieblichen Elbhöhen« in die Abgründe, Spalten, Kamine

und röhrenartigen Gänge, die »fast immer im Ausweglosen enden, in Angst und Beklemmung«, öffnete ihm den Blick auf »die Welt danach«, auf »die unbewohnbar gebombte, ausgebrannte Erde, über der die Sonne als erloschenes schwarzes Gestirn steht« (W. F., Labyrinth, 34 Zeichnungen 1974–85 sowie Notizen über die Entstehung eines Zyklus und Arbeitstagebuch, Berlin/Ost 1988).
Ganz nah an der Elbe, auf halbem Wege von Loschwitz zur Stadt, an der einstigen Brauerei »Waldschlösschen« und der Kunsthandlung Kühl, wohnt Stefan Plenkers in einer Backstein-Villa. Auf der Altstädter Seite gegenüber, an der Goethe-Allee wohnt Gerhard Kettner.
Die Elbe, die durch Dresden fließt, die Elbe von Pillnitz bis Radebeul, die Elbe von Pirna bis Meißen, die Elbe von Aussig bis Hamburg, ist überall mit Kunst bewimpelt. Prächtig nicht nur an der Brühlschen Terrasse, prächtig auch am Pillnitzer Schloß, wo bis zu seinem Tode 1945 der Arkadier Ludwig von Hofmann zwölf Zimmer bewohnte und danach der ganz anders geartete Wilhelm Rudolph sich die Elb-Insel, die letzte, die das 19. Jahrhundert von ungezählten ähnlichen übriggelassen hatte, als ein irdisches Paradies imaginierte, in dem er sich seine späten Akte dachte, ruhend oder wie Bäume dastehend – wer hätte geahnt, daß im Alter solch eine Marées-Gesinnung über ihn kommen würde! Einmal sah er die Vogelschutz-Insel aus einem Fenster des Pillnitzer Schlosses: romantisches Sehnsuchts-Motiv.
Der junge Rudolph hatte in Holz geschnitten, wie eine Elbzille dunkel durch das barock zerwühlte Flußbett fährt. Von den Brücken war Rudolph, der Überlieferer der Ruinenstadt, in Bann geschlagen, ein Mann, dem menschliche Brücken stets abbrachen; seine Elbbrücken blieben denn auch menschenleer – das Gegenteil von Schwinds vielbevölkerter Donaubrücke. Die Krone des Elbstroms aber, die Brühlsche Terrasse, Hofkirche, Opernhaus interessierten ihn nicht, die doch fast alle gemalt haben, die Dresden meinen, von Gotthardt Kühl bis zu dessen Enkelschüler Helmut Schmidt-Kirstein, von Bernhard Kretzschmar bis zu dessen Zögling Siegfried Klotz. Freilich mußte nach Dresdens Zerstörung auch hier Phantasie nachhelfen, und so wärmte Hassebrauk den berühmten point de vue mit Himmeln von Mohnrot und Lavendelblau, Himbeerrot und Zitronengelb. Und doch waren ihm Mickten und Pieschen, Kaditz und Übigau nicht zu gering.

Dresden – 13. Februar 1945

von Erhard Frommhold

Das Sachliche dieses Ereignisses an jenem Datum ist bis in alle Einzelheiten dargestellt: die Vorgeschichte, die Zerstörung, die Folgen – alles in Götz Berganders Buch »Dresden im Luftkrieg« (1977). Was übrig bleibt, sind die Emotionen auf dieses Ereignis nach dem 13. und 14. Februar 1945. Gerhart Hauptmann hat es als erster im noch »Deutschen Rundfunk« am 29. März 1945 tränenreich beklagt, aber dennoch, wie das sein Freund, der Kunsthistoriker Johannes Guthmann mit Hauptmanns eigenen Worten berichtet, als »geprügelt, geprügelt, immerfort des letzten Prügels gewärtig« empfunden. Man wird dieses fast schuldhaft klingende geheime Bekenntnis gleichfalls in der Dresdner Kunstgeschichte prüfen müssen, denn auch in ihr wird einerseits bloß der Untergang des »heiteren Morgensterns« betrauert und andererseits den »angloamerikanischen« »Sodom- und Gomorrha-Höllen« der politische Prozeß angesagt. So kommt im Dresden des Nachkrieges eine Ruinen-Romantik zustande, die sich künstlerisch zugleich sentimental und politisch radikal gebärdet, also eine Architektur- und Landschaftsmalerei individualistischer und sozialistisch-realistischer Prägung. Jan Bialostocki benennt die Ruine sogar als ein »didaktisches Motiv«. Und damit hat es die Kunstgeschichte seit dem 13. Februar 1945 in Dresden fortan zu tun. Und Otto Dix hat diesen Zwiespalt 1947 trefflich bezeichnet: »Diese Trümmerwelt, die an Pompeji erinnert...« Also liegen ikonographisch das Historisierende und das Agitatorische eng beieinander.

Zuerst sind es allerdings Prophezeiungen, die jene Trümmerwelt nach dem 13. Februar sogar topographisch getreu vorwegnehmen. »Was der Prophet voraussieht, sind die Strafgerichte« (Walter Benjamin). Das ist nur die politische Logik, die in diesen Visionen zum Ausdruck kommen sollte. Es sind die aus dieser Stadt vertriebenen oder die in ihr verfemten Künstler, die schon unmittelbar nach 1933 ihre Allegorien des Untergangs ihrer Heimatstadt oder ihrer Wahlheimat entwerfen: Hans und Lea Grundig, Miron Sima, Otto Dix, Eugen Hoffmann, Walter Nessler. Das geschieht parallel zu Pablo Picassos »Guernica«, aber immer auch aus dem Geist des einstigen Dresdner Verismus heraus, der nun von der »Sachlichkeit« der zwanziger Jahre zum Visionären hinführt. Damit ist aber alles Idyllische der Dresdner Landschaftsmalerei – und sei sie noch so veristisch gewesen – gewichen. Mit den »Strafgerichten« als Motiv wandeln sich die Formen in Malerei und Grafik: Miron Simas Gemälde »Panik« 1933, Hans Grundigs »Tausendjähriges Reich« 1935–1938, Walter Nesslers »Englische Kirche in Dresden« 1935 sind die besten Beispiele dafür. Solche Visionen bleiben dennoch nicht hinter der Realität der wirklichen Zerstörung Dresdens am 13. und 14. Februar 1945 zurück. Zurück bleibt jetzt die Wirklichkeit: die Ruinen in den Straßen als Klagemauern der Künstler.

»Die ganze Welt ein Museum,
Konserviert
Wie das Gerippe
Der Eschebach-Villa.«

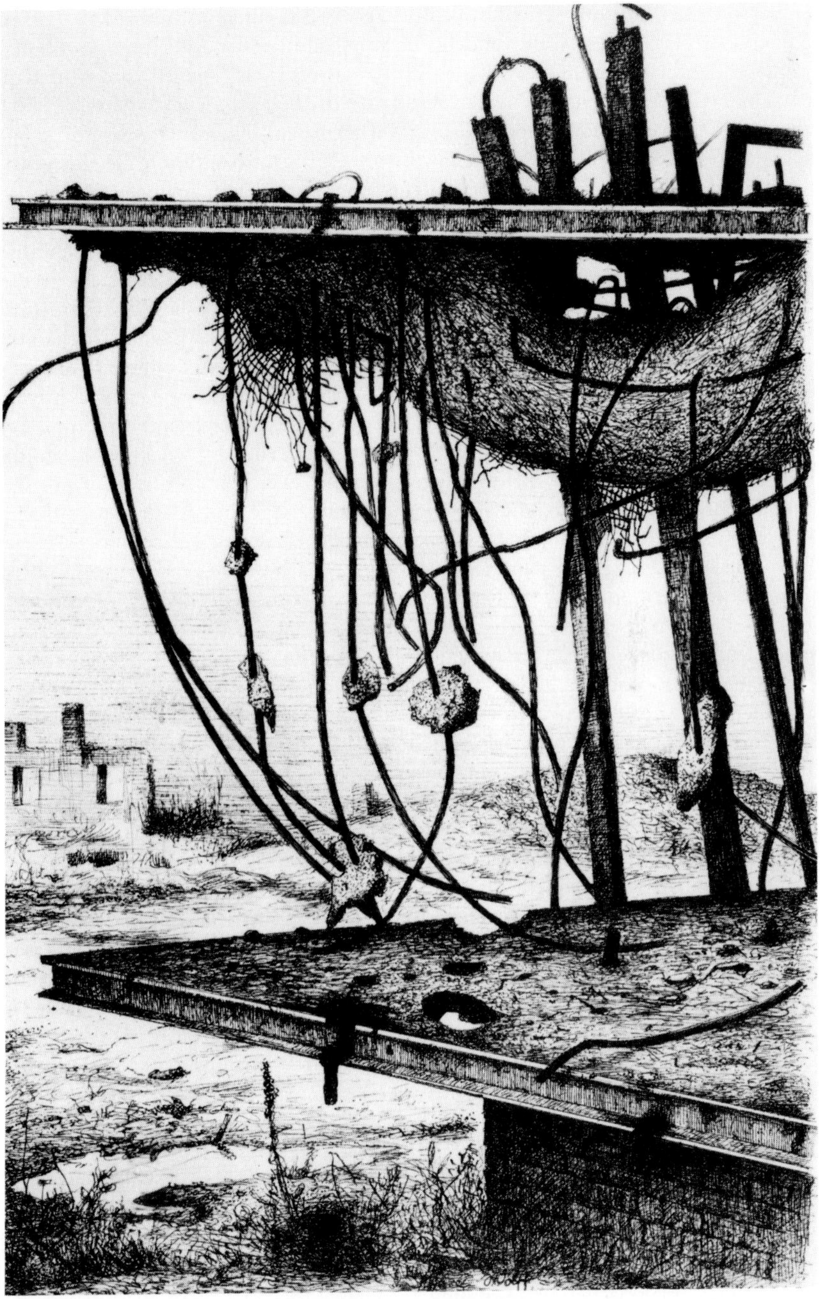

80 Willy Wolff, Pelzhaus Fiedler & Weise, 1946
Staatliche Kunstsammlungen Dresden, Bildarchiv Verlag der Kunst

So verspürt der Dresdner Dichter Heinz Czechowski einen Wintertag am ehemaligen Albertplatz. Diese Welt wandelt sich vom Schmerz der Alten zum Motiv der Jüngeren und wiederum zur Vision der Jüngsten. Das Thema wird von den einzelnen Generationen verschiedenartig stilisiert. Vielleicht läßt sich dieser zeitliche Vorgang bereits im bedeutendsten Werk zu dem Thema Dresden 1945 bis 1949 feststellen, in den mehr als 400 Arbeitern Wilhelm Rudolphs, die allein den Trümmern dieser Stadt galten. Schon die 150 Rohrfederzeichnungen »Das zerstörte Dresden«, die 200 Aquarelle »Dresden als Landschaft« und die 55 Holzschnitte »Dresden 1945« ergeben ein unterschiedliches Weltbild nicht allein von dieser Stadt, sondern vom historischen Zustand des Krieges und des Nachkrieges. Wilhelm Rudolph hat das selbst so empfunden: »Jeder Teil ist ein Ganzes für sich und hat ein eigenes psychologisches Gesicht.« Obwohl dieses Exemplarische nur an diesem Ort und von diesem Künstler geleistet werden konnte, denn, die Bauwerke, so meint Rudolph, bewahrten »auch im Tode ... den großartigen Formwillen ihrer Schöpfer«, und gerade er zwingt ihn zur eigenen Form.
In der Architekturzeichnung wird diese »Zwangsvorstellung«, wie es Rudolph für sich bezeichnet, nach 1945 kaum wieder erreicht. Die Trümmer werden Motive für ästhetische Ausbeutung, die sich allerdings mit Klage und Anklage verbündet, von Karl Kröner, Bernhard Kretzschmar, Theodor Rosenhauser bis hin zu Hans Mroczinski und Siegfried Klotz, sie werden zu malerischer Tristheit von Albert Wigand stilisiert oder schon 1946 etwas surreal von Willy Wolff verwandelt. Edmund Kesting setzt sie farbig expressiv und kompositionell konstruktiv zu einer Kulisse zusammen. Damit ist jenes »Pompeji« erreicht. Ernst Hassebrauk bezeichnet 1946 seine radierten Stadtlandschaften bereits »Dresdner Visionen«. Damit ist der Realität etwas Idealistisches hinzugefügt. Von da ist der Weg zur Allegorie über die Leiden in dieser Stadt nach dem 13. Februar nicht mehr weit. Hier setzt nun die Anklage ein, sie wird ins Genre gewendet oder durch Melancholie verbrämt. Die Selbstbildnisse von Otto Griebel vor der brennenden Stadt (1945), von Erich Gerlach vor den Trümmern der Stadt (1945) bestätigen diese Trauer, aber sie stehen mit ihr dennoch unter dem Prinzip Hoffnung.
Josef Hegenbarth verwandelt gleich nach seiner Rückkehr 1945 jene verwüstete Physiognomie der Landschaft in malerische Illustrationen eines wiedererwachten Lebenswillens ohne jegliche Klage über das Verlorene, die Trümmer sind ihm nur Kulissen für die in ihr tätigen Menschen. Für Hegenbarth ein neues Thema, das seine schweifende Phantasie ganz an die Realität heranführt. Er benennt es selbst als »den ungeheuren Reiz, den die Zeit nach 1945 auf mich ausübte. Ich wurde nicht satt, sie immer wieder festzuhalten.« Die Katastrophe hatte Hegenbarth nicht in Dresden erlebt, deshalb steht er auch nicht, wie Wilhelm Rudolph bekennt, unter »einem Zwangszustand«. Er nimmt gewissermaßen die zweite Phase der Trümmerstadt in Anspruch.
Diese Spontaneität gegenüber der Wirklichkeit verliert sich allmählich im Programmatischen. Das fing bereits 1945 mit Wilhelm Lachnits »Tod von Dresden« und Willy Jahns »Mann im Feuersturm« 1945 an. Hans Theo Richter bringt die Haltung des menschlichen Leidens zum Ausdruck, das sich dann in Theodor Rosenhauers malerischer Inszenierung im Gemälde »Nach dem Angriff« (1955) fortsetzt. Überall stehen jetzt moralisch mahnende Denkmäler für dieses Ereignis:

81 Porträt Wilhelm Rudolph Foto: Evelyn Richter

82 Claus Weidensdorfer, Umgestaltung eines Platzes, Lithografie, 1978

Friedrich Press' Altar als Glaubenszeichen in der ehemaligen Hofkirche, »Flammen und Köpfe mit offenen Augen« in Meißner Porzellan geformt 1972, Wieland Försters »Trauernder Mann« (1975) auf dem Georg-Treu-Platz – inmitten eines »schicksalerfüllten Raumes« (Claude Keisch). Das Ereignis wird zum Thema, es wird zum Exempel für den Willen zum Frieden. Damit wird es auch für einseitige Propaganda mißbraucht, die man in anderen Städten kaum kannte. Erst die jüngere Generation greift mit dem Thema »Dresden« auf jene frühen Visionen zurück.

Die Stadt erlitt durch den »sozialistischen Wiederaufbau« eine zweite Zerstörung. Das nicht zu rettende »Augusteische« ist dem reinen pragmatischen Zweck gewichen, und damit beginnt die erneute Klage um diese Stadt. Der politische Sinn schlägt nun ins Gegenteil um. Das Banner ist Nostalgie! Aber niemals ohne Frage an die Existenz der Gegenwart als ein weltpolitisches Problem des andauernden Friedens. Die rein optimistischen Symbole von Eugen Hoffmann (»Das Leben« 1949) bis zu Gerhard Kettners Tuschlithographie »13. Februar 1965« sind wieder ganz unter das Prinzip Hoffnung gestellt, jedoch ihre Reinheit ist mit einer gewissen Pädagogik gepaart. Gerade im Falle Kettner deutet Diether Schmidt jenen Widerspruch an: noch 1965 »neben dem Ausdruck kollektiven Wohlbefindens in friedlicher alltäglicher Idyllik ...« das »düstere Erinnerungsbild der

Katastrophe«. Die Warnungen herrschen in der jüngeren Generation vor. Claus Weidensdorfer hatte das schon länger und weniger idyllisch in seinen Lithographien vorbereitet: Lokales und Visionäres treffen sich bei ihm, ohne daß, außer dem Titel, aufgesetzt Didaktisches übrigblieb – »Brücken sind keine Startbahnen« (1981). Diese Wendung, die sich in der jüngeren Generation vollzieht, hat in erster Linie weltanschauliche Ursachen, die ihre Wirkungen in anderen Formen sucht. Der »Sozialistische Realismus« war als Programm und Praxis in Langeweile erstarrt, er hatte sich sogar entpolitisiert und war zur konventionellen Genremalerei der Dresdener »Aufbaubilder« verkommen.

Dagegen nutzt die jüngere Generation die Erfahrungen der alten und neuen Avantgarden und das mit einer Weltsicht, die über verbrauchte Illusionen hinausgeht. Dresden steht jetzt wieder – wie zu Zeiten der Vorahnung – in einem weltgeschichtlichen Zusammenhang, es wird als Zeichen zugleich in die Geschichte und in die Zukunft eingeordnet, in den Zyklen von Wolfgang Petrovsky und Frank Voigt bleibt Dresden zwar Anlaß, aber – wie Bernd Rosner schreibt – zugleich »Anstoß zum Durchschauen eigner Geschichte«, und dazu gehören die neuen Formerfahrungen ebenso wie die alten und neuen ideologischen Drangsale. Das Bild von Dresden wird ins Aggressive geweitet, weil die Gegenwart noch nicht die Vergangenheit bewältigen kann. Und damit wird Dresden zu einer neuen Erfahrung, in der das Verbleiben als Relikt weiterlebt, aber nur ein künstliches Dasein fristet, wie in den Radierungen »Die Stadt« (1980) von Andreas Dress oder in den Massenquartieren ganz verdrängt wird wie bei Peter Muschter. Dresden hat sich trotz allem eine eigene Lebensform bewahrt, die aber den 13. Februar 1945 auch heute noch nicht überwunden hat.

82a Wolfgang Petrovsky, Schwarzer Fleck auf Stadtlandschaft, Siebdruck, 1982

Curt Querner – ein Maler aus Börnchen

von Erhard Frommhold

Curt Querner ist so oft lyrisch gerühmt worden, wie kaum ein anderer sächsischer Maler in seiner Zeit, z.B. von so bedeutenden Dichtern einer jüngeren Generation wie Wulf Kirsten oder Heinz Czechowski. Es war nicht allein das Dorf Börnchen am Nordrand des Osterzgebirges und da das alte Fachwerkhaus in der Gasse oder der Mann selbst, die zur Poesie anregten. Es war das malerische Werk in diesem ungewöhnlichen Milieu:

»Aus der handvoll dorf,
das umgrünt ist von haferhandtüchern,
hinter schwartenzäunen unschlüssig erwartet
den abend.«
(Wulf Kirsten)

Seinetwegen wird man auch kaum eine Rubrik in den modernen Stilen finden, in die man den Maler einzuordnen vermag. Fritz Schmalenbach hat Querners Frühwerk in seinem Essay »Die Malerei der ›Neuen Sachlichkeit‹« in einem Atemzuge mit Otto Dix und Rudolf Schlichter genannt. Aber das trifft nur Querners jugendliches Streben zwischen 1930 und 1936, also bis zu den empörten, aber dennoch stillen Selbstbildnissen und bis zu den Bauernbildern, die er gegen den heraufziehenden und späterhin herrschenden Geist des »Blut und Bodens« einsetzte. Zudem gehörten Dix und Schlichter für den 1904 geborenen Künstler praktisch und geistig bereits zu seiner Lehrergeneration. Die Gesinnung ist es allerdings, die jene drei Maler stilistisch verbindet: das gesellschaftskritisch linke Pathos oder – wie es Schmalenbach nennt – das »bewußte Prinzip« der Neuen Sachlichkeit oder gar des Verismus. Hierzu hatte das Leben Curt Querner genügend und früh genug vorbereitet. Die Kindheit in einer Schuhmacherfamilie, dazu in einem Dorf unter armen Kuhbauern, Dorfschule und anschließend eine Schlosserlehre – dann die Entdeckung des eigenen Zeichentalents.
Er trifft auf den 14 Jahre älteren Maler Hermann Lange aus dem benachbarten Dorf Niederhäslich, ebenfalls ein mittelloser Maler, aber akademisch ausgebildet. Von ihm kommt der frühe Stil Querners her: Genauigkeit der Zeichnung, sensibel ausgetuschte Häuserfassaden, dekorativ umstellt mit Bäumen und Zäunen, alles noch statuarisch komponiert. Von da führt zwangsläufig der Gang zur Akademie auf die Brühlsche Terrasse. Was nun folgt, ist der übliche Lebenslauf eines proletarischen Künstlers: Exerzitien im Zeichensaal Richard Müllers seit 1926, Nebenarbeiten in einer Seilerei für Essen, Farben und Papier, dann 1928 der Malsaal bei dem überaus konzilianten Georg Lührig. Dazwischen geht er auf die Walze über Prag nach Wien und Süddeutschland. Dürer und Brueghel d.Ä. bleiben das große Erlebnis. Nach einigen Monaten in der Klasse von Otto Dix fühlt er sich bereits so frei, um 1930 in die »Assoziation Revolutionärer Bildender Künstler Deutschlands« und in die KPD einzutreten.
Und damit ist das »bewußte Prinzip« nicht nur politisch, sondern auch künstlerisch erreicht. Es wird noch 46 Jahre lang gültig bleiben, gegen alle Unbill, der ein

83 Kurt Querner, Blick auf das alte Viertel vom Atelier, 1954
Deutsche Fotothek Dresden, Bildarchiv Verlag der Kunst

höchst kompliziertes Malerleben jederzeit ausgesetzt war. Am Anfang ist alles noch ungestüm jugendlich programmatisch. Elend, Vorstädte, Klassenkampf, Agitatoren und Demonstranten fügen sich zu politischen Allegorien, darunter schon individuelle Porträts der Zeitgenossen aus dem Milieu der Dresdner Annen- und Hechtviertel, ganz und gar sozialpsychologisch aufgefaßt und wiederum malerisch in eigenen Farben individualisiert. »Ich bin gegen alle Armeleute-Malerei, Malerei muß gut sein«, bekennt er rückblickend 1938 in einer Tagebuchnotiz. Und dabei bleibt es fortan.

Nach 1933 fühlt er sich verlassen. Das »Selbstbildnis mit Brennessel« 1933 ist das geheime Bekenntnis zu einem Widerstand, den er allein moralisch mit seinen nun ausgereiften künstlerischen Mitteln antreten will. Die Motive der Kuhbauern bleiben noch einige Zeit Realität, aber die reine Landschaft, das Familien- und Selbstporträt, der Akt gewinnen immer mehr die Oberhand im Werk. Der einstmals programmatische Verismus verliert sich in einer ganz und gar koloristischen Malerei. Damit ist sein individueller Stil absolut gefestigt. Nach seiner Rückkehr aus der Kriegsgefangenschaft im Juli 1947 bleibt Querner bis in die sechziger Jahre relativ vereinsamt. Sein Freund und späterer Biograph Hellmuth Heinz widmet ihm 1954 mutig eine Personalausstellung mit Katalog im Haus der Heimat zu Freital – ohne öffentliche Resonanz als Maler der selbständig gebliebenen Kleinbauern – also damals der »Kulaken«.

Curt Querner verhält sich trotz allem rigoros zu seinem Werk. Er läßt nur gelten, was für ihn und seine Ästhetik bestehen kann. Er begrenzt seine Motivwahl auf ein typisches Aktmodell, auf die Landschaft rings um Börnchen und da auf die Jahreszeiten, auf das eigene Haus, auf einen Bauerntyp und auf wenige Freunde, darunter natürlich bevorzugt seine Familie. Zumeist bleiben es Variationen eines Motivs. Im »Elternbild« gelingt ihm 1947 der, wenn auch künstlerisch zeitlose, Rückblick, gewissermaßen als Synthese von Vergangenheit und Gegenwart. In den Porträts der Enkelinnen liegt jenes Unbeschwerte der Kindheit und Jugend, das Querner mit dem maßlosen verordneten Optimismus nicht vergleichen wollte. Deshalb wird ihm das Porträt niemals zum verschämt »sozialistisch-realistischen« Sittenbild. Es bleibt Malerei, die von Farben, von Valeurs, von äußerst subtilen Farbnuancen bestimmt wird: Darum auch immer wieder der »Bauer Rehn« als Motiv, als ein Objekt für Öl- und Aquarellfarben. Objekt ist ihm hier gleich Experiment für Form und eigentümliches Subjekt zugleich, ebenso im Akt, wo nur Haltungen die Form mutwillig verändern, die Farben aber das Bild bauen. Und da wird er zum Vorbild der nachfolgenden Generation. Nach der Rehabilitierung der »Asso« kehrt er gegen Ende der sechziger Jahre auch wieder in die jüngste deutsche Kunstgeschichte zurück. Auszeichnungen, Ausstellungen, Monographien und Kataloge folgen.

Querner war stolz auf sein Künstlertum, aber ebenso auf das Bäuerliche und das Plebejische, das sich in ihm erhalten hatte und mit dem er seiner Kunst einen unnachahmlichen Sinn gab. Das Ende kam viel zu früh. 1976 wurde Curt Querner in seiner Landschaft auf dem Friedhof zu Possendorf mit einer geradezu feierlich-regionalen Zeremonie begraben.

Hermann Glöckner

von Werner Schmidt

Zu Recht wird immer wieder die Formulierung zitiert, die Raoul Jean Moulin 1976 in »l'Humanité« prägte: »Patriarch der modernen Kunst der DDR.« In seltenem Maße wuchs dem 80jährigen Hermann Glöckner die Verehrung der Künstler und der Kunstfreunde des ganzen Landes zu, besonders der jüngeren. Um 1964 wurden einige Kenner auf sein Werk aufmerksam. Wilhelm Müller nahm Unterricht bei ihm. Das Dresdner Kupferstich-Kabinett erhielt von ihm zwölf Tafeln der dreißiger Jahre als Dauerleihgaben, die im Studiensaal allen Interessenten zur Betrachtung bereitstanden. Im Herbst 1968 veranstaltete Lothar Lang im Institut für Lehrerweiterbildung in Berlin-Weißensee die erste persönliche Ausstellung Hermann Glöckners. Zu seinem 80. Geburtstag versammelte sich am 21. Januar 1969 bei der Eröffnung der Ausstellung im Kupferstich-Kabinett zu Dresden ein erstaunlich großer Kreis von Freunden, Kollegen und Verehrern aus dem ganzen Lande. Diese erste öffentliche Übersicht über sein Schaffen vor 1945 erwies Eigenständigkeit und Konsequenz bei Wahrung stilistischer Freiheit und Beweglichkeit. Glöckners außerordentlicher Rang wurde sichtbar.

Einzelne Restriktionen des gelenkten Verbandsapparates in den folgenden Jahren konnten die stetige Ausweitung seiner Anerkennung nicht aufhalten. Die Ausstellung seiner Arbeiten nach 1945, veranstaltet 1976 vom Kupferstich-Kabinett Dresden mit dem Künstlerverband, anschließend in der Kunsthalle Rostock, bedeutete einen Durchbruch der Moderne in der Öffentlichkeit des Landes.

Mehrfach wechselten in Glöckners Schaffen bis 1953 gegenständliche und abstrakte Perioden und Werkgruppen und durchdrangen einander. Die Gemälde, Aquarelle und Zeichnungen aus den Jahren um 1911 bis 1914 erinnern in der Strenge ihres analytischen Vorgehens an vorkubistische Bestrebungen Mondrians. 1919 und 1920 stieß Glöckner zur konkreten Kunst vor, und zwar sowohl konstruktiv als auch informell. Die Hinwendung zur klassischen Tradition im Jahre 1921 vollzog sich in analysierender Weise und führte zu strengen Kompositionen mit zeichenhafter Isolierung einzelner Gegenstände. Die Hinwendung zu gegenstandsfreien Konstruktionen um 1930 im »Tafelwerk« wuchs aus eigenen Wurzeln und führte bis 1937 zu Ergebnissen, die in nahezu alle Richtungen der Moderne reichen.

Obwohl Glöckner von der reinen Konstruktion fasziniert war, maß er zugleich amorphen Strukturen und linearen Rhythmen wesentliche Bedeutung bei. Die Polarität von Gesetz und Zufall bestimmte auch sein späteres Schaffen. Konstruktive und informelle Werkgruppen folgten einander und überlagerten sich zuweilen.

Vom Ungeist der Nazis abgestoßen, zog sich Glöckner in die Einsamkeit zurück. Nur seine Frau nahm an seinem künstlerischen Streben teil. Um den Lebensunterhalt zu verdienen, führte er mit ihr in den Jahren seit 1933 dekorative Wandgestaltungen am Bau aus, auch nach 1945. Noch als 70jähriger stand er auf dem Gerüst. Die Hoffnungen auf Anerkennung seiner freien Arbeiten wurden nach 1945 zunächst durch einzelne kleinere Ausstellungen genährt, aber seit 1949 zunehmend enttäuscht.

1953 brach er einzelne Versuche, seine Formprobleme mit figurativen Motiven zu verknüpfen, endgültig ab und arbeitete ausschließlich gegenstandsfrei. Bereits 1947 herrschen bewegte Kurven und Farbfelder im Sinne des abstrakten Expressionismus vor. Die Collagen des Jahres 1957 verbinden konstruktive Erfahrungen mit informellen Prinzipien, die in den folgenden Jahren zu meditativen Pinselblättern führten. Unter den Werkgruppen auf Papier ragen hervor: Monotypien, Spachtelarbeiten seit 1964, Drucke von Karton, Linoleum und Papier, Schablonenblätter, Drucke von Glasscherben seit 1968, gefaltete Blätter seit 1969, Schnurabdrucke und die Kurvenzeichnungen seit 1983.
Auch das plastische Werk nahm seit 1955 zunehmend Raum in seinem Schaffen ein. Aus einer Fülle von weit über 200 Objekten, oft Entwürfe in kleinem Format, entstand ein einziger Auftrag für eine monumentale Stahlplastik, 1974 eingeleitet und nach vielen Schwierigkeiten schließlich 1984 in der TU Dresden als erste abstrakte Stahlplastik im öffentlichen Raum der DDR eingeweiht.

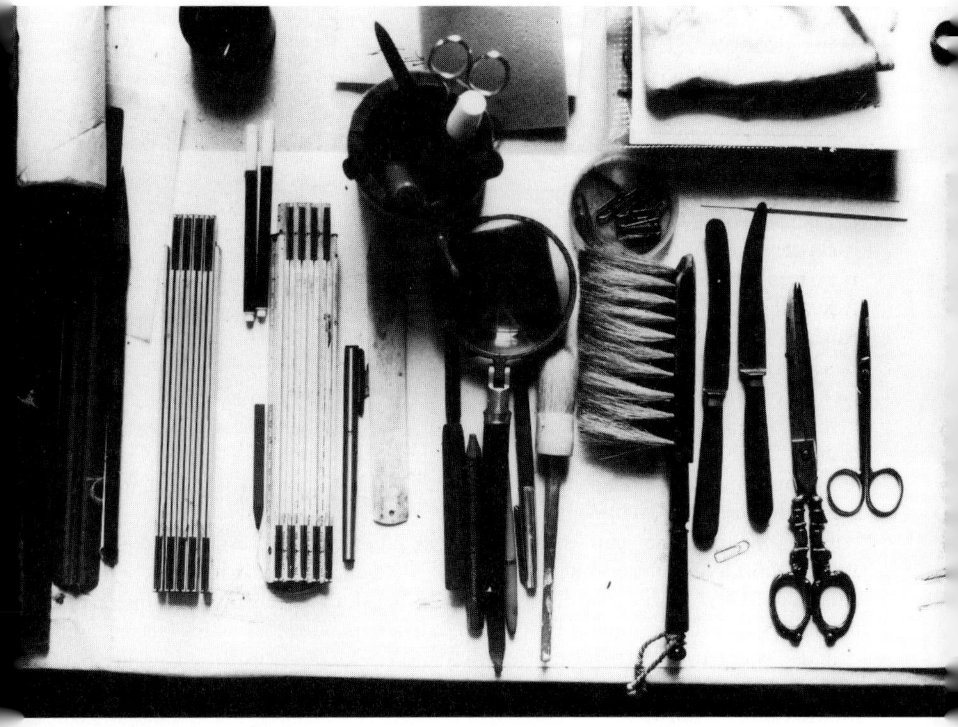

84 Arbeitstisch von Hermann Glöckner in seinem Atelier im Künstlerhaus Loschwitz
Foto: Werner Lieberknecht

Hans Theo Richter

von Werner Schmidt

In den fünfziger Jahren errangen Josef Hegenbarth und Hans Theo Richter als erste der Künstler, die auf dem Gebiet der DDR lebten, Anerkennung in der Bundesrepublik. Bereits 1948 fanden in Hannover, Düsseldorf und West-Berlin persönliche Ausstellungen Richters statt, weitere 1949 in Oberhausen, 1954 in Mannheim, 1955 in Trier, Ulm und Düsseldorf, 1958 in Bonn, Köln und Frankfurt, 1960 in Kaiserslautern, Würzburg, Kassel und Wiesbaden, 1961 in Duisburg, Offenburg und Marburg, 1962 in Kempten, 1963 in Wilhelmshaven und München, 1964 in Stuttgart und Hamburg. Als einziger Künstler aus der DDR wurde er damals zum Ordentlichen Mitglied einer Akademie der Bundesrepublik gewählt, 1959 in München. Die Kunsthochschulen von Berlin (West), Kassel, Düsseldorf und Karlsruhe suchten ihn als Lehrer zu gewinnen. Aber er blieb in Dresden, seiner Wahlheimat, ebenso wie alle bedeutenden Dresdner Maler seiner und der älteren Generation, die nach 1945 den kulturellen Neuaufbau der zerstörten Stadt als Aufgabe betrachteten.

Hans Theo Richter hatte mit seinem Frühwerk seit 1924 den deutschen Expressionismus aufgenommen und diese Tradition auch in seinen realistischen Arbeiten während der Kriegszeit gewahrt. Der Besuch bei Käthe Kollwitz im Frühjahr 1943 bekundete seine Haltung. Schon als Meisterschüler von Otto Dix in den Jahren 1928 bis 1931 wurde Richters Begabung erkannt. 1938 erhielt er den Ersten Preis der Internationalen Graphikausstellung von Chicago.

1933 gab Richter seine Bemühungen um die Ölmalerei auf. Bis 1937 war das Aquarell sein wichtigstes Arbeitsfeld. Danach widmete er sich ausschließlich – mit Ausnahme der Wasserfarbenblätter des Jahres 1951 – dem Schwarzweiß in Zeichnung und Graphik. Der kammermusikalischen Intimität entsprach der Gehalt seiner Kunst. Er mied das Spektakuläre und Erregende. Die Stille macht den Wert seiner Darstellungen aus. Obwohl er auch Landschaft, Tierstück und historische Allegorie behandelt, konzentrierte er seine Arbeit auf elementare Situationen menschlichen Seins. Die aus dem Zeichnen nach dem Modell gereiften Köpfe, Figuren und Gruppen verdichtete er zu meditativen Metaphern.

Dieses Werk erscheint einfach, klar und geschlossen, doch verrät es bei genauer Betrachtung Reichtum und komplizierte Vielfalt. Hans Theo Richter beherrschte alle graphischen Werke von dem strengen Strich des Griffels bis zur Pinselarbeit in malerischem Helldunkel. Hinter der eindeutigen Wiedergabe des Gegenständlichen verbergen sich Formprobleme hoher Verfeinerung, in denen Richter mit expressiven, konstruktiven und informellen Lösungen Übereinstimmung mit der internationalen Entwicklung hielt.

Richter verweigerte künstlerische Zugeständnisse gegenüber den thematischen Forderungen der Kulturpolitik der SED. 1953 wies die Jury der Dritten Deutschen Kunstausstellung die lithographischen Bildnisse seiner Mutter zurück, und 1954 wurden seine Aquarelle von 1951 befehdet. In der Hochschule für Bildende Künste Dresden, wo Richter seit 1948 lehrte, wurde ihm das Grundstudium zugewiesen, während die höhere Ausbildung den Genossen der SED anvertraut war.

Richters Einfluß auf die kritisch orientierten Studenten war beträchtlich. Als Repräsentant bürgerlicher Kultur verkörperte er die Verbindung mit der internationalen Moderne und die Objektivität künstlerischer Maßstäbe. Sein Unterricht schuf mit der strengen Lehre des Zeichnens eine Grundlage für Formbewußtsein und ästhetische Erkenntnis. Der Rang seines Werkes, seine umfassende Bildung und die Integrität seiner Persönlichkeit verliehen seiner Auffassung vom Sinn und künstlerischer Arbeit Überzeugungskraft und wirkten über den Kreis seiner Schüler hinaus. Für die Fruchtbarkeit seines Unterrichts zeugt auch die stilistische Unterschiedlichkeit seiner Schüler, die von Dieter Goltzsche und Herta Günther bis zu Claus Weidensdorfer und Werner Wittig reicht. Vermutlich verdanken Gerhard Kettner und Max Uhlig, vielleicht auch Wieland Förster und Harald Metzkes wesentliche Anstöße zu ihrer Gestaltung des Menschenbildes und zur Konsequenz ihrer künstlerischen Konzeption der Begegnung mit Hans Theo Richter.

Person und Befindlichkeit
Der Zeichner Gerhard Kettner

von Camilla Blechen

Es sind nicht weniger als drei Besonderheiten, die der Hamburger Horst Janssen und der Dresdener Gerhard Kettner gemein haben: Zum ersten die Vorliebe für das Porträt, zum anderen die Spezialisierung auf das grafische Medium, zum dritten – da konservatorische Bedenken gegen die Dauerpräsentation lichtempfindlicher Zeichnungen sprechen – die Ausgeschlossenheit von den Schausammlungen der Museen. Gerhard Kettner, der den raren Typus des Nur-Zeichners verkörpert und sich im Gegensatz zu Janssen auch noch der farbigen Akzentuierung verschließt, ist mittlerweile in fast allen öffentlichen Sammlungen der DDR vertreten, dazu in der Stuttgarter Staatsgalerie, der Sammlung Ludwig und der Städtischen Galerie Albstadt.
Ohne großes Aufheben hat der seit nunmehr zwei Jahrzehnten an der Dresdener Hochschule für Bildende Künste lehrende Menschendarsteller bei der jüngeren Generation Eindruck und Schule gemacht. Von Kettners spezifischer Begabung, die statische Person und ihre transitorische Befindlichkeit zum Einklang zu bringen, haben sich viele nachgewachsene Talente in der DDR anregen lassen, darunter die drei höchst unterschiedlich arbeitenden Zeichnerinnen Elke Hopfe, Christine Perthen und Ellen Fuhr.
Mit Flora, Fauna und Genre hat sich der von menschlichen Gesichtslandschaften gefesselte Künstler in 40 Produktionsjahren kaum je beschäftigt. Seit den Weimarer Studententagen pflegt er die Domäne der Nahsicht auf ein vertrautes Antlitz, auf die Züge von Vater und Mutter, der Frau, der Kinder. Das Charakteristikum einer gewissen emotionalen Distanz zwischen sich und den Modellen übernahm Gerhard Kettner von dem ebenfalls auf Schwarz-Weiß eingeschworenen Hans Theo Richter, der ihn weit nachhaltiger beeinflußte als seine früheren Lehrer Otto Herbig, Hans Grundig und Max Schwimmer. In zwei getrennten Perioden wirkte er insgesamt sechs Jahre lang als Rektor der traditionsreichen Kunstakademie auf der Brühlschen Terrasse. Nach Ausstellungserfolgen im Westen wird das bedächtige und ausgleichende Temperament der »Alt-Magnifizenz« im Kollegen- und Schülerkreis heute vielleicht mehr denn je geschätzt. Daß ein Organisator von Graden, der sich große Verdienste um die Grafik-Abteilungen der »Großen Dresdener Kunstausstellungen« erwarb und als langjähriges Vorstandsmitglied des Verbandes Bildender Künstler der DDR manch offenes kulturpolitisches Wort riskierte, keinen Mangel an offiziellen Auszeichnungen litt, versteht sich von selbst. Dabei hat Kettner, der am 10. August 1928 als Sohn eines Zechenarbeiters in Mumsdorf bei Zeitz geboren wurde, von Anfang an kein besonders inniges Verhältnis zur Doktrin des Sozialistischen Realismus entwickelt. Die drei zentralen Themenkomplexe seines Werkes gelten den Stufen eines Alterungsprozesses, einem Todeskampf (der kranken Mutter) und der Befragung der eigenen Person (in grüblerischen Selbstporträts). Diesen zyklisch angelegten Folgen läßt sich noch eine besonders gelungene Reihe früher Porträts des Bildhauerfreundes Werner Stötzer zugesellen.

In der Fixierung auf die Bildniszeichnung als Psychogramm steht Gerhard Kettner wie ein erratischer Block in der Kunstlandschaft unserer Tage. Weder Traditionalist noch Avantgardist, ist er jenen seelischen Energien auf der Spur, die menschlichen Physiognomien Form und Einzigartigkeit verleihen. Die Tiefe sei außen, bemerkte schon Paul Valéry.

85 Gerhard Kettner, Frau Mathes im Schaukelstuhl, 1976

Der Menschensucher Siegfried Klotz

von Erhard Frommhold

Als akademischer Schüler und später als Eleve stand Siegfried Klotz im Bann von Bernhard Kretzschmar, der sich eigenwillig provinziell von den für Dresden bedeutenden Aufbrüchen der Malerei abgekoppelt hatte und in der »Monumentalisierung des Schlichten« (Diether Schmidt) endete. Diesem Mentor folgte Siegfried Klotz getreu. Wie sein Vorbild hatte er als Dekorationsmaler in seinem sächsischen Heimatort in Oberschlema begonnen. Jedoch bei einem so außergewöhnlichen Talent kann weder die Naivität als Empfindung der Formen noch das getreue Epigonentum lange Zeit vorherrschen. Zumal es ja in Dresden gegen jene behäbig glatte Bundfarbenmalerei, der sich Siegfried Klotz anfangs unterwarf, und gegen das kleinstädtische und private Sujet noch andere Alternativen gab: die großzügige und freie pastose Malerei Theodor Rosenhauers oder der erneuerte Expressionismus Carl Lohses.
Die Dresden eingemeindeten Vorstädte mit ihren romantischen Dorfkernen, die Kneipen- und Rummelplatzmotive werden bald aus seinem Werk verdrängt, an ihre Stelle tritt nun das immer wieder die eigene Psyche befragende Selbstbildnis und mit ihm die Gemeinschaft der eigenen Familie. Menschlichkeit ist in den großen Gemälden »Paar« 1977, »Schwangere« 1978 und »Mutter und Kind« 1982 keine problemlose Zuversichtlichkeit, wie einst in Dresden in den Familienbildern des jungen Conrad Felixmüller oder des gereiften Otto Dix, sie ist immer auch von Melancholie überlagert, die sich dann in den reinen Selbstbildnissen fast psychologisch offenbart. Mit solcher Selbsterkenntnis kommt bei Siegfried Klotz der Durchbruch zur eigenständigen Form – »Selbstbildnis im Atelierspiegel« 1974. Es ist nicht allein die Frage an die eigene Persönlichkeit, an ihre objektive Gültigkeit in der Dresdner Kunst und für sich, es sind Experimente der Komposition und der reinen Malerei. Aber auch diese sind fast psychoanalytisch zu deuten.

86 Siegfried Klotz, Dresden – 40 Jahre danach, 1988

87 Siegfried Klotz malt Dresden auf dem Dach der Kunstakademie

Auch der neben das Selbstbildnis hingelagerte Akt im »Selbstbildnis mit Modell II« 1989 erlöst ihn nicht aus dem sterilen, fast muffigen Milieu. Siegfried Klotz befreit sich vom Trauma Menschensucher (»Selbstbildnis mit Puppe« 1981) erst in der reinen Malerei: im Akt, im Porträt und ganz und gar in der Landschaft. Dabei gibt es kaum eine Veränderung der Farben oder gar der pastosen Malerhandschrift, die Landschaft macht ihn frei, seine Malerei wird ganz und gar räumlich, ja perspektivisch reiht sie sich in jene Dresdner Tradition von Caspar David Friedrich bis Gotthardt Kuehl und Oskar Kokoschka ein. Gewiß bleibt der topographische Radius bei ihm begrenzt, aber dort ist es wenigstens absolute Malerei anstatt modischer Reportage. Seine Porträts sind farbliche und räumliche Bearbeitungen der Psyche des Dargestellten. Repräsentation ist Siegfried Klotz dabei völlig fremd geworden, auch das Anekdotische meidet er jetzt ganz (»Bildnis Fritz Löffler« 1987), allerdings charakterisieren typische Attribute auch weiterhin seine Porträts (»Kellner H. N.« 1987, »Bildnis Johannes Heisig« 1988), aber dabei gehen personale Charakteristika in der Malerei unter oder sie werden Bestandteil der Malerei. Im Werk Siegfried Klotz verbindet sich malerischer Realismus und absolute Malerei.

Ein Leipziger in Dresden

Johannes Heisig, Rektor der Hochschule für Bildende Künste Dresden,
im Gespräch mit Eckhart Gillen

Die Akademie der bildenden Künste und die Hochschule für Werkkunst, die am 17. 4. 1947 wiedereröffnet worden waren, wurden im Juni 1950 zur Hochschule für Bildende Künste Dresden vereinigt. Nachfolger von Hans Grundig als Rektor der Akademie und von Will Grohmann als Leiter der Werkkunstschule war zunächst der aus Magnitogorsk gekommene holländische Architekt Mart Stam (Dezember 1948–April 1950), der die Vereinigung der beiden Schulen vorbereitete. Nach seiner Berufung an die Hochschule für bildende und angewandte Kunst Berlin-Weißensee, übernahm der Maler Fritz Dähn aus Stuttgart das Amt. Er brachte als Professor (ab 1948) und Rektor (1949/50) der Hochschule für Baukunst und Bildende Kunst in Weimar, deren Abteilung Bildende Kunst 1951 geschlossen wurde, viele Studenten aus Weimar mit nach Dresden, so z. B. Gerhard und Friderun Bondzin, Fritz Eisel, Gerhard Kettner. Rudolf Bergander, Schüler von Otto Dix, übernahm das Rektorat im Juli 1952 als Dähn erster Vorsitzender des Verbandes Bildender Künstler Deutschlands geworden war.
Diese Jahre standen im Zeichen des unerbittlich geführten Formalismus-Realismus-Streites. Mit der Einführung eines obligatorischen marxistisch-leninistischen Grundlagenstudiums an den Kunsthochschulen wurde die Geschichte der Kunst aus der Perspektive des historischen Materialismus gelehrt. Im Zentrum stand das Studium des 19. Jahrhunderts. Bergander forcierte die Kopie nach Originalen, um die »Natur objektiv wiedergeben zu lernen« und eine »kultivierte Malweise« zu erzielen. Der Impressionismus galt bereits als erster Schritt zum Formalismus. Die Folgen dieser geistlosen Lehre waren noch Mitte der sechziger Jahre zu spüren. Reinhard Müller-Mehlis erzählt in seinem Reisebericht aus der DDR über die Ausbildungsmethoden des Bildhauers Walter Arnold an der Kunstakademie Dresden: »Im ersten Hochschuljahr wurde eine Gipshand nachmodelliert, dann der Arm, dann ein Faltenwurf geübt; im zweiten Jahr ein Torso, im dritten Jahr als Ergebnis eine Ganzfigur. Es wurde gleich mit der bekleideten Figur begonnen ... Man habe Details addiert, Nase und Mund ...
Die ›Dresdner Schule‹ dieser Jahre konnte man an der verklebenden dickpastigen Malmethode erkennen. Rudolf Bergander hielt seine Studenten an, alle Farbgemische und -häufchen von der Glasplatte zusammenzukratzen, sie in Einweckgläser zu füllen und sie bei Bedarf ›auf die unwichtigen Bildteile‹ zu spachteln. Auf diese Weise kann ein Stück dünner Wäsche aussehen wie eine Partie rauhen farbigen Betons« (tendenzen, Künstler in der DDR, 1. Sonderheft 1965; die erste Publikation über DDR-Kunst in Westdeutschland).
Ab Januar 1959 leitete Paul Michaelis die Hochschule (bis März 1964). Nach einer kurzen Übergangszeit folgte ihm im September 1965 Gerhard Bondzin, ab September 1970 Gerhard Kettner, 1975–79 Fritz Eisel. Im September 1978 wurden autonome Fachklassen eingeführt. Jutta Damme leitete die Fachklasse Malerei/Grafik, Gerhard Kettner und Günter Horlbeck die Fachklassen für

Grafik/Malerei. 1979 übernahm Kettner noch einmal für zwei Jahre das Rektorat, gefolgt von dem Restaurator Ingo Sandner. Seit Januar 1989 ist Johannes Heisig Rektor.

E. Gillen: Seit 1978 pendelten Sie zwischen Leipzig und Dresden. Seit einigen Jahren haben Sie sich für Dresden entschieden und ein Haus in Loschwitz hoch über dem Elbtal bezogen. Wie ist der Leipziger hier in Dresden aufgenommen worden?

J. Heisig: Gottseidank hatte sich vieles schon vorher geklärt. Innerhalb der Schule bin ich durch Leute aufgenommen worden, die ganz einfach Menschen waren, also z. B. Siegfried Klotz und auch Kettner und mit Hubertus Giebe war ich befreundet. Giebe ist in seiner manchmal etwas verqueren Weise für mich immer so ein Otto-Dix-Typ gewesen an dieser Schule. Das habe ich nicht und deswegen hat es mich gereizt.

Die Auseinandersetzungen kamen später, als ich im Januar 1989 Rektor geworden war und damit die ›Machtposition‹ hatte. Spontane Gespräche mit Giebe und anderen sind jetzt durch das Amt überlagert. Das erste halbe Jahr dieser Amtszeit war ein Trauma. Die letzten Monate dieser SED-Regierung waren einfach grauenhaft.

G.: Wie war das Kunstklima in Dresden im Vergleich zu Leipzig?

H.: In Leipzig war es ganz normal, daß Künstler in politischen Runden, auch zusammen mit Funktionären im Interesse eines bestimmten kulturellen Klimas zusammengesessen waren, während in Dresden ganz deutlich Gräben verliefen. Es wird hier ein ganz besonderer Fanatismus im Umgang mit Kunst betrieben. Den Künstlertypus z. B. in der äußeren Neustadt, der durch Pförtnerjobs usw. seine Kunst ganz unbeeinflußt von Auftraggebern und Käuferwünschen halten wollte, habe ich so in Leipzig nicht kennengelernt. Aufklärungsarbeit war nicht so sehr die Intention der Künstler in Dresden. Hier saß man eher in einem Elfenbeinturm. Viele Künstler lebten zurückgezogen wie Eremiten und thematisierten den Blick in den Spiegel.

G.: Mich hat Ihr Gemälde »Verwelkter Strauß« (1988) sehr beeindruckt. Kommt in diesem spröden, feinnervigen, an Vanitas-Motive erinnernden Stilleben nicht auch eine innere Oppositionshaltung gegen die »gesellschaftliche Relevanz« des Leipziger Mehrfigurenbildes zum Ausdruck?

H.: Die sogenannte kritische Kunst, die weitgehend eine kritische Öffentlichkeit in den Massenmedien ersetzen mußte, hatte sich ja im Laufe der siebziger Jahre selbst von der sozialen Realität im Lande abgehoben. Sie entwickelte sich zu einer Galerienkunst. Der Kontakt zur sozialen Basis, von der wir einmal ausgehen wollten, verlor sich. Das ist für mich der Hauptvorwurf gegen die Theorie der Reibung mit dem gesellschaftlichen Auftraggeber, die am Ende überhaupt nichts mehr mit dem Adressaten zu tun hatte. Bilder wie der »Verwelkte Strauß« waren für mich zu einem bestimmten Zeitpunkt eine Suche nach meinen eigenen Möglichkeiten in der Malerei. Es ist auch, das muß ich ehrlich zugeben, ein wenig Ratlosigkeit dabei. Als ich diese zehn Monate in Zürich war und plötzlich dieser ständige äußere Druck der DDR-Realität, mit dem wir aufgewachsen sind, weg war, sich niemand mehr dafür interessierte, was ich gemacht habe, war ich zunächst wie gelähmt. Ganz langsam fing ich nach drei, vier Monaten etwas ganz Neues an, kam an sehr viel tiefere Bereiche ran. Das hatte dann nichts mehr mit dem großen Figuren-Instrumentarium zu tun.

Wenn ich mir die Kunstform anschaue, die in den letzten zehn Jahren von der Malerei in Richtung Performance, Aktionskunst und Concept art liefen, spüre ich als Motiv der jungen Künstler auch das Bedürfnis, mit ihrer Kunst wieder stärker unter die Leute, auf die Straße zu gehen.

G.: In Ihrer Antrittsrede sagten Sie: »Ich behaupte nicht weniger, als daß an Kunstakademien sich zunehmend Auseinandersetzung um künftige Lebensmodelle abspielen wird.« Welche Aufgaben haben die Kunsthochschulen in Zukunft?

H.: In diesem wortgläubigen, protestantisch geprägten Land hatte man zwar viel über Bilder geredet, aber die Kultur, Bilder zu genießen, mit ihnen zu leben, war nicht da. Der Ausstellungsbesuch hatte immer etwas feierlich Pathetisches an sich, war mit Arbeit, Bildungserlebnis und Belehrung verbunden.

G.: Walter Ulbricht forderte die Arbeiterklasse auf, die Höhen der Kultur zu erstürmen.

H.: Richtig. Ich habe den Unterschied in Italien empfunden, wo bereits jedes Platzensemble Ausdruck in sich stimmiger Maßverhältnisse und Rhythmen ist. Wer dort aufgewachsen ist, muß sich dieses Formgefühl nicht erst erarbeiten.

Vor diesem Hintergrund genügt es nicht, wenn sich die Kunsthochschule auf die Vermittlung künstlerischen Handwerks allein zurückzieht und sagt, wir haben das schon immer gemacht und danach die Leute mit diesem Formenvokabular allein läßt. Jetzt ist es wichtig, an den Kunstakademien auf einen neuen Kulturbegriff hinzuarbeiten, der die traditionellen Kunstgattungen Malerei, Grafik, Skulptur in einem Konzert aller Künste sieht und über das handwerkliche Training hinaus auch kulturell wirksam wird.

G.: Welche Maßnahmen zur internen Umstrukturierung der Hochschule wurden bisher unternommen?

H.: Ein neuer Senat und ein Personalrat gingen aus einer geheimen Wahl hervor. Jede der vier Gruppen (Professoren, Mittelbau, Studenten und technische Angestellte) an der Hochschule wählte ihre Vertreter in den Senat, wobei die Professoren entgegen den Bestimmungen des Hochschulrahmengesetzes nicht die absolute Mehrheit haben. Im Senat hat der Rektor einen Sitz ohne Stimmrecht. An die Stelle der Einheitsgewerkschaft ist der Personalrat getreten. 1991 wird ein Konzil zusammentreten, das den Rektor wählt. Ein Ausschuß wurde gebildet, der eine neue Hochschulordnung entwirft, die dann mit dem Hochschulrahmengesetz der Bundesrepublik abgestimmt werden muß. Bisher gab es bei Berufungen keine Ausschreibung. Der Kaderentwicklungsplan legte fest, wer an der Reihe war für die nächst höhere Position. Hausberufungen waren die Regel. Jetzt legen wir Wert auf gesamtdeutsche, nach Möglichkeit europäische Ausschreibungen.

G.: Wie werden die Künstler die plötzliche Wende verkraften?

H.: Ich denke, man sollte nicht mit allzu viel Sentimentalität zurückblicken. Es ist schon verdammt gut, daß jetzt diese Phase der Verunsicherung da ist. So viel hat sich hier eingespielt und eingeschliffen, man hat sich auf so viele Strukturen verlassen, daß es jetzt sehr heilsam ist, mal wirklich in die kalte Luft hineingestellt zu werden. Das betrifft die Künstler in der äußeren Neustadt genauso wie die Lehrer an der Akademie. Auch hier gab es diese bequemen Mechanismen.

G.: Auf dem Frühlingssalon 1990, eine von den Studenten selbst verantwortete Ausstellung ihrer Studienergebnisse, überraschte mich, daß, im Vergleich zu den letzten zwei Jahren, die Arbeiten – überwiegend Landschaft, Akt, Porträt – sehr homogen, sehr dresdnerisch wirkten, fast zeitlos.

H.: Viele Studenten haben sich in den letzten Monaten an den westlichen Kunsthochschulen und in Ausstellungen umgesehen. Ich vermute, daß sie der westliche Kunstmarkt mit seinen heterogenen Angeboten tief verunsichert hat. Vielleicht ist dieses Festhalten an der vertrauten Dresdner Malerei-Tradition eine unbewußte Trotzreaktion, eine Verteidigung des erlernten Formenvokabulars als Rückversicherung und Basis für einen Neubeginn.
G.: Liegt vielleicht überhaupt in einer Strategie der Langsamkeit eine Chance für Künstler aus der DDR?
H.: Das ist ein Gedanke, der bei mir offene Türen einrennt. Heiner Müller spricht von der Verlangsamung als Chance, die der Sozialismus verpaßt hatte. Der Traditionalismus beruhte bisher auf ein paar klingenden oder scheppernden Worthülsen nach dem Motto: Wir haben das immer so gemacht. Das Bekenntnis zum Menschenbild, zum Festhalten an der Figur, wurde überhaupt nicht mehr hinterfragt. Jeder verstand darunter, was er wollte. Auch über den Rückzug vieler Künstler bis zum völligen Verstummen als Reaktion auf rigide staatliche und politische Eingriffe muß neu nachgedacht werden. Wenn wir aber unsere Traditionen kritisch überprüfen, können sie ein sicheres Fundament werden, auf dem Neues entstehen wird. Dazu muß sich eine Kunsthochschule der Welt öffnen, wissen, was überhaupt vor sich geht.
Das Interview wurde am 10. 6. 1990 geführt.

88 Johannes Heisig, Hohe Schule, 1988
Foto: Wolfgang Schönborn

Geschichtsbilder
Der Maler Hubertus Giebe

von Erhard Frommhold

Hubertus Giebe ist ein Protestant. Er ist es zuerst in der ideologischen Sphäre, und er wird es dadurch auch in der Form. Gemütlichkeit, ob sie sich in abstrakten Formen oder durch mythologische Thesen kund tut, bleibt ihm fremd. Er verlangt von der Malerei und in der Malerei »Geschichtsbewußtsein« und fügt hinzu: »Widerstand und Avantgarde werden untilgbare Reflexion für mich.« Da finden wir beides vereint: Protest im Inhalt und in den Formen. Die Herkunft ist damit uninteressant: ob nun von Dix oder Beckmann, von Heartfield oder Bacon. Die Avantgarde ist immer ein Schmelztiegel der Formen gewesen. Ihre Reinheit ist bei der Künstlergruppe »Brücke« genauso zu bezweifeln wie bei den Surrealisten oder der Pop-Kunst. Was Hubertus Giebe allerdings in sie einbringt, ist etwas ganz Eigenes, es ist die Politik als Philosophie beziehungsweise die Philosophie als Politik.
Er bezeichnet seine Gemälde der letzten Jahre, die um das Thema Spanischer Bürgerkrieg und »Ästhetik des Widerstands« kreisen, als »Geschichtsbilder«. Zu diesem Bekenntnis hat sich in der Avantgarde noch niemand aufgeschwungen. Solcher Titel wäre vielleicht für Cornelius, Menzel oder Kaulbach angemessen, selbst George Grosz oder John Heartfield, die ja die jüngere Geschichte am auffälligsten bildlich begleiteten, wären nicht auf eine solche Idee gekommen. Darin aber besteht gerade die Besonderheit der Kunst Hubertus Giebes. Man weiß, daß dieser Künstler nichts unüberlegt tut, daß er einen Fundus an Wissen mit sich herumträgt, und so ist auch dieser Begriff »Geschichtsbilder« keine unbewußte Erfindung oder Plakatierung, sondern er setzt ihn in unmittelbare Beziehung zu dem von ihm hochverehrten Walter Benjamin, der in seinen »Geschichtsphilosophischen Thesen«, jene strenge Bindung, aber auch seine ironische Distanz zum historischen Materialismus offenbart: »In jeder Epoche muß versucht werden, die Überlieferung von neuem dem Konformismus abzugewinnen, der im Begriff steht, sie zu überwältigen.«
Hier mag der geistige Ursprung für die »Geschichtsbilder« liegen. Gewiß sind sie auch aus eigenen Erfahrungen im »real existierenden Sozialismus« und dessen historischer Heuchelei oder im Umgang mit der früher »dissidenten« Geschichtsliteratur herausgewachsen – aus den Biographien der einstigen Unpersonen wie Leo Trotzkij, Willi Münzenberg oder Buenaventura Durruti. Für Hubertus Giebe war eben nicht mehr der »Kurze Lehrgang der Geschichte der Kommunistischen Partei der Sowjetunion (Bolschewiki)« das Hausbuch der politischen Erziehung gewesen, sondern eher dessen totale Infragestellung durch Peter Weiss' »Ästhetik des Widerstands« und das, was ihm folgen mußte: von Alexander Solschenizyn bis Andrej Tarkowskij. Neben der Großen Sozialistischen Oktoberrevolution, neben der III. Internationale tut sich der Archipel Gulag auf.
Hubertus Giebe und meine Generation haben das gleiche Erlebnis: eine bezweifelte Illusion und dann eine totale gesellschaftliche Desillusion. Es ist die innere Not des Malers, die er laut verkünden muß. Die Ideen aus der Literatur und

Philosophie stoßen mit dem »real existierenden Sozialismus« zusammen, um dann in eine Allegorie, die geistig, aber da auch wiederum idealistisch gefaßt ist, zu münden. Deshalb sind Giebes Figurenkompositionen verschränkt, verkreuzt, verknäult, gekreuzt, pyramidal gebaut, in »falscher« Perspektive usw., die Farben grell bunt und unbunt zugleich: als bewußte Kontraste in jener »polyphonen Mischung«, die er selbst erstrebt. In diese formativen Widersprüche, die sich letztlich als Politik entäußern, verstrickt sich der forschende Künstler.
In seiner Rigorosität liegt aber auch die Gefahr, daß die Logik der Geschichte von der moralischen Emphase verdeckt wird. Polemik wird monumentalisiert. »Man kann einen Schrei nicht bearbeiten, ohne daß die Botschaft am Ende vielmehr von der Arbeit verkündet als von dem Schrei« (Roland Barthes).
Der blutige Stalin, der hehre Trotzkij, das Idol Durruti, der Spaziergänger Willi Münzenberg, der stürmende Anarchist, das alles ist Propaganda, wichtigste Propaganda in Zeiten des historischen Konformismus, aber es ist alles in allem ein wenig zu spontan und die geistigen Ebenen sind fast subjektiv zu simultan miteinander verflochten. Geprägt durch Folter- und Höllenszenen der spätmittelalterlichen deutschen Malerei, holen wir das in der DDR noch einmal expressionistisch, surrealistisch, postmodernistisch nach. Mit Heinrich Heine gesprochen, »sollte man glauben, die alten Meister hätten die Bilder für die Galerie eines Scharfrichters gemalt«. Gewiß, wir hatten seit langer Zeit genügend Scharfrichter unter uns, und Hubertus Giebe hat sie und ihre Opfer in großartigen Allegorien dargestellt.
Jedoch, die Weltgeschichte geht weiter und die Kunst auch.

89 Hubertus Giebe, Der Ketzer, 1984

Die Vergangenheit in der Gegenwart
Der Malermonteur Wolfgang Petrovsky

von Gert Söder

»El sueño de la razón produce monstruos (Der Schlaf der Vernunft gebiert Ungeheuer)« betitelte Goya das Capricho 43, die wohl persönlichste und gleichzeitig in metaphorischem Sinne visionärste Radierung seiner berühmten Folge. Dieses Blatt wäre als unübersehbare Warnung im Entree des »musée imaginaire« denkbar, in dem der Dresdner Wolfgang Petrovsky (geb. 1947 in Hainsberg bei Dresden) jene Werke versammelt, die ihn bei der Suche nach dem eigenen weltanschaulichen und künstlerischen Standort begleiteten: die ätzend-aggressiven Grafiken von Grosz und Dix, die hintersinnige Absurdität der Klebebilder Hannah Höchs und Raoul Hausmanns, die entlarvenden Fotomontagen John Heartfields und Klaus Staecks wie auch die *»Merz«*-Collagen und Assemblagen von Schwitters oder die informelle Malerei der fünfziger Jahre in Amerika. Doch geht es Petrovsky wohl zu allerletzt um die bloße Wahlverwandtschaft zu diesem oder jenem Künstler. Die Ungeheuer des 20. Jahrhunderts, jenes schizophrene Beieinander von blindem Opportunismus und zynischer Manipulierung, von Vergötterung der Macht und Selbstherrlichkeit der Mächtigen, von Sentimentalität und Gewalt, von Militarismus und Kadavergehorsam, die die Menschheit schon in zwei große Kriege getrieben hat, bedrängen Verstand und Gefühl des Künstlers viel zu sehr. Unheilvolle deutsche Geschichte, seit Jahren Thema Nr. 1 seiner bildnerischen Auseinandersetzungen, wird zum Schlüssel für die Probleme der Gegenwart und zum Menetekel einer gefährdeten Zukunft.
Wolfgang Petrovsky begreift seine künstlerische Arbeit als Form der Kommunikation, als inneren Auftrag, über Verstand und Emotion Einsichten zu vermitteln und Aktionen zu provozieren, damit der »Schlaf der Vernunft« nicht für uns alle verhängnisvoll werde. In der Kombination von Collage und Décollage, von Zeichnung und Malerei hat er für sich die geeignete Bildsprache gefunden, die sich sowohl für das lustvolle Ausagieren von inneren Spannungen in dramatischen Seelenlandschaften, wie auch für die lapidarere, auf wesentliche Aussagen konzentrierte Druckgrafik eignet. Vergilbte Fotos und zerknitterte Feldpostbriefe, Zeitungsmeldungen und Annoncen, Reste alter Landkarten, behördliche Formulare und amtliche Stempel, nostalgische Relikte verflossener »Herrlichkeit« und erschütternde Zeugnisse mißbrauchten Lebens gleichermaßen, werden in der Welt des Bildes ihrer Alltäglichkeit entrissen und durch das Zutun des Künstlers assoziationsreich gedeutet. Die Trivialität der »Dokumente«, ihre Verwurzelung im Alltagsbewußtsein enthüllt etwas von der massenpsychologischen Genesis der Verführbarkeit des Menschen. Victor Klemperers »LTI« schärfte Petrovskys Verständnis für die verborgenen Sinngehalte der Sprache, die gedruckt, im Bilde isoliert und verfremdet, ihren Inhalt preisgibt. Die kühle Sachlichkeit der Dinge wird durch malerische und grafische Strukturen überlagert und emotional gedeutet. Krude Pinselhiebe verflechten sich zu einem unentrinnbaren Netz, aufgerissene Flächen bedrängen den Betrachter, Balken und Kreuze zeichnen das Stigma der Gewalt. In der Expressivität der Komposition und in der Spontaneität des

Duktus teilen sich Erregung und Verletzbarkeit des Künstlers eindringlich und ohne Umwege mit. Die Farbigkeit ist sparsam, ins Dunkle gebrochen, eingebunden in den symbol- und signalhaften Schwarz-Weiß-Rot-Kontrast.
Siebdrucke und Offsetlithografien sind als demokratische Möglichkeit gedacht, vielen Menschen Denkangebote zu unterbreiten. Nicht zufällig beschäftigt sich Petrovsky immer wieder mit der zur eigenständigen Kunstform emanzipierten Mail Art, in ihrer politischen Variante ein moderner Nachfahre revolutionärer Flugblattgrafik.

90 Wolfgang Petrovsky, Maschine/Hommage F.K., Collage überzeichnet

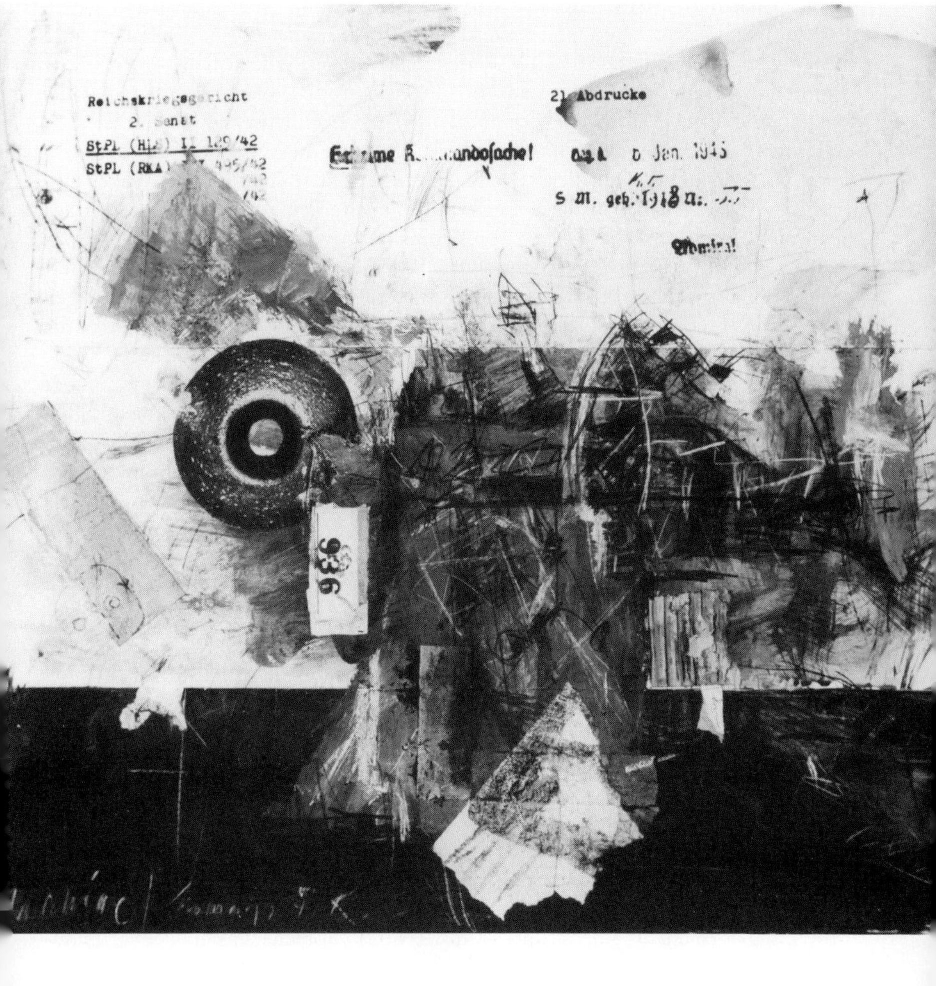

Die Bildhauerszene in Dresden

von Gerlint Söder

Daß Dresden eine Stadt der Maler ist, rühmten schon die Alten, und Gerhart Hauptmann mag wohl auch an die »heiter-ernsten Wundergebilde« ihrer Kunst gedacht haben, als er den berühmten Vergleich mit der Stadt am Arno zitierte.
Die Plastik, wenn es nicht die barocken Schöpfungen eines Permoser waren, geriet dabei oft ins Hintertreffen, und noch heute hält sich zäh das Vorurteil, Dresden sei kein bevorzugter Ort der Bildhauerkunst. Tatsächlich hatten die hiesigen Künstler keinen Anteil an der Erneuerung deutscher Plastik zu Beginn unseres Jahrhunderts. Ein kühl-akademischer Klassizismus und neobarockes Pathos, bis zur Manier gestreckt, wirkten noch bis in die ersten zwei Jahrzehnte hinein. Doch neben der durch die Akademie postulierten offiziellen Lehrmeinung konnten Bildhauer wie Eugen Hoffmann, Christoph Voll, Georg Kind, Gela Forster und Fritz Maskos als Gruppe von relativer stilistischer Geschlossenheit mit ihren Werken eine zweite Phase des Expressionismus zwischen 1918 und 1923 einleiten. Von der Plastik der »Brücke«-Künstler, besonders Erich Heckel und Ernst Ludwig Kirchner inspiriert, erfuhr ihr Schaffen einige geistige und formale Spannung. Dieser »aktivistische Expressionismus« wirkte als lokale Eigenart des deutschen Expressionismus weiter. Für viele dieser jungen Künstler gilt allerdings, daß ihr Frühwerk mehr Behauptung ist, als das es lückenlos zu belegen wäre – zuviel davon wurde zerstört oder ist verschollen. Doch wissen wir, daß die Bildhauer den weiblichen Akt bevorzugten, ihre Figuren drastisch, ja krude formulierten, zum Teil stark bemalten oder inkrustierten. Zudem waren sie Doppelbegabungen, so daß man wenigstens anhand von Holzschnitten, Radierungen und Aquarellen einen Eindruck von den individuellen künstlerischen Programmen erhält. Diese Traditionslinie, so verschüttet sie auch sein mag, blieb für die Dresdner Plastik nicht folgenlos. Der Prozeß des Loslösens vom Expressionismus vollzog sich bei jenen Künstlern ebenfalls in einer Art Gruppenstil in Bildwerken, »die ihre Übercharakterisierung durch ähnlich drastische Mittel der Skulptur erreichen, wie Dix es in der Malerei tut.« (P. F.Schmidt) Dieser wiederum für Dresden zu lokalisierende Verismus artikuliert sich in Plastiken von sachlicher Strenge der Darstellung des Gegenständlichen, archaisch-straffer Stilisierung und zeichnerisch-harter Kontur der Binnenmodellierung.
Mit dem Blick auf die heutige Dresdner Bildhauerszene, die sich durchaus nicht in homogener Regionalität präsentiert, muß einerseits dem Vorwurf provinziellen Traditionalismus entgegengetreten, andererseits auf lebendige Erbebezüge zu künstlerischen Quellen am Ort verwiesen werden.
Als sich in den ausgehenden siebziger Jahren junge Künstler – vorwiegend Maler und Grafiker – nachdrücklicher zu Wort meldeten und sich selbstbewußter als in vorangegangenen Jahrzehnten das für sie notwendige geistige und kulturelle Potential erschlossen, gelangten im Sog der Maler auch Bildhauer zu alternativen Mitteilungsformen, zu einer eruptiv-künstlerischen Sprache jenseits der verbindlichen Normen. Der aufrührerische Impetus des Jahrhundertbeginns sollte nicht bloß nachvollzogen werden, da neue Expressivität wohl mehr beinhaltet als nur eine Marginalie der künstlerischen Rezeption des Expressionismus. Die »brutale

Tatsächlichkeit« (Baudelaire) der Plastik, die ihr häufig den Vorwurf eintrug, sie verlängere überlebte Gestaltungsformen, wurde für die Bildhauer eine Möglichkeit, drängende Sinnfragen und leidenschaftliches Aufbegehren in einer die Sinne provozierenden Formensprache mitzuteilen. Über das Bekenntnis zum »Mythos des Primitiven« hinaus entdeckten einige Künstler ihre besondere Affinität zum Material Holz und seiner farbigen Behandlung. Zu erwähnen sind hier Frank Maasdorf, dessen ruppig-aufgerissene Holzskulpturen über den Einfluß des Expressionismus und die Berührung mit dem Schaffen seines Freundes Ralf Winkler (A. R. Penck) bis zu den frühen Quellen plastischen Gestaltens überhaupt reichen oder Klaus-Michel Stephan, der sich in lebens- und überlebensgroßen polychromierten Holzfiguren wie »Ecce homo« und »Kain«, »Lilith« und »Noli me tangere« auf ikonografische Archetypen beruft.
Auf der Suche nach eigenen Mitteilungsformen haben sich einige Dresdner Bildhauer schon in den fünfziger und sechziger Jahren über Grenzen eines zu engen Traditionsgefüges hinweg von Tendenzen internationaler Plastikentwicklung anregen lassen und gleichzeitig regionales Erbe wiederentdeckt. So schuf der Eugen-Hoffmann-Schüler Gerd Jaeger zu Beginn der fünfziger Jahre Werke von streng-archaisierender Form, die der offiziellen Kunstdoktrin ebensowenig entsprachen wie das Frühwerk von Peter Makolies, der in anonymen Bildwerken von kontemplativer Strenge – in Marmor oder schwarzem Diabas – Gegenwart und Vergangenheit aus dem Gefühl einer uralten gewachsenen Kultur zusammenführte. Wolfram Hesse ging von rhythmisch gebauten Köpfen und Figuren zu stelenartigen Figurationen über, die gleichsam meditative Abstraktionen von Skulptur darstellen.

91 Thea Richter, Strandszene, Gips lebensgroß, 1982
Installation im Leonhardi-Museum, Dresden 1982

Eine andere künstlerische Konzeption vertreten Plastiker wie Helmut Heinze, Regina Fleck oder Siegfried Schreiber, die bei aller Ausprägung ihres individuellen Schaffens haltbare Fäden zu jener Vergangenheit deutscher Plastik knüpfen, die bildnerisches Handeln bekenntnishaft an die Unversehrtheit der menschlichen Figur bindet. Über Karl Albiker, dessen langjähriges Wirken an der Dresdner Akademie noch wenig untersucht ist, über den Gerstelschüler Hans Steger bis heute ist eine Traditionslinie lebendig geblieben und vermag in der Dresdner Bildhauerlandschaft eigene Akzente zu setzen.
Nach längerer Abstinenz verdankt die Bildhauerei der DDR neben Werner Stötzer den Dresdnern Makolies und Hartmut Bonk die Aufwertung der Arbeit in Stein. Die ersten Steinsymposien Ende der sechziger Jahre, damals noch direkt in den nahe bei Dresden gelegenen Brüchen des Elbsandsteingebirges durch die Künstler selbst ins Leben gerufen, waren die Initialzündung für eine späte inflationäre »Symposiumskunst«. In den siebziger Jahren überraschte Bonk sein Publikum mit naturalistisch-verfremdeten Kunstfiguren, die die urbane Existenz des Menschen zwischen Faszination und aggressiver Zivilisationskritik neu zu definieren suchten. Die seit Jahrzehnten gepriesene »eindeutige Dominanz der Einzelfigur« wurde zugunsten von Rauminstallationen, Kombinationen von Plastik und Malerei, erweiterten Gruppendarstellungen, dem Einsatz ungewohnter Materialien und dem Hinzufügen trivialer Accessoires durchbrochen. In unmittelbarer Nachfolge Bonks steht Thea Richter, deren szenische Raum- und Figurenbildungen die Entfremdung des zivilisierten Menschen thematisieren. Detlef Reinemer gewinnt seinem bevorzugten Werkstoff Ton – als Terrakotta gebrannt – Möglichkeiten ab, um skurril-ironisierende, teilweise bissig-humorige Attitüden im Collageprinzip zu formulieren. Vielen der ganz Jungen geht es heute nicht mehr darum, formal-ästhetische Programme abzuarbeiten. Sie suchen eher nach transmedialen Fähigkeiten kreativer Aktionskunst und räumen dem Vorgang des Machens den gleichen Rang wie dem Resultat selbst ein. Dieses In-den-Mittelpunkt-Stellen des Ego läßt Standpunkte, Bekenntnisse und Fragestellungen im Für und Wider persönlicher Sichten auf Gesellschaft, Natur und Individuum, transparenter erscheinen. Im Dialog mit dem Raum als Lebensraum wird der Kunstprozeß zum Geschehnis, zum ernsten Spiel mit der Magie der Dinge.
Als drei Bildhauerabsolventen der Hochschule für Bildende Künste Dresden 1985 als »Gruppe Meier« (Matthias Jackisch, Tobias Stengel, Christian Späte) mit Projekten wie »Wir stellen uns in den Raum« (Galerie fotogen 1985), »Orient-Tierung« (Yenidze-Die Kuppel 1988) oder »Stadtwerkstatt« (Galerie Comenius 1988), an die Öffentlichkeit traten, stand die Idee des bewunderten Joseph Beuys »Alle Orte sind plastische Potentiale/Ortsbestimmung ist erste Kunsthandlung…« Pate wie auch sein Wissen »von der Einheit zwischen Geist, Natur und Materie«. Der missionarische Glaube an Kraft und Wirkung von Bildern und Gebilden führte Maler und Bildhauer zu gemeinsamen Gestaltungen zusammen: »Innen/Außen« (Galerie Nord 1987 mit Beteiligung von Angela Hampel, Gudrun Trendafilov und den Bildhauerinnen Eva Anderson und Ulrike Rösner); »A-Ort-A«, eine Installation wiederum der Maler Steffen Fischer, Angela Hampel, Maja Nagel und des Bildhauers Jackisch. Gemeinsam mit anderen (z.B. der »Elba«-Gruppe) setzten sie Ende der achtziger Jahre halb geduldet, halb offiziell Zeichen für die nicht erlahmende Utopie der Künstler, sich in einer Welt Gehör zu verschaffen, die nur noch vom »ersten Augenblick« lebt.

eikon Grafik-Presse

von Rudolf Mayer

Seit 1964 betreut der Verfasser, Lektor im Verlag der Kunst in Dresden, die Edition eikon Grafik-Presse. Im Keller des Verlagshauses in der Spenerstr. 21 lagern die Belegexemplare von inzwischen mehr als fünfzig Ausgaben: Mappen und Kassetten in oft beträchtlichen Ausmaßen, von denen kaum eine der anderen gleicht. Die Neuheiten werden in der »Kleinen Galerie im Verlag« der Öffentlichkeit vorgestellt. Neben den traditionellen grafischen Druckverfahren Holzschnitt, Kupferstich, Radierung, Lithografie werden Serigrafien, serielle Zeichnungen, Monotypien und Fotografien einbezogen. Original sind die Editionen in dem Sinne, daß Künstler sie geschaffen und Blatt für Blatt sanktioniert, also signiert haben. Eine Ausnahme war die 1982 herausgegebene Mappe der Fotografien und Fotomontagen von Alexander Rodtschenko, die nach seinem Konzept mit Hilfe der Nachkommen in Moskau realisiert wurde. Die Zusammenarbeit mit Malern und Grafikern, Druckern und Gestaltern war immer offen, achtete auf Eigenart, vermehrte nicht einfach das Vorhandene, sondern ermöglichte manchmal auch das noch nicht Versuchte. Oft wurde auf Verdrängtes und Verleumdetes aufmerksam gemacht. So produzierte diese marginale Abteilung eines großen Kunstverlages in der Regel ein Kontrastprogramm zur offiziellen Publikationspolitik der DDR, gelegentlich auch innerhalb des eigenen Hauses.

Anatoli Kaplans grafische Blätter zu jüdischen Stoffen (»Stempenju«, 1967) galten zur Zeit ihrer Herausgabe noch als überraschende Konterbande, das Erscheinen von HAP Grieshabers »Totentanz von Basel« (1966) war für die offizielle DDR damals schwer zu verkraften, auch Bernhard Heisigs »Faschistischer Alptraum« (1976) paßte noch längst nicht ins Bild.

Aktualität war nicht das Ziel des Unternehmens – mit einer denkwürdigen Ausnahme: Die Sprachblattfolge »Aurora« von Carlfriedrich Claus erschien anläßlich des offiziellen Jubeltages im November 1977 und machte daraus vielleicht tatsächlich ein Datum für die Kunstgeschichte des Landes.

Die Neuerscheinungen entsprachen nur selten einer vorbestimmten Planung, sondern sind Ergebnis oft langen Versuchens und der Bemühung um eine gültige Form. Als z.B. Hermann Glöckners »Verwandlungen in Raum und Fläche« (1981) endlich zusammenlagen, wußten der Künstler, Drucker und Verleger, was sie gemeinsam gewollt hatten.

Erwähnenswert sind außerdem die Editionen »Zeichnen für den Druck« (1983) und »Jede Sekunde ist eine Premiere« (1984) von Max Uhlig; »Tagnachtlampe« (1985) von Werner Wittig; Klaus Dennhardts »Drei Linien in ihrer Wandlung« (1986); Michael Morgners »Ecco Homo« (1987) und »Aggregat K« (1988) von Carlfriedrich Claus.

Manches konnte lange nach seiner Entstehung zusammengefaßt und realisiert werden, wie die Gesamtedition der 72 Holzschnitte »Dresden 1945«, die Wilhelm Rudolph 1972/1975 noch mit eigener Hand gedruckt hat.

Ein jüngstes Beispiel ist die Erschließung des 1953 begonnenen Radierwerkes von Hans Körnig (Jg. 1905). Der Titel »Fastnachtsspuk im Wallgäßchen« der Mappe mit 14 Aquatinta-Radierungen erinnert an die Dachbodenexistenz des Künstlers im Wallgäßchen 1, Dresden-Neustadt, die 1961 abrupt zu Ende ging, als der Künstler nach dem Bau der Berliner Mauer sich in Niederwinkling, Niederbayern, niederließ. Dort schied er durch Selbstmord am 17. Oktober 1989 aus dem Leben und wurde nach seinem letzten Willen in Dresden beigesetzt.

Die Publikation der Mappe 1988 in Zusammenarbeit mit der Galerie Hedwig Döbele, verbunden mit Ausstellungen in Dresden und Ravensburg, war eine späte Genugtuung für den in Dresden fast vergessenen Künstler.

Neben historischen Panoramen wie den 25 Blatt umfassenden Zyklus »Vivat Germania – Ein teutsches Trauerspiel«, protokollierte er auch persönliche Erlebnisse in seiner »Chronik einer Kindheit«: die Geburt der Tochter, das Heranwachsen des Kindes, die Spaziergänge in den Straßenzügen von Dresden-Neustadt, die in ihrer einstigen Gründerzeitpracht den Krieg überstanden hatten. Körnig zeichnet und radiert zugleich die fünfziger Jahre in Dresden, wie er sie aus der Perspektive des Wallgäßchens erlebte, an jenem Ort, wo es zur Fastnachtszeit wunderbar spukte.

Jürgen Böttcher-Strawalde und sein Freundeskreis in Dresden

von Lucius Grisebach

Historiker mögen sich darüber streiten, ob das Ende des Krieges 1945 für die Kunst in Deutschland einen Neubeginn bedeutete oder nicht. Für viele der betroffenen Zeitgenossen war die Situation eindeutig. Sie empfanden diesen Moment als Stunde Null, in der es darum gehen mußte, ein neues Zeitalter nach höheren moralischen Regeln aufzubauen. Viele nahmen sich vor, ihr Leben anders anzupacken als ihre Väter und Mütter, keine falschen Kompromisse einzugehen, der Aufrichtigkeit und Menschlichkeit mehr Platz in der Welt zu verschaffen.
Einer von diesen war Jürgen Böttcher, geboren 1931 in Frankenberg in Sachsen und aufgewachsen in Strahwalde in der Oberlausitz. Bei Kriegsende war er vierzehn Jahre alt. Mit achtzehn ging er nach Dresden und studierte an der dortigen Akademie Malerei bei Rudolf Bergander und Wilhelm Lachnit. Er war zutiefst erfüllt von den Hoffnungen auf ein neues sozialistisches Deutschland, friedfertig und gerecht, menschlich und kreativ. Daran wollte er als Künstler mitarbeiten, und dafür war er auch bereit, alle Entbehrungen der Nachkriegszeit auf sich zu nehmen.
Nach dem Studium bot sich Jürgen Böttcher im Wintersemester 1953–54 die Gelegenheit, etwas Geld zu verdienen, indem er die Leitung eines Mal- und Zeichenkurses in der Dresdener Volkshochschule übernahm, und in diesem Volkshochschulkurs saß zwischen Rentnern und Werktätigen ein vierzehnjähriger dicklicher Junge mit dichtem, fast schwarzem Haar, der um jeden Preis Maler werden wollte. Er hieß Ralf Winkler. Wir kennen ihn seit 1968 als A. R. Penck.
Penck ist derjenige, der bis heute am nachdrücklichsten auf Jürgen Böttcher und dessen Rolle im Dresden der Nachkriegszeit verwiesen hat: »... Jürgen Böttcher war der erste richtige Künstler mit einem eigenen Atelier, den ich kennenlernte. Er vermittelte mir die ersten Einsichten in die Kunstgeschichte und in die Grundlagen der Malerei vom Stilleben bis zu Picasso.«
Andere Teilnehmer desselben Kurses waren Peter Herrmann und Peter Makolies. Ihnen schlossen sich Winfried Dierske und Peter Graf an. Böttchers Zeichenkurs dauerte nur wenige Semester. Aber der Freundeskreis blieb bestehen.
Peter Graf: »Im Grunde genommen war es damals kein Lehrer-Schüler-Verhältnis, sondern Freundschaft. Wir trafen uns bei Böttchers zu Hause, und obwohl sie selber recht arm waren, bekamen wir immer Tee und Schnitten. Ich brachte den Jazz mit hinein in die ganze Sache. ... Das waren ganz enorm konzentrierte Abende, wo jeder etwas mitgebracht hat.«
Peter Herrmann: »Jeder brachte mit, was er gerade gemacht hatte und wovon er dachte, es könnte vielleicht irgendwie ganz gut sein, eine Zeichnung oder ein Bild. Auch Schallplatten. Und darüber wurde dann gesprochen. Und wir bekamen Reproduktionen zu sehen – Picasso, aber auch die alten Meister, Giotto, Rembrandt, Cranach vor allen Dingen.«
Peter Graf: »Was mich an Böttcher überzeugte, war, daß er eigene Wege ging, damals als hier alle so einen komischen Impressionismus machten.«[1]

In einer Welt, deren Alltag von Mangelwirtschaft und politischer Repression beherrscht war und deren Kunst unter dem Diktat der stalinistischen Doktrin vom sozialistischen Realismus zur Verlogenheit gezwungen wurde, ging das Grüppchen junger Männer mit seinem Mentor Böttcher auf die Suche nach Ehrlichkeit, Glaubwürdigkeit und Überzeugungskraft in der Kunst. In diesem Kreis wurde kein neuer Stil erfunden, aber es wurde im kleinen jene Freiheit praktiziert, die der unverzichtbare Nährboden künstlerischer Arbeit ist. Es wurden die Grundlagen für eine künstlerische Haltung gelegt, die alle Beteiligten bis heute getragen hat.

Inhaltlich ging es um etwas, das man als Lebensnähe umschreiben könnte. Nicht überkommene Motive sollten Thema der Kunst sein, sondern Situationen aus dem normalen Leben. Peter Graf malte Stilleben mit einem Fleischwolf, Peter Herrmann die Straßen Dresdens, in denen er zu Hause war, und Ralf Winkler seine Mutter und seinen Großvater in der Küche sitzend. Malerisch, im Umgang mit Formen und Farben, ging es um Klarheit und Glaubwürdigkeit von Form und Handschrift. Das Bild sollte unmittelbar aus der Malerei heraus sprechen, jede Form, jeder Pinselstrich authentisch und glaubwürdig auftreten. Die physische Präsenz der Malerei in Gestalt eines schweren, pastosen Farbauftrages spielte eine entscheidende Rolle. Sie hat sich bis heute als ein Stilmerkmal bei allen Künstlern dieser Gruppe erhalten.

Allen wurde die Kunst zu einer Lebensaufgabe, aber keiner konnte sein Ziel auf dem ordentlichen Weg über ein Akademiestudium verfolgen. Ralf Winkler wurde Lehrling bei der volkseigenen Werbegesellschaft DEWAG in Dresden. Mit seiner unbändigen Entschlossenheit und Energie nahm er sich, was er brauchte. Peter Herrmann wurde Chemigraf und Peter Makolies Steinmetz in der Bauhütte des Dresdener Zwingers. Die künstlerische Fortbildung beschränkte sich auf Abendkurse in der Akademie und auf Selbststudium mit gegenseitiger Kritik im Freundeskreis. Peter Graf wurde zwar – zusammen mit seinem Freund Georg Kern alias Baselitz – an der Kunsthochschule in Berlin-Weißensee angenommen, aber schon nach einem Semester wieder relegiert und kehrte nach Dresden zurück. Seitdem verdiente er sich seinen Lebensunterhalt als Lastwagenfahrer.

Jürgen Böttcher selbst war schon 1955 von Dresden nach Berlin gegangen. Er hatte dort ein Studium der Filmregie begonnen. Wir kennen ihn heute als einen der berühmtesten Dokumentarfilmer der DDR. Natürlich war er ursprünglich angetreten, um Spielfilme zu drehen. Aber sein erster großer Film *Jahrgang 1945* von 1965 wurde sofort verboten und kam erst jetzt, nach der »Wende«, als »Regalfilm« zur Aufführung. Ein Frühwerk Böttchers, entstanden 1961 als Studienabschlußarbeit, war der Film *Drei von vielen*. Er handelte von drei jungen Künstlern, die ihren Lebensunterhalt als Arbeiter verdienten. Darsteller waren Peter Graf, Peter Herrmann und Peter Makolies. Ralf Winkler wirkte bei den Texten mit. Auch dieser Film wurde verboten und konnte erst 1988 in einem Ost-Berliner Künstlerclub gezeigt werden. Was für den Regisseur Böttcher lebensnahe und liebevolle Darstellung einer künstlerisch engagierten Jugend im sozialistischen Aufbau war, empfanden die Zensoren als zu wenig positiv. Künstler, die ihre eigenen Wege gingen und sich als Arbeiter durchschlagen mußten, entsprachen nicht dem Bild, das der Staat von sich gezeichnet sehen wollte.

92 Peter Graf in seiner Wohnung, 1990 Foto: Evelyn Richter

Ein Ereignis aus dem Jahre 1961 charakterisiert die Lage, an der sich auch später kaum etwas ändern sollte. Durch Otto Nagel und Fritz Cremer wurden Jürgen Böttcher, Winfried Dierske, Peter Graf, Peter Herrmann, Peter Makolies und Ralf Winkler eingeladen, an der Jahresausstellung der Akademie der Künste der DDR *Junge Künstler. Malerei* in Ost-Berlin teilzunehmen. Zwei der angesehensten Autoritäten in der Kunst der DDR bemühten sich im Jahr des Mauerbaus, die jungen Kräfte, die sie in ihrem Lande vorhanden wußten, in das offizielle Kunstleben einzubinden. Aber die Partei wies diese Initiative zurück. Im Organ des Zentralrats der FDJ erschien die offizielle Verurteilung. Man berief sich auf den »Weg, den die Partei den Künstlern gewiesen hat«, auf die »enge Verbindung der Künstler mit dem Leben und den Interessen der Werktätigen«, auf die »führende Tendenz unserer Kunst«, die in dieser Ausstellung zum »Außenseiter« herabgewürdigt worden sei, und verdammte insbesondere den »Primitivismus von J. Böttcher« und den »Dilettantismus von R. Winkler«. Andere Stimmen schlossen sich dieser Kritik an, und damit war ein Verdikt gesprochen, das nie wieder völlig aufgehoben wurde.

Partisanenhaften Charakter hatte eine Ausstellung, die Winfried Dierske, Peter Graf, Peter Herrmann, Peter Makolies und Ralf Winkler 1965 gemeinsam im Dresdener Puschkinhaus, dem Zentralen Clubhaus der Deutsch-Sowjetischen Freundschaft, veranstalteten. Sie kam durch private Beziehungen zu einer wohl eher arglosen Clubleiterin zustande, wurde aber schnell geschlossen, als erkennbar war, um welche Art von Kunst es sich handelte. Ralf Winkler schuf ein Plakat im Stile seiner Systembilder, das sicherlich einmal zu den gesuchtesten Raritäten deutscher Kunstgeschichte gehören wird. Werner Schmidt hat in seinem Dresdener Kupferstichkabinett über fünfundzwanzig Jahre lang ein makelloses Exemplar aufbewahrt!

93 Peter Makolies 1990
Foto: Evelyn Richter

Der Freundeskreis um Jürgen Böttcher trat niemals als eine fest in sich geschlossene Künstlergruppe auf. Was die Künstler verband, war ihre gemeinsame Jugend, waren die gemeinsamen Anfänge in den fünfziger Jahren in Dresden. Daraus entstand eine Freundschaft, die in ihrer Intensität noch heute jeden beeindruckt, der sie zu spüren bekommt. Jürgen Böttcher genießt in diesem Kreis bis heute die besondere Autorität eines älteren Freundes.

Gemeinsam blieben bestimmte Grundbegriffe dessen, was ein Bild sein soll und was Eigenständigkeit und Glaubhaftigkeit künstlerischen Arbeitens ausmacht. Jenseits dieser Grundbegriffe jedoch ging jeder seinen eigenen Weg, blieb jeder seiner eigenen Persönlichkeit, seinem eigenen Temperament treu. Einen Gruppenstil, ein schulbildendes Element hat dieser Kreis nie hervorgebracht.

Jürgen Böttcher, der Filmemacher, legte sich 1976 für seine Existenz als Maler das Pseudonym Strawalde zu, den Namen des Dorfes, in dem er seine Kindheit, den Krieg und die ersten Jahre des neuen Lebens danach erlebt hatte. »... vor allem, weil die Erlebnisse und Erfahrungen (in diesem Dorf) vom vermeintlichen Frieden damals, Krieg, Tod, Schuld und schwerer, aber befreiender Nachkriegszeit für mich die Wurzeln bedeuten für die Tiefe des Traums von Kunst und Leben«.

Die Wege, die die verschiedenen Künstler gingen, scheinen ihren freundschaftlichen Zusammenhalt nie beeinträchtigt zu haben, auch wenn sie – vor allem in den letzten Jahren – eher auseinander als zusammenführten. Ralf Winkler mußte 1980 Dresden verlassen. Auch Peter Herrmann siedelte 1984 in den Westen über. Jetzt leben nur noch Peter Graf und Peter Makolies in Dresden.

Erfolg und Anerkennung stellten sich sehr unterschiedlich ein. Während Ralf Winkler mit seiner Kunst Einzug ins Museum of Modern Art hielt, Peter Makolies in den Kreis der auch offiziell anerkannten Bildhauer der DDR aufrückte, mußte Peter Graf bis vor wenigen Jahren in Dresden Lastkraftwagen und Gabelstapler fahren.

Bis zur Wende in der DDR wäre es unmöglich gewesen, den Künstlerkreis um Jürgen Böttcher in einer Publikation oder Ausstellung zu würdigen, da Penck und Peter Herrmann im Westen, die übrigen weiterhin in Dresden und Ost-Berlin leben. Jetzt endlich können wir sie auch offen als eine bedeutende Künstlergruppe hervorheben und sogar den Plan einer gemeinsamen Ausstellung verfolgen.

1 Alle Zitate aus: H. Schumann: *Ateliergespräche*, Leipzig 1976, S. 87f.

Porträt meines Freundes Böttcher-Strawalde

von Wolf Biermann

Ich wußte nichts von Böttcher, wenig von der DDR. Penck kennt man hier im Westen, gewiß, den Maler mit den Paul Kleeschen Strichmänneln und Zeichen und Symbolen, Penck, die fröhliche Malwut aus Dresden, Penck, der eine große Nummer auf dem westlichen Kunstmarkt wurde, dessen Bilder in New York und Tokio und Köln hängen. Seit ich aber weiß, daß der große Penck mit seinem kleinen Menschennamen Ralf Winkler heißt, seit ich weiß, wer sein wichtigster Lehrer in Dresden war, möchte ich dazu einladen, einen Maler und Dokumentarfilmregisseur kennenzulernen, von seinen Neidern giftig und treffend Genieböttcher genannt: Jürgen Böttcher aus der DDR.
Böttcher ist ein akademisch ausgebildeter Maler, der 1949 bis 1953 an der Akademie für Bildende Künste in Dresden studierte. Das war eine gut gemischte Zeit, eine lebendige Zwischenzeit. Die Blut- und Bodenkunst der Nazis war abserviert, und die rigiden Normen der stalinistischen Ästhetik des sozialistischen Realismus waren noch nicht total durchgesetzt. Vieles war noch offen. Verfolgte antifaschistische Künstler kamen wieder an die Oberfläche, die »Entarteten« wirkten als Lehrer und als Beispiel und Vorbild für die Jungen. Legér, Braque, Klee, Beckmann, Miró. Picasso kam dem jungen Böttcher ins Blickfeld und begeisterte ihn – und nicht nur mit seiner Friedenstaube.
In den folgenden Jahren wurde der erlaubte Blickwinkel für die bildende Kunst in der DDR enger und enger, die großen Maler der westlichen Avantgarde wurden bald schon als dekadent verschrien. Die sowjetische Malerei mit ihrem verlogenen Pathos, mit ihren wasserdichten Parteihelden und gesunden drallen Mädels auf'm Mähdrescher wurde das Maß der DDR-Kunst. Böttcher schwirrte ab zum Dokumentarfilm, er geriet auf einen Nebenweg, der seine Hauptstraße wurde.
Dies sind einige seiner Filme: »Wäscherinnen« – Junge Fraun in einer volkseigenen Großwäscherei. »Ofenbauer« – Arbeiter, die einen fertigen riesigen Koloß von Hochofen auf Schienen setzen und in der Deutschen Demokratischen Landschaft bewegen. Ein anderer Film: Weiber, die in einem Chemiekombinat am Fließband schuften und ein seltenes Exemplar von Parteisekretär haben; ein Mann, ein Mensch, wie er im Buch steht und im Leben nicht vorkommt und den es trotz alledem wirklich gibt: »Der Sekretär«. Und dann auch Böttchers Jugendwerk: »Drei von Vielen« – drei junge Kerle in Dresden: erstens ein Chemigraph, zweitens ein sogenanntes asoziales Element und drittens ein Lastkraftwagenfahrer. Drei junge Männer, die alle nebeneinander die Hauptsache machen: Bilder malen! Zeichnen!
Mir sagte einer aus der DDR, der es wissen muß: Wenn in ein paar hundert Jahren die Erde uns noch hat, und wenn dann ein Mensch wissen will, wie es damals war in diesem kleineren Teil des zerrissenen Landes – nicht auf der Königsebene der Funktionäre, sondern im normalen Menschenleben – dann wird man die Filme dieses Böttcher gut brauchen können.
Mit seinen Dokumentarfilmen wurde er in der DDR bekannt, gefürchtet, bewundert, beneidet, nachgeahmt. Er wurde, ob er es darauf anlegte oder nicht, zum Lehrer jüngerer Leute. Dabei belehrte er einmal durch sein Beispiel – aber er

belehrte auch durch Belehrung. Er versteht es, scharf in ästhetischen Kategorien zu denken, und er kann junge Künstler durch seine Rede begeistern und zu eigener Produktion anstacheln. Dabei kommt ihm zugute, daß er sich sicher in den Extremen bewegt: Pinsel und Kamera.
Niemand ist im guten Sinne »niedriger« an der Wirklichkeit dran als Böttcher mit seinen bewegten Bildern über die sogenannten einfachen Leute in der DDR. Aber wenige waren auch in den finsteren Zeiten der stalinistischen Kunstzensur freier in ihren Mitteln als der Maler Böttcher mit seinen bewegenden Tafelbildern: Es gab so gut wie keine Ausstellungen für ihn. Dabei kam ihm zugute, daß er sein Geld mit Filmerei beim DEFA-Dokumentarfilmstudio verdienen konnte. So war er nie darauf angewiesen, von seiner Malerei zu leben. Und so ist es auch kein Wunder, daß grade er es ist, der Ralf Winkler (Penck) auf den Weg brachte.
Es mag eine Zeit kommen, in der die Malerei Böttchers öffentlich und noch wichtiger wird als seine Filme. Es ist grade diese extreme Nichtentsprechung der beiden gegensätzlichen Medien, derer er sich in all den Jahren gleichzeitig bediente, die mich neugierig macht. Wie das in einer Menschenbrust zusammengeht, welche tiefere gemeinsame Ästhetik hinter diesen beiden grundverschiedenen Ausdrucksformen steckt, auch das macht neugierig – und grade das könnte für Studenten der Bildenden Künste eine fruchtbare Anregung sein.
Jürgen Böttcher hangelte sich mühsam von Film zu Film. Immer wieder zurückgeworfen durch Verbote, blieb er in der Hierarchie unten hängen – die äußere Karriere war kläglich, aber von heute aus gesehn war das wohl ein Glück für seine innere Karriere. Das Sagen hatten bei der DEFA solche, die entweder der Partei die Jubelfilme lieferten oder die menschenfeindliche Fratze des westlichen Imperialismus ablichteten. Jürgen Böttcher kriegte für manche seiner Filme Preise, andere landeten im Panzerschrank. So bewegte er sich durch die grauen Jahre, schwer geschüttelt zwischen Parteiverfahren und Nationalpreis. Aber auch die Film-Funktionäre, die ihn gelegentlich zwangen, in Sack und Asche zu gehn, drückten bei ihm nie ganz und gar zu, sie ließen ihm immer noch ein bißchen Luft. Man weiß ja nie, wie sich die Zeiten ändern...
Nun ändern sich die Zeiten rapide. Auch die DDR ist im Sog des Großen Bruders. Mit Hängen und Würgen, mehr oder weniger halbherzig, die Fesseln lockern sich und werden womöglich bald ganz abgeworfen.
Wir freun uns, daß Jürgen Böttcher uns jetzt mit seinen Filmen, mit seiner großen Lebens- und Kunsterfahrung besucht. Und wir hoffen, daß er in den nächsten Jahren nicht nur mit einigen seiner berühmt gewordenen Dokumentarfilme zu uns kommen kann, sondern auch mit einem kleinen Lastwagen voll Bilder und Zeichnungen. Wir können in der dialektischen Spannung dieser beiden konträren Sprachen den einen lebendigen Menschen ganz sehn: einen, der sich geändert hat in wechselhaften Zeiten, und der sich grade dadurch treu blieb.
Dies ist die Ankündigung einer Lehrtätigkeit des Jürgen Böttcher an der Hamburger Hochschule. Im Mai 89 schrieb ich diesen Text unter dem Pseudonym Martin Rögener, das war vor einem halben Jährchen, also eine ganze Epoche her, bevor die Novemberrevolution in der DDR das alte Regime wegfegte.
Ich schrieb diesen Text damals als eine Art Ghostwriter für Martin Rögener, der an der Hochschule für Bildende Künste in Hamburg lehrt. Dieses Versteckspiel war leider nötig, denn mein Name unter einem solchen Kurzporträt meines Freundes hätte alles verdorben. Wir hatten uns vorgenommen, Jürgen Böttcher

unter dem Vorwand einer Gastprofessur die Gelegenheit zu verschaffen, leichter in den Westen zu reisen.
Mein ganz egoistischer Wunsch: Ich wollte meinen anstrengenden Freund gelegentlich wieder sehn, ich hoffte, wir könnten einander nun regelmäßig in Hamburg treffen. Und wir hatten Erfolg mit unserem kleinen Trick.
Im übrigen war diese Einladung nicht nur ein Vorwand. Ich bildete mir ein, Jürgen Böttcher könnte den Hamburger Kunst-Studenten was Brauchbares liefern, ästhetische Erfahrungen, die in der DDR von ihm nie abverlangt worden waren, weil die Kulturbürokratie nicht wollte, daß einer wie Böttcher die jungen Leute mit unerwünschten künstlerischen Methoden und politischen Wahrheiten verseucht.
Nun kam uns die Weltgeschichte angenehm dazwischen. Wir haben solche rührenden Verrenkungen nicht mehr nötig. Jürgen Böttcher und all die anderen Künstler, die vom stalinistischen Staat kurzgehalten wurden, können sich nun frei in der Welt bewegen und – ihre Ware auf den Markt werfen.
Aber damit beginnt auch ein neues Kapitel von Problemen, Ängsten, Schwierigkeiten und sogar Bedrohungen, auf die Menschen wie Böttcher nicht gut trainiert sind. Im alten Regime wurden die Künstler von den allmächtigen Kunstbestimmern gebissen und gefressen und oftmals schlecht verdaut. Der kapitalistische Kunstmarkt frißt die Künstler auch, aber eben ganz anders. Brechts Haifisch, ja, der trägt seine Zähne altmodisch im Gesicht. Aber dieses moderne westliche Raubtier leckt die Kunstlieferanten ab, es lutscht mit weichen Lippen und schluckt die Künstler im Ganzen, es mäkelt nicht rum an Punkt und Linie, es schreibt weder Formen noch Farben vor und es bevormundet nicht mal im Politischen. Der freie Markt zerbeißt seine Künstler erst später, nachdem er sie verdaut hat und sie wieder ausscheißt. Wieso? Der Kunstmarkt hat die Zähne halt im Hinterteil.
Freiheit aushalten kann schwerer sein als Unterdrückung, die gewohnt ist. Nun heißt es, einen potenten Galeristen finden. Nun gilt es, daß der Künstler sich geschickt der Massenmedien bedient, die sich seiner bedienen wollen.
Der Markt mit seinen Gesetzen drängt den Maler fast automatisch in eine Masche, die dem zahlenden Pack in den Salons und Messen auffällt. Der Stil verkommt leicht zur Manier, damit jeder betuchte Dilettant den Markenartikel sogleich erkennt und bereit ist, sein schwarzes Geld in wertbeständigen Bildern anzulegen. Geschicklichkeiten in solchem Geschäft konnte man nicht in der DDR lernen, nicht in inquisitorischen Parteiversammlungen des Verbandes Bildender Künstler und nicht in hochnotpeinlichen Verhören irgendeiner vertrottelten Kulturkommission beim Rat des Bezirkes Schwerin.
Das östliche System bevorzugte die Kriecher, das westliche befördert die geschäftstüchtigen Gaukler. Freilich, Schaumschläger hat es immer gegeben und zahlende Kunstbanausen auch. Aber zum Glück hängt der Erfolg im freien Kunstmarkt zu einem Teil auch vom Genie des Künstlers ab, von seiner wirklichen Schöpfer- und Schaffenskraft. Was das betrifft, sehe ich gute Chancen für meinen Freund, der es gewiß mit jedem aufnehmen kann, der im Moment als große Nummer gehandelt wird.

94 Jürgen Böttcher malt an seinem Triptychon »Die Nacht«
in seiner Ausstellung in der Grande Halle von La Villette, Januar 1990
Foto: Anabell Mendes

Aber dann kommt noch ein Problem dazu, über das der Künstler selbst wohl nicht sprechen würde: Der verletzte Stolz, die verletzte Eitelkeit. Zu lange wurde Jürgen Böttcher in der DDR unterschätzt und mit böser Absicht vergessen. Sowas macht auch die bescheidenste Frohnatur mit den Jahren böstraurig, bitterstolz und überempfindlich.
Mein Freund ist kein junger Mann, er malt immerhin seit 40 Jahren professionell. Und so einer ist dann gegen Abend doch zu stolz, sich im Zwielicht feilzubieten, grad weil er wohl weiß, wer er ist und welchen Rang er hat. Aber auf diesem brutalen Markt kann man nicht mit hochgezogenen Brauen und trotzigen Lippen in der Ecke stehn und erwarten, daß die Leute endlich von selbst merken, wo Gott wohnt.
Es müßte längst ein großes Kunstbuch mit Farbdrucken seiner Malerei geben und ein anderes Buch über Böttchers beispielloses Wirken als Dokumentarfilmer in der DDR. Vielleicht kann ja der Verlag der Kunst in Dresden solch ein angemessen repräsentatives Buch mit Böttchers Malereien und Zeichnungen herausgeben, jetzt, schnell noch, bevor dieser berühmte Kunst-Verlag von einem westlichen Konzern geschluckt sein wird. Dies wäre eine kleine Wiedergutmachung an wenigstens einem von all denen, die ein Leben lang in der DDR ihr Licht unter den Scheffel stellen mußten.
Wir sahen jetzt in der Hamburger Hochschule auch Böttchers noblen Film über die Arbeit der Eisenbahn-Rangierer in einem Ostberliner Winter. Schnee wie Papier, Schienen wie Grafik. Auch wenn sich jemand einen Dreck für die dreckige Arbeit solcher Arbeiter interessiert und schon gar nicht für die Rangiererei von Güterwagen, liefert Böttchers Film einen Blues der Bewegung dieser Kolosse auf Schienen, eine vornehme graugraue Farbigkeit, die auch den ausgekochtesten Ästheten entzücken muß.
Wir sahen nun auch Böttchers Experimentalfilm, in dem auf bewegendste Weise unbewegte Bilder abgefilmt sind: des Filmemachers eigene Postkartenübermalungen. Ja, einfache Postkarten für 40 Ost-Pfennige das Stück, aus denen Böttcher kleine Kostbarkeiten macht: Klassische Werke der Malerei, aber übermalt in immer neuen Variationen. Eine wunderbar spielerische und phantasiereiche Nebenarbeit des Jürgen Böttcher, die doppelt neugierig auf seine Hauptarbeit macht.
Und damit bin ich endlich bei diesem Büchlein, das Martin Rögener herausgebracht hat. Einige der schönsten Übermalungen des Jürgen Böttcher sind hier zu sehen. Ich hoffe, das Buch gefällt diesem scheuen und doch menschengierigen Sonderling. Den Leuten, die dieses farbige Nebenwerk in die Hand kriegen, da bin ich sicher, wird es gefallen.
Wirklich gute Kunst schafft ja gelegentlich das Unmögliche, sie entzückt beide: den Banausen wie den Kenner.

Max Uhlig

von Heinz Liesbrock

Die Kunst Max Uhligs hat in einem langjährigen Prozeß bildnerischer Untersuchung ihre eigentümliche Gestalt gefunden. Alle seine Arbeiten sind bestimmt durch die Konstanten von Rhythmus und Farbe, wir erfahren sie als strömende Farbigkeit – dieser Eindruck überwiegt jedes Wiedererkennen von menschlichen Individuen oder Dingen. Uhligs Bildsprache gibt nicht das bereits Bekannte wieder. Seine Bilder widersetzen sich dem Versuch einer sprachlichen Benennung des Dargestellten hartnäckig.

Immer behauptet sich gegenüber dem Versuch des bloßen Wiedererkennens das System der farbigen Pinselspuren als ein Gebilde eigener Wertigkeit, das sich mit der bloßen Bezeichnung von Sachverhalten nicht verrechnen läßt. Uhligs Kunst fügt deshalb unserer eingeschliffenen Wahrnehmungsroutine eine neue Dimension hinzu, sie führt den, der sich tatsächlich sehend auf sie einläßt, über das bereits Bekannte hinaus.

Uhlig begann seine künstlerische Ausbildung in den fünfziger Jahren bei Hans Theo Richter und Max Schwimmer an der Dresdner Akademie. Er lernte dabei wohl vor allem das genaue Hinsehen, das Erkennen visueller Grundformen und die Fähigkeit, diese ins Bild zu transportieren. Es ist wohl die Erkenntnis des besonderen Charakters des Bildes, daß es von Sprache oder gar Ideologie nicht einzuholen ist, welche seinen Bildern den unverwechselbaren Ausdruck verlieh.

Zwei weitere wichtige Markierungen am Beginn von Uhligs künstlerischem Weg waren die Begegnung mit expressionistischer Grafik (1957/58) und die mit Alberto Giacomettis Mappe »Derriere le Miroir« (1965). Der Expressionismus, sagt Uhlig, habe ihm alle illustrative Neigung ausgetrieben und habe seine bis heute lebendige Vorliebe für »eine dominierende Formmasse im Bild« initiiert. Giacomettis Kunst habe ihn dann gelehrt, an der sinnlichen Gestalt der Welt, dem unmittelbaren Gegenüber des Auges als zentraler Instanz seiner Kunst festzuhalten.

Uhligs Bildsprache ist über lange Zeit allein durch Zeichnung und Grafik bestimmt gewesen, erst 1970 hat er sich, nach Versuchen in der Anfangszeit, wieder der Malerei zugewandt. Die folgenden Ausführungen beziehen sich primär auf Ölarbeiten, sie ließen sich mit den notwendigen Abweichungen aber auch vor grafischen Blättern einlösen. Uhligs bevorzugte Motive sind der menschliche Leib und Naturphänomene, etwa Teile einer Baumlinie, die er unter freiem Himmel aus größter Entfernung erfaßt. Allerdings ist sein Malen nie auf eine differenzierte Darstellung entsprechend den Modalitäten der individuellen Gestalt ausgerichtet, vielmehr erfaßt sein Auge Wirklichkeit als energetisches Strömen. Hierfür ist ihm die Bewegung der Farbe angemessener bildlicher Ausdruck, in ihr zeigt sich, was wir sonst als unabhängige Entität kennen, Mensch, Strauch oder Baum, allein als eine Verdichtung der Farbstriche. Die Einzigartigkeit dieser in der Empirie letztlich unsichtbaren energetischen Bewegung erweist sich vor den Bildern als eine Überforderung des Auges. Denn niemals ist eines der farbigen Elemente zu isolieren und als Bezeichnung eines empirischen Verhalts zu deuten. Allein die Gesamtheit der Elemente läßt eine Verbindung zur Welt außerhalb des

Bildes zu. Allerdings steht, was dann als Gestalt im Bild zu lesen ist, immer auch unter der Bedingung seiner Auflösung. So erfährt der Betrachter das Bild als ein von aller Bezeichnung unabhängiges Strömen, weil jedes Element dieses Stromes in einem latenen Zusammenhang mit allen anderen des Bildes steht. Meint man einmal, einen festen Zusammenhang der Elemente gefunden zu haben, so zerfällt er doch im nämlichen Augenblick auch wieder, um sich in eine andere Verbindung zu verwandeln. In Uhligs Bildwelt stehen die Phänomene unter der Bedingung eines dauernden Entstehens und Vergehens ihrer Erscheinung. Was man sieht, ist Gestalt, die belebt ist durch ein pulsierendes Strömen. Inneres und Äußeres fallen in eins. So gerät auch die sonst klar definierte Grenze zwischen Individuen oder zwischen Mensch und Natur in Fluß.

95 Max Uhlig in seinem Atelier im Künstlerhaus Loschwitz
Foto: Werner Lieberknecht

Das Leonhardi-Museum

von Bernd Rosner

Abseits der großen Kunstvorzeigeeinrichtungen der Stadt Dresden lag das Leonhardi-Museum in Loschwitz am Eingang der Grundstraße in einem Dornröschenschlaf. In der allgemeinen Phantasielosigkeit und kulturellen Einfalt der fünfziger und frühen sechziger Jahre wußte man nichts Rechtes mit dem Gemäuer anzufangen. Gebaut wurde es vor fast einhundert Jahren als Atelier des Dresdner spätromantischen Malers Emil August Eduard Leonhardi (1826–1905), einem Schüler Ludwig Richters, der testamentarisch eine Nutzung durch junge Dresdner Künstler, und zwar als Atelier und Ausstellungsraum zugleich, verfügte. Es ist eigentlich ein vertracktes Gebäude, voll von inszenierter heimattümelnder Fachwerkelei. Ein wenig sächsischer Landsitz und Wagner-Reminiszenz, gemütvoll eng und großzügig zugleich, vertritt der Gebäudekomplex beste sächsische Erblast. Den historischen Kern bildet das Wohnhaus der ehemaligen Hentzschelmühle, links daneben als Künstler-Walhalla mit Minnesang-Erker der von Leonhardi veranlaßte Neubau. Hier am ›Blauen Wunder‹, jener Klein-Brooklynbridge über die Elbe mit ihren zum Feiern, Flanieren und Drachenfliegen einladenden Wiesen und in unmittelbarer Nachbarschaft der Opernsänger Adam und Schreier oder des Bildhauers Walter Arnold, lag es nahe, das Ausstellungs- und Ateliergebäude wieder seinem ursprünglichen Zweck zu öffnen.

Eine Gruppe von damals etwa dreißigjährigen Künstlern, darunter Günter Tiedeken, Horst Weber, Claus Weidensdorfer, Manfred Schubert und Fritz Skade, gründeten im September 1963 ein »Aktiv bildender Künstler des Stadtbezirkes Dresden-Ost«, um den Oberlichtsaal als Ausstellungsraum zu nutzen. Der Mangel an geeigneten Ausstellungsräumen war damals noch sehr groß. Der erste »Leonhardi-Kreis« begann seine Arbeit auf der Suche nach der verpaßten und vergessenen Moderne. Morandi z. B. wurde entdeckt, überhaupt die stilleren Töne und Nuancen der Moderne, die der Dresdner Landschaft nicht fremd waren. Auch wenn das heute harmlos erscheint, war es damals eine kleine, von den Kulturwächtern argwöhnisch beobachtete Revolte. Sogar ein Erfolg in ganz nüchterner Hinsicht stellte sich ein, als eine längerfristige Nutzung der Räume zwischen besagtem Aktiv, dem Stadtmuseum Dresden als bisherigem Verwalter des Baues und dem Bezirksverband Dresden des Verbandes Bildender Künstler im Januar 1964 vereinbart werden konnte. Ab da konnte es losgehen. Wenn auch mit mehr oder weniger sowohl technischen als auch kulturpolitischen Holprigkeiten liefen ohne Unterbrechung bis 1968/69 jährlich fünf vom Aktiv organisierte Ausstellungen. Rückblickend erweisen sie sich als großes Verdienst ihrer Initiatoren, stellten sie doch oft erstmals wieder neben den Arbeiten Jüngerer die lokalen Qualitäten vor, die bis dato am Rande standen: Traditionen des Dresdner Expressionismus und der ASSO, der proletarischen Malerei wie auch der Abstraktion der dreißiger Jahre. 1965 beispielsweise die ASSO-Mitglieder Otto Griebel, Curt Großpietsch, Werner Hofmann oder als letzte Ausstellung des Jahres Grafik der Künstlergemeinschaft Brücke als Höhepunkte. Am Zustandekommen dieser Ausstellungen war mit großem Engagement der Kunstwissenschaftler Dr. Diether Schmidt beteiligt, der, mit zahlreichen Ausstellungseröffnungen gleichsam zum geistigen Haupt dieses Kreises wurde. Er hatte vor allem durch die Hinwendung der Aufmerksamkeit auf die künstlerisch soliden Leistungen der späten fünfziger und frühen sechziger Jahre auch im lokalen Kunstleben großen Verdienst. Neben ihm prägte seit 1966 vor allem auch der Grafiker Max Uhlig das Ausstellungsgeschehen, der die damals jungen Künstler aus Dresden wie Christine Wahl, Werner Wittig, Peter Kaiser, Dieter Goltzsche, aber auch Gäste von auswärts, vorstellte.

Die bis dahin eher unpolitischen Künstler wurden Ende der sechziger Jahre als Sympathisanten des ›Prager Frühlings‹ verdächtigt. Das hatte zur Folge, daß immer häufiger Ausstellungen unterbunden wurden: 1969 waren es vier, 1970 zwei, 1971 und 1972 schließlich gab es überhaupt keine Ausstellungen mehr.

Erst im Herbst 1973 begann der Betrieb wieder mit einer Gruppenausstellung von Friedemann Klos, Jürgen Böttcher, Stefan Plenkers und Rainer Zille. Ein zweiter »Leonhardi-Kreis« um die Vaterfigur Jürgen Böttcher, der in Babelsberg als Dokumentarfilmregisseur arbeitete, etablierte sich. Dazu gehörten Peter Herrmann, Peter Graf, Eberhard Göschel und Ralf Winkler alias A. R. Penck, der als Nicht-Verbandsmitglied keinen Zugang zu offiziellen Ausstellungen bekam. In den folgenden Jahren dominierten die Einzelausstellungen. Republikweites Aufsehen erregten aber die großen Gruppenausstellungen ab der zweiten Hälfte der siebziger Jahre, die als Ausdruck einer politischen Haltung gegen die herrschende Kunstmeinung gedacht waren: Im Herbst 1977 mit über 60 Beteiligten »Dresdner Kunst heute«, 1978 »Kontraste« und »Das Meer«. Im Herbst 1979 beginnt der Zyklus »Dezennien«. Als Teil I werden Werke von 20–30jährigen Künstlern gezeigt. Die sogenannte »Türen-Ausstellung« ging mit ihren Installationen und Objekten, die das Thema Türen variierten (Michael Freudenberg, Ralf Kerbach, Helge Leiberg, Thomas Wetzel, Volker Henze, Monika Hanske/Karla Woisnitza, Reinhard Sandner, Cornelia Schleime und Sascha Anderson in die Geschichte der Kunstskandale ein. Kerbach und Sandner werden daraufhin vom damals amtierenden Rektor der Dresdner Kunstakademie aufgefordert, die Hochschule zu verlassen. Teil II der Dezennien zeigt im November die 30–40jährigen Hartmut Bonk, Eberhard Göschel, Peter Herrmann, Peter Graf und Peter Makolies. Da auch Bilder von Ralf Winkler dabei sind, wird die Ausstellung vorzeitig geschlossen. 1980 werden »Gemeinschaftsbilder« ausgestellt.

Ein Höhepunkt vor der erneuten Schließung für über ein Jahr war im Herbst 1982 parallel zur IX. Kunstausstellung das »Frühstück im Freien«. Die Bilder, Skulpturen und Installationen von Willy Wolff, Peter Makolies, Hans und Ursula Scheib, Jürgen Böttcher, Michael Freudenberg, Peter Herrmann u. a. verstanden sich mit ihrer vulgären Direktheit und Gegenwärtigkeit als provokative Antwort auf die akademische, mythologisch verbrämte Kunst im ›Salon‹ auf der Brühlschen Terrasse, ganz im Sinne von Manet. Wie immer spielten die Offiziellen mit und entfernten Peter Grafs Stilleben »Alles zum Wohl des Volkes«. An einem langen laubbestreuten Frühstückstisch feierten die Künstler und ihre Gäste.

Eberhard Göschel, Peter Herrmann und Michael Freudenberg als Leiter der Arbeitsgruppe werden nach der Rekonstruktion und Wiedereröffnung 1986 abgelöst durch Jürgen Wenzel und Jörg Sonntag, die zusammen mit Bernd Hahn, Michael Hengst, Anton P. Kammerer, Andreas Küchler, Frank Maasdorf u. a. die neue AG Leonhardi bilden. Mit ELBA III und »Vom Ebben und Fluten« 1988 wurden die Gruppenprojekte mit subversiver Lust fortgeführt, hoffentlich auch in Zukunft.

Der Maler Eberhard Göschel

von J. R. Bernhard Theilmann

wie eine maske übers pflaster treibt/der mund noch lachend schon zerfranst
Vorsicht Schreiber, leicht werden eigne Worte Masken
worin sich dunkelheit verfängt/und ein gesicht verlor.

Eberhard Göschel malt keine Porträts. Er arbeitet auf der Leinwand mit Bürste, Pinsel und Spachtel, wo weder feste Formen die Bewegung des Armes stoppen, noch die Konturen abbildbarer Dinge den Rhythmus des Malens unterbrechen. Seine Werke sind Bildnisse des Gestaltens und der Erfahrung, die in den Körper wuchs, in die Erinnerung, das Lachen, den Fluch. Erlebte Landschaften kehren in den Gemälden zurück, Ergebnisse tagelanger Arbeit und scheinbar in einem gestischen Schwung geschaffen, Bildnisse des Augenblicks, der Zeit davor und der Zeit danach. Wir wateten durch den Teich. Einer beschrieb uns von der Landzunge aus das Spiegelbild eines Hauses am Ufer, als wir Stäbe aus weißem Schaumstoff auf das Wasser legten und mit einem Draht im Grund befestigten. So zeichneten wir die Umrisse des Hauses nach, seine Türen und Fenster. Manchmal tauchte die Rückenflosse eines Karpfens auf, zerstörte das Spiegelbild, das nur der Mann am Ufer sah; unsere vorsichtigen Bewegungen erklärten die Dorfbewohner mit verbotenem Fischfang. Nur kurze Zeit hielt der dünne Draht die Stäbe fest, nachmittags kam Wind auf, am nächsten Morgen sammelten wir den Schaumstoff aus dem Schilf. Es gibt ein Foto vom Haus und seinem zweifachen Abbild, auf anderen ist der dritte Mann, der Freund, der sich wegstahl.
Eberhard Göschel malt keine Selbstporträts, wer will, suche das Bittere in seinen Landschaften, er wird das Wort Bitterkeit darüber vergessen. Alles Gestaltete erinnert an seine Herkunft, die Sprache nur an Erinnerung – an ungebrannte Trennwandziegel, aufgestapelt, davor ein Mann in der Kluft der Arbeiter, wie er mit der Eisenstange auf die viereckigen Röhren einschlägt, den Ton in neue Form treibt, nichts korrigierend oder zurücknehmend. Die Plastiken, Flügeln ähnlich, aufrechte Schwingen, Stelen in den Proportionen der menschlichen Figur, werden die Farben der Glut nicht an Glasur oder Bemalung verlieren. Eberhard Göschel stellt eine Skulptur seitlich seines Hauses auf, unter den überhängenden Zweigen der Buche wachsen Jahreszeiten in den Ton. Manchmal fühle ich mich den Skulpturen ähnlich, als wären sie Porträts ohne Ähnlichkeit von mir. Manchmal trinken wir zusammen Wein, den herben, gesüßte Brühe kommt ihm nicht in die Gläser. Er pflanzte Reben an die Südseite des Hauses, davor stehen Tisch, Bank und Stühle, wie sie früher zu den Kneipen unter freiem Himmel gehörten. Wir trinken und rauchen, das Rumoren der Stadt ist hier, umgeben von Gärten und doch mitten in der Stadt, nicht zu hören. Wir reden vom Aufruhr im Land, der Maler illusionslos, der Schreiber spekulativer. Eberhard scheint gelassen, wie er immer im Aufruhr lebte, Lebensraum fordernd und behauptend. Schreibtischtäter, nach Handhabe suchend, glotzten auf seine Bilder, Flecke sahen sie, Striche, nichts als Farbe, lasen hilfesuchend Katalogtexte, ihre Verwirrung wurde total, der Mann blieb das Problem. Wein trinken, den herben; wir verabreden uns für den nächsten Tag: In der Druckerei geht kaum die Tür auf. Wie ein überdimen-

sionales Kartenspiel stehen Pappen zum Trocknen in den Räumen. Der Drucker hat seine Arbeit beendet. Die Auflage der Aquatintaradierungen sind zehn kleine Stapel, dazu zehnmal Textblätter. Ich sehe seine Arbeiten zum erstenmal, er kannte die Auswahl meiner Gedichte nicht. Wir ordnen Blatt zu Blatt in die schwarzen Kassetten. Jedem Text, auf weißes Pergament gedruckt, folgt eine Grafik, durchscheinend aufgedeckt, hart steht die schwarze Schrift davor. Ich blättere die Mappen immer wieder durch. Faszination des Entdeckens, wenn ich das Pergament mit den Gedichten zur Seite lege – sind sie Maske – tauchen die Radierungen in ihre Wirklichkeit auf. Sie scheinen mit dem Eigenwert technischer Raffinesse zu spielen, für den Drucker die härteste Herausforderung, souverän ordnet sich alles zum Bild: Die Transparenz der Farben oder ihre Undurchdringlichkeit und darin das Fließen der Linien, Vibrieren und Stakkato. Diese Blätter sind gültig wie der unverwechselbare Augenblick. Der Grafiker zeigt auf ein Pergament, sagt, das werden sie sich merken:

irgendwann
hörst du
das unvollendete schweigen
der verlorenen zeit
wie deinen namen
gerufen
aus einem fahrenden zug

96 Eberhard Göschel, Ausstellung in der Neuen Dresdener Galerie, 1988

Interieurs als Lebensgehäuse
Der Maler Stefan Plenkers

von Matthias Flügge

Er lebt und arbeitet in einem Dresdener gutbürgerlichen Haus in der Radeberger Straße. Nicht eben eine Künstlergegend, obwohl die Kunsthandlung Kühl gleich um die Ecke liegt. Es ist eher der halbe Weg zwischen der proletarischen Neustadt, dem zerbröselnden Montparnasse der Jugend, und dem Weißen Hirsch mit seinen Gründerzeitvillen. Begonnen hat Plenkers in einem Verschlag in Dresden-Trachau. An große Formate, wie der Maler sie heute bevorzugt, war lange Jahre nicht zu denken, und die nun gelassene Großzügigkeit seiner traumhaft sicheren Kompositionen, die selbstverständliche Übereinstimmung von Person, Ambiente und Werk mutet an wie die frühe Erfüllung eines Lebensweges, der viele Umwege kannte aber nur ein Ziel, das mit den Begriffen der Malerei zu beschreiben ist.

Plenkers kam am Beginn der siebziger Jahre zur Kunst, als viele Lehrsätze der normativen Ästhetik des »sozialistischen Realismus« schon gefallen waren. Der gelernte Setzer und Drucker, Absolvent der Grafikklasse von Günter Horlbeck an der Dresdner Kunsthochschule fühlte sich den Maßstäben einer sensitiven und zugleich nach strengen Bildgesetzen organisierten Malerei verbunden, wie sie zwischen Dresden und Berlin wechselnde Zentren hatte. Der Freundeskreis um Plenkers versammelte eine Reihe starker Talente, unter ihnen die früh verstorbene Marlies Lilge, die Maler Joachim Böttcher, Rainer Zille und Veit Hofmann. Diese Generation war angetreten, die von Hans Jüchser und Wilhelm Lachnit und ihren Nachfolgern Harald Metzkes oder Manfred Böttcher entwickelten Prinzipien zu vollenden. Auf miteinander verbundenen Wegen fanden diese Künstler zu einer Kunstform, die die Anregungen von Natur und Dingwelt aufhebt in einen sensitiven Realismus zwischen Gegenständlichkeit und freiem Spiel der Linien und Farben. Diether Schmidt schrieb bereits 1980 über Plenkers: »Ohne Führungsallüre wird er zum Haupt der jungen Dresdner Graphik und Malerei seit den siebziger Jahren.« In der Tat war es vor allem Stefan Plenkers, der den Dresdener Kolorismus und die hohe Formbewußtheit der dortigen Malerei zu einer modernen Bildsprache geführt hat. Von den Franzosen hat er gelernt, Sinnlichkeit und bildnerische Konsequenz bruchlos ineinander aufgehen zu lassen – eine Fähigkeit, die in der deutschen Kunst nicht eben häufig ist. Es scheint, als habe sich der Maler spät noch in den Widerspruch zwischen Matisse und Beckmann begeben, um sich von den Funken dieser Reibung inspirieren zu lassen. Denn die mitunter stilisierende Palette tonreicher, von reinen Farben kontrastierter Valeurs ist Matisse verpflichtet, indes das linear-konstruktive Gerüst und die metaphorisch-inhaltlichen Bezüge, die oftmals Lebensgleichnisse sind, von Beckmann herrühren.

Innenraum und äußere Natur sind die wesentlichen Motive. Die melancholisch nachdenklichen Darstellungen der Zirkuswelt und die Motive verlassener Menschen in Bars und Cafés, die er früher bevorzugte, sind mittlerweile selten geworden. Doch nach wie vor gelten dem Maler Interieurs als Lebensgehäuse,

Hülsen menschlichen Seins, dessen Spuren sie tragen. Und immer wieder malt Plenkers das eigene Atelier. Es gilt ihm als Ort der Selbstbefragung und des Nachdenkens über Bilder. Oftmals zitiert er darin das eigene Werk. Denn aus dem Bohémien der Jugendjahre ist ein zurückgezogen lebender, strenger und disziplinierter Arbeiter mit Hang zur Nachdenklichkeit geworden. Den Arbeitsprozeß an den großen Kompositionen, deren vermeintlich leichte Souveränität genauestem Kalkül geschuldet ist, unterbricht der Maler immer wieder durch umfangreiche Suiten von Pinselzeichnungen und Aquarellen. Sie entstehen vor allem nach Reisen, die der Künstler in der Vergangenheit in teils weit entfernte Gefilde unternommen hat. Ob es sich dabei um China, den vorderen Orient oder die französische Atlantikküste handelt, immer ist er den atmosphärischen und vegetativen Besonderheiten auf der Spur. Wie in einem kaum einmal geschlossenen Tagebuch hält er auf diesen Papieren die Eindrücke und die von ihnen ausgelösten momentanen Phantasien fest. In erstaunlicher Breite variiert Plenkers sein visuelles Vokabular. Die Blätter entstehen in einem inneren Zusammenhang, der vor allem in den gebundenen Zeichnungsbüchern deutlich wird, diesen kostbaren Codizes einer sinnenbetonten Anschauung. Hier findet das Erlebnis in höchster Sinnfälligkeit direkt zur Form. Und aus den überzeugendsten Lösungen entstehen dann die in farbigen Intervallen ihre klare Schönheit verströmenden Bilder, deren traumhafter Reichtum zu bannen vermag.
Stefan Plenkers' Malerei ist zu einer unverwechselbaren stilistischen Dichte gelangt. Sie ist ebenso gegenwärtig in ihrer Betonung des Ausdruckshaften wie lebendig in der Vielheit der Motive.

96a Stefan Plenkers in seiner Wohnung, 1990
Foto: Evelyn Richter

Traumtänzer mit Herz
Der Maler Reinhard Sandner

von Gitta Kristine Hennig

Reinhard Sandner ist seit 1979 freischaffend als Maler und Grafiker in Dresden tätig. Nach einem mißglückten Studium der Kunsterziehung an der Pädagogischen Hochschule, das er 1972, nach zwei Jahren, abbrach, war er zeitweilig als Ankerspulenwickler, Elektriker, Friedhofsgärtner und Brauereiarbeiter tätig. Von 1977 bis 1979 studierte er an der Hochschule für Bildende Künste, setzte seine Studien dann jedoch autodidaktisch fort. Selten waren Bilder von ihm in der Öffentlichkeit zu sehen, fielen dann aber immer auf. Bei den großen offiziellen Ausstellungsvorhaben vergaß man ihn gern und häufig, ebenso wie seinen Freund Ralf Kerbach, galten doch beide als aufmüpfig. Man verzieh ihm auch nicht, daß er meinte, ohne Hochschulabschluß ein guter Maler werden zu können. Er wurde es, ungeachtet aller Mißlichkeiten, blieb im Lande, arbeitete und lebte, wie es ihm paßte. Eine stattliche Anzahl guter Bilder füllt heute zwei Kammern in seiner Wohnung in Altdölzschen.

Reinhard Sandner läßt sich kaum einer Richtung, einer Gruppierung von Malern oder Traditionslinien Dresdner Kunst zuordnen. Er ist ein ausgeprägter Individualist, autonom als Person und Künstler. Er macht es denen, die mit Kunst arbeiten, oft schwer, denkt gar nicht daran, ihnen irgendwie entgegenzukommen. Er bietet sich nicht an, aber er läßt sich finden, wenn man ihn sucht. Er ist offen, wenn man ihm gegenüber offen ist.

Sandner hat Selbstschutz dringend benötigt, seine Fähigkeiten dazu für seine Person fein ausgebaut – vielleicht auch, weil seine Kunst um so offener ist. Hier ist er ganz direkt, spricht über Dinge, die er sieht, erlebt, die ihn innerlich bewegen, unverstellt und kompromißlos. Wahrhaftigkeit wirkt häufig provozierend auf Leute, die sich ihr nicht zu stellen wagen. Sandners Bilder gehen von der Wahrnehmung der Wirklichkeit aus, die das eigene Infrage-gestellt-Sein empfinden läßt und fordert, damit zu leben. Hauptmotiv ist dabei die menschliche Figur. Sandners Geschöpfe sind in ihrer Verletzlichkeit dem Betrachter preisgegeben, doch sie sind durch die Übertragung in eine Bildwirklichkeit geschützt – dieser Schutz wirkt nur auf der Leinwandfläche. Die Bildtitel sind bei ihm nie unwesentlich. Sie dienen ihm zuweilen als Unterstützung bei der Selbstverständigung und als Brücke zum Betrachter. Sie geben keine Erklärungen, nur Hinweise, wie z. B. die Titel »Das Geheimnis«, »Der Kindmann«, »Aus dem Leben einer Nähmaschine«, »Mutter hinterm Mond«, »Sie sehnt sich nach Licht«, »Behinderte Tänzerin«, »Tänzerin mit Herz«. Reinhard Sandners Bilder lassen sich nicht erklären. Man kann sie nur erkennen, ahnen, was er gesehen und intuitiv erfaßt hat. Sie sind nicht erzählerisch, geben keine Kommentare zu etwas, sie sagen etwas aus über unsere Existenz, unser Verhältnis zu uns selbst, unsere Gefühle, Ängste, Beziehungen – Lebenswirklichkeit, die wir akzeptieren müssen, ebenso, wie auch die Träume, scheinbare Ungereimtheiten, Unklärbares. Sandners Malereien setzen dies vor allem mittels der Farbe und Farbbeziehungen um. Dabei stehen signalartig wirkende Farben – Blau, Rot, Weiß – in tonigen. Das Bild wird

bei ihm selbst zum sinnlichen Ausdruck und nur so eigentlich nacherlebbar. Das Hervorheben von Mündern, Augen, Blickbeziehungen und Gesten bestimmt den Bildausdruck wesentlich mit. Die Spontaneität des Malvorganges bleibt immer spürbar, bei aller Ungehemmtheit jedoch an die Bildfläche gebunden. Die Gemälde wirken expressiv, zuweilen ungezügelt, immer sind sie aber einem großzügigen, fest in die Fläche organisiertem Bezugssystem zwischen Farben, Formen und Zeichen verpflichtet. Sie dienen in erster Linie der Selbstverständigung des Künstlers, sind für ihn lebensnotwendig, Lebensausdruck.
Es gibt in seiner Kunst Beziehungen zu Gauguin wie zu Munch, zu den Brücke-Malern, aber auch zu dem Leipziger Hartwig Ebersbach, jedoch keinerlei Nachfolge, Anlehnung. Reinhard Sandner ist viel zu wenig zu Zugeständnissen – sich selbst und anderen gegenüber – bereit, als daß er sich den Blick auf die Wahrheit durch Vorbilder verstellen läßt.

97 Reinhard Sandner, Resignation = immer noch zuviel Engagement

Künstlerwerkstatt B 53

von Matthias Flügge

Dresden – Neustadt: Bürgerstraße. Wer hier eine saturiert bourgeoise Wohngegend erwartet, sieht sich vom Straßennamen getäuscht. Meist dreigeschossige, vom Verfall gezeichnete Häuser des ausgehenden 19. Jahrhunderts drängen sich aneinander, ein besonders angegriffenes, gegenüber einer Kirche: die Nr. 53. Hinter der rostigen Eisenpforte ein kleiner Hof, putzlose Wände, mit Efeu bewachsen, eine Remise. Ein paar protzige Bilderrahmen lagern unter freiem Himmel bis Wind und saurer Regen den Stuck zerfressen; aber die sollen verwittern, künstliche Alterung in diesem Falle, aus ästhetischen Gründen. Das Gesamtbild ist dennoch harmonisch. Wer eingelassen wird, findet Perfektionismus der Zweckmäßigkeit in zwei Etagen. Grafikschränke, Papierlagerroste und Druckerpresse für alle gebräuchlichen Techniken. Das ist die Werkstatt von Bernd Hahn, Anton Paul Kammerer, Andreas Küchler und dem primas inter pares Jürgen Wenzel. Alle haben sie noch eigene Ateliers, doch das Haus ist der Stützpunkt ihrer gemeinsamen Aktivitäten, ihrer Kooperation in geschäftlichen und künstlerischen Dingen.

Sie sind seit ihrer Studienzeit an der Dresdener Kunsthochschule miteinander befreundet, drei ganz unterschiedliche Temperamente, ein jeder ging seinen eigenen künstlerischen Weg. Aber gegenseitige freundschaftliche Akzeptanz entschärft den Sprengstoff, der gemeinhin in solchen Verbindungen lagert. Man sieht sich nicht als Künstlergruppe mit einem gemeinsamen Ziel, eher als eine Art Wirtschaftsverbund in den Widrigkeiten des Kunstalltages. Hier werden Grafikmappen produziert, Projekte diskutiert und können Künstlerfreunde drucken.

Kammerer, Hahn, Küchler und Wenzel zählen zur Gründergeneration des Aufbruchs in die neue Virulenz der Bilder, die Anfang der achtziger Jahre von Dresden ausging. Sie hatten ihre Programme bereits früh entwickelt und sind ihnen seither unbeirrt gefolgt. Da ist Kammerers ganz eigentümliche Magie der Gegenstände und Figuren in zartem Gespinst der Linien und Räume, kostbar wie auf alten Papieren. Und da ist Jürgen Wenzels vitale, farbkräftige Malerei – Gegensätze, wie sie schärfer kaum denkbar sind.

Anton Kammerer, zart und zurückhaltend, ist der Poet des Vergänglichen unter diesen Künstlern, ein Don Quichotte im Windmühlengetriebe der informativen Bilder. Nicht ohne Grund hat er diese Figur zum Thema vieler seiner Arbeiten gemacht. Es ist die Nähe von satirischer Distanz und tiefer Melancholie, die verbindet. Mit collagierten Resten alter Holzstichillustrationen, die wieder und wieder überzeichnet und mit lavierenden Sepia-Tuschen übermalt werden, schafft Kammerer seine romantisch innigen Sinnzeichen, fremd in der Zeit der aufregenden Bilder. So kann er selbst dem gewöhnlichen Gegenstand die Aura des Außergewöhnlichen oder auch Rätselhaften geben. Alles scheint einer Archäologie der alltäglichen Mythen zu entspringen, der simple Stuhl, groß wie ein Thron ins Bild gesetzt, der Vogel oder der Buchstabe aus der längst eingeschmolzenen Satzschrift. Kammerer ist dem Transzendenten in den Gewohnheiten auf der Spur, nur selten schweift er ab ins Idyllische. Seine besten Blätter sind wie Palimpseste, oftmals geschriebene und wieder ausgelöschte Wahrheiten oder

Ideen finden zu einem neuen Ganzen. Und er ist ein Radierer von Graden, der den sinnlichen Reiz der Technik wiederzubeleben weiß.
Nahe in der Bestimmung seiner Arbeit ist *Andreas Küchler*. Eingesponnen in ein filigranes Netz aus Märchen, Mythen und Träumen arbeitet auch er an der Auflösung der Sedimente unserer Bilderfahrungen, indem er die Gefilde der Poesie des Wunderbaren öffnet. Küchler kann, was selten ist, den Naivismus der reinen Seele mit der Subversion des Surrealen verbinden. Er hat eine seiner schönsten graphischen Suiten dem tschechischen Dichter Nezval gewidmet, eine kongeniale Arbeit. In jüngerer Zeit hat er das Schwergewicht seiner Arbeit auf die Malerei gelegt. Hier zeigt sich Küchler disziplinierter einem Formgedanken verpflichtet, als in den kalligraphisch ausschweifenden Graphiken. Mond, Sonne, Haus und darin vereinzelt die Figur – Narr oder Weise – es sind ferne Gegenden, nur dem vertraut, der noch des Staunens mächtig ist. Andreas Küchler hat die Metamorphosen der Phantasie auf ein Ziel konzentriert: mit dem bildnerischen Entwurf die Bedrängnis nicht zu steigern, sondern ihre Sublimation zu ermöglichen.
Bernd Hahn dagegen arbeitet seit den Anfängen abstrakt. Es scheint, als wohnten zwei einander widerstreitende Prinzipien seinem Werk inne. Die freie, gelöste Zeichenhaftigkeit der Papierarbeiten, stets ohne vorgefaßten Gedanken ganz dem Abenteuer der weißen Fläche ergeben und die strenge, geometrische Komposition der Gemälde, irgendwo zwischen Mondrian und Rothko angesiedelt im Vertrauen auf den reinen Wert des Farbklanges und seiner Bändigung im linearen Gerüst. Hier schwellen Blaus, kahlt das Weiß und tönt sonores Rot. Bernd Hahn, bärtig und gelassen, ruhig und ausgleichend mutet an wie die Verkörperung seiner Malerei. Er hat in seinen frühen Blättern höchst sensitive Regungen bildhaft gemacht. Dies zu einer Zeit, als schon das expressive Aufbegehren die Werke seiner ehemaligen Studienkollegen bestimmte. Hahn zählt in seiner Generation zu den Pionieren der nonfigurativen Kunst, lange wurde er nicht zur Kenntnis genommen. Er hat es unbeirrt ertragen.
Schließlich *Jürgen Wenzel*. Extrovertierter Faun und höchst disziplinierter Arbeiter in einem. Wenzel ist der motorische Organisator des »Unternehmens«, Energien verströmend, die es zu bündeln gilt. Wenzel wurde früh bekannt mit zum Teil großformatigen, pastos gemalten, im Wortsinne blutvollen Schlachthausbildern. Retabeln der Freßlust und sinnenfrohe Malerei, bewußte Anknüpfung an Rembrandt, Soutine und Corinth und zugleich die zivilisatorische Metamorphose des Motivs durch die industrielle Tötung reflektierend. Und doch: Im Grunde malt Wenzel gegen sein Motiv, sucht es aufzulösen in eine glühend rot dominierte Autonomie der Farbe. Denn er ist weder Erzähler noch Moralist, vielmehr einer, dem die Mitteilung aus dem ersten Kreis der Kunst als Vision genügt. Deshalb auch hat er in jüngerer Zeit vor allem Paraphrasen auf berühmte Exempel der Kunstgeschichte gemalt. Zwischen den mittelalterlichen Totentänzen, Goya, Corot, van Gogh und Bacon findet der Maler seine Anregungen. Den Malern der Dresdener expressionistischen Künstlergruppe »Die Brücke« widmete er gleich eine ganze Suite von Radierungen. Insbesondere die Selbstbildnisse van Goghs inspirierten Jürgen Wenzel zu einer Folge von großformatigen Selbstporträts. Die physiognomische Durchdringung des Vor-Bilds mit der Befragung des eigenen Standorts machen diese Gemälde zu erregenden Zeugnissen einer selbstbewußten, autarken Malerei inmitten der Medien-Zeit.

»... Das dicke Fell habe ich nicht.« Die Malerin Angela Hampel

von Beatrice Stammer

Erst nahm Mann sie gar nicht wahr. Ihre »Stürzenden« waren auch Einsamkeitsfiguren. Dann stellten sich die ersten Erfolge ein, und die Kollegen reagierten pikiert. Anders als die expressiven Historienmaler mit ihren Erhabenheitsansprüchen setzte sie sich mit den Innenbildern auseinander, die ihr Leben als Frau in der vom sozialistischen Mann bestimmten Gesellschaft auffangen. Oft mußte die Künstlerin als Alibi-Frau in Ausstellungen herhalten. Nun, da die Verkaufszahlen ihrer Bilder (auch im Westen) steigen, wird deren Qualität in Bereiche gelobt, in denen eine substantielle Auseinandersetzung mit Inhalten scheinbar nicht mehr nötig zu sein scheint.
Auffällig ist, daß Angela Hampels Bilder etwa seit 1987 Stoff bieten für mehr oder weniger öffentlich geführte Auseinandersetzungen von Frauen mit Frauen in der DDR. Erst ihr Engagement für weibliche Lebenspraxis außerhalb ihrer Kunst brachte den patriarchalischen Gang der Dinge zeitweilig aus dem Tritt. Aber Angela Hampel läßt nicht locker, Energien des Kreatürlichen und Anti-Dogmatischen auszusenden, um das Menschliche in seiner fraulichen Qualität zu betonen. Sie ist Malerin/Zeichnerin und Grafikerin. In ihren Bildern treten Judith, Salomé, Frauen mit Schlange, Freundinnen als die »anderen Evas« auf – Metaphern für das veränderte Selbstbewußtsein der Frau. Tiere (glitschige, schuppige und haarige) sind seelenverwandte Begleiter. Daß Angela Hampel auch an Künstlerbüchern (mit Texten von Elke Erb) gearbeitet und Installationen vorgestellt sowie Wandbilder (mit Steffen Fischer bzw. Andreas Dress) gemalt hat, ist weniger bekannt. Für ihre künstlerische Entwicklung sind diese Ausflüge Raum-(auch Phantasieraum-)Erkundungen. Was bisher seine Existenz der Fläche verdankte, greift als Form nun in die dritte Dimension. Formbestätigung und Formfindung durchdringen einander. Wenn Angela Hampel Fell und Stein, Sanftes und Hartes, Wärmendes und Kühlendes umeinander schichtet, wie in ihrer Installation »Meine Herde« (1989), geht es neben dem Formalen, dem tastbaren Reiz um spannungsvolle Balanceakte zwischen gegenläufigen Prinzipien, die auch das Mann-Frau-Verhältnis tangieren.
Sich selbst verpflichtet hat Angela Hampel in den letzten Monaten an Selbstporträts und einer Serie von Tuschzeichnungen gearbeitet, die tagebuchartig Biorhythmen und Stimmungszustände festhalten. Angela Hampel ist eine äußerst sensible Beobachterin, der über die Blätter zuckende Pinselstrich von weichem bis zyklonischem Schwung. Thematisch spielen die Verwundungen der Natur als Angriffe gegen Frauen und das feminine Prinzip eine Rolle. Wobei ihre Aufmerksamkeit einer Darstellungsform gilt, die den weiblichen Körper (nach seiner Vereinnahmung in der »pikanten« Herrenästhetik) nicht mehr als Wunschprojektionsfläche benutzt, sondern ihn selbst als Emotionsträger vorführt.
Auch in der DDR gehen Frauen voran, um »die Exklusivität des männlichen Blicks auf den weiblichen Körper« (Elfriede Jelinek) zu brechen und den traditionellen Bilderhaushalt lustbetont durcheinanderzuwirbeln.

98 Angela Hampel, Installation »Innen/Außen« 1987 in der Galerie Mitte, Dresden (zusammen mit Eva Anderson, Ulrike Rösner, Gudrun Trendafilov)

Der Patient wurde in angemessenem Umfang über sein Grundleiden aufgeklärt

Zu den Künstlern des Elba-Projektes
von Bernd Rosner

Daß Dresden nicht nur ein Hort heiterer nachimpressiver Sinnlichkeit oder wilder Expressivität ist, beweist eine lose Gruppierung von etwa einem Dutzend zwischen 1950 und 1960 geborener Künstler. Andreas Hegewald (Jg. 1953), Jörg Sonntag (Jg. 1955), Klaus Werner (Jg. 1953), Wolfgang Krause (Jg. 1952), Michael Hengst (Jg. 1953), Reinhard Sandner (Jg. 1951), Christine Just (Jg. 1960), Petra Kasten (Jg. 1955) – Dietmar Zaubitzer, Eva Anderson und Volker (jetzt »Via«) Lewandowsky wären noch hinzuzurechnen, – empfinden sich als Vertreter eines seismographischen, spirituellen Künstlertums. Ihr Motiv liegt hinter der schönen, ausgeglichenen oder eruptiven Erscheinung und verbindet sich mit einem Hang zur Verrätselung des Bedeuteten.

Solches kommt in Dresden nicht von ungefähr, vielmehr schien es gerade in den letzten Jahren aufs Höchste herausgefordert, durchwachsen von Frustrationen sowohl, als auch vom Glücksgefühl besonderer, eben geistiger Intensität. Die vielfach beschriebene ›sächsische Augenlust‹, das Belcanto und Harmoniebedürfnis, das in der jüngsten Vergangenheit immer flacher, nichtssagender, immer wehmütiger und aggressiver wurde, forderte sich selbst heraus. Der schöne Klang verriet sich mehr und mehr durch Unwirklichkeit; denn die Wirklichkeit »krümmte sich, die Kunst faltet sich ein« (Peter Sloterdijk), sie machte sich dünn und schäbig in ehemals prächtiger Substanz. Es »ist die Verbürgerlichung der Gier im Gange«. Die beste Voraussetzung für eine Kreuzung von rechtschaffener »protestantischer Ethik« – teils kryptisch, teils mit Luther bekennend »Hier steh ich und kann nicht anders«! – mit einem Ausbüchsen weit, weit weg, hin zu meditativen Ufern der Andeutung in nervös und chthonisch zuckenden Gesten.

Diese Künstler suchen ihr Heil jenseits der Peinture, des Nur-Handwerks, einer rein positivistischen Weltsicht. Beuys spielte eine gehörige Rolle dabei. Während zu Beginn der achtziger Jahre im Westen schon die ›wilde Welle‹ rollte, auf überdimensionale Flächen trivial und ›bad‹ und sinnlich Farben geschleudert wurden, rang man hier in Dresden mit dem vom Meister vorgezeichneten Ausbruch aus engen Gattungsgrenzen und einer genuß- und unterhaltungs- wie effektsüchtigen Kleingeisterei. Beuys' Vorstellungen von einer dem Material immanenten Ästhetik, von Energieflüssen zwischen Ich und Welt, Welt und Ich, ließen zwischen barockem Schwulst, romantischer Sentimentalität, ich-süchtiger Wildheit und neurotischem Genuß das Wider-den-Stachel-der-Biederheit-Lökkens in Dresden eine – letztlich doch wieder dazugehörige – Gegenwelt entstehen. Hegewalds »Rennbahnband«, die er nach dem Studium 1984 als freejazzigen Klangkörper mitbegründete, ist wie Jörg Sonntags »Raumbau«-Projekt von 1985 (begonnen 1983) ein Verweis auf das synästhetische Wollen dieser exotischen Kräfte. Das Schweifen im Material, das ›All Over‹ mit Kunst bzw. dem Künstlerischen wurde zu einem Stilprinzip: Sich nicht Erwartungen unterzuordnen, eine in Dresden besonders ergiebige Renitenz zu leben.

Bald schon fand man sich zu gemeinsamen Vorhaben zusammen. Die konnten fast zwangsläufig nichts anderes sein, als Mischungen der Beliebigkeit, Konglomerate all dessen, was offiziell nicht gewünscht war wie Installation, Performance, Objekte plus der Weihe des Erprobten, des Anspruchs auf hohe Kultur; Tafelbild, Zeichnung, edle Drucke, Plastik wurden spielerisch in Sonntags »Raumbau«, den Installationen aus altem Holz im Innern eines abrißreifen dreistöckigen Hauses integriert. Kunst sollte umfangen, Wirklichkeit umfließen, symbolträchtig verweisen. Das Projekt *»Elba eins«*, das die Dresdner Künstler im August/September 1987 in der Galerie am Prater der Stadt Berlin als Geschenk zur 750-Jahr-Feier darboten, assoziiert schon im Begriff *Elba* sowohl die Insel, von der aus Napoleon eine zweite Ära wagte, als auch den Talkessel der Elbe, die insulare Abgeschlossenheit der Dresdner Bohème. Die Konzeption von Andreas Hegewald und Wolfgang Krause war von göttlich sächsischer Schlichtheit: *Reines Elbwasser* (in Dresden der Elbe entnommen) stand und verdunstete während der Zeit der Ausstellung in den Räumen der Galerie und wurde zum Abschluß in die Berliner Kanalisation geleitet. Zuvor wurde das Wasser durch Umfüllen in verschiedene Glasbehälter ästhetisch geläutert. Ironie und tiefere Bedeutung, Pathos und dadaesker Ulk vermischen sich wie das Elbwasser, das zuletzt aus einem Glas-Tetraeder bei Vivaldiklängen mit Hilfe eines durchsichtigen Schlauches in die Kanalisation vor der Tür der Galerie befördert wurde. »Arbeiten auf Papier« von Christiane Just, Reinhard Sandner, Jörg Sonntag, Wolfgang Krause, Klaus Werner, Andreas Hegewald und Via Lewandowsky begleiten in einer anderen Tonlage die Aktion mit Verweisen auf die Transzendenz des Geschehens. Das *»Elba zwei«*-Projekt – als Vollendung des Bedeutungskreises gedacht – das im Haus der jungen Talente Berlin stattfand, ermöglichte die Erleuchtung; das *Große Weiße Buch*, auf *Elba eins* verschlossen, wurde geöffnet. Ca. 100 grafische Arbeiten von insgesamt 12 beteiligten Künstlern wurden ausgestellt. Im Frühjahr

99 Andreas Hegewald, Jörg Sonntag, »Brücke und Arche«, 1988 in der Ausstellung »Blaues Wunder«, Fučik-Hallen, Dresden 1988

1988 folgte im Leonhardi-Museum Dresden das *»Elba drei«*-Projekt in zwei Teilen: erstens alte und neue Arbeiten aus dem *Großen Weißen Buch* und die Installation 44 000 Watt, zweitens »die andere Seite«, Malerei, Plastik und Rauminstallation in der Konzeption von Andreas Hegewald und Jörg Sonntag. Künstlerisch war spätestens da die Richtung klar: Informelles gepaart mit nachpicasso'scher Figuration, wie sie in Dresden durch Jürgen Böttcher, A. R. Penck, Peter Graf, Hartmut Bonk und anderen vermittelt als Zeichen nichtentfremdeter, erfüllter und empfindender Menschlichkeit galt. Die Fragilität von Kinderzeichnungen korrespondierte unauflösbar mit Einflüssen des Fernen Ostens, des Tao wie des Zen – nämlich Hand, Auge, Seele kurzzuschließen, die empfindenden Energien nicht der harten Willkür des Gestalten-Wollens zu unterwerfen. Gemeinschaftliches wurde so als Zusammenfließen begriffen, der Anteil des Einzelnen dem Gesamtergebnis untergeordnet wie im Gemeinschaftsprojekt *»Interieur II«* von Hegewald, Hengst, Sonntag im Dezember 1986/Januar 1987 in der Galerie Nord, Dresden. Die Einzelobjekte – Bilder, Plastiken, Zeichnungen – wurden durch fließende Kraftlinien – in Weiß auf den Boden gebracht – verbunden, meinten die Interaktion, das Durchdringen von Innen und Außen. Raumerfahrung wurde als Ich-Erfahrung inszeniert und umgekehrt. Wer von den Dreien der treibende Keil war, schien nicht ergründbar. Es war ein Aufeinandereingehen, ein sich Akzeptieren in der Unterschiedlichkeit bei Wahlverwandtschaft.
Im eigens gegründeten »Leitwolfverlag« kommen, gruppiert um ein Projekt, Künstlerbücher heraus. Alle künstlerisch verwandten Freunde und Kollegen werden beteiligt. Das Material selbst wird ›vergeistigt‹, indem noch stärker als bisher die traditionellen Materialgrenzen überschritten werden. Hegewald malt Brandbilder – »Rumor 1989 und 1990 in Berlin und Dresden – die auf Ereignisse wie Tschernobyl verweisen, ohne auf sie direkt anzuspielen. Spezifische Arten einer elementaren Vornehmheit kommen nicht von ungefähr. *Wols*, das Dresdner Genie im Vorfeld des französischen Existenzialismus, steht im Hintergrund. Jörg Sonntags »Schöpfung« 1989 und die Freiluftinstallation von Hegewald/Sonntag und Sandor Doro in Kamien Pomorsk (Polen) »Der Sonnenaufgang des Heiligen Franz von Assisi« geben Hinweise auf andere Einflüsse der neueren Avantgarde: Auf den Wunsch nach Immaterialität des Kunstwerks beispielsweise bei Yves Klein. Rätselhafte Nägel an der Westfassade der Kathedrale von Kamien Pomorsk, Steinblöcke und ein Bäumchen wurden durch feine, wie Lichtstrahlen leuchtende Fäden miteinander in Beziehung gesetzt.
Der Bezug zur Sonnenhymne des Franz von Assisi ist ein Hinweis auf die zutiefst konservativen Züge jeder Avantgarde, an das Bekenntnis zur »Wiederkehr des Ewiggleichen«. Heidegger (der Zustand der »Seinsvergessenheit« in »Sein und Zeit«), Jaspers, Konfuzius, Nietzsches aristokratisches Ideal des Künstlertums wirken in der besonderen Stagnation Dresdens als Schutzschild und innerer Trost. Daß dies nicht ohne Bewußtsein für die realen Tatsachen und Verhältnisse geschieht, zeigt das Projekt Arche + Brücke 1988 in der Ausstellung »Blaues Wunder«. Aus dem Dachstuhl einer aufgegebenen sowjetischen Kaserne transportierten Pioniere die Holzbalken in die Dresdner Fučik-Hallen als Material für eine 25 Meter lange Installation, die zwei Türme als Symbol des Überlebens und eine Brücke dazwischen verbindet. Der Selbstbehauptung durch Abgrenzung und Abgeschlossenheit setzen sie auf ihrem Floß die Brücke als Symbol der Überwindung entgegen.

Kunstfiguren im Stanzblechlochstreifen

von Wolfgang Smy

Neuartige optische Erscheinungen unserer Industriegesellschaft will ich als gestalterisches Mittel in meine Bilder einfließen lassen. Deshalb analysiere ich die Dinge, die für mich visuelle Sensationen sind. Meine Neugier richtet sich auf Kunststoffwucherungen und Farbsynthetik, auf neu sichtbar werdende Strukturen und Raster im Mikro- oder Makrobereich. So erregt mich z. B. das Innere von elektronischen Schaltanlagen, die bodenplastische Architektur von Start- und Landepisten und die Leitlinienmusterung der Verkehrsstraßen. Ich notiere in dieser Welt alles, was mein Interesse erregt, anfangs ohne formale Zielvorstellung. So kann ich frei und großzügig arbeiten. Zeichnend sammle ich Erlebnisnotizen, und wie bei einem Psychogramm kristallisiert sich langsam das heraus, wo Neugierde an der Szenerie, Zeichenlust und mein latent vorhandenes Thema deckungsgleich werden. Manchmal schlittere ich dabei in einen neuen Stoff hinein, den ich vorher wenig beachtet hatte. So kam es zu einer Serie von Siebdrucken, bei der tanzende und gestikulierende Figuren ein Gleichnis für existenzielle Zustände darstellen. Ein anderes Beispiel ist eine Reihe von Offset-

100 Wolfgang Smy, Musterkopf lachend, 1990
Foto: Markus Bollen

lithos, die ich im Stadtbad gleich auf die Druckfolien zeichnete, in deren Folge bis heute Gemälde entstehen.

Bei meinem Prozeß des Kunstmachens gibt es zwei Gleise auf einer Spur. Das Wichtigste ist das Zeichnen vor der Natur, wo ich Stück für Stück meiner Umwelt in ein Skizzendepot aufsammle. Diese Arbeitsweise ist emotional. Das zweite Gleis nenne ich den rationalen Weg. Dort ist meine Gangart vom Formwillen bestimmt, der sich aus der Auseinandersetzung mit vorhandener Kunst, aus meiner Idee, neuartige optische Erscheinungen als Bildmittel zu benutzen, und zum dritten aus den Eigenschaften der im Moment verwendeten Materialien ergibt.

Mit einem Pinsel, mit dem ich gut Punkte und Flecken setzen konnte, legte ich das Gerüst meiner Formvorstellung über realistisch-abbildhafte Porträtzeichnungen. Ein Reibungspunkt beim Entwerfen dieser Bilder war durch die Zielrichtung auf einen möglichst technoiden Charakter, unter Beibehaltung der Lesbarkeit des Typs meiner in Wirklichkeit existierenden Modellpersonen gegeben. Statt organischer Formen und hell-dunkel Modulation, die üblicherweise die Mittel sind, Physiognomie eines Menschen zu zeigen, spiegeln sich meine Kunstfiguren im Stanzblechlochstreifen.

101 Wolfgang Smy im Atelier 1990
Foto: Markus Bollen

Protestantische Rituale
Zur Arbeit der Autoperforationsartisten

von Durs Grünbein

Seit ihren ersten Auftritten in der Hochschule für Bildende Künste Dresden Mitte der achtziger Jahre sind die Arbeiten der als *Autoperforationsartisten* bekannten Vierergruppe Else Gabriel, Micha Brendel, Volker (Via) Lewandowsky und Rainer Görß im Gespräch der DDR-Kunstszene. Ihr Name, hervorgegangen aus mehreren eher spontanen Darbietungen noch während des Studiums an der Sektion Bühnenbild, steht für den größten gemeinsamen Nenner, einer Auffassung von Interaktion, die Ritualformen, Selbsterforschung, Demonstration und Artistik einschließt. Bildende Kunst an der Grenze zur Darstellung mit Durchlaß nach beiden Seiten. Soweit ihr Ertrag heute schon zu beurteilen ist, handelt es sich um eine Mischform aus Fluxus, theatralischem Verabredungsspiel, Gruppenkonzert, szenischer Lesung und angewandter, aktionistischer Kunst im eher zufälligen Sinne von Neo-Dada, Body-Art, Offenem Theater oder belebter Installation. Verschieden in der Besetzung, im Anlaß und damit auch im Szenario am jeweiligen Ort, ist allen Aufführungen gemeinsam eine Kette wiederkehrender Motive, ein Spiel mit bevorzugten Materialien wie Fleisch, Blut, Teig und Gemüse, zum Teil eigens präparierten Requisiten, Kostümen und Masken. Agiert wird in vorgefundenen Räumen, meist Galerien, seltener auf Bühnen, nach Absprache in gemeinsam erarbeiteten Installationen, anläßlich von Ausstellungseröffnungen, Multimedia-Spektakeln oder bei Performance-Festivals.

Zum erstenmal erscheint der neue Name 1987 auf einer Einladungskarte zu *Herz-Horn-Haut-Schrein*, einer Gruppenperformance im Keller der Kunsthochschule Dresden. Seither beantworten die Künstler, geschworene Feinde jeder Art Interpretation, die Frage nach ihrem Tun beharrlich mit immer derselben Formel: *Auto-Perforations-Artistik*. Auffällig ist, daß bisher kein einziges Manifest ihre vertrackte Formsuche stützt. Die wenigen programmatischen Äußerungen zeugen eher von einer Arbeit im Verborgenen, von konzertiertem Einzelkampf, widersprüchlichen Konzepten, mehr oder minder förderlichen Meinungsverschiedenheiten. Die Bandbreite reicht dabei von der einfachen Schockproduktion über die parodistische Schularbeit an der Kunstgeschichte bis zur Strategie innerhalb einer Kunstöffentlichkeit, die jeden anderssprachlichen Versuch ins Werkgerechte zurückdrängt oder in den Kanälen und Institutionen glatt unterdrückt. Natürlich ist, was so entsteht, ein Geflecht aus Anekdoten, Listen, Einfällen, Obsessionen, von eigenwilligster Form und immer auch Denkmal der Attacken einstiger Gegenkulturen. All das ergibt kein einhelliges Bild. Die Beschreibungen der Artisten gehen oft erstaunlich weit auseinander, und als willkommener Gast stellt sich regelmäßig das Gespenst der Sprachlosigkeit ein. Bezeichnend sind dann etwa Aktionen, die sich nicht selten erst aus Zwangslagen heraus entwickeln wie die 1988 unternommene 11tägige Einschließung in der Leipziger Galerie *Eigen+Art* unter dem Titel *Allez! Arrest*. Das amerikanische Happening steht diesen Vorführungen dann aber ebenso fern wie das konventionelle Schauspiel, auch das der freien Theatergruppen, oder wie die meisten

Formen von Agit-Pop und betonter Anti-Kunst-Aktion in Galerien, auf Straßen oder im öffentlichen Leben. Hin und wieder finden sich starke Parallelen zum Fluxus, den Ausschlag gibt aber immer ein Rest eigensinniger Artistik, eine Vorliebe für Ängste und Wünsche bündelnde Effekte, Ausbrüche und Existenzrituale im Rahmen einer banalen Nummern-Dramaturgie. Abgezielt wird stets auf den unmittelbaren und radikalen Ausdruck, mitunter durch Schock- und Ekelwirkung, mitunter durch eine fast brutalen Narzißmus, immer jedoch diesseits von Rollenspiel und Fiktion, von Stilistik und Symbolik der *Übertragung*.
Das unabsehbare Feld von Performance, ihr zerstreuter Raum, ihre Zeit, die so viele Zeiten enthält, erscheint bei den *Autoperforationsartisten* gebrochen durch ein Gitter verschiedener persönlicher Ansätze, mit denen hier zuallermeist Selbstdarstellung betrieben wird. Deutlich am Werk ist die Lust am Spektakulären. Das Begehren umspielt Tabuzonen, die vorsichtig berührt, selten verletzt und so zuletzt immer ironisch bestätigt werden. Eine Art Faultierhangeln von Einfall zu Einfall steigert sich bis zum Punkt der kleinen oder großen Sensation, die als persönliches Erlebnis später Gruppenweihe erhält. Ertrag sind daneben oft auch Objekte, Multiples und Teile der Installationen, etwa Micha Brendels Fleischtrophäen, sein *Schlag-erzeug*, die Teigplastiken Else Gabriels, Via Lewandowskys komische *objets trouvés*, seine Bandagen und Masken, Rainer Görß' *Zeichenblöcke* und Performance-Werkzeuge für den *Reliquienschrein*.
So verschieden die Kommentare der vier über ihr Tun sind, so wenig läßt sich leugnen, daß es fixe Ideen, ein gemeinsames Labyrinth gibt, in dem jeder natürlich sich anders bewegt. Der rationalen Suche nach Orientierung mittels Zeichen und Information bei Rainer Görß stehen die intuitiven sado-masochistischen Ausflüge ins Tierhafte, Kindliche und Sexuelle bei Micha Brendel und Via Lewandowsky gegenüber. Else Gabriel ihrerseits thront unbeirrbar am positiven Pol des Rituals, assoziiert mit Ernährung, Geburt, Familie, Sprache und Religion.
Performance in diesem Stadium wird von den Beteiligten verstanden als eine Umkreisung, deren Antrieb die Lust ist auf etwas, von dem man nicht weiß, was es ist. Die Erfahrung lehrt, daß die Verstrickung in ein Netz dominanter körperlicher und psychischer Bezüge dabei von Mal zu Mal mehr einengt. Aus dieser Intimität erklären sich Spannungen, Stereotypen und Phasen des Rückzugs zwischen den einzelnen Performances. Notwendig sind jedesmal große Konzentration, ein Unterwegs hin zu Trance und Meditation, lange Gespräche mit analyseartigem Ansatz, Schleichwege um den eigenen blinden Fleck. Was daraus hervorgeht, wird, wenn es gründlich mißlingt, weniger hermetisches Ereignis als vielmehr Bekenntnis einer gespannten Hilflosigkeit sein, hinter der sich für Augenblicke das Rätsel der ganzen Gattung verbirgt.
Die erste Performance, bei der Else Gabriel, Micha Brendel, Via Lewandowsky und Rainer Görß, damals noch ohne Gruppennamen, 1985 als Studenten der HfBK Dresden auftraten, hieß *langsam nässen*. Während V. L. *nackt in mit Rosen bedruckter Folie zur Mauer* kriecht, klettert M. B. an einem Band mit der Aufschrift *start this end* über eine Brüstung, legt E. G. aus Zuckerwürfeln den Titel *langsam nässen* und zündet ihn an. Ein Jahr darauf folgt am selben Ort in den Tagen des Hochschulfaschings die Fluxusaktion *Spitze des Fleischbergs* (gemeinsam mit Peter Dittmer und der Tänzerin Hanne Wandtke). Hier hantiert E. G. erstmals mit Fleisch, später wird sie ein totes Huhn trockenfönen. Wieder verweisen Verkleidungen auf biographische Geschichten, bringt das Erschei-

102-103 Via Lewandowsky, »Trichinen auf Kreuzfahrt«, Solo-Performance in der Galerie Weißer Elefant, Berlin 1989
Foto: Jochen Wermann

nungsbild psychische und physische Zeichen zum Austausch. V. L. mit roter Perücke im Transvestiten-Look zerpflückt in quälender Langsamkeit einen Kohlkopf. Von reiner Spiellust zeugen dabei Nummern wie M. B.'s Gezappel in einem Netz, sein fäkalischer Höhepunkt *grüne Tunke scheißen* und ein gemeinsamer Marsch um eine Kühltasche. E. G. nennt diese Aufführung heute die *exzessivste*. (Wobei der Hinweis vielleicht nicht ganz unangebracht ist, daß 1962, in dem Jahr als Allan Kaprow sein berühmtes *Chicken*-Happening in Philadelphia aufführte, die *Autoperforationsartisten* eben erst zur Welt gekommen waren. Die Berliner Mauer stand damals gerade ein Jahr lang; 24 Jahre später war, zumindest für die jüngste Generation, die Ghetto-Situation von DDR-Kunst perfekt... glückloser Boden für allerlei späte Parallel-Effekte.)

Den ersten ausdrücklichen Bezug zum Werk von Joseph Beuys hatte dann 1987 die Aktion *Beuys Beine machen*, eine Art Fluxus-Hommage, die paradoxerweise viel mehr Respekt bezeugte, als dieser Schlachtruf verhieß. Aufgeführt wurde sie anläßlich der Hochschul-Exposition *Ode Terrazzo*. Eine genaue Beschreibung in Form eines leicht idiotischen Schüleraufsatzes aus der Feder V. L.'s ist in M. B.'s Eigenedition *undsoweiter* abgedruckt. Sie gibt recht angemessen die halb befangene (Umgang mit Pol-Fett, Brustrasur), halb spielerisch ironische Haltung wieder, in der das Mißtrauen gegen eine nur vom Hörensagen lebende Beuys-Legende sich mit der Annäherung an die ästhetische Welt dieses Mannes vermischte. Ohnehin war die Sympathie für eine transhistorische oder mythologische Weltsicht oder für Beuys' Materieauffassung größer als das Interesse an seiner Theorie der Sozialen Plastik. Die jüngste Generation, müde von einer verfälschten Kollektivtheorie, beschäftigte sich allenfalls mit den nützlichen Störfaktoren im Werk des Prozeßkünstlers Beuys. Die Legende Beuys, seine Verklärung, sein Schattendasein in einer Kunstlandschaft, die nur über ein Ungefähr an Vorstellungen von Wirken und Werk des einflußreichsten deutschen Nachkriegskünstlers verfügte, bildeten den Fond der Aktion... *Beuys Beine machen* war so durchaus doppeldeutig gemeint.

Noch im selben Jahr folgte, diesmal ohne R. G., die szenische Performance *Herz Horn Haut Schrein* der nun erstmals sogenannten *Autoperforationsartisten*. Vom Podest einer Kellerbühne herunter entfalten sich in den Zuschauerraum hinein die Monologe dreier Körper und Stimmen im Bannkreis ihrer Narzißmen zu einem grotesken Gespräch, inspiriert von der Alogik des Traums. E. G., in Stoffmassen verpackt und paketartig verschnürt, hackt abwechselnd auf einer Schreibmaschine herum oder residiert in einem mit Papierröllchen drapierten Iglu. M. B., mit einem Schuppenpanzer aus Paßbildern angetan, den Kopf in eine Sado-Maske gezwängt, übergießt sich mit Entwicklerflüssigkeit, stolziert umher und spricht einen Text des Multimedia-Künstlers Diter Roth. V. L., sein masochistischer Widerpart, glatzköpfig, mit Schnürleibchen und orthopädischen Bandagen, klettert unter größter Anstrengung um eine Säule in der Raummitte. Zum Schluß finden sich alle kopfunter in vorbereiteten Wandgestellen zum gemeinsamen Musizieren ein. Wieder wird Beuys zitiert mit seinem *NeinNeinNeinNein*, hier u. a. als Absage an einen Lehrbetrieb und dessen vorherrschende Kunstauffassung, närrische Warnung zugleich und Alarmsignal für die Zukunft. Schon hier zeigt sich, daß Performance für die *Autoperforationsartisten* nichts weniger als ein therapeutischer Akt ist. Gesucht wird vielmehr ein strategisches Modell innerhalb eines Raumes, der von normierten Zeichen und Sprachen besetzt, innerhalb einer

Landschaft, die von Kulturpolitik, gängelnder Tradition, Naturalismen aller Art beherrscht wird.
Der nächste gemeinsame Auftritt findet 1988 auf Einladung der Akademie der Künste der DDR statt. Mindestens drei Titel kursieren seither. *RumpfStampfen, Lastags* und *Schlaufenlauf* stehen offensichtlich für verschiedene Sichtweisen auf eine Performance (mit Filmvorführung), die, wie es später noch mehrmals geschah, erhebliche formelle und programmatische Differenzen aufwies. M. B., angeseilt, rennt wie ein gefangenes Tier im Raum hin und her; V. L. wirft irgendwann jaulend einen Kohlkopf durchs Fenster in die nahegelegene Spree; E. G. an der Seite ihrer Lebensgefährtin, der verhaltensgestörten Laborratte Elke, knetet Teig. (Hier sei angemerkt, daß die Ratte Elke in Elses Konzept oftmals als Mittlerin zwischen Leben und Kunst auftrat. *Elke für Else und Else für Elke*, lautet, auf die Formel gebracht, die Idee. Zuhause und auf längeren Reisen war Elke immer in Elses Nähe. So bewohnte die Ratte beispielsweise auch ein altes Bühnenbildmodell aus Elses Studienzeit... Ungewollte Reminiszenz an Kurt Schwitters, der seinen Hannoveraner Merz-Bau vorübergehend von Meerschweinchen bewohnen ließ.)
Bei einer anschließenden Diskussion kommt es erstmals zu massiver Ablehnung und Kritik durch andere Künstler und Kunstsachverständige des Landes. Wie 25 Jahre zuvor im Fall der Wiesbadener und Düsseldorfer Fluxus-Aktivisten ist eine der aufschlußreichsten Reaktionen die unterschwellige Aggression der Zuschauer, ihre grundsätzliche Abwehr einer Kunstform, für die es weder in Theaterkreisen noch im Künstlerverband bis dato Freiräume gab.
Beeindruckend und intensiv ist ein halbes Jahr später der einzige Versuch einer Performance mit deutlichem Happening-Charakter: *Panem et circenses*. Gezeigt im Rahmen des Hochschulfests *Nachtmär*, steht auch hier die Trennung vom Publikum am Beginn. Hinter echten Zookäfiggittern in einem mit Stroh ausgelegten Raum sind M. B., V. L. und R. G. immerfort in Bewegung, einmal am Schlagzeug, ein andermal nach einer Schädelrasur kopfunter aufgehängt. M. B. liest einen autobiographischen Text des Philosophen Immanuel Kant vor, in dem von der körperlichen Selbstdisziplin des Aufklärers die Rede ist; R. G. bedeckt Blatt für Blatt eines Papierblocks mit schwarzen Zeichen und verstreut diese im Raum; V. L., ganz in Weiß, in Strumpfhosen, Ballettkleid und Rollkragenpullover, tanzt abwechselnd, leckt an den Gitterstäben oder verschluckt ein Mikrophon, in das hinein er dann faucht, ächzt und röhrt; E. G., diesmal nur mittelbar beteiligt, ist als Botin in der Außenwelt unterwegs, befördert Nachrichten, versorgt die Artisten mit Essen und fotografiert. Durch die Gitter hindurch kommt es immer wieder zu Kontakten und Gesprächen mit einem traditionsgemäß wohlwollenden Hochschulpublikum.
Noch im selben Jahr wird, obgleich eigene Projekte die *Autoperforationsartisten* zeitweilig auseinanderführen, eine gemeinsame Band gegründet: *Die Strafe*. Ihr betont dilettantisches Konzept ist hinreichend gekennzeichnet durch die Formel: Musik aus Verlegenheit.
Von nun an wird für jeden einzelnen, um Wiederholungen zu vermeiden, die Kollaboration mit anderen Partnern wichtig. M. B. widmet sich wieder verstärkt fotografischen Experimenten, daneben arbeitet er mehrmals mit der Tänzerin Hanne Wandtke zusammen. E. G. läßt sich mit einer Musikband ein, komponiert und schreibt Texte, es entstehen Fotogramme, Teig-Plastiken, Installationen aus

Teig, Haar und Blech. V. L., der in dieser Zeit seine letzten Super-8-Filme herstellt, erarbeitet sich Ansätze zu einer für ihn neuen Form des Tafelbildes, Art-Recycling im Stil seiner *Reproduktiven Malerei.* Im Herbst 1988 beginnt er mit *Ghettohochzeit* eine Serie von Performance-Lesungen mit dem Dresdner Dichter Durs Grünbein. In kurzem Abstand folgen innerhalb des nächsten Jahres in Galerien und Klubhäusern gemeinsame Aktionen der beiden unter Titeln wie *Hirsche sagen ab, Verlesung der Befehle, Deutsche Gründlichkeit, Von Ost nach Nord* (im Rahmen des *Midgard*-Projekts von R. G.) und *An alles denken.* Im Unterschied zur Arbeit der *Autoperforationsartisten* handelt es sich hierbei zumeist um stark konzeptuelle Stücke, in denen Gedicht, Partitur und ein unterschwelliger Dialog den Ablauf bestimmen.
Aber auch in die Solo- und Duo-Performances von E. G. und M. B. ist inzwischen die leise Ordnung der Worte, Konzentration und Vertrautheit eingekehrt. Titel wie *Sublime Liebe* (E. G. mit V. L.) oder *Das Eigentliche ist immer dazwischen* (E. G. allein) zeugten schon früher von einem Ansatz zu Materialintimität und Introversion, der den Ruf von der Schockoffensive zurückholte ins souveräne Zusammenspiel alter Bekannter. *Lacheisen* (M. B. mit E. G.), *Mea culpa* (E. G. mit R. G.) oder die Solo-Performances *Trichinen auf Kreuzfahrt* (V. L.) und *Der Mutterseelenalleinering* (M. B.) markieren den Hang zur Vereinzelung und zeigen immer deutlicher die Grenzen der Arbeitsweise einer Gruppe, die der Kunstwissenschaftler Christoph Tannert schon bald als *Notgemeinschaft* beschrieb. Sentimentales mischte sich mit dem Drang zu eigensinniger Zurschaustellung, der eigene Körper als letzte Zuflucht, Biographisches überwog, ausgiebig wurde das eigene Brandzeichen der Herde studiert, verständlich, daß bald das Wort von der *zweiten Familie* aufkam.
Gleichwohl gibt es noch immer Höhepunkte. E. G.'s Performance *Alias, auch ... genannt* (gemeinsam mit U. Wrede), bei der sie am Ende den Kopf in einen Eimer Rinderblut taucht und sich der Freßlust einer frischen Brut Fleischfliegen aussetzt, ist ebenso spektakulär wie M. B.'s Solo *Der Mutterseelenalleinering*, bei dem ein Stück Hirn fachgerecht mit der Maurerkelle an einer Galeriewand verrieben wird. Anlaß zu diesen letzten Einzelarbeiten hatte, nebenbei gesagt, überhaupt erst die Einberufung einer *Permanenten Kunstkonferenz* in Ost-Berlin durch den auch als Förderer der Gruppe in Erscheinung getretenen Christoph Tannert gegeben. In einer Atmosphäre fast schon beschämender Toleranz wurde so erstmals der Blick frei auf Eigensinn und Untiefen einer Kunst-und-Anti-Kunst-Form, die sich zuvor hauptsächlich an den Grenzen der Akzeptanz entlanggetastet hatte.
Im Herbst 1989 bringt dann die Gruppenperformance *So tröstet uns Beständigkeit* auch formal zum Ausdruck, wie weit die Wege der Protagonisten mittlerweile auseinandergegangen waren. Was blieb, war ein Arrangement aus Séparées, in denen jeder noch einmal den Zerfall seiner Motivwelt vorführte, während das Publikum dichtgedrängt wie an den Boxen einer Zirkus-Tierschau vorbeizog. Danach schien die Auflösung der Gruppe nur noch eine Frage der Zeit.
Retrospektivcharakter hatte denn auch die bisher letzte gemeinsame große Performance im Januar 1990 in Paris unter dem Kapitulationstitel *Wir sind wie alle.* Noch einmal passierten sämtliche Elemente Revue, die in fünf Jahren das Spiel der *Autoperforationsartisten* ausgemacht hatten. Wieder wurde mit Fleisch, Teig und Blut hantiert, führte M. B. seinen schockierenden Messer-und-Fleisch-Masken-

104 Micha Brendel, Else Gabriel, »Homunkulusmonolog«, Zur Multi-Media-Arbeit »Midgard« von Rainer Görß in der HfBK Dresden, 1989
Foto: Uwe Frauendorf

105 Else Gabriel, »Alias, auch . . . genannt«, Duo-Performance mit Ulf Wrede in der Galerie Weißer Elefant, Berlin 1989
Foto: Jochen Wermann

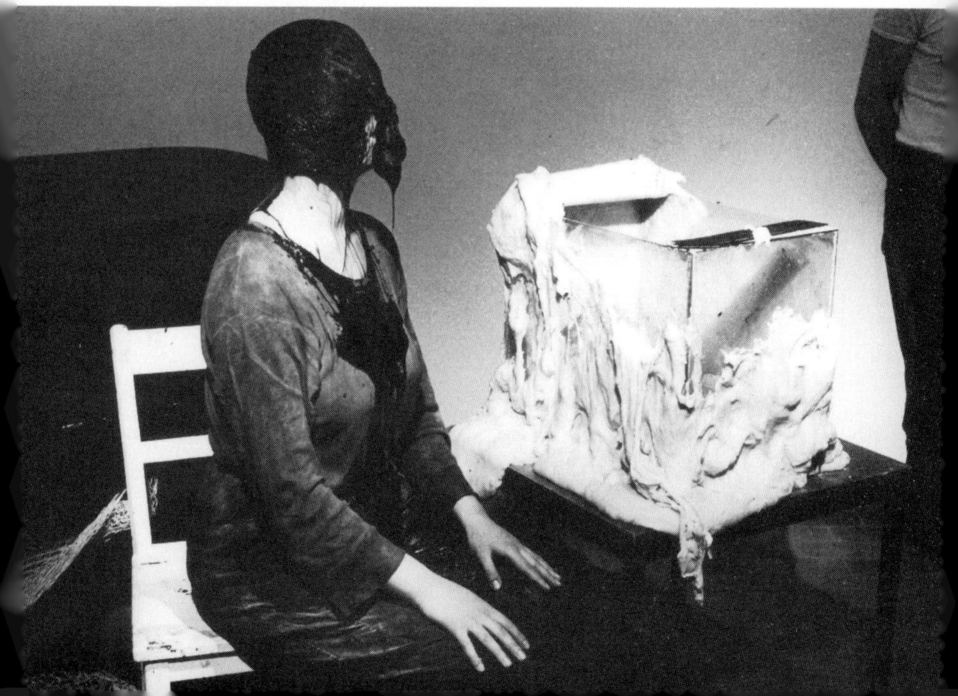

tanz auf, während V. L. sich eine Schere in den Anus bohrte, E. G. ihr Haar in einen Koffer voll Blut tauchte und mit dem Blutkelch vor laufenden Kameras eine Art Agape-Ritual zelebrierte. In mancher Hinsicht war diese Arbeit auch Summe gemeinsamer Jahre. E. G., in ihrer Installation fand die Aufführung statt, hatte in zweitägiger Arbeit am Ort Blut, Mehl und Hefe zu einem Teigbrei verrührt, mit dem sie ein an der Decke befestigtes Seil umkleidete zu einer *Nabelschnur in den Himmel ... Kunst zwischen Magie und Maggi* sei, was sie da treibe, hatte E. G. einmal zu Anfang ihrer Versuche erklärt. Am Ende dieser Werkphase liegt es auf der Hand, daß erst eine Vielfalt vorsichtiger Assoziationen diesem poetischen, manchmal ritualpraktischen, nicht selten betont provokanten Ansatz gerecht wird. Vieles, so läßt sich schon jetzt sagen, bleibt interessanterweise im Bannkeis eines protestantischen Eifers, wie er hier durch Erziehung und spekulative Sehnsucht vorgezeichnet ist. Im Masochismus nicht weniger Aktionen der *Selbstdurchlöcherer* erscheint sehr deutlich der moralische Imperativ hinter dem Aufruhr gegen Körper und symbolische Institution im Verlangen nach der Autorität eines anderen Selbst, Luther als Plappermaschine auf dem Prokrustesbett. Ethik kehrt als Artistik zurück und dechiffriert sich im Zeichenekel, in der Haßliebe zum eigenen Körper, den verdauten Lebensregeln, der täglich bestätigten Ordnung, einem Wertesystem aus Arbeit, Reserve und Akkumulation. Zu den bevorzugten Kreuzungspunkten gehören Themen wie animalische Existenz, Geschlechtlichkeit, verdrängte Religiosität, der hygienische und moralische Körper, die eigene Herkunft, Repressionen, Kindheit, Einverleibung, Opfer, Strafe. Über allem schwebt wunderbar die Kanzelrhetorik einer Anti-Kunst-Moral, die dem blinden Willen der Moderne zu gehorchen vorgibt, jener strenge reformatorische Teufelskreis. Seltener geht es um Glücksvorstellungen, von denen E. G. behauptet, daß sie ihr prinzipiell als unvermittelbar erscheinen. Genüsse und Reflexionen über Schönheit und Banalität spielen eine ebenso untergeordnete Rolle wie die Geschichte, die hier in gut Bennscher Manier als Popanz verachtet wird.

So nimmt es kaum Wunder, daß die von außen herbeizitierte Verwandtschaft zum Treiben der einstigen Wiener Aktionisten nur eine scheinbare ist. Mit dem *Drama als Ab-Reaktion*, der Katharsis-Therapie hat die Arbeit der *Autoperforationsartisten* wenig zu tun. (E. G.: Mich ödet die Vorstellung von Therapie an.) Ihre Versteckspiele der eigenen Religiosität sind denkbar weit entfernt von Problemen der Transzendenz, Mystik oder Metaphysik. Vielmehr zeigt sich, mit Novalis' und Beuys' *magischem Idealismus* nicht zu verwechseln, ein Staunen über die Komik der eigenen Lage, clowneske Selbstvergewisserung, die das Selbst schließlich mit Händen und Füßen behauptet. Mit einem keuschen Blick in den Spiegel behält das Ego auf allen Vieren Boden unter den Füßen und mit ihm sämtliche Vorurteile, aber auch Spannungen. Weder wird Kunst hier als *religionsersatz*, als *ästhetische lebensliturgie* (Hermann Nitsch) betrieben, noch geht es wie bei der Abreaktionsorgiastik mit geschlachteten Tieren um ein Programm zur Intensivierung und Sensibilisierung aller Sinne. Wenn auch manche der Aktionen eine Ästhetik als Abfallprodukt von Psychoanalyse nahezulegen scheinen, so wird doch listigerweise immer nur die halbe Wahrheit dienstbar gemacht; und auch das gehört zur protestantischen Strategie. Die feinen Unterschiede im Umgang mit den bevorzugten Stoffen sagen hierüber mehr aus als das Verwirrspiel der Kommentare. So steht den intimen Handlungen der *Köchin* E. G., ihrer *Frauenar-*

beit mit Teig und Blut das meist aggressive Handgemenge mit rohem Fleisch bei M. B. entgegen. Protestantisch ist hier durchweg die Behandlung von Fleischresten als Material. Verwendung findet nur das zerlegte Tier, nicht dessen eindrucksvoll gekreuzigte Opfergestalt, sein kopfunter zum Ausbluten gehängter Kadaver wie bei den Spektakeln des *Orgien-Mysterien-Theaters* von Hermann Nitsch. Analoge Zwangslagen, in die V. L. seinen eigenen Körper gern versetzt, umkreisen zwar genau dieses Motiv (Christus und der geschundene Leib als Vorbild aller Masochisten in einer durch und durch masochistischen Kultur wandert mehr als nur einmal durch die Aktionen der *Selbstdurchlöcherer*. Muß man nicht unwillkürlich an die Nägel denken, mit denen eine ganze Kultur im Bild Christi den Körper leidend in seiner Existenz festhielt?), gehen aber in ihrer ironischen Wendung mehr in Richtung Körper-Kunst. Überhaupt spielt in V. L.'s Vorstellungen der menschliche Körper eine dominante Rolle, abwechselnd in seinen Aspekten als animalischer, theatralischer, moralischer, existentieller oder sexueller Körper, etwa wenn er sich an den Füßen aufhängen läßt, sich demonstrativ abschnürt, rasiert, klistiert oder masochistisch attackiert. Der nackte Körper im Raum, gehandhabt wie ein Gegenstand der Malerei, erinnert entfernt auch an die Arbeiten des Österreichers Günter Brus, dem es seinerzeit um ein *körperanalytisches Begreifen der Funktion des Malers* ging. Insofern ist vielleicht bei V. L. der konzeptuelle Aspekt von Körper-Kunst zurückgedrängt hinter den unmittelbaren Angriff auf den eigenen Körper, gebremst in der Attitüde. Entsprechungen hierzu lassen sich vielfach auch in der Thematik der Tafelbilder seiner *Reproduktiven Malerei* wiederfinden.
Von M. B. läßt sich sagen, daß er am ehesten in der von Egon Schiele bis Arnulf Rainer reichenden Tradition der Selbstdarstellung steht. Alle seine Medienversuche (Fotografie/Über-Malung/Performance/Musik) sind ohne Umschweife exhibitionistisch; er versteht Zeigen konsequent als Sich-Zeigen; seine Foto-Porträts und Solo-Aktionen sind stets reflexiv, eine Art konstruktiver Narzißmus.
Ganz anders dagegen E. G.; am radikalsten stellt sie Performance in einen religiösen Zusammenhang. So spielt sie in ihren wiederholten Fleisch-und-Blut-Ritualen ganz ausdrücklich auf die Transsubstantiation beim Abendmahl an, dessen Verdrängung im reformierten Christentum sie beschäftigt. Ganz gleich, ob dahinter, wie oft bei ihr, romantische Ironie sich verbirgt, ob es um die *Herstellung von Elternhäusern* durch Kollektivkunst geht oder, mehr noch, um *Unschädlichmachung von Gefühlsüberschuß*, allenthalben treibt in den Aktionen christliche Symbolik ihr Unwesen. Die Religionsgeschichte im Hintergrund, ist E. G. schließlich auch auf einen eigenen Kunstbegriff für ihre Art von Performance gestoßen. Die überraschende Entdeckung, daß sich Performance-Handlungen schon im Alten Testament nachweisen lassen, führte sie zu einer Neubegründung ihres Ansatzes. Im 4. Kapitel des Buchs Hesekiel erhält der Prophet den Auftrag zu einer bildlichen Darstellung des Gerichts über Jerusalem. E. G., die unter dieser Symbolhandlung die Stiftung eines Elementarerlebnisses versteht, bezieht sich auf den Ausdruck *Bildliche Darstellung*, wenn sie darin buchstäblich Performance-Anweisungen sieht. Es wird sich zeigen, ob von da aus für ihre weitere Arbeit ein neues Konzept zu entwickeln ist. Fest steht schon heute, daß sie, ausgehend von vollkommen evidenten Handlungen, die nichts bedeuten, mehr noch als bisher ihr alltägliches Leben zum Gegenstand künstlerischer Aktivität machen wird. Der einfache Ansatz, zu leben, zu heiraten, Kinder zu

erziehen, kurz, bürgerlich oder nicht, Familie zu spielen ... beflügelt von einer diebischen inneren Distanz zu alldem, ist mindestens in diesen Breiten jederzeit einen Versuch wert. Kunst als bescheidene Selbstinszenierung des Alltags setzt ein geradezu ätzendes Maß an Souveränität und Gelassenheit voraus und steht als ironische Position mit jener Duchampschen Leidenschaft des Intellekts in Einklang. Das Gefühl für den genauen *Ort* aller Handlungen übersetzt das Unerfüllbare in die schwierige Leichtigkeit des Hier und Jetzt. (Wie Cage sagt: I welcome whatever happens next.)

Gilt Nietzsches Theorie der beiden Kulturen, so bleiben die Unternehmungen der *Autoperforationsartisten*, ungeachtet ihrer gelegentlichen Ausbrüche, eindeutig in einem apollinischen Feld. Sie unterscheiden sich damit grundsätzlich von denen der Wiener (katholischen) Aktionisten mit deren Nähe zum *abreaktionsgott dionysos*.

...es sind, wie sich rückblickend verkürzt und etwas paradox feststellen läßt: *Protestantische Rituale*.

Von der Villa Marie in den Frühlingssalon

von Wanda (Claudia Reichardt)

Anfang der siebziger Jahre des 19. Jahrhunderts wurde im Auftrag einer ungarischen Adelsfamilie die Villa Monbijou am Ufer der Elbe in Blasewitz gebaut. Der Brückenbau des »Blauen Wunders« hinüber nach Loschwitz stellte das wohlproportionierte Haus in den Schatten, das, mehrfach veräußert, seit den dreißiger Jahren unseres Jahrhunderts »Villa Marie« genannt wird. 1945 für fünf Jahre von der sowjetischen Kommandantur besetzt, kam es 1982 in den Besitz der Stadt Dresden.

Mit seiner Historie und der seit Jahren abblätternden Romantik lieferte das Dornröschenschloß einen reizvollen Hintergrund als neue Residenz für Maler, Musiker, Bildhauer, mußte aber auch als bürgerliche Illusionsdeponie dienen. Abseits der staatlichen Kunstinstitutionen konnte sich die Villa Marie in den Besetzerfingern von Wanda als Kunstort einen Namen machen. Die Defizite der Bausubstanz wurden durch Improvisation und den Werkstattcharakter der künstlerischen Aktionen in einen Vorteil verwandelt.

Von den zahlreichen Ausstellungen in der hauseigenen Galerie »fotogen« (Mai 1986 bis September 1987) sind mir besonders in Erinnerung geblieben: Micha Brendels »Köpfe der Wurfpuppen«, Gruppe Meier »Wir stellen uns in den Raum« und Heike Stephan mit der Aktion »seide geht«.

Die letzte, schon verbotene Ausstellung »moosrose – ein rennbahnprojekt« sammelte 1987 Künstler mit verschiedenen Intentionen: Gino (Hahnemann), Carsten Nicolai, Micha Brendel, Rainer Görß, Lutz Fleischer, Andreas Hegewald, Christiane Just, die »Rennbahnband«, Eva Anderson, Georg Harbaum, Mattias Friedrich. Zu Ehren des ausgemusterten Rennpferdes »Moosrose« wurde ausgestellt, gefeiert, geritten und musiziert. Der Katalog dokumentiert nicht nur den angefallenen Pferdemist. Der Erfolg in der Öffentlichkeit war dem Zensurapparat, genannt Rat der Stadt Dresden, ein Dorn im Auge. Auf das Verbot des Stadtrates für Kultur, Seltmann, Kunst in der Villa zu zeigen, reagierte die Aktion »Die Villa Marie bleibt während der Öffnungszeiten geschlossen« und im Januar 1988 die paradoxe Ausstellung von Duftstoffen, die in die Nase stiegen und damit hinterlistig das Verbot visueller Manifestationen unterlief. Damals entschied Dresdens Oberbürgermeister Berghofer den Abriß der Villa. Trotz zahlreicher Räumungsbefehle blieb die Villa besetzt.

Nach der Wende hofften die Besetzer mit einer rasch gegründeten »autogen Kunsträume e. V.«, unterstützt von einem Architekten und Sponsoren, die Traditionen multimedialer Kunst in der Villa Marie weiterführen zu können. Geplant waren neben Galerieräumen im Erdgeschoß ein Tanz- und Performance-Theater, eine Videowerkstatt mit öffentlichem Videoarchiv usw. Ein Parteisekretär des »Obst-Gemüse-Speisekartoffel-Kombinates« (OGS) war schneller bzw. hatte die besseren Verbindungen: Am 12.4. 1990 bekam er vom VEB Gebäudewirtschaft einen Nutzungsvertrag. Statt Kunst soll die Villa in Zukunft ein Ferienheim der Obst- und Gemüsehändler beherbergen. Das Haus gehört jetzt der OGS mit der einzigen Auflage, den Bestimmungen des Denkmalschutzes Rechnung zu tragen. Das geplante Büro- und Geschäftszentrum am Schillerplatz setzt der Fantasie künftiger Spekulanten keine Grenzen. Anfang April ließ die OGS Strom und Wasser abstellen.

Bevor der Bautrupp der Firma Tür und Fenstern zumauern konnte, kamen am 12. Mai die Künstler ein letztes Mal zur Verschließung der Villa zusammen: Jörg Sonntag bemalte das Dach mit Hieroglyphen in leuchtendem Orange; Lutz Fleischer, Thomas Haufe und Petra Kasten teerten und federten die Fassade der Pechmarie; Holger Stark sorgte für Verwachsungen; Detlef Schweiger spannte weiße und schwarze Stoffbahnen zu einem Sinnbild der Auflösung. Die Performance-Künstlerin Hanne Wandtke trat als Strip Marie zum letzten Tanz auf: ein grotesker Strip, der in nackter Unschuld und Körperbemalung begann, die unter Trauerflor, Wollpullovern, Schürzen, Kleidern, Hemden, Mänteln, Hosen verschwand, bis die so behinderte Mißgestalt schließlich von der Szene getragen werden mußte.

Als Leiterin des Studentenclubs »Wendel« der Kunsthochschule unterstützte Wanda parallel zu ihrer eigenen Galerie die Versuche der Studenten, einen Frühlingssalon als unabhängige Ausstellungsmöglichkeit zu organisieren. Nach noch etwas hilflosen Anfängen 1987 provozierte auf Initiative des Studenten Rainer Görß der 2. Frühlingssalon 1988 bereits nachhaltig das Publikum innerhalb und außerhalb der Hochschule.

Das Mülltonnenobjekt auf der Brühlschen Terrasse, das die Studenten Holger Lippmann und Thomas Reichstein zum 3. Salon 1989 aufbauten, mußte unter Androhung von Polizeigewalt dem konservativen Kunstverständnis der Stadtväter weichen. Der Gegensatz zwischen akademischer Zange und studentischer Illusion war noch tragfähig.

Parallel zur juryfreien Ausstellung organisierte Wanda im Alleingang im Rahmen der Begleitveranstaltungen zum Frühlingssalon drei Super-8-Filmfestivals für Filmemacher aus der DDR (1987 »filma morgana«, 1988 »filma secunda«, 1989 »filma tribuna«).

Ob die Studenten in Zukunft noch Kraft und Energie für autonome Ausstellungen aufbringen werden, ist ungewiß. Der 4. Frühlingssalon (9. 4. – 13. 5. 1990) präsentierte sich mit handwerklich soliden Arbeiten in den traditionellen Genres und Techniken, wie sie seit jeher an der Dresdner Akademie gelehrt werden. Der

106 Villa Marie und Blaues Wunder
Foto: Werner Lieberknecht

107 Heike Stephan, Aktion »seide geht«, 1987
Foto: Götz Schlötke

ätzende, ruppige Charme der Performance-Trupps, die am 28. 10. 1988 den Zuschauern eine »nachtmär« bereiteten und am 20. 12. 1989 den »Rupprecht« in den Fluren und Malsälen der Hochschule losließen, ist verflogen.
Zur Nachtmär zwischen 20 Uhr und 6 Uhr früh traten die Autoperforationskünstler mit »panem et circensis« auf, Holger Stark + Freunde zogen »the strings behind the scenes«, Jana Milev kam »in aspik«, Klaus Rudolph installierte das »Büro für direkte Demokratie« und demonstrierte im Sinne von Beuys für die Überschreitung ästhetischer Grenzmarkierungen. Richard Mansfeld führte »Das glückliche Leben des Peter Paul Kummer« vor.
Die »Rupprecht«-Nacht sah Holger Stark zusammen mit Hanne Wandke »abgehakt – abgeholt«, Peter Chappy Wawerzinek mit seiner »Rupprecht-Lesung« und »the biggest vegetable show by the famous underground group abigail«. Der nächtliche, von Benn Buchhart bereitete Weihnachtsschmaus schmeckte natürlich auch nach Performance.
Die konservative Kunsthochschule gab der »Avantgarde« Raum für einige Impulse in die bisherige Kulturöde von Dresden. Die Stadt läuft seit Jahrzehnten ihrem Ruf als ehemalige Kunstmetropole hinterher, aber noch arbeiten hier Künstler, die ihre Chancen, ein Stück aufzuholen, kennen.

Jugendstil im Tal der Blinden

von Richard Mansfeld

Wie nennt man einen nicht allzu wissenschaftlichen Schreibkram über Dresdnerische Jungkunst – »Jugendstil im Tal der Blinden« oder »Zonengabis böse BrüderInnen« oder ...? Am besten benennt man gar nicht, also »Ohne Titel«. Aber was ist verflucht noch mal ein junger Künstler? Daß der oder die Gutste noch Windeln trägt, wird das Jungkünstlertum schwerlich ausmachen ... Hilflos auf der Suche nach einem Unterscheidungsmerkmal zwischen Jungkünstler und Älterkünstler fiel mir doch tatsächlich ein: Jungkunst hat's nich' mehr so dolle mit dem großen Expressionistenpathos der Brückenverehrer, welches vielleicht vor zehn Jahren den Mief aus der Elbe lieblich' Thale wedelte. Jungkunst ist meist fröhlicher oder verspielter und will nicht gleich die böse Welt verbessern.
Zur Ehre Dresdens sei gesagt, es produziert junge Künstler – wie ein mitteldeutsches Sandbodendorf Kartoffeln. Wer in der blühenden Stadt am Strom das Künstlerthema jung abackern will, trinkt am besten – so er eins kriegt – ein schönes kaltes Radeberger Pils und wartet ab, wer und was ihm einfällt. Prost, meine sehr verehrten Leserinnen und Leser!
Kunststudent *Holger Stark* ist vielleicht der freundlichste Mensch, den ich kenne. Zu sehen, wie der freundliche Holger – gelegentlich grün- oder blauhaarig – durch die Dresdner Hochschule für Bildende Künste wandelt und selbstbewußt mit Rektor Johannes Heisig debattiert, ist für die Verhältnisse DDRscher Provinz ein starkes Erlebnis. Holger hat, glaube ich, vor allem als Aktionskünstler von sich Reden gemacht. Ich konnte ihn am 2. Mai 1987, anläßlich der Eröffnung einer Ausstellung des Cottbusers Daniel Lukas Richter, im Innenhof des Hauses Am Cirkus 6 in Ostberlin, erstmals agieren sehen. Daniel, Holger und seine Kommilitonin Kathrin Große bemalten große mit Papier bespannte Keilrahmen, eine ebenerdig ausgelegte Papierbahn und sich gegenseitig. Der pantomimisch begabte Holger garnierte den Hof mit roten und grünen Papierfähnchen. Irgendwann beteiligten sich irgendwelche Kinder spontan an der Malerei. Dazu machten Joseph Grohs (Baß) und Tatjana von der Berliner Band »Firma« (wenn ich mich recht entsinne, mit einer Gitarre) Improvisationsmusik. Regenschauer und das Erscheinen von Angehörigen der Deutschen Volkspolizei, die leider niemand bemalte, waren weitere Bestandteile der Performance. Am 3. Mai im 750. Jahre Berlins verbrannten dann Holger und Daniel – ohne geladenes Publikum – die vortags erzeugten Buntpapiere. Damals war Holger (nach eigner Aussage) stark vom inzwischen schwindenden Einfluß der Punkkultur geprägt. Die Wirkung Starkscher Aktionen bzw. Performances unterscheidet sich von mal zu malen stark, da einmal das Bemühen um eine bildhafte Formensprache – andermals Übermittlung rational verarbeiteter Probleme – überwiegt, wog, wogte. Probleme zum Rationalverarbeiten gibt's für Holger genug. So hat der Herr Künstler z.B. heut' noch an Eindrücken zu verdauen, die er machte, als er vor der Studiererei in der Altenpflege arbeitete, was sich unter anderm auf eine 1989 im Dezember mit der Tänzerin Hanna Wandtke fabrizierte Aktion auswirkte. Aktionen mit Holger Stark und anderen Leuten fanden vielerorts statt, auf alle einzugehen füllte ein Buch, das zu schreiben, ich zu faul bin. Der in Rostock

aufgewachsene Holger findet, daß er immer noch und vermutlich lebenslänglich eine prägende Bindung zum Norden hat. 1987 bewies er Mut, indem er sich als Produzent des aufwendigen und in Leipzig, Berlin und Potsdam aufgeführten Multimedialspektakels »Törnen« – Film, Action-painting, Musik, Puppenspiel, Texte von Bert Papenfuß-Goreck usw. – betätigte. »Törnen« stellt – arg vereinfacht gesagt – eine Mecklenburgreise dar und heißt im Platten, wie ich armer Binnenländler dem Holger glauben muß, Quatschen. Im Dezember 1987 sah man den »Törnen«-Produzenten auf dem »Striezelmarkt« – wie in Dresden der Weihnachtsmarkt heißt – ganz entzückende Küchenbrettchen feilbieten.
Der momentan im Diplomjahr befindliche Malereistudent, Holger Stark, zeigt als jüngere Arbeiten sehr einfach anmutende Bildfindungen, die ausdrucksvolle Zeichen für menschliche Figuren und Räume sind. Die Verwendung von Gemischen aus Öl, Pigmenten, Gouache und Sonstwas erzeugt interessante Strukturen, die Kontraste sind stark, Hell zu Dunkel, Primär- zu Sekundärfarbe oder toniggebrochener Farbwert zu kreischendem. Zur Zeit arbeitet Holger an Gouachen – vorläufiger Titel »Morgen fällt Deutsch aus« – die sein Versuch sind, Reaktionen auf aktuellen Politkram in dauerhaftere Dimensionen zu bringen, und über Offsetlitho umgesetzt einen Raum gestalten sollen.
1987 war's, als mir auf einer Schmuddelparty in der Dresdner Neustadt (Sachsens Kreuzberg) ein bewegliches Kunstwerk aus Schwarz, Tüllschleife und Glitzer vorgestellt wurde – die just aus Cottbus angelandete *Harriet Böge*, von der mein geliebter Neustadtklatsch bald wußte, daß sie die Dame ist, die Hans Scheuerecker bei seinen Aktionen zum Bemalen benutzte. Daß diese Darstellung böse versimpelt, Harriet niemals als lebende Leinwand diente, wurde mir spätestens durch eine Unterhaltung mit besagtem Cottbusischen Altmeister klar, der, sich die Avantgardistenglatze kratzend, fand, daß er die Aktionen mit Harriet ebent so nur mit Harriet machen konnte, weil Harriet so viele Ideen einbrachte und eine Multibegabung ist und ein Genie des intuitiven Ausdrucks und ... Bei den harriethaltigen Scheuereckeräktschns ging es irgendwie darum, das Bild auf den Raum zu erweitern. Scheuerecker malte, Harriet tanzte, durchtanzte die Scheuereckersche Leinwand, wurde mit bemalt usw. Seit ich Harriet als Background-Sängerin der Gruppe »Dekadance« erlebte, weiß ich, daß Hans nicht schwindelt – sie ist wirklich eine Multibegabung. Daß das Fabelwesen Böge was kann, fiel mir – ich glaube 1988 – durch eine Objekte-Ausstellung in der Wohnungsgalerie der Gebrüder Lehmann (Dresden, Institutsgasse 4) auf. Da hing's, was Harriet aus Schrott zusammengebastelt hatte, an Männchen erinnernde Gebilde, frech-frischverspielt – aber keineswegs dilettantisch. Harriet wurde 1967 in Cottbus geboren, lernte Zerspanungsfacharbeiter, machte an der Abendschule in Dresden ihr Abitur, bestand die Eignungsprüfung an der Hochschule für Bildende Künste Dresden und weiß noch nicht, ob sie studieren will. Gespräch im Atelier Böge:

Böge: Un' da warn dann noch die Aktionen mit'm Holger (Stark – Anmerkung des Autors) in Potsdam und Weimar.
Mansfeld: Was habt'n ihr in Weimar gemacht?
Böge: Also – ich hatte 'ne Zuckertüte uff'm Kopp und bin über'n Markt gelaufen. Und die Anette Riedel (Tänzerin – Anmerkung des Autors) hatte och 'ne Zuckertüte uff'm Kopp und is' och über'n Markt gelaufen. Und dann ham wer den Markt halbiert.

Mansfeld: Womit'n?
Böge: Mit 'ne Foliebahn, da hat der Holger drauf 'rumgemalt. Und auf 'ner Leinwand hat er auch 'rumgemalt, da sind wir drumherum gehopst. Das war so wie Straßentheater. Und außerdem ham da irgendwelche Berliner Musiker gespielt. Und außerdem waren die Zuckertüten Feenhüte.
Mansfeld: Solltet ihr Mädels Feen darstellen?
Böge: Ne, aber mit 'ner Zuckertüte uff'm Kopp seh' ich wie 'ne Fee aus. Und außerdem hatt' ich Hackenschuhe an. Und außerdem kannste dir was Intellektuelles ausdenken.
Mansfeld: Böge suchte mit einfachen Attributen die symbolträchtige Märchengestalt der Fee zu charakterisieren. So wurde die Zuckertüte zum Material künstlerischer Gestaltung.
Böge: Prima, da denken die Leute, ich bin übergeschnappt.
Harriet arbeitet vorrangig auf Papier, mit Tusche, Acryl- und Gouachefarben. Monotypien entstehen als Pause, oder Harriet kratzt Partien aus der schwarz eingewalzten Druckfläche, so daß ihre Einmaldrucke an Kinderzeichnung auf der Schultafel erinnern. Harriet hat sich durch fleißiges Naturstudium zu einer handwerklich sicheren Zeichnerin gemacht. Vielleicht ist es diese Sicherheit, die bewirkt, daß keine ihrer Arbeiten nach Schweiß stinkt, ihre Intuition für Ausdruck ist wirklich beeindruckend. Ihre Blätter – so verschieden sie auf den ersten Blick wirken mögen – sind, wenn nicht witzig, so doch immer gewitzt. Was da an fetten Ärschen, Eierköpfen und gestelzt posierenden Männeln aufmarschiert, gibt Freude.
Die Malerin *Leonore Adler* ist in Leipzig studierte Buchillustratorin, was sie für uninteressant hält, da sie keine Bücher illustriert. Leute, die Leo nicht leiden können, behaupten, sie hätte zuviel Lateinamerika genascht. Ihre Gouachen und Bilder strahlen tatsächlich eine Prise Exotik aus. Gemeinsame Malaktionen mit dem Chilenen Cesar Olhagaray dürften nicht ohne Einfluß auf die recht passabel Spanisch sprechende und nicht europazentristisch denkende Leo geblieben sein. Leo, die auch Feminismus genascht hat, ohne daß sie militante Verfechterin geworden ist, bevorzugt das Thema Mann-Weib-Beziehung. Ihre Arbeiten bauen meist auf der kontrastierenden Wirkung warmer Farben zu kalten Farben auf und erzeugen dennoch oft einen fast durchsonnten Eindruck, da Leo bei kalten Farbtönen stets die jeweils wärmste Nuance wählt. Ich mag besonders die Gouachen, die Leo nach im Zoo angefertigten Skizzen gemalt hat. Leo kann Viecher auf originelle Weise vermenschlichen. Oft sind ihre Arbeiten eine gefährliche Wanderung auf dem schmalen Paß, der das Sentimentale vom Kitsch trennt, daß sie dabei nicht abstürzt, liegt an ihrem – dem Bögeschen nicht unähnlichen – Humor. Leo baut auch zarte Objekte aus Mull und Leisten und ist Verfasserin geistvoll-sensibler Gedankenlyrik.
Als ich *Georg Sacher* 1984 kennenlernte, war er ein schrecklicher Mensch – ständig auf Modell-, d.h. Exotensuche. Faszinierende Frauen und Neurotiker gaben einander die Klinke der Tür zu seinem Atelier in einer nicht mehr vermietbaren Kellerwohnung in die Hand. Georg malte jahrelang meist sehr große expressive Öl-Porträts. Spannungsreiche Bildkompositionen, breite dynamische Konturen, Farbkontraste wie Rot-Grün oder Blau-Orange und sparsame Binnenzeichnung, die dennoch das Charakteristische des Modells erfaßt, sind typisch für diese Arbeiten. In enger Korrespondenz zur Ölmalerei, wie der

Kunstwissenschaftler Peter Hannig sich mal ausdrückte, entstanden auch dem mehr malerischen Naturell Sachers angemessene Lithographien und zwischen Zeichnung und Druckgrafik schwebende Monotypien. Schon 1984 matschte Georg viel mit Ton 'rum und vertrödelte z. B. terrakottene Räuchermänneln auf Märkten. Wenn er heute nach Modellen malt, sind das meist selbst gemachte Terrakotta-Köpfe. Georg sucht nach gültigen Ausdrucksformen für psychische Zustände, wobei ihm seine Erfahrungen als Porträtist zugute kommen. Seine ohne Benutzung eines lebendigen Modells gemalten Köpfe weisen im Vergleich zu früheren Arbeiten eine weniger breite Kontur auf, sein Stil ist subtiler geworden. Seit einiger Zeit malt Georg tote Insekten, immer wenn er eine geeignete Leiche findet, legt er sie in ein sauber ausgewaschenes Marmeladenglas, betrachtet den Tod durch eine Lupe und malt die Naturform stark abstrahierende Gouachen, die ästhetisch sehr reizvoll sind. Als Georg mal stationär behandelt werden mußte, hatte er das zweifelhafte Vergnügen, das Krankenhauszimmer mit jemandem zu teilen, der gerade sein Sterbchen machte – spätestens seither beschäftigen ihn Themen wie Alter, Krankheit und Tod.

1984 waren Arbeiten des damaligen Kunststudenten *Volker P. Lenkeit* mitunter schwer von denen des mit der Familie Lenkeit eng befreundeten Autodidakten Georg Sacher zu unterscheiden. Inzwischen hat der Lenkeitsche Stil enorme Wandlungen erlebt. Volker, still und klug, ist für jede geistige Anregung offen. Seine heutigen Arbeiten sind oft abstrakt. Im Tafelbild und in der Grafik beschäftigt er sich mit Strukturen. Da wird z. B. mit gewellter Pappe collagiert, mit Strippe und Stoff frottiert, in Flächen geschabt und das Auslaufen der Farbe geschickt benutzt. Volker ist für mich wahrscheinlich der wichtigste Ansprechpartner, wenn es um geistigen Austausch und künstlerische Zusammenarbeit geht, was sich spätestens seit dem Spätherbst 1987 entwickelte. Ich hatte den Text und die Konzeption für das Multimedialprogramm »Wahn-Weg« verfaßt und suchte, nachdem ich schon den Geiger Hans-Jürgen Noack und den Bassisten Joseph Grohs zum Mitmachen überredet hatte, jemanden der während der Aufführung malt.

Seit »Wahn-Weg« haben Volker und ich so einiges zusammengemacht. Im Jugendklub »Arena« Leipzig stellten wir 1988 Arbeiten auf Packpapier aus – Volker abstrakte Malereien und ich Sprachblätter wie z. B. »Zwei heldische Alexandriner einen Elfsilber in die Ecke knittelnd«. 1988 hatte ich in der Galerie der Gebrüder Lehmann das Raumpoem »Die Materialisation der Realität des Absurden«, was heißt Texte installiert. Zum Abschluß dieser Ausstellung machten Volker und ich die Aktion »Die malerische Hinrichtung der Literatur« – ich spielte Proletenalltag, und Volker übermalte meine Texte. 1988 machten wir außerdem das Buch »La Materialisazija of the Reality des Absurden«, wobei ich textete und Volker illustrierte. Am 13. Oktober 89 machten Volker, Volkers Tochter Luise, die Krankenschwester Anka Zimmer und ich im Dresdner Leonhardi-Museum »Boot und Baucherstehung« – Aktion und Installation. Für die Installation malte Volker Bilder, während ich Puppen bastelte. Zur Aktion projektions- malte Volker, während ich improvisationsdichtete. Anka und ich bewarfen das Publikum mit Konfetti und Papierfähnchen und fütterten es mit Schmalzstullen. Anka malte mir das Glied grün an, damit ich eine Frottage machen konnte – Kunst setzt Zeichen in die Zeit, zeitweilig und zeichenhaft. Luise sammelte umgefallene Puppen in ihren Puppenwagen.

Im November 1989 machten Volker, *Peter Bauer* und ich zum »Festival der jüngeren Garde« im Klubhaus der Jugend in Cottbus die Installation »Automission«, was heißt eine Raumgestaltung mit Autoschrott, Autoreifen, Schnickschnack und einem auf große Packpapierbahnen geschriebenen Text, der Bezüge zum Turmbau zu Babel herstellte. Der Veranstalter verübelte uns rosa angemalte Brötchen auf der Herrentoilette.
Herr Peter Bauer ist mir seit 1984 bekannt. Die erste Bauernkunst, die ich sah, waren Bilder mit fast ikonenhaft strenger Komposition und, wenn ich mich recht entsinne, viel grün und orange. Auf den Bildern waren lochartig wirkende Kleckse, und Peter erzählte mir, daß er in seine Bilder Leerstellen einarbeiten will, wo der Betrachter nur sich selbst finden kann, weil nischt anderes da ist. Später malte Peter mit Kompressor und Spritzpistole vielfigurige Bilder, die samtartig wirkten. Noch später malte Peter abstrakt, wobei er allmählich durch immer stärkeres Abstrahieren der Naturform zu abstrakten Darstellungen gelangte und nicht von vornherein nur mit Farbe und Form 'rummachte. Heute verwendet Peter oft eine kindlich anmutende Formensprache. Wie er mir verriet, haben ihn schon Zeichnungen, die die sechsjährige Luise Lenkeit großzügig verschenkt, zu Bildern angeregt. Peter erstrebt raumgreifende Kompositionen, weshalb er Assemblage mit Malerei verbindet. Sein Thema ist das Fragmentarische des Alltagsbewußtseins. Er bedient sich gern des künstlerischen Ausdruckswertes, der Dingen des täglichen Gebrauchs und richtigem Kitsch innewohnt. Neulich hatte ich richtig Angst, daß Peter mir eine osterhasenförmige Brosche abreißt, um

108 Volker P. Lenkheit, Luise Lenkheit, Richard Mansfeld, Anka Zimmer: Installation und Aktion »Boot und Bauerstehung« am 13. 10. 1989 im Leonhardi-Museum, Dresden

sie auf eins seiner Bilder zu kleben. Peter hält das Unbewußte für einen wesentlichen Ursprung seiner Arbeiten. Am 14. 10. 1989 machten der Maler Klaus Werner, der Cellist Friedwart Dittmann und Peter im Leonhardi-Museum die Aktion »Russische Indianer«, zu welchem Zweck Bilder, Erde, Steine und allerhand Gerassel im Musentempel installiert wurden. Grundidee der Aktion war, die DDR-Gesellschaft ist Müll, wer was Neues machen will, muß mit Dreck spielen. Zum Abschluß der Aktion wurde ein beleuchtbares Boot vor's Museum getragen, das dann himmelwärts leuchtete ... Hoffnung ...

Neben dem Bauerschen Atelier befindet sich das von *Olaf Pflug*. 1984 malte Olaf Pflug surreal wirkende kleine Bildchen, die einen naiven Reiz ausstrahlten und oft lustig waren. Ich entsinne mich einer Hochseiltruppe, zu der eine Kuh gehört ... Dann wurden Olafs Bilder immer größer und vorübergehend neuwild. Vor zwei Jahren hing Olafs Bild »Hähne« in der Dresdner Bezirkskunstausstellung und offenbarte mir seine Begabung für's Ornamentale. Nunmehr malt Olaf vorrangig Gewächshausbilder, die ornamental-stilisierte Pflanzen mit der Geometrie metallener Konstruktion kontrastieren lassen. Diesen Bildern liegt der Gedanke vom stetigen Sieg der Natur zugrunde. Eine relativ grelle Farbigkeit vor grauen oder brauntonigen Hintergründen assoziiert eine geringe Raumtiefe, während die Farbstrukturen raumgreifend, d.h. pastos und teilweise gespachtelt sind.

Ich, *Richard Mansfeld*, war 1982 ziemlich traurig, und weil ich was Tröstliches haben wollte, malte ich schöne stimmungshafte Landschaften in Echtöl und Essig, wovon »Floratempel im Wörlitzer Park« noch heuer über dem Ehebette meiner Cousine für bürgerliches Wohlbefinden sorgt. Als ich nicht mehr so traurig war, konnte ich mich bildkünstlerisch mit meinen fünf mißglückten Selbstmordversuchen auseinandersetzen, was mir viel Spaß machte. Ich entwickelte dabei stilisierte Männchen mit ausdrucksvoller Gestik, die ich z.Zt. wieder häufig verwende, aber nicht mehr mühsam mit Feinmalpinseln male, sondern aus Buntpapier ausschnipple oder mit Linolschnitten stempele. Nach der Selbstmörderei malte ich dann noch alle möglichen Leute, recht ähnlich und in letzter Konsequenz mit Verzicht auf jede plastische Wirkung – aber mit mittels Kartoffeldruck gemusterten Hindergründen. Von 1986 bis 1988 malte ich fast gar nicht, sondern schrieb erst Satiren und später Lyrik. 1987 stellte ich fest, daß man nach dem Rhythmus von Sprache tanzen kann, was ich erstmals in der Villa »Flora« in Radebeul machte und »La omlette – eine Sprechtanzoper« nannte. Dann machte ich zusammen mit Hans-Jürgen Noack bzw. Joseph Grohs in Dresden, Cottbus und Erfurt das Multimedialprogramm »Zwischen Gott-Ich und Tresenburg«, zu dem der Sprechtanz »Kas San Dra« gehörte. Und dann improvisierte ich zum Aktionskunstspektakel »Nachtmär« in der Dresdner Kunsthochschule Dichtung, d.h. ich erzählte von ca. 21 Uhr bis ca. 3 Uhr »Das glückliche Leben des Peter Paul Kummer«. Und dann entwickelte ich meinen Kunstbegriff, der besagt, daß Kunscht die sich ausdrückende Seite aller Dinge und Erscheinungen ist, und stellte eine Theorie auf, die behauptet, daß visuelle Wahrnehmung, sprachliche Abstraktion, Sprach- und Bilddenken sich in einem einheitlichen Vorgang wechselseitig durchdringen und deshalb auch so dargestellt werden können. Mein Kunstbegriff und die hübsche Theorie sind auch heute noch Grundlage meiner Arbeit. Als ich Ende 1988 begriff, daß Handschrift Zeichnung ist, konnte ich endlich wieder bildkünstlerisch arbeiten, zerschnippelte alle früher auf Papier gemachten Arbeiten, klebte sie neu zusammen und kommentierte das Ganze.

1989 schrieb ich Puppenspiele in Saum-Kunstsprache, die ich in Dresden, Leipzig, Potsdam, Brandenburg und Saxdorf aufführte. Im Januar 1990 machten *Stefan Schilling* und ich anläßlich eines Solidaritätsabends für Rumänien in der Galerie der Gebrüder Lehmann die Aktion »Unten leben«. Stefan verlas sowas wie die Autobiografie einer vertrottelten Proletarierin im Rentenalter und war als König verkleidet. Ich hatte nischt an und krabbelte improvisationsdichtend unter rotem Fahnenstoff, SED-Auszeichnungsmappen, vertrockneten Blumen und Küchengeräten herum, leckte den Zuschauern die Schuhsohlen ab und sabberte ständig. Mein Versuch zu onanieren scheiterte, da Herr Penis streikte. Bei meinen Aktionen bevorzuge ich Alltagsmaterialien und vermeide technischen Aufwand. Als Bildmachmensch arbeite ich z.Zt. ausschließlich auf Papier und kombiniere Monotypie mit Linolschnitt, Collage und in kyrillischer, lateinischer und deutscher Kurrent geschriebenen Texten. Zum Collagieren benutze ich – aus ähnlichen Gründen wie Peter Bauer – Zeitungen, Geschenkpapier, Verpackungen aller Art, Stoffreste, Kinderbroschen aus Plast, Straß und echtes Silber.
Pfui, hab' ich eitel viel über mich selbst geschrieben! Und Stefan Schilling und *Matthias Schneider* sind gebürtige Erfurter, die seit einiger Zeit in Dresden leben und ihre Kunst meist gemeinsam produzieren. Momentan fertigen die beiden Gemeinschaftsmonotypien, die ich ein bissel Neudada finde, während die Schöpfer sie als alltagssurreal bezeichnen. Die damals der Punkszene angehörenden Stefan und Matthias dürften 1980 in der Erfurter Kulturbundgalerie mit »Wort, Bild, Musik« 1 und 2 für erstes Aufsehen gesorgt haben. Bei »Wort, Bild, Musik« 1 erklärten sie – als allergische Reaktion auf die landesüblichen Schlafmittel-Vernissagen – einzelne Bilder Rubin Schmidtkes. Bei »Wort, Bild, Musik« 2 stellten Matthias, Stefan und Ulf Rickmann aus. Es gab Mozart, eine Weimarer Musikstudentin, die Schönberg auf dem Schifferklavier spielte, Publikum, das sich an einer Malaktion beteiligte, und Publikum, das wutentbrannt Bilder zerschlitzte. Bei »No-Art 1« stellten 1982 in einem Erfurter Fachwerkhaus Schilling, Schneider und Christian Duschek Bilder sowie Gabi Kachold und Conny Schleime Fotos aus. Diese Ausstellung mußte nach einer Woche geschlossen werden und brachte den Beteiligten Verhöre durch die Staatssicherheit, Hausdurchsuchungen und die Androhung von Haftstrafen bei erneuter illegaler Ausstellerei ein. Im Frühjahr 85 veranstalteten Stefan und Matthias auf der Erfurter Krämerbrücke eine Malaktion, für die sie Schnapprollos verwendeten. Nachdem die Rollos bemalt waren, wurden sie an der Brücke installiert, wo sie verblieben, bis das Wetter sie entfernte. Vermutlich hatten die Wächter der Ordnung hier was Offizielles vermutet. Im Sommer 1985 wurde bei der inzwischen legendären Coswiger »Intermedia« die Aufführung von Stefans Film »Paint black«, zu der Matthias (Gitarre) und Jens Pallas (Baß) live musizierten, vom Veranstalter als Unkultur bezeichnet und abgebrochen. »Paint black« (8mm) besteht aus schwarzen und grauen Verißaufnahmen. Und ... und ... Matthias war von 1981 bis 89Sänger und Texter der Bands »Dacota Artists« und »Alex Merz«. 1989 gab's in der Dresdner Kunsthochschule »Running to stand still« – ein Konzert mit sieben Super-8-Filmen von Schneider und Schilling und Musik mit Jens Pallas (Gitarre) und Thomas Schiller (Baßgitarre) u.a. 1989 sah ich in der Galerie der Gebrüder Lehmann Stefans Film »Ein andalusischer Hund, Teil 2«, der teilweise übermalte Aufnahmen enthält und sehr amüsant im Erfurter Dialekt seines Machers kommentiert wird.

Thomas Reichstein, Plastikstudent im Diplomjahr hat ein Gastsemester an der Hochschule für industrielle Formgestaltung in Halle-Burg Giebichenstein studiert, was ihn zur technoiden Form brachte. Innenform und Außenform – eckige und rundliche Formen aus gebogenem Rohr durchdringen einander. Der Reiz Reichsteinscher Plastik besteht in ihrer raumgreifenden Wirkung. Ich hoffe, Thomas kann 'mal sehr groß arbeiten. Ich würde gern in einer seiner Plastiken 'rumlaufen und klettern.

Holger Lippmann, wie Thomas Student der Bildhauerei im Diplomjahr, ist so ziemlich dessen Gegenteil. Seine Plastiken wirken fast statuarisch auf mich. Sie sind aus geometrischen Flächen, wie Dreiecken, Kreisen, Halbkreisen, Rechtekken, und Körpern, wie Halbkugel und Kegel zusammengesetzt und beinhalten gelegentliche Zitate aus der Welt des Technischen, wie Deichsel mit Wagenrädern, Gasabstellschalter und Motoranlaßschalter. Sparsam angewandt – tragen Gravuren, Bohrungen und reliefartige Gestaltungen zum charakteristischen Ausdruck Lipmannscher Plastik bei. Trotz geometrischer Flächen und Körper hat das ganz wenig bis nischt mit Konstruktivismus zu tun. Holgers Plastiken sind fast immer eindeutig menschliche Einzelfiguren oder Paare.

Holger verbindet eine enge Freundschaft mit *Erdal* alias *Robert Makolies*. Die beiden haben zusammen gefilmt und malen und musizieren gemeinsam. Erdal macht surreale Zeichnungen, auf kostbar wirkenden künstlich gealterten Papieren, die sich durch handwerkliche Akribie auszeichnen. Mit höchster Finesse versteht er beim Zeichnen die Oberflächenstruktur des Papiers zu nutzen. Erdals Collagen, Ölbilder und Objekte sind mitunter von skurrilem Humor geprägt. Ich erinnere mich, an einer überdimensionalen Krawatte aus Metall auf der ein Vögelchen thront, meinen Spaß gehabt zu haben.

Wenn *Lothar Rericha* ein Bild malt, fängt er ohne allzu konkrete Formvorstellungen an, läßt die ganze Sache sich allmählich entwickeln und verändert oft. Das hängt damit zusammen, daß Lothar sich kaum von spontanen Sinneneindrücken anregen läßt, sondern malend Probleme abarbeitet, die er anders nicht zu fassen vermag. Menschliche Figuren mit ausdrucksvoller Gestik heben sich stark vom Hintergrund ab, wobei Hell-Dunkel-Kontraste eine wichtige Rolle spielen. Lothar pflegt intensiv die Technik des Flächenholzschnitts, was ich ihm zur Ehre anrechne. Mit dem anstrengenden Holzschnitt, gleichgültig ob Flächen- oder Linien-, befassen sich in Dresden nicht viele, ein Jungscher fällt mir in diesem Zusammenhang überhaupt nicht ein.

Wenn ich jetzt das Geschreibe an meiner Mischung aus Kunstbetrachtung und Klatsch beende, erhebe ich um Gottes Willen keinen Anspruch auf Vollständigkeit, da gibt es zum Beispiel noch die Halbgriechin Alexa Walachopulos, deren Farbgrafik die Heiterheit orthodoxer Osterbilder ins nebliche Elbtal trägt, Jana Milew, der die Gelantine ist, was dem Beuys das Fett, und ... und ... Ich habe auch keine gerechte Auswahl nach irgendwelchen qualitativen Kriterien getroffen, ich habe nur ein bissel über die Welt geplaudert, in der ich lebe – wie man halt so plaudert.

Die Kunstausstellung Kühl

Johannes Kühl im Gespräch mit Peter Nüske

Ein unauffälliges Gebäude in der Zittauer Straße der Dresdener Neustadt ist seit mehr als 40 Jahren eine wichtige Adresse für Kunstfreunde. Im sogenannten »Schleppsäbelviertel« gelegen – genauer, auf einem Gelände, wo noch vor ca. hundert Jahren Königlich-sächsische Kavallerie exerzierte – verweist ein unscheinbares Schild an der Gartentür des Hauses Nr. 12 auf die Existenz der »Kunstausstellung Kühl«. Wer einmal hier war, weiß um die in mehrfachem Sinne Einmaligkeit dieses Hauses. Es beherbergt eine Galerie, die 1989 auf 65 Jahre ihres Wirkens in Dresden zurückblicken konnte. In der Ausstellungsetage lebt noch viel von der charakteristischen Atmosphäre alter Kunsthandlungen. Malerei und Graphik in mehreren Räumen an den Wänden, auf Tischchen und Konsolen. Daneben und dazwischen Skulpturen, Vasen, Kunstliteratur und Mappenwerke. Jeder Raum bietet eine eigene, man hat den Eindruck, in Jahrzehnten geprägte Identität. Die wechselnden Ausstellungen fügen sich in dieses Interieur und profitieren zugleich von dessen fast familiär intimer Unverwechselbarkeit.
Johannes Kühl, der in zweiter Generation seit mehr als 25 Jahren die Leitung des Hauses innehat, gibt Auskunft:
K.: Mein Vater, 1886 in Hannover geboren, hatte nach einer Lehre als Buchhändler und Aufenthalten in Hamburg und dann in England dort 1911 durch Zufall die Annonce der Galerie Arnold aus Dresden in einer Tageszeitung gelesen und sich dann für die dort ausgeschriebene Stelle eines leitenden Mitarbeiters beworben. Er wurde sofort eingestellt und hat dort über Jahre Präsentationen betreut und mehrfach auch außerhalb Dresdens begleitet. In einer Art »Palastrevolution« nach Auseinandersetzungen mit dem Inhaber der Galerie, Arnold Gutbier, machte er sich 1925 selbständig.
Die ersten Ausstellungsräume befanden sich am Fuße der Friedrich-August-Brücke, heute Dimitroff Brücke, hinter dem sogenannten »Narrenhäusl« im Hotel »Kaiserhof«, das damals jedoch schon als Bürohaus genutzt wurde.
N.: Mit welchen Namen verbindet sich die Ausstellungstätigkeit der ersten zehn Jahre?
K.: Die Kunstausstellung Kühl war über alle Jahrzehnte natürlich immer ein Forum für die Dresdener Kunst und vornehmlich deren lebende Künstler. Aus diesen Jahren fallen mir noch Namen ein wie Carl Voll, Paul Wilhelm oder Josef Hegenbarth. Daneben aber auch die Maler der »Brücke« oder Karl Hofer. Karl Schmidt-Rottluff hatte noch im ersten Jahr, ich glaube 1925, bei uns eine Personalausstellung. Als Hannoveraner hatte mein Vater gute Beziehungen zur Kestner-Gesellschaft und zu Sophie Küppers. So gab es 1925 bei Kühl eine der ersten, wenn nicht die erste Einzelausstellung von El-Lissitzky. Auch Ausstellungen von Piet Mondrian 1925 und Moholy Nagy, von Hermann Glöckner 1927 gehören in diesen Kreis. Unter den Vielen ist noch unbedingt die erste Ausstellung des jungen Hans Hartung im November 1931 zu erwähnen. Der spätere Meister der Ecole de Paris trat hier erstmals an die Öffentlichkeit.
N.: Ein solches Spektrum stellte nach 1933 eine deutliche Herausforderung dar. Wie lebte man damit?

K.: Die drei Ausstellungsräume im Hause an der Friedrich-August-Brücke lagen im Hochparterre. Nach 1933 wurden die Räumlichkeiten des Gebäudes mehr und mehr von Dienststellen der NSDAP vereinnahmt. Das Gezeigte war so eine beständige Provokation und unmittelbarer Anlaß zunehmender Auseinandersetzungen bzw. Pöbeleien. Die stärkere Hinzunahme eines bei Sammlern sehr geschätzten Gebietes – den Ostasiatica – konnte diesen Zustand nicht verbessern. So hat mein Vater 1936 die Räume dort aufgegeben und ist »in die Etage gegangen«. In sehr schöner Lage, auf der Kleinen Brüdergasse 21, mietete er die zweite Etage in einem Barockpalais mit Blick zum Zwinger, in einem Winkel zwischen Sophienkirche und Taschenbergpalais. Dort zeigten wir weiter dasselbe Programm. Die Dresdner mit Otto Dix, die Brücke-Leute, Karl Hofer und Emil Nolde. In einem Büroraum für »spezielle Kunden« konnte man auch zeigen, was nicht ständig an der Wand hing. Die Notwendigkeit solcher Praxis ist mir selbst noch gut in Erinnerung in Gestalt einer Visitation unserer Räume nach entarteter Kunst unter Leitung des zum Stadtverordneten aufgerückten Malers Prof. Willy Waldapfel (Später Rektor der Staatlichen Kunstakademie, P. N.). Regelmäßige Ausstellungen hatten in diesen Jahren beispielsweise Hans Theo Richter und Curt Querner. Der Ausstellungsbetrieb wurde auch während des Krieges fortgesetzt, wenngleich mein Vater teilweise dienstverpflichtet war in der Stadt als Sanitäter. Der Bombenangriff vom 13. Februar, der die gesamte Innenstadt vernichtete, bedeutete auch das Ende für die Kleine Brüdergasse. Zusammen mit allem anderen verbrannte auch die gerade laufende Ausstellung des fast vollständigen Frühwerkes von Ernst Hassebrauk.

N.: Angesichts der Totalzerstörungen in Dresden, der Wohnungsnot und der Schwierigkeiten, die elementarsten Lebensgrundlagen zu sichern, erscheint es fast als ein Wunder, daß die »Kunstausstellung Kühl« schon kurz nach Kriegsende wieder eigene Ausstellungen präsentierte. Wie sah der Neubeginn aus?

K.: Ich selbst kam erst 1946 aus französischer Gefangenschaft zurück und mein Vater lag mit Hungerödemen im Krankenhaus. Und trotzdem, die Fortsetzung der Arbeit hatte für meinen Vater eine so selbstverständliche innere Notwendigkeit, daß sie ohne Alternative war. Ausstellungen gab es wohl erst wieder seit 1946, denn auch das Haus auf der Zittauer Straße, in dem zuerst nur eine Wohnung gemietet war, hatte Schäden davongetragen. Ich erinnere mich aber, daß ich kurz nach meiner Rückkehr, mein Vater lag noch im Krankenhaus, die Räume dort besuchte und im leeren Zimmer zwei Gemälde an die Wand gelehnt fand – ich glaube Otto Mueller und Hans Purrmann. Das war der Anfang. Ich glaube auch, daß die Haltung meines Vaters und damit seine Verdienste um eine zwölf Jahre unerwünschte Kunst Beamten in den Dienststellen der Stadt- und der Landesverwaltung durchaus bekannt waren. Meine erste Begegnung mit Herrn Dr. Fritz Löffler hatte ich beispielsweise auf dem »Dienstwege« beim Ersuchen auf Zuteilung von Fensterglas für die Räume auf der Zittauer Straße. Er war damals Angestellter der Stadtverwaltung – Abt. Kultur – in einem Gebäude der Melanchthonstraße, heute eine Berufsschule. Von regelmäßigen Ausstellungen kann man frühestens seit 1946 sprechen. Wir blieben unserer Tradition treu. So wurde noch 1946 ein Großteil des frühen Tafelwerkes von Glöckner gezeigt. Es folgten Ausstellungen von E. W. Nay und K. O. Götz, von den Bildhauern Blumenthal, Balden und, in Verbindung mit Schmidt-Rottluff, Arbeiten von Friedrich Press.

109 Jörg Sonntag, Ausstellung »Goldige Zeiten« 1988 in der Kunstausstellung Kühl. Im Vordergrund: »Geschützter Fetisch«

N.: Der Firmenname »Kunstausstellung ...« ist nicht eben gewöhnlich für ein Unternehmen des Kunsthandels. Wieviel Absicht liegt in dieser Namensfindung?
K.: Das war wohl schon zu Beginn eine Frage des Maßes und nicht zuletzt der persönlichen Bescheidenheit meines Vaters. Angesichts einer Galeriestadt wie Dresden erschien die Bezeichnung »Galerie Kühl« als äußerst prätentiös gemessen am doch eher bescheidenen Rahmen unserer Tätigkeit und Möglichkeiten. Er war, für einen Kunsthändler selten, selbst kein Sammler und verstand sich ganz als Vermittler oder besser Mittler zwischen Künstlern und kunstsinnigem Publikum. Eine andere Seite der Mittlerrolle ließe sich mit einer längeren Liste der Werke belegen, deren Ankauf in Staatliche Sammlungen unseres Landes durch meinen Vater vermittelt worden ist. Dr. Löffler formulierte nach dem Tode meines Vaters dessen Rolle einmal so, ich darf zitieren: »Jede schwierige Besprechung über Möglichkeiten einer Ausstellung, eines Verkaufes oder Kaufes begann mit der Frage ›Waren Sie schon bei Kühl?‹ oder endete mit dem Rate ›Gehen Sie doch einmal zu Kühl‹, wenn kein Ausweg sich fand.«
N.: Welcher Art waren die Veränderungen für die Firma Kühl, die sich aus Ereignissen wie der Währungsreform 1948 oder der Gründung finanziell selbständiger Verkaufsgenossenschaften bildender Künstler zur Ablösung des privaten Kunsthandels ergaben? In diesen Jahren sind doch nach und nach die bis dahin sehr zahlreichen privaten Kunstgalerien auf dem Boden der DDR verschwunden?
K.: Ich glaube, daß ein großer Teil der nach dem Kriege ja erst aus dem Boden schießenden kleinen Galerien, Kunsthandlungen einfach nicht die nötigen Voraussetzungen für eine solche Arbeit mitbrachten; oft die Hoffnung auf schnellen und großen Gewinn die Mutter solcher Gründungsgedanken gewesen ist. Ich erinnere mich an einen »Schlauch« kleinster Galerien dieser Art auf der Bautzener Straße. Die Kunsthandlung Richter war ja keine Nachfolge von Emil Richter, sondern das Unternehmen eines Glasermeisters Rudolf Richter. Die Mehrheit dieser Galeristen dürfte sich wohl einfach übernommen haben in ihren Vorstellungen von Kunsthandel. Ein echtes Sammlerpublikum hat es ja noch gegeben und Seriosität erhielt uns die Verbindungen zu einem angestammten Kundenkreis z. B. des Chemnitzer (Karl Marx Städter) Raumes. Unangenehm und aufreibend waren dagegen lange die oft umständlichen Genehmigungsverfahren für jedes Faltblatt und das Einreichen von Ausstellungskonzeptionen zur Begutachtung. Noch die Willy-Wolff-Ausstellung 1968 war ein solches Beispiel komplizierter Vorbereitungen und Hemmnisse. Als Konkurrenz habe ich die Genossenschaft nie verstanden und in Erinnerung. Kühl war nach dem Kriege lange Zeit für die Künstler die einzige Möglichkeit, in Dresden auszustellen.
N.: Im Dezember 1965 verstarb Ihr Vater und Sie führen seitdem das Unternehmen.
K.: Nach der Übernahme der Galerie war die Gedenkausstellung zum 80. Geburtstag meines Vaters 1966 der erste Höhpunkt. Besonders eindrucksvoll waren die Ausstellungen für Edmund Kesting 1982 und Otto Niemeyer-Holstein 1985. Jedoch auch die wiederholten Ausstellungen von J. Beutner, Dix, Hassebrauk, Hegenbarth, Jüchser, den Brüdern Lachnit, R. Langner, Lohse, Hans Körnig, Querner, Albert Wigand, Paul Wilhelm u. v. a. sowie die der nächsten Generationen wie Altenbourg, W. Förster, G. Lepke, H. Naumann, Max Uhlig, Weidensdorfer, Werner Wittig bis hin zu Jörg Sonntag möchte ich da nennen.

Das Kupferstich-Kabinett der Staatlichen Kunstsammlungen Dresden

von Werner Schmidt

Das älteste deutsche Kupferstich-Kabinett – und noch heute eines der bedeutendsten – verband stets die Würdigung der alten Meister mit der Aufmerksamkeit für zeitgenössische Kunst. In seinen Blütezeiten von 1720 bis 1756 und von 1882 bis 1914 wurden Künstler wie Piranesi, Tiepolo, Boucher und Chardin sowie Manet, Toulouse-Lautrec, Ensor, Munch und Kollwitz schon im Alter von 30 bis 40 Jahren gesammelt. Diese Tradition verpflichtete, als durch die Rückkehr der 1945 nach Moskau und Kiew verbrachten Sammlungen das Dresdner Kupferstich-Kabinett 1959 wiedererstand. Heute bewahrt es die reichste Sammlung von Künstlern der DDR mit etwa 6500 grafischen Blättern und 5000 Zeichnungen, sowie die beträchtlichen Bestände zeitgenössischer Kunst aus der Bundesrepublik, der Sowjetunion, Polen, der Tschechoslowakei, Ungarn, Frankreich, den USA, Österreich, dazu Werkgruppen von japanischer, schweizerischer, italienischer, bulgarischer, schwedischer, finnischer und niederländischer Grafik.
Die Bemühung um Picasso begann 1960 mit dem Kauf von Plakaten und erfuhr ihren Höhepunkt durch eine große Ausstellung 1965 und Kahnweilers Schenkung von 20 erlesenen Drucken. Einzelne Blätter von Joan Miró, Friedlaender und Wols wurden 1965 erstmals ausgestellt. Der Einsatz für die russische Moderne begann 1960 mit Faworski und führte über Kaplan, Lebedew, Lissitzky und Rodtschenko bis zu Bulatow, Kabakow und Jankilewski. Die erste Übersicht über die polnische Avantgarde wurde 1981 in der DDR gezeigt, über die tschechoslowakische 1990. Mit Originalplakaten der eigenen Sammlung konnte 1980 zum ersten Mal in der DDR eine Präsentation der amerikanischen Kunst von Calder und Albers bis zu Oldenbourg, Serra und Naumann geboten werden.
In gleicher Weise waren die Retrospektiven Marc Chagalls 1976 und Paul Klees 1984 Premieren für das isolierte Land. Unter zahlreichen Künstlern der Bundesrepublik Deutschland sind Ackermann, Antes, Baselitz, Baumeister, Beuys, Brehmer, Götz, Graubner, Grieshaber, Janssen, Klapheck, Loth, Marcks, Nay, Schreiter, Schultze, Staeck, Stoehrer, Trier, Uecker, Ursula, Werner und Wunderlich mit größeren Werkgruppen in der Sammlung vertreten.
Gleichzeitig setzte sich das Kupferstich-Kabinett mit Nachdruck für die einheimischen Künstler ein, gleichermaßen für die hervorragenden realistischen Künstler, wie Hassebrauk, Hegenbarth, Heisig, Heuer, Kettner, Kretzschmar, Wilhelm Lachnit, Hans Theo Richter, Seitz, Tübke und Paul Wilhelm, wie für die Avantgarde, um deren Förderung sich das Dresdner Kupferstich-Kabinett so frühzeitig und so nachdrücklich wie kaum ein anderes Museum des Landes bemühte. Glöckner, Wilhelm Lachnit, Willi Wolff, Albert Wigand, Manfred Luther, Altenbourg, Carlfriedrich Claus, Uhlig, Wilhelm Müller, Tucholke, Morgner und Penck sind vor zahlreichen Jüngeren zu nennen. Die beiden Retrospektiven über die Grafik der DDR 1969 und über die Zeichnung 1974 mit ihren Katalogen gaben der Kunstgeschichte Impulse.
Aus dem bis heute lebendig fortgeführten Jugendklub des Kupferstich-Kabinetts

gingen seit 1964 die alljährlichen Grafikauktionen hervor, die sich bald auf alle Kunstgattungen ausdehnten und als Forum des freien künstlerischen Wettbewerbs in einer Zeit der Zensur und Manipulation Bedeutung erlangten.
Die Einbeziehung der Fotografie unter künstlerischen Maßstäben, auch mit Ausstellungen und Katalogen, wirkte anregend auf andere Museen. In der Sammlung von künstlerischen Fotografien, die heute etwa 5000 Abzüge und 143 Daguerreotypien umfaßt, ragen Werkgruppen von Hugo Erfurth, Edmund Kesting, Wols, Pan Walther, Horst Janssen, Ulrich Lindner und Hans-Ludwig Böhme hervor.
Dieser Einsatz für die Moderne führte mehrfach zu Konflikten mit den von der SED geführten Behörden. 1967 wurde die Ausstellung junger Künstler der DDR untersagt. Der Glöckner-Katalog durfte nach dem Ende der Ausstellung 1969 nicht weiter verkauft werden. Aus der Ausstellung »Dialoge« wurden 1970 Arbeiten von Paul Klee, Picasso, Rauschenberg und Wunderlich entfernt und der Katalogverkauf verboten.
Valuta zur Erwerbung aus dem Ausland standen – mit Ausnahme von 1000 DM im Jahre 1960 – niemals zur Verfügung, auch nicht zu Ankäufen aus den kommunistischen Ländern. Um so mehr unterstützten die Künstler das Museum, das sich unter schwierigen Umständen ihr Vertrauen erwarb. Auch die meisten Arbeiten der Avantgarde der DDR konnten nicht aus den bescheidenen staatlichen Fonds bezahlt werden.
Gleichzeitig mit seinem Einsatz für die zeitgenössische Kunst erschloß das Dresdner Kupferstich-Kabinett seine Schätze an Werken alter Meister und verdeutlichte den inneren Zusammenhang von Tradition und Innovation.

110 Ausstellung »Hans Hartung-Grafik« 1983 im Kupferstich-Kabinett Dresden

Kunstlandschaft Oberlausitz

von Dieter Hoffmann

Ein Ortsname aus der Lausitz ist in die Kunstgeschichte der jüngeren Moderne eingegangen: Baselitz. Der Ort, den der Maler Georg Kern als Zwanzigjähriger im Jahr 1958 mit seinem Namen sich anverwandelte, heißt, etwas genauer, Deutsch-Baselitz und ist in der Oberlausitz, nahe der Stadt Kamenz gelegen. Georg Kern, nunmehr Baselitz, lebt in Derneburg bei Hildesheim, auf einem Schloß, das einem Oheim der Helene von Nostitz gehörte, jener sächsischen Diplomatengattin, die durch ihre Erinnerungen an das »festliche Dresden« und das »alte Europa« bekannt wurde.

Wer die geographische Herkunft des Malers Baselitz kennt, glaubt sagen zu können: Ja, da spürt man die Lausitz, noch heute. »Ich komme aus einem Dorf, das Deutsch-Baselitz heißt. Das Nachbardorf heißt Wendisch-Baselitz. Das ist 3 km weg, durch den Wald. Dort wohnen die Wenden und Sorben... Wir waren als Protestanten ziemlich weit nach Osten gerückt. Alle Ortschaften östlich von uns waren sorbisch, also katholisch... Unsere Legenden... hatten immer zu tun mit Dingen, die in der Erde sind. Es gab keine Luft-, sondern nur Erdgeister, die meist im Wald lebten... Ich habe das Geheimnis der Legenden durch Graben gelöst. In der Erde nämlich waren die Urnengräber aus der Frühgeschichte.« (Baselitz im Gespräch mit Heinz Peter Schwerfel, Kunst heute Nr. 2, Köln 1989)

Slawisches hat sich in der Lausitz als eine Enklave lebendig erhalten: Der Osten beginnt fünfzig Kilometer hinter Dresden, ja schon dreißig Kilometer, am Keulenberg, dem zwei andere Berge folgen, Bilebo und Czschornebo, Namen, die an alte Wendengötter erinnern. Noch näher an Dresden heran bereiten Ortsnamen wie Lausa – bekannt durch Wilhelm von Klügelgens »Erinnerungen eines alten Mannes«, dann als Wohnort der Neusachlichen Franz Lenk und Erich Ockert – und Lausnitz, wohin es den aus der Lößnitz stammenden wenig bekannten Maler Carl Friedrich Treber verschlagen hatte, auf den breiten Landstrich der Oberlausitz vor, deren Bahnstationen zweisprachig ausgeschildert sind: Bischofswerda-Biscopici, Bautzen-Budissin, Kamenz-Kamenice.

1956 soll Baselitz Förster werden, nachdem ihn die Dresdner Akademie ein Jahr zuvor abgewiesen hatte (wie einst, kurz nach der Jahrhundertwende, Max Beckmann!). Wie sein Biograf Andreas Franzke mitteilt, besteht er die Aufnahmeprüfung an der Forstschule von Tharant, beginnt jedoch die Ausbildung nicht, sondern geht nach Berlin an die Kunsthochschule in Weißensee. Bereits nach zwei Semestern wird er zusammen mit dem Dresdner Peter Graf wegen »gesellschaftlicher Unreife« von der Hochschule verwiesen.

Über Graf lernt er Jürgen Böttcher kennen, der seit 1955 in Babelsberg bei Berlin an der »Deutschen Hochschule für Filmkunst« studiert. In Dresden war Böttcher Anfang der fünfziger Jahre in seinem Malkurs an der Volkshochschule Mittelpunkt eines Freundeskreises, zu dem Ralf Winkler (A.R. Penck), Peter Graf, Peter Herrmann und Peter Makolies gehörten. Später bekannt geworden als Dokumentarfilmregisseur, nahm Böttcher, wenn er als Maler auftrat, den Ortsnamen seiner Heimat in der Oberlausitz an: Strahwalde bei Löbau, allerdings ohne ›h‹. Von der Gruppe blieb er der ›Ländlichste‹ dank seines Arkadien Strahwalde.

»Zeichnen ist für mich oft so wie Singen ohne Worte. Am meisten Spaß macht es, wenn ich die Melodie (im übertragenen Sinne) auch noch erfinde...« Böttcher-Strawalde ist, geprägt von der Oberlausitz, ein romantisch-naivischer Zeichner, der sich Traumlandschaften erfindet. Dem Kind traten Fabelwesen aus der Maserung des väterlichen Holzhauses entgegen, Vorboten des Krieges, des Einbruchs in die Idylle, der Zerstörung der Kindheit. Die innere Emigration, die der Vater, ein Lehrer, gesucht hatte, hielt die Katastrophe nicht auf. 1944 war die Landschaft ein Leichenfeld. Noch 1958 gedachte der Maler ihrer im Bild der »Beweinung«.

Baselitz indessen verließ 1957 Ost-Berlin und immatrikulierte sich an der Hochschule für Bildende Künste in Berlin-Charlottenburg. Dort traf er auf die informellen Exerzitien in ihrem Spätstadium. Noch im gleichen Jahr begann er nach Bildern von Ferdinand von Rayski zu zeichnen, die ihm durch seinen Onkel aus Dresden vertraut waren. Daraus entstanden dann die imaginären »Rayski-Porträts« ab 1959: »Diese Malerei kam noch aus der Schule des Tachismus, aber auf jedem Bild gab es bereits einen Haken. Dieser Haken, das war die Nase, oder ein Beutel, oder eine Träne. Diesen Haken habe ich immer gebraucht.« Es ist sicher kein Zufall, wenn Baselitz gerade in dieser Situation des Übergangs, in der er »auf dem Haken bestand« und damit sich der westlichen Vorstellung vom »Fortschritt der Malerei«, »eben der Elimination jeglicher Darstellung«, widersetzte, den Namen seines Geburtsortes annahm und sich so zu seiner »wendischen Kindheit« bekannte. Zugleich orientierte er sich an einer vertrauten Figur seiner ersten Kunststudien in Dresden: Ferdinand von Rayski, der frühe deutsche Realist des 19. Jahrhunderts, machte von Dresden aus seine Reisen, porträtierte seine Standesgenossen auf den Schlössern und Rittergütern im Erzgebirge, im Meißnischen Land und in der Oberlausitz; er hat in Pulsnitz, Wohla, Reibersdorf, Milkel, Radibor, Wurschen, Prietitz gemalt.

Eine Generation später als Baselitz muß Angela Hampel, 1956 in Räckelwitz bei Kamenz geboren, den Umweg zur Kunst als Forstarbeiterin machen. Kann man sich diese Dresdnerin heute noch in der Lausitz vorstellen? Nein. Aber letztendlich lebt sie, wo auch immer sie sich befände, in ihren Privatmythen, liebäugelnd mit Blake und Füßli (von dem die Dresdner Galerie ein vorzügliches Shakespeare-Motiv besitzt); ihre kahlköpfige Kunstfigur ist Skinhead wie Nofretete.

England! Ägypten! Hatte nicht Fürst Pückler einst im 19. Jahrhundert in Muskau und Branitz seine englischen Parks angelegt, und war er nicht als Semilasso großherrlich abenteuernd durch den Orient gezogen! Aber Angela ist nicht eines Pücklers Schnucke noch Machbuba, sie macht viel Wesens um die Emanzipation.

Kräftig hatten hier in der Lausitz die Bilder des Hamburgers Carl Lohse geglüht. Früh begabt, von Alfred Lichtwark gefördert, zog in den zwanziger Jahren Dresden ihn an und verschlug familiäre Lockung ihn in die Lausitz: Er heiratete einigermaßen wohlhabend. Zuletzt zählte er sich zu »Jehovas Zeugen«, er glühte für die Apokalypse. Als Maler geriet er in Vergessenheit, bis Emilio Bertonati in Mailand und München ihn wiederentdeckte.

Wollte man verallgemeinern, müßte man sagen: Die Frauen der Lausitz sind praktisch und wissen, was sie wollen. Manch Dresdner, nach Dresden eingewanderter Künstler hat sich seine Frau aus der Lausitz geholt: Der Hesse Albert Wigand, der Thüringer Gerhard Kettner, die aus dem Südwesten Sachsens stammenden Hans Jüchser und Helmut Schmidt-Kirstein.

Kirstein war kurz vor Kriegsausbruch als Gewerbelehrer für dekorative Berufe nach Bischofswerda versetzt worden, kam 1945 von der Front zurück, voll italienischer Erinnerungen. Für ihn waren Pechstein, Otto Mueller, Matisse die eigentlichen Lehrmeister. In den ersten Nachkriegsjahren druckte er seine Lithographien, die Italien und Lausitz verbanden, in der Steindruckerei Schneider und Weise, dann zu Hause, Am Markt. Kirstein hat gern das »Fabrikgäßchen« gemalt, auch den Gasthof »Neuer Anbau«, den »Stadtturm in B.«, mehr aber noch den alten Garten, dessen herbstliche Süße wie aus Gedichten Georg Trakls anmutet. Weil seine Frau aus der Lausitz gebürtig war, empfand er diese Landschaft als erotisch. Ein Gartenbrief von Ursula, Ende September 1976: »Die Nächte sind wieder milder und wir feiern ab und zu bis in die Dunkelheit bei Wein Laternenfeste – friedlich und still ist das alles ringsum – so wie früher – und fern an uns rollen oder rauschen Züge vorüber – ohne aber den Wunsch stark werden zu lassen – in ihnen zu sitzen.« Sieben Jahre später ist Ursula Schmidt-Kirstein in Dresden gestorben, zwei Jahre danach folgte der Künstler ihr.
Merkwürdig berührt es im Rückblick, daß Will Grohmann, frühzeitiger Kämpfer für Paul Klee und Ernst Ludwig Kirchner, nach 1945 am geistigen Wiederaufbau Dresdens beteiligt, bald aber »Kunstpapst« in West-Berlin, von wo aus er sich vor allem für den Stuttgarter Generationsgefährten Willi Baumeister einsetzte, in Bautzen geboren ist. Wolfgang Balzer, drei Jahre älter als Grohmann, im selben Jahr gestorben, vor 1933 Direktor des Dresdner Kunstgewerbemuseums, in den

111 Helmut Schmidt-Kirstein, Landschaft mit Kirchturm von Großdrebnitz, 1969

ersten Nachkriegsjahren Direktor der Staatlichen Kunstsammlungen Dresden, zur Zeit der Formalismus-Diskussionen in Ungnade, schenkte seine Kunstsammlung nicht der geliebten Vaterstadt, sondern mit voller Absicht der »Provinz«, Bautzen.

Hier, im Stadtmuseum, dessen Kunst-Abteilung dem Direktor Hans-Günther Hartmann untersteht, einem Schwiegersohn des Dresdner Malers Otto Westphal, sieht man Lausitzer Brauchtum (Vogelhochzeit, Eierrollen, Blaudruck und Keramik) neben Werken der Dresdner Malerschule, aber auch die Düsseldorfer Achenbachs, auch Hölzel und Liebermann, Trübner und Slevogt, nicht minder Alte Meister wie Cranach den Älteren und den Jüngeren, Franzosen wie Antoine Pesne und George Desmarées – und hochinteressante Frauenbildnisse von Defregger, Makart und Kaulbach, den Verpönten, die hier, im kleinen Umfeld, plötzlich einen intimen Reiz offenbaren, der ihnen in der Großstadt abgeht.

Auch der Berliner Maler Harald Metzkes stammt aus Bautzen in der Oberlausitz. Er ist sich, obwohl Oberhaupt der Berliner Malerschule, seiner Heimat wohl bewußt: »Der Sachse sitzt auf vielem, was andere nicht besitzen. Auch sitzt der Sachse auf Stein. Sandstein im Elbeland, Granit in der Lausitz, und die härteren Sachen stehen an, wo die Berge höher werden.« Aber die Malerei dieses Künstlers ist weich, warm und erdig – nichts von Granit.

Der Dresdner Maler und Graphiker Conrad Felixmüller ließ im Jahr 1949 seinem berühmten Holzschnitt »Selbstbildnis als Zeichner vor Dresden« aus dem Jahr 1930 den Holzschnitt »Der sorbische Geiger« folgen, gleichsam ein ländliches Gegenstück – hier die Silhouette der Stadt, Hofkirche, Augustusbrücke und Elbe, da eine Dorfkirche, eine Gänseschar und Bäuerinnen in ihrer ernsten Tracht. Heimatforscher vermöchten vielleicht den kleinen Kirchturm aus anderen herauszufinden und danach den Ort zu bestimmen, aber ebenso könnte dieses Blatt Felixmüllers eine Lausitzer Phantasie- und Ideallandschaft sein.

Der 1989 fünfundachtzigjährig verstorbene Dresdner Bildhauer Friedrich Press, der in seiner Jugend aus dem Westfälischen kam, ist im Christentum zu Hause. Er schuf nicht nur einen Altar für die spätbarocke Katholische Hofkirche in Dresden, in die er also einen modernen Widerpart einbrachte, er stattete die ganze bäurisch gotische Kirche im Lausitzer Örtchen Göda aus. Seine Skulpturen verkörpern ein »heidnisches Christentum«, das in der Lausitz am rechten Platz scheint.

Ein Stück Lausitzer Kulturlandschaft überliefert der 1940 in Dresden geborene, 1948 nach Leipzig und schließlich 1986 nach West-Berlin übersiedelte Maler Volker Stelzmann. 1975 radierte der Maler den Zyklus »Haynewalder Elegien«, angeregt von der Kanitz-Kyauschen Gruftkapelle des nahe Zittau gelegenen Ortes und den spätbarock verwirbelten Figuren der »Verfolgung«, der »Verzweiflung«, der »Sensenfrau«... Hainewalde – Stelzmann schreibt es altertümlich mit »y« – gehört zum Kreis Zittau; und die Gräber in der erhabenen Kirchenruine des Oybin hat Caspar David Friedrich gemalt.

Die Lausitz eine Totenlandschaft? Mitnichten. Hier haben Barock und Rokoko heitere Schlößchen hineingestreut, Rammenau, Radibor, Neschwitz, Milkel und Königswartha, um von den vielen nur fünf zu nennen. Neschwitz ist licht wie ein Kristall: Man blickt durch die hohen Fenster in den Festsaal und durch diesen hindurch wieder in eine Parklandschaft. Und stammt nicht Johann Joachim Kändler, Schöpfer entzückenden Meißner Rokoko-Porzellans, aus Fischbach bei

Bischofswerda; der Jugendstilmaler Hans Unger, der abwechselnd auf der an Sorrent erinnernden Elbhöhe in Dresden und in Florenz lebte, aus Bautzen? Der Dix-Schüler Ernst Bursche später, in Carlsberg geboren, in Bautzen aufgewachsen, brachte, gemeinsam mit Wilhelm Dodel, Wilhelm Lachnit, Kurt Schütze ein neues Dresdener Nazarenertum hervor; erst im Alter, weit weg von Dresden, weiter noch von der Lausitz, auf Ischia, kam etwas Schwerglühendes, Östliches in seine Blumenaquarelle.
Nicht alle Dresdner sind der Lausitz zugetan. Ernst Hassebrauk blieb seinem Elbtal verbunden, tat in der Lausitz kaum einen Strich. Und es ist wieder eine Ausnahme, daß der schon uralte Wilhelm Rudolph, noch nach seinem 90. Lebensjahr, mit dem befreundeten Dresdner Arzt Dr. Hellinger »auf die Jagd« ging, in die Vordere und Hohe Rhön, auf den Kamm des Thüringer Waldes, in die Priegnitz – und in die Lausitz. In der Lausitz zeichnete er in den Höhen um Großhennersdorf eine Ansitzleiter, ein Tuschfederblatt, das er zart aquarellierte, und eine Rehbock-Trophäe ...
Man kam aus der Lausitz und man ging in die Lausitz, in ihr geboren und gestorben sind, soweit wir sehen, nur Max Langer, Marianne Britze (Bautzen 1883–1980) und Hans Lillig (Zittau 1894–1977). Rudolf Schramm-Zittau (1874–1950), ein später deutscher Impressionist, hängte zwar seinem Namen den des Geburtsortes an, starb aber in Tirol. Erich Lindenau, am Rande der Neuen

112 Hans Scheuerecker, Malaktion »Im Sommer sterbe ich nicht so leicht«, Februar 1989. H. Scheuerecker lebt in Cottbus/Niederlausitz

Sachlichkeit, mehr einer Neuen Romantik zugehörig, wurde 1889 in Bischofswerda geboren, starb, schon vergessen, 1955 in Dresden.
In die Lausitz mit ihrer lebendigen und eigenartigen sorbischen Volkskunsttradition gehören auch die naiven Maler. »Ich wollte der sorbische Maler sein«, bekannte der 1900 geborene »Volksmaler« Martin Neumann-Nechern (der Namens-Anhang nennt den Ort): Seine Holzschnitte von Monatbildern und Bauernregeln sind so innig und schalkhaft wie die kleinen Zeichnungen, die der Flame Felix Timmermans seinen Geschichten beigegeben hat.
Ebenso ganz und gar zur Lausitz gehört Max Langer. Geboren in Spitzkunnersdorf, wohnte er zuletzt in Niederoderwitz. Der Kritiker Lothar Lang hat ihn sehr geliebt und über ihn geschrieben: »Berühmt geworden ist er als Hinterglasmaler und als solcher bei uns unübertroffen. Auf den Bildern zeigt er Szenen aus seiner Lausitzer Heimat, gar Adam und Eva oder die Susanna im Bade oder himmlische und irdische Liebe, alles bunt und heiter. Seine Hinterglasmalereien haben etwas von den Guckkastenbildern der Jahrmärkte, sie sind im guten Sinne naiv, sie öffnen einen Blick in die Welt... Wer die Menschen der Lausitz kennenlernen will, kommt ohne Max Langer nicht aus: Er hat ihr Leben und ihre Welt in seinen Bildern zur Kunst verdichtet, ihre Eigenheiten aufgespürt, ihren Humor sichtbar gemacht und ihren Granitschädel. Bei Max Langer wandeln sich Lausitzer Fleiß, Ordnungssinn und Fabuliergabe zu Kunst...«
Im »guten Sinne naiv« kann man auch Fritz Tröger nennen, einen akademischen Naiven wie auf andere Weise im Westen Max Peiffer Watenphul. Er zog sich in den dreißiger Jahren von Dresden nach Laske bei Kamenz zurück: Innere Emigration. Hier zeichnete er mit Blei- und Buntstift Forst- und Straßenarbeiter, Feldwege, Waldwege, Baumstämme und Telegrafenmasten. Sein Strich hat etwas Borstiges, einen durchaus männlichen Reiz. In den zwanziger und in den fünfziger Jahren war Fritz Tröger in Paris, er hat es geliebt, aber nicht mehr als die Lausitz.

CHEMNITZ ALTENBURG

113 Michael Morgner, »M überschreitet den See bei Gallenthin«
Tuschlavage über Siebdruck nach Videoaktion
Foto: Paul Tuchscherer

»Galerie Oben«

von Gunar Barthel

Es war 1954. Bis auf wenige Ausnahmen gibt es kaum noch privaten Kunsthandel. Die neuen Funktionäre meinen, daß Kunst primär eine politische Funktion habe und daß man sie »zum Wohle des Volkes« kanalisieren müsse. Da aber nicht alle Künstler über Staatsaufträge abzusichern waren, mußten neue Verkaufsmöglichkeiten eingeräumt werden. Ministerpräsident Otto Grotewohl erläßt ein Statut für »Verkaufsgenossenschaften Bildender Künstler«. Diese sollten weder staatlich noch privat sein, sondern eine praktikable Zwischenlösung darstellen, bis ein zentraler staatlicher Handel aufgebaut ist. So werden in allen Bezirkshauptstädten Zusammenschlüsse von Künstlern aus dem jeweiligen Bezirk gefördert, die auch über Galerie-Läden, die sogenannte »Kunst der Zeit«, verfügen. Ein Vorstand, bestehend aus Malern und aus auch-malenden Parteimitgliedern, wird etabliert. Allerdings wird im Statut unmißverständlich klargestellt, daß »die oberste Aufsicht die Staatsorgane ausüben«. Positivum dieser Staats-Aktion: finanziell bleiben diese Künstlergenossenschaften eigenverantwortlich. Und das ermöglicht auch eine relativ selbständige Ausstellungstätigkeit.

Am 19. 5. 1954 wird »Kunst der Zeit« in Karl-Marx-Stadt gegründet. Arbeitsweise und Wirkungsradius in den fünfziger und sechziger Jahren bleiben jedoch weitgehend regional beschränkt.

Von »Weite und Vielfalt« ist allerorten die Rede. Die neue Ära Honecker ist noch im Aufwind. So auch 1972 in Carlsfeld – einem kleinen Ort im vogtländischen. Künstler wie Michael Morgner, Hans Brockhage und Clauss Dietel beginnen sich durchzusetzen. Man schmiedet Pläne, wie man vorhandene Strukturen für neue Kunstvorhaben nutzen könne. Man hält sich nicht so genau an die Regeln. Palastrevolte ist angesagt. Der alte Vorstand wird geschickt abgewählt, der Jugendstil-Sammler Georg Brühl zum Sekretär der Genossenschaft berufen, die Verkaufsräume der alten Genossenschaft umgestaltet. Es entsteht ein bis heute vorbildliches, weil multifunktionales Gesamt-Galerieensemble, am 17. 3. 1973 ist Wiedereröffnung als »Galerie oben«.

Der frische Wind muß als Hauch noch im benachbarten Leipzig zu spüren gewesen sein. Bald machen sich einige malende junge Herren auf den Weg und kommen nach Karl-Marx-Stadt mit viel Beton im Zentrum. Kulturelle Tabula-rasa-Situation als Chance. Auf Eröffnungen und Festen sieht und hört man nun Thomas Ranft, Gregor Torsten Schade (später Kozik) und Michael Morgner. Ihre vorlauten Sätze und Bilder werden das eigentliche Unruhepotential in Chemnitz/Karl-Marx-Stadt.

»Mittwochs 19.30 Uhr Galerie oben« – das wird bald Parole für die Szene. Diese Form allwöchentlicher Veranstaltungen in einer Galerie ist bis heute einzigartig in der DDR! Kunstgespräche, Konzerte, Lichtbildvorträge und Theateraufführungen werden (kostenlos!) in der Galerie angeboten. Der Galerieraum ist überfüllt, man sitzt auf dem Fußboden. Die Galerie wird der Treffpunkt.

Jetzt beweist das alte Statut der Verkaufsgenossenschaften seine kulturelle Potenz. Ohne Genehmigungsmarathon kann ein aus progressiven Künstlern bestehender Vorstand selbst über Gelder verfügen. Künstler aller Sparten erhalten Auftritts-

möglichkeiten in der Galerie. Es entstehen Freundschaften, interdisziplinäre Konzepte, deren Resultate bis in die Gegenwart reichen.
Im Sommer 1978 legt Georg Brühl sein Amt als Sekretär der Genossenschaft nieder. Sein Nachfolger ist der Germanistikabsolvent Gunar Barthel aus Leipzig, der von 1981 bis zu seiner Übersiedlung nach Bremen 1987 Galerieleiter ist. Die Galerietätigkeit weitet sich aus. Editionen, Künstlerbücher und Katalogreihen kommen hinzu. Der Staat versucht immer wieder, Einfluß zu nehmen auf die Inhalte, doch man ist einfallsreich und zäh. Auktionen erregen Aufsehen.
Fast noch wichtiger aber: Anfang der achtziger Jahre wird die »Galerie oben« zu einem der Zentren der zu jener Zeit größtenteils noch in der DDR lebenden Avantgarde. Damals noch umstrittene Künstler wie Hartwig Ebersbach, Strawalde (d.i. Jürgen Böttcher, Lehrer-Freund A. R. Pencks) und »junge Wilde« wie Wolfram Adalbert Scheffler, Hans Scheib, Wolfgang Hartzsch u. a. können erstmals in der Galerie ausstellen. Immer häufiger finden Ausstellungen und Kunst-Aktionen statt, die intermediäre Arbeitsweisen vorstellen. Einer der konsequentesten, Klaus Hähner-Springmühl, kann seine Mal- und Musikaktionen zeigen. Bisher war er, wie viele andere, in Atelierausstellungen oder in Kirchenräume abgedrängt worden. Lutz Dammbeck stellt 1985 sein »Herakles-Projekt« vor und im Umfeld der ersten offiziellen Einzelausstellung von Hartwig Ebersbach zeigt Hans Joachim Schulze seine zweitägige Aktion »Kunst als Produktivkraft«, die unter Einbeziehung des Publikums und in der Mitarbeit von Hartwig Ebersbach, Albrecht Gehse, Peter Oehlmann neue Formen von Kunst-Arbeit zu definieren sucht. Proteste von Funktionären folgen. Und es gibt die Künstlertreffen und Künstlerfeste. Es ist die Zeit der langen Nächte und verregneten Pleinairs, die Zeit der Aktionen und Kopf-an-Kopf-Kämpfe. Einer der Höhepunkte wird das Künstlerfest anläßlich des zehnjährigen Bestehens der »Galerie oben« 1983.
Trotzdem häufen sich von nun an die Schwierigkeiten. Jede für einen Katalog beantragte Druckgenehmigung wird argwöhnisch geprüft, die Mittwochveranstaltungen schärfer kontrolliert – so darf der damals noch in der DDR lebende Sascha Anderson nicht zu einer Lesung kommen, ein Beuys-Lichtbildvortrag von Dr. Klaus Werner wird verboten. Der Galerieleiter gerät unter Beschuß. Der Rat der Stadt kündigt ihm, doch man muß ihn nach Auseinandersetzungen wieder einstellen.
Dennoch, die Galerie hat nie aufgegeben. Versuche, die Autonomie der Künstlergenossenschaft als Träger der Galerie durch staatliche »Musterstatute« einzuschränken, scheiterten. Das Galerieprogramm ist so lebendig wie eh und je.

Fünftracht unterm Weiberrock
Die Galerie Clara Mosch

von Klaus Werner

Als ich sieben Jahre nach dem Abbruch der Adelsberger Galerie deren einstigen Initiator, Thomas Ranft, um eine Zeile bat, kritzelte er während einer Autofahrt auf sein Knie: »Für mich war Clara Mosch nicht nur eine Idee, auch kein Programm, sondern eine Möglichkeit, aus einer Enge auszubrechen, die zu dieser Zeit mich und meine Freunde stark bedrückte.« Morgner, der chauffierte, fügte über die Schulter hinzu: »Es war eine schöne Zeit, als die DDR den West-Markt noch nicht entdeckt hatte und die Künstler untereinander noch solidarisch waren.«

Fazit: Die deutsche demokratische Galerielandschaft, die in der Mitte der siebziger Jahre aufkeimte, suchte den Schauplatz und gierte nach Selbstversorgung. Der Schulterschluß der Freunde lebte von der Illusion des abgeschafften Eigennutzes und der verhinderten Bürokratie. Wenn schon Programme, dann waren sie eher taktischer Art, ereignisbezogen und von subjektiver Atelierwirtschaft aus in den gemeinsamen Topf geworfen. Die Reibung an den Doktrinen machte erfinderisch. Das Eigene in der Fremde wird zum unscharfen Kolonisationsversuch einer verbleiten Kulturgesellschaft. Es lebe die Aktion! Dieser Begriff sog alles auf – vom Slapstick über das Vorortbankett bis zur Vernissage. »Mosch« gehörte wie die Gruppe »Lücke frequentor« um Penck, Opitz und deren Freunde, der »Herbstsalon« in Leipzig, die fêtes antiréglementaires in Pfarreien und Mühlen der sächsischen Elbregion, die Pleinairs der Galerie Arkade und vieles andere zu jener Art großer und kollektiver Lockerung, die den Begriff des Künstlerischen aus der Dekoration zurückholte, ihn demütigte und anmaßend restaurierte. Wer dabei war, wird das Verblassen der Leuchtraketen wie den Untergang der eigenen Jugend bedauern. Geschichten und Feste zisilierten die Gründerjahre dieser Kooperativen. Das Lachen war die fraternisierende Botschaft gegen die Gefahr und somit das stärkste Maß an Selbstachtung, was denkbar erschien.

Die Mutter »Clara Mosch« – ob geschaffen als Sufragette oder Heldin des roten Widerstands im Braunen Reich – hat, wie besoldete Archivare bald ergründeten, nie existiert. Aber für den Anfang nahm »die große Anonyme« den Atem. Im toten Winkel verwandelten fünf Maler einen Dorfladen in eine Galerie. Drei von ihnen – das Ehepaar Ranft und Gregor T. Schade – hatten im Karl Marx Städter Vorort Adelsberg ihre Ateliers. Michael Morgner lebte über dem Berg in Einsiedel, Carlfriedrich Claus in Annaberg. Wie Gott aus der Rippe Adams die Eva, so schnitten sie aus ihren Namen das Bild der Patronin (CLA RA MO SCH). Lediglich der Fotograf Ralf R. Wasse konte nichts dazutun. Sprachlich war der Akt erledigt und am Anfang wog eben nur das »Künstlerblut«. Ohne Wasses Kamera allerdings, wäre die subversive Geschichte von der aufgerüsteten Hausnummer 298 nicht in die Republik gedrungen. Er belichtete die Posen, die Werke und die Spiele. Selbst enthusiasmiert, gestaltete er schon im Vorfeld die Exkremente der Mosch: Aus Fotoporträts und Werkreproduktionen – übereinanderkopiert und verschnitten – machte er die Postkartenshow seiner Freunde, die

114 Environment »Die Nacht« zu einer Fugard-Aufführung in Dresden von Michael Morgner und Gregor Torsten Kożik, 1980

Bildgeschichte einer hausgemachten Kulturrevolution an der Hinterbacke der Arbeiterstadt.
Wie ein Phönix aus der Asche wollte man der Provinz entfliegen. Der unscharfe Moderne-Begriff nahm an, was in die Hand fiel: Beuys – eher als Schockwaffe, denn als Botschaft begriffen –, Spurensuche in einer veralteten Eisenschmelze, Wiederbelebungszeremonie einer Land-Art-Demonstration (*Leussow-Recycling*), dadaistisches Kleinmobiliar in Form von Postkarten nach Fotocollagen, softige Bilderkissen und natürlich klassische Leinwände und bezeichnete Papiere. Alles verkocht in Zeitnot und Pointenstrom. Das war für ein Zwischenspiel durchaus nützlich, weil es den gerahmten Frieden der Museumsdirektoren und Kulturräte verschob und eine neue Art von Selbsterfahrung aus dem Körper lockte.
Die staatlichen Organe dachten nicht laut. Sie dachten in Sorge. Wenn das Schule macht! Da mit 15 Mann die ursprünglichen »Galerie«-Räume hoffnungslos belegt waren, gab es zu jeder Ausstellung im Mosch-Laden einen Auflauf. Die Stadtbus-Linie war in Gefahr. Wenigstens 100 Nah- und Fernreisende, In- und Ausländer standen auf der Straße und erfüllten die Luft mit Geschrei und schlechtem Atem. So bekam die »Mosch« frühzeitig einen Schalldämpfer verpaßt. Der Kulturbund der DDR weitete und streckte sich und griff schließlich zu. Juristisch selbständig war die Galerie nie gewesen, aber wenigstens drei Jahre lang konnten die vereinten Produzenten ihr Gefährt noch lenken.
Was die Künstler einbrachten und was sie wurden, ist eine eigene Geschichte. Sie ist weniger auffällig. Aber sie ist das Fundament. Dem Sinne nach fühlte man sich als Sektierer eines Aufbruchs, Stafettenläufer alter Brücke-Gesinnung. (Mit ihr hatten bekanntlich nicht nur die konservativen Bourgeois von Chemnitz, sondern anfangs auch die Proletarier von Karl-Marx-Stadt ihre Sorgen.) Für ein Manifest fehlten die geistigen Flanken. Man sah die Widersprüche aus der Nähe und fiel am Abend in sich zusammen. Trotz aller Beteuerung trieb man den Spaten in den eigenen Garten. Das verkürzte letztlich den Frieden des Kollektivs aber es formte Profile.
Thomas Ranft war der Anstifter der Adelsberger Produzentengalerie. Er konzipierte die Ausstellungen aus der ungeliebten Szene, die damals Staunen machten (Wigand, Schlesinger, Hähner-Springmühl, Scheffler, Bartnig, Altenbourg, Misch-Mosch, Fünftracht). In der Kunst schob er seine grafischen Mikroetüden an den Altlasten der anthroposophen Dreieinigkeit von Mensch, Natur und Weltenrätsel vorbei, hinein ins Labyrinth der unbeschilderten Wege und Siedlungskeime. Schlafend im »Garten der Lüste«, liebkoste er die artifizielle Fertigkeit seiner Gelenke. Seine Naivität täuschte. Nach wenigen Jahren führte er »Mosch« vom Jugendzauber in den Schoß der Delikatesse, der Liebhaberausgaben und exklusiven Couture. Demgegenüber war G.T. Schade eher ein Genießer und geheimer Boheme – bis ihn das soziale Gewissen plagte. Dann wechselte er den Namen (jetzt Kozik) und wusch sich mit den Wässerchen der Gerechtigkeits-Philosophie die Falten aus dem Gesicht. Seine Start-Begabung hingegen war beneidenswert. Die Auftritte wirkten locker und ideenreich (1. DDR Performance »Das schwarze Frühstück«, 1979). In der Zeichnung zählt Schade zu den Pathetikern. Aber er behielt, solange er darin nicht verbraucht war, immer einen Rest seines Wissens zurück. Die Blätter wirkten als offene Metapher, als Lichtstrahl im Dunkel, schwungvoll und nuanciert zugleich. Das Vorspiel von Ranft und Schade zur »Mosch« war übrigens eine Art »eccentric homework«, bestehend

aus postalisch verschickten Fluxus-Aggregaten (»Papiersack für Sexualmüll«), Nähmaschinenwettkämpfen, Material-Abdrucken. Rache der »Berghäusler«, wie sie sich nannten. Denken aus dem Bauernhof gegen die Gleichgültigkeit der Welt. Auch M. Morgner vollzog gelegentlich Aktionen (»Kreuz legen«, »M. überquert den See bei Gallenthin« – und ging unter, 1981). Sein Medium blieb das Papier. Wenn man bedenkt, daß er seine Zeit zwischen Sport und der Kunst teilen mußte, ist das Resultat immer noch bemerkenswert. Der »Hahn im Korbe« und schlagfertige Schausprecher war nur die Folie. Innen steht ihm der *Ecce homo* gegenüber, das gejagte Individuum zwischen Selbstbildnis und dem historischen Leid fremder Modelle. Morgners Kunst verkehrt mit dem Widerspruch von Lebens-Kraft und Lebens-Fessel. Was ihn einzwängt, die Stereotypie der Bilder und Formen-Standards, befreit ihn, indem sie sich als kategorische Kette von Schicksalslinien festmachten. Dies ist – wenn überhaupt – die Idee jenes Anti-Denkers und Anti-Phantasten, der die Fülle seiner Blätter wie ein schnell fließendes Wasser dahinschießen läßt, von Stein zu Stein – zurückgeworfen und weitergetrieben. In der Schroffheit holzschnittartiger Körper-Gesten, die ebenso bewegend wie unbeweglich im Dunkel des Aquatintagrundes verharren, wird über die Notwendigkeit von Charakteren nachgedacht, betroffen, aufgeschreckt, sich wehrend, ohne viel Schnörkel und Schaum um den Mund. Morgners Leben ist episodisch. In der Mosch-Zeit war er der laute und sarkastische Sieger. Später haben ihn die Tiefs kleiner gemacht.

Neben Clara Mosch sich als Zweit-Frau zu emanzipieren, erforderte Aufwand. Dagmar Ranft-Schinke malte hauptsächlich. Die Männer mutmaßten Ehrgeiz. Auf Lichtbildern steht sie oft aufrecht inmitten ihrer sitzenden Freunde. Für ihre Überzeugung lieferte sie Wortgefechte. An Zeremonien und Selbstdarstellungen nahm sie nur mit Abstand teil. Sie liebt Pferde, präkolumbianische Kultur und litt am Laborleben der Taufliegen (Drosophilidae) als Opfer der Gen-Forschungen. In ihrer Welt waren die damals gängigen »Metamorphosen« aus jenem Stoff gemacht, der ein populäres und vernünftiges Ideal zurückbehält und den Rest auf dem weichen Kissen der ästhetischen Sanftmütigkeit Platz nehmen läßt.

Carlfriedrich Claus schließlich kam von einem anderen Stern. Mehr Gast als eigentlicher Mitarbeiter, erregte er heimliche Bewunderung. Für den Annaberger bot die »Mosch« das erste Forum im eigenen Land und er fand menschliche Resonanz. Seine nächtlichen Schrift-Protokolle auf Transparentpapier übten einen gewissen Einfluß auf Ranft und Schade aus. Die Eröffnung der Galerie war zugleich Uraufführung für seine »Aurora-Mappe«. Claus verschreckte das Entertainment. Ihm genügte der freie, vorurteilslose Wortwechsel als Experiment. Zurückhaltender als die anderen diagnostizierte er den Leumund: »Die Galerie Clara Mosch war Vorversuch zu einem unkonventionellen Kommunikations-Ort, wo die jeweils zu sehenden Bild-Fragen in die Gespräche einwirken und sie in offene verwandeln konnten, offen für radikale, existentielle Fragestellungen.« In dem Maße wie sich dieser Kern verflachte – was nicht primär Schuld der Künstler war – zog sich Claus von der Adelsberger Sezession zurück.

Vor mir liegen zwei Wasse-Fotos: Eröffnung und Auszug. Auf dem einen sind die grünen Rolläden mit den Schablonenschriften noch, auf dem anderen sind sie wieder verschlossen. Ein Mini-Anhänger fährt die Enkel und ihr Hab und Gut davon.

Die Künstler lachen. Was sollten sie anders tun!

Aurora im Selbstversuch
Über die Schriftblätter des Carlfriedrich Claus

Von Klaus Werner

Er lebt in einer Art Vor-Welt. Die Wirklichkeit scheint durchs Papier zu ihm herein und der Künstler blickt durch die gleichen bezeichneten Bögen auf die Welt hinaus. Endlose Wortfelder, Sprachschlingen nächtlicher Wache kämpfen um Verständigung zwischen Physis und Psyche, zwischen Innen und Außen. Sprache wird Bild. Beide verlieren zugleich ihre Natur. Die Schriften sind ausgelöscht. Die Zeichen haben den Hinweis auf Ähnlichkeit vergessen. Die Energie eines Einzelnen hat die Botschaften verdichtet, überschüttet und dem Fremden entzogen. Der anscheinende Widerspruch zwischen dieser Anonymität und den programmatischen Idealen des Künstlers auf »Selbstverwirklichung in Gesellschaft und Zukunft« bestimmt die unbequeme vierte Dimension, das erschreckende Geheimnis einer Über-Individualität, eines Arbeits-Traumes unter der entwaffnenden Fahne der Zuversicht. Claus – immer noch bester Anwalt seiner selbst – hat eine eigenwillige, präzise Rhetorik dafür: »... die also überlegte oder automatische niederschrift gebiert ihren: (den handschrift-eigenen) widerspruch, der mit der situation im inneren und im äußeren milieu rückgekoppelt ist, und weitertreibt: zur fortführung der anfänglichen denkfigur, bzw. zur herbeiführung einer klärung und figurbildung im anfänglichen tohuwabohu ...«

Claus lebt mit einem Maß von Allein-Sein und Abmagerung gängiger »Lebensqualitäten«, das Schmerzen macht. Ihn umgibt unfreiwilliges Charisma, ohne Skandale, ohne Publikum! Neunundneunzigprozentige Bereitschaft zur Arbeit ohne Lohn. Der Rest bleibt für die Erhaltung der puren Organfunktionen. Er steht an der Wiege einer auf Lebens-Sinn ausgerichteten Utopie, aber seine Gesten brechen jäh ab. Sie scheitern an der Gleichmut der Adressaten. Doch Claus hält sich für stark. Er ist es, weil er als Künstler das Zeugnis für Effizienz wohl schuldig bleiben darf. Seine Rote-Oktober-Gesichte bedienen eben noch andere und anderes als Spruchbänder und Allgebrauchs-Philosophien.

Um Annaberg liegen die Halden der Deutsch-Russischen Uranerzgesellschaft, textile Kleinindustrie aus der Gründerzeit, sterbende Forstreviere und idyllische Bergwiesen. Die Kreisstadt verfügt über ein Kino, ein mittelmäßiges Theater. Auf der Höhe steht der grandiose Bruchsteinbau der Annen-Kirche mit Hesses gotischem Altar über das Bergmannsleben und Maidburgs Kreuzweg an der Hallenempore. Ab 1523 führte Adam Ries, erster Rechenlehrer der Nation, hier die Bücher über das Soll und Haben des Silberstroms. Die Menschen wirken genügsam. Im »U-Boot« trinken die Assis, im »Ratskeller« die hechelnden Einkäufer vom Lande. Bildungsträger sind rar geworden.

Claus lebt als geheimer Mensch in dieser Zivilisation. In seinem Denkwerk hat er deren irdische Hülsen längst gebrochen. Mit dem veredelten Keim ist er dahingeflogen. Aus den Mineralen auf seinem Zimmerschrank funkelt »Archeus«, der paracelsische Geist des Lebens. Nach Claus ist das Bewußtsein anorganischer Materie ein Vorverständnis für die Revitalisierung von Natur (durch menschliche Hilfe) und Mensch (durch das Vorbild der Natur). Die von Ernst Bloch empfan-

gene Gestalt des Bauernführers Thomas Müntzer (predigte zeitweise in Zwickau) wird ebenso Symbol des politischen Weges – wie die Oktoberrevolution das Signal für den Zielraum ist. Am kommunistischen Horizont, im Makro-Kosmos liegt Atlantis.
Die Sprach-Blätter und Denk-Schreib-Kombinate des Künstlers sind die mikrokosmische Bewegungssimulation des »Ichs« zum Ganzen hin – vorversuchend (!) – wie Claus wohl einschränken würde, experimentell, brüderlich, schamanistisch. Selbstverständlich gilt auch die Umkehrung jener Vorstellung: Das Ziel muß sich vermenschlichen, muß in den Kanälen des Individuums den alten Sinnzusammenhang wiederfinden. Hier bricht Kunst tatsächlich in die politische Aktualität.
Der Eintritt dieses Mannes in seine eigene Existenz verbietet das Wort Karriere.

115 Carlfriedrich Claus anläßlich der Eröffnung seiner ersten Ausstellung in der Galerie Arkade, Berlin 1975
Foto: Helga Paris

Fakten enthüllen bestenfalls Zusammenhänge, Fußspuren. Das Ziel ist nicht von selbst da. Es gestaltet sich aus einem Total-experiment. Aber alles, was er anfaßt, scheint mit der Wiederkehr des Quellwasser im Welt-Meer verknüpft zu sein. Die Biografie spräche für ein Wunderkind. Er ist es nicht. Sein Werk ist erarbeitet!
Claus hatte schon als Kind Kontakte zur Moderne (Klee, Kandinsky, Picasso). Mit 11 Jahren liest er Marx, »Lohnarbeit und Kapital«, wenig später Steiners »Philosophie der Freiheit« und nach Kriegsende Blochs »Geist der Utopie«. Der Materialismus gewinnt die Oberhand: Atheismus ist das entscheidende, die Mystik das Schalenwerk... Bereits seit 1944 entstehen automatische Zeichnungen und Naturgedichte. Dann kommt die Verehrung für Will Grohmann – der au fond als Entdecker und Förderer von Claus gelten kann. Durch dessen Vermittlung lernt er Bernhard Schultze und über diesen wiederum Franz Mon (1959) kennen. Kurze Briefwechsel mit Arp und Hausmann. Bereits zuvor, um 1954, prägen sich erste Züge eines sprach- und lautanalytischen Werkes aus (Klanggedichte, Tonbandsequenzen). Dessen Visualisierung (Letternfelder, Sprachvibrationen bis hin zu historischen Denk-Schreib-Kombinaten) wird ab 1959 betrieben: ... *Versuch der Produktion einer nichtverbalen Literatur.* Im Manifestband der experimentellen Literatur, F. Mons Buch »movens«, ist Claus in den Abteilungen »Vibration« und »Artikulation« vertreten und rückt in die Avantgarde auf. Gedankenaustausch mit D. Higgins, P. Garnier, D. Rot, E. Williams, A. Arias Misson u.a. Umfangreiche Studien zu Kabbalah, jüdische Alchimie und Mystik, Sprachwissenschaft, Volkskunde, Paracelsus, Benjamin, Brecht, Freud, Angelus Silesius, Böhme, Kybernetik, Karate, Literatur und Kunstgeschichte begleiten die Arbeit an den Sprachblättern.
In den Jahren nach 1961 baut Claus sein Werk systematisch aus. Er entdeckt die grafisch-semantischen Wechselwirkungen der doppelseitigen Beschriftung und gestaltet die ersten Blatt-Systeme, die er »Kombinate« nennt. Bis weit in die siebziger Jahre hinein ist seine Kommunikation in der DDR auf einen kleinen Freundeskreis beschränkt (Albert Wigand, Werner Schmidt, Lothar Lang, Hans Grüß u.a.). Die Amtspersonen in Kultur und Kreis sahen Claus als Irritation. Jetzt droht er zu den am meisten geschätzten und am geringsten begriffenen Künstlern seines Landes zu zählen.
Sie wollen Claus besuchen? In einem alten Brief entdecke ich die Wegeskizze:
»...peilen Sie zunächst den Markt an. In den Markt mündet die Ernst-Thälmann-Straße ein. Diese gehen sie auf der rechten Seite einige Schritte entlang bis zum Ende des ersten Hauses »Klubhaus Erzhammer«. Dort zweigt rechts die Museumsgasse ab und gabelt sich einige Schritte weiter unten. Sie gehen *nicht* die im rechten Winkel zur Thälmannstraße weiterlaufende Museumsgasse hinunter, sondern die spitzwinklig abgabelnde Johannisgasse, am »Cafe Central« vorbei. Einige Schritte weiter unten sehen sie rechts ein Haus mit einer Gedenktafel »Hier wohnte Adam Ries...«. Vor Ihnen öffnet sich ein relativ großer Platz. Links zweigt ein kleines Gässchen ab. Dahinter auf der linken Seite der Johannisgasse, sehen sie ein Gebäude mit einem fensterlosen, das Trottoir überkragenden Betonüberbau. (Die Bühne des Kinos.) Unter diesem Überbau vier Fenster: da wohne ich. Unter meinen Fenstern noch einige kleinere: dahinter die Heizung des Kinos. Rechts, an der Haustür, die Klingel....«
Die Glasscheiben in zwei Meter Höhe sind mit verrauchten Transparentbögen abgeschirmt. Sie läuten. Niemand wird öffnen.

Der Bildhauer Hans Brockhage

von Christian Löhr

Da stehen sie: Die »Begegnung«, die »Aufbäumung«, der »Eichentorso«, die »Baumfiguren« – totemartige Stelen, der einfachklaren Balkenform zudrängend – und daneben die wie ungefüge Brocken wirkenden Skulpturen der »Wächter aus der Nacht der Zeiten«, über- und nebeneinandergelagert »Mensch und Tier«: ans Mythische gemahnende Zeichen aus Holz, als freie Plastik auf sich gestellt mitten in den Raum oder in Gruppen zueinandergefügt, so daß Beziehungen entstehen.

1925 in Schwarzenberg geboren, ist er aufgewachsen in der Landschaft des sächsisch-böhmischen Erzgebirges, die ihre Menschen prägt. Kerben und tiefe Einschnitte haben seine Gestalt gezeichnet. Narben sind geblieben von Verwundungen. Aber das Wachstum haben sie nicht hindern können. Darin gleicht er dem, woran er arbeitet: dem Holz.

Von Anfang an war das Holz sein Meister. Es war um ihn. Es war ihm über.

»Holz faßt mehr zusammengepreßte Zeit,
als der Mensch,
darum ist es härter, dauerhafter...
Wer kann in Holz eingehen und überleben?
Aber wer wünschte es nicht?«

Das hat Hans Brockhage erfahren. Das treibt ihn letztlich, in seiner Arbeit, in seinem Leben, in seiner Lebensarbeit. Denn im Holz steckt noch viel Unbekanntes. Vor allem aber: Im Holz ist unbegreifliches Leben.

Wie die Stämme der Mooreiche, jahrelang bevorzugtes Material für seine Arbeiten, jahrtausendealt, heute von des Menschenhand dem Schlaf in tiefer Erde entrissen, leben diese Stämme, als seien sie erst jüngst geschlagen worden. Was für eine Herausforderung: dieses unbegreifliche Leben bloßlegen, offenbaren, das Wachstum sichtbar machen, ohne es zu zerstören. Wem das gelänge, der schüfe unübersehbare Zeichen dafür, was Leben eigentlich ist.

Darum bedient sich Hans Brockhage der Schärfe des Stahls unserer Zeit in vielfältiger Weise. Er nutzt körnigen Sand, den Strahl hohen Druckes, Beize und Feuer, Farben und deren Auswaschungen. So das Holz angreifend und in sein Leben eingreifend in Reibung und Widerstand macht Hans Brockhage am Holz sichtbar, was das Leben in Wahrheit ist: unüberwindlich. Dazu braucht es Zeit – Zeit für ihn und Zeit für das Holz. Daß er sich Zeit lassen kann, ist untrügliches Kennzeichen ursprünglichen Schöpfertums. Seine Arbeiten sind einmalig und unwiederholbar. Solange Hand an sie gelegt wird, sind sie vom Mißlingen bedroht. Diese Zeichen unüberwindlichen Lebens sind dauernder Gefährdung abgerungen – wie das Leben selber.

»Mit der Zärtlichkeit meiner Hände,
und dem schärfsten Werkzeug
werde ich schließlich in das Holz eindringen,
Holz in meinem Munde fühlen, in meiner Kehle,
fühlen, wie das Holz mich umschließt,
fest, sicher, ewig.«
(Gedichte von Arthur Lundquist)

Klaus Hähner-Springmühl: Autistischer Frieden oder das verhaßte Spiegelbild?

von Klaus Werner

Avantgarde lebt in der DDR nach einer anderen Regel. Vom Vor-Trieb schlägt der Bohrhammer zurück. Die Gesellschaft erfindet kaum noch. Sie interpretiert. Das Impromtu, welches in die Dehnung der Zeit allein einzudringen vermag ist die zelebrierte Verwandlung. Als Groteske gespielt: Vom Anthropus erectus zum Affen! Spiegel und Banane sind die Geh-Hilfen einer gewaltsamen und zugleich doppelsinnigen Abwanderung vom Kulturniveau in den Schaukäfig der Exoten. Der Rasierspiegel wirft das Selbstbildnis ins Publikum mit dem korrekten Hinweis, daß mit seinen Ansprüchen nicht betrogen wird. Die Banane fixiert die Lebenslüge: den Dank dafür.

Teil II: Der autistische Überschlag des sich verkleinernden Artisten will aber nicht diese Botschaft. Er bedarf keines Unterhalts. Für ihn ist das Spiegelglas Skalpell und die Südfrucht Verlangen. Mit dem Rücken am Gitter, blickt er sich tief in die Augen, zerbeißt das Behagen und drückt mit der Zehe seines Fußes den Auslöser herunter. Anders gesagt: Avantgarde konstituiert in dieser Lage einen Maßstab aus sich selbst heraus. Zwischen Anarchie, Haßliebe und Stille findet die Zertrümmerung der Salon-Leidenschaften und der Geschichtenerzähler statt. Die Stille ist der Scharfrichter, der die Spreu vom Weizen trennt. Denn nur wenn man begreift, daß hier ein Spiel aufbegehrt, an dem man nicht beteiligt sein kann, wird man die Bedeutung dieser tragischen Enthaltung für die Gesellschaft verstehen. Vielleicht macht man einen Narren zum Genie. Das ist das Risiko!

Allemal sind solche Erklärungen Klischees. Auf eines mehr kommt es nicht an. Sie sind im Hinblick auf Hähner-Springmühl gemacht. Doch ich erkläre ihre Richtigkeit und bediene mich mit der Absicht, den Sonderling, den Unbestechlichen, den pour le mérite zu geben, den Preis für U-Bootfahren im Arbeitszimmer, für Kniebeugen ohne die Last der Verantwortung.

Hähner-Springmühl zeichnet und überzeichnet, musiziert und fotografiert. Er macht es, um zu leben. Die Ergebnisse sind beiläufig – vielleicht mit Ausnahme der Lichtbilder. Entscheidend ist die Bewegung des Körpers im Raum. Gleich wohin er sich dreht. Er stößt immer an eine Wand und wird zurückgeworfen. Die Zeichnung ist die Artikulation eines zerschlagenen Denkgebäudes, einer naiv-aphoristischen, zielgerichtet-sinnlosen Widersprache zu Schwulst, Glätte und Folgerichtigkeit. Aus der Enge der Ziele in die Enge ohne Ziele! Fotografie ist die registrierte Enthemmung zwischen Gier und Mutlosigkeit.

Springmühl lebt in Spuren, die er verfolgt, beobachtet, mit denen er sich kaschiert. Sie streben nicht zur Tür. Sie sedimentieren sich und umlauern ihn, wie die Reste seines Eigentums. Er beherrscht die Kunstlosigkeit als Sprache des Verkommens und Ablebens. Allein, daß er die Zwischenräume der Worte festhalten kann, daß er das Objekt gerade noch erkennt, bevor es zerfällt, macht sein Dahinleben zum Merkmal. Auftrag, Ausstellung, Geld, Termin sind Worte ohne Größe. Mit seinem Alter steht er in der Eingangshalle der Achtziger-Jahre-Generation. Ihre Eigenschaften der Verweigerung und Verbrennung nimmt er vorweg ohne sie

116 Klaus Hähner-Springmühl im Hinterhaus Richterstraße 9
Foto: Karin Wieckhorst

»anzuwenden«. Dafür fehlen Ehrgeiz, Geschick und die Fähigkeit zur Synthese.
Hähner-Springmühl eine honorige Ausstellung zu machen, hieße, eine Anzahl verschlissener Säcke aufzuhängen, durch deren Löcher hier und da die hineinverfrachteten Skizzen und Abzüge, die Selbstbilder und Seins-Frakturen hindurchschimmerten.
Seemann wollte er werden. Als Boxer ist er niedergeschlagen worden. Als Student der in die irre geführten Baukunst hat er nach sieben Semestern resigniert und ist auf die »Aussteiger-Strecke« gegangen. Aus Nichts-Werden-Können ist Nichts-Werden-Wollen geworden. Keine Revolution – eine Evolution. Als Künstler liegt er auf dem Boden – über sich die Dämmerung. Zuweilen zeigt er sich mit seinen Freunden bei Aktionen: Zornig treibt er Nägel ins Holz, sägt und schneidet an irgend etwas herum, bläst mit rhythmischen Verbeugungen des Oberkörpers sein Saxophon bis der Schweiß die Augen verschmiert. In solchen Momenten fällt Licht auf ihn. Das Licht der Begeisterung.
Worin liegt der Sinn des KHS und seines Tuns? In der Erzeugung eines Gegenbildes, das sich von den Verfälschungen der alten Bilder freigemacht hat. Ob man es noch Kunst nennen muß, sei dahingestellt.

117 Klaus Hähner-Springmühl im Hinterhaus Richterstraße 9
Foto: Karin Wieckhorst

Er ist es – Carsten Nicolai

von Hartwig Ebersbach

In einer ganz bestimmten Ausstellung,
die ich noch im Sinn habe,
in Judys EIGEN + ART
bekomme ich den Fingerzeig
und gehe in den Keller.
Keller? Hades!
Außerirdisch- unterirdische Geräusche,
Arbeiter mit Schaufeln,
Saukälte jedenfalls + keiner da,
alles über Tonband,
+ ein bemalter Tisch, oder Palette,
bezeichnet, bekritzelt,
wie von den 7 Zwergen,
so etwas wie der Teufelskreis,
in jeder der 4 Ecken
eine Papierfahne,
farbig besabberte Wächter, Kreaturen,
die mir bekannt sind, mich erwärmen,
hungrig machen, ich ahne,
daß wir hier alle verwandt sind,
miteinander, + wissen voneinander,
Doppelköpfe, Kopffüßler, Kopfköpfe,
+ irgendwie verstreut, auf dem Fußboden
auch was, auch Kohlen, + abseits,
fast wie ein junges Tier, irgendwie scheu,
oder fast wie ein Gehenkter,
irgendwie blaß,
er ist es.

Später, als er mir in meinem Atelier
seine Skizzenbücher zeigt,
ich sehe vorsichtig zu,
unbeholfen zwar, aber echter geht's nicht,
warten Köpfe, Hände + Füße
auf ihre Gestalt + Form,
vorerst intim, Geheimnisse.
+ schließlich wieder in EIGEN + ART,
diesmal aber im »Gesellschaftsraum«,
zieht es mir die Füße weg, ich schwimme,
da steht's da steht's fest, da steht
ein verdammt genialer Hund,
mitten in seinen Noch-nicht-Köpfen,
+ Nicht-mehr-Köpfen, Abschneidefiguren

mit Messern, penetranten Vögeln, die ich
auch kenne, aus meinen Träumen,
Krähen, Adler, Kapaune.

+ jetzt macht er's
Schlag auf Schlag, mit Dingern,
mit Holzschnitten, die eher
Selbstausgrabungen sind als Eingrabungen,
+ Handabzügen wie abgezogene Häute,
aneinandergelegt, riesige Schweißtücher,
so noch nicht gesehen,
+ in einer Geschwindigkeit vorgelegt,
+ Intensität, in aller Stille,
die Angst macht, gottverflucht.
Nichts anfassen, nichts einordnen,
nichts bewerten, nichts einverleiben,
machen lassen, den, der eigentlich
Garten-, Landschafts-, Architektur-,
Gestalter-, Student ist oder so etwas,
+ wo der das hernimmt, was das nur ist?
Leben in einer Zwischenstation,
zwischen davor + danach + umgekehrt,
ganz eingeengt wie in einen Moment
der Geburt,
mit all den Ängsten + Lüsten + Trieben,
Gedanken + Sehnsüchten,
herauskommen die Archetypen,
alle an einem Faden, lebendige Fäden, Samen.

Das ist nicht nur der »sächsische Dialekt
in der Malerei der DDR« (frei nach Roters),
da gibt es auch einfach
ein begnadetes Talent, das gut genug ist,
diesen Teil Lebens in Kunst zu führen,
+ umgekehrt,
+ dabei so verbindlich in seiner Nähe
an einer Wahrheit, möglicherweise,
die betroffen macht, besoffen macht?
die offen macht,
nicht nur mich,
mein Gott!

Carsten Nicolai, geb. 1965, lebt in Karl-Marx-Stadt und Dresden. Studierte Landschaftsarchitektur an der Technischen Universität Dresden. Erste Ausstellung seiner Holzschnitte und Zeichnungen in der Galerie EIGEN + ART, 1988. Weitere Ausstellungen in Karl-Marx-Stadt, Berlin, Leverkusen, Budapest, Hamburg und Kiel.

118 Carsten Nicolai, »das gebrochene lachen«, 8 Holzdrucke
Foto: Olaf Rauh

Staatliches Lindenau-Museum

von Jutta Penndorf

Im Januar 1990 wurde zum ersten Mal ein Plakat des Lindenau-Museums mit dem Positionspapier einer Partei überklebt: Ein Sinnbild vielleicht für die Erkenntnis, daß die neuen politischen Programme noch wenig über Kunst und Kultur aussagen. Doch brauchen wir auch für die Zukunft Impulse durch die Künste, Kreativität und Innovation, um die demokratische Entwicklung zu befördern.

Das Lindenau-Museum besitzt alte und neue Kunst. Eine umfängliche Sammlung frühitalienischer Tafelmalerei bestimmt den internationalen Rang des Hauses. Wie die Kollektionen von antiker Keramik, Gipsabgüssen und die historische Kunstbibliothek, wurde sie von Bernhard August von Lindenau (1779–1854) gestiftet – einem Solitär mit den Idealen der Aufklärung, der weitsichtig dafür sorgte, daß die Kunstschätze der Stadt erhalten blieben. Mit der Wiedereröffnung 1949 vertraute man das Museum dem Kunstkenner, Felixmüller-Freund und Sammler Hanns-Conon von der Gabelentz an. Er enthob es nicht der Verantwortung für das kulturelle Klima der Region, deren Bürger den Musen wenig freundlich gesonnen waren, wohl aber der Provinzialität, in die es nach Lindenaus Tod geraten war. Gabelentz wußte die Balance zu halten zwischen lokaler thüringisch-sächsischer Tradition und Überregionalem. Zugleich initiierte er die wissenschaftliche Bearbeitung und Publizierung der Bestände. Mit dem Ziel, den kunsthistorischen Anschluß zur Gegenwart herzustellen, erweiterte er die Sammlung mit Gespür für Qualität und unter Nutzung vielfältiger Kontakte, baute die Grafische Sammlung auf, erwarb Plastiken bedeutender deutscher Bildhauer. Seine Maximen haben Gültigkeit bewahrt.

Dieter Gleisberg, von 1969 bis 1981 im Amt des Direktors, richtete einen geräumigen Trakt für Sonderausstellungen ein, in dem hauptsächlich Kunst des Bezirkes Leipzig gezeigt wurde, die in den siebziger Jahren unter der Etikettierung »Leipziger Schule« eine eigenständige Entwicklung nahm und formale wie gesellschaftliche Zeichen setzte. In Altenburg widmete man sich in einer Folge von Übersichten vor allem der Grafik, ordnete sie nach Techniken. Das druckgrafische Werk von Wolfgang Mattheuer, dessen erstes Werkverzeichnis hier erschien, und von Rolf Münzer wird komplett gesammelt. Personalausstellungen würdigten Künstler wie Dietrich Burger und Hans-Peter Hund, die sich nicht »epochaler« Themenhierarchie verpflichtet fühlten, sondern Alltägliches verdichteten und zu einem empfindsamen Realismus steigerten. In den achtziger Jahren wurde eine Reihe thematischer Ausstellungen fortgeführt, die eigene Bestände vorstellte und als »Schule des Sehens« die Besucher en passant auch mit experimenteller, widerspruchsvoller Gegenwartskunst konfrontierte. Die von der Kulturpolitik proklamierte, aber in den zentralen Kunstausstellungen nie verwirklichte »Weite und Vielfalt« der Stile wurde hier, an der Peripherie, toleriert, das Engagement des Museums für unterschiedliche Formen und konsequente Haltungen akzeptiert. Künstler und Kunsthistoriker inszenierten die Ausstellungen gemeinsam, und manche Maler ließen sich vom Thema zu neuen Werken inspirieren, so bei »Robinson«, 1984 (den Kern bildete eine Büchersammlung), »Der Berg ruft«, 1986 (nach einem Bildtitel Wolfgang Mattheuers), »Antikes«, 1988

(Abgüsse griechischer Plastiken des Altertums und Malerei und Grafik des 19. und 20. Jh.), »Á qui la carte?«, 1989 (Spielkarten und Kartenspieler in der bildenden Kunst). Bilder und Grafiken, Objekte und Installationen verbanden sich mit kunsthandwerklichen, völker- und naturkundlichen Exponaten zu Gesamtkunstwerken; das spielerische Element bestätigte das Anliegen, nicht nur reines Kunstpublikum anzuziehen.

Häufig stellte das Museum erste Werkübersichten vor, auch das eine Tradition, so von Hartwig Ebersbach, Leipzig (1982, Malerei), Peter Schnürpel, Altenburg (1984, Malerei und Grafik), Walter Schiller, Altenburg (1985, Typografie), Rolf Münzner, Geithain (1987, Zeichnungen), Walter Libuda, Berlin (1987/88, Malerei und Zeichnungen), Josua Reichert, Stephanskirchen/Sienssee (Mai 1989, Typografie und Collagen). In einer Gemeinschaftsausstellung der Karl-Marx-Städter Gregor-Torsten Kożik und Ralf Rainer Wasse (1983) stand im Mittelpunkt ein Industrie-Projekt, frühes DDR-Beispiel für die Synthese von Fotografie und Objekten, Malerei, Grafik. Kabinettausstellungen mit Werkstattcharakter reagierten schnell auf gerade entstandene, besonders interessante Werkgruppen von Künstlern. Zum Selbstverständnis des Museums gehören Editionen von Originalplakaten und Grafikbeilagen ebenso wie Aufführungen zeitgenössischer Musik.

In den frühen achtziger Jahren begannen die Museen, die Moderne aufzuarbeiten. Nahm sich die Hauptstadt Berlin der Expressionisten an, so antwortete die Provinz durch zwei Ausstellungen, deren Konzeption darin bestand, Richtungen

119 Frieder Heinze und Olaf Wegewitz, Installation »Segel der Zeit« 1985, anläßlich der Ausstellung zum 100. Geburtstag von Welimir Chlebnikow im Lindenau-Museum
Foto: Ernst Goldberg

der Avantgarde zu zeigen und das Echo darauf von Gegenwartskünstlern. Die Projekte stützten sich auf Privatinitiativen, waren international und kamen doch ohne Leihgaben aus dem Ausland aus. Beide vereinten die Kunstgattungen Literatur, Musik, bildende Kunst, Fotografie. War die erste (»Segel der Zeit – Gedichte, Bücher, Bilder, Dokumente aus der Geschichte des Russischen Futurismus« mit einer Ehrung »Salut Chlebnikow« zum 100. Geburtstag des Dichters, 1985/86) dem Zukunftsentwurf gewidmet, so die zweite der Rebellion (»Von Merz bis heute«, zum 100. Geburtstag von Kurt Schwitters, 1987/88). Sie stellte den schmalen Schwitters-Bestand der DDR vor und, mit Hilfe von Museen, Bibliotheken und Sammlern, eine erstaunliche Kollektion dadaistischer Inkunabeln besonders Dresdener und Berliner Provenienz. Die Hommage an den phantasievollen Merz bürstete offiziellen Kunstgeschmack seit der Jahrhundertwende kräftig gegen den Strich. Ein multimediales Rahmenprogramm gehörte dazu, Ursonate und Video. Das Beiheft erlebte vier Auflagen.

Für 1990 sind Personalausstellungen der Leipziger Frieder Heinze/Olaf Wegewitz und Wolfgang Biedermann geplant, eine Würdigung des unweit Altenburgs geborenen thüringischen Malers Alfred Ahner zum 100., »Fremde Orte«, gesehen vom Dresdener Stefan Plenkers. Bilder und Zeichnungen von Ernst Schroeder stellen kurz nach der Werner-Heldt-Retrospektive der Berlinischen Galerie einen weiteren Vorläufer zeitgenössischer Berliner Malerei vor. »Altenbourg in Altenburg«, eine Präsentation aus Altenburger Museums- und Privatbesitz gedenkt des 1989 verstorbenen Künstlers, eines Großen der Stadt, die auf sein Werk kaum reagierte.

In den folgenden Jahren wird es Werkausstellungen von O.Th.W. Stein, Albert Wigand und Sigmar Polke geben, Übersichten zu Malerbüchern und Malerplakaten der DDR, eine Schau »Via Italia!« und »Columbus« – beide bedeuten Aufbruch und gleichzeitig Blick zurück in die Museumsgeschichte, auch im wörtlichen Sinne.

Die Vorhaben sind nach wie vor mit der Absicht verbunden, eigene Traditionslinien in einen größeren Kontext zu stellen, Aufgeschlossenheit für die Kunst der Gegenwart zu wecken. Mit Alfred Lichtwark meinen wir: »Wir wollen nicht ein Museum, das dasteht und wartet, sondern ein Institut, das thätig in die künstlerische Erziehung unserer Bevölkerung eingreift.«

Gerhard Altenbourg

von Werner Schmidt

Altenbourg in der DDR: Ein Künstler in einem kunstfremden, gar kunstfeindlichen System. Zugleich: Ein Künstler in seiner Heimat. Die marxistisch-leninistische Ideologie bewertete Altenbourg als Randfigur. Nach dem Rang seiner künstlerischen Leistung und ihrer Wirkung stand Altenbourg in der Mitte des geistigen Geschehens.

Bis 1963 fand seine Arbeit nur in eng begrenzten Kreisen Aufmerksamkeit, die sich in Altenburg um ihn selbst, in Weimar um Annegret Janda, in Dresden um Wolfgang Balzer sowie um Renate und Achim Glück, in München um Heinrich Mock sammelten. In den Jahren 1964 und 1965 weitete sich die Ausstrahlung, besonders durch die Galerie Brusberg in Hannover, die Erfurter Ateliergemeinschaft, das Institut für Lehrerweiterbildung in Berlin-Weißensee und das Kupferstich-Kabinett Dresden. Seither stand Altenbourg im Zentrum der Auseinandersetzungen um die Moderne in der DDR. Seine Kunst und seine persönliche Haltung, vom Geist der freien Individualität geprägt, wirkten als Ferment im kulturellen Leben des Landes. Restriktionen der Staatsmacht, wie die Schließung der Ausstellung in Leipzig 1966, ein Prozeß wegen angeblicher Zollvergehen, die Entlassung von Lothar Lang, seinem ersten Grafikverleger, das Verbot der Beteiligung an den Ausstellungen der Kupferstich-Kabinette in Dresden und Berlin 1974, schließlich die Vertreibung Günter Ullmanns aus dem Museumsamt wegen der Ausstellung in Glauchau 1976, konnten die stetige Ausbreitung seiner Wirkung nicht eindämmen, zumal die internationale Würdigung zurückstrahlte. Altenbourg war sich seines Wertes wohl bewußt und nahm die Rolle an, die ihm

120 Gerhard Altenbourg Foto: Rudi Meisel, Galerie Brusberg Berlin

121 Gerhard Altenbourg, Das schweinische Lächeln, 1957, Galerie Springer Berlin

zuwuchs. Er achtete aufmerksam auf das künstlerische Geschehen im Lande und erwarb auch Arbeiten jüngerer Kollegen. Mit seiner Teilnahme an Ausstellungseröffnungen in Dresden, Leipzig, Berlin oder Karl-Marx-Stadt setzte er Akzente. Altenbourgs Bedeutung tritt klar hervor, wenn man die kunsthistorische Entwicklung in der DDR als Ringen um die Durchsetzung der Moderne nach der Nazidiktatur versteht. Er erarbeitete als erster seiner Generation von 1947 bis 1949 eine eigenständige künstlerische Basis, die den Ansprüchen der internationalen Avantgarde standhielt, und er war einer der wenigen, vielleicht der einzige neben Carlfriedrich Claus, die ihr Werk von Beginn an ohne jede Beeinflussung durch die Realismus-Kampagne aufbauten.

Seine farbigen Blätter von 1947 führen Anregungen der »Blauen Vier« des Bauhauses in Richtungen weiter, die an Hartung, de Kooning und Pollock denken lassen. 1949 zerreißt der Schleier des Schönen. Der Dada-Sarkasmus von Grosz und Dix wird in geheimer Übereinstimmung mit den gleichzeitigen Entdeckungen von Wols und Dubuffet weitergetrieben. Die Werke Max Ernsts ermutigten um 1950 zur gleichzeitigen Ausprägung von emotionalen und rationalen Formbereichen. Altenbourg bereicherte die surrealistische Tradition durch seine Sensibilität für die nervige Lebendigkeit des Gewachsenen. In den fünfziger Jahren entfaltete sich das Werk in farbigen Blättern und Zeichnungen zu einem kräftigen Strom. Der Umfang des bis 1989 geschaffenen Werkes, der Reichtum seiner Formenwelt, die Fülle der geistigen Beziehungen, die technische Meisterschaft, vor allem aber die Spannweite und die Kraft des dichterischen Ausdrucks erheben Altenbourg in die erste Reihe der Künstler seiner Zeit.

Rolf Münzner

von Reiner Schwarz

Als ich die erste Schablithographie von Rolf Münzner sah, traf es mich wie ein Schlag: ich hatte einen Geistesverwandten gefunden, der zugleich ein meisterhafter Lithograph war. Zu der Zeit war nicht vorstellbar, daß ich Rolf Münzner so bald kennenlernen sollte, ganz zu schweigen von der gemeinsamen Arbeitsbegegnung in der Druckwerkstatt Kätelhön. Und das alles noch zu einer Zeit, in der deutsch-deutsche gemeinsame Unternehmungen absolut tabu waren.
Rolf Münzner wurde 1942 in Geringswalde in Sachsen geboren und besuchte nach einer Maschinenschlosserlehre und dem Armeedienst von 1960 bis 1967 die Hochschule für Grafik und Buchkunst in Leipzig, und studierte bei den Professoren Hans Meyer-Foreyt und Gerhart-Kurt Müller. Mit umfänglicher Literatur im Rucksack und im Kopf fand Rolf Münzner seinen Weg. Die russische Literatur von Alexander A. Blok, Michail Bulgakow und Wladimir Majakowski war nicht verboten, wurde aber nicht verlegt. Sie eröffnete ihm die Möglichkeit, unkontrolliert alle Gedanken zeichnend auszuleben und sich dabei dieser großen Namen schützend zu bedienen.
Als er sich des Rüstzeuges seiner zeichnerischen Mittel sicher war, bricht es aus ihm heraus: unzählige Illustrationen zu den Büchern dieser Autoren entstehen und beginnen bald auch als Zeichnungen sich zu verselbständigen und einen ganz eigenen Formenkanon zu bilden. Rolf Münzner: »Die Zeichnung war von jeher für mich das Wesentliche. Zeichnend kann ich mich freimachen von Zwängen, kann meine Emotionen auf Papier übertragen. Zeichnend kann ich schrecklichen Dingen mit Ironie begegnen, kann mich vor Sentimentalität schützen, Dingen auch, die uns alle bedrohen. Die Zeichnung ist für mich der direkteste bildnerische Vorgang, ob ich nun schöne oder traurige Erinnerungen zurückhole, oder mich freizeichne von spontan Erlebtem. Zeichnend kann ich in einen Körper schlüpfen, eine Rolle übernehmen, oder mich mit einer Geste, Bewegung identifizieren.«
Wenn man nach und nach seine verdeckten Pointen und bösen Anspielungen auf heutige Ereignisse, gesellschaftliche Zwänge und Absurditäten, menschliche Schwächen, Eitelkeiten und Hinterhältigkeiten entdeckt (jedes Detail ist ein neuer inhaltlicher wie grafischer Kosmos), wird einem mehr und mehr einsichtig, wie unerschöpflich diese Arbeiten angelegt sind. Um mehr von dem zu sehen, was er hineingedacht hat, muß man länger hinsehen – und immer, immer wieder hinsehen. Rolf Münzners Arbeiten sind eine Schule des Sehens und des Sehenlernens.
Während die Zeichnung für Rolf Münzner ein Medium der ständigen Erneuerung und des erneuten Ansetzens ist, sind die Schablithografien ausgetüftelte, perfekt ausgearbeitete Kleinodien. Die Linien verfestigen sich im Kontrast zum dunklen Hintergrund und gewinnen Volumen und Stofflichkeit. Alles ist in Bewegung, in Hektik, und von Nervosität ergriffen. Der sich drehende Lithostein wird zum Karussell und Sinnbild für die Welt, für das Leben.

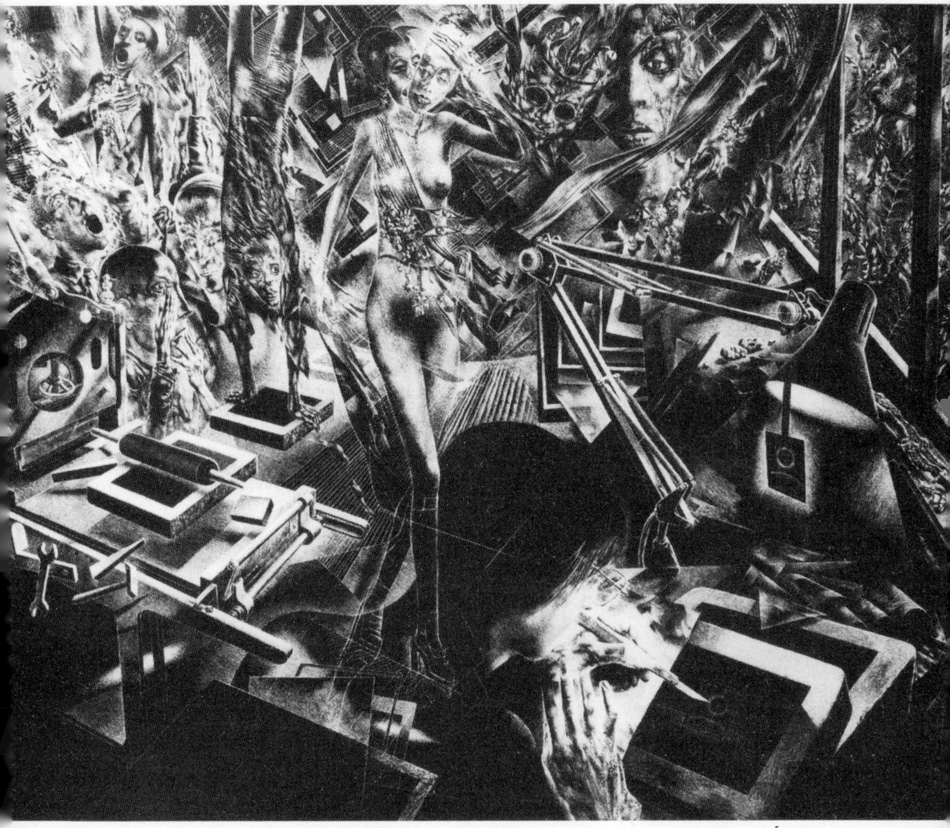

122 Rolf Münzner, Atelier I, Schablitho, 1978, Galerie Brusberg Berlin

Der aufrechte Gang – Über Peter Schnürpel

von Lothar Romain

Schnürpel, 1941 in Leipzig geboren und seit Anfang der siebziger Jahre in der DDR-Kunstkritik der sogenannten Leipziger Schule zugerechnet, gehört zweifellos zu den herausragenden Grafikern der DDR.

Peter Schnürpels Malerei und Grafik zeigt, daß das Bild vom Menschen durchaus noch fruchtbar thematisiert werden kann, ohne die Kunst zur bloßen Illustration herabzuwürdigen, zeigt im Verlaufe ihrer Entwicklung auch, wie menschliche Gestalt noch sinnfällig Metapher ihrer sozialen Beziehungen ist, ohne Kunst auf einen simplen Symbolismus zu reduzieren. In diesem Sinne stellen seine Bilder vom Sport, auch wenn der Bildtitel einen Sieger ausweist, nicht die Posen des Triumphs, sondern den Körper in höchster Verausgabung, in äußerster Konzentration und Gespanntheit dar. Es geht dem Künstler nicht um das Athletenidol, sondern um die sichtbaren Anstrengungen, die ihm abverlangt wurden, um sich so herausstellen zu können.

Rodins Torso »Schreitender Mann« hat Schnürpel entscheidend beeindruckt. Hier sammeln sich alle späteren Bewegungen in der ersten des aufrechten Ganges. Schnürpel hat das in einer Serie von Arbeiten thematisiert, die existenzielle Dimension im Blick hat: Der Schreitende ist noch nicht zu sich selbst gelangt, sondern bricht erst zu sich selbst auf. Aus einer Mauer anonymer Körper z.B. versucht eine Gestalt mit einem ersten Schritt herauszutreten. Die Uranstrengung des ersten Ausschreitens ist nicht ein für alle Male geleistet, sondern wird immer wieder erneut abverlangt.

In seiner »Prometheus«-Folge hat Schnürpel das als Appell und Rückfrage zugleich angesprochen. »Ich?« fragt die Figur, die aus dem Bildgrund heraus auf den Zuschauer zugehen möchte, gehemmt noch durch die Unsicherheit, als »Ich« gemeint zu sein, gehalten, verhindert (?) von einem Nebenmann, derweil sich eine in einen Mantel gehüllte Schattengestalt seitlich aus dem Bild stehlen will. Die Geschichte hat dieses Bild eingeholt und könnte, wie viele Arbeiten Schnürpels aus den letzten Jahren, es zu einer frühen Prophetie hochstilisieren. Doch was die Kunst herausgedrängt hat, ist ihre Frage nach Wirklichkeit, nicht die der vorausschauenden Wahrheit. Schnürpel jedenfalls hat die genannte und folgende Arbeiten nicht als symbolische Botschaft notiert, sondern als eine zunächst rein bildliche Auseinandersetzung zwischen Licht und Schatten, Hell und Dunkel, zwischen Körpervolumen und Fläche.

Aus seinen früher eher skizzenhaft verknappten oder impressiven Arbeiten sind längst komplexe Bildsituationen entstanden. Die dazu notwendigen verschiedenen Arbeitsschritte sind bis in die Technik hinein oft bewußt sichtbar erhalten. Der existenzielle Kampf führt in ein soziales Geflecht, das so vielfältig und teilweise schier undurchschaubar ist wie die Schraffuren der Radierungen, die ebenso Volumen schaffen wie sie auch auslöschen können. Im westlichen Kunstverständnis mag das konventionell erscheinen im Sinne des Images. Nach Wegfall der Mauer ist allerdings zu hoffen, daß man bereit ist, sich auf die Konzentration einzulassen, die solche Arbeiten im wörtlichen Sinne auszeichnen.

LEIPZIG
HALLE

123 Wolfgang Mattheuer, Leipzig, 1971

Phänomen oder Mißverständnis? Die Leipziger Kunsthochschule

von Peter Guth

Offenbar ist ein prinzipieller Irrtum nicht auszurotten. An ein paar großen Namen, Markenartikeln der DDR-Kunstproduktion, wird ein Begriff festgemacht, der eigentlich nur für die letzten 25 Jahre gilt: die Leipziger Schule. Die von ihren Vertretern gepflegte Malerei, handwerklich perfekt, sachlich orientiert und mit Symbolen befrachtet, hat allerdings nur sehr begrenzt mit der Geschichte der Kunstschule in Leipzig zu tun. Ihr Beginn war provinziell, aber diese Provinzialität hatte es in sich. Als 1764 in der kaum mehr als 30000 Seelen zählenden Stadt Leipzig auf kurfürstlichen Erlaß hin die »Mahlerey-, Zeichnungs- und Architektur-Academie« gegründet wurde, hatte sie eine komplexe Aufgabenstellung. Ganz so klein, wie sie der 16jährige Goethe beschrieb, war sie nicht: »Es ist hier eine Mahler Academie in der Vestung Pleisenburg in 3 Zimmern recht niedlich angeleget. Hr. Oeser, ein geschickter Mann im Mahlen und radiren hat die Auffsicht ...« Gegenüber allen späteren Schulstrukturen befaßte sie sich nämlich als spätes Kind des Rokoko mit mehr als nur mit Malerei und Grafik. Schloß- und Gartengestaltung, Bauschmuck, Handwerkeranleitung, Fest- und Feiergestaltung, Bühnenbild und Miniaturmalerei gehörten zu den Aufgabenfeldern.

Leipzig war eine Bürgerstadt und Kultur funktionierte nur durch das Geld der Kaufleute. Adam Friedrich Oeser, durch Goethe in die Geschichte eingegangen, war ein perfekter Geschäftsmann. Es erwies sich sehr schnell, daß Buchschmuck nicht nur schön, sondern auch außerordentlich verkaufsfördernd war. Leipzigs Aufstieg zur Buchstadt hatte gerade begonnen. Doch die Zeit derartiger Wirksamkeit währte nicht lange. Schon nach 1800 verkam die Schule mehr und mehr zum Zeichen-Seminar für bessere Töchter. Als Napoleon die sächsische Wirtschaft zertrümmerte, rächte sich die erste Zweckehe, die die Schule in ihrer Geschichte eingegangen war, die einseitige Verbindung mit der Ökonomie.

Als um die Mitte des vorigen Jahrhunderts Leipzig erneut und diesmal zur weltweit geachteten Buchmetropole aufstieg, hatte sich die Situation an der Kunstschule geändert. Ambitionierte, aber meist zweitrangige Maler verfolgten mehr die freie, auf Historienmalerei abgestellte Kunst, und so divergierten erneut die Entwicklungen von Schule und Buchgewerbe.

Ein Wandel wiederum am Eingang unseres Jahrhunderts. Er war äußerlich markiert durch die Umbenennung von der 1876 so getauften »Königlichen Kunstakademie und Kunstgewerbeschule« in »Königliche Akademie für graphische Künste und Buchgewerbe«, und er war markiert vom Einzug in das 1890 übergebene und bis heute genutzte Akademiegebäude. Inhaltlich kam es vor allem zu einer Aufwertung der grafischen Techniken und zu einer Hinwendung zur Buchillustration. Namen wie Geiger und Steiner-Prag stehen dafür. Doch trotz herausragender Einzelleistungen hat die Schule damals insgesamt keinen nennenswerten Anschluß an das künstlerische Geschehen ihrer Zeit gefunden. Der Expressionismus beispielsweise ist nahezu spurlos an ihr vorübergegangen. Man

124 Ulrich Hachulla, Der Schriftsteller Klaus Schlesinger, 1977
Deutsche Fotothek Dresden, Bildarchiv Verlag der Kunst

hatte wie schon damals einseitig auf Massenkultur gesetzt und war letztlich einmal mehr gescheitert.

Nach Ende des Zweiten Weltkriegs kam es zunächst zu einem rabiaten, folgenschweren Bruch mit allen Traditionen. 1946 mußte der bereits unter den Nazis entlassene, dann von der sowjetischen Administration wiedereingesetzte Rektor Walter Tiemann das Amt räumen. Sein Nachfolger Kurt Massloff beseitigte die technischen Voraussetzungen für eine gewerblich orientierte Ausbildung und führte die Schule auf politischen Kurs: Hier sollte eine Ideologieschmiede entstehen, in der Künstler marxistisches Gedankengut wie für Analphabeten ins Bild zu bringen hatten. Es versteht sich fast am Rande, daß viele bis dahin loyale Lehrer die Schule verließen oder verlassen mußten. Max Schwimmer gehört ebenso zu ihnen wie Ernst Hassebrauk oder Walter Arnold. In verdunkelten Räumen wurden jetzt Brigadebilder gestellt, die die Studenten nach dem Vorbild alter Akademien abzuzeichnen hatten. Traurige Berühmtheit erlangte Kurt Magritz, der sich als Theoretiker in den Auseinandersetzungen um den sogenannten Formalismus scharfmacherisch hervortat.

Leipzigs Kunsthochschule versank ein weiteres Mal in tiefste Provinzialität. Die hier gefertigten steifleinenen Aufgüsse des russischen und deutschen Realismus des 19. Jahrhunderts – nun im Kostüm von wackeren Bauarbeitern, sich ständig Wissen aneignenden Jugendlichen und permanent kulturinteressierten Werktätigen – überschwemmten diktatorisch die Kunstausstellungen der DDR. Auch für viele Studenten war dieses Klima unerträglich. Heisig und Tübke verließen vor Abschluß das Institut. Daß die Schule dann noch zu Ruhm und Ansehen kam, hat vor allem zwei Gründe: Da ist zunächst die Emanzipation der Malerei, die hier keine gute Tradition besaß. Dieses Verdienst gehört Bernhard Heisig, der, 1961 Rektor geworden, im gleichen Jahr die Malerei als festen Ausbildungszweig einführte. Und zweitens die Lösung der Kunst von Oberflächlichkeiten und Dogmen in einem zähen und schmerzhaften Prozeß. Noch 1965, im Jahr der legendären 7. Bezirkskunstausstellung, traf die offizielle Kritik Heisig, Tübke, Mattheuer und den damals debütierenden Ebersbach mit aller Wucht; zwei Jahre später gar wurde Tübkes Malerei von den Tribünen des 7. SED-Parteitags herab als »Therapie der Abschreckung« verdammt. Die unter Mühen erkämpfte Selbstbehauptung hat dazu geführt, daß in Leipzig Malerei und Grafik gemacht wird, die wie auch immer die Handschrift beschaffen sein mag, sich nie von ästhetischen Positionen her dem Thema nähert. Die Vermittlung von Problembewußtsein ist neben der handwerklichen Präzision das große Plus der Ausbildung in Leipzig geworden.

Doch der Erfolg hat auch ein anderes Gesicht: Als 1971 Honecker zum 1. Sekretär der SED gewählt wurde und er seine Vorstellungen von »Weite und Vielfalt« proklamierte, paßten die einst Gemaßregelten ins Bild. Sie waren als hervorragende Könner im Ausland vorzeigbar und übernahmen im Inland Ventilfunktion. Opportunismus war programmiert. Die Schule erwies sich als staatstragend und ideologisch zuverlässig. Im Vergleich zu 1946 hatte sich zwar die Tonlage, nicht aber das Prinzip geändert.

Inzwischen meldete sich die folgende Generation, die der um 1940 Geborenen, zu Wort. Ihr ging es keineswegs etwa um Opposition. Doch sie verhielt sich illusionsloser und sah durchaus die tiefe Kluft zwischen Ideal und Wirklichkeit. Es begann eine Gratwanderung zum Erfolg. Die Abstürze hießen Selbstverrat und Verstummen. Glücklichere zogen sich in andere Kunstbereiche zurück. Die Absolventen, die als Lehrer an die Schule zurückkehrten, brauchten oft Jahre, bis sie zu einer glaubhaften Sprache fanden. Das Beispiel Arno Rink, Rektor seit 1987, ist symptomatisch. Der einstige Heisigschüler hatte schnellen Anfangserfolg und wurde bereits 1979 Professor. Die Traditionslinien seiner Malerei, die zu Dix, Rivera und Dali reichen, weisen auf die Dualität zwischen politischem Bekenntnis und psychologischer Vertiefung hin. Diese Ambivalenz kann man verkürzt als Aufeinanderprall von Innen- und Außenwelt bezeichnen. Nicht zufällig befaßte er sich im Frühwerk mit Majakowski, dessen Freitod den Zustand der sozialistischen Ideale in der stalinistischen Sowjetunion deutlich beschreibt. Bis zu Rinks Lösung von historisch-politischen Szenerien und dann bis zur glaubhaften Umsetzung der Realität seiner Generation, nämlich der »modifizierten Hoffnungen und Ideale« (Rink) vergingen jeweils zehn Jahre. Ein hoher Preis für Ehrlichkeit. Die jüngste Generation, die Schüler von Rink und seine Altersgenossen, waren in den wenigsten Fällen dazu bereit, sich auf verzehrende politische Manöver einzulassen. Der Rückzug in die innere Emigration und die Abwendung vom großen Thema bei den heute Dreißigjährigen stellen sich nicht nur als Reflex auf eine veränderte Gesellschaft dar. Sie sind auch Ergebnis einer Schulpolitik, die zuerst Künstler als Diener für die Politik heranzog und sich dann in Detailverliebtheit und Handwerkelei verlor. Die politische Wende in der DDR führte selbst jenen, die es bis dahin nicht begreifen wollten, vor Augen, daß die Leipziger Kunsthochschule an konzeptionelle Grenzen gestoßen war. Arno Rink, der zuletzt in seiner Malerei bitterste persönliche Erfahrungen nach außen gestellt hatte, war vielleicht als einziger in der Lage, zu reagieren. Daß der Anschluß der DDR an die Internationalität auch gleichzeitig eine Öffnung der Schule für neue künstlerische Medien bedeuten muß, ist für ihn zur zwingenden Tatsache geworden. Ganz ohne Erfahrungen war man ja in Leipzig nicht. Zwischen 1979 und 1982 hatte Hartwig Ebersbach mit seiner Experimentalklasse am Gesamtkunstwerk laboriert. Und schon seit geraumer Zeit reagierten die in Leipzig ausgebildeten Fotografen mit weit mehr Biß auf die Realität als die Maler. Durch den politischen Umbau der DDR hat die Kunsthochschule erstmals die Möglichkeit, ohne Obrigkeitsdruck und Anbiederei ihre Arbeitsfelder selbst abzustecken. Eine zweite Chance wird es nicht geben.

Wolfgang Mattheuer

von Rainer Haarmann

»Wenn mir keine Bilder der Harmonie mehr gelingen, dann sind auch die Problem- und Protestbilder falsch. Die spannungsvolle Reibung zwischen Übereinstimmung und Protest, zwischen Ja und Nein, stimuliert und schärft den Blick für Wahrheit.«
So Wolfgang Mattheuer 1987. Seit langem spielt dieser Künstler aus Leipzig in der Kunstlandschaft der DDR eine bedeutende, aber auch immer auf Widerspruch stoßende Rolle. Das Zitat beweist die entschiedene, kompromißlose Haltung eines realistischen Künstlers, der heute weit über die DDR hinaus Aufmerksamkeit und Anerkennung gefunden hat.
Wolfgang Mattheuer macht es dem Betrachter nicht leicht. Wähnt er sich beim ersten Hinsehen vor einem eher anheimelnd-einlullenden Abbild dessen, was gemeinhin unter »romantisch« mißverstanden wird, so zeigt schon der nächste Blick, daß hier nicht die Eindeutigkeit der Idylle gemeint ist. Die scheinbare Gewißheit löst sich in vieldeutige Beziehungen der Bildformen auf. Sie entziehen sich dem Versuch einer eindimensionalen Zuordnung. Es werden weniger Fragen beantwortet als Fragen aufgeworfen. Das Vieldeutige wird scheinbar eindeutig, das Eindeutige vieldeutig. Widersprüche werden nicht aufgehoben, sondern ins Bild gesetzt.
Mattheuers Werk ist eine gänzlich eigene Ideenkunst, die durch ihre gedankliche Präzision ebenso auffällt wie durch die visuelle Überzeugungskraft und nahezu handfeste dingliche Bildsprache. Man meint, man könne sie im ersten Zugriff begreifen; sie wirkt wie volkstümlich. Doch schnell tut sich eine zweite Bildebene auf. Scheinbar einfache Bildszenen werden zum Gleichnis. Das, was den Betrachter verstört, was ihn zum Mitdenken auffordert, weist auf den gleichnishaften Charakter hin: Das Bildzitat und die Bedeutungsperspektive z. B. in vielen seiner Landschaftsmalereien wie »Hinter den sieben Bergen«, in denen die Bilder der Idylle sich wandeln in suggestive Bildräume und Bühnen eines imaginären Schauplatzes für unbekanntes Geschehen.
Wolfgang Mattheuer wurde 1927 in Reichenbach im Vogtland, einem kleinen Industriestädtchen des Mittelgebirges geboren. In dieser Stadt, bestimmt durch Kleinindustrie und Handwerk, war der Vater als Buchbinder in einem industriellen Großbetrieb tätig.
Schon früh zeigte sich das Interesse des Sohnes am Zeichnen, er begann eine Handwerksausbildung als Lithograf. So schnell dem jungen Mann auch klar wurde, daß er nicht für den Alltag des Handwerks geboren war, daß er vielmehr Künstler werden wollte, so sehr prägte doch die Berufsausbildung die Einsicht in die Notwendigkeit und Vorzüge technischer Genauigkeit. Ein Studienplatz an der Kunstakademie in München war in Aussicht, als der Zweite Weltkrieg Tribut verlangte. Siebzehnjährig wurde Mattheuer eingezogen. Nach Verwundung und Flucht aus der Kriegsgefangenschaft kehrte er im Herbst 1945 nach Reichenbach zurück.
1946 besuchte er die Kunstgewerbeschule in Leipzig und begann 1947 mit dem Studium an der Hochschule für Grafik und Buchkunst in Leipzig. Die Ausbil-

dung im figürlichen Zeichnen sowie die Unterweisung in grafischen Techniken bildeten den Spannungsbogen für die beginnende künstlerische Laufbahn Mattheuers als zeichnender Maler. War seine Kunst ursprünglich von der Herkunft als Grafiker bestimmt, so hat er sich dazu im Laufe der Jahre zu einem eindrucksvollen und gänzlich eigenständigen Maler entwickelt.

Umriß und Linie – Eigenarten und Qualitäten des Zeichnens hat Mattheuer nie aufgegeben. Hinzugewonnen wurden Sinnlichkeit und dramaturgische Bedeutungskraft weicher, tonig-farbiger Flächen von häufig magischer Anziehungskraft. Früh entwickelten sich typische und immer wiederkehrende Grundmotive: Landschaft, Mensch, Maske, Auto, Straßen, Fenster, Himmel oder Horizont. Dabei geht es ihm nicht um bloße Abbilder von Gesehenem oder Geschehenem. Die besondere Ausdrucksweise liegt vielmehr in der ebenso verschlüsselnden wie symbolhaften Kombination verschiedener Motive und Sichten. Seine Denkbilder sind Zeugnisse eines Selbstgespräches. Aber zugleich »enthalten sie sich nie der einladenden Geste an den Betrachter als erbetenem Teilnehmer am Gespäch. Die Verschlüsselungen vieler seiner Bilder sind notwendig, niemals originalitätssüchtig gesucht. Sie dienen eben dieser Aufdeckung von Verstrickungen, der Aufhellung von Zusammenhängen.« (Ursula Mattheuer-Neustädt)

Mattheuer will nicht die Dinge selbst sehen, er will hinter die Dinge sehen, deshalb erhebt er das Alltägliche zum Besonderen, vertraute Bilder erscheinen wie zum ersten Mal gesehen.

Diese Eigenheit der künstlerischen Arbeit Mattheuers hat sich in den frühen sechziger Jahren entwickelt und wurde in den siebziger Jahren zur vollen Meisterschaft gebracht. Mit der romantischen Landschaftsmalerei Caspar David Friedrichs schon in jungen Jahren konfrontiert und früh von ihr beeindruckt, von der Malerei der Neuen Sachlichkeit als angehender Künstler geprägt, die dem einfachen Gegenstand zugleich magische, überreale Qualität beimaß, entwickelte Mattheuer seine ureigenen Problembilder, reich an Metaphern und Symbolsprache.

Häufig – im Osten wie im Westen – hat man diese Kunst Mattheuers zu eng auf den Standort DDR bezogen. Entweder sah man in ihm den »vordergründig« die DDR-Alltagsrealität anprangernden kritischen Geist, oder man stellte sein Werk in das »Feld konstruktiv-kritischer Fragestellung zum Leben in der sozialistischen Gesellschaft, zu Verhaltensweisen im komplizierten Gefüge einer durch die Konfrontation von Humanismus und Antikommunismus geprägten Welt.« (Ulrich Kuhirt, Kunst der DDR 1960–1980, Leipzig 1983)

Wolfgang Mattheuer hat solchen platten Interpretationsversuchen schon immer widersprochen. Er sagte 1987:»Ist es denn richtig, daß ich ausschließlich meine DDR-Gegenwart reflektiere? Dann kämen alle weitergehenden Assoziationen oder Provokationen ganz ohne meine Absicht und nur von außen her in meine Bilder hinein? Ich könnte mich so verstehen, daß ich vorrangig meine Gegenwart reflektiere, die aber nicht nur die Gegenwart des Landes und der Gesellschaftsform ist, in der ich lebe, sondern ganz einfach meine Gegenwart. Ich will meine Bilder auch nie bloß als Tagesprodukte, so bescheiden bin ich nicht. Wenn sie die größere Dimension durchscheinen lassen, so ist gelungen, was ich wollte. Von meinen ganz persönlichen Erfahrungen und Erlebnissen aus ziele ich (mit Absicht) auf weitgespannte Bezüge und Entsprechungen in gewußter Vergangenheit und erhoffter Zukunft«.

Der Maler Werner Tübke

von Eduard Beaucamp

Die Kunst, die in gerade vierzig Jahren DDR-Geschichte entstanden ist, errang ein gutes Stück ihrer Freiheit, ihres Selbstbewußtseins und ihres Spielraums im Umweg über die Geschichte. Mancher Historismus im Stil, manche Entwürfe einer neuen Historienmalerei machten sie für den westlichen Geschmack lange anfechtbar, aber auch einzigartig, da sie ohne Parallelen in Ost wie in West blieben. Die Geschichte holte die Gegenwart in der DDR-Kunst immer mehr ein, sogar eine christliche Ikonographie lebte wieder auf und drängte in den beiden letzten Jahrzehnten eine flache sozialistische Programm- und Parteikunst an den Rand. Anspielungen und Zitate überlagerten den Realismus auf spannungsvolle und vieldeutige Weise.

Werner Tübke wurde zum bedeutendsten Protagonisten auf diesem Terrain. Kein anderer Künstler hat sich so prinzipiell den Sprachformen moderner und zeitgenössischer Kunst verweigert, ja den historischen Bruch der Moderne geleugnet und von sich immer behauptet, in einer weiträumigeren Geschichte beheimatet zu sein. Man kann Ursachen für solche Abgewandtheit in der für junge Künstler schwierigen Nachkriegssituation suchen, die ein Anknüpfen an die internationale Moderne und das Aufarbeiten der Kunst des eigenen Jahrhunderts nicht erlaubten.

Der Einzelgänger Tübke (Jahrgang 1929) entzog sich schon in frühen Jahren allen Nötigungen zur Zeitgenossenschaft, er emigrierte gleichsam in die Kupferstichkabinette und Gemäldegalerien und eignete sich mit Menzelschem Ethos das kunstgeschichtliche Repertoire an. Doch die akademischen Attitüden werden bei ihm durch antiakademische Züge, scheinbar normative Setzungen durch manieristische Seitensprünge und Labilitäten unterlaufen. Das Historisieren wird von einem gleichsam meta-historischen, surrealen Halluzinieren, der Traditionalismus von spezifisch modernen Bewußtseinskomplikationen durchkreuzt. Das alles machte den Künstler in der DDR lange verdächtig. Parteiästhetiker, Kritiker und Künstlerkollegen attackierten ihn wegen seiner rückwärtsgewandten Neigungen und seiner raffinierten Versuche, das Vergangene in der Gegenwart und die Gegenwart in den Phantasie-, Bild- und Sprachformen der Geschichte zu spiegeln und zu interpretieren. Was bei Tübke im scheinbar vertrauten Geschichtskostüm entgegentritt, ist vielfach gebrochen, noch einmal höchst eigenartig empfunden und formuliert und so sehr ins Artistische, Raffinierte und Komplizierte gesteigert, daß das Vertraute ungewöhnlich, ja oft unheimlich und magisch erscheint.

Das Phänomen dieses Künstlers ist nicht leicht zu fassen. Er fiel wegen seines historisierenden Realismus und ausgesuchten Manierismus lange aus der Rolle, er wurde der Subjektivität, der Phantastik und aristokratischen Allüre bezichtigt und machte schließlich trotzdem Karriere. Tübke ist vieles zugleich: öffentlicher Monumental- und Historienmaler, auch Repräsentationskünstler der DDR, und gleichzeitig ein souveräner, nervöser, verquerer Individualist, ein sublimer Zeichner und esoterischer Romantiker. Er richtete sich in vielen aufreizenden Wider-

125 Werner Tübke, Zur Geschichte der deutschen Arbeiterbewegung III, Triptychon (Mitteltafel), Museum der bildenden Künste zu Leipzig, Bildarchiv Verlag der Kunst

KPD

sprüchen ein. Sein Anachronismus behauptete stets auch moderne Züge, da Tübke keine homogenen Bilder anbietet. Die Werke ziehen den Betrachter in Zwischenzeiten und Manierismen von der Spätgotik bis zum Rokoko, in Epochen, in denen die Ordnungen und Bedeutungen ins Gleiten geraten, mutieren, sich vermischen und neue Konstellationen suchen. Der Betrachter wird in Widersprüche, Zweifel, Ambivalenzen und in ein oft dämonisches Zwielicht verwickelt. Das öffentliche, repräsentative Werk ist durch große Themen und Zyklen akzentuiert. Geschichte schließt dabei stets Zeitgeschichte ein. Früh tauchen bei Tübke die sozialistischen Jugendfestspiele auf, der Aufstand der Ungarn (vom damals parteigläubigen Manieristen noch als Konterrevolution interpretiert), der spanische Bürgerkrieg, bald auch Auschwitz (zunächst in Zeichnungen) und Hiroshima (das Bild von 1958 lehnt sich deutlich an die Kriegsbilder Karl Hofers an). Es folgen altmeisterliche Triptychen mit Szenen aus der deutschen Arbeiterbewegung, das »Nationalkomitee Freies Deutschland«, ein Chile-Requiem. Aufsehen erregten in den sechziger Jahren Tübkes systematische Auseinandersetzungen mit dem Nationalsozialismus; er wählte die Erinnerungsperspektive, versuchte eine Bewußtseinsanalyse in den zahlreichen Variationen zum Thema »Lebenserinnerungen des Dr. jur. Schulze«, allegorisch-surrealen Darstellungen eines NS-Richters, seiner sich fortzeugenden Untaten und Helfershelfer.

Die Bilder beruhigten und klärten sich in der Honecker-Ära. Der Erfolg im Westen, der mit einer italienischen Wanderausstellung der Galleria del Levante 1971 einsetzte, eröffnete ihm Reisen nach Italien und in die Mittelmeerländer. Zum Programmbild der siebziger Jahre wurde »Arbeiterklasse und Intelligenz«, ein monumentales Wandgemälde für die neue Leipziger Universität. Hier wird für die Gegenwart, repräsentiert in kontroversen Gruppen von Professoren, Studenten, Bauarbeitern, über die Kunst- und Geistesgeschichte gesellschaftliche Aussöhnung und eine neue Form der Gemeinschaft gesucht.

Tübkes Neigungen zu Zyklen, mehrgliedrigen, oft altarartigen Gemälden und Panoramen, zu umfassenden Lebens- und Geschichtsbildern setzten sich früh in Szene. Ihm gelangen kühne und ausgreifende Schöpfungen. Wo es an Spannung und Konflikt, ja an Wirklichkeit fehlt, wird die heikle Zone einer akademisch-allegorischen Idyllik berührt (etwa im Polyptychon »Der Mensch – Maß aller Dinge« für den Ost-Berliner Palast der Republik). Tübkes Bestrebungen gipfeln im gigantischen Bauernkriegspanorama in Bad Frankenhausen, das ihn von 1976 an zwölf Jahre lang beschäftigte. Souverän ging der Maler mit der Aufgabe und dem Auftraggeber um. Er funktionierte das gewünschte Staatsmonument der DDR zum Kunstdenkmal um, das eine Summe seines universalistischen Lebenswerkes bietet. Die letzte tragische Schlacht des Bauernkrieges ist in ein turbulentes Panorama zwischen Spätmittelalter und Renaissance, und dies Welttheater wiederum in einen heilsgeschichtlichen Rahmen eingebettet. Es ist, genauer gesagt, der Rahmen menschlicher Unheilsgeschichte, die sich in der Rotunde vom ersten Menschenpaar, das Knochen sät und eggt, bis zu einer apokalyptischen Endzeit ausspannt. Tübke sagte einmal, er sei bei der Arbeit an dem Bild auf »Turbulenzen« gestoßen, »die mir gar nicht so jenseits von heute zu sein scheinen«. Wenn seine rückwärtsgewandte Kunst einen Sinn hat, dann den, daß sie an die Wurzeln auch noch zeitgenössischer Zwiste zurückgeht, daß sie Geschichte als fortwährend virulent und unerlöst darstellt und dazu auffordert, in sie wieder einzutauchen, über sie nachzudenken und sie, womöglich, zu verbessern.

Regisseur großer Bildstoffe
Der Maler Bernhard Heisig

von Freya Mülhaupt

Bernhard Heisig wird 1925 in Breslau als Sohn eines Malers geboren. Früh schon tritt seine künstlerische Begabung und Neigung zutage. 1941 beginnt er eine Ausbildung als Gebrauchsgrafiker, 1942 wird er als Kriegsfreiwilliger zur Panzertruppe eingezogen. Er übersteht eine schwere Verletzung, nimmt an den Kämpfen an der Invasionsfront und, 1945, an denen um die »Festung« Breslau teil. »Der Krieg als Situation, an die sich der Mensch sogar gewöhnen kann, das ist das Gefährliche. Normale Menschen, die zum Schlimmsten in der Lage sind, normale Menschen auch, die dulden müssen – das sind ... meine Erfahrungen.« (Heisig, 1979)

Nach dem Krieg hat Heisig, an der Sicherstellung verlassener Kunst- und Buchhandlungen in Breslau beteiligt, seine erste Begegnung mit moderner Kunst. 1946 siedelt er nach Zeitz in Sachsen über. 1948 wird er Mitglied der SED, im selben Jahr kann er sein Kunststudium in Leipzig wieder aufnehmen. Unzufrieden mit den Studienbedingungen – der von der SED-Partei- und DDR-Staatsführung zu Beginn der fünfziger Jahre aufgenommene »Kampf gegen den Formalismus«, der die moderne Kunst als »antihumanistisch« und »volksfeindlich« ächtet und die Orientierung am Sozialistischen Realismus sowjetischer Prägung zur Verpflichtung macht, wirkt sich auch an der Leipziger Kunsthochschule aus – bricht er 1951 sein Studium ab.

Im Selbststudium und in Anlehnung an Menzel, Leibl, Courbet – seine Auseinandersetzung mit Corinth, Dix, Kokoschka, Beckmann und Picasso setzt später ein – sucht sich Heisig seinen eigenen Weg. In den fünfziger Jahren malt er Akte und Porträts, von denen er viele wieder zerstört. Es entstehen erste vielfigurige Kompositionen, Historienbilder zu den Ereignissen von 1848 in Deutschland und zur Pariser Commune. Er entlehnt nicht nur die Bildstoffe, sondern auch seine Bildsprache dem 19. Jahrhundert und entspricht so der offiziellen Forderung nach einer »parteilichen« und mit den »großen realistischen Traditionen verbundenen Kunst«. Die sechziger Jahre sind für Heisig zunächst Jahre des Erfolgs – 1961 wird er Professor und Rektor an der Leipziger Hochschule für Grafik und Buchkunst – dann aber auch Jahre, in denen er wegen seiner kritischen Äußerungen und wegen seiner eigenwilligen Realismusauffassung scharf kritisiert wird und Nachteile in Kauf nehmen muß.

Im Grundsatz bejaht Heisig die ideologische Anbindung der Kunst und ihren über Partei und Staat vermittelten »gesellschaftlichen Auftrag«, er verwahrt sich jedoch gegen ihre Festlegung auf bestimmte Vorbilder, auf vorgegebene Regeln und eindeutige Botschaften. Auf dem V. Kongreß des Verbandes Bildender Künstler 1964 äußert er seinen Unmut über die restriktive, bevormundende Kulturpolitik der SED, wendet er sich gegen »ein ödes Provinzlertum«, und fordert er eine realistische Kunst, die sich unabhängig von »theoretisch vorgebildeten Vorstellungen« entfalten und sich auch den »Schattenseiten und Problemen des Daseins« stellen kann: »Der Künstler ist auch der Kritiker seiner Zeit. Wo

dies nicht akzeptiert wird, geht der Gesellschaft ein Regulativ verloren.« Aufgrund dieser Auslassungen wird Heisig als Rektor der Leipziger Hochschule abgesetzt. 1965 wird er wegen seines, in der 7. Leipziger Bezirkskunstausstellung gezeigten Gemäldes, das die im blutigen Straßenkampf unterliegenden Pariser Communarden darstellt, heftig angegriffen: Verschiedene Instanzen werfen ihm die »Preisgabe realistischer Positionen«, »mangelnde Parteilichkeit«, »Geschichtspessimismus« und »Subjektivismus« vor. Mit diesem Bild opponiert Heisig nicht nur gegen die durch simple Eindeutigkeit und schönfärberische Willkür bestimmten »Musterbilder sozialistischer Vollkommenheit« (Heisig, 1964), er verstößt auch gegen den großen öffentlichen Optimismus, der Gewalt und Leid, Tragik und Tod als Gegenstand der Kunst tabuisiert.
Mitte der sechziger Jahre arbeitet er an einer Folge von Lithographien, die er unter dem Titel »Der faschistische Alptraum« zusammenfaßt. Das eigene Kriegserlebnis ist der Ausgangspunkt dieses für sein weiteres Schaffen zentralen Werkes. Heisig »entdeckt« die Tiefenstruktur der Wirklichkeit und entwickelt eine Darstellungsweise, die unterschiedliche räumliche und zeitliche Ebenen miteinander verschränkt. Er greift zu Symbolen, Metaphern, Mythologemen, Zitaten aus der Kunstgeschichte und den Massenmedien und entfaltet eine Bildsprache, die dann in seinen großformatigen Bildallegorien seit den siebziger Jahren zum Tragen kommt. In seinen Hauptwerken verwandelt er die Leinwand in einen Schauplatz vielschichtigen und spannungsgeladenen Geschehens, in dem leitmotivisch Szenen des Kampfes, der Gewalt, des Leidens und des Scheiterns wiederkehren. Heisig, der auch die Porträt-, Stilleben- und Landschaftsmalerei beherrscht, sieht sich selbst als ein »Figurenmaler«, dem an »großen Bildstoffen« gelegen ist.
Mit der »kulturellen Aufbruchstimmung der siebziger Jahre« (Heisig, 1983) findet er in der DDR zunehmend Anerkennung. Ihre äußeren Zeichen sind Ausstellungen, Publikationen über sein Werk, zahlreiche Auszeichnungen und, 1976, die Wiederwahl als Rektor der Leipziger Hochschule für Grafik und Buchkunst. 1978 wird er zum Ersten Stellvertreter des Präsidenten des Verbandes Bildender Künstler bestimmt. Er tritt diese Ämter zu einer Zeit an, als junge Künstler beginnen, die traditionellen Kunstformen aufzubrechen und mit »wilder« Malerei, Aktionen, Installationen, Performances in Erscheinung zu treten. Heisig plädiert ihnen gegenüber für Offenheit und Toleranz, will aber die realistische Kunsttradition bewahrt wissen. Die Aufgabe der Kunsthochschule sieht er darin, den Studenten »die ganze Klaviatur des Erarbeitens von Figur, Figurenkomposition und so weiter« (Heisig, 1976) zu vermitteln, und er bedauert, daß der aktuellen Kunst das »Gefühl für größere Zusammenhänge und ... Geschichtsbewußtsein« (Heisig, 1978) abhanden gekommen sei.
Seit Ende der siebziger Jahre findet die Kunst der DDR in der Bundesrepublik größere Beachtung. Als einer ihrer herausragenden Repräsentanten ist Bernhard Heisig nun auch hier in Ausstellungen und öffentlichen Sammlungen vertreten. 1989/90 wird eine Retrospektive seiner Werke in Berlin/West, Bonn und München gezeigt. Mit zwei, kurzfristig in die Ausstellung aufgenommenen Bildern, »Das Ende der großen Belehrung« und »Endspiel«, nimmt er zu den politischen Ereignissen im November 1989 Stellung.
Im Dezember 1989 tritt Heisig aus der SED aus. Er gibt die ihm verliehenen staatlichen Auszeichnungen zurück und schreibt dazu: »Das bisher bekannt gewordene Ausmaß an Machtmißbrauch und Korruption in der ehemaligen

Führungsspitze der DDR läßt mich die durch die damalige Staatsführung für meine künstlerische Arbeit mir erwiesenen Ehrungen nicht mehr als solche empfinden.«

126 Bernhard Heisig, Atelierbesuch – Bildnis Helmut Schmidt, 1986, Kunsthalle Emden, Leihgabe Ludwig-Stiftung für Kunst der DDR

Bernhard Heisig im Gespräch mit Helmut Schmidt

Helmut Schmidt: Kunst ist Kunst. Einen gesellschaftlichen Auftrag muß man nicht ausschließen, aber nicht notwendigerweise einschließen. Da Männer wie Mozart und Haydn oder Bach im Auftrage von hochgestellten und finanzkräftigen Auftraggebern geschrieben haben, könnte man natürlich sagen, sie hätten einen Auftrag erfüllt, aber sie haben sicherlich mehr an den eigenen Ausdruck gedacht als an irgendeinen Zweck.
Bernhard Heisig: Bach ist natürlich in seiner christlichen Welt zu sehen und damit als Mitglied eines Denk- und Gefühlszentrums.
S.: Wenn Sie das so weiträumig definieren, könnte ich dem folgen. Aber welchen gesellschaftlichen Auftrag hat Emil Nolde erfüllt?
H.: Als es den Künstlern gestattet wurde, ihre Gefühle, ihre persönlichsten Empfindungen zu formulieren, ging es mit der Kunst zu Ende. Picasso hat immerhin gesagt: »Die Plastik starb den Heldentod«. Als Künstler ihr Ich zum Gegenstand ihrer Ausdruckswelt machten, war es mit der Kunst am Ende. Sie hatten keinen Kanon mehr, keinen Zusammenhang mehr für größere Dinge. Und das meine ich mit gesellschaftlichem Zusammenhang: Es geht nicht darum, daß ein Parteifunktionär sagt, ich solle eine rote Fahne malen, das wäre zu einfach.
S.: Ich habe trotzdem ein unangenehmes Gefühl im Bauch beim Wort Auftrag.
H.: Alle große Kunst ist im Auftrag entstanden – von Goya bis Velazquez.
Die Frage ist doch, wie weit der Auftraggeber die Gesellschaft repräsentiert. Auch der Papst zum Beispiel war ein Partner für Michelangelo, repräsentierte ein geistiges Zentrum.
S.: Das könnte ich eher unterschreiben als die Sache mit dem Auftrag.
H.: Ich will nicht unbedingt widersprechen, aber das ist ein Gesichtspunkt bei den Studenten, mit denen ich arbeite. Für sie ist es ungeheuer wichtig, daß man ihnen sagt, was sie machen, das wird gebraucht, das will jemand haben von ihnen.
S.: Das ist wieder etwas anderes, weil nämlich die Kunst auch nach Brot geht. Wenn sie nicht gebraucht würde, könnten sie auch kein Brot verdienen. Außerdem sind Künstler genauso geltungsbedürftig wie andere Menschen auch.
H.: Mehr noch, sie sind hysterisch, neurotisch. Aber wenn sie machen können, was sie wollen, dann kommt mir das vor wie die Frage im Kindergarten: Fräulein, müssen wir heute wieder machen, was wir wollen? Das ist eine gefährliche Sache, pädagogisch gesehen. Es muß eine Reibungsfläche entstehen.
S.: Aber das hat auch seine Grenzen. In wessen Auftrag hat denn Hölderlin seine Gedichte gemacht? Oder Novalis oder in unserer Zeit Josef Weinheber?
H.: Zwischen Künstler und Gesellschaft muß ein Reibungsfeld entstehen. Das ist wie beim Streichholz, sonst brennt es nicht. Und wenn der Druck zu stark ist, der Auftrag terroristisch erteilt wird, bricht der Streichholzkopf ab. Aber wenn ich daneben fummle, brennt es auch nicht.
S.: Wenn Sie's anders formulieren, nämlich: daß der Künstler ohne den Resonanzboden der Gesellschaft psychisch verhungern muß, dann könnte ich das akzeptieren.
Moderiert von Marie Hüllenkremer

Hartwig Ebersbach

von Peter Guth

Ein Mann erzählt malend, verworren-weise wie es Kinder tun, ein Märchen. Es wächst sich aus zu einem großen Bildersaal der Weltgeschichte, zu einem modernen Mythos, in dem er selbst den zentralen Part übernommen hat – auftrumpfend-eitel bis zur Grenze des Erträglichen, zurückgenommen-einsam bis in die tiefste Frustration. Doch das bekommt der Betrachter im Gewirbel der Figuren und Handlungen erst auf den zweiten Blick mit. Zunächst verschlagen ihm die Szenerien den Atem. Übergangslos stürzen Kaspar, Mohr und Ödipus, Prinzen, Prinzessinnen und Räuber, Titanen, Medusen und Posaunisten, ja Christus und Todesfratzen ineinander. Nicht zu trennen, was Wirklichkeit ist und was Traum. Schlachtfelder und Folterhöhlen wechseln mit satten Symposien, mit von Speisen und Getränken brechenden Tafeln. Aber im Aufatmen stockt einem schon wieder das Blut in den Adern: Da hat sich der Maler selbst hin- und auf einem Silbertableau angerichtet, hält grinsend ein Salatblatt im Maul. Die Irritation ist ebenso Kalkül wie naives Spiel. Auch das ist im Letzten nicht zu unterscheiden. Eben noch kastriert, lugt er erneut lüstern aus einem Damenstiefel; gerade gepeinigt, tanzt er exzessiv auf einem Regenbogen. Das Jüngste Gericht schreckt den Schamanen nicht, als Sankt Georg, als Drachentöter, hat er sich ritterlich gezeigt. Zwischen Verdammung und Heiligung ist das Geschehen polarisiert; Schwarz und Weiß sind die Eckpunkte, die beiden Parteien, deren Mitgliedsbuch der Maler wechselweise wie einen Joker aus dem Ärmel zieht. Die ständige Aufhebung des Postulierten sieht nach Dialektik aus, erweist sich dann dennoch als Dualität: Zwischen Gut und Böse wird zwar manch gewalttätiger Kampf ausgetragen – der Sieg fällt schließlich nur dem einen oder dem anderen zu.

Wer wehrt da mit einer Gegenwelt, die jedem Fiction-Film zur Ehre gereichen würde, das wirkliche Leben ab, wieso das einfache Strickmuster der Märchen in einer wahrlich nicht unkomplizierten Welt? Der Maler gehört zur betrogenen mittleren Generation, die, bereits in der DDR aufgewachsen, weder die Erfahrungen der Älteren hatte machen müssen, noch an deren Idealen mitgebaut hatte. Er traf auf eine scheinbar vollendete Situation, in der die Machtfrage entschieden war, in der die in der Schule erlernten Utopien mehr und mehr mit der Realität kollidierten. Für den Kunststudenten im Jahre 1959 war nicht ohne weiteres sichtbar, daß die Lehrer, Bernhard Heisig etwa, noch mitten im Schußfeld bitterster ideologischer Anfeindung standen. Sie mit der Gesellschaft zu identifizieren lag nahe, weil sich trotz noch anhaltender Attacken ihr Ruhm und ihre Stellung in der Kunstlandschaft zusehends festigte.

Die so evozierte Opposition trägt aber durchaus ambivalenten Charakter: Einerseits waren die Ziele der Älteren nicht prinzipiell in Frage zu stellen, denn auch die Schüler bekannten sich zur historischen Alternative, die da Sozialismus hieß. Und weder konnte die inspirierende Wirkung, noch die fachliche Kompetenz der Lehrer geleugnet werden. Andererseits war da die Realität mit ihren zwingenden Fragen, es gab Berührungspunkte zu anderen, damals offiziell wenig geschätzten Traditionslinien – ob sie nun Cobra oder Ensor hießen – und es war nicht länger akzeptabel, daß auf den Bildern nur Typen, nicht aber Individualitäten agierten.

127 Hartwig Ebersbach, Mal-Aktion »Ichs' Apokalyptus«, 1983
Foto: Gundula Schulze

Das alles wollte man keinesfalls in der Nachfolge, sondern neben den Lehrern besser machen. Die Kritik freilich reagierte 1965 auf Ebersbachs – und nicht nur seinen – Einstand vehement ablehnend. Da hatten junge Maler Glaubenssätze des sozialistischen Realismus attackiert. Die Verdikte aus den frühen Jahren hingen Ebersbach an. Er galt selbst in den achtziger Jahren noch, als er an der Leipziger Kunsthochschule kurzzeitig einen Lehrauftrag für experimentelle Kunst innehatte, als Enfant terrible. Das wiederum – ebenso selbstverständlich – verstärkte seine Anziehungskraft für die jüngste Malergeneration.
Trotz einiger wichtiger, weil politisch dimensionierter Bilder, erreichte ihn der Erfolg dann aus einer unvermuteten Richtung: Er kam über den Umweg der Musik und des Auslandes: Friedrich Schenkers performanceartige Mediencollage »Missa Nigra« machte den fast vierzigjährigen Ebersbach 1979 nahezu über Nacht berühmt. Ein Teil der Bühnendekoration und Kostüme dieses Theaterspektakels akzentuierte auch die erste DDR-Personalausstellung des Malers 1982 in Altenburg. Trotz der nun einsetzenden Anerkennung, die ja längst noch keine Reputation im eigenen Lande bedeutete, konnte Ebersbach eines nicht übersehen: Internationalen Maßstäben war nicht durch das Aufwärmen landläufiger, ihm ohnehin verdächtiger Erfolgsrezepte zu entsprechen.
Als wahr und stimmig erwies sich für ihn nur die Kinderzeit mit ihren einfachen Legenden. Sie hat er in den Landschafts- und Architekturräumen, kurz: im kulturellen Klima der sächsischen Heimat sehr bewußt erlebt. Ihr begegnet man, wenn auch oft sehr vermittelt, in seinen Arbeiten immer wieder. Dabei wird man ihm nicht gerecht, wenn man Freud auftischt. Er baut keine traumatischen

Erlebnisse ab, sondern verwendet die Vergangenheit als Projektionswand, auf der die schrille Gegenwart verkleidet agiert. Was im Handlungsgewühl geschieht, bleibt stets unberechenbar, weil Ebersbach selbst, als Kaspar verkleidet, den unberechenbaren Entertainer gibt: Da wird permanent mit dem Ende des Werks ebenso kokettiert wie mit Weltschmerz. Schließlich aber, nach Phasen, in denen Essen, Trinken, Reden und Lieben wichtiger ist als die Malerei, brechen die Bilder in violenten Schaffensräuschen wieder auf. Selbst Ebersbach, der meint, alle Fäden in der Hand zu halten, ist machtlos: Die Bilder sind stärker als er.

Aus der Not geboren
zu versagen in der Welt,
und lieber künstlich leben, statt wirklich,
gegen die Welt sein,

in der Angst schwebend,
erkannt zu werden,
wo doch niemanden das angeht,
was man ist, was man tut,

und Befürchtungen hegend,
daß man das, was man will,
auch noch bekommt,
wenn dann keine Sehnsüchte mehr bleiben,

so also lieber in Träumen aufgehen,
wo sich Wirklichkeiten wandeln,
wo Welten wechseln,
da steht Kaspar,
für Welt, für Wirklichkeit, für mich.

H. E. 89

Fragmente zu einem Leipziger Tableau, die Schönen Künste betreffend

Henry Schumann

I

Wer einst die Mysterien von Leipzig beschreiben will, muß tief in die Erinnerungen tauchen. Und wenn er solche nicht hat, nimmt er verblichene Fotos und Ansichtskarten aus der Vorkriegszeit zur Hand, sieht dieses Bürgerbarock, die großzügigen Architekturen der Jahrhundertwende, das stete Pulsieren in den berühmten Straßen und ahnt etwas vom einstigen Glanz dieser Stadt, wo Industrie und Handel stark prosperierten; ahnt vielleicht etwas von den Verführungen, wenn abends die Stadt im Neonlicht farbig aufschien, in unzähligen Restaurants und Tanzsälen das Leben, das hinreißende, zu fluktuieren begann.
Die Bombardierungen im Zweiten Weltkrieg hatten die Stadt weniger zerstört als viele andere. Weit größere Zerstörungen erfolgten in Leipzig durch eine verfehlte Wohnungsbaupolitik und ihre technische Monokultur der Großplattenbauweise, die man ökonomisch begründete, aber tatsächlich eine Sache der Ideologie war. Das ging einher mit dem Verfallenlassen und anschließendem Abbruch nicht nur unwiederbringlicher historischer Bausubstanz, sondern zunehmend ganzer Wohnquartiere, die man als Schandflecke (und bürgerliche Relikte) flächenmäßig abräumt, zusammen mit noch Bewohnbarem. Bürgerkomitees, engagierte Architekten und Denkmalpfleger kämpfen jetzt erbittert um den Erhalt der in Europa größten zusammenhängenden Gründerzeit-Viertel, versuchen die noch immer tätige Abbruchmaschinerie zu stoppen.
Unbegabte, den banausischen Vorstellungen der Machthaber gegenüber desto willfährigere Architekten und Baufunktionäre gelangten in die Schlüsselstellungen und taten mit brutalen, dilettantischen Lückenschließungen und ästhetisch mißglückten Gesellschaftsbauten ein übriges, die Innenstadt zu entstellen. So geschah es mit dem Karl-Marx-Platz, dem früheren Augustusplatz. Am 10. Mai 1968 wurde dort die Paulinerkirche gesprengt, eine völlig intakte, kunsthistorisch bedeutende spätgotische Hallenkirche. Man tat es, obwohl Proteste aus aller Welt kamen. Die hochgeehrten, mit Titeln versehenen Dunkelmänner, welche das für den damaligen Machthaber durchsetzten, sind noch unter uns, schweigen.
Zugleich sprengte man die Alte Universität mit den intakten Albertinum und Johanneum, worin bis zu ihrer Vertreibung Ernst Bloch und Hans Mayer gelehrt hatten. So wurde Platz gemacht für den Neubau der Karl-Marx-Universität mit dem »Uniriesen«, diesem Turmhochhaus, aufgereckt wie ein Symbol der Staatsmacht oder der Machtfinger des Politbüromitgliedes Frölich. Zu dieser Zeit riß man auch das »alte« Corso ab, das einzige verbliebene Kaffeehaus im Wiener Stil, mit vollständiger Art-deco-Einrichtung, wo Studenten, Künstler und angehende Literaten verkehrten; ein Verlust für das geistige Klima der Stadt. Dem folgte das Hotel de Saxe, ein bedeutendes Bauwerk des Leipziger Barock, welches die Kunsthandlung Engewald beherbergte. Engewald, der letzte professionelle Kunsthändler Leipzigs, profunde Kenner und Förderer der Debütanten, ein schöner Greis, starb bald darauf.

Das sind nur wenige Beispiele einer Barbarei, welche letztlich dem starren Wahn einer Ideologie entsprang, die auch den Verfall der Alltagskultur herbeiführte.
Die einst oft gerühmte sächsische Küche kam immer mehr herunter. In den Gaststätten etablierte sich die Kellnerherrschaft. Abends, kurz nach Ladenschluß, leerten sich fast schlagartig die Straßen, so als würden gleich die Bürgersteige hochgeklappt. Seit Ende der siebziger Jahre, mit zunehmenden Mängeln in der Wirtschaft, wird eine Tristesse immer spürbarer, und auch die Messen verloren schon an Glamour.
Heere von Tauben bevölkern die Gemäuer, die sie mit ihrem Kot zersetzen, oder sie liegen zerfahren auf den Straßen. Aus den Flußläufen, einst eine Zierde der Stadt, weht der Stank von Phenol. Zerfressen vom schwefligen Anhauch der Braunkohlenchemie sind sogar schon die Gesichter der granitenen Löwen, dieser Wappentiere am Portal des Neuen Rathauses.

2

Wie es dann hier in diesen Niedergangstendenzen, wo die Architektur »Mutter der Künste« kaum sein konnte und wo es ehedem keine nennenswerte malerische Tradition gegeben hat, seit etwa 1965 zu einer Blüte der bildenden Kunst kam – das gehört vielleicht zu den Mysterien Leipzigs. Dieser Aufstieg, der mit dem anfangs pejorativen Begriff der Leipziger Schule verbunden ist, hatte etwas Unvorhergesehenes an sich, zumal den Künstlern an der Hochschule für Grafik und Buchkunst die stalinistischen Bildmuster und Dogmen der Shdanowka am schärfsten aufgepreßt wurden. Mit Repin, dem (späten) Menzel und Leibl lieferte das 19. Jahrhundert die erklärten Leitbilder, die der unsägliche Heinrich Witz in seinem propagandistischen Pseudorealismus noch verwässerte.
Zur Leipziger Schule wurde schon richtiges geschrieben, noch viel mehr über die wohl zeitüberdauernden Werke ihrer wichtigsten Bahnbrecher Heisig, Mattheuer, Tübke, G.K. Müller. Nachzudenken ist noch über den charakteristischen Gefühlsausdruck, welcher viele Werke dieser Schule, unabhängig von Vorbildern und Kunstismen, miteinander verbindet und ihren eigentümlichen Reiz ausmacht. Er hat seine Ursprünge auch wesentlich im besonderen geistigen Klima und sogar in der materiellen Beschaffenheit der Stadt Leipzig, wird hier behauptet. Dieses Klima ist stark geprägt von Intellektualität vor allem durch die Nähe zum Buch, zur Literatur, die wiederum über die Illustration – man denke u. a. an so glänzende Grafiker wie Münzner, Hirsch, Zettl – zur Erneuerung des Historienbildes und einer problematisierenden Kunst führte, welche sich oft ausschweifend der Allegorik, der Metaphorik, der Umformung von Mythologien und anderer Formen eines Verschlüsselns und Anderssagens bedient.
Hinzu kommt die für Leipzig typische enge Verknüpfung von Kunst und Kommerz. Bezeichnenderweise zeigte das Leipziger Kunstmuseum, ganz ohne Ironie, den genius loci lobend, unlängst eine Ausstellung »Merkur und die Musen«. Grafische Entwurfs- und Ausführungsarbeiten brachten leicht zusätzliche Honorare, so daß in Leipzig kaum ein Künstler wirklich Not litt, im Unterschied zu denen in Dresden. Man suchte und fand, das Beispiel der großen Lehrerpersönlichkeiten und Großmaler an der Hochschule, oft schon als junger Künstler den Erfolg. So hieß auch ein Film, den Rolf Liebmann 1975 mit den Malern Peter Sylvester, Günter Richter, Volker Stelzmann, Arno Rink und Werner Hennig drehte, »Erfolg«. Und bezeichnenderweise waren die Drehorte

ausgekohlte Tagebaue und Schutthalden. Es ist eigentlich ein (dann unliebsamer) Film über Leipzig und seine Umgebung.

So sahen viele junge Künstler um 1970 in Leipzig eine Art El Dorado. Kaum einer wollte die Stadt nach dem Studium verlassen, und die Anzahl der Maler und Grafiker vervielfachte sich dort bald. Der Manierismus, bei dem Tübke anknüpfte und der ja im 16. Jahrhundert ein Hofstil war, beeinflußte einen großen Teil der Leipziger Schule, und sein virtuoser historizierender Eklektizismus, der ihn um 1975 auch im westlichen Ausland berühmt zu machen begann, zog nicht wenige Epigonen nach sich. Die Plätze auf den Ranglisten wurden wichtig für den sozialen Aufstieg und für Privilegien, zumal nun auch Westreisen damit verbunden waren.

Leipzig übt, trotz der Verfallsprozesse, die es in den anderen Städten des Landes ja auch gibt, einen besonderen Reiz aus, eine Magie, welche die Künstler dort hält. Nicht allein durch die noch immer verführerischen Passagen und Buchläden, sondern auch durch die alten Häuser oder jene phantastischen Fabrikarchitekturen der Vorstädte, wie sie in den Bildern von Doris Ziegler vorkommen. In verwahrlosten Gegenden, wo kafkaeske Situationen entstehen, arbeiteten manche, die Verlassenheit und romantische Schärfe ihrer kleinen kalten Kammern verspürend. Oder malten in stillgelegten Bäckereien und Fleischerläden zunächst, wie Rink oder Gille, bis bald der Aufstieg kam. Kaum eine andere Stadt war so geeignet für die Anverwandlung der Kunst von Otto Dix mit ihrer Hurenromantik und für die nüchterne Poesie der Neuen Sachlichkeit, wie viele Bilder der Leipziger Schule beweisen.

Verfall, Vanitas, Memento mori wurden schon Ende der sechziger Jahre zu einem großen Thema. Viele Stilleben oder auch die frühen Zeichnungen Heinz Zanders mit dem zerstörten Engel zeigen das. Und die alten, moribunden Häuser rückten

128-131 Abriß der Leipziger Universitätskirche am 10. Mai 1968
Fotos: Karin Wieckhorst

in den Rang sublimer Metaphern der Vergänglichkeit. Die Maler sahen ihre Physiognomien wie bei lebendigen Wesen.
Dornis, Thiele und Richter, später als stille Gruppe der Leipziger Schule zugeordnet, machten schon Anfang der Sechziger mit Häuserbildern auf sich aufmerksam. Günter Richter gelang es bald immer eindringlicher, die verlassenen Abbruchhäuser, die Bröckelmauern zu erfassen, die ganze Verfallenheit ihrer Substanz. Sein »Tanzinstitut« von 1978, eine noch stattliche Ruine in der Leipziger Innenstadt mit erhaltenen Schmuckformen der Jahrhundertwende, worin schwer die Schatten nisten, erscheint rätselhaft in seiner Verlassenheit und fast bedrohlich, aber mehr noch bedroht in seiner verschwiegenen Würde. Der Künstler, früher mit surrealistischen Mitteln arbeitend, fand nun das Surreale in den Häusern selbst. Es breitet sich mehr und mehr über die ganze Stadt.
Gerald Müller-Simon malte um 1980 von seinem Atelierfenster aus, im Leipziger Osten, Häuser im Moment ihres Zusammenstürzens; ein bisher wenig beachteter Künstler.
Eine neue Sensibilität, erwachsen aus nostalgischem Gefühl oder Frustration durch die Monotonie und Anonymität moderner vorfabrizierter Bauten, macht die alten Häuser vielleicht so anziehend, auf neue Weise so romantisch »pittoresk«. Seit der Wende hört man überall den Ruf: »Rettet Leipzig!« Aber eine Rückkehr zu Stein und Stuck wird es wohl kaum geben. Die Maler nehmen Abschied von den alten Häusern, begründen ihren Mythos.
Die Leipziger Schule begann um 1965 in einer Aufbruchstimmung, welche auch von jungen, hochbegabten Debütanten wie Zander und Hartwig Ebersbach mitgetragen wurde, und hatte ihre heroische Phase bis etwa 1975. Danach folgte, was ihre Apologeten »Konsolidierung« nennen, worin sich aber, sieht man von einem harten Kern der ersten und zweiten Generation ab, schon akademische

Verkrustungen, Epigonentum, entleerte Stoffwiederholungen und Rückzug ins Private bemerken lassen. Um 1980 dürfte die Auflösung offenkundig geworden sein.
Inzwischen nimmt die Leipziger Hochschule für Grafik und Buchkunst, fast jeden einbeziehend, der von 1945 bis 1990 dort studierte oder lehrte, die Sache und den Namen Leipziger Schule ganz für sich in Anspruch, als Markenzeichen. Damit wurde ein ohnehin schon unscharfer, weil die differentesten Stilrichtungen einbeziehender Begriff nun endgültig verquast und der Eindruck verstärkt, es habe außerhalb dieser Institution und ihres Bannkreises keine nennenswerte bildende Kunst in Leipzig gegeben. Tatsächlich aber regte sich in den Kunst-Nischen, wie sie unter den Pressionen des ancien régime der DDR sich bildeten, bereits um 1960 ein Wildwuchs, welcher zumindest das außerakademische Kunstklima der Stadt dann wesentlich mit hervorrufen sollte.

3

Hier ist nun des GARTENS zu gedenken und der »Freiluft-Galerie Südost«, dieses von der staatserhaltenden Publizistik der DDR beschwiegenen künstlerischen Energiezentrums in dem Vorort Stötteritz. Dort richteten Anfang der sechziger Jahre einige von der Kunst Besessene, begabte Autodidakten zumeist, in verschiedenen alten, später größtenteils abgerissenen Häusern, ihre Malhöhlen ein. Abgeschieden vom offiziellen Kunstbetrieb und mit Gedanken an eine Art Bateau Lavoir, fanden sich Gil Schlesinger (geb. 1931), Roland Frenzel (geb. 1938), Günter Huniat (geb. 1939), Manfred Smollich (geb. 1942) und Thomas Ranft (geb. 1945), damals vor seinem Studium noch Gärtner, zusammen.
Schlesinger, der auch Goldschmiedearbeiten anfertigte, war 1956 von Israel aus der Emigration gekommen und hatte angewandte Kunst studiert. Unter dem Eindruck von Paul Klee und Miró vor allem gelangte er zu einer eigenständigen Bildsprache. Er verabscheute die Bilder der Tübke-Schule, weil sie ihn, den rassisch Verfolgten, an Nazikunst erinnerten, 1982 gelang ihm die Ausreise nach München.
Frenzel, bis 1972 noch als Maurer tätig, malte meist vor der Natur (was in Leipzig selten ist) verschwiegene Orte der Umgebung (»Alter Friedhof im Schnee«, 1973, Mus. d. Bild. Künste). Seine Bilder wurden bald zum Geheimtip unter Sammlern, die ihn meist für einen Naiven hielten. Aber er machte derart niedrige Preise, daß er oft am Rande der Existenz lebte. Dann, seit Anfang der achtziger Jahre, quälten zunehmend stärkere Phobien den Künstler und machten ihn menschenscheu. Sogar zur Eröffnung eigener Ausstellung kam er nicht, verschwand, wurde vergeblich gesucht. Nur noch selten erscheint er im Stadtbild: für Fremde eine verschrobene Genrefigur.
Smollich war Tischler, bevor er sich ganz der Kunst widmete. Anfangs malte er naiv anmutende Bilder, verfertigte dann Collagen und begann um 1980 mit konstruktivistischen Objekten, meistens aus Holz. Seine exzessiven Umtriebe in der Stadt machten ihn zum Enfant terrible und mißliebig selbst bei dem Stötteritzer Künstlerkreis. Im November 1989 ging er nach Oberbayern.
Der agilste von allen ist Huniat. Ab 1960 befaßte er sich mit Malerei und Grafik. Sein bildnerisches Urerlebnis war die Kunst Paul Klees, dann wirkten nachhaltig auf ihn die Werke von Gerhard Altenbourg, mit dem er Kontakt hatte. Was Huniat sich an künstlerischen Fertigkeiten erwarb, wandte er sogleich auf die

Unterrichtung verhaltensgestörter und bildungsfähiger schwachsinniger Kinder an, seinen Beruf bis 1972. Wo andere Erzieher weniger sanfte Methoden praktizierten, brachte er die Kinder zum Zeichnen und Gestalten, entdeckte für sich dabei ihre ursprüngliche Phantasie und unterbewußte Kreativität. Das erklärt auch seine frühe Hinwendung zu einer Kunst, die stark mit dem Unterbewußten korrespondiert und vor allem das Spiel einbezieht als schöpferisches Moment. Das Spiel, zu dem der Zufall gehört, welcher im Arbeitsprozeß auftaucht und zu Ende gesteuert wird. Huniat hat, wie dann auch sein engster Freundeskreis, den Homo ludens als das Wesenhafte stets im Künstler gesehen. Der Unterschied zwischen den akademischen Exerzitien, von denen die eigentliche Leipziger Schule ausgeht, und den Versuchen der Künstler in den ALTEN HÄUSERN konnte zu jener Zeit kaum größer sein.

Alte, noch dörflich anmutende Häuser in den Vorstadtvierteln Stötteritz und Thonberg dienten Günter Huniat als Ateliers. Wenn eines zu Abbruch verurteilt wurde, fand er ein anderes, belebte es wieder mit Bildern, Objekten, ehedem weggeworfenen Dingen. Nichts irgendwie Gestaltete oder Gewachsene galt als unwert. Er belebte es mit antiquiertem Mobiliar, Fundstücken zumeist, die jene angenehme wacklige Schiefheit von selbstgemachtem Spielzeug haben, und mit Menschen. Künstlerfreunde kamen und oft Interessierte jeglichen Berufs. Gern

132 Kurt Dornis, Brücke mit aufgehender Sonne
Deutsche Fotothek Dresden, Bildarchiv Verlag der Kunst

saßen auch Frauen in den maroden Korbsesseln oder auf dem abgeschabten Samt alter Sofas. Huniat ließ sie in Linoleum schneiden, was ihnen gerade in den Sinn kam, und kommentierte das. Beiläufig riß er mit der Radiernadel Wunschlandschaften und Figuren in Brettstücke von verwitterten Stalltüren und ähnlichem oder schnitt aus dem oxydierten Zinkblech von Dachrinnen seltsam organhafte Formen, die er damals in seine Bilder montierte. Alles wirkte ungezwungen, fast spielerisch in diesen Refugien und verführte zum Bleiben. Manche suchten da eine Art von Bohème, die es andernorts kaum noch gab, oder einfach menschlichen Wärmeaustausch. Oder die Gelegenheit, frei sprechen zu dürfen, während sich draußen die kalte Gebärde der Macht vollzieht.

Bedeutsam für das spätere Aufkommen einer »alternativen Szene« am Rande des Leipziger Kunstbetriebes wurde das Haus Holzhäuser Straße 73. Huniat nutzte es ab 1968 als Atelier, und in dem dahinter gelegenen Garten begann er zusammen mit Schlesinger und Smollich am Stein zu arbeiten. In einer Stadt, wo die Plastik kaum Geltung erlangte, wo vorwiegend konservative Denkmalskunst betrieben wurde von Plastikern, die nur gewohnt waren, in Ton und Gips zu modellieren, kam es hier plötzlich zur Wiederbelebung der Bildhauerei im Sinne des Wortes. Formexperimente wurden gemacht, Skulpturen, die mit der klassischen Moderne des 20. Jahrhunderts korrespondieren. Die offiziellen, also traditionalistischen Künstler, zunächst überheblich darüber lächelnd, fühlten sich bald verunsichert.

Nach Abbruch des Hauses, 1974, konnte Huniat den dahinter liegenden Garten mit zwei weiteren vereinigen. So entstand inmitten grauer Mietshäuser eines Arbeiterviertels dieses beträchtliche Geviert: der eigentliche GARTEN. Die Lauben wurden zu Werkstätten, die Wiesenareale zwischen Bäumen, Büschen und verzweigten Wegen zu Standorten für Skulpturen und Objekte.

Durch seine versierte Technik und die verblüffende Behendigkeit, mit welcher Huniat die Formen unmittelbar, ohne Entwürfe, aus dem Stein haut, weckte er das Interesse besonders von Malern und Grafikern der damals jungen Generation. Sie kamen, um sich zeitweilig der Bildhauerei zu widmen. Vom Frühjahr bis in den späten Herbst ertönte die Gegend vom Widerhall der Hammerschläge. Oft hat man sich da dem Prinzip der Spontaneität und den Eigensinnigkeiten des Materials zu gern überlassen; aber es war ein Lernprozeß, und einigen begann der Stein oder das Holz zu antworten.

Um 1975 gewann der GARTEN noch an Ausstrahlungskraft, denn Frieder Heinze, Lutz Dammbeck und Gregor Torsten Schade (später Kozik) verbündeten sich dort mit Huniat, den sie vor allem als Typ des unentwegten Promotors und agilen Organisators brauchten. Diese jungen Absolventen der Leipziger Kunsthochschule wollten nicht Nachtreter ihrer Lehrer sein, die dem traditionellen Tafelbild verhaftet blieben, und sich aus den Zwängen der staatlich verordneten Kunstdoktrin lösen. Sie fanden hier das Terrain für ihre ersten Land-Art-Objekte und Enviroments im offenen Raum und andere Ausdrucksformen, die in der DDR noch verpönt waren, und den Startort für zahlreiche Aktivitäten. Sie gaben ein originalgrafisches Faltblatt heraus, das vierteljährlich von 1976 bis 1982 erschien mit Arbeiten von Künstlern aus Leipzig, Karl-Marx-Stadt und Berlin. Sie veranstalteten kollektive Malaktionen im GARTEN, wozu Künstler aus verschiedenen Städten kamen, bald auch Kunstliebhaber, Fotografen und Journalisten oft von weither anreisten. Die Aktionen gingen meistens in Feten über, welche bis weit in die Nacht andauerten. Allerdings die typischen Vertreter der Leipziger

Schule, arrivierte oder solche aus der zweiten Reihe, zeigten sich dort nie, obwohl für jeden die Teilnahme offenstand.
Auch hier wurde immer deutlicher: die Spaltung der Künstlerschaft in zwei Lager ging damals primär von jenen aus, die sich, nicht zuletzt ihrer Privilegien wegen, abschotteten gegen alle Neuerungen und Experimente, also von gewissen akademischen Kunstbeamten und den mit ihnen verbündeten Funktionären des Künstlerverbandes. Ähnlich entwickelte sich eine Art Bezirksegoismus, welcher der örtlichen SED-Obrigkeit nicht unlieb war, aber Solidarität und Gedankenaustausch mit der Künstlerschaft anderer Bezirke stark einschränkte. Grimmling, Dammbeck, Huniat und Heinze stifteten hingegen Solidarität zumindest unter sächsischen Künstlern, indem sie mit einigen Dresdenern zusammenarbeiteten. Ihre Freundschaft mit Ranft, Schade und Morgner, die nach Karl-Marx-Stadt übergesiedelt waren, führte zu gemeinsamen Aktivitäten, unter anderem 1977 zu dem legendären Fußballspiel einer Leipziger Künstlermannschaft gegen eine solche aus Karl-Marx-Stadt. Es folgten noch fünf weitere Begegnungen, wobei ehrgeizig, aber mit viel Spaß um den Sieg gekämpft wurde. Und den Spielen folgte jeweils eine Fete, verbunden mit einer Auktion, deren Erlös zur Finanzierung weiterer Aktivitäten diente und übrigens auch der Gründung und dem Fortbestand der Galerie »Clara Mosch«.
Das Projekt »Tangenten«, von Dammbeck, Grimmling, Huniat und Heinze als eine neue Art des Gesamtkunstwerkes entwickelt (Ausstellung verbunden mit Performance, Tanz, etc.), sollte 1978 im Leipziger Informations-Zentrum vorgeführt werden. Es wurde, obwohl die Künstler schon einen Mietvertrag erwirkt

133 Skulpturen von Günter Huniat im Plastikgarten Stötteritz, 1981
Foto: Ernst Goldberg

und ein Jahr an dem Projekt gearbeitet hatten, von der Kulturbürokratie verhindert. In Dresden konnten sie dann innerhalb der Musikfesttage 1979 das multimediale Projekt »Interferenzen« realisieren.
Inzwischen hatten Huniat und Heinze 1977 auf dem Gartengelände das Atelier »Mogollon« gegründet. Sie fanden diesen Namen, als ihre Arbeiten mehrmals mit aztekischer Plastik verglichen wurden, durch Zufall in einem Buch über altmexikanische Kunst. Noch heute erblickt man hoch über dem Gartentor die Schrift MOGOLLON, geschnitten aus Zinkblech. Sie schufen dann eine Reihe »Mogollon-Skulpturen« und stifteten zusammen mit Dammbeck den »Mogollon«-Preis, der auch ein heiter-ironischer Hinweis auf gewisse Kritiker und Persiflage des Ordenskultes in der DDR gewesen sein dürfte. Er wurde viermal verliehen.
Rar waren geeignete Steine; man suchte sie auf Friedhöfen, nahm sie von Portalen der Abbruchhäuser. Die großen Blöcke, nun auch für baugebundene Aufträge, wurden mühsam beschafft und, meistens ohne Kran, bewegt. Es war ein tagtägliches Rackern.
Die Fisch-Vogel-Motivik und Liebespaare beschäftigten Huniat damals am meisten. Die Fische, in feuchter kühler Tiefe gleitende Wesen, die Vögel, schwebend als Inbegriff der Freiheit im luftigen Raum, scheinen wieder in ihren Rang uralter elementarer Metaphern erhoben. Sie geben das Maß der Höhe und Tiefe, worin sich die Sphäre des Menschen spannt. Aber sie sind gefährdet, sich zusammenschmiegende Vogelgruppen und Vogelpaare deuten es an. Und auch schon versehrt, wie etwa ein »Vogel-Relikt«, durch die zersetzenden Produkte der hypertrophen Zivilisation. Worüber man damals in diesem Land noch öffentlich schweigen mußte, das klingt hier schon an.
Die idolhaften Liebespaare weisen archaisierende Formen auf. Manche sind fragmentarisch, wirken wie durch Konflikte entstellt, andere verschmelzen längs der Leiber, fließen an den Mündern zusammen, erstarrt zu einem endlosen Kuß.
Heinze meißelte aus rötlichem Porphyr und Sandstein riesige Früchte. Es ist, als hätte mehr als Vorbilder die Natur des Gartens auf die Künstler eingewirkt: im Sommer der leicht vergängliche Geschmack der Himbeeren, das Schwellen und Schrumpfen der Formen, das Bittere und Süße des Herbstes, wenn die gelben Birnen auf den Boden klopfen. Organische Formen wurden gesetzt gegen die anorganischen, geometrischen einer technoiden Welt.
Noch heute behaupten einige dieser Skulpturen hier, zwischen dem Grün des Buschwerks, unter dem lichtdurchflirrten Laubdach der Bäume ihre Existenz und lassen vielleicht ihre verborgenen Absichten noch erkennen. Die Objekte, gebaut aus wenig widerstehenden Materialien, verwittern im Wind, verrosten im Regen. Dünnes Grün siedelt sich auf dem Stein der Plastiken an. Besucher des Gartens tasten über sie hin, und Kinder tollen manchmal um sie herum. Diese Gebilde sind viel weniger für die Museen geschaffen als für die Integration unmittelbar ins Leben. Es wird deutlich, wie nahe die »Mogollon«-Künstler damit und mit ihren Aktionen und Environments dem »erweiterten Kunstbegriff« von Joseph Beuys schon kamen. Sie wußten dabei kaum etwas von ihm, denn Beuys wurde zu dieser Zeit in der DDR noch nicht gezeigt und galt bei den tonangebenden Künstlern Leipzigs höchstens als ein Spinner.
Auf dem verwahrlosten Gelände vor ihrem Gartenatelier »Mogollon« konnten Huniat und Heinze 1980 die »Freiluftgalerie Südost« gründen, dieses auch in soziokultureller Hinsicht für die DDR einzigartige Unternehmen. Trotz mancher

Querelen mit den Kulturinstanzen der Stadt realisierten sie bis 1989 dreizehn Ausstellungen mit Skulpturen, Objekten, Rauminstallationen, Holz- und Metallgestaltungen von Künstlern aus Leipzig, Halle und Dresden. Die Leute aus der Umgebung waren natürlich von den für sie völlig neuartigen, unverständlichen Dingen, welche da plötzlich gezeigt wurden, mehr als befremdet. Man fühlte sich provoziert, erklärte die Künstler als Verrückte, drohte ihnen Prügel an. Und Unbekannte stürzten nachts Plastiken um. Weil die Leute dann sahen, daß Kunst auch schwere Arbeit ist und dank dem einfühlsamen Umgang Huniats mit ihnen, faßten viele nach etwa fünf Jahren eine Neigung zu den Künstlern und erklärten sich solidarisch. Die Ausstellungseröffnungen nahmen den Charakter von Volksfesten an. Und heute identifizieren sich die Menschen dort mit der Freiluftgalerie als einer Kultureinrichtung in ihrem Stadtbezirk. – Um 1985 traten Heiner Ulrich und Tai Nuh in das Gartenatelier ein und halfen mit in der Freiluftgalerie.
Die vielen negativen Erfahrungen wie u. a. das Verbot des »Tangenten«-Projektes, die Ablehnungen von Reiseanträgen trotz Einladungen, die Nichtbeteiligung an Auslandsausstellungen, die Ausjurierungen aus der zentralen DDR-Kunstausstellung in Dresden brachten Grimmling, Dammbeck, Huniat, Heinze, Wegewitz und Firit im Sommer 1984 zu dem Entschluß, den »1. Leipziger Herbstsalon« zu organisieren. Sie wollten damit ein Signal gegen den offiziellen Kunstbetrieb mit seinen arrivierten Künstlern und gegen die Kulturbürokratie setzen. In eigener Regie, mit gänzlicher Selbstfinanzierung und unter dem Siegel der Verschwiegenheit trieb die Gruppe ihre Vorbereitungen voran, so daß die Eröffnung des Herbstsalons am 15. November 1984 im Messehaus am Markt wie ein Handstreich wirkte. Während diese inzwischen fast schon kunstgeschichtsnotorisch gewordene Schau von Journalisten in der Bundesrepublik sofort als sensationeller Piratenakt gefeiert wurde (ihre künstlerische Bedeutung erkannte man erst später), gerieten in Leipzig Künstler-Funktionäre und Kulturfunktionäre des Parteiapparates in große Verwirrung, und in Berlin wurden Sondersitzungen abgehalten. Als die Weisung kam, den Herbstsalon zu schließen, weigerten sich die sechs Salonisten, keine der drohenden Konsequenzen scheuend, dies zu tun, und verteidigten ihre Ausstellung mit allen legalen Mitteln. Vom Künstlerverband, dem die sechs ja angehörten, erfolgte keine Unterstützung; denn dieser wurde hauptsächlich durch die Realisten an der Leipziger HGB bestimmt, welche aus ihren Aversionen gegen solche Neuerungen, wie sie da massiv und gekonnt vorgeführt wurden, damals keinen Hehl machten.
Die Konfrontation mit dem Staatsapparat sprach sich schnell herum. Künstler der jüngeren Generation, aber auch ältere, darunter Mattheuer, solidarisierten sich, und Bernhard Heisig erreichte im ZK der SED, daß der Herbstsalon stattfinden dürfe. Allerdings mit der Auflage: keine Werbung dafür in der Öffentlichkeit, keine Kontakte mit westlichen Medien. Dennoch wurde der Herbstsalon zu einem großen Erfolg. In knapp vier Wochen besuchten ihn fast zehntausend Menschen.
Rückblickend schrieb Lutz Dammbeck 1987 unter anderem: »Die Ausstrahlung des Herbstsalons führte in der Folgezeit zu mehreren Anträgen junger Künstler, ebenfalls Ausstellungen in eigener Regie und Verantwortung realisieren zu wollen.
Im Frühjahr 1985 verkündet die Sektorenleiterin für Kultur in ZK der SED, Ursula Ragwitz, flankiert von den dienstverpflichteten Professoren Heisig, Sitte,

Kettner und anderen den versammelten jungen Künstlern des Bezirkes Leipzig die zukünftigen kulturpolitischen Vorstellungen der Partei.
Bei dieser Gelegenheit wird der Leipziger Herbstsalon als Beispiel konterrevolutionärer Entwicklung bezeichnet, welches man ein nächstes Mal zu verhindern wisse. Wachsamkeit und Parteilichkeit sei geboten, die Partei werde sich nicht noch einmal das Gesetz des Handelns aus der Hand nehmen lassen.
Die Vorgänge um den Herbstsalon hatten zur Folge, daß Grimmling und Huniat aus der Leipziger Sektionsleitung der Maler und Grafiker ausgeschlossen wurden, und trugen letztlich dazu bei, daß Firit, Grimmling und Dammbeck 1985/86 die DDR verließen. Durch den Weggang so kreativer und schon namhafter Künstler verlor das Gartenatelier Mogollon einen Teil seiner künstlerischen Ausstrahlungskraft, auch weil Heinze wenig später seine Mitarbeit dort einstellte.
Aber noch immer übten der Garten und Huniats Anregerfunktion eine starke Anziehung aus. Es stellten sich nun zunehmend jüngere Leute ein, die meistenteils keine Künstler waren. Sie suchten da Alternativen zu dem Frust, der aus dem Gesellschaftssystem quoll, und die Kommunikation mit Andersdenkenden, also Gleichgesinnten. Sie bekamen Lust am Kunstmachen, begannen auch am Stein zu arbeiten. Einige erwiesen sich als begabt und gingen in den Bestand des Gartens ein, halfen mit in der Freilichtgalerie. Von daher kamen auch die Impulse und die Unterstützung, als drei von ihnen die Galerie am Feld gründeten. Das war ganz am südöstlichen Rande der Stadt, in einer engen Wohnung in einem schäbigen Mietshaus. Aber diese Galerie, die hauptsächlich nur von Freunden und einigen

134 Lutz Dammbeck, H.H. Grimmling (verdeckt), Manfred Smollich, Frieder Heinze, Andreas Dress, Günter Huniat im Plastikgarten Stötteritz
Foto: Karin Plessing

Insidern frequentiert wurde, ging nicht gut, zumal von Anfang an dort die Jungs von der Stasi erschienen und sich immer bedrohlicher gebärdeten. Sie konnte sich nur zwei Jahre halten, 1987 und 1988.

Im Sommer 1989 präsentierte die »Freilichtgalerie Südost« wieder eine Ausstellung, an der sich auch Künstler aus anderen Städten beteiligten. Plastiken, Objekte, Mobiles und Installationen wurden gezeigt, die mit dem Milieu aus Wiesen, Bäumen und Häusermauern korrespondierten. Auch kritische Auseinandersetzung mit den Gesellschaftszuständen wurde erkennbar, und einige Arbeiten bezogen sich auf die Französische Revolution. Manfred Smollich, sonst kaum noch auftauchend, hatte eine zwanzig Meter lange Konstruktion in den Farben der Trikolore errichtet. Als er die Losung von 1789, Liberté, Égalité, Fraternité, auf die Straße vor der Freiluftgalerie schrieb, zwangen ihn Kulturbürokraten, diese wieder wegzuwischen.

Zur Eröffnung war eine Musikband engagiert worden, es gab Faßbier, und ein kleines Gartenfest entfaltete sich. Ahnungen einer bevorstehenden Umwälzung regten sich wohl in manchen schon.

Zwei Monate später brach in Leipzig die Herbst-Revolution aus. Die Rufe nach den Menschenrechten, womit sie begann, waren bald in einem völkischen Vereinigungsgetöse kaum noch zu vernehmen. Was die Künstler des Landes betrifft, so hat die Wende viele in bange Ungewißheit versetzt. Wovon nun leben, da die lukrativen staatlichen Aufträge ausbleiben. Das fragen sich die ehedem gut angepaßten Privilegierten. Die Ungehorsamen finden jene Reibungsflächen nicht mehr, welche ihren Werken Brisanz und Geltung verliehen. Was ist nun noch malbar? fragen sich manche. Werden wir noch gebraucht, wo jetzt das Kunstinteresse weit zurücktritt hinter den bunten Siebensachen, die als Glücksversprechen aus dem Füllhorn der Marktwirtschaft quellen? Die alten ideologischen Zwänge sind weg, herauf kommen die neuen Zwänge des westlichen Kunstmarktes, der seine schwer durchschaubaren Spielregeln hat. Im merkantilen Klima Leipzigs wird man sich gewiß bald besser damit zurechtfinden als anderswo.

Huniats Reaktion war es sogleich, schon Ende 1989, die »Mogollon-Connexion« zu gründen (mit drei Mitarbeitern), ein Atelier für »Art-Realisation«, welches alle Gattungen samt der baubezogenen Kunst nun ins Geschäft bringen soll. Ein Unternehmen am Ende, wo man, die ursprünglichen Ideen des Gartens verlassend, allerlei kunstartige Dienstleistungen managt – das wäre ein bedrückender Anblick. Doch immerhin: von Mai bis September 1990 veranstaltete diese »Connexion« in der »Freiluftgalerie Südost« offene Arbeitswochen als eine Aktion, die zugleich Ausstellung war. Diesmal mit Künstlern auch aus der Bundesrepublik.

Telefon 287350: Hier Leipziger Herbstsalon!

von Klaus Werner

Das privat-legale, aber wiederum doch geheime Anmieten einer ganzen Messehausetage berührt immer noch eine Geschichte, die sich gut erzählen läßt. Sie bedient Klischees und prangert sie an. Listen, einmal angezapft, belichteten die Erfinder: Fortan besaßen Dammbeck, Firit, Grimmling, Heinze, Huniat, Wegewitz den Titel »Künstler des Herbstsalons«. Verwechslungen waren ausgeschlossen, denn es gab ihn nur einmal. Dafür sorgten im Nach-Verfahren jene, die sich hintergangen fühlten.
Immerhin bestimmte das Ereignis einen präzisen Punkt in der DDR-Kunstgeschichte. Es entzauberte die Kontrollfähigkeit der Gesellschaft über die Kunst, bestärkte die Position unabhängiger Kollektive.
Die Show im Buchmessehaus schoß den erschrockenen Leipzigern vor die Füße. Über Nacht waren am Markt Bilder, Steine, Objekte, Radaumaschinchen eingeliefert worden – keine politischen Injurien, aber ohne Revers zuständiger Behörden oder des Verbandes. Ohne Jury. Ohne Toast. Netzwerk der Konspiration? Je nach Rangordnung, die man zu verteidigen hatte, sahen die Überraschten in der Ausstellung heiße Luft oder eine Provokation. Lediglich einer der Künstler hatte einen Vertrag in der Tasche. Dieser jedoch war im Messeamt in dem Glauben signiert worden, der Antragsteller sei in gesellschaftlicher Vollmacht erschienen. Das war er nicht. Im Gegenteil. Er hatte die Miete mit eigenem Geld bezahlt! Unglaublich!
»Der Maler kam aus ferner Welt – drum ist er hier auf sich gestellt«, kritzelte Frieder Heinze mit griffiger Deutlichkeit auf die Seiten jener Katalog-Mappe, die in der Art eines Who's who der neuen Künstlersezession für Aufklärung und Gesichtsbildung sorgen sollte. Zwischen Ironie, ins Kissen gesprochenem Pathos und naiver Lust am Volkstheater verkleideten die sechs Macher die 2. Etage des Hauses – sozusagen unterhalb von Bastelzentrum und Modellbahn-Tableau – in eine Landschaft, in der es knirschte und raunte. Hier freundlich-drohende Fetische aus dem Ethno-Garten Mogollonien – deren Erblasten ganz kosmopolitisch als Memorial von der Fort Apache Indian Reservation nach Leipzig-Stötteritz geleitet waren. Dort Kreuzigung des Großstadt-Idioten, des Untertanen von der Stange oder Spiel-Krieg gegen die Götter-Stellvertreter aller Zeiten und Zonen. Zuweilen streifte einfach einer sein T-Shirt hoch: »früh schon manches gezeigt: bilder gedanken und wunden« (Grimmling). Und wer von den Besuchern schon um die Gunst des St. Nikolaus buhlte, mußte sich erst einmal von Dammbeck & Gebrüder Grimm eine Lektion deutscher Gehorsams-Geschichte vorführen lassen. Was heißt überhaupt Spiel? Spiel war nur der Versprecher – der Rattenfänger an der Tür des Herbstsalons. Wenige haben es begriffen.
Bereits 1976 war mit »Tangente I« ein Medienprojekt von den gleichen Leuten angedacht worden. Es sollte Aktionsmalerei, Material-Bild, Musik und Film gegen die Tore der Akademie und das Überlegenheitsgefühl der Leipziger Schule in Stellung bringen. Das wurde von oben abgesagt. Die Behörden verteidigten sich mit Inkompetenz. Die schön getrennt gehaltene Zuständigkeit der Künstler-

verbände war in Verwirrung geraten. Von unten die gleichen Fragen. Von oben die gleichen Antworten: Kein Raum. Kein Geld. Keine Bedürfnisse. Es war die äußere Grenze erreicht, an der Dammbeck, Heinze und Co. handeln mußten, um überhaupt noch gehört zu werden.

Beim zweiten Anlauf, 1984, war Stillschweigen vereinbart. Für die legale Besetzung des Messehauses gab es ein arbeitsteiliges Programm: Genosse Huniat kümmerte sich um den Vertrag. Wegewitz prüfte die Belastbarkeit der Decken und Wände. Grimmling alarmierte die Szene. Dammbeck besorgte einen jener alten Lieferwagen (Typ Garant!), wie ihn Leipzigs private Fuhrunternehmer noch heute besitzen. Heinze goß ein paar Tropfen Öl auf die Antriebe seiner Maschine, die sich selbst auf den Leib klatschen und schließlich ruinieren sollte. Firit half mal hier mal da.

Schwachpunkt war die Zeit zwischen Anlieferung im Morgengrauen und Eröffnung an einem der folgenden Tage. In diesen Abschnitt fiel der Alarm. 287305, die eigens für den Herbstsalon geschaltete Nummer, lief heiß. Die Ausstattung des Raumes war besorgt. Räumung hätte Aufsehen erregt. Im »Capitol« begann die internationale Dokumentarfilmwoche. Der Generaldirektor des Messeamtes

135 »I. Leipziger Herbstsalon« 1984, Blick in die Messehallen mit Arbeiten von Hans Hendrik Grimmling
Foto: Karin Plessing

ersuchte um freiwilligen Verzicht auf den Vertrag. (Was im Chorus der plötzlich Besorgten noch als »Zuspruch« minderen Grades einzustufen war.) Er bat vergeblich. Die Künstler waren sich einig.

Wer schließlich das Entriegeln der Türen verfügte, ist nicht bekannt geworden. Schneller Lernprozeß der Ämter? Eher war die Vernissage am 16. 11 dann der Griff zum kleineren Übel. War Rektor und Künstlerverbandsvize Bernd Heisig der Joker gewesen? H., der Unberechenbare. Nicht zuletzt stand er Herausforderern gegenüber. Aber, er hielt mit und hielt durch. Seine Biografie bekam einen Stern dafür.

Jetzt, in der Mitte der achtziger Jahre war Haltung angesagt. Selbstkritik an der ständigen Verlegenheit über das eigene Leben im verschlossenen eigenen Land. Um ihr zu entkommen, wurden die neuen Antisymbole wie naiv zwinkernde Dämonen (Heinze), abstürzende vom Mensch-Sein infizierte Vogelkolonien (Grimmling), Entweihungs-Zeremonien von gestern und heute (Dammbeck) oder naturnahe »Nestbau-Techniken« (Wegewitz – als Wärmeforschung des Aussteigers) einer rigorosen artifiziellen Abmagerung unterworfen. Auch hier gab es noch Verkleidungen und Meditationen (im sozial-künstlerischen Fernziel oder im Kulturvergleich von natürlichen und arrivierten gesellschaftlichen Lebensweisen etwa), aber sie waren entschieden im Diesseits festgemacht. Kunst wird nicht nur Medium einer klaren Positionsbestimmung des Künstlers. Kunst sucht sich nun auch die Medien, mit denen sie kommunizieren will. Klänge, Tänze, den elektronischen Schock der Klassik. Das filmische Standbild als geheimes Heldenprotokoll der Hochglanz-Gesellschaften ist freigegeben für die Defloration. Kindliche Entwaffnungstechniken (Überzeichnung, Auslöschung, Umkonstruktion, Zerstörung) wucherten wie überdüngte Grünland-Gebiete in die Stahl-Betonraster des »Herbstsalons«. Die von Gil Schlesinger in der zweiten Hälfte der siebziger Jahre nach Leipzig gebrachte »pädagogische Konsequenz« des Materials, die Stringenz der Roh-, Hand- oder Naturware als Lehre von Grundsatzwert der Form (und der Gefühle), verhalf – ebenso wie die Motivation des Spiels und der Gemeinschaft – vielen Künstlern des Herbstsalons, bei ihrem Rückzug von Denk- und Zeichenschablonen Boden unter den Füßen zu gewinnen.

Déjà vu. Der West-Mensch an der Klagemauer östlicher Ateliers. Klar! Tàpies, Tinguely, Dubuffet, Bacon, Merz, expanded cinema und und und. Aber DDR-Kunst generiert zum Torso, wenn man sie bedingungslos an den Museumsfluchten, an den Messen und Märkten zwischen Kassel und Chicago mißt. Innovation ist nicht ihr Überziel, wenn sie in der Spaltung zwischen einer produzierten und einer aus den Desideraten der Lehrbücher gedachten Gesellschaft nach den Restflächen sucht. Nicht die Bilder bestimmen den Wert, sondern das, was sie bedeuten. Das ist heikel – aber es hat seine Logik.

Im erwachten »Herbstsalon« ging es inzwischen friedlicher zu. Das Limit, nach dem jeder der sechs Einzelgänger pro Tag 10 Gäste einladen dürfe, hielt dem Zulauf der Neugierigen nicht lange stand. Man demonstrierte Workshop und Fremdenführerschaft. Der Reiz des Erstrittenen legte eine Spannung zwischen die Kulissen, die Freund und Feind elektrisierte. Prominenz wurde im Sekretariat unterhalten. Sammler Ludwig stieg mit Sonder-Erlaubnis die Treppen hinauf – und fand doch nicht die richtige Größe. Der sowjetische Konsul, sich zunächst zögerlich nach den Eintrittskosten erkundigend, wurde sogleich an das scheppernde Anthropo-Mobil geführt: »Nu driggen'se mal offs Gnöbbchen!« Altenbourg aus Altenburg bekams exklusiv und fand Gefallen daran ... Zwischen Geschichte und Geschichten besteht oft nur ein winziger Unterschied.

Das Nachspiel der 14-tägigen Kunst-Power bestand aus Abtransport, Reinigung der Räume und Wiederherstellung der Ordnung. Huniat und Grimmling wurden von der Verbandsleitung abgemahnt und aus ihr entfernt. Heinze schied aus Solidarität aus. Grimmling lebt heute in West-Berlin, Dammbeck in Hamburg, Firit in der Nähe von München. Jetzt bekennt man in Leipzig die Löcher im Hemd. Was mag den Verzogenen fehlen?

Als Sprungbrett war der »Herbstsalon« nicht erfunden. Aber für jeden Veranstalter lief die Uhr anders, als er zu Ende war. Einige konnten weiterarbeiten. Andere nicht. Den Weg von Dammbecks zeitkritischem Epitaph des Eigen-Sinns (Herakles-Ode) bis zur jüngsten Leipziger Galerie-Flagge der Eigen+Art ging eine andere Generation. In Mode kommen die Frühlings-Salons. Diese sind ergreifend tumultös und werden hingenommen.

Leipziger Landschaft

von Wolfgang Mattheuer

Über Leipziger Landschaft schreiben? Das kann nur ein Klagelied werden, bei Einem, der wie ich gern jubeln möchte, über Räume aus Licht, Natur und Menschenwerk, aber der sein Lebtag lang kaum dazu kommt, dort, wo er zu Hause ist; denn die Verhältnisse, die sind nicht so und werden schlimmer.

Die Leipziger Gegend zwischen der Mulde im Osten und der Saale im Westen etwa, zwischen der Dübener Heide im Norden und dem Altenburger Land im Süden, ungefähr 70 km im Durchmesser, war ganz gewiß in vorindustriellen Zeiten ein fruchtbares, hochentwickeltes, wohlhabendes und schönes Kulturland mit seinem bürgerlichen Zentrum Leipzig. Weite Auenlandschaften und welliges Ackerland. Den Flüssen Weiße Elster, Pleiße und Parthe ist mit einiger Phantasie heute noch, hie und da, ihre einstige Schönheit anzusehen. Jetzt zählen sie zu den häßlichsten toten Gewässern Europas. Das Elend der Gegend ist die Braunkohle, die unter allem lagert. Sie wurde zur Energiebasis des Industriestandortes DDR bestimmt. MAN muß ran an die Kohle, koste es, was es wolle! Sagt MAN. Es muß sein. Sagt MAN.

Riesige Tagebaue fressen sich durchs Land, um Leipzig herum. Alles wegschiebend, herrliche Auenwälder, wie alle Bedenken, traditionsreiche Landschaft wie alle Warnung. MAN muß ran an die Kohle. Auf Schienen und Straßen fließt sie dann in unzählige Großfeueranlagen und in Millionen kleine, Energie und Wärme erzeugend. Und die Winde über dem Leipziger Tiefland treiben die Abgase, den Dreck und Gestank aus tausend großen und kleinen Schloten in alle Winkel der Gegend und weiter über die Grenzen.

Die Umweltbelastungen sind das einzig auffällig Große dieser Landschaft. Wer es überschauen will, der steige auf's Völkerschlachtdenkmal. Sich im Kreise drehend, kann er alles sehen. Es ist eine gerade Horizontlinie, mehr oder weniger verdunstet, je nach Wetterlage und Windrichtung, an der unregelmäßig aufgereiht Schlote schwimmen oder hängen und rauchen. Grau liegt unten die Stadt, die Messemetropole, und man sieht, wie die sich verkleckert in die Ebene. Und man sieht nach Süden hin in Tagebaue und ahnt solche im Norden.

Es ist eine geschundene, ausgebeutete Industrielandschaft, die Leipzig umschließt. Erfreuen kann sie nur im kleinen Detail, den Bescheidenen, wenn die Natur eine Wunde schließt mit grünem Gezweige, wenn Grundwasser ein Restloch füllt und eine gedämpfte Sonne sich darin spiegelt und Menschen fröhlich von der Grube Besitz ergreifen. Sie kann pathetisch sein. Überhaupt beweist sich in ihr eine Größe des Menschen: seine Anpassungsfähigkeit.

Wer da nicht zu Hause ist, fährt schnell durch und der da zu Hause ist und Landschaft braucht zum Leben, der fährt fort, so oft er kann. Meist ist das Ziel die Datsche, weit weg. Ich brauche Landschaft zum Leben wie Brot. Drum konnte ich kein echter Leipziger werden. Ich brauche Auslauf. Ich fühle mich tief verwurzelt dort, woher ich komme, im sächsisch-thüringischen Vogtland, wie ich mich im bayrischen, um Hof herum, fühlte, wäre die Grenze nicht gewesen. Dort hat meine ganze Bildermacherei, nicht nur die Landschaftsbildnerei, ihre stabile an- und aufregende Basis.

Die Landschaft dort hat der gleiche laute, grelle, bedenkenlose Industrialismus gezeichnet (und der markiert bedenkenlos weiter), aber sie ist wohl kräftiger, sie hat bis heute noch natürliche Qualitäten bewahrt. Eine bescheidene Gegend, auch die, aber keine armselige. Touristische Attraktionen bietet sie nicht. Aber ich bewege mich in ihrer schönen und bedrohten Vielfalt und verlerne das Staunen nicht und manchmal bewegt mich sogar so etwas wie Jubel ...und ich weiß dann auch, warum ich so oft ein Nein formulieren muß.
Harmonischer Natur stehe ich hier gegenüber und dort, nur zwei, drei Kilometer weiter, dem Einbruch jener grellen Produktionsgewalt. Sisyphos stöhnend hinauf und gelöst herunter und so fort und umgekehrt! Keine Ferienwelt ist das, aber viel mehr noch als ein Arbeitshaus. Eine Gegend, die motiviert und mir die Stadt Leipzig ertragen hilft und mich entschädigt für's Leipziger Land.

136 Karin Plessing, Industrielandschaft Leipzig-Plagwitz

Passagen

von Gunhild Brandler

Merkantiler Geist prägt die funktionale Architektur und die Kunst in Leipzig. Mit Geschäft, Technik, Verkehr, Wissenschaft ging stets Entzauberung einher: Zweckrationalität und nach außen gedämpfte Leidenschaft bis heute. Noch 1968 wurde das kunstgeschichtliche Kleinod der Dominikanerkirche (Universitätskirche) gesprengt für das stadtübergreifende Symbol eines sich aufblätternden Hochhausbuches der Karl-Marx-Universität. Von dem einst protestantisch strengen Geist, der auch einen Johann Sebastian Bach hervorgebracht hat, leitet sich das spezifisch künstlerische Berufsethos her: Die Leipziger Künstler waren prädestiniert für den Durchbruch der sachlich-kritischen »DDR-Kunst« in den siebziger Jahren. Faustisch gespaltener Geist – die Sage vom Faßritt findet sich seit 1630 in der städtischen Chronik. Durch Goethe ging Auerbachs Keller, einer der ältesten für Leipzig typischen Durchgangshöfe in die Literatur ein. Heute gilt die Überbauung »Mädler-Passage« (1912–14) als bedeutendste derartige Anlage im deutschen Raum. Und Faust faszinierte den Leipziger Max Beckmann ebenso wie später Bernhard Heisig. Die Passagen selbst jedoch scheinen von nur architektonischer, weitgehend funktionaler und technischer Ästhetik. Die minutiöse Darstellung der Stadtarchitektur in den siebziger Jahren – melancholische Memento mori in den riesigen Hallen des berühmten Leipziger Bahnhofes (1907–15), von der klassizistisch gesinnten Architektur des Bayrischen Kopfbahnhofs (1841–44), den Straßen in den Industrievorstädten und den bröckelnden Villen in Werken von Karl Krug, Kurt Dornis, Günter Richter, Volker Stelzmann, Baldwin Zettl, Rolf Münzner, Doris Ziegler – ließ die Passagen aus. Erst Wolfram Ebersbach (Jg. 1943) fand dort den Stoff, der ihn bestärkte, die lokal vorherrschende zeichnerisch-lineare oder auch expressiv-dynamische Auffassung in bisher völlig fremde Flächenhaftigkeit des Bildes zu verschmelzen. Von 1966–71 hatte er an der Hochschule für Grafik und Buchkunst studiert. 1987 kam sein gegenläufiger Durchbruch mit einer Ausstellung im Lindenau-Museum Altenburg. Heinz-Jürgen Böhme (Jg. 1952) hatte ähnlich stadtthematisch motiviert von plötzlich als unerträglich ästhetisierend empfundenem Fotorealismus zu harter Collage, Montage und Installation gewechselt, freilich damit nicht in dem Maße befremdend wie Ebersbach.

Bei Wolfram Ebersbach: Malerisches, strukturelle Abwesenheit von Illusion, Verzicht auf Details, Schwarz als Farbe, Zeichenhaftigkeit, keine Metaphern, aber Symptome. Mit dem sozialistischen Wirtschaftssystem waren die glitzernden Verführungen der kapitalistischen Warengesellschaft zugrunde gegangen. Nicht die Architektur selbst verfiel. Seit 1893 waren mehr als 30 Messepaläste und Geschäftshäuser im Leipziger Zentrum entstanden; das charakteristische Passagensystem hatte sich aus der Durchhoftradition der alten Patrizierhäuser entwikkelt. Diese Bauten wurden nach 1945 soweit wie möglich erhalten und erweitert: intakte Passagen, intakte Schaufenster, intakte Architektur, doch dem funktionalen Sinn entzogen. Mit ihm zerfiel die Struktur, reduzierte sich auf das Skelett: im Bild eine expressive Dekonstruktion. Geschäftszeilen, Boulevards, die Passage als »klassische Form des Interieurs« für den Flaneur wandelten sich zur »Verfalls-

form Warenhaus« (Walter Benjamin). Bei Wolfram Ebersbach nunmehr flüchtige Zeichen über Fußgängerbrücken und in Unterführungen, Kommunikation verlagert in das Telefonhäuschen; die Zeit geschichtslos tickend in den Stadtuhrkästen: Farbflächen ohne tieferliegendes Geheimnis, im Dualismus von Schwarz und Weiß weder Dunkelheit noch Licht. Stummes Grau, Fenster ohne Ausblick. Gebrochene Perspektiven fangen sich im Kreisrund der Ein- und Ausgänge urbaner Carceri als hätte das Zeitalter des Raumes niemals begonnen.
Ähnlich versperrt der mittelalterliche Ring Leipzigs den Blick des Touristen auf die Abbruchquartiere: Häuser mit smogzerfressenen Fassaden, schwarze Fensterlöcher, schwarzer Schmutzfilm, Kohlenstaubschwärze. Dieses stumpfe Schwarz, diese Nichtfarbe dann in der Malerei von Ebersbach verschlingt die Erinnerung und verkehrt sie in allgegenwärtiges Bewußtsein von illusionsloser Jetztzeit.

137 Wolfram Ebersbach, Passagen II, 1986

Zwischen Kraftwerk und Malbund
Leipziger Kunstszene

von Christoph Tannert

Auf das Leipziger Kunstpflaster sind nach den »Vaterlandsreden« wieder die banalen Alltagsegoismen zurückgekehrt. Ganz und gar nicht als Gesellschaft mit beschränkter Hoffnung zeigt sich die neu gegründete »Galerie am Kraftwerk«, der der Kunstwissenschaftler Peter Lang und der Maler/Grafiker Wolfgang Henne vorstehen. Andere Künstler wie Michael Kunert, Neo Rauch, Roland Borchers oder Jost Giese fühlen sich von diesem Flaggschiff kommerzieller Unternehmungen ins Schlepp genommen und erwarten Rückenwind, nachdem sie vor Jahren ins kalte Wasser des realsozialistischen Einheitsflusses springen mußten. Lediglich in der »Galerie am Thomaskirchhof« wurden künstlerische Substanz und der mitunter romantisch getönte Zierblumenreigen dieser Künstler gewürdigt.

Für Michael Kunert, Roland Borchers und andere begann die Begegnung mit den Quellen der Kunst bei Hartwig Ebersbach, der, 1979–1983 Chef einer Experimentalklasse an der Leipziger Kunsthochschule, ein Vorreiter auf unorthodoxen Wegen und insbesondere für den Leipziger Neo-Expressionismus der achtziger Jahre ein »Aufrührer« in Sachen Malmaterial (in des Wortes ursprünglichster Bedeutung) gewesen ist.

Michael Kunert und Wolfgang Henne sind ausgesprochene Graphiker, auch ihre Malerei wird vom Linearen her bestimmt. Wenn man an die expansiven, den Bildraum fast sprengenden Kompositionen Kunerts denkt, sein Ausbrechen in Farbe in seiner »Island-Serie«, und an Wolfgang Hennes feinnervig gefederte Schauplätze eines spöttischen Satire-Falls in Wort und Bild, dann darf der Chemnitzer Steffen Volmer nicht vergessen werden, der zu dieser Trias der sächsischen Fröhlichkeit gehört. Wenn ihre freudige Erregung zuweilen den Beigeschmack einer Brennstofftablette bekommt, ist das freilich nicht mehr jedermanns Sache.

Jost Gieses kontrolliert-ekstatische Malerei stellt ein Bindeglied zu jener Malerei der quinta essentia bei Neo Rauch dar. Giese verwendet schnell trocknende Kaseinfarben, ihres dumpfen Leuchtens wegen, die sich so brillant eignen, um beispielsweise »Zukunftfängers Schweif« zu packen. Giese differenziert in seiner Malerei ein Feld materieller Ideen, das von Neo Rauch auf andere Weise, d. h. in einer Betonung der Sinnlichkeit gegenüber der Abstraktion, bearbeitet wird. Figuren leben bei Neo Rauch in der Geborgenheit von Farbe, die spirituelles und Materialerlebnis zugleich ist. Einen »Leitersturz« sah ich bei ihm als malerisches Unternehmen, das dem Versprechen des Titels entgegenarbeitete mit bestechender gestalterischer Potenz. Bei all dem Polit-Pop der Spitzpinseler waren diese Ansätze am Ende der achtziger Jahre wahre Erfrischungen. Traditionelle Mittel wurden von diesen Künstlern extensiv und innovativ weiterentwickelt.

Nicht zuletzt auch von Roland Borchers, der mit Neo Rauch einen »Malbund« schloß, aus merkwürdig anmutenden Gründen der Reinhaltung akademischer Grundsätze, die sich im Werk selbst in sensibel ausbalancierten Verhältnissen zwischen Kontemplation und Expression artikulierten. In einigen von Borchers' Gouachen liegt ein Farbnebel über teigweichen, sehr kreatürlich anmutenden Figurenkokons, die Schutzgebärden erheischen und für die hinter ihnen stehende Geistigkeit (Leipzig ist nun nicht länger eine Stadt der »Bauch-Maler«) empfänglich machen.

138 Wolfgang Henne, Holzschnitt
Foto: Marion Wenzel

Abschied von der Bedeutung: Jörg Herold

von Gerd Harry Lybke

Jörg Herold (Jg. 1965), der während des Studiums an der Hochschule für Grafik und Buchkunst in Leipzig sich mit der zweidimensionalen Bildfläche beschäftigen mußte, ist auf der Suche nach neuen Räumen. Nach sechs vergeblichen Bewerbungen genügte ein Jahr bis zu seinem Entschluß, die Schule zu verlassen. Inzwischen in Berlin (Ost) ansäßig, gelang ihm der Sprung in die internationale Kunstszene mit seinem Beitrag zu »Aperto 90« auf der Biennale in Venedig.

Angefangen hatte das Ganze 1982 mit PIG (»Plagwitzer Interessen Gemeinschaft«) – der Name jener Künstlergruppe, die im Leipziger Industrieviertel Plagwitz eine Fabriketage besetzte. Der 8-mm-Film »Bei Werk« ist ein Arbeitsergebnis dieser Zeit.

Der ersten Ausstellung 1986 mit Bildern Herolds und plastischen Objekten wie »Revolution im geschlossenen Raum oder die dumme Jugend« folgte eine Einzelpräsentation unter dem Titel »Bewurstsein oder für alle ist gesorgt« in den Räumen der Galerie EIGEN+ART. 1987 beginnt Herold seine »Reaktionsplastiken«.

Mit »Ich finde es normal einen Klotz zu setzen« hält er sich genau auf der Grenzlinie zwischen Erzähltem und Realem. Dieser Klotz auf dem Leipziger Karl-Marx-Platz, zwischen Gewandhaus und Oper gesetzt, ist heute nicht mehr auffindbar. Herold, der sich als Arbeiter des Tiefbaukombinates ausgab, teilte über seinen »Brigadier« dem Parkplatzwächter vor dem Operngebäude mit, daß am letzten Mittwoch vor den Feierlichkeiten zum 7. Oktober ein Teil des Parkplatzes wegen Aufstellen eines Fahnensockels gesperrt werden muß. Am entsprechenden Tag kam nun Herold in Arbeitskleidung und goß unter großem Aufwand einen Klotz mitten auf den in »Baufreiheit« versetzten Teil des Parkplatzes. Niemand nahm davon Notiz, denn da machte einer seine Arbeit. Auch Fragen wären zur Zufriedenheit beantwortet worden, ist er doch nur Ausführender eines Auftrages. Der Klotz, in Abmessungen 50 x 50 x 50 cm, war über ein Jahr zu sehen. Bei Versicherungsanzeigen wegen ramponierter Stoßstangen bekam man vom Parkplatzwächter die Antwort »Die Wasserwirtschaft war's« und »es hat alles seine Richtigkeit«. Verselbständigung durch den Lauf der Dinge. Der Mythos vom Klotz auf dem Karl-Marx-Platz hält sich noch immer, wie ein von Mund zu Mund erzähltes Märchen. Im nachhinein blieb als eigentlicher Vorgang die Bewertung des Objektes auf diesem Platz. Da Herold den Gegenstand nicht auf eine Bedeutung reduzierte oder eine bestimmte Aussage festlegte, ging der Klotz in den Besitz aller über. Die Verhinderung eines »Erkennen und Abtuns« entsteht aus der Verbindung des realen Gegenstandes mit dem dabei sich bildenden Untertext beim Betrachter, wenn er sich zur »Störstelle« verhält. Eine Wertung, die gleichzeitig die Fragestellung impliziert. Die Unordnung bringt das alltägliche Wahrnehmen für Momente zum Halten, ohne daß dem Betrachter das Kunstwerk als ein eben dafür produziertes bewußt wird. Die Interpretation bezieht sich auf Sinn und Zweck, Fragen der zukünftigen Nutzung. Das Spannungsfeld bewegt sich zwischen vorhandenem Gegenstand und projizierter Funktion. Aufschlußreich wäre es gewesen, wenn Herold sein geplantes Konzept bis

zu Ende geführt hätte, indem er in der Wochenendbeilage der Leipziger Volkszeitung die Frage »Was soll der Klotz auf dem Karl-Marx-Platz?« gestellt hätte. Immerhin ist die Geschichte Ausgangspunkt für ein Hörspiel, das damit endet, daß der Bürgermeister Leipzigs den Klotz als Sockel für sein Rednerpult und sich selbst benutzt, auf dem er dann zur Bedeutung des Klotzes für Abrüstung, Frieden und Völkerverständigung im Rahmen einer Kundgebung eine Rede hält.
»Abschied von der Bedeutung« ist das Motto einer Aktion, die er Ende 1989 mit dem Verschicken einer gefundenen Stahlplatte begann. Deren Wert entsteht durch deren Bewertung. Die Stahlplatte als Bedeutungsträger, auch hier zusammengesetzt aus materialisierter Idee und Untertext des Rezipienten. Die nachträgliche Spurensicherung in Form der Dokumentation –, als Wiederaufbau des Ordnungssystems, um reaktionsfähig zu bleiben – kittet den entstandenen Riß zwischen Idee und Produkt.
Der Verlauf des Versuchs ist nach vorn offen und hat dabei mit tatsächlicher Zeit, einer empfundenen Gegenwart zu tun. Eine Sage oder einen Mythos über die Kunst erzeugen: Entwurf einer wiederbelebten Funktion von Kunst. Vielleicht ist es gerade das, was man von der Kunst in der DDR erwartet.

139 Jörg Herold, Installation »o.T.« in »aperto 90« auf der Biennale Venedig
Foto: Gitty Darugar

Ich mußte sehen, wie ich durchkam

Die Leipziger Fotografin Evelyn Richter
im Gespräch mit Ulrich Domröse

D.: Wie entstand Ihr Wunsch, Fotografin zu werden?
R.: Eigentlich wollte ich Kunstgeschichte studieren. Das ging aber nicht, weil ich aus einem bürgerlichen Elternhaus kam und dies in den fünfziger Jahren bedeutete, daß man für bestimmte Studienrichtungen oder für das Studium überhaupt abgelehnt wurde. Dann hatte ich Interesse für das Goldschmiedehandwerk, das in unserer Familie Tradition hatte. Als das durch die Zeitumstände nach dem Krieg nicht klappte, gab mir eine Bekannte die Adresse des Dresdner Kunstfotografen Pan Walther.
D.: Sie sind bei Pan Walther in die Fotografenlehre gegangen?
R.: Ja, drei Jahre, nach zweien habe ich die Gehilfenprüfung gemacht. Im Atelier von Pan und Christine Walther in Dresden fotografierten wir um 1950 mit der Technik unserer historischen Vorbilder mit alten Plattenkameras und Objektiven sehr geringer Empfindlichkeit. Sogar Weichzeichner haben wir dort noch verwendet. Es entstanden statische, bildnishafte, unseren Mitteln entsprechende, inszenierte Porträts. Vorgefundene Haltungen wurden als Selbstdarstellung des Modells aufgenommen. Ähnlichkeit im Sinne von Wesensart entstand mit Hilfe von Kunstlicht, Kommunikation mit dem Modell war die Basis. Das Ergebnis war im hohen Maße subjektiv.
D.: Bewarben Sie sich von Pan Walther aus an die Hochschule für Grafik und Buchkunst?
R.: Der Pan ging in den Westen und ich mußte sehen, wie ich durchkam. Erst arbeitete ich in einem Porträtatelier und dann fast drei Jahre in der Wissenschaftsfotografie. Von dort aus bewarb ich mich an die Hochschule und wurde 1953 gleich ins zweite Studienjahr aufgenommen. Meine Porträtaufnahmen entsprachen den Anforderungen des 2. Studienjahres. Allerdings traf ich dort wieder auf diese malerische Porträtauffassung.
D.: Wie erklären Sie sich diese eigentlich doch längst überlebte Art der Fotografie? Waren Sie informiert über die internationale Fotografieentwicklung?
R.: Es war die stalinistische Zeit. Unter dem Formalismustrauma stöhnte die ganze Kunst. Heimlich beschäftigten wir uns mit Otto Steinerts »subjektiver Fotografie«. Sie hat uns sehr beeindruckt, aber wenn man so etwas machte, war das ein Exmatrikulationsgrund. Das wäre formalistisch gewesen.
Andererseits bedeutete für uns die Darstellung gegebener Realität allein ein Experiment, dessen Ergebnisse damals nicht veröffentlicht wurden. Das offizielle Klischee verlangte zu zeigen, was sein sollte und nicht, was real existierte. Aus dieser Tradition erwächst der sozialdokumentarischen Fotografie in der DDR besondere Bedeutung.
Die erweiterten technischen Möglichkeiten gegen Mitte der fünfziger Jahre durch die Produktion hochempfindlicher Filme in der DDR, damals 24 DIN, faszinierte mich und wirkte revolutionierend auf die fotografische Entwicklung in der DDR. Die Darstellung prozeßhafter Vorgänge und die Live-Fotografie wurden möglich. Es entstanden Reportageporträts aus der Beobachtung heraus und im Milieu.

D.: Wie erlebten Sie die Fotografieszene im eigenen Lande, die Pressefotografie etwa oder Ausnahmen wie Edmund Kesting und Fritz Kühn?
R.: Entweder registrierten wir die gar nicht, oder so eine Art zu fotografieren wurde offiziell abgelehnt. Ich habe in meiner ganzen Hochschulzeit keine einzige Reportage als Aufgabe erhalten. Und die Leute, die sich auseinandersetzten, wurden weggeekelt oder exmatrikuliert. Andere fanden das Ganze einfach sinnlos und gingen.
D.: Auch Sie sind exmatrikuliert worden. Warum?
R.: Meine Herkunft und meine kritische Auseinandersetzung führten dazu.
D.: Und wie haben Sie sich dann weiter durchgeschlagen?
R.: Ich bin in den Presseverband gegangen, um einen Stempel für freischaffendes Arbeiten zu bekommen. An verschiedenen Theatern in Berlin und Gera habe ich dann fotografiert und schließlich auch für die Werbung gearbeitet.
D.: Fällt in diese Zeit nicht auch Ihre Mitgliedschaft in der »action fotografie«?
R.: Ja, 1956 wurde diese Gruppe in Leipzig gegründet, um gegen die bestehenden Verhältnisse in der Fotografieszene anzugehen.
D.: Diese Gruppe ist ja bald darauf kaputtgemacht worden. Wo konnten Sie nun Ihre freien Arbeiten, die neben der Auftragsarbeit entstanden, unterbringen?
R.: Erst einmal nirgends; die waren für die Kiste.
D.: Welche Gebiete der Fotografie haben Sie in der Folge besonders interessiert?
R.: Mich interessierte vor allem der psychologische Aspekt. Das Fotografieren war auch ein Prozeß der Selbstfindung. Mich interessierte, wie andere Menschen lebten, insbesondere die Frauen und schließlich das Problem Mensch und Maschine. Natürlich sah ich das immer in Beziehung zu den konkreten zeitlichen Bedingungen.
Ich brauchte diesen Bereich der freien Arbeit, um etwas für mich machen zu können, um meine Auffassung von Fotografie zu realisieren.
D.: Können Sie diese fotografische Haltung auch in Ihrer Arbeit als Dozentin an der Hochschule für Grafik und Buchkunst vermitteln, übrigens an der Hochschule, aus der Sie 25 Jahre zuvor exmatrikuliert wurden?
R.: Diese Arbeit ist für mich sehr wichtig geworden. Ich bin der Meinung, daß realistische Fotografie eigentlich heute nur noch konzeptionell praktiziert werden kann. Das war schon damals meine Meinung, weshalb ich immer thematisch gearbeitet habe. Ich versuche immer anzuregen, daß Buchgestalter und Fotografen gemeinsam arbeiten, daß sie gemeinsam Präsentationsideen entwickeln.
Die simultan enthaltenen soziologischen wie psychologischen Fakten im realistischen Bild lösen großen Wirkungen aus und können die latenten Erfahrungen jedes Menschen ihm bewußt machen. Allerdings ist der Empfang der Botschaft abhängig vom Wissen des Empfängers.

Protokoll-Strecken
Leipziger Fotografen

von Christoph Tannert

Die von Leipzig ausgehenden Impulse auf die Fotoszene der DDR sind nach wie vor stark. Erst recht, wenn es Leipziger wie Jens Rötzsch und Peter Oehlmann nun nach Berlin verschlagen hat.

Rötzsch begann nach seiner Studienzeit mit einer streng verfaßten dokumentarischen Fotografie, die jedoch diesen fiktionalen Anspruch kaum zu halten sich in der Lage sah, da sie von der Wirklichkeit selbst permanent unterlaufen wurde. So begab es sich, daß Rötzsch »per Zufall« einen mit einer Toreinfahrt sich vereinigenden Lastwagen oder die Konfrontation einer Telefonzelle mit einer ergrauten Schneekugel mit dem Apparat festhielt, dann aber sehen mußte, daß er scheinbar außergewöhnliche, ja geradezu irrational anmutende Begebenheiten per Film eingefangen hatte. Rötzsch spielte damals mit Bildklischees, die von der Kunst tradiert worden waren, mit Phantasiepatchworks und der parfümierten Ästhetik banal bis brillant choreographierter Modespektakel. Die Massierung der Individuen in Jubelfeiern und Sportveranstaltungen totalitärer gesellschaftlicher

140 Jens Rötzsch, »Protokoll-Strecken – Bilder aus dem gesellschaftlichen Leben«, Ausstellung der Galerie Eigen+Art 1988
Archiv Ursus Press

Systeme studierte er in Ungarn und in der DDR und wurde so immer mehr zu einem Zeitzeugen, der Leipziger Kampfgruppen-Demonstrationen (und staatliche Omnipotenz) ebenso festhielt wie die Aufmärsche ungarischer Pfadfinder.
Zusammen mit Peter Oehlmann erarbeitete er eine DDR-Total-Schau mit dem damals provozierend klingenden Titel »Protokoll-Strecken«, eine Ausstellung in der Leipziger Galerie EIGEN+ART, die dann auch prompt die Stasi auf den Plan rief. Oehlmanns Puzzlesystem einer betont im Nebensächlichen die ideologische Monumentale suchenden Strukturfotografie ergänzte sich bestens mit den präzisen Konstatierungen kleinbürgerlichen Untertanengeistes des DDR-Normalos vor der »Wende« und den Filzzeichen der Staatsguerilla.
Was die Präzision betrifft, so ist auch Matthias Hoch ein unbestechlicher Beobachter mit Sinn für stilistische Konsequenz. Sein bildjournalistisches Engagement im Leipziger Herbst hat ihm auch über den Kreis der Fotografiespezialisten Anerkennung eingebracht. Ebenso Uwe Frauendorf, neben Ernst Goldberg einer der wichtigsten Dokumentaristen der Leipziger zweiten Kultur und Porträtspezialist jener Künstler, die bei EIGEN+ART präsent waren. Mit seinem Projekt »Real Mode« stellte er 1990 einen eigenen Zyklus zur sozialen Realität von DDR-Jugendlichen vor – unspektakulär und mit all den realen Absurditäten im Bild, die unter den Bedingungen von Gruppenzwang, Lust, Frust und Witz produzieren.

Die Werkstatt – Galerie Eigen+Art

von André Meier

Wenn es der DDR-Kunstgeschichtsschreibung darum ging, die Ambivalenz spätsozialistischer Kulturpolitik zu illustrieren, bemühte sie in den Annalen der späten achtziger Jahre gern und oft den Namen eines Mannes, dem inmitten einer scheinbar streng reglementierten Galerieszene die Quadratur des Kreises, die Installation einer lebensfähigen autonomen Ausstellungsstätte gelang.
Gerd-Harry Lybke, der Arbeitersohn aus dem engen Reihenhaus in der Leipziger Vorstadtsiedlung Meusdorf, avancierte mit seinem Ein-Mann-Unternehmen vom lokalen Stolperstein zum Enfant terrible der DDR-Kunstlandschaft. Nach dem Zusammenbruch aller ideologisch determinierten Regulationsmechanismen wird der lockige Sachse zum Prototyp künftig gefragten Kunstmanagements. Seine Hinterhofgalerie in Connewitz, im Süden der Messestadt, hatte schon in den frühen Jahren ihres Bestehens über Leipzig hinaus Modellcharakter. Die Eigen+Art stand für das im Unmöglichen Mögliche, für die Kunst der Balance zwischen Absturz und tödlicher Umklammerung.
Angefangen hat alles vor mehr als zwölf Jahren. Gerd-Harry Lybke, von seinen Freunden nur Judy genannt, verließ Meusdorf und zog ins Innere der Messestadt. Diverse Wohngemeinschaften festigten soziale Kontakte und die Einbettung in eine Szene, in der der Umgang mit Kunst nicht zuletzt Mittel der Abgrenzung und Möglichkeit eigener Standortbestimmung war. Nach seinem Wehrdienst als »Instrukteur für Jugendklubs« vom Rat der Stadt besoldet, gelang es Lybke, die Programme dieser vom Staat finanzierten Freizeitbereiche derart nachhaltig zu prägen, daß die jährlich inspizierende Staatssicherheits-Kommission seine Entlassung empfahl.
Doch er ließ sich nicht entmutigen, jobte und organisierte mit Freunden, was ihm der Staat verwehrte.
Am Körnerplatz 8, unter dem Dach eines heruntergekommenen Bürgerhauses, eröffnete er am 10. 4. 1983 die erste Ausstellung seiner Wohnungsgalerie. Gezeigt wurden Werke der »Neuen Unkonkreten« und Arbeiten von »Künstlern und Dilettanten«. Noch 16 weitere Ausstellungen folgten, bis schließlich die Arbeiten zu groß und die Räume zu klein wurden.
Als Bauleiter und Bausachverständiger getarnt, zog Judy Lybke gemeinsam mit dem Fotografen Erasmus Schröter auf der Suche nach einer alternativen Ausstellungsstätte durch die Straßen Leipzigs. Schließlich fand man auf einem Hinterhof in der Fritz-Austel-Straße die leerstehende Werkstatt der Firma Rohrer & Klinger, einer kleinen chemischen Fabrik, bei der Picasso schon seine Lithokreide bestellt haben soll. Nach der Ausreise Schröters in die Hansestadt Hamburg mietete Lybke über den »registrierten« VBK-Künstler Akos Nowaky den Werkstattraum als Atelier an. Damit verbot sich rechtlich eine Nutzung als Ausstellungsraum und man deklarierte die nun entstandene »Eigen+Art« als Werkstatt, die sich zu bestimmten Zeiten dem interessierten Publikum öffnet.
Finanziert wurde der Ausbau durch die Versteigerung von Arbeiten, die 15 Leipziger Künstler auf dem sogenannten »Stifterfest« am 27. 6. 1985 zur Verfügung gestellt hatten. Am 25. 10. wurden die Stifter, darunter Lutz Dammbeck,

Günter Firit, Hans-Hendrik Grimmling, Günter Huniat, Frieder Heinze, Akos Nowaky, Michael Kunert, Andreas Hanske, Olaf Wegewitz und Klaus Elle, mit einer Ausstellung geehrt. Daraus ergab sich fast zwangsläufig die Verpflichtung, diesen Künstlern in der Folgezeit bevorzugt Ausstellungsmöglichkeiten einzuräumen. So entstand der Eindruck, es handele sich bei der EIGEN+ART um eine Produzentengalerie. Als Judy begann, sich selbst um Künstler zu bemühen und dabei wenig Rücksicht auf die der Szene eigenen Hierarchien nahm, kam es zu Irritationen. Plötzlich begriffen viele, daß dieser stets lächelnde Mann im Anzug mehr als nur Angestellter sein wollte, daß seiner Arbeit ein Konzept zu Grunde lag, dessen Professionalität von kaum einer offiziellen Galerie erreicht wurde. Schon der betriebswirtschaftliche Aufbau verrät Lybkes Hang zum Pragmatischen, einer Tugend, die wohl die Lebensfähigkeit des Unternehmens sicherte.
Geldgeber der jeweiligen Ausstellung war der präsentierte Künstler selbst. Er wurde für die Dauer der Veranstaltung zum Untermieter und damit zugleich verpflichtet, während der Öffnungszeiten als »Hausherr« den Publikumsverkehr zu regulieren. Der Besucher erlebte also nicht nur die Kunst, sondern konnte in seiner Ratlosigkeit auf den anwesenden Produzenten zurückgreifen. Der allerdings saß, trotz der 300 bis 700 Besucher pro Ausstellung, zuweilen frierend im leeren und schlecht beheizbaren Raum, eine Selbsterfahrung, die manche Künstler später durchaus positiv zu bewerten wußten. Nach Vorgaben des Artisten, aber

141 Rainer Görß, »Dielenperser«, Fußbodenholzschnitte und Abzüge während der Aktionstage »Allez Arrest« der Autoperforationsartisten vom 27. 3.-7.4. 1988 in der Galerie Eigen+Art
Foto: Uwe Frauendorfer

im Auftrag der Galerie wurden in einer limitierten Auflage Ausstellungsplakate, Kataloge und Einladungskarten gedruckt. Über den Verkauf dieser begehrten Objekte wurden dann die Unkosten gedeckt. Wodurch sich aber die EIGEN+ART von allen anderen in der DDR arbeitenden Galerien unterschied und woraus der Galerist heute als Vortragsreisender Nutzen ziehen kann, das war und ist ihr Archiv.

Jedes ausgestellte Werk ist als Diapositiv erfaßt, die Ausstellungen und Aktionen auf Video gespeichert. Seit 1986 erscheint jährlich eine wertvolle Kassette mit originalgrafischen Arbeiten aller Künstler, die im jeweils abgelaufenen Jahr ausgestellt hatten, begleitet von einer Dokumentation. Über fünfzig Ausstellungen dokumentieren den Aufbruch einer neuen Künstlergeneration in der DDR. Heute bekannte Künstler wie Hans Scheuerecker, Angela Hampel, Michael Diller, Frank Seidel, Jens Rötzsch, Klaus Killisch, Carsten und Olaf Nicolai und Hartwig Ebersbach aus Solidarität traten teilweise zum ersten Mal in der EIGEN+ART an die Öffentlichkeit.

Im März 1990 hatte er zum erstenmal auf einer internationalen Kunstmesse, der Art Frankfurt, einen Stand mit dem Frankfurter Altar von Rainer Görß. Es bleibt abzuwarten, ob die marktwirtschaftliche Neuordnung der »Kulturlandschaft DDR« derartig uneigennützigen Projekten Raum läßt und ob die EIGEN+ART, sich der Entwicklung anpassend, ihnen noch Raum geben kann.

142 Rainer Görß, Aschplastik, ebd.

Die Burg – eine Kunstschule

Andreas Hüneke

Industrielle Formgestaltung – Design, wie das Aufgabengebiet sonst kürzer genannt wird – hatte im real existierenden Sozialismus einen schwierigen Stand. Die Ausbildung war gut, aber die Formgestalter wurden dann in der Praxis meist durch zu geringe technologische Möglichkeiten und durch fehlendes Interesse seitens der Industrie – denn in einer Mangelwirtschaft verkauft sich ohnehin alles – aufs äußerste beschränkt. Nur bei Exportprodukten konnten sie manchmal ihre Fähigkeiten beweisen.

Die wichtigste Ausbildungsstätte für Designer war und ist die Hochschule für industrielle Formgestaltung Halle, Burg Giebichenstein. Während sich in der Bundesrepublik und in Amerika ähnliche Schulen als Nachfolgeeinrichtungen des Bauhauses herausbildeten, war diese Tradition in Mitteldeutschland mit der Schließung des Bauhauses in Dessau durch die Nazis 1932 abgebrochen. Nichts hätte nähergelegen, als den noch erhaltenen Bau von Walter Gropius in den fünfziger Jahren zur Heimstatt einer Design-Schule zu machen. Aber in der DDR wurde das Bauhaus über viele Jahre als dem spätbürgerlichen Formalismus verpflichtet verpönt.

An der Kunstgewerbeschule in Halle gab es eine dem Bauhaus verwandte Tradition. Der Architekt Paul Thiersch hatte die Schule 1915 ins Leben gerufen, und 1922 war sie nach deren Ausbau in die mittelalterliche Unterburg Giebichenstein gezogen. Seither heißt sie neben ihren häufig wechselnden offiziellen Bezeichnungen im Volksmund wie in Fachkreisen einfach »die Burg«. In den zwanziger Jahren gehörte sie zu den progressivsten Kunsthandwerksschulen. Ähnlich wie beim Bauhaus spielte die Werkstattarbeit eine wesentliche Rolle. Maria Likarz, von den Wiener Werkstätten kommend, baute die Weberei und die Emailwerkstatt auf, die später von Johanna Schütz-Wolff und Klara Kuthe bzw. Lili Schultz übernommen wurden. Gustav Weidanz wirkte als Bildhauer und leitete die Keramikwerkstatt. Später konzentrierte er sich auf Baukeramik. Der bis heute zu wenig bekannte, außerordentlich phantasievolle und vielseitige Bildhauer und Metallkünstler Karl Müller stand der Metallwerkstatt vor. Als Maler waren Erwin Hahs und Charles Crodel an der Burg tätig, als Fotograf Hans Finsler. Vom Bauhaus kamen 1925 Gerhard Marcks, Marguerite Friedlaender und Benita Koch-Otte, und später der Architekt Hans Wittwer und der Möbelgestalter Erich Dieckmann nach Halle. Zwar stand das künstlerische Handwerk stärker im Vordergrund als am Bauhaus, aber es gab auch hervorragende Entwürfe für die industrielle Produktion: Kachelöfen von Weidanz, Lampen, Garderobenhaken und Türklinken von Müller, Geschirre von der Friedlaender, eine Kaffeemaschine und ein Schalenset von Marcks, Möbel von Dieckmann.

Da nicht alle Lehrer 1933 von den Nazis entlassen wurden, konnte in Halle vor allem durch das Wirken von Lili Schultz, Karl Müller und Gustav Weidanz eine gewisse Kontinuität über die dreißiger und vierziger Jahre hinweg gewahrt werden. Hahs und Cordel kamen nach 1945 zurück, und kurzzeitig lehrte dann auch Waldemar Grzimek in Halle. Die Burg erlebte in den folgenden Jahren eine Reihe von Wandlungen, und mehrfach waren besonders die Malerei- und Grafikklassen in Gefahr, endgültig aus ihren Mauern verbannt zu werden. Immer stärker wurde der Bereich der Industrieformgestaltung ausgebaut. Und er, der der Schule nun seit geraumer Zeit den Namen gibt, hat schon längst nicht mehr in dem alten Gebäudekomplex Platz. Doch obwohl das so ist, bestimmt noch immer die kleine Sektion IV mit den Kunsthandwerkstätten und den Klassen der freien Künste – die nach wie vor in der Burg Giebichenstein selbst zu Hause ist – in der breiten Öffentlichkeit das Bild der Burg.

In der Malerei ist die sensible und poetische »Hallesche Schule«, wie sie um 1950 von Crodel und Hahs, Kurt Bunge und Hermann Bachmann geprägt wurde, und in die sich auch noch das Frühwerk Willi Sittes einfügte, durch dessen späteren umfassenden Einfluß und durch die Übernahme einiger Lehrkräfte aus Leipzig in den siebziger Jahren inzwischen fast spurlos getilgt. Die Bildhauerklasse wurde nach Weidanz' Emeritierung von Gerhard Lichtenfeld und nach dessen Tod von Bernd Göbel weitergeführt. Diese traditionelle und solide Bildhauerschule bezieht ihr Selbstverständnis mit erstaunlicher Ausschließlichkeit auf das Weidanzsche Schaffen der sechziger Jahre und verwandte Figurauffassungen. Weder das expressive Frühwerk des Halleschen Bildhauervaters noch die ins Ätherische reichende Stilisierung seiner letzten Arbeiten hat eine spürbare Nachwirkung, und nur selten gelingt es einem Schüler – wie Claus Lutz Gaedicke –, sich aus der in Halle bewußt gesetzten Norm zu befreien. In dieser einseitigen Verwertung liegt zumindest eine Einschränkung, wenn nicht eine Verkennung der von Weidanz verkörperten künstlerischen Potenz.

In einigen Bereichen des Kunsthandwerks hat sich bis heute etwas von dem künstlerischen Ernst, dem feinen Materialempfinden und der Experimentier- und Spielfreude Karl Müllers erhalten – sei es beim Schmuck, der Metallgestaltung oder der Keramik. Diese Verwandtschaft liegt aber nicht im Äußeren, sondern im Geist, der das Schaffen so eigenständiger und bedeutender Künstlerinnen beseelt wie Irmtraud Ohme und Gertraud Möhwald, die der Metall- bzw. der Keramikwerkstatt vorstehen. Natürlich gibt es am Sitz der Schule, in Halle, eine besonders starke Konzentration von Kunsthandwerkern. Aber ebenso selbstverständlich ist es, daß zahlreiche Absolventen die Charakteristika Halleschen Kunsthandwerks weit in das Land hinaus getragen haben. Die in dieser Schule geprägte Grundhaltung bestimmt das Schaffen vieler Keramiker. Metall-, Schmuck-, Glas- und Textilkünstler, die – vor allem in den letzten Jahren – auch auf internationalen Ausstellungen und Symposien Anerkennung fanden. Durch das Auf und Ab der ideologischen Gängelung zeitweise beschadet, aber nie ganz zugrunde gerichtet, hat sich in Halle auf dem Gebiet des Kunsthandwerks eine Tradition des Progressiven gehalten.

Eine der wenigen Bezugnahmen auf das Bauhaus, die in den fünfziger Jahren wirksam werden konnten, stellte das für alle Bereiche gemeinsame Grundstudium dar, das der Maler Lothar Zitzmann ab 1955 in Halle aufbaute. Er nahm dabei Prinzipien auf, wie sie für den Bauhaus-Vorkurs bestimmend waren, und versuchte, theoretisch-didaktische Gedanken Kandinskys und Klees zu einer eigenen Gestaltungslehre umzuformen. Die Ungunst der Zeit verhinderte die Veröffentlichung seines beachtenswerten Systems. Auch das Grundstudium selbst war damals wegen seines »formalistischen« Charakters heftigen Angriffen ausgesetzt. Zitzmann opferte seiner pädagogischen Aufgabe in gewissem Sinne sein eigenes Schaffen, indem er mit ihm zu beweisen suchte, daß auf der Grundlage dieser

Gestaltungslehre realistische Kunst entstehen könne. Zitzmanns Ideen leben fast nur noch in der Tätigkeit seiner Schüler unmittelbar fort, die jetzt als Lehrende versuchen, sie weiterzuvermitteln. Dennoch gehören auch diese damals formulierten und im Grundstudium teilweise bis heute praktizierten Gestaltungsprinzipien zu den Besonderheiten der Halleschen Ausbildung.

Die Staatliche Galerie Moritzburg Halle

von Andreas Hüneke

Das »Moritzburgmuseum« hieß es früher oder (bis heute) auch einfach »die Moritzburg«: das Städtische Museum für Kunst und Kunstgewerbe, heute die Staatliche Galerie Moritzburg Halle, die noch genauso städtisch ist wie einst. Man sollte sie nicht mit der Moritzburg bei Dresden verwechseln, wo seinerzeit die Brücke-Künstler malten, mit deren Bildern sich das Hallenser Museum später seinen guten Ruf als Museum der Gegenwart erwarb, und von denen auch heute noch einiges Interessantes in Halle vorhanden ist – Gemälde, Aquarelle, Grafiken, sowie eines der seltenen Mosaike von Karl Schmidt-Rottluff; und wo (im Schloß Moritzburg bei Dresden) Käthe Kollwitz starb, von der die Hallenser Moritzburg unter anderem ein sehr schönes gezeichnetes Selbstbildnis besitzt. Man sollte die Moritzburg auch nicht mit der »Burg« verwechseln, der Kunstgewerbeschule-Kunstschule-Hochschule für industrielle Formgestaltung in der Burg Giebichenstein, ebenfalls in Halle, deren ehemalige und gegenwärtige Lehrer und Schüler auf den Gebieten der Malerei, Grafik, Plastik und des Kunsthandwerks in den Sammlungen der Moritzburg stark vertreten sind. Von Gerhard Marcks, der 1933 entlassen wurde, gibt es dort wenige plastische Arbeiten, aber auch einige Zeichnungen. Die mit ihm gemeinsam entlassenen, nach 1945 aber wieder einige Jahre in Halle lehrenden Maler Erwin Hahs und Charles Crodel und die von der Frühzeit bis in die sechziger Jahre an der »Burg« gebliebenen Lehrer – der Bildhauer Gustav Weidanz und der Metallgestalter und Bildhauer Karl Müller – haben inzwischen größere Werkgruppen in den Galeriebeständen. Für die kunsthandwerkliche Abteilung sei nur auf so berühmte Namen wie Marguerite Friedlaender, Benita Otte und Lilli Schulz verwiesen.

Vor wenigen Jahren kam auch ein großer Teil des Nachlasses des Fotografen Hans Finsler, der von 1922 bis 1932 an der »Burg« zunächst Kunstgeschichte und dann Sachfotografie gelehrt hatte, in die Moritzburg. Mit den zahlreichen Negativen dieses Meisters der neusachlichen Fotografie war die Möglichkeit gegeben, eine selbständige fotografische Abteilung einzurichten. Es ist eine junge Sammlung, die sich natürlich nicht mit der im Dresdener Kupferstichkabinett und auch noch nicht mit derjenigen in der Cottbuser Galerie messen kann, aber ihre Gründung war folgerichtig, da sich die Staatliche Galerie Moritzburg seit der Ausstellung »Medium Fotografie« 1977/78 immer wieder für dieses Genre eingesetzt hat. Für die Gegenwart legt die Sammlung das Hauptaugenmerk auf konzeptionelle Fotografie. Helga Paris, Gundula Schulze und Peter Oehlmann sind bereits mit größeren Konvoluten vertreten. Mit Fotos von El Lissitzky und Alexander Rodtschenko, von Edmund Kesting und Hugo Erfurth werden die gleichen Traditionen aufgezeigt, denen sich auch die anderen Bereiche der Galerie zuwenden. Die Einmaligkeit der Sammlung ist schon heute durch den Finsler-Nachlaß und die Fotos von Lyonel Feininger garantiert. Feininger hatte, als er 1929 bis 1931 seine Halle-Bilder zeichnete und malte, – als Ausnahme in seinem Schaffen – die Motive zunächst fotografiert, um sie dann umzusetzen. Einige dieser Aufnahmen haben sich in Halle erhalten.

An die Besonderheiten der Hallenser Sammlung moderner Kunst, die 1937 von

den Nazis in der Aktion »Entartete Kunst« weitgehend zerstört wurde, erinnern heute immerhin noch zwei Halle-Bilder und einige Aquarelle und Zeichnungen von Feininger, Franz Marcs »Kater auf gelbem Kissen« und drei seiner kleinen Bronzen, drei Gemälde und mehrere Collagen von Lissitzky sowie einige Arbeiten der Brücke-Künstler, während von Emil Nolde und Oskar Kokoschka nichts, oder doch nichts Bedeutendes mehr vorhanden ist.
Daneben bestimmen nun in der Moritzburg auch die sozial engagierten Werke von Hans Grundig, Curt Querner, Heinrich Emsen und Oskar Nerlinger das Bild der zwanziger und teilweise der dreißiger Jahre. Bemerkenswert ist dann vor allem das Schaffen des Hallensers Karl Völker, der sich von expressionistischen, religiös-sozialistischen Anfängen über nüchterne Perspektiven und scharf gesehene, aber empfindsam charakterisierte Porträts in den Zwanzigern zu einer hintergründigen Poesie in den Nachkriegsjahren entwickelte. Ein halbes Jahrhundert nach ihrem Entstehen fanden Völkers Architekturen in den Tunnel- und Bahnhofsbildern von Uwe Pfeifer einen Widerhall, der dabei die Einflüsse seines Leipziger Lehrers Wolfgang Mattheuer mit einer halleschen Tradition verband.
Zwischen Halle und Leipzig besteht eine alte Konkurrenz, die sich etwa bei Vergabe der Messe oder bei der Einrichtung eines Flughafens entzündete. Von einer spezifisch halleschen Kunst kann man erst seit dem Ersten Weltkrieg sprechen. Sie hat dann stets – verbunden mit der Gefahr einer gewissen Dekorativität – das Sinnliche gegenüber dem Intellektuell-Inhaltlichen der Leipziger betont. Für letzteres war um die Jahrhundertwende Max Klinger charakteristisch, und um 1960 verhalfen Mattheuer und Werner Tübke dieser Haltung zum Durchbruch. Bernhard Heisig in Leipzig und Willi Sitte in Halle bildeten wohl jeweils die Flanke zur anderen Richtung. Erst als Ende der siebziger Jahre mehrere Leipziger als Lehrer an die Burg Giebichenstein geholt wurden, hat sich dieser Unterschied verwaschen. Aber vielleicht ist die Hallenser Tradition stark genug, um mit der Zeit solche fremden Einflüsse zu assimilieren.
All diese Entwicklungen haben sich in der Sammlung der Galerie niedergeschlagen, die zwar die gesamte DDR-Kunst reflektiert, aber doch eine gewisse lokale Betonung nicht verleugnen kann. Wie unterschiedlich sich Hallesche Malerei und Grafik in diesem Kontext ausgeformt hat, zeigen zum Beispiel die Werke des scheinbar naiven Albert Ebert, des ganz still und konzentriert Mensch und Raum komponierenden Otto Möhwald, des poetische Metaphern verwebenden Fotis Zaprasis oder des humorvoll erzählerischen Bernhard Michel. Die Jüngeren lassen sich oft, wie anderswo, von dem expressiven Duktus mitreißen, wie er dieser Generation besonders nahe liegt. Man muß abwarten, wie sich auch darin das Lokalkolorit ausprägen kann.
Hallesche Plastik ist betonter traditionell. Dafür wurde das Wirken der »Burg«-Lehrer Gerhard Lichtenfeld und Bernd Göbel bestimmend. Die Sammlung in der Moritzburg setzt kontrapunktisch Werke von Werner Stötzer und Wieland Förster, Hermann Glöckner oder Hartmut Bonk dagegen. Wichtige Entwicklungsstationen der Bildhauerei in der DDR sind im Plastikpark in der Saaleaue in Leuna zu verfolgen, der von der Galerie in Zusammenarbeit mit den Leuna-Werken seit 1962 eingerichtet wurde.
Seit der Ausstellung »Im Kampf um die moderne Kunst« 1985 arbeitet die Galerie ihre Geschichte auch in Publikationen auf. In den letzten Jahren macht sie darüber hinaus verstärkt durch Beteiligung an internationalen Ausstellungspro-

jekten von sich reden, wie zum Beispiel »El Lissitzky« 1988 oder »Expressionismus. Die zweite Generation 1915–1925« 1989, die jeweils aus den Fundus der Hallenser Galerie Interessantes zeigen konnten.
Schon 1910 war Max Sauerlandt der Ansicht, daß die Moritzburg, soweit sie zur Verfügung steht, zu klein sei und auch sonst den Ansprüchen eines Museums für Kunst und Kunstgewerbe nicht gerecht werde. Die Situation hat sich nicht verbessert, und es kann ebensowenig alles Vorhandene gezeigt werden, wie hier alles erwähnt werden kann.

143 Karl Völker, Proletariermädchen, um 1925

Das Alte und das Neue

von Andreas Hüneke

Die freie Bewertung der Kunstentwicklung in der DDR wird kein einfaches Unterfangen sein. Die Darstellung dieser Entwicklung bezieht ihr Gerüst bisher immer von kulturpolitischen Konferenzen, Parteitagsbeschlüssen und ähnlichem. Im allgemeinen dürfte klar sein, daß Kunst nicht auf Grund von Richtlinien entsteht, daß eine solche Betrachtungsweise dem Gegenstand also nicht angemessen ist. Sie bildet das andere Extrem zu der Auffassung von einer völlig kunstinternen, von den gesellschaftlichen und politischen Verhältnissen losgelösten Sicht auf die neuere Kunstgeschichte. Beides ist sicher falsch, denn tatsächlich haben sich all jene Dekrete, Richtlinien und politischen Wandlungen auf die Kunst mittelbar und auch unmittelbar ausgewirkt, indem sie die Schaffensbedingungen der Künstler bestimmten, indem die Kunstwerke an ihnen gemessen wurden und so ein öffentlicher Druck erzeugt wurde, dem sich die Künstler stellten oder entzogen. Letzteres geschah durch Verlassen des Landes oder durch Rückzug in eine fast ganz private Kunst-Sphäre. Die anderen, die aus Schwäche oder Überzeugung dem staatlichen Anspruch mehr oder weniger erlagen und immer wieder versuchten, dagegen anzugehen, den Spielraum zu erweitern, und dann oft doch korrumpiert wurden, sind am schwersten zu beurteilen. Häufig genug wurden hier aus jugendlichen Vorkämpfern einer größeren künstlerischen Freiheit ihre etablierten Behinderer. In einer langen frühen Phase nahm Hallesche Kunst in diesem Prozeß eine besonders beachtete Stellung ein.

In den ersten Nachkriegsjahren vollzog sich eine noch ursprüngliche Auseinandersetzung über Sinn und Aufgabe der Kunst in der Zeit. Sollte sie ablenken und zerstreuen, die »ewigen« Inhalte vermitteln, sich mit der schrecklichen Vergangenheit auseinandersetzen oder die neuen Werte der Zukunft proklamieren? Das Publikum meldete sich bei den ersten Ausstellungen heftig und kontrovers zu Wort.

Die Burg-Lehrer Charles Crodel und Erwin Hahs vertraten eine hohe Malkultur. Crodel bevorzugte mythologische Themen, die nur versteckt auf die Zeit reagierten. Hahs stand eine breite thematische Palette zur Verfügung. Er versuchte auch, auf lautere Weise der »neuen« Thematik, der Darstellung der Arbeiter und des Aufbaus, gerecht zu werden. Als neuer Lehrer kam Herbert Stockmann hinzu, der sich an Feininger, vor allem an seinen Aquarellen orientierte und die Zerstörung der Städte reflektierte, aber auch erste beeindruckende Demonstrationsbilder voller Hoffnung schuf. Vorübergehend wirkte Curt Lahs als Zeichenlehrer an der Hallenser Universität. Er gehörte zu den Vertretern einer poetischen abstrakten Kunst. Karl Völker war aus der Neuen Sachlichkeit zu einem hintergründigen, malerischen Stil gelangt, und seine späten Kreidegrundzeichnungen können als dunkles Begleitmotiv zu den lichten Crodelschen Bildern gestellt werden. Zusammen mit dem Wirken der jüngeren Maler – Ulrich Knispel, Kurt Bunge und Hermann Bachmann – entstand eine variantenreiche, aber doch charakteristische gemeinsame Stimmung, eine »Hallenser Schule«. Diese differenzierte, verinnerlichte Malerei konnte jedoch die Erwartungen der an Macht gewinnenden, nach einem äußerlichen Realismus und eindeutiger »Parteilichkeit« verlangenden

Kunstpolitiker nicht befriedigen und wurde immer heftiger angegriffen. Hahs und Völker zogen sich in ihr Alterswerk zurück; Völker blieb in Halle und wurde fast vergessen, Hahs ließ sich abseits von Berlin nieder. Crodel folgte einer Berufung in die Bundesrepublik. Knispel, Bunge und Bachmann zogen es ebenfalls vor, dort zu leben und zu arbeiten. Lahs ging nach West-Berlin und wurde in Halle von Conrad Felixmüller abgelöst, der den Expressionismus längst hinter sich gelassen hatte und einem oft süßlichen Realismus verfallen war. Stockmann beging Selbstmord.

Schon früh suchten Hallenser Maler – in der Künstlergruppe »Die Fähre« und in der »Halleschen Malerbrigade« – den direkten Kontakt zur Arbeiterklasse. Sie schlossen Verträge mit Betrieben, gingen in Bergwerke, Fabriken und Landwirtschaftliche Produktionsgenossenschaften, um dort zu arbeiten. Auch sie waren mehr oder weniger in der »Hallenser Schule« verwurzelt und versuchten, expressionistische Elemente in ihren Realismus einzuarbeiten. Trotz ihrer im Sinne des »sozialistischen Realismus« progressiven Thematik stand die Hallenser Malerei deshalb zeitweise im Zentrum der Expressionismus-Debatten der fünfziger und frühen sechziger Jahre. Karl-Erich Müller, Willi Neubert und andere wurden immer wieder angegriffen. Willi Sitte setzte sich in seinem Werk mit Pablo Picasso und Fernand Leger, später mit Renato Guttuso auseinander. Mit seinen großen politischen Bildern verstieß er wiederholt gegen die Realismus-Doktrin der Einheit von Zeit und Raum. Charakteristisch für die Atmosphäre jener Jahre ist Sittes Selbstkritik von 1963: »In vollem Umfang hat mir das Ergebnis des VI. Parteitages u. a. wieder Aufschluß gegeben darüber, welche Bedeutung die Kunst beim Aufbau einer sozialistischen Gesellschaft hat... Ich bekenne mich voll und ganz zu den Beschlüssen meiner Partei; denn nur von einem solchen parteilichen Standpunkt aus kann es möglich sein, über noch offene, noch nicht geklärte Probleme zu streiten.« Doch schließlich sind Neuberts Diskussions- und Sittes Leuna-Bilder zu Inkunabeln des sozialistischen Realismus geworden, und die jüngeren Künstler mußten sich gegen diese neuen Normen wehren. Dieser Kampf zwischen den Generationen ist an sich ganz natürlich, er wurde hier nur machtpolitisch forciert; und je schneller es den Jungen gelang, sich durchzusetzen, desto eher unterlagen sie auch der Gefahr, vereinnahmt zu werden. Diesem sich in wachsendem Tempo vollziehenden Spiel konnten nur wenige entgehen, wie der 1935 geborene Maler Otto Möhwald, der bei Hahs und Bunge studiert hatte und unter dem Einfluß von Bachmann begann. Aus diesen Quellen entwickelte er in stetiger Arbeit seine stille und formbewußte, sich immer mehr auf Straßenräume und Aktdarstellungen in Innenräumen konzentrierende Malerei. Von Angriffen blieb er so unbeeinflußt wie von Anerkennung. Aber wer vermag zu entscheiden, ob er die Ruhe seiner Entwicklung letztlich den Kämpfen und Blessuren der anderen zu verdanken hat, oder ob die Integrität und Konsequenz der wenigen Stillen im Lande nicht dem Ganzen immer wieder Richtung und Halt gab?

Albert Ebert

von Elmar Jansen

Albert Ebert, der 1976 als Siebzigjähriger bekannt und vielgerühmt, in seiner Vaterstadt Halle starb, war lange Zeit mit dem Odium des Besonderen, Abgesonderten behaftet. Waldemar Grzimek, der Ebert während seiner Lehrtätigkeit an der Burg Giebichenstein in Halle kennenlernte, erinnerte sich: »1946 meldet sich bei Carl Crodel ein vierzigjähriger Hilfsarbeiter als Schüler an. Crodel lehnt vorsichtig mit dem Hinweis auf das fortgeschrittene Alter des Bewerbers ab, doch als dieser die Frage stellt, wie alt man denn sein müsse, um Maler zu werden, wird Crodel nachdenklich und nimmt ihn in seine Klasse auf. Ebert bleibt ein Jahr. Er wird der beste Naive seiner Generation.«

Ein Naiver kann man nicht »werden«, man kann höchstens einer »sein«: Ebert lief mit einer Legende herum, nicht viel anders als 50 Jahre zuvor Henri Rousseau: Picasso, Kandinsky waren fasziniert von seinem »Realismus«, andere verspotteten ihn als den »Cézanne der armen Leute«. Ebert erging es ähnlich. Im Nachhinein läßt sich leicht sagen, daß Besseres ihm gar nicht passieren konnte. Aber die Lästerung fiel in Jahre der Ausgrenzung, der Unterbewertung: Sogar Cézanne war einmal ein Synonym für formalistische Sichtverschiebungen.

Was an Ebert auffiel, war eine unbekümmerte Treuherzigkeit, die ohne Entwicklungsphasen, ohne bohrende Warum-Fragen, ohne Psychologie auskam. Malerei, wie sie damals gelehrt und gelernt wurde, mit Figuren und Flächen, die ins Große weisen, mit einer bewußten Behandlung von Farben und Formen, war seine Sache nicht. Nach der Schulzeit, im 16. Lebensjahr, hatte Ebert als Lehrling auf dem Bau begonnen. Bis hart an sein sechstes Lebensjahrzehnt war er als Maurer und Heizer tätig. Erst während eines Lazarettaufenthaltes, mitten im Krieg, hatte er genügend Zeit für seine Lieblingsbeschäftigung: das Bemalen kleiner Holztafeln.

Seine stillen Bilder sind von erzählfreudiger Simplizität, sie handeln von verwurzelten Traditionen, die zu versinken drohen. Da fängt einer an mitzureden, der von bildwürdigen Themen scheinbar wenig wußte. Mit den verschiedensten Sonntagsmalern der Gegenwart ist Ebert verglichen worden, aber seine Naivität ließ sich zu keiner Rechtfertigungslehre für idyllische Lebensformen verwenden. Eberts hintergründiger Witz war ohne Künstlerallüre, er hatte etwas von der Würde einfacher Menschen, die unfähig sind, Schlichtheit als Stil zur Schau zu tragen.

Von der IV. Deutschen Kunstausstellung in Dresden war 1958 ein Bild von ihm angenommen worden. Auch im Jahr darauf, als vom Unterzeichneten ein kleines Buch über ihn erschien, war Ebert erst einem kleinen Kreis bekannt. 1974 hat dann Gerhard Wolf eine größere Monographie geschrieben, die auch einen Teil der gesammelten Lebenserzählungen Eberts enthält. In seinem Künstlerfilm »Der nackte Mann auf dem Sportplatz« widmete Konrad Wolf dem Maler eine huldigende Szene. Einer der schönsten Berichte über sein Leben in Halle ist ein Filmessay, den der Kameramann Werner Kohler, Dresden, noch als Student begonnen und 1982 für das Defa-Dokumentarfilmstudio Berlin vollendet hat.

144 Albert Ebert, Familie Ebert, 1960
Foto: Walter Danz, Bildarchiv Verlag der Kunst Dresden

Der gezähmte Rebell
Der Maler Willi Sitte

von Hermann Raum

Willi Sitte wirkte von Ende der fünfziger bis Mitte der siebziger Jahre maßgebend auf das Kunstgeschehen in der DDR ein. Sein künstlerisches Werk zeigt auffällige Parallelen zu den Umwälzungen, Fortschritten und Widersprüchen im Lande, auch zu dessen internationaler Emanzipation. Es reifte in einem optimistischen, geradezu euphorischen Gefühl weiter historischer Perspektiven. Sitte hat dieses hymnische Bewußtsein bildhaft formuliert und also einen Zeitgeist repräsentiert, der seine Basis im Verlauf der siebziger Jahre einbüßte. Der Verlust von Bedeutung und Wirksamkeit ab Mitte der achtziger Jahre verweist in gleichem Maß auf die gesellschaftliche Verflechtung seines Werkes. In seinen thematisch hochgreifenden Werken wie »Die Überlebenden« (1962), »Leuna 1921« (1967), »Leuna 1969« und »Höllensturz in Vietnam« (1968) ist zu erkennen, daß sich in ihnen abgeschlossene Geschichte spiegelt, gebrochen, gefiltert und synthetisiert durch ein subjektives Bild-Zeichen-System und eine zeitbedingte stilistische Struktur.

Im Chor der vielen, an der bildhaften Verkündigung des gesellschaftlichen Selbstbewußtseins engagierter Künstler war Sittes Stimme, ausgebildet im Streit und oft schmerzhaften Konflikten, originell und kräftig.

Als unfreiwilliger Gehilfe Peiners, der Hitlers Reichskanzelei dekorierte, hatte Sitte handwerklich hinreichende, quasi-akademische Grundlagen erworben. Seine Herkunft aus einer proletarischen, antifaschistischen Familie, die Schrecken des Winterkrieges gegen die UdSSR, sein Kampf in einer oberitalienischen Partisanenbrigade, die Zwangsaussiedlung aus der Tschechoslowakei und der materielle und geistige Beginn in der neuen Heimat hatten seine Überzeugungen geprägt. Sie hielten ihn aufrecht, als er einen eigenen künstlerischen Weg beschritt, sich mit der bis dahin verschlossenen Moderne bekanntmachte und einen, der neuen Wirklichkeit gemäßen Realismus schaffen wollte. Dafür war in den fünfziger, sechziger Jahren Standhaftigkeit vonnöten, vor allem gegen die »eigenen Leute«, gegen formtheoretische und ideologische Vorgaben eines »sozialistischen Realismus«.

Sittes Beharrlichkeit und Furchtlosigkeit in diesen Auseinandersetzungen trug wesentlich zur Öffnung der Kunstverhältnisse bei. Seine offizielle Akzeptanz erreichte er unbeirrt von den Anmaßungen der Kritiker und Funktionäre in der Identifikation mit dem Grundanliegen der »neuen Gesellschaft«. Mit der Vielzahl politischer Gemälde und Zeichnungen, die aus der allgemeinen künstlerischen Belanglosigkeit und dem üblichen Mittelmaß der thematischen Pflichtübungen herausragten, drängte er die dogmatischen Widerstände schließlich zurück.

Allerdings erschöpften sich um 1975, etwa nach der großen Werkschau im Hamburger Kunstverein, seine konsequente Verarbeitung der Moderne in leichter konsumierbaren Bild- und Figurentypen, in zunehmend erzählerischen, ja plakativen Umsetzungen. Das wurde sehr irrtümlich als Gewinn an Realismus begrüßt (zu Beginn der siebziger Jahre auch noch von mir). Trotzdem blieb Sitte umstritten. Je physischer und sinnlicher seine Körperdarstellung wurde, je direkter er damit ein nicht kunstgewohntes Publikum ansprechen konnte, um so mehr mußte er sich gegen dessen Gleichsetzung von Kunst und Natur wenden. Obzwar durchschnittlicher DDR-Wirklichkeit entsprechend, wurden der Körpertyp und die ungenierte Darstellung körperlicher Liebe als zu derb, füllig, fleischlich abgelehnt. Gleichwohl gehören gerade vitale Sinnlichkeit und die ruhelose Motorik der drallen Leiber zu Sittes produktivster Schaffensphase. Verschmelzung von Sinnlichkeit und Politik, Körpersprache als Idiom einer Ideologie der Kraftfülle, Sieghaftigkeit, diesseitiger Menschlichkeit, Dynamik bedeuten einen originären Beitrag zur Kunst der siebziger Jahre.

Sittes vorbehaltloses politisches Engagement und seine sich gegen geistige Verengung durchsetzende Haltung begünstigten 1974 seine Wahl zum Präsidenten des Künstlerverbandes. Dieses Amt drei Wahlperioden lang mit kräftezehrender Hingabe auszuüben, war weder für den Maler gut, noch für den in die Volkskammer und die SED-Führungsebene aufgestiegenen »Funktionär«. In den politischen und ökonomischen Widersprüchen mußte er sich verschleißen. Trotzdem markiert seine Präsidentschaft die erfolgreichste Phase in der Geschichte des Künstlerverbandes. Sie macht allerdings auch das prekäre Verhältnis von Geist und Macht deutlich: die von Sitte miterstrittenen Freiräume waren mit politischem Wohlverhalten zu bezahlen, und ihre künstlerischen Ergebnisse verhalfen der Macht zu einem letztlich schwindelhaften internationalen Ansehen.

145 Willi Sitte, Tafelbild zum Thema Metalle und Umweltschutz im Auftrag der Metallgesellschaft AG, Frankfurt/Main

Moritz Götze – Mister Patton aus Manhattan

von Heinz Havemeister

Die Sehnsucht nach körperlich erfahrbarer Freiheit und geografischer Unendlichkeit erzeugte nicht nur in den größeren Städten selbstbestimmte künstlerische Aktivitäten. Fiebrige Phantasien und Visionen, wie der Rest der äußeren und eigenen inneren Welt wohl aussehen könnte, füllten bis zur Unkenntlichkeit die Leinwände und Papiergründe. Man griff, egal ob nun mit einem Tauglichkeitspaß irgendeiner Kunsthochschule beziehungsweise Künstlerverbandes ausgestattet oder aus eigenem Antrieb, zur therapeutischen Selbsthilfe.
Auch in der zerarbeiteten Stadt Halle zog sich ein kleiner Haufen junger Menschen die manchmal kratzende subversive Unterhose an. Einer der Aktivsten war dabei der 1964 dort geborene Moritz Götze. Aufgewachsen in einem Künstlerhaushalt, seine Mutter Inge Götze lehrt Textilgestaltung an der Burg Giebichenstein, der Vater Wasja Götze ist Maler mit einem Hang zu subversiv verschlüsselter Bildsprache, lernte er mit 14 Jahren Helge Leiberg und seine Dresdner Atelier-Werkstatt kennen. Dort begann er sich für die Technik der Radierung zu interessieren. Der handwerkliche Aspekt reizte ihn auch bei der gelegentlichen Arbeit in seinem erlernten Beruf als Möbeltischler. Der Wunsch nach schneller Sichtbarkeit des Ergebnisses brachte ihn dann zur Siebdrucktechnik, die sein wichtigstes Medium werden sollte.
Das kreative Selbstbewußtsein wurde mächtig angeturnt durch die punkige New-Wave-Musik. 1981 gründete er mit anderen die Band »Giebichensteiner Rockknaben«, die vor allem zeitgemäße gängige Nummern nachspielten. Spektakulärer wurden die Auftritte 1982, nun auch mit eigenen Songs, unter dem Namen »Größenwahn«, wobei gelegentlich ein paar Gitarrensplitter durch die Lüfte sausen konnten. 1983 organisierte er in Halle das erste Punkfest. In der Christusgemeinde absolvierten acht spielfreudige Bands, von »Größenwahn« bis »Namenlos«, in drei Stunden ihr hitziges Programm der Programmlosigkeit. Dilettantismus über alles. Im darauffolgenden Jahr, diesmal gekoppelt mit einer Ausstellung, folgte, begleitet von behämmerten Polizeiaktionen, das zweite Fest.
Beruhigend auf die Hektik solcher Etüden wirkte seine beschauliche Sammlerleidenschaft. Sie gestaltete »Kultur im Heim« und versprach, die eigene Wohnung, zugestellt mit Spiel- und Zigarettenautomaten, zum Zentrum häuslicher Geborgenheit zu machen. Der verkappte Museumsdirektor, wie er sich selbst einmal nannte, ediert außerdem, ohne den Beteiligten künstlerische Vorgaben einzuflüstern, Mappenwerke. Mit dem schlichten Titel »Die Mappe« erschien in limitierter Auflage seit 1985, 1988/89 en bloc, jährlich eine Auswahl von Beiträgen der Mitstreiter aus dem unmittelbaren Freundeskreis. Dazu gehören damals nur wenigen bekannte Dichter, Maler, Grafiker und Fotografen, wie Matthias »Baader« Holst, Frank Lanzendörfer, Mita Schamal und Jörg Knöfel.
Zum Siebdruck kommt Moritz Götze 1985. Überhaupt richtet sich die visuelle Begierde auf Objekte und Dokumente der Kultur- und Technikgeschichte, auf die triviale Alltagswelt der Medien und die suggestive Inszenierung der Ding- und Warenwelt. Seine Arbeitsweise unterscheidet sich vom geläufigen Trend der letzten Jahre, wo mehr auf die hermetisch blickdichte Bildbehandlung wertgelegt

wurde. Dies widerspricht sowieso der unerschöpflichen Erzählfreude von Moritz Götze. An anderer Stelle kommen sogar Maschinen zu Wort. In Sprechblasen bekunden sie mitteilungsbedürftig, daß *every thing under control* sei. Anstatt zu arbeiten, klopfen sie Sprüche. Vielleicht aber die einzige Chance als alte Maschine zu Überleben. Die Andeutung der Skyline von Manhattan oder die Darstellung eines Saxophons, das mit dem Klischee der Erotik und Unterhaltung behaftet ist, läßt sloganhaftes, weltmännisches Gehabe vermuten. Natürlich ist auch etwas Koketterie dabei, aber in vielen Bildern glotzt der romantische Blick, schaut das Paradies, der Garten Eden rechthaberisch der Medien- und Konsumwelt ins Auge. Kulissenhaft ziehen Historie und Gegenwart vorbei, überwintert die Geschichte in Geschichten.

146 Moritz Götze, Mister Patton aus Manhattan, Siebdruck 1987

Dramaturgie des Verfalls
Helga Paris, Eva Mahn und Konstanze Göbel fotografieren Halle

von Gabriele Muschter

In einem Lexikon aus dem Jahr 1982 steht unter dem Stichwort Halle: »Größter Industriebezirk der DDR ... größte wirtschaftliche Bedeutung hat die Großindustrie (Leuna, Buna, Bitterfeld, Wolfen) ...« Wer weiß, wie Umweltschutz in der DDR bisher betrieben wurde, weiß auch – wer in Halle lebt, muß früher sterben. Die Stadt hat ca. 230000 Einwohner. In dem Lexikon wird außerdem die »sozialistische Rekonstruktion des Stadtzentrums« gepriesen. Tatsächlich bietet die Stadt dem Besucher einen trostlosen Anblick. Die historischen Straßenzüge und Häuser, die den Krieg überstanden haben, verfallen scheinbar unaufhaltsam. Dazwischen schieben sich die stereotypen Betonbauten wie überall in der DDR. Der Traum von der neuen sozialistischen Stadt endet erbarmungslos im Plattenbau.

»Komme gleich wieder. Godot«, hatte ein Spaßvogel groß in das Fenster eines Hallenser Wohnhauses geschrieben. 1984 fotografiert, hängt das Schriftplakat noch heute dort. Und noch heute warten (allzu) viele auf Godot – nicht nur in Halle. Dort aber haben drei Fotografinnen unabhängig voneinander Häuser,

147 Konstanze Göbel, Große Wallstraße, Halle/Saale, 9. Mai 1987

Straßen und Menschen fotografiert: Helga Paris, Eva Mahn, Konstanze Göbel.
»Ich habe Halle fotografiert wie eine fremde Stadt in einem fremden Land – Versuch, alles, was ich wissen und verstehen könnte, zu vergessen.« Mit diesem Vorsatz begann die Berliner Fotografin Helga Paris ihr Projekt »Häuser und Gesichter, Halle 1983–1985«. »Wenn ich heute durch Halle gehe, sehe ich die Stadt mit anderen Augen. Die Bilder schärfen das Bewußtsein – ich sehe genauer hin. Auch, um zu verstehen, warum die Stadtväter die geplante Ausstellung (der Katalog war schon gedruckt, durfte aber nicht ausgeliefert werden) verhinderten (inzwischen wurde sie nachgeholt).« Die Stadt wirkt so – wie sie manche nicht wahrhaben wollen: Verdrängung von Wirklichkeiten bis zur Einsturzgefahr. Anonymität und Identität liegen in den Aufnahmen dicht beieinander. Menschen, Straßen, Situationen werden erfahrbar, die vertraut und fremd zugleich bleiben.
Im Gegensatz zu Helga Paris inszeniert Eva Mahn ihre Bilder. Die Fassaden der Häuser benutzt sie als Hintergrundkulissen, vor die sie ihre Modelle bewußt plaziert, um das Surreale der städtebaulichen Situation zu treffen. Der Destruktion und dem Verfall setzt sie junge Menschen entgegen und signalisiert so die Chance für einen neuen Aufbruch im Niedergang. Mit dieser Strategie will sie nostalgischen Gefühlen beim Betrachter keinen Raum geben.
Die Dramaturgie des Verfalls von Halle läßt sich an Bildern der Fotografin Konstanze Göbel besonders deutlich ablesen. Vierzig Jahre nach Ende des Zweiten Weltkrieges hasten Menschen durch Ruinen. Die Aussage ist klar: nichts geht mehr. Es sind bittere Bilder. Die melancholische Botschaft trifft wie ein Faustschlag. Eine Zukunft kann hier nicht stattfinden. Mit den bröckelnden Fassaden, den einstürzenden Häusern, bröckelt auch Geschichte, wird Vergangenheit unauffindbar.
Das Gefühl von Verlust vermitteln alle drei Fotografinnen auf unterschiedliche Weise. Die Verstümmelung der Stadt und ihrer Häuser begreifen sie auch als Verstümmelung der Menschen. Und Halle ist nur ein Beispiel von vielen.

Das Bauhaus in der DDR – Schwierigkeiten einer Rezeption

von Karl-Heinz Hüter

Im Dezember 1976 wurde zu seinem fünfzigjährigen Bestehen das rekonstruierte Gebäude des Bauhauses in Dessau mit einem Staatsakt in ursprünglicher Gestalt wiedereröffnet. Für manche, die dies miterlebten, fand damit ein jahrzehntelanges Ringen um ein wesentliches Stück eigener Kulturgeschichte einen vorläufigen Abschluß. Außenstehende und spätere Generationen werden die Schwierigkeiten der Auseinandersetzung und die Härte, mit der staatliche Instanzen eine sachliche historische Wertung der Leistungen dieser Schule und Arbeitsgemeinschaft zu verhindern suchten, kaum verstehen. Auch unmittelbar Beteiligten fällt es schwer, Motive und Hintergründe dafür zu entdecken, zumal Gegenpositionen von beauftragten Sprechern statt mit Argumenten als bloße Verlautbarung vorgebracht wurden. Diese lange Unterdrückung durch staatliche Organe hat in der internationalen Meinung den Eindruck entstehen lassen, als sei in der DDR, auf deren Territorium sich die Geschichte im wesentlichen abgespielt hatte, das Bauhaus erst Mitte der siebziger Jahre wiederentdeckt worden. Dieses Bild bedarf einer Korrektur. Das Bauhaus ist immer, selbst als es verurteilt wurde, ein wichtiger Orientierungspunkt gewesen. Dabei ging es nicht um irgendein kunsthändlerisches oder ästhetisches Interesse, sondern um die im Bauhausprogramm eingeschlossenen sozialen und wirtschaftlichen Anliegen, das heißt, es wurde – und das Bauhaus stand stellvertretend für die gesamte Moderne – neben formaler Modernität auch ökonomische Rationalität und Funktionalität mitgedacht. Diejenigen, die sich für die Übernahme von Bauhauserfahrungen und -methoden einsetzten, erhofften davon einen allgemeinen Innovationsschub. Daß diese Aufarbeitung unterblieb, zeigt noch heute der Zustand der Architektur und teilweise auch der Produktgestaltung in der DDR: Verlust an kultureller Dimension, Reduktion auf das Fabrikatorische, Verfall technologischer Potenz.

Dabei hatte es 1945 gerade im östlichen Teil Deutschlands sehr hoffnungsvolle Anfänge gegeben. Die Zerschlagung des Faschismus hatte unter der sowjetischen Besatzungsmacht den Weg für eine antifaschistisch-demokratische Ordnung und für die Fortführung progressiver Bewegungen aus den zwanziger Jahren freigemacht. In allen drei Städten, in denen das Bauhaus einst wirkte, in Weimar, Dessau, Berlin und dazu kurzzeitig sogar in Dresden wurden Versuche unternommen, Kunstschulen im Sinne des Bauhauses neu zu begründen. Initiativen gingen nicht nur von Künstlern, sondern auch von der örtlichen politischen Führung aus.

In Thüringen betrieb der ehemalige Kommunist und Buchenwald-Häftling Paul Wolf als Leiter der Volksbildung sofort die Neubegründung der Kunstschule unter dem Vorsatz: »An die Stelle der bisherigen Kunstschule tritt ein neues Bauhaus«. Für Wolf war das Bauhaus seit seiner Schulzeit an einer der thüringischen Versuchsschulen ein lebendiger Begriff gewesen. Für die Leitung wollte er den ehemaligen Bauhäusler Ernst Neufert gewinnen, der bei Weimar wohnte. Als dieser jedoch nach dem Westen übersiedelte, zog er Hermann Henselmann heran.

Henselmann, obwohl ohne interne Kenntnis der Baushausentwicklung, erinnerte sich des wirkungsvollen Bildes vom Einheitskunstwerk aus der Anfangszeit des Bauhauses, das ihm wert schien, im humanistischen, antifaschistisch demokratischen Geiste neu belebt zu werden und die bildenden Künste mit der Baukunst an der Schule zu einheitlichem Handeln zusammenzuführen. Eine Vorlehre nach dem Vorbild von Josef Albers, die nun Peter Keler und Hoffmann-Lederer übernahmen, sollte wieder eine gemeinsame Gestaltungsgrundlage schaffen, und die im Bauhausprogramm angelegte Bindung an die gesellschaftliche Praxis wurde durch die Gründung eines »Planungsverbandes Hochschule« abgesichert. Lehrkräfte und Studierende arbeiteten an aktuellen Bauaufgaben für die Bodenreform und die Schulreform mit. So konnte die im August 1946 eröffnete Hochschule zu Recht als erneuertes Bauhaus bezeichnet werden. Schon zwei Jahre später aber geriet Henselmann damit unter den ideologischen Druck der beginnenden Formalismusdiskussion, mit der eine zunehmend stalinistischer orientierte SED in die Kultur eingriff. 1949 gab er die Leitung ab.

In Dessau war der einstmalige Förderer des Bauhauses, der Demokrat Dr. Hesse, 1945 erneut als Oberbürgermeister eingesetzt worden, und natürlich wünschte er wieder ein Bauhaus für seine Stadt. Mit vorbereitenden Arbeiten betraute er den Bauhausschüler Hubert Hoffmann. Hoffmann, der bei Kriegsende in Magdeburg gelandet und dort mit städtebaulichen Planungen beschäftigt war, hatte nach seinem Studium als Assistent Hannes Meyers an der »Analyse für Dessau« mitgearbeitet. Dadurch empfahl er sich hervorragend für die Wiederaufbauplanung der schwer zerstörten Stadt Dessau. Hoffmann verständigte sich mit mehreren ehemaligen Bauhäuslern, um sie als Lehrkräfte zu gewinnen, und formulierte ein Programm, das sich mit der Dreiteilung in Vorlehre, Werkstätten und Planungsabteilungen am Meyer-Bauhaus orientierte. Doch es kam gar nicht erst zur Gründung. 1947 wurde Hesse abgewählt. Dem neuen Oberbürgermeister (SED) blieb das Bauhaus fremd. Er boykottierte alle Pläne.

Ein dritter Versuch war mit Mart Stam verbunden. Dieser Holländer hatte in den zwanziger Jahren mit brillanten funktionalistischen Entwürfen internationalen Ruf erlangt. Er war Mitbegründer der Zeitschrift ABC in der Schweiz gewesen und hatte als Gastdozent am Bauhaus gelehrt. 1948 übernahm er das Rektorat der Akademie der Künste und Hochschule für Werkkunst in Dresden. Da ihm als Sozialisten die qualitative Verbesserung der Gegenstände des täglichen Bedarfs besonders am Herzen lag, betrieb er sofort die Einrichtung einer Fakultät für industrielle Gestaltung. Wie am Bauhaus sollte die Ausbildung der »industrial designer« vor dem Spezialstudium eine Grundstufe durchlaufen. Stams energische Orientierung auf das Industrieprodukt und eine komplexe Gestaltung »des bewohnten Raumes« provozierte jedoch Konflikte mit den Malern. Er schied aus und übernahm 1950 die Leitung der jungen Hochschule für Bildende und Angewandte Kunst in Weißensee. Hier gelang es ihm, ein Seminar und ein Institut für industrielle Gestaltung zu gründen. Aus dem schon 1952 von der Hochschule getrennten Institut ist über mehrere Zwischenstufen das spätere Amt für industrielle Formgestaltung mit Design-Zentrum hervorgegangen. Stam selbst aber war bald der vorwiegend von der Bauakademie und ihrem Präsidenten Kurt Liebknecht betriebenen bornierten Formalismusdiskussion müde und kehrte 1953 in seine Heimat zurück. So scheiterte – übrigens im gleichen Jahr als im westlichen Teil Deutschlands als erste und einzige Institution die Hochschule für

Gestaltung in Ulm mit einem am Bauhaus orientierten Programm die Arbeit aufnahm – der letzte Versuch, Methode und Geist des Bauhauses weiterzuführen. Immerhin aber hatte Stam zusammen mit den Lehrern Selmanagic, Kilger, Balden und Wittkugel der Schule so viel bauhäuslerischen Geist eingeimpft, daß sie nie ganz den ideologischen Doktrinen erlag.

Ähnliche in den Anfangsjahren wiederbelebte bauhäuslerische Arbeitsweisen konnten sich auch an anderen Orten gleichsam im Untergrund halten. So förderte der Bauhausschüler Walter Funkat während seines Direktorats am damaligen »Institut für künstlerische Werkgestaltung Burg Giebichenstein« den jungen Lothar Zitzmann beim Aufbau einer Grundlehre. An der Universität Greifswald führte Herbert Wegehaupt, ebenfalls Bauhausschüler, eine überraschend systematische Gestaltungslehre für Kunsterzieher durch. Am Institut für Innengestaltung an der Hochschule Weimar behauptete Horst Michel eine funktionale moderne Gestaltungsweise.

Im ganzen aber verfinsterte sich in den fünfziger Jahren das kulturpolitische Klima auf bedrückende Weise. 1950 verkündete Walter Ulbricht in seiner Rede bei der Gründung der Deutschen Bauakademie die regierungsoffizielle Sprachregelung, denen viele andere folgten. Gefordert war nur eine Kunst, sozialistisch im Inhalt und national in der Form, und eine Architektur, die unter Nutzung nationaler Traditionen als »neue deutsche Baukunst« auferstehen sollte. Der Formalismus »des sogenannten Bauhausstils und des Funktionalismus« aber wurde als »Ausdruck einer spätbürgerlichen Ideologie und des Amerikanismus in Westdeutschland« verurteilt. Hannes Meyer, der in der Bundesrepublik als Marxist mißliebig war, wurde in der DDR als Funktionalist diffamiert. In tragische Konflikte gerieten gerade die progressiven Künstler, darunter viele Bauhäusler. Sie hatten nur die Wahl, ihre politische Überzeugung aufzugeben und das Land zu verlassen oder ihre künstlerische zu opfern, um bleiben zu können. Daß sich so viele fügten, auch Henselmann, hat wohl mit der internationalen Lage zu tun. Der Kalte Krieg kulminierte. In den USA veranstaltete McCarthy seine »Kommunisten«-Jagd gegen alle Nicht-Angepaßten. Die kapitalistische Wirtschaftsoffensive in Westeuropa bedrängte die durch Reparationsleistung extrem geschwächte DDR. Das lähmte all jene, die – wie der Schriftsteller Ludwig Renn – gegen die massive Stalinisierung von Architektur und Kunst aufbegehrten.

Die »Nati-Tradi« genannte Richtung einer »neuen deutschen Baukunst« dauerte kaum mehr als fünf Jahre. Zwänge der Produktivkraftentwicklung schoben den per Dekret verordneten Dekorstil beiseite. Trotz, oder gerade wegen des geistig unverarbeiteten Umschwenkens vom bornierten Historizismus zum ebenso bornierten Technizismus der Großtafelbauweise blieb das Regime krampfhafter Überideologisierung bestehen. Die Widersprüche verstärkten sich.

In dieser Zeit begann nach dem Verebben der praktischen Wiederbelebungsversuche die historisch-wissenschaftliche Beschäftigung mit dem Bauhaus. Das geschah zuerst in Weimar, und zwar aus aktuellem Anlaß. Für 1959 stand das hundertjährige Jubiläum der Schule und das vierzigjährige des Bauhauses bevor. Deshalb war Weimar besonders gefordert. Schon seit 1956 wurde ein von mir geschriebener Abriß der Hochschulgeschichte mit vorsichtig positiver Bewertung des Bauhauses in den Vorlesungsverzeichnissen abgedruckt. Deshalb wurde ich mit der wissenschaftlichen Vorbereitung des Jubiläums beauftragt. Mit internen und auswärtigen Mitarbeitern erarbeiteten wir Einzelbeiträge, von denen die ersten vorlagen, als Ende 1958 das Rektorat nach Konsultationen mit Berlin die Jubiläumsfeier »wegen Unklarheiten über die Beurteilung des Bauhauses« absagte. Einige der Beiträge wurden später veröffentlicht. Ich selbst blieb beim Thema und begann 1963, nun von der Bauakademie aus, mit Mitarbeiterinnen der Staatlichen Kunstsammlungen Weimar eine Quellenstudie über das Bauhaus und seine Werkstätten. Leider brachen die Kolleginnen ab, als sie sich von ihrem Direktor hintergangen fühlten. Bedenklicher noch war, daß die Leitung der Bauakademie an den alten Urteilen über das Bauhaus festhielt. Um die offenkundigen Fehlurteile zu zerstreuen, schrieb ich eine durch Dokumente abgesicherte gesellschaftspolitische Geschichte dieser deutschen Kunstschule. Doch entledigte man sich der Argumentation der Fakten durch Verbot des Druckes. So konnte das Buch erst Jahre später (Frühjahr 1976) erscheinen, nachdem meine Arbeitsstelle auf die Rechte an der Arbeit verzichtet hatte.

Andernorts sah es besser aus. Das Institut für angewandte Kunst in Berlin publizierte 1963 in seiner »Studienreihe angewandte Kunst« die aus einer Moskauer Zeitschrift übersetzte Schrift von L. Pazitnov »Das schöpferische Erbe des Bauhauses«, und zwei Jahre später die als Forschungsauftrag entstandene und mit starkem persönlichen Engagement geschriebene Gesamtdarstellung von Lothar Lang »Das Bauhaus 1919–1933, Idee und Wirklichkeit«. Verlage folgten 1966 mit Walther Scheidigs Bildband über die Werkstattarbeiten (Edition Leipzig) und mit einem Büchlein von Diether Schmidt (Verlag der Kunst Dresden). Schmidt hat die

148 Gebäude des Bauhauses in Dessau nach der vollständigen Rekonstruktion 1976. Foto: Hajo Rose, Bildarchiv des Instituts für Denkmalpflege

Bauhaussache auch in seinen vielen Vorträgen mitverfochten. Da er dabei seine Empörung gegen dogmatische Positionen nicht zurückhielt, was die Staatssicherheit wohl registrierte, wurde er am Ende inhaftiert und ausgewiesen. In Dessau veranstaltete die Staatliche Galerie Schloß Georgium 1967 ganz in der Stille, doch von Fachkreisen stark beachtet, die erste Bauhausausstellung in der DDR. Erwähnt werden sollte noch, daß 1965 in einer gemeinsamen Aktion zwischen Dessau, Weimar, Denkmalpflege, Zentralinstitut für Formgestaltung, Bund deutscher Architekten und Bauakademie in der Kongreßhalle am Alexanderplatz zum vierzigjährigen Bestehen des Bauhauses in Dessau 1966 eine Feier beschlossen wurde, zu der Gropius eingeladen werden sollte. Bei den über Reginald Isaaks laufenden Kontakten erwies sich jedoch, daß Gropius zögerte. Die politischen

149 Peter Keler, 1921-25 Geselle am Bauhaus in Weimar in der Werkstatt für Wandmalerei, unterrichtete 1946-49 Vorlehre an der Hochschule für Baukunst und Bildende Kunst in Weimar. Hier beim Unterricht in Vorlehre für Architekten 1947

Spannungen des Kalten Krieges ließen auch im Westen exponierten Persönlichkeiten keine freie Entscheidung. Wahrscheinlich konnte die volle offizielle Anerkennung des Bauhauses, da sie vielseitige internationale Verbindlichkeiten mit sich brachte, erst in der Phase der internationalen Entspannung wirklich gelingen. In den Jahren nach 1976 ist das Bauhaus Dessau Schritt für Schritt zu einem wissenschaftlich-kulturellen Zentrum der Bauhausforschung ausgebaut worden. Das Zentrum sammelte Dokumente und Erzeugnisse des Bauhauses und stellte sie aus. Nach seinem Statut vom 1. Januar 1987 erklärt sich das Bauhaus Dessau als Stätte der Bildung, der Forschung und Entwicklung, des internationalen Erfahrungsaustausches, der gegenwartsbezogenen Pflege des Erbes auf den Gebieten von Städtebau und Architektur, Produkt- und Umweltgestaltung sowie architekturbezogener Kunst. Es will dem genannten Personenkreis Möglichkeiten für eine postgraduale Weiterbildung bieten. Ausgewählte Studierende aus den Hochschulen können hier ein Förderstudium absolvieren. Vor allem aber sollen im interdisziplinären Zusammenwirken in der Werkstattarbeit und am Experiment komplexe Gestaltungsaufgaben gelöst werden. Wer sich an solchen Aktionen beteiligt hat, wird die produktive Atmosphäre schätzen, zu der das Haus selbst wesentlich beiträgt. Gropius hatte sein Schulgebäude bewußt antihierarchisch als asymmetrisch ausbalanciertes Ensemble von Funktionseinheiten und Baukörpern aufgebaut, das dank großer Glasflächen in Ein- und Durchblicken das beständige Miteinander einer schöpferischen solidarischen Gemeinschaft erlebbar macht.
Allein oder gemeinsam mit den Staatlichen Kunstsammlungen Weimar, die 1952 beim Weggang des Bauhauses einen geschlossenen Bestand von Arbeiten übernommen hatten, veranstaltet das Bauhaus Dessau Ausstellungen im In- und Ausland. Außerdem übernimmt es einschlägige internationale Ausstellungen. 1988 stellte das Bauhausarchiv Berlin-West seinen Bestand in der vielbeachteten Ausstellung »Experiment Bauhaus« vor. Eine beständige Bauhausausstellung mit eigenen Objekten bietet dem Besucher einen Überblick über die Leistungen der Schule am historischen Ort. Die Weimarer Hochschule führte seit 1976 in mehrjährigen Abständen Bauhaus-Kolloquien durch. Wenn dabei auch einzelne immer wieder versuchten, das Bauhaus zur Legitimierung der DDR-Baupolitik zu mißbrauchen, waren sie doch wichtige Foren des wissenschaftlichen Austauschs. Ihre Ergebnisse sind in Sonderheften der Wissenschaftlichen Zeitschrift publiziert.
Offen aber bleibt der Wunsch, daß ein finanziell so gut ausgestattetes Unternehmen wie »Bauhaus Dessau« endlich im bauhäuslerischen Geiste auch kritische Analysen des Bestehenden und streitbare Entwürfe für Zukunftsstrategien fördern möge, und daß es bald gelingen möge, wenigstens ein Meisterhaus und einige Häuser der Siedlung Törten wiederherzustellen.

Autoren

Barbara Barsch, geb. 1950 in Berlin, 1970–74 Studium der Kunstwissenschaften an der Humboldt-Universität zu Berlin, 1975–87 Redakteurin der Zeitschrift »Bildende Kunst«, 1982 Promotion, 1988 wissenschaftliche Mitarbeiterin am Institut für Ästhetik und Kunstwissenschaften der Akademie der Wissenschaften, 1989 freischaffend. Ab Mai 1990 Referatsleiterin Bildende Kunst am Ministerium für Kultur.

Gunar Barthel, geb. 1954 in Chemnitz, 1973–79 Studium der Germanistik an der Karl-Marx-Universität Leipzig, 1979–87 Leiter der Galerie oben in Chemnitz, Übersiedlung nach Bremen, freiberufliche Tätigkeit für Zeitschriften, Zeitungen und Museen. August 1989 Gründung der Galerie Gunar Barthel in Berlin-Charlottenburg. Mitarbeit an der Dokumentation zur Kunst und Kunstpolitik der DDR, »Stationen eines Weges«, Berlin 1988.

Eduard Beaucamp, geboren 1937 in Aachen, Studium der Germanistik, Kunstgeschichte und Philosophie, 1966 Promotion in Bonn. Ab 1966 Kunstkritiker und Redakteur der »Frankfurter Allgemeinen Zeitung«.

Wolf Biermann, geb. 1936 in Hamburg, übersiedelte 1953 in die DDR, Studium der Politischen Ökonomie und der Philosophie, zwei Jahre Regieassistent beim „Berliner Ensemble«. Gründete und leitete das »Berliner Arbeiter- und Studententheater« bis 1963, als die Eröffnung eines eigenen Hauses untersagt und das Ensemble aufgelöst wurde. Seit 1965 Auftritts- und Veröffentlichungsverbot, 1976 aus der DDR »ausgebürgert«. Lebt in Hamburg.

Camilla Blechen, geb. 1936 in Weimar, Ausbildung zur Gartenarchitektin, Studium der Kunstgeschichte, klassischen Archäologie und Theaterwissenschaft in Berlin und Wien. Seit 1966 als Kunstkritikerin und Korrespondentin der »Frankfurter Allgemeinen Zeitung« in Berlin tätig.

Eugen Blume, geb. 1951 in Bitterfeld, 1976–81 Studium der Kunstwissenschaft an der Humboldt-Universität zu Berlin, seit 1981 wissenschaftlicher Mitarbeiter im Kupferstichkabinett, ab 1990 in der Sammlung der Zeichnungen der Nationalgalerie der Staatlichen Museen zu Berlin.

Peter Böthig, geboren 1958 in Altenburg, Studium der Germanistik und Assistent an der Humboldt-Universität zu Berlin. Seit 1989 freischaffend in Berlin (West), 1989–90 Studienaufenthalt an der Universität Pittsburgh/USA. Veröffentlichungen in zahlreichen Zeitschriften.

Gunhild Brandler, geb. 1944 in Crosta bei Bautzen, 1966–71 Studium der Kunstwissenschaft an der Karl-Marx-Universität Leipzig, 1971–72 Arbeit im Bundessekretariat des Kulturbundes, danach freischaffend für den VBK-DDR und Ministerium für Kultur, 1975–88 wissenschaftliche Mitarbeiterin am Zentrum für Kunstausstellungen, 1988 Redakteurin bei der Zeitschrift »Bildende Kunst«. Lebt in Berlin.

Jörg-Heiko Bruns, geb. 1940, Musiklehrer, Journalist und Kunstwissenschaftler. Gründete 1964 nach dem Vorbild von Lothar Langs Kunstkabinett die erste Kleine Galerie in Hötensleben, einem Dorf im Grenzschutzstreifen der Magdeburger Börde. Ausstellungen und Grafikmappen in der Magdeburger Klubgalerie. Nach wiederholten Maßregelungen in Magdeburg und Erfurt jetzt Leiter der Abteilung Kunstwissenschaft in der Galerie am Fischmarkt Erfurt. Rezensionen für verschiedene Zeitungen der DDR, zahlreiche Katalogtexte für Museen und Galerien.

Friedrich Dieckmann, geb. 1937, Schriftsteller, lebt in Berlin-Treptow. 1972–76 Dramaturg am Berliner Ensemble, seit 1976 freischaffend, 1989/90 Fellow am Wissenschaftskolleg zu Berlin. 1971 erschien der Bildband »Karl von Appens Bühnenbilder am Berliner Ensemble«, 1978 die Anthologie »Bühnenbildner in der Deutschen Demokratischen Republik« (Berlin 1978).

Weitere Arbeiten zu Geschichte und Gegenwart des Bühnenbilds in den Bänden »Streifzüge« (Berlin 1977) und »Theaterbilder» (Berlin 1979) sowie in zahlreichen Zeitschriften.

Ulrich Domröse, geboren 1955 in Ziesar, lebt als freischaffender Kunstwissenschaftler in Berlin (Ost), arbeitet an einer Sammlung zur Fotografiegeschichte der DDR.

Hartwig Ebersbach, geboren 1940 in Zwickau, 1959–1964 Studium an der Hochschule für Grafik und Buchkunst in Leipzig bei Bernhard Heisig. Lebt als freischaffender Künstler in Leipzig.

Hiltrud Ebert, geb. 1950, 1970–74 Studium der Kunstwissenschaft an der Humboldt-Universität zu Berlin, 1974–90 wissenschaftliche Assistentin am Institut für Kunstgeschichte der Humboldt-Universität, 1984 Promotion, seit 1990 Oberassistentin an der Kunsthochschule Weißensee. Spezialgebiet sowjetische Avantgarde.

Björn Engholm, geboren 1939 in Lübeck, Schriftsetzerlehre, über Zweiten Bildungsweg Besuch der Hochschule für Wirtschaft und Politik in Hamburg, anschließend Studium von Politik, Volkswirtschaft und Soziologie an der Universität Hamburg (Diplom-Politologe). Von 1969 bis 1983 Mitglied des Bundestages. Von 1977 bis 1981 Parlamentarischer Staatssekretär und von 1981 bis 1982 Bundesminister für Bildung und Wissenschaft. Seit 31. 5. 1988 Ministerpräsident des Landes Schleswig-Holstein.

Elke Erb, geb. 1938 in Scherbach/Eifel, 1949 Übersiedlung in die DDR, Studium der Germanistik, Geschichte, Slawistik und Pädagogik in Halle, arbeitete von 1958–59 als Landarbeiterin und war von 1963–1966 als Verlags-Lektorin im Mitteldeutschen Verlag, Halle, tätig. Seit 1966 lebt sie als freischaffende Schriftstellerin, Übersetzerin und Nachdichterin in Berlin-Prenzlauer Berg. Zahlreiche Buchveröffentlichungen in Westdeutschland, der DDR und Österreich.

Günter Feist, geboren 1929 in Frankfurt/Oder, 1951–56 Studium der Kunstgeschichte an der Humboldt-Universität zu Berlin, Mitherausgeber der 1. Auflage des 1968–78 erschienenen fünfbändigen »Lexikons der Kunst«, 1959–66 auch dessen Hauptredakteur. 1966 Austritt bzw. Ausschluß aus der SED, 1978/79 wissenschaftlicher Bearbeiter der dem 30. Jahrestag der DDR gewidmeten Retrospektive »Weggefährten – Zeitgenossen«, deren Originalfassung abgerissen wurde (1. 10. 1979). 1983 Ausreiseantrag, 1987 Ausreise. Z. Zt. beim Museumspädagogischen Dienst Berlin tätig.

Ursula Feist, geboren 1927 in Berlin-Wedding, 1950–56 Studium der Kunstgeschichte an der Humboldt-Universität zu Berlin, 1951 Verlegung des Wohnsitzes nach Ost-Berlin, 1957–59 Redakteurin bei der Zeitschrift »Bildende Kunst«, 1959–66 Redakteurin beim »Lexikon der Kunst«, 1966 Austritt bzw. Ausschluß aus der SED. Nach den Geschehnissen um die Ausstellung »Weggefährten – Zeitgenossen«, an deren Konzipierung sie zusammen mit G. Feist hauptbeteiligt war, Entschluß zur Rückkehr nach West-Berlin. 1983 Ausreiseantrag, 1987 Ausreise. Z. Zt. beim Museumspädagogischen Dienst Berlin tätig.

Erhard Frommhold, geb. 1928 in Altenburg, 1942 Klempnerlehre, 1947–1950 Studium der Kunstgeschichte und Literaturwissenschaft an der Friedrich-Schiller-Universität in Jena, 1951 Mitarbeiter am Ministerium für Volksbildung des Landes Thüringen. Seit 1952 Lektor, später Cheflektor im Verlag der Kunst Dresden. Kunstkritiker und Autor zahlreicher Bücher.

Matthias Flügge, geb. 1952 in Demmin/Vorpommern, 1972–76 Studium der Kunstwissenschaft an der Humboldt-Universität zu Berlin, 1977–86 Redakteur der Zeitschrift »Bildende Kunst«, seit 1986 freischaffend. Ab August 1990 Chefredakteur der Zeitschrift »Bildende Kunst«. Publikationen und Ausstellungen zur Kunst des 20. Jahrhunderts, vor allem der Gegenwartskunst.

Michael Freitag, geb. 1954 in Frankfurt/Oder, 1978–83 Studium der Kunstwissenschaft an der Humboldt-Universität zu Berlin, 1983–85 Forschungsstudium, 1985/86 wissenschaftlicher Mitarbeiter am Institut für Ästhetik und Kunstwissenschaft an der Akademie der Künste. Seitdem freischaffend.

Hubertus Gaßner, geb. 1950 in Frankfurt/Main, 1968–78 Studium der Kunstgeschichte, Philosophie und Soziologie in Marburg, München, Heidelberg, 1982 Promotion, 1980–88 Hochschulassistent an der Gesamthochschule Kassel, 1988 wissenschaftlicher Mitarbeiter an der Schirn-Kunsthalle Frankfurt/Main. Seit 1989 Leiter des documenta-archivs in Kassel. Ausstellungen und Publikationen zur Kunst des 20. Jahrhunderts.

Hubertus Giebe, geb. 1953 in Dohna, 1974–76 Studium an der Dresdner Hochschule für Bildende Künste, Exmatrikulation auf eigenen Wunsch, freiberuflich tätig. 1978 externes Diplom an der Hochschule für Grafik und Buchkunst Leipzig, 1978–79 dort Meisterschüler von Bernhard Heisig. 1979–82 Assistent an der Hochschule für Bildende Künste Dresden bei Günter Horlbeck; 1982–86 Leitung des Grundlagenstudiums zusammen mit Johannes Heisig. Seit 1987 Dozent für Malerei und Grafik. 1990 zusammen mit Walter Libuda auf der Biennale Venedig als Vertreter der DDR.

Dieter Goltzsche, geb. 1934 in Dresden, 1952–57 Studium an der Dresdner Hochschule für Bildende Künste bei Max Schwimmer und Hans Theo Richter. 1958/59 Meisterschüler von Max Schwimmer an der Deutschen Akademie der Künste in Berlin. Lebt in Berlin als Grafiker und Aquarellist.

Reinhart Grahl, geb. 1946, 1967–71 Studium der Kunstwissenschaft an der Karl-Marx-Universität Leipzig, 1971–78 Redakteur für bildende Kunst in der kulturpolitischen Wochenzeitung »Sonntag«. Seit 1978 freischaffend als Kunstkritiker und Kunstwissenschaftler in Berlin.

Lucius Grisebach, geboren 1942 in Marburg a.d.L., Studium der Kunstgeschichte, klassischen Archäologie und Philosophie in Freiburg/Breisgau und Berlin(West), Promotion 1972, bis 1988 wissenschaftlicher Mitarbeiter der Nationalgalerie, Berlin-(West), seit 1988 Direktor der Kunsthalle Nürnberg. Zahlreiche Veröffentlichungen zur Kunst des 19. und 20. Jahrhunderts.

Durs Grünbein, geb. 1962 in Dresden, lebt seit 1985 in Berlin, Drop-out und Dichter, Arbeiten mit Malern, Schauspielern, Aktionskünstlern. Veröffentlicht Gedichte, Prosa, Essays, u. a. in SINN&FORM, Niemandsland, Ariadnefabrik, LETTRE INTERNATIONAL, Verwendung. Publikationen u. a. »Grauzone morgens. Gedichte« (Frankfurt/Main 1988) und »Schöne Aussicht. Prosa-Anthologie« (Frankfurt/Main 1990).

Peter Guth, Studium der Kunstwissenschaft, Oberassistent für Ästhetik an der Hochschule für Industrielle Formgestaltung Halle-Burg Giebichenstein, lebt als Kunstkritiker in Leipzig.

Alexander Haeder, geb. 1959 in Berlin, 1980–85 Studium der Kunstwissenschaft an der Humboldt-Universität zu Berlin, 1985–88 Forschungsstudium. Seit 1988 freischaffend als Kunstkritiker mit dem Schwerpunkt Gegenwartskunst und Industriearchitektur.

Volker Handloik, geboren 1961, Mitherausgeber der Kultur- und Literaturzeitschrift »LIANE«. Beschäftigt sich mit der visuellen Alltagskultur in der DDR.

Heinz Havemeister, geboren 1958, 1982–87 Studium der Kunstwissenschaft an der Humboldt-Universität zu Berlin, lebt in Berlin(Ost).

Johannes Heisig, geb. 1953 in Leipzig, studierte von 1973 bis 1977 Malerei und Grafik an der Hochschule für Grafik und Buchkunst in Leipzig. Mitarbeit im Atelier seines Vaters Bernhard Heisig, 1978 bis 1980 Meisterschüler an der Hochschule für Bildende

Künste in Dresden bei Gerhard Kettner. 1979/80 für zehn Monate Studium an der »F&F Schule für experimentelle Gestaltung« in Zürich, 1980–82 Assistent in der Fachklasse Grafik/Malerei bei Kettner, 1982–86 zusammen mit Hubertus Giebe Leitung des Grundlagenstudiums, 1983 Wahl in den Zentralvorstand des VBK-DDR, 1986 Dozent und Leiter einer Fachklasse Malerei/Grafik, 1989 Rektor.

Gitta Kristine Hennig, geb. 1944 in Halle/Saale, 1965–69 Fachschule für Bibliothekare, 1969–72 Museumsassistentin, dann Leiterin der Kunstbibliothek am Museum für Bildende Künste Leipzig, 1969–77 Studium der Kunstwissenschaft an der Karl-Marx-Universität Leipzig. Freischaffend für das Kupferstichkabinett und die Galerie West in Dresden tätig, 1985–89 Bearbeitung schriftlicher Künstlernachlässe in der Sächsischen Landesbibliothek, Arbeit für das Büro für bildende Kunst beim Rat der Stadt Dresden in der Abteilung Auftragswesen. Freischaffend als Kunstkritikerin.

Dieter Hoffmann, Lyriker und Kunstschriftsteller, geb. 1934 in Dresden, wo er bis Ende 1957 lebte. Debüt als Kunstkritiker an der Tageszeitung »Die Union«. Danach in Süddeutschland ansässig. 1962/63 Villa-Massimo-Stipendium Rom. Seither in Frankfurt am Main. 1969 Ordentl. Mitglied der Akademie der Wissenschaften und der Literatur, Mainz, von 1974 bis 1980 Vizepräsident daselbst (Klasse der Literatur). 1990 Inhaber der Poetik-Gast-Dozentur an der Johann-Gutenberg-Universität Mainz. Bücher und Einzel-Beiträge insbesondere zur sächsischen Kunst.

Hans Hoffmann, geb. 1937, Archäologe und Kunsthistoriker. Nach Tätigkeiten in Dresden (Kunstsammlungen Neue Meister) und den Staatlichen Schlössern und Gärten in Potsdam-Sanssouci, jetzt Leiter der Abteilung Archive, Bibliotheken, Sammlungen zur Bildenden Kunst in der Akademie der Künste der DDR.

Marie Hüllenkremer, geb. 1943, arbeitete als Leiterin der Kulturredaktion bei den »Aachener Nachrichten«, danach als Redakteurin und Korrespondentin bei der Kunstzeitschrift ART in New York, Kulturredakteurin beim Kölner »Stadt-Anzeiger« und seit 1989 als verantwortliche Redakteurin beim ZEIT-Magazin.

Karl Heinz Hüter, geb. 1929, Architekturhistoriker, in den fünfziger und Anfang sechziger Jahren Assistent an der Hochschule für Architektur und Bauwesen in Weimar. Seit Ende der sechziger Jahre bis 1983 wissenschaftlicher Mitarbeiter an der Bauakademie in Berlin. 1967 stellt er sein grundlegendes Werk über das Bauhaus fertig, das erst 1976 erscheinen kann.

Andreas Hüneke, geb. 1944, Theatermaler, Gebrauchswerber, Beifahrer, 1965–70 Studium der Theologie und der Kunstgeschichte in Halle, 1971–1977 wissenschaftlicher Mitarbeiter an der Staatlichen Galerie Moritzburg in Halle, seit 1978 freischaffend als Kunstwissenschaftler, ab 1980 in Potsdam. Zahlreiche Ausstellungen und Publikationen zur Kunst der klassischen Moderne in Deutschland, u. a. »Im Kampf um die moderne Kunst. Das Schicksal einer Sammlung in der ersten Hälfte des 20. Jahrhunderts«, Staatliche Galerie Moritzburg Halle 1985; »›Säuberung des Kunsttempels?‹/Angriff auf die Kunst. Der faschistische Bildersturm vor 50 Jahren«, Kulturhaus »Hans Marchwitza« Potsdam, Staatliche Kunstsammlung Weimar 1987/88 und »Der Blaue Reiter. Dokumente einer geistigen Bewegung« (Hrsg.) (Leipzig 1986, 1989).

Elmar Jansen, geb. 1931, Studium der Kunstgeschichte an der Humboldt-Universität zu Berlin bei Richard Hamann und Willy Kurth, Kunstkritiker, Mitarbeiter an der Deutschen Akademie der Wissenschaften zu Berlin, seit 1971 an der Akademie der Künste der DDR. 1989 Berufung zum a. o. Professor. Bücher über Ernst Hassebrauk und Albert Ebert (1959). Promotionen A und B über Ernst Barlach, zu dessen bildnerischem und literarischem Werk er zahlreiche Veröffentlichungen vorlegte. Autor bzw. Herausgeber von über 20 Büchern, vorwiegend zu Gestalten und Problemen einer vergleichenden Geschichte der Künste und Wissenschaften.

Johannes Jansen, geb. 1966 in Berlin, aufgewachsen in Freiberg, Leipzig und Pankow, lebt seit 1988 freischaffend in Berlin, Ausstellungen, Musik-Projekte, Hörstücke, »Poesiealbum 248« (Verlag Neues Leben 1988).

Dietmar Keller, geboren 1942 in Chemnitz, Diplomlehrer für Marxismus/Leninismus, Promotion, 1972 Sekretär für Wissenschaft und Kultur der SED-Kreisleitung der Karl-Marx-Universität in Leipzig, 1977 in die SED-Bezirksleitung Leipzig kooptiert und zum Sekretär für Wissenschaft, Volksbildung und Kultur gewählt. Ab 1984 einer von fünf stellvertretenden Kulturministern, seit 1988 Staatssekretär im Kulturministerium und vom 17. 11. 1989 bis März/April 1990 Kulturminister der DDR.

Wolfgang Kil, geb. 1948 in Berlin, 1967–72 Architekturstudium an der Hochschule für Architektur und Bauwesen in Weimar, 1972–78 Architekt in Berlin, 1978–82 verantwortlicher Redakteur der Fachzeitschrift »Farbe und Raum«. Seit 1982 freischaffend als Publizist und Kritiker in Berlin. Zahlreiche Aufsätze und Publikationen zu den Themen Stadtgestaltung, Architektur und Design, Fotografie, u. a. »Hinterlassenschaft und Neubeginn« zur Nachkriegsfotografie (Hrsg.) (Leipzig 1989).

Uwe Kolbe, geb. 1957 in Berlin-Prenzlauer Berg, Arbeit als Theatermaler, nach dem Armeedienst Transportarbeiter und Lagerverwalter, 1987 Übersiedlung mit Visum in die Bundesrepublik. Lebt als Schriftsteller freischaffend in Hamburg. Gedichtbände u. a. »Hineingeboren. Gedichte 1975–1979« (Frankfurt/Main 1983), »Abschiede und andere Liebesgedichte« (Frankfurt/Main 1983), »Bornholm II« (Frankfurt/Main 1987).

Thomas Kumlehn, geb. 1959 in Potsdam, 1982–86 Studium der Kulturwissenschaften und seit 1988 der Philosophie in Berlin, arbeitet als Galerist seit 1986 im Potsdamer Kulturhaus »Hans Marchwitza« sowie seit 1989 als Gastdozent für »Theorie und Methodik der Kulturarbeit« an der Fachschule für Klubleiter Potsdam. Seit Juni 1990 Referent im Ministerium für Kultur.

Lothar Lang, geb. 1928, Studium der Kunstgeschichte, seit 1957 Mitarbeiter an der »Weltbühne«, Herausgeber der »Marginalien«, Autor und Herausgeber zahlreicher Bücher zur Kunst des zwanzigsten Jahrhunderts, Leiter des Museums Schloß Burgk.

Heinz Liesbrock, geb. 1953, Studium der Amerikanistik, Kunstgeschichte und Germanistik in Bochum, Swansea (Wales) und in Washington D. C. (USA). Lebt als freischaffender Kunstpublizist in Detmold. Zahlreiche Buch- und Zeitschriftenveröffentlichungen.

Christian Löhr, geb. 1945, Studium der evangelischen Theologie in Berlin (DDR) und Naumburg, seit 1972 Pfarrer in Schwarzenberg im Erzgebirge und in Brandenburg, Veröffentlichungen zur bildenden Kunst.

Detlev Lücke, geb. 1942 in Magdeburg, 1960–66 Studium der klassischen Philologie und Kunstwissenschaft an der Humboldt-Universität zu Berlin. Seither Kulturredakteur an verschiedenen Zeitungen, bis 1989 verantwortlich für bildende Kunst bei der kulturpolitischen Wochenzeitung »Sonntag«.

Gerd Harry Lybke, geb. 1961 in Leipzig, Kunstwissenschaftler, Galerist der EIGEN+ART in Leipzig.

Richard Mansfeld, Aktionskünstler, Maler, Schriftsteller und Kunstkritiker in Dresden.

Wolfgang Mattheuer, geb. 1927 in Reichenbach/Vogtland, 1946/47 Studium an der Kunstgewerbeschule Leipzig, anschließend bis 1951 an der Hochschule für Grafik und Buchkunst bei Egon Pruggmayer, als Maler Autodidakt. 1955–73 Dozent und Professor an der Hochschule für Grafik und

Buchkunst. Lebt in Leipzig als Maler und Grafiker.

Rudolf Mayer, geb. 1928, Kunststudium in Stuttgart, Weimar und Leipzig, Chefredakteur im Verlag der Kunst Dresden, Herausgeber der eikon Grafik-Presse seit 1963 und Organisator der Grafikausstellungen zu Internationalen Buchkunst-Ausstellung (figura).

André Meier, geb. 1960 in Berlin, 1986–90 Studium der Kunstgeschichte an der Humboldt-Universität zu Berlin, seit 1990 Kulturredakteur der DDR-Ausgabe der »Tageszeitung«.

Freya Mülhaupt, nach dem Studium der Kunstgeschichte und Philosophie in Berlin Mitarbeit an zahlreichen Ausstellungsprojekten und Katalogen, u. a. »Grauzonen-Farbwelten« zur Kunst der fünfziger Jahre, Berlin 1983 und »Positionen unabhängiger Kunst in Europa um 1937«, Düsseldorf 1987. Z. Zt. wissenschaftliche Mitarbeiterin der Berlinischen Galerie.

Gabriele Muschter, geb. 1946 in Oranienbaum bei Dessau, 1965–67 Volontariat beim Fernsehen der DDR, 1967–74 Redaktionsarbeit, 1974–79 Studium der Kunstwissenschaft und Ästhetik an der Humboldt-Universität zu Berlin; 1979–84 Leiterin der Galerie Mitte in Dresden. Ab 1987 freischaffend tätig als Kunstkritikerin. Seit Mai 1990 Staatssekretärin im Ministerium für Kultur. Veröffentlichungen zur Kunst und Fotografie in der DDR; u. a. »DDR Frauen fotografieren. Lexikon und Anthologie« (Hrsg.) (Berlin 1989).

Peter Nüske, geb. 1952 in Berlin, 1980–85 Studium der Kunstwissenschaft an der Humboldt-Universität zu Berlin, seit 1985 Assistent.

Harald Olbrich, geb. 1936 in Neustadt/ČSFR, Studium der Kunstgeschichte an der Karls-Universität Prag von 1955–60, 1965 Promotion an der Universität in Leipzig über antifaschistische Kunst. Seit 1967 an der Humboldt-Universität zu Berlin tätig, 1977 Habilitation mit Studien zur Geschichte und Theorie des Konstruktivismus. Seit 1967 Chefredakteur des Lexikons der Kunst, Publikationen zur Kunst des 20. Jahrhunderts.

Stefan Orendt, geb. 1949 in Berlin-Köpenick, 1964–68 Lehre als Kühlanlagenbauer im VEB Kühlautomat, 1968 Abitur und Facharbeiterbrief, danach 18 Monate Armee, 1970–74 Studium der Kulturwissenschaften an der Humboldt-Universität zu Berlin, 1974–80 Lektor im Verlag Volk und Welt, 1980–82 Lektor im F.A. Brockhaus Verlag Leipzig, 1982–84 Leiter der Galerie »Sophienstr. 8«, Entlassung aus politischen Gründen, danach freischaffend, ab Februar 1988 in Berlin (West) wohnhaft.

Bert Papenfuß-Gorek, geb. 1956 in Reuterstadt Stavenhagen, Lehre als Elektronikfacharbeiter, beschäftigt als Bühnenbeleuchter in Schwerin und Berlin (Ost). Seit 1980 freier Schriftsteller. »dreizehntanz«. Gedichte (Berlin und Weimar 1988 und Frankfurt 1989). Lebt in Berlin, Prenzlauer Berg.

Hartmut Pätzke, geb. 1938 in Berlin-Friedenau, Kindheit in Berlin-Steglitz, Leipzig-Gohlis, Kreuz/Ostbahn, Hartha/Sachsen, Leipzig-Gohlis und Querfurt. 1956 Abitur an der Goethe-Oberschule in Ilmenau/Thüringen, kaufmännische Lehre, Bauhilfsarbeiter, Rettungsschwimmer und Bademeister, 1963 Studium der Kunstgeschichte, Theaterwissenschaft und Geschichte an der Humboldt-Universität zu Berlin. Seit 1963 im Kunsthandel tätig bis Ende der siebziger Jahre, seit 1972 außerdem Redakteur am »Lexikon der Kunst«. Vorsitzender der Bezirksgruppe Berlin der »Pirckheimer-Gesellschaft«, Mitglied des Redaktionskollegiums der »Marginalien«.

Jutta Penndorf, Kunsthistorikerin, Direktorin des Staatlichen Lindenau-Museums in Altenburg.

Hermann Raum, geb. 1924 in Pommelsbrunn/Mittelfranken, 1947–48 Studium an der Kunsthochschule Nürnberg und von

1951–53 an der Hochschule für Grafik und Buchkunst in Leipzig, 1955 Übersiedlung in die DDR, Tätigkeit als Karikaturist in Rostock, 1962 Promotion in Kunstgeschichte an der Universität Rostock, wo er sich 1972 habilitiert. Von 1977–82 Direktor der Staatlichen Galerie Moritzburg Halle und von 1982–89 Professor für Kunstgeschichte an der Kunsthochschule Berlin. Vizepräsident des Verbandes Bildender Künstler der DDR von 1977–88.

Lothar Romain, geb. 1944, Studium der Philosophie, Germanistik und Kunstwissenschaft, lehrt als Professor Kunstgeschichte und Kunsttheorie an der Akademie der Bildenden Künste in München und ist Herausgeber von »Künstler-Kritisches Lexikon der Gegenwartskunst«. Zahlreiche Buch- und Zeitschriftenveröffentlichungen.

Bernd Rosner, geb. 1953 in Radebeul, 1974–79 Studium der Kunstwissenschaft und Philosophie an der Humboldt-Universität zu Berlin, 1987–90 Chefredakteur der Zeitschrift »Bildende Kunst«. Lebt freischaffend als Kunstkritiker in Berlin.

Diether Schmidt, geb. 1930 in Lubmin bei Greifswald, 1951–56 Studium der Kunstgeschichte, klassischen Archäologie und Philosophie bei Richard Hamann und Willy Kurth, 1958 Assistent an der Gemäldegalerie Alte Meister der Staatlichen Kunstsammlungen Dresden, danach bis 1960 am Stadtmuseum Dresden, Promotion, 1960–66 Forschungsauftrag des Ministeriums für Kultur über die »Assoziation Revolutionärer Künstler Deutschlands« und zur Kunst im Widerstand, 1969–76 Lektor beim Verlag der Kunst Dresden, seit 1963 Mitarbeit am Leonhardi-Museum Dresden, 1977–83 verantwortlich für das Programm der Galerie Comenius in Dresden. Am 9. 1. 1984 Verhaftung und Untersuchungshaft bis 22. 2. Danach Ausreise in die Bundesrepublik. Freischaffend als Kunsthistoriker in Berlin tätig. Zahlreiche Publikationen, u. a. »Künstlerbekenntnisse« I, II, zu Otto Dix, Oskar Kokoschka, Fritz Cremer, Bauhaus.

Gudrun Schmidt, geb. 1940, Kunsthistorikerin. Nach Mitarbeit in grafischen Sammlungen (Schwerin und Kupferstichkabinett der Staatlichen Museen zu Berlin) seit 1988 in der Kunstsammlung der Akademie der Künste tätig. Freiberufliche Arbeit zur Kunst in der DDR und zur »Ateliergemeinschaft Klosterstraße«.

Werner Schmidt, geboren 1930 in Pirna, Studium der Kunstgeschichte, Archäologie und Germanistik in Leipzig und Berlin, 1954–58 Assistent Ludwig Justis an der Nationalgalerie Berlin, verantwortlich für die Menzel-Ausstellung 1955. 1958 Übernahme der Bestände des Dresdner Kupferstichkabinetts in Moskau, 1959 Direktor des Kupferstichkabinetts, seit Anfang 1990 Generaldirektor der 11 Museen der Staatlichen Kunstsammlungen Dresden. Unzählige Kataloge und Ausstellungen zur Kunst des 20. Jahrhunderts, insbesondere osteuropäische und Dresdner Kunst.

Gundula Schulze, geb. 1954 in Erfurt, 1970–72 Lehre als Industriekaufmann, 1972–75 Besuch der Fachschule für Werbung und Gestaltung Berlin. Beginnt 1977 als Autodidakt zu fotografieren, Halbtagsarbeit als Fotolaborantin in einem Verlag. 1979–84 Studium der Fotografie an der Hochschule für Grafik und Buchkunst Leipzig. Lebt in Berlin.

Henry Schumann, geb. 1931 in Störnthal, Studium der Kunstwissenschaft und Germanistik, ab 1961 Kunstkritiken, essayistische Texte in Zeitschriften, Katalogen und Anthologien. Arbeitsgebiete: deutsche und französische Kunst des 19. und 20. Jahrhunderts, Kunst der DDR, Geschichte und Theorie der Kunstkritik, seit 1975 Beschäftigung mit Informationstheorie und Visueller Poesie. Zahlreiche Publikationen, u. a. »Ateliergespräche« (Leipzig 1976), »Kritik und Kreation« (Leipzig 1983), »Carlfriedrich Claus – Denklandschaften« (Leipzig 1991) und als Hrsg. »Charles Baudelaire – Der Künstler und das moderne Leben« (Leipzig 1990).

Reiner Schwarz, geb. 1940 in Hirschberg/Riesengebirge, Studium an der Hochschule für bildende Künste, Berlin(West) bis 1965, lebt als freier Maler und Grafiker in Berlin-(West).

Wolfgang Smy, geb. 1952 in Dresden, 1974–76 Studium an der Hochschule für Bildende Künste Dresden, 1976–79 Studium an der Hochschule für Grafik und Buchkunst Leipzig, seit 1979 freischaffend als Maler und Grafiker in Dresden.

Gerlint Söder, geb. 1942 in Berlin, Kunsthistorikerin und Archäologin, derzeit Lektor für Kunstgeschichte an der Hochschule für Bildende Künste Dresden. Nebenberuflich als Kunstkritikerin, Ausstellungsmacherin und im Beirat der Galerie Comenius, Dresden, tätig. Spezialgebiet Plastik des 20. Jahrhunderts, insbesondere die Dresdner Plastik.

Gert Söder, geb. 1949 in Crimmitschau, Kunstwissenschaftler und Lektor im Verlag der Kunst Dresden. Nebenberuflich als Kunstkritiker, Ausstellungsmacher und langjähriger Mitorganisator der Galerie Comenius in Dresden tätig. Spezialgebiet ist die sächsische Kunst des 20. Jahrhunderts, insbesondere die Dresdner Kunst der Gegenwart.

Klaus Staeck, geb. 1938 in Pülsnitz/Sachsen, Umzug 1956 von Bitterfeld (DDR) nach Heidelberg, Studium der Rechtswissenschaften, als Künstler Autodidakt, zahlreiche Ausstellungen und Publikationen, Professur an der Kunstakademie Düsseldorf, lebt in Heidelberg.

Beatrice Stammer, geb. 1952 in Berlin, 1972–77 Studium der Kunsterziehung, Soziologie und Psychologie in Berlin (West) und Paris, seit 1983 wissenschaftliche Mitarbeiterin der Staatlichen Kunsthalle Berlin, freie Mitarbeiterin der »Neuen Gesellschaft für Bildende Kunst« Berlin, Spezialgebiet zeitgenössische Kunst von Frauen.

Klaus Strohmeyer, geb. 1947, Studium der Germanistik und der Politischen Wissenschaften, Promotion. Ausstellungen und Publikationen zu Themen aus dem Bereich Kulturgeschichte und Literatur.

Christoph Tannert, geb. 1955, 1976–81 Studium der Archäologie und Kunstwissenschaft an der Humboldt-Universität zu Berlin, lebt und arbeitet als Kunstkritiker, Galerist und Ausstellungsmacher in Berlin (DDR).

J. R. Bernhard Theilmann, geb. 1949 im Kurort Rathen, Abitur, Maschinenbauerlehre, 1978 Gründungsmitglied der Obergrabenpresse, Arbeit in verschiedenen Berufen, Lyriker, lebt in Dresden. Z. Zt. Redakteur des Stadtmagazins »Sax«.

Karin Thomas, geb. 1941 in Köln, Studium der Kunstgeschichte, Germanistik, Philosophie und Geschichte. Nach kurzer Lehrtätigkeit an der Hochschule Mainz arbeitet sie heute als Verlagslektorin für Kunst und Kunsttheorie in Köln. Zahlreiche Buch- und Zeitschriftenveröffentlichungen.

Jörg Wähner, Schriftsteller und Aktionskünstler in Berlin.

Wanda (Claudia Reichardt), geb. 1963 in Dresden, Studium der Ökonomie in Leipzig, danach Anfang der achtziger Jahre Besetzung der Villa Marie, Leiterin des Studentenclubs »Wendel« der Hochschule für Bildende Künste Dresden, Mitinitiatorin des Vereins »autogen« für visuelle Medien.

Trak Wendisch, geb. 1958 in Berlin, 1977–82 Studium an der Hochschule für Grafik und Buchkunst Leipzig, seit 1982 freischaffend. Lebt und arbeitet in Berlin und Burg Goldbeck.

Klaus Werner, geb. 1940, Kunsthistoriker, Leiter der Galerie Arkade bis zur Schließung 1981, danach freischaffend als Ausstellungsmacher und Autor in Leipzig. Seit Juni 1990 Hauptabteilungsleiter Bildende Kunst im Ministerium für Kultur.

Horst Zimmermann, geb. 1930 in Franzburg/Mecklenburg, 1946 Holzfäller, 1947/48 Ausbildung zum Malergesellen, 1949 Besuch der Arbeiter- und Bauernfakultät und Abitur in Rostock, 1951–55 Studium an der Humboldt-Universität zu Berlin, danach Assistent beim Generaldirektor der Dresdner Kunstsammlungen, Max Seydewitz, 1958 Direktor der Gemäldegalerie Neue Meister in Dresden-Pillnitz, danach Sektorenleiter für Museen im Ministerium für Kultur, ab 1965 Leiter der Biennale der Ostseeländer in Rostock, ab 1969 Direktor der Kunsthalle Rostock, ab 1985 wieder Direktor der Gemäldegalerie Neue Meister in Dresden, 1989 Herausgabe des Bestandskataloges der Sammlung Neue Meister.

Museen und Galerien

Die mit der Auflösung der DDR nach dem 9. November 1989 und dem Prozeß der Vereinigung verbundenen Umstrukturierungen betreffen auch die hier aufgeführten Galerien. Der Kulturbund der DDR mit seinen ca. 400 Galerien befindet sich in Auflösung. Der »Staatliche Kunsthandel« mit seinen 39 Galerien wurde inzwischen in die »Art Union GmbH« umgewandelt. Unklar bleibt nach der Währungsreform, wie viele dieser Galerien privatisiert werden oder einen anderen Träger (Museen, Kunstvereine, Künstlerverbände) finden werden. Die Herausgeber haben sich bemüht, das von Barbara Barsch und Gabriele Muschter zusammengestellte Adressenverzeichnis nach bestem Wissen zu aktualisieren. Wir können über den Stand vom 1. Juli 1990 hinaus aber keine Garantie geben, ob die jeweilige Galerie, die wir hier vorstellen, noch existiert. Die Angaben zu den Museen auf dem Territorium der DDR beschränken sich auf das 20. Jahrhundert und insbesondere auf die Nachkriegszeit.

AHRENSHOOP

Kunstkaten
Galerie des Kulturbundes der DDR
2593 Ahrenshoop, Dorfstraße 46, Tel.: Wustrow 819.
Geöffnet: Mai bis Mitte Oktober 9.30–12.30 Uhr, 15–18 Uhr, Oktober bis 17. Dezember, Februar bis April Mi., Sa., So. 10–12 Uhr, 14–16 Uhr,
vom 17. Dezember bis Mitte Februar geschlossen.

Bunte Stube
private Galerie und Buchhandlung der Familie Wegscheider, 2593 Ahrenshoop, Dorfstraße, Tel.: Wustrow 238.
Geöffnet: nur während der Saison Mo. bis Fr. 9.30–13 Uhr,
15–18 Uhr, Mi. nachmittags geschlossen.
Die Sommergalerie wird seit 1959 in Zusammenarbeit mit den Staatlichen Museen zu Berlin von der Familie Wegscheider geführt.

ALTENBURG

Staatliches Lindenau-Museum Altenburg, 7400 Altenburg, Ernst-Thälmann-Straße 5, Tel. 25 10/25 19. Geöffnet: Di.–So. 9–12.30 Uhr/13.30–17.00 Uhr, Studiensaal der Grafiksammlung: Di., Do., 13.30–17.30 Uhr, jeden 1. und 3. Sa. im Monat 9–12 Uhr.
Zur Sammlung von Malerei, Plastik und Grafik gehören Arbeiten von 1500 bis zur Gegenwart.

BERLIN

Kunstsammlung der Akademie der Künste der DDR
1040 Berlin, Hermann-Matern-Straße 58–60, Tel. 2878315, 2878268. Besuch nach tel. Absprache.
Die Sammlung der Akademie umfaßt hauptsächlich Werke ihrer Mitglieder und Meisterschüler seit der ersten Gründung im Jahre 1694 bis in die Gegenwart sowie eine Anzahl bedeutender Nachlässe.

Staatliche Museen zu Berlin
Kupferstichkabinett und Sammlung der Zeichnungen der Nationalgalerie
1080 Berlin, Bodestr. 1–3 (im Alten Museum, Eingang Domseite), Lustgarten, Tel. 220 03 81. Geöffnet: Studiensäle Mo. bis Do. 9–12 Uhr, 13–17 Uhr, Fr. 10–12 Uhr, 13–17 Uhr.
Das 1831 auf Anregung Wilhelm von Humboldts gegründete Kupferstichkabinett ist heute neben dem Dresdner Kupferstichkabinett die umfangreichste und bedeutendste Sammlung ihrer Art in der DDR.
Das grafische Schaffen von Künstlern der DDR wird in der Sammlung der Zeichnungen dokumentiert.

Museum für Deutsche Geschichte
Kunstsammlungen
1080 Berlin, Unter den Linden 2, Tel. 200 09 41. Geöffnet: Mo. bis Do. 9–18 Uhr, Sa. u. So. 10–17 Uhr, letzter Einlaß jeweils 1 Stunde vor Schließung.
Der Graphikbestand der Kunstsammlungen des Museums für Deutsche Geschichte, das die Kunstwerke vorrangig als Zeugnisse der historischen Entwicklung des deutschen Volkes sammelt, umfaßt ca. 60000 Blätter, davon ca. 3000 Handzeichnungen. Die Gemäldesammlung mit etwa 500 Exponaten ist vorwiegend auf das Historienbild, das Porträt und Werke mit gesellschaftsbezogener Aussage ausgerichtet. Die Plastiksammlung vereint Werke vom Mittelalter bis zur Gegenwart.

Staatliche Museen zu Berlin
Nationalgalerie
1080 Berlin, Bodestr. 1–3, Stammhaus Bodestraße, Altes Museum am Lustgarten, Tel. 220 03 81. Geöffnet: Mi., Do., Sa., So. 9–18, Fr. 10–18 Uhr. Geöffnet: Mo., Di., Do., So. 10–18 Uhr, Mi. 10–20 Uhr. Die Nationalgalerie wurde 1861 als öffentliche Sammlung neuerer deutscher Kunst gegründet. Sie umfaßt heute Gemälde und Plastiken vom Ausgang des 18. Jh. bis zur Gegenwart, überwiegend deutscher Meister.
Im Alten Museum werden vor allem Kunstwerke aus dem Bestand der Sammlung Kunst der DDR von 1945 bis zur Gegenwart gezeigt.

Otto-Nagel-Haus
Staatliche Museen zu Berlin
1020 Berlin, Märkisches Ufer 16–18, Tel. 279 14 02, 279 14 24. Geöffnet: So–Do. 10–18 Uhr, Mi. bis 20 Uhr.
Sammlung proletarisch-revolutionärer und antifaschistischer Kunst der Nationalgalerie.

Akademie der Künste der DDR
Akademiegalerie im Marstall
1020 Berlin, Marx-Engels-Platz 7, Tel. 238 32 87. Geöffnet: Mi.–So. 10–18 Uhr.
Monatlich wechselnde Ausstellungen von Malerei, Grafik, Plastik und Gebrauchsgrafik der DDR und des Auslandes.

Akademie der Künste der DDR
Galerie am Robert-Koch-Platz
1040 Berlin, Robert-Koch-Platz 7, Tel. 238 32 87. Geöffnet: Mo.–Fr. 10–18 Uhr.
Wechselnde Ausstellungen von bildender Kunst ordentlicher und korrespondierender Mitglieder der Akademie der Künste der DDR des In- und Auslandes.

Atelier rot-grün
Schule für erweiterte bildnerische Arbeit
1058 Berlin, Sredzkistr. 64. Geöffnet: Sa., So. bis 19 Uhr (nach Anmeldung).

Fotogalerie
1034 Berlin, Helsingforser Platz 1, Tel. 5 88 62 13. Geöffnet: Di.–Fr. 11–19 Uhr, Sa. 10–13 Uhr. Café: Di.–Fr. 12–19 Uhr.
Wechselnde Ausstellungen zur Fotografie der DDR und des Auslandes. Die Galerie baut eine eigene Sammlung zur Fotografie der DDR auf.

Galerie a
1017 Berlin, Straußberger Platz 4, Tel. 4375832. Geöffnet: Mo.–Fr. 10–18 Uhr.

Galerie Berlin
Galerie der Art Union GmbH, 1080 Berlin, Friedrichstr. 58, Tel. 2297228. Geöffnet: Mo.–Fr. 12–18 Uhr, Do. 12–19 Uhr.

Galerie der Berliner Graphikpresse
1054 Berlin, Brunnenstr. 165. Geöffnet: Di.–Fr. 13–19 Uhr, Sa. 11–15 Uhr.

Galerie am Festungsgraben
Zentrales Haus der Deutsch-Sowjetischen Freundschaft, 1080 Berlin, Am Festungsgraben 1, Tel. 20010. Geöffnet: Mo.–Fr. 10–18 Uhr.

Galerie 100
1092 Berlin, Konrad-Wolf-Str. 100. Geöffnet: Di. 10–12/13–18 Uhr, Mi.–Fr. 13–18 Uhr, Sa. 10–12 Uhr.

Galerie Lauterbach
1055 Berlin, Bötzowstr. 31. Geöffnet: Di.–Fr. 12–18 Uhr.
Antiquitäten und Kunst.

Galerie M
Stadtbezirksgalerie, 1140 Berlin, Marzahner Promenade 13, Tel. 5426128. Geöffnet: Mi.–Fr. 10–18 Uhr, Do. 10–22 Uhr, Sa., So. 14–18 Uhr. Galerie-Café Mi.–So. 14–22 Uhr, Do.-abend musikalisch-literarische Veranstaltungen.

Galerie Mitte
Stadtbezirksgalerie, 1040 Berlin, Reinhardtstr. 10, Tel. 2826042. Geöffnet: Mo.–Fr. 11–19 Uhr.

Galerie am Prater
Stadtbezirksgalerie, 1058 Berlin, Kastanienallee 100, Tel. 4481456. Geöffnet: Di.–Fr. 13–19 Uhr, Sa. 11–16 Uhr.

Galerie Ring
1020 Berlin, Weinmeisterstr. 8. Geöffnet: Mo.–Fr. 14–18 Uhr, jeden 4. Sa. im Monat 14–17 Uhr.

Galerie Rosenthaler Straße
1054 Berlin, Rosenthaler Str. 19, Tel. 2813171/2829575. Geöffnet: Mo.–Fr. 10–18 Uhr.

Galerie Rotunde
(im Alten Museum), 1020 Berlin, Bodestr. 1–3, Tel. 2200381, App. 409. Geöffnet: Mi., Do. 9–18 Uhr, Fr. 10–18 Uhr, Sa., So. 9–18 Uhr.

Galerie Sophienstraße 8
Stadtbezirksgalerie, 1130 Berlin, Sophienstr. 8, Tel. 5251739. Geöffnet: Di.–Fr. 11–19 Uhr, Sa. 10–13 Uhr.

Buchhandlung Tannert
Private Galerie in der Buchhandlung, 1157 Berlin, Ehrlichstr. 29, Tel. 5087441. Geöffnet: Mo.–Fr. 10–13 Uhr, 15–19 Uhr.

Galerie Vier
(Blume, Domröse, Tannert, Weiss), 1054 Berlin, Wilhelm-Pieck-Str. 25. Geöffnet: Di. 11–14 Uhr, Do. 17–21 Uhr, Sa. 11–14 Uhr.

Galerie am Weidendamm
1080 Berlin, Friedrichstr. 103, Tel. 2127230. Geöffnet: Mo.–Fr. 10–18 Uhr, Sa. + So. 10–16 Uhr.

Galerie Weißer Elefant
1054 Berlin, Almstadtstr. 11, Tel. 2823908, Geöffnet: Di.–Do. 11–19 Uhr, Fr. 11–22 Uhr, Sa. 13–16 Uhr.

Galerie Wilfriede Maaß
1071 Berlin, Dänenstr. 16. Geöffnet: Mi. u. Do. 15–20 Uhr, Sa. 11–16 Uhr.

Insel Galerie
1193 Berlin, Insel der Jugend Treptow, Tel.: 2725523. Geöffnet: Di., Mi. und Fr. 15–21 Uhr, Do. u. Sa. 15–19 Uhr.

kleine galerie pankow
Stadtbezirksgalerie, 1110 Berlin, Berliner Str. 130, Tel. 4827331, Geöffnet: Mo.–Mi. 13–18 Uhr, Do. 13–20 Uhr, Fr. 13–18 Uhr, jeden 4. Sa. 10–13 Uhr.

Kreiskulturhaus Treptow
Stadtbezirksgalerie, 1193 Berlin, Puschkinallee 5, Tel. 2727952. Geöffnet: täglich 12–18 Uhr, jeden Do. Veranstaltungen 19.30 Uhr. Ausstellungseröffnung jeweils 1. Di. im Monat 19.30 Uhr.

Kunsthandlung Maeder
1058 Berlin, Dimitroffstr. 22. Geöffnet: Mo.–Fr. 10–18 Uhr.

Sommergalerie Mahlsdorf
1147 Berlin, Florastr. 113. Geöffnet: Mo.–Fr. 10–19 Uhr, So. 14–18 Uhr.
Freilicht-Skulpturen-Galerie.

Studio Bildende Kunst
Stadtbezirksgalerie, 1195 Berlin, Baumschulenstr. 78, Tel. 6329737. Geöffnet: Mo.–Fr. 13–18 Uhr.

tip-Galerie
Galerie des »theaters im palast«, 1020 Berlin, Palast der Republik, Marx-Engels-Platz, Tel. 2383345/2382105.
Monatlich wechselnde Ausstellungen zur Gegenwartskunst des In- und Auslandes. Schwerpunkt: Bildende Kunst und Theater. Da die Öffnungszeiten wegen der Aufführungen und Proben häufig wechseln, ist es ratsam, telefonisch unter der Rufnummer 2383348 Auskunft einzuholen.

Ventos Laden
1058 Berlin, Dimitroffstr. 53. Geöffnet: Mi.–Fr. 10–13/14–18 Uhr, Sa. 9–12 Uhr.
Bilder, Keramik, Kunsthandwerk, Bilderrahmen.

Alternative Galerieszene Berlin

Bilderkneipe Zur Jette
1040 Berlin, Novalisstr. 2, Tel. 2823751. Geöffnet: Mo.–Fr. 11–24 Uhr.

Club Schaufenster
1040 Berlin, Chausseestr. 123, Tel.: 2826035.

Fotogalerie in der Brotfabrik
(vorher Galerie Spitze), 1120 Berlin, Heinersdorfer Str. 58, Tel. 3650001. Geöffnet: Mi. und Do. 15–20 Uhr, Fr. 15–22 Uhr, Sa. u. So. 13–18 Uhr.

Galeere 222
1071 Berlin, Finnländische Str. 15, Tel. 4486950. Geöffnet: Mi.–Sa. 14–18 Uhr.

Die Galerie
1120 Berlin-Weißensee, Roelckestr. 29. Geöffnet: Mo.–Do. 9–13 Uhr u. 14–18 Uhr.
Frauenkunst

Galerie ACUD
1055 Berlin, Rykestr. 13, Tel. 4374909. Geöffnet: Mo., Di. u. So. 16–22 Uhr, Fr. u. Sa. 17–24 Uhr.

Galerie im Café der Umweltbibliothek
1058 Berlin, Griebenowstr. 16. Geöffnet: Di. u. Do. 18–22 Uhr, So. 18–23 Uhr.

Galerie im Dreieck
1058 Berlin, Oderberger Str. 6, Tel. 4497277. Geöffnet: Do.–Sa. 15–19 Uhr.

Galerie Glatzkasten
1035 Berlin, Boxhagener Str. 86. Geöffnet: Mo.–Do. 18 bis 21 Uhr.

Galerie K 90
1058 Berlin, Knaackstr. 90. Geöffnet: Mo.–Sa. 16–20 Uhr.

Galerie im Scheunenviertel
1020 Berlin, Weinmeisterstr. 8, Tel. 2817332. Geöffnet: Mo.–Fr. 14–18 Uhr, jeden 4. Sa. i. Monat 14–17 Uhr.

Jugendkulturhaus JoJo
1040 Berlin, Wilhelm-Pieck-Str. 216, Tel. 2823727. Geöffnet: Mo.–Fr. 11–18 Uhr.

Kunsthaus Tacheles
1040 Berlin, Oranienburger Str. 54, Tel. 2826185. Geöffnet: täglich von 18–3 Uhr.

Werkstatt Galerie
1034 Berlin, Rigaer Str. 2. Geöffnet: Di.–Do. 15–20 Uhr.

Die Wohnmaschine
1040 Berlin, Tucholskystr. 36, Tel. 2815812. Geöffnet: Mi. 17–19 Uhr, So. 15–19 Uhr

BURGK

Staatliches Museum Schloß Burgk
6551 Burgk, Tel. Remptendorf 267. Geöffnet: März bis Oktober Di.–So. 10–12 Uhr, 14–17 Uhr, November bis Februar 10–12.30 Uhr, 14–16 Uhr.
Das Museum beherbergt die Nationale Exlibris-Sammlung der DDR. In der Neuen Galerie finden Sonderausstellungen zur Gegenwartskunst der DDR statt.

CHEMNITZ

Städtische Kunstsammlung
9001 Chemnitz, Theaterplatz 1, Tel. 62245. Geöffnet: Sa.–Do. 9–18 Uhr.
Die Städtische Kunstsammlung Chemnitz umfaßt etwa 1200 Gemälde und knapp 200 Plastiken, ihr Graphik-Kabinett rund 14800 Aquarelle, Handzeichnungen, vorwiegend aber Druckgrafiken. Sie ist eine Sammlung zur deutschen Kunst des 19./20. Jh. und zur Kunst der DDR.

Galerie oben
9001 Chemnitz, Klosterstraße 1, Tel.: 61266. Geöffnet: Mo.–Fr. 9–18 Uhr (Mi. ab 10 Uhr); Sa. 8–12 Uhr.
Die Galerie oben gehört unter der Leitung von Bernd Weise zu den profiliertesten Ausstellungsstätten der DDR. Die Künstler, die hier genossenschaftlich organisiert sind, unterstützen kontinuierlich seit Jahren neue Tendenzen im Gegenwartsschaffen.

Galerie Schmidt-Rottluff
9001 Chemnitz, Markt 1, PSF 340, Tel. 61107. Geöffnet: Mo., Di., Do., Fr. 9–18 Uhr, Mi. 10–18 Uhr, Sa. 8–12 Uhr.
Wechselnde Verkaufsausstellungen bildender und angewandter Kunst mit Ausstellungseröffnung, Ausstellungsgespräch, Plakat und Katalog.

Neue Kunsthütte Chemnitz
9001 Chemnitz. Im ehemaligen Bezirksamt der Staatssicherheit auf dem Kaßberg.
Am 24. 1. 1990 gründete der Kunsthistoriker Werner Ballarin zusammen mit Künstlern wie Michael Morgner und Thomas Ranft den traditionellen Kunstverein »Kunsthütte Chemnitz« wieder, der 1860 von engagierten Bürgern der Stadt ins Leben gerufen worden war.

COTTBUS

Staatliche Kunstsammlungen Cottbus
7500 Cottbus, Spremberger Str. 1, Tel. 22042/22043. Geöffnet: Di.–So. 10–18 Uhr.
Die Staatlichen Kunstsammlungen wurden 1977 gegründet. Die Einrichtung versteht sich als Museum der Kunst des 20. Jahrhunderts, mit dem Schwerpunkt Kunst der DDR ab 1970. Spezialsammlungen zur Fotografie der DDR und Plakaten.

HAUS 23
7500 Cottbus, Marienstr. 23. Geöffnet: Mi. 18–20 Uhr, Sa. 16–20 Uhr, So. 10–13 Uhr.

Galerie Carl Blechen
7500 Cottbus, Stadtpromenade, Tel. 25020. Geöffnet: Mo. 12–18 Uhr, Di.–Fr. 9–18 Uhr, jeden 2. Samstag im Monat 9–12 Uhr.
Monatlich wechselnde Verkaufsausstellungen mit Eröffnungsveranstaltungen, gelegentlich Kataloge.

DESSAU

Bauhaus Dessau
4500 Dessau, Thälmannallee 38, Tel. 7051-463. Geöffnet: Mi., Do. 15–18, Sa., So. 10–12.30, 14–17 Uhr.
1986 wurde das Bauhaus wiedereröffnet und dient als Stätte der Begegnung von Gestaltern und Architekten. Die Sammlungen enthalten etwa 10000 Sachzeugen der Bauhaus-Zeit von denen ein Teil in einer ständigen Ausstellung gezeigt wird.

DRESDEN

Gemäldegalerie Neue Meister
Albertinum, 8012 Dresden, Tel. 495 30 56. Geöffnet: Nov.–Jan. Fr.–Mi. 10–16 Uhr; Febr.–Apr., Okt. Fr.–Mi. 10–17 Uhr; Mai, Juni, September Fr.–Mi. 9–17 Uhr (1. und 4. Di. bis 18 Uhr); Juli, August Fr.–Mi. 9–18 Uhr.
Kunst des 19. und 20. Jahrhunderts mit Schwerpunkt Dresden.

Kupferstichkabinett
8019 Dresden, Güntzstraße 34, Tel. 4 59 38 13. Geöffnet: Mo., Mi., Fr. 9–16.30 Uhr/Di., Do. 9–18 Uhr. Studiensaal geöffnet: Mo., Mi. 10–12 Uhr/14–16 Uhr, Di. 10–12 Uhr/14–18 Uhr.
Die Sammlung umfaßt 164 000 grafische Einzelblätter, 3 700 grafische Folgen und 29 000 Zeichnungen einschließlich Aquarelle und Pastelle vom 15. Jh. bis zur Gegenwart.

Galerie Adlergasse
8010 Dresden, Adlergasse 14. Geöffnet: Mi. u. Fr. 16–20 Uhr, Sa. 14–18 Uhr.
Künstlerselbsthilfeprojekt. Die Gaststätte »Stadt Riesa« finanziert die Galerie im Obergeschoß.

Galerie und »Coffeeshop Bronxx«
8060 Dresden, Alaunstr. 64. Geöffnet: Mi.–So. 18–6 Uhr.
Die Verbindung von Ausstellung mit Nachhilfe für das Dresdner Nachtleben lag nahe, sollte zudem Versuch sein, neben dem Stammpublikum aus der neustädtischen »Großfamilie« auch zufällige, neugierige oder profan durstige Besucher mit Kunst zu konfrontieren.

Galerie Comenius
8060 Dresden, Bautzner Str. 22, Tel. 5 58 02. Geöffnet: Di.–Fr. 14–18 Uhr, Sa. 10–13 Uhr.
Im Rahmen des Kulturbundes gründete Diether Schmidt 1977 die Galerie Comenius und die Ausstellungsreihe »Orbis Pictus«. Im Dezember 1989 gründeten 23 Dresdner Malerinnen, Grafikerinnen, Plastikerinnen, Kunsthandwerkerinnen und Kunstkritikerinnen die »Dresdner Sezession 89«. Seit April 1990 ist die Galerie Comenius Ausstellungs- und Kommunikationsstätte der Sezession.

Galerie Kühl
8060 Dresden, Zittauer Str. 12, Tel. 5 55 88. Geöffnet: Di.–Fr. 10–13/14–18 Uhr, Sa. 10–15 Uhr, So. 11–13 Uhr.

Galerie Gebr. Lehmann (ARTEFAKT)
8010 Dresden, Institutsgasse 4. Geöffnet: Mi.+Fr. 16–20 Uhr, Sa. 14–18 Uhr.
ARTEFAKT ist ein Wohnungsprojekt seit Januar 1988. Ausgangspunkt war die Zusammenarbeit mit den fast Ausgeschlossenen der offiziellen Kunstbühne.

Galerie Mitte
8019 Dresden, Fetscherplatz 7, Tel. 4 59 00 52. Geöffnet: Mi.–Fr. 14–18 Uhr, Sa.–So. 10–18 Uhr.
Die am 29. 9. 1979 gegründete Galerie spezialisierte sich, unterstützt von einem künstlerischen Beirat, dem u. a. Andreas Dress, Eberhard Göschel und Claus Weidensdorfer angehörten, auf Grafik der Gegenwart im weitesten Sinne:
Handzeichnungen, Aquarelle, Collagen, Montagen, Fotografie, Fotografik usw.

Galerie Nord
8023 Dresden, Leipziger Str. 54/56, Tel. 57 15 69. Geöffnet: Mo.–Sa. 14–18 Uhr. 1974 wurde die Galerie Nord als die erste der kommunalen kleinen Galerien in diesem kulturell unterentwickelten Dresdener Stadtteil gegründet.
Am Anfang waren der Galerie eine Reihe von überwiegend im Stadtbezirk Nord ansässigen jungen Künstlern verbunden, die größtenteils 1972 die Hochschule für Bildende Künste in Dresden absolviert hatten: Joachim Böttcher, Veit Hofmann, Christian Kirsten, Marlies Lilge, Stefan Plenkers, Rainer Zille. Junge Künstler blieben ein Schwerpunkt der Galeriearbeit. Seit 1982 werden regelmäßig »Junge Künstler« in Gruppenausstellungen gezeigt.

Galerie West
8028 Dresden, Kesselsdorfer Straße 70, Tel. 43232. Geöffnet: Mo.–Fr. 14–18 Uhr; jeden 1. und 3. Sa. im Monat 10–12 Uhr.

Hochschule für Bildende Künste Dresden Galerie Brühlsche Terrasse
8010 Dresden, Brühlsche Terrasse 1, Tel. 4952457. Geöffnet: Mo.–Do. 8–17 Uhr. Die Hochschulgalerie wurde 1971 gegründet und verfügt über einen für Ausstellungszwecke ausgebauten Raum im alten Akademiegebäude. Die Ausstellungen zeigen in der Regel Lehrer und ehemalige Schüler der Hochschule, auch einzelne Fachbereiche und Klassen werden vorgestellt.

Studentengalerie Raum 62. Geöffnet: Mo.–Fr. 8–17 Uhr. Hier stellen Absolventen der HfBK, Außenseiter und Autodidakten aus.

Leonhardi-Museum
8054 Dresden, Grundstraße 26, Tel. 36513. Geöffnet: Di.–Fr. 13–18 Uhr; Sa./So. 10–18 Uhr.

Neue Dresdener Galerie
8010 Dresden, Ernst-Thälmann-Straße 16, Tel. 495198. Geöffnet: Mo.–Fr. 10–18 Uhr, Sa. 10–13 Uhr.
Die Neue Dresdener Galerie wurde im November 1978 als Galerie des ehemaligen Staatlichen Kunsthandels der DDR gegründet.

Neuer Sächsischer Kunstverein
8060 Dresden, Münzgasse 10.
Bis zum Wiederaufbau des von Konstantin Lipsius zwischen 1885 und 1894 erbauten Gebäudes für den 1828 gegründeten und 1945 liquidierten Kunstverein auf der Brühlschen Terrasse soll der Verein in der »Galerie Rähnitzgasse« seine Aktivitäten entfalten. Zum ersten Vorsitzenden wurde Johannes Kühl, Leiter der lange Zeit einzigen Privatgalerie in der DDR, gewählt.

Galerie Rähnitzgasse
8060 Dresden, Rähnitzgasse 8, Tel. 51456. Geöffnet: Di.–So. 10–16 Uhr, Mi. 10–19 Uhr.

Obergrabenpresse
8010 Dresden, Ritzenbergstr. 5, Tel. 575052. Geöffnet: Di. 14–18 Uhr (und nach Absprache).
1978 gründeten Eberhard Göschel, Peter Herrmann, Jochen Lorenz, Ralf Winkler (alias A. R. Penck) und Bernhard Theilmann die Obergrabenpresse. Spezialisiert auf Hoch- und Tiefdruck, Mappen, Edition »grafiklyrik«.

ERFURT

Angermuseum
5020 Erfurt, Anger 18, Tel. 23311. Geöffnet: Mi.–So. 10–18 Uhr. Das Angermuseum in Erfurt, 1886 vom Rat der Stadt als »Städtisches Museum« im ehemaligen kurmainzischen Pack- und Waagehof (1706–1712) eröffnet, beherbergt Sammlungen, deren Geschlossenheit ihren Rang ausmachen. Hierzu zählen insbesondere die Sammlung mittelalterlicher Kunst Thüringens sowie die Sammlung thüringischer Fayencen. Daneben zeigt die Gemäldegalerie qualitätvolle Beispiele deutscher Malerei des 18. bis 20. Jahrhunderts, in deren Zentrum Landschaften von Vertretern der Weimarer Schule stehen.

Erfurter Kunstkabinett
5020 Erfurt, Anger 37/38, Tel. 22696. Geöffnet: Mo.–Fr. 10–17 Uhr (und während Veranstaltungen in anderen Räumen auch abends und am Wochenende).

Galerie am Fischmarkt
(»Haus zum Roten Ochsen«), 5020 Erfurt, Fischmarkt 7, Tel. 22188. Geöffnet: Mi.–So. 10–18 Uhr.
Wechselnde thematische Ausstellungen zur bildenden und angewandten Kunst der Gegenwart aus dem In- und Ausland. Regelmäßig findet die Quadriennale des Kunsthandwerks statt.

Galerie im Kloster
Kunstdienst der Evangelischen Kirche im Predigerkloster,
5020 Erfurt, Meister-Eckehart-Straße 1, Tel. 24207. Geöffnet: Mo.–Fr. 8–16 Uhr, in den Sommermonaten Mo.–Sa. 14–18 Uhr, So. 11–13 Uhr.

Am Anfang gab es ein wenig genutztes Kloster und einen Kunstliebhaber, für den anscheinend keine rechte Verwendung war. Die Evangelische Kirche der Union erkannte die Gelegenheit und brachte beide zusammen. So begann im Herbst 1964 der Kunstdienst der Evangelischen Kirche mit seiner Arbeit im Predigerkloster Erfurt.

Kleine Galerie »Bildermarkt«
5020 Erfurt, Marktstraße 21. Geöffnet: Mo.–Fr. 13–18 Uhr.

FRANKFURT/ODER

Galerie Junge Kunst
1200 Frankfurt/Oder, Rathaus, Tel. 22763. Geöffnet: Di.–Sa. 10–18 Uhr/So. + feiertags 11–17 Uhr.
Die 1965 gegründete Galerie Junge Kunst ist in dem zu Beginn des 14. Jahrhunderts erbauten Rathaus (Backsteinbau, steht unter Denkmalschutz) untergebracht. Inzwischen umfaßt die Sammlung mehr als 8 000 Werke des Realismus in der Malerei, Grafik und Plastik von Künstlern der DDR sowie der proletarischen, antifaschistischen und frühen sozialistischen deutschen Kunst.

GADEBUSCH

Galerie am Schloßberg
2730 Gadebusch, PSF. 41. Geöffnet: Mi.–So. 12–16 Uhr.

GERA

Kunstgalerie Gera
6500 Gera, Dimitroffstr. 4, Tel. 66430. Geöffnet: Mo.–Mi. 10–18 Uhr, Do. 12–20 Uhr, Sa., So. 10–17 Uhr.
Seit 1972 als Abteilung der Geraer Museen geführt, wurden die Kunstsammlungen 1981 als selbständige Einrichtung im Nordflügel der ehemaligen spätbarocken Orangerie untergebracht. Die Sammlung umfaßt Gemälde und grafische Blätter vom 15. Jh. bis zur Gegenwart. Daneben wurde seit 1982 eine »Sammlung Handzeichnungen der DDR« mit 1 300 Blättern von 200 Künstlern aus der DDR aufgebaut, die in bisher sechs Ausstellungen und Katalogen der Öffentlichkeit zugänglich gemacht wurde.

Otto-Dix-Museum
Im Geburtshaus von Otto Dix und einem historisierenden Anbau unmittelbar neben der Marienkirche im Stadtteil Untermhaus wird 1991 zum hundertsten Geburtstag des Meisters ein Museum eröffnet, das den Bestand von 14 Gemälden sowie Grafik und 46 Feldpostkarten aus der Kunstgalerie aufnehmen wird.

GÖRLITZ

Stadtmuseum Kaisertrutz
8900 Görlitz, Demianiplatz 1, Tel. 67351. Geöffnet: April bis Oktober, Mo., Di., Fr., Sa. 10–13, 14–18, So. 10–15 Uhr.
Erbaut 1490 zum Schutz des westlichen Stadtzugangs. Ständige Ausstellung mittelalterlicher Malerei und Plastik, deutscher Malerei des 19. und 20. Jh. und deutscher Plastik des 20. Jh.

Museum Neißstraße
8900 Görlitz, Neißstraße 30, Tel. 67354. Geöffnet: April bis Oktober, Mo.–Do. 10–13, 14–18, So. 10–15 Uhr, November bis März, Mo.–Sa. 10–17, So. 9–12, 13–15 Uhr.
Als Wohn- und Handelshaus 1726 durch Samuel Suckert für den Kaufmann Christian Ameiß erbaut. Seit 1976 ständige Ausstellung zu Leben und Werk des Görlitzer Künstlers Johannes Wüsten (1896–1943). Das Grafische Kabinett enthält Aquarelle, Pastelle, Handzeichnungen und Druckgrafik vom 15. Jh. bis zur Gegenwart und umfaßt ca. 36 000 Blätter. Sonderausstellungen mit Werken zeitgenössischer Malerei und Grafik aus der DDR.

GREIZ

Staatliche Museen Greiz
Bücher- und Kupferstichsammlung mit Satiricum im Sommerpalais
6600 Greiz, Sommerpalais, Leninpark, Tel. 2283. Geöffnet: Di.–Fr. 10–16 Uhr, Sa., So. 10–13 Uhr (Sonderausstellungen im Gartensaal April bis Oktober Di.–So. 10–18 Uhr).

Zusammen mit Karikaturisten gründete der Direktor des Museums, Werner Becker, 1975 das »Satiricum« als »nationale Karikaturensammlung der DDR«. Das Fundament dazu war mit der bedeutenden Sammlung englischer, französischer und deutscher Karikaturen gelegt. Neben der Karikaturenbiennale werden laufend Ausstellungen historischer und aktueller Karikaturen gezeigt. Unter der redaktionellen Leitung von Paul Thiel werden Forschungsergebnisse zum Thema Karikatur, Comic und Alltagskultur seit 1989 in dem Jahrbuch »Greizer Studien« publiziert.

GÜSTROW

Ernst-Barlach-Gedenkstätte der DDR
2600 Güstrow, Atelierhaus am Heidberg, Heidberg 15, Tel. 6 22 06

Gertrudenkapelle
Gertrudenplatz 1, Tel. 6 30 01. Geöffnet: Di.–So. 9–12/13–17 Uhr, Oktober bis März Di.–So. 9–16 Uhr.
Die während des Zweiten Weltkrieges an verschiedenen Stellen der Stadt ausgelagerte Hinterlassenschaft von Ernst Barlach (1870–1938) wurde 1947 wieder im Atelierhaus zusammengeführt. 1953 hatte die Stadt Güstrow die Gertrudenkapelle, eine mittelalterliche Pilgerkirche, als Barlach-Gedenkstätte eröffnet.

HALLE

Staatliche Galerie Moritzburg
4020 Halle/S., Friedemann-Bach-Platz 5, Tel. 3 70 31. Geöffnet: Di. 14–21 Uhr, Mi.–So. 10–13/14–18 Uhr.
In der Moritzburg, der 1484–1503 errichteten Zwingburg und Residenz der Erzbischöfe von Magdeburg, wurde zu Beginn unseres Jahrhunderts ein Kunstmuseum eingerichtet, das die bedeutendste Sammlung deutscher Expressionisten auf dem Gebiet der DDR beherbergt.

Galerie am Hansering
4020 Halle, Hansering 7, Tel. 2 14 10. Geöffnet: Mo.–Fr. 10–13/14–18 Uhr.

Galerie »Junge Kunst«
4020 Halle, Alter Markt 31. Geöffnet: Mo.–Fr. 13–18 Uhr.

Galerie Marktschlößchen
4020 Halle, Markt 13. Geöffnet: Di.–So. 10–13/14–18 Uhr.

Gosenschänke
4020 Halle, Bürgstr. 71, Tel. 2 45 94. Geöffnet: Mo.–Sa. 18–24 Uhr.
Studentenclub der Hochschule für Industrielle Formgestaltung Burg Giebichenstein.

Hochschule für industrielle Formgestaltung Burg Giebichenstein
Burg-Galerie, 4020 Halle/S., Klement-Gottwald-Straße 47, Tel. 2 46 58. Geöffnet: Mo.–Mi., Fr. 9–18 Uhr; Do. 9–19 Uhr; Sa. 8–12 Uhr.
In den 11 Ausstellungen pro Jahr werden überwiegend Arbeiten von Studenten und Absolventen der Hochschule gezeigt.

Jugendclub am Steg
4020 Halle, Steg 2, Tel. 2 63 81. Geöffnet: täglich 16–21 Uhr.
Acht Ausstellungen im Jahr zu Tendenzen in der Fotografie der DDR.

HOYERSWERDA

Kleine Galerie im Otto-Grotewohl-Klub des Kulturbundes
7700 Hoyerswerda, Wohnkomplex VII, Gaststätte Olympia,
Postadresse: Martin Schmidt, Siegfried Wiedera-Str. 34, 7700 Hoyerswerda, Tel. 2 24 51. Geöffnet: Di.–Fr. 8–23 Uhr, Mo. 8–16 Uhr. Am Wochenende nach Vereinbarung.
Hoyerswerda liegt abseits vom Kunstgetriebe der DDR und dennoch ist hier seit 1969 ein Treffpunkt der Künstler entstanden, organisiert von einem kunstinteressierten Ingenieur namens Martin Schmidt.

JENA

Städtische Museen Jena
Kunstsammlung und Romantiker-Gedenkstätte, 6900 Jena, Unterm Markt 12 a, Tel. 2 35 21. Geöffnet: Di., Do.–Sa. 10–13/14–17 Uhr, Mi. 10–13/14–18 Uhr.
Die Kunstsammlung, die bildende Kunst vom Mittelalter bis zur Gegenwart umfaßt, ist als Abteilung des Städtischen Museums im Jenaer Romantikerhaus untergebracht.

Galerie Lobeda West
6900 Jena, Karl-Marx-Allee 14, Tel. 3 15 96. Geöffnet: Di.–Fr. 10–13/14–17 Uhr (Mi. bis 18 Uhr), Sa. 13–17 Uhr.

Galerie am Stadthaus
6900 Jena, Unterm Markt 14, Tel. 2 46 04. Geöffnet: Mo.–Fr. 10–13/14–18 Uhr.

Kneipengalerie
6900 Jena, Oberlauengasse 10. Geöffnet: Mo.–Fr. 7–24 Uhr, Sa. Frühschoppen, So. 18–22 Uhr.
Wechselnde Ausstellungen zur Gegenwartskunst in den Schankräumen, Diskussionsabende, Musik und andere Kulturveranstaltungen.

LEIPZIG

Museum der bildenden Künste
Galerie von Meisterwerken der Malerei und Plastik aus sechs Jahrhunderten und Grafische Sammlung, 7010 Leipzig, Georgi-Dimitroff-Platz 1, Tel. 31 26 17. Geöffnet: Di., Do.–So. 9–17 Uhr, Mi. 13–21.30 Uhr. Grafische Sammlung: Di.–Sa. 9–12/13–17 Uhr.
Das Museum der bildenden Künste gehört mit zu den bedeutendsten Kunstmuseen der DDR. Gegenwärtig befindet sich Malerei und Plastik vom Mittelalter bis 1945 und die Grafische Sammlung im Georgi-Dimitroff-Museum. Die Sammlung zeitgenössischer Kunst dagegen ist im Grassi-Museum zu besichtigen.

Museum der bildenden Künste
Galerie sozialistische Kunst
(im Grassimuseum), 7010 Leipzig, Johannisplatz 5–11, Tel. 31 31 02. Geöffnet: Di.–Fr. 9.30–17 Uhr, Sa. 10–16 Uhr, So. 9–13 Uhr.

Eigen+Art
7030 Leipzig, Fritz-Austel-Str. 31 (Hofgebäude). Geöffnet: Mi. 17–19 Uhr, Sa. 14–19 Uhr, So. 16–20.

Galerie „Augen-Blick"
7010 Leipzig, Beethovenstr. 17, PSF 669, Tel. 28 64 47. Geöffnet: Mo., Di., Do.–Sa. 10–24 Uhr.
Das Ausstellungsprogramm orientiert sich an den Ausbildungsschwerpunkten Fotografie und Buchkunst der Leipziger Kunsthochschule.

Galerie Barbakane
im Café des Studentenklubs, 7010 Leipzig, Universitätsstr. 9, Tel. 29 29 32. Geöffnet: Mo.–Fr. 10–18 Uhr, jeden letzten Mi. im Monat und während der Ferien geschlossen.
Die Moritzbastei mit ihren unterirdischen Gewölben gehörte zu den städtischen Befestigungsanlagen aus dem 16. Jahrhundert. Die Galerie zeigt jährlich acht Ausstellungen von Absolventen der Kunsthochschulen der DDR.

Galerie am Feld
7027 Leipzig, Sommerfelderstr. 56. Geöffnet: Mi. 17–22 Uhr, Fr. ab 19 Uhr.

Galerie in der Hochschule für Grafik und Buchkunst
7010 Leipzig, Dimitroffstr., Tel. 3 91 32 11. Öffnungszeiten: Di.–Fr. 10–18 Uhr, Sa. 10–16 Uhr.

Galerie im Klub der Intelligenz »W. G. Leibnitz«
Galerie des Kulturbundes der DDR, 7010 Leipzig, Elsterstr. 35, Tel. 2005 12. Geöffnet: Mo. 8–16 Uhr, sonst nach vorheriger Anmeldung.
Zu den monatlich wechselnden Ausstellungen trifft sich hier die wissenschaftliche und künstlerische Intelligenz der Stadt. Die Galerie hat sich seit Jahren darauf spezialisiert, einem bildenden Künstler zusammen mit einem Schriftsteller vorzustellen.

Galerie am Kraftwerk
7010 Leipzig, Erich-Weinert-Str. 8, Tel. 2041 16/287642. Geöffnet: Mi., Do. 14–20 Uhr, Sa. 13–17 Uhr und auf Anfrage.
Die Galerie wurde am 14. 3. 1990 von dem Künstler Wolfgang Henne und dem Kunstkritiker Peter Lang mit der Ausstellung »Kopf an Kopf« eröffnet. Zunächst sind Ausstellungen von Leipziger und Dresdner Künstlern geplant.

Galerie Nord
Galerie des Kulturbundes der DDR, 7022 Leipzig, Viertelsweg 47, Tel. 584496. Geöffnet: Di. und Fr. 14–19 Uhr, Sa. 14–17 Uhr, So. 10–13 Uhr.
Die Galerie in Leipzig-Gohlis hat sich in den vergangenen zwei Jahren mit der Ausstellungskonzeption von Ina Gille ausschließlich auf Projekte junger Künstlerinnen spezialisiert, die von Performances und Lesungen begleitet werden. Die Reihe soll fortgesetzt werden.

Galerie P
7050 Leipzig, Erich-Ferl-Str. 13, Tel. 65975. Geöffnet: Mo.–Fr. 10–13/14–18 Uhr.
Die Galerie P im Leipziger Osten gehörte ehemals zum Staatlichen Kunsthandel der DDR. Mit dem Verkauf von Postern, von kritischer und satirischer Grafik, sowie künstlerischer Fotografie wendet sie sich vor allem an ein jugendliches Publikum.

Galerie am Sachsenplatz
7010 Leipzig, Katharinenstr. 11, Tel. 292231. Geöffnet: Di.–So. 11–18 Uhr.
Die Galerie am Sachsenplatz nimmt das erste Stockwerk eines frühbarocken Leipziger Bürgerhauses ein. Seit 1972 gelang es den Galeristen, mit sorgfältig zusammengetragenen Verkaufsausstellungen vor allem Künstler der älteren Generation, die im Dritten Reich keine Entfaltungsmöglichkeiten hatten und in der Kulturpolitik der DDR mehr oder weniger unbeachtet blieben, zu ihrem Recht kommen zu lassen.

Galerie Süd
7030 Leipzig, Karl-Liebknecht-Str. 84, Tel. 315102. Geöffnet: Mo.–Fr. 15–18 Uhr.
Die Galerie Süd in Leipzig-Connewitz wurde im Herbst 1982 gegründet, ursprünglich, um den in diesem Stadtteil besonders zahlreichen Künstlern eine Ausstellungsmöglichkeit zu eröffnen.

Galerie Theaterpassage
7010 Leipzig, Goethestr. 2, Tel. 207025. Geöffnet: Mo.–Fr. 10–13/14–18 Uhr.
Seit mehreren Jahren stellt Romy Hanisch für den relativ kleinen Raum der Galerie Theaterpassage (zwischen Goethe- und Ritterstraße) sehr erlesene Kombinationen von Malerei, Zeichnung, Grafik einerseits und kunsthandwerklichen Objekten andererseits zusammen.

Galerie am Thomaskirchhof
7010 Leipzig, Burgstr. 5, Tel. 298028. Geöffnet: Mo.–Fr. 10–18 Uhr, während der Messe ist zusätzlich Sa., So. von 10–18 Uhr geöffnet.
Die Galerie am Thomaskirchhof vertritt die Leipziger Künstler der jungen und mittleren Generation aus der Tradition der Leipziger Hochschule ebenso wie ihre Opponenten.

Galerie »Wort und Werk«
7010 Leipzig, Markt 9, Tel. 295621. Geöffnet: Mo.–Fr. 9–18 Uhr, Sa. 9–12 Uhr, So. 10–17 Uhr.
Die älteste Galerie in Leipzig besteht seit 1957. Sie ist der christlichen Buchhandlung »Wort und Werk« angeschlossen. Seit 1964 veranstaltet sie Verkaufsausstellungen von zumeist zwei Künstlern, die sich mit Malerei bzw. Zeichnung und Plastik gegenseitig ergänzen.

MAGDEBURG

Kloster Unser Lieben Frauen
3010 Magdeburg, Regierungsstr. 4–6, Tel. 33741. Geöffnet: Di.–So. 10–18 Uhr.
Die romanische Anlage des Klosters Unser Lieben Frauen, nach dem Dom sicherlich der schönste Bau Magdeburgs, wird seit der Wiederherstellung des Westflügels als Museum und Ausstellungsort, die Kirche als Konzerthalle genutzt. 1976 wurde hier eine »Nationale Sammlung der Kleinplastik

der DDR« eingerichtet und mit den Gründungsbeständen erstmals ausgestellt.

MEININGEN

Staatliche Museen Meiningen
Schloß Elisabethenburg, 6100 Meiningen, Tel. 3641. Geöffnet: Di.–So. 9–16 Uhr. Die Kunstsammlung, die in dem Ende des 17. Jh. erbauten Barockschloß Elisabethenburg untergebracht ist, gliedert sich in eine historische Abteilung und die Galerie »Kunst der DDR«.

NAUNDORF

Robert-Sterl-Haus
8301 Naundorf bei Stadt Wehlen, Naundorfer Straße 99, Tel. Struppen 216. Geöffnet: Zwischen 1. Mai und 31. Oktober Mi., Do., Sa. 10–17 Uhr.
Wohnhaus des Malers Robert Sterl zwischen 1919 und 1932. Sterl (1867–1932) gehört zu den bedeutendsten Vertretern des deutschen Impressionismus.

NEUBRANDENBURG

Staatliche Kunstsammlung Neubrandenburg
2000 Neubrandenburg, Am Pferdemarkt 1, Tel. 6229. Geöffnet: Di.–Fr. 10–13/14–17.30; Sa./So. 10–13 Uhr.
Das Kunstmuseum wurde 1982 gegründet und sammelt vorwiegend Gegenwartskunst. Nach der Rekonstruktion der im Zweiten Weltkrieg zerstörten Marienkirche wird die Staatliche Kunstsammlung dort ihren Sitz erhalten.

PLAUEN

Galerie 75
9900 Plauen, Oberer Graben 13, Tel. 26994. Geöffnet: März bis Dezember Di.–Fr. 8–12/13–16 Uhr.
Am 3. Dezember 1961 fanden sich in Plauen zwei Grafiker und 11 Grafikfreunde zusammen, um die »Plauener Grafikgemeinschaft« ins Leben zu rufen.
1975 entstand eine eigene Galerie, die »Galerie 75«, in der Lothar Rentsch und Peter Wolf, unterstützt von dem Maler und Grafiker Jürgen Adler, dem Lehrer Jürgen Potzold und dem Bildhauer Hannes Schulze bisher 75 Ausstellungen zeigen konnten.

Kunstgalerie »Vogtland«
9900 Plauen, Bahnhofstraße 67, Tel. 26473. Geöffnet: Mo.–Fr. 10–13/14–18 Uhr.

POTSDAM

Bildkammer
1560 Potsdam, Schloßstr. 13. Geöffnet: Do.–So. 18–1 Uhr. Galerie und Kneipe im ehemaligen Kulturhaus Spartakus.

Galerie am Tor
1560 Potsdam, Brandenburger Str. 66. Geöffnet: Mo.–Fr. 10–18 Uhr.

Galerie TRAPEZ
1560 Potsdam, Wilhelm-Pieck-Str. 27. Geöffnet: Mi. 14–18 Uhr; Sa., So. 11–16 Uhr.

Kleine Galerie im Keller
1502 Potsdam-Babelsberg, Karl-Liebknecht-Str. 8, Tel. 77774. Geöffnet: Mo.–Do. 9–13/14–18 Uhr, Fr. 9–13/14–19 Uhr.

Kunstfabrik
1560 Potsdam, Elfleinstraße 10. Geöffnet: Sa., So. 11–17 Uhr.

Potsdam-Galerie im Staudenhof
1560 Potsdam. Geöffnet: Mo.–Sa. 10–19 Uhr.

ROSTOCK

Kunsthalle
2510 Rostock, Hamburger Str. 40, Tel. 82336. Geöffnet: Di., Do.–So. 9–18 Uhr, Mi. 10–22 Uhr, Mo. geschlossen.
Die Kunsthalle, ein 1969 eingeweihter Museums- und Ausstellungsbau in der Parkanlage am Schwanenteich, verfügt über zwei Galerien und ein Grafikkabinett.

Galerie am Boulevard
2500 Rostock, Kröpeliner Str. 60, Tel. 23637. Geöffnet: Mo., Di., Do., Fr. 9–18 Uhr, Sa. 8–12 Uhr.

RUDOLSTADT

Staatliche Museen Heidecksburg
6820 Rudolstadt, Schloßbezirk 1–2, Tel. 2145.
Fest- und Wohnräume Schloß Heidecksburg. Geöffnet: Mai bis September Di.–So. 9–11.30/12–16 Uhr; Oktober bis April Di.–So. 9–11.30/12–15 Uhr.
Kunstsammlungen Heidecksburg. Geöffnet: Mai bis Oktober Di.–So. 9–17 Uhr.
Die meisten der Gemälde stammen aus der Bauzeit des Barockschlosses, während in der Grafiksammlung die Kunst des 19. Jahrhunderts und die Kunst der DDR gut vertreten sind.

Galerie »Heinrich Cotta«
6820 Rudolstadt, Thälmannstr. 48, Tel. 2145. Geöffnet: Di.–Fr. 14–18 Uhr, Sa. 9–12 Uhr.

SCHWEDT

Kunstgalerie Schwedt
1330 Schwedt, Vierradener Str. 39, Tel. 23415. Geöffnet: Mo. 11–18 Uhr, Di.–Fr. 9–12.30/13.30–18 Uhr, jeden 2. und 4. Sa. 8–11 Uhr.

Kleine Galerie im Klub Bertolt Brecht
Galerie des Kulturbundes, 1330 Schwedt, Rungestr. 30a, Tel. 22011. Geöffnet: nach Voranmeldung.

SCHWERIN

Staatliches Museum Schwerin
Kunstsammlungen, Schlösser und Gärten

Kunstsammlungen
Galeriegebäude, 2750 Schwerin, Alter Garten 3, Tel. 7581. Geöffnet: Mai bis Oktober Di.–So. 9–13/14–17 Uhr; November bis April Di.–So. 9–16 Uhr.
Im 1877–82 erbauten spätklassizistischen Museumsgebäude sind 3200 Gemälde vom Mittelalter bis in die Gegenwart ausgestellt. Die Grafischen Sammlungen besitzen rund 7000 Handzeichnungen und über 30000 Druckgrafiken.

Hansegalerie im Speicher
2300 Stralsund, Böttcherstr. 23, Tel. 2889. Geöffnet: Mo. 13–17 Uhr, Di.–Fr. 9–17 Uhr.

WARNEMÜNDE

Galerie am Meer
2530 Rostock-Warnemünde, Am Strom 68, Tel. 52436. Geöffnet: Mo. 14–18 Uhr, Di.–Fr. 10–12/14–18 Uhr, Mai bis September Sa. 9–12 Uhr.
Bevorzugt werden Werke von Künstlern aus den Nordbezirken vorgestellt.

WEIMAR

Kunstsammlungen zu Weimar
Direktion, Abt. Öffentlichkeitsarbeit, 5300 Weimar, Burgplatz 4, Tel. 5377.
Galerie im Schloß, Tel. 5376. Geöffnet: Mai bis September Di.–So. 9–13/14–18 Uhr, Fr. ab 10 Uhr; Oktober bis April Di.–So. 9–13/14–17 Uhr, Fr. ab 10 Uhr.
Die Staatlichen Kunstsammlungen, neben Dresden, Berlin und Leipzig wohl die bedeutendsten auf dem Gebiet der DDR, zeigen Kunst vom Mittelalter bis zur Gegenwart. Eigene Abteilung Kunst der DDR mit Malerei, Grafik, Plastik aus den ersten Nachkriegsjahren bis in die Gegenwart.

Grafische Sammlung
Geöffnet: Studienkabinett Di.–Fr. nur nach Voranmeldung.
Auch die Sammlung der Zeichnungen und Druckgrafiken mit über 60000 Blättern vom ausgehenden Mittelalter bis zur Gegenwart gehört zu den umfangreichsten in der DDR.

Galerie Schwamm
5300 Weimar, Karl-Liebknecht-Str. 14. Geöffnet: Mi. 18–21 Uhr, Sa. 15–17 Uhr, So. 17–20 Uhr.
Alternativkultur

ZEITZ

Museum Schloß Moritzburg Zeitz
4900 Zeitz, Schloßstr. 6, Tel. 2546. Geöffnet: Di.–So. 10–17 Uhr.

Die Ausstellung »Malerei der DDR« stellt vorwiegend Künstler aus dem Bezirk Halle vor.

ZWICKAU

Galerie Peter Breuer
9540 Zwickau, Hauptstr. 22, PSF 304, Tel. 5992. Geöffnet: Mo.–Do. 10–13/14–18 Uhr, Fr. 10–13 Uhr, Sa. 9–12 Uhr.

Register

Notizen

Notizen

Notizen

Notizen

Notizen